經文統鈔

㊦

陳天倪　主纂
彭　昺　襄輯
陳錫周　整理

岳麓書社·長沙

經文統鈔中編卷五

益陽陳天倪　主纂
湘陰彭　㝢　襄輯

襄公上

襄公政紀公名午，成公子，母定姒，在位三十一年。

二年夏，齊姜薨。初，穆姜使擇美檟，以自爲櫬與頌琴，季文子取以葬。君子曰：「非禮也。禮無所逆，婦，養姑者也。虧姑以成婦，逆莫大焉。詩曰：『其惟哲人，告之話言，順德之行。』」季孫於是爲不哲矣。

三年，公如晉，始朝也。夏，盟於長樗。孟獻子相。公稽首。知武子曰：「天子在，而君辱稽首，寡君懼矣。」孟獻子曰：「以敝邑介在東表，密邇仇讎，寡君將君是望，敢不稽首？」

四年，穆叔如晉，報知武子之聘也，晉侯享之，金奏肆夏之三，不拜。工歌文王之三，又不拜。歌鹿鳴之三，三拜。

韓獻子使行人子員問之，曰：「子以君命辱於敝邑，先君之禮，藉之以樂，以辱吾子。吾子舍其大，而重拜其細，敢問何禮也？」對曰：「三夏，天子所以享元侯也，使臣弗敢與聞。文王，兩君相見之樂也，臣不敢及。鹿鳴，君所以嘉寡君也，敢不拜嘉？四牡，君所以勞使臣也，敢不重拜？皇皇者華，君教使臣曰：『必諮於周。』臣聞之：『訪問於善爲咨，咨親爲詢，咨禮爲度，咨事爲諏，咨難爲謀。』臣獲五善，敢不重拜？」

冬十月，邾人、莒人伐鄫，臧紇救鄫，侵邾，敗於狐駘。國人逆喪者皆髽。魯於是乎始髽。國人誦之曰：「臧之狐裘，敗我於狐駘。我君小子，朱儒是使。朱儒朱儒，使我敗於邾。」

五年，季文子卒。大夫入斂，公在位。宰庀家器爲葬備，無衣帛之妾，無食粟之馬，無藏金玉，無重器備。君子是以知季文子之忠於公室也。「相三君矣，而無私積，可不謂忠乎？」

六年冬，穆叔如邾，聘，且修平。

晉人以鄫故來討，曰：「何故亡鄫？」季武子如晉見，且聽命。

七年，南遺爲費宰。叔仲昭伯爲隧正，欲善季氏，而求媚於南遺。謂遺：「請城費，吾多與而役。」故季氏城費。

八年春，公如晉，朝，且听朝聘之数。

晉範宣子來聘，且拜公之辱，告將用師于鄭。

公享之。宣子賦摽有梅。季武子曰：「誰敢哉？今譬於草木，寡君在君，君之臭味也。歡以承命，何時之有？」武子賦角弓。賓將出，武子賦彤弓。宣子曰：「城濮之役，我先君文公獻功于衡雍，受彤弓于襄王，以爲子孫藏。匄也，先君守官之嗣也，敢不承命？」君子以爲知禮。

九年。穆姜薨於東宮。始往而筮之，遇艮䷳之八。史曰：「是謂艮之隨䷐。隨，其出也。君必速出。」姜曰：「亡！是於周易曰：『隨，元、亨、利、貞，无咎。』元，體之長也；亨，嘉之會也；利，義之和也；貞，事之幹也。體仁足以長人，嘉德足以合禮，利物足以和義，貞固足以幹事。然，故不可誣也，是以雖隨无咎。今我婦人，而與於亂。固在下位，而有不仁，不可謂元。不靖國家，不可謂亨。作而害身，不可謂利。棄位而姣，不可謂貞。有四德者，隨而无咎。我皆無之，豈隨也哉？我則取惡，能無咎乎？必死於此，弗得出矣。」穆姜之遷於東宮，蓋自魯刺公子偃、逐叔孫僑如之時，即偪遷穆姜。猶唐中宗復辟，張柬之遷武氏〔一〕於別宮也。注謂穆姜居東宮以偪太子，非是〔二〕。

公送晉侯，晉侯以公宴于河上，問公年。季武子對曰：「會于沙隨之歲，寡君以生。」晉侯曰：「十二年矣，是謂一終，一星終也。國君十五而生子，冠而生子，禮也。君可以冠矣。大夫盍爲冠具？」武子對曰：「君冠，必以祼享之禮行之，以金石之樂節之，以先君之祧處之。今寡君在行，未可具也，請及兄弟之國而假備焉。」晉侯曰：「諾。」公還，及衛，冠于成公之廟，假鐘磬焉，禮也。

十一年春，季武子將作三軍，告叔孫穆子曰：「請爲三軍，各征其軍。」穆子曰：「政將及子，子必不能。」武子固請之。穆子曰：「然則盟諸？」乃盟諸僖閎，詛諸五父之衢。

正月，作三軍，三分公室而各有其一。三子各毀其乘。季氏使其乘之人，以其役邑入者無征，不入者倍征。孟氏使半爲臣，若子若弟。叔孫氏使盡爲臣，不然不舍。

二十一年春，邾庶其以漆、閭丘來奔，季武子以公姑姊妻之，皆有賜於其從者。於是魯多盜。季孫謂臧武仲曰：「子盍詰盜？」武仲曰：「不可詰也，紇又不能。」季孫曰：

〔一〕「氏」，阮刻本作「后」。
〔二〕「是」，阮刻本作「也」。

「我有四封，而詰其盜，何故不可？子爲司寇，將盜是務去，若之何不能？」武仲曰：「子召外盜而大禮焉，何以止吾盜？子爲正卿，而來外盜；使紇去之，將何以能？庶其竊邑於邾以來，子以姬氏妻之，而與之邑。其從者皆有賜焉。若大盜禮焉以君之姑姊與其大邑，其次皁牧輿馬，其小者衣裳劍帶，是賞盜也。賞而去之，其或難焉。紇也聞之，在上位者洒濯其心，壹以待人，軌度其信，可明徵也，而後可以治人。夫上之所爲，民之歸也。上所不爲，而民或爲之，是以加刑罰焉，而莫敢不懲。若上之所爲，而民亦爲之，乃其所也，又可禁乎？夏書曰：『念茲在茲，釋茲在茲，名言茲在茲，允出茲在茲，惟帝念功。』將謂由己壹也。信由己壹，而後功可念也。」

庶其非卿也，以地來，雖賤，必書，重地也。

公羊傳・二十一年十有一月庚子，孔子生。

傳・二十三年。季武子無適子，公彌長，而愛悼子，欲立之。訪於申豐曰：「彌與紇，吾皆愛之，欲擇才焉而立之。」申豐趨退，歸，盡室將行。他日，又訪焉。對曰：「其然，將具敝車而行。」乃止。

訪於臧紇。臧紇曰：「飲我酒，吾爲子立之。」季氏飲大夫酒，臧紇爲客。既獻，臧孫命北面重席，新樽絜之。召悼子，降，逆之。大夫皆起。及旅，而召公鉏，使與之齒。季孫失色。

季氏以公鉏爲馬正，愠而不出。閔子馬見之，曰：「子無然。禍福無門，唯人所召。爲人子者，患不孝，不患無所。敬共父命，何常之有？若能孝敬，富倍季氏可也。姦回不軌，禍倍下民可也。」公鉏然之。敬共朝夕，恪居官次。季孫喜，使飲己酒，而以具往，盡舍旃。故公鉏氏富，又出爲公左宰。

孟孫惡臧孫，季孫愛之。孟氏之御騶豐點好羯也，曰：「從吾〔一〕言，必爲孟孫。」再三云，羯從之。孟莊子疾，豐點謂公鉏：「苟立羯，請讎臧氏。」公鉏謂季孫曰：「孺子秩固其所也。若羯立，則季氏信有力於臧氏矣。」弗應。己卯，孟孫卒。公鉏奉羯立於户側。季孫至，入，哭，而出，曰：「秩焉在？」公鉏曰：「羯在此矣。」季孫曰：「孺子長。」公鉏曰：「何長之有？唯其才也。且夫子之命也。」遂立羯。秩奔邾。

臧孫入哭，甚哀，多涕。出，其御曰：「孟孫之惡子也，而哀如是。季孫若死，其若之何？」臧孫曰：「季孫之愛我，疾疢也；孟孫之惡我，藥石也。美疢不如惡石。夫石猶生我，疢之美，其毒滋多。孟孫死，吾亡無日矣。」孟氏閉門，告於季孫曰：「臧氏將爲亂，

〔一〕「吾」，阮刻本作「余」。

不使我葬。」季孫不信。臧孫聞之，戒。冬十月，孟氏將辟，藉除於臧氏。臧孫使正夫助之，除於東門，甲從己而視之。孟氏又告季孫。季孫怒，命攻臧氏。乙亥，臧紇斬鹿門之關以出，奔邾。

初，臧宣叔娶于鑄，生賈及爲而死。繼室以其姪，穆姜之姨子也。生紇，長於公宮。姜氏愛之，故立之。臧賈、臧爲出在鑄。臧武仲自邾使告臧賈，且致大蔡焉，曰：「紇不佞，失守宗祧，敢告不弔。紇之罪不及不祀，子以大蔡納請，其可。」賈曰：「是家之禍也，非子之過也。賈聞命矣。」再拜受龜。使爲以納請，遂自爲也。臧孫如防，使來告曰：「紇非能害也，知不足也。非敢私請。苟守先祀，無廢二勳，敢不辟邑。」乃立臧爲。臧紇致防而奔齊。其人曰：「其盟我乎？」臧孫曰：「無辭。」將盟臧氏，季孫召外史掌惡臣而問盟首焉。對曰：「盟東門氏也，曰『毋或如東門遂不聽公命，殺適立庶』。盟叔孫氏也，曰『毋或如叔孫僑如欲廢國常，蕩覆公室』。」季孫曰：「臧孫之罪皆不及此。」孟椒曰：「盍以其犯門斬關？」季孫用之，乃盟臧氏，曰：「毋〔二〕或如臧孫紇干國之紀，犯門斬關！」臧孫聞之，曰：「國有人焉，誰居？其孟椒乎！」

〔二〕「毋」，阮刻本作「無」。

二十四年春，穆叔如晉。范宣子逆之，問焉，曰：「古人有言曰，『死而不朽』，何謂也？」穆叔未對。宣子曰：「昔匄之祖，自虞以上爲陶唐氏，在夏爲御龍氏，在商爲豕韋氏，在周爲唐杜氏，晉主夏盟爲范氏，其是之謂乎？」穆叔曰：「以豹所聞，此之謂世禄，非不朽也。魯有先大夫曰臧文仲，既没，其言立，其是之謂乎！豹聞之：『大上有立德，其次有立功，其次有立言。』雖久不廢，此之謂三不朽。若夫保姓受氏，以守宗祊，世不絶祀，無國無之。禄之大者，不可謂不朽。」

齊人城郟。穆叔如周聘，且賀城。王嘉其有禮也，賜之大路。

二十八年，爲宋之盟故，公及宋公、陳侯、鄭伯、許男如楚。公過鄭，鄭伯不在，伯有迋勞於黄崖，不敬。穆叔曰：「伯有無戾於鄭，鄭必有大咎。敬，民之主也，而棄之，何以承守？鄭人不討，必受其辜。濟澤之阿，行潦之蘋、藻，寘諸宗室，季蘭尸之，敬也。敬可棄乎？」

及漢，楚康王卒。公欲反，叔仲昭伯曰：「我楚國之爲，豈爲一人？行也！」子服惠伯曰：「君子有遠慮，小人從邇。飢寒之不恤，誰遑其後？不如姑歸也。」叔孫穆子曰：「叔仲子專之矣，子服子，始學者也。」榮成伯曰：「遠圖者，忠也。」公遂行。

二十九年，公還，及方城。季武子取卞，使公冶問，璽書追而與之，曰：「聞守卞者將叛，臣帥徒以討之，既得之矣。敢告。」公治致使而退，及舍，而後聞取卞。公曰：「欲之而言叛，祇見疏也。」

公謂公治曰：「吾可以入乎？」對曰：「君實有國，誰敢違君？」公與公治冕服。固辭，强之而後受。公欲無入。榮成伯賦式微，乃歸。五月，公至自楚。

公治致其邑於季氏，而終不入焉。曰：「欺其君，何必使余？」季孫見之，則言季氏如他日；不見，則終不言季氏。及疾，聚其臣，曰：「我死，必無以冕服斂，非德賞也。且無使季氏葬我。」

范獻子來聘，拜城杞也。公享之，展莊叔執幣。射者三耦。公臣不足，取於家臣。家臣，展瑕、展王父爲一耦；公臣，公巫召伯、仲顔莊叔爲一耦，鄫鼓父、黨叔爲一耦。

晉侯使司馬女叔侯來治杞田，弗盡歸也。晉悼夫人愠曰：「齊也取貨，先君若有知也，不尚取之。」公告叔侯。叔侯曰：「虞、虢、焦、滑、霍、楊、韓、魏，皆姬姓也，晉是以大。若非侵小，將何所取？武、獻以下，兼國多矣，誰得治之？杞，夏餘也，而即東夷。魯，周公之後也，而睦於晉。以杞封魯猶可，而何有焉？魯之於晉也，職貢不乏，玩好時至，公卿大夫相繼於朝，史不絕書，府無虚月。如是可矣，何必瘠魯以肥杞？且先君而有知也，毋寧夫人，而焉用老臣？」

三十一年春王正月，穆叔至自會。見孟孝伯，語之曰：「趙孟將死矣。其語偷，不似民主。且年未盈五十，而諄諄焉如八九十者，弗能久矣。若趙孟死，爲政者其韓子乎！吾子盍與季孫言之，可以樹善，君子也。晉君將失政矣，若不樹焉，使早備魯，既而政在大夫，韓子懦弱，大夫多貪，求欲無厭，齊、楚未足與也，魯其懼哉！」孝伯曰：「人生幾何，誰能無偷？朝不及夕，將安用樹？」穆叔出，而告人曰：「孟孫將死矣。吾語諸趙孟之偷也，而又甚焉。」又與季孫語晉故，季孫不從。及趙文子卒，晉公室卑，政在侈家。韓宣子爲政，不能圖諸侯。魯不堪晉求，讒慝弘多，是以有平丘之會。

公作楚宮。穆叔曰：「大誓云：『民之所欲，天必從之。』君欲楚也夫，故作其宮。若不復適楚，必死是宮也。」六月辛巳，公薨于楚宮。

叔仲帶竊其拱璧，以與御人，納諸其懷，而從取之，由是得罪。

立胡女敬歸之子子野，次于季氏。秋九月癸巳，卒，毁也。

己亥，孟孝伯卒。

立敬歸之娣齊歸之子公子裯。穆叔不欲，曰：「大子死，有母弟，則立之；無，則立長。年鈞擇賢，義均則卜，古之道也。非嫡嗣，何必娣之子？且是人也，居喪而不哀，在慼而有嘉容，是謂不度。不度之人，鮮不爲患。若果立之，必爲季氏憂。」武子不聽，卒立之。

比及葬，三易衰，衰衽如故衰。於是昭公十九年矣，猶有童心，君子是以知其不能終也。

晉悼復霸

成十八年二月乙酉朔，晉悼公即位于朝。始命百官，施舍、己責，逮鰥寡，振廢滯，匡乏困，救災患，禁淫慝，薄賦斂，宥罪戾，節器用，時用民，欲無犯時。使魏相、士魴、魏頡、趙武爲卿；荀家、荀會、欒黶、韓無忌爲公族大夫，使訓卿之子弟共儉孝弟。使士渥濁爲大傅，使修範武子之法；右行辛爲司空，使修士蔿之法。弁糾御戎，校正屬焉，使訓諸御知義。荀賓爲右，司士屬焉，使訓勇力之士時使。卿無共御，立軍尉以攝之。祁奚爲中軍尉，羊舌職佐之；魏絳爲司馬，張老爲候奄。鐸遏寇爲上軍尉，籍偃爲之司馬，使訓卒、乘，親以聽命。程鄭爲乘馬御，六騶屬焉，使訓群騶知禮。凡六官之長，皆民譽也。舉不失職，官不易方，爵不逾德，師不陵正，旅不偪師，民無謗言，所以復霸也。

〖經·元年春，仲孫蔑會晉欒黶、宋華元、衛甯殖、曹人、莒人、邾人、滕人、薛人圍宋彭城。

〖傳·春己亥，圍宋彭城。非宋地，追書也。於是爲宋討魚石，故稱宋，且不登叛人也，謂之宋志。

彭城降晉，晉人以宋五大夫在彭城者歸，寘諸瓠丘。齊人不會彭城，晉人以爲討。二月，齊大子光爲質於晉。夏五月，晉韓厥、荀偃帥諸侯之師伐鄭，入其郛，敗其徒兵於洧上。於是東諸侯之師次于鄫，以待晉師。晉師自鄭以鄫之師侵楚焦、夷及陳。晉侯、衛侯次于戚，以爲之援。

〉經・二年秋七月，仲孫蔑會晉荀罃、宋華元、衛孫林父、曹人、邾人于戚。

〉傳・秋，會于戚，謀鄭故也。孟獻子曰：「請城虎牢以偪鄭。」知武子曰：「善。鄫之會，吾子聞崔子之言，今不來矣。滕、薛、小邾之不至，皆齊故也。寡君之憂不唯鄭。罃將復於寡君，而請於齊。得請而告，吾子之功也。若不得請，事將在齊。吾子之請，諸侯之福也。豈唯寡君賴之。」

冬，復會于戚，齊崔武子及滕、薛、小邾之大夫皆會，知武子之言故也。遂城虎牢。鄭人乃成。

三年，晉爲鄭服故，且欲修吴好，將合諸侯。使士匄告于齊曰：「寡君使匄，以歲之不易，不虞之不戒，寡君願與一二兄弟相見，以謀不協，請君臨之，使匄乞盟。」齊侯欲勿許，而難爲不協，乃盟於耏外。

祁奚請老，晉侯問嗣焉。稱解狐，其讎也，將立之而卒。又問焉，對曰：「午也可。」

於是羊舌職死矣，晉侯曰：「孰可以代之？」對曰：「赤也可。」於是使祁午爲中軍尉，羊舌赤佐之。

君子謂祁奚：「於是能舉善矣。稱其讎，不爲諂；立其子，不爲比；舉其偏，不爲黨。商書曰『無偏無黨，王道蕩蕩』，其祁奚之謂矣。解狐得舉，祁午得位，伯華得官，建一官而三物成，能舉善也。夫唯善，故能舉其類。詩云：『惟其有之，是以似之。』祁奚有焉。」

晉侯之弟揚干亂行於曲梁，魏絳戮其僕。晉侯怒，謂羊舌赤曰：「合諸侯，以爲榮也。揚干爲戮，何辱如之？必殺魏絳，無失也！」對曰：「絳無貳志，事君不辟難，有罪不逃刑，其將來辭，何辱命焉？」言終，魏絳至，授僕人書，將伏劍。士魴、張老止之。公讀其書，曰：「日君乏使，使臣斯司馬。臣聞『師衆以順爲武，軍事有死無犯爲敬』。君合諸侯，臣敢不敬？君師不武，執事不敬，罪莫大焉。臣懼其死，以及揚干，無所逃罪。不能致訓，至於用鉞，臣之罪重，敢有不從以怒君心，請歸死於司寇。」公跣而出，曰：「寡人之言，親愛也；吾子之討，軍禮也。寡人有弟，弗能教訓，使干大命，寡人之過也。子無重寡人之過，敢以爲請。」

晉侯以魏絳爲能以刑佐民矣，反役，與之禮食，使佐新軍。張老爲中軍司馬，士富爲侯奄。

四年，無終子嘉父使孟樂如晉，因魏莊子納虎豹之皮，以請和諸戎。晉侯曰：「戎狄無親而貪，不如伐之。」魏絳曰：「諸侯新服，陳新來和，將觀於我。我德，則睦；否，則攜貳。勞師於戎，而楚伐陳，必弗能救，是棄陳也。諸華必叛。戎，禽獸也。獲戎、失華，無乃不可乎？此下接「夏訓有之曰『有窮后羿』」至「有窮由是遂亡，失人故也」一段，已録入上編夏書少康篇。昔周辛甲之爲大史也，命百官，官箴王闕。於虞人之箴曰：『芒芒禹迹，畫爲九州，經啓九道。民有寢、廟，獸有茂草，各有攸處，德用不擾。在帝夷羿，冒于原獸，忘其國恤，而思其麀牡。武不可重，用不恢于夏家。獸臣司原，敢告僕夫。』虞箴如是，可不懲乎？」於是晉侯好田，故魏絳及之。

公曰：「然則莫如和戎乎？」對曰：「和戎有五利焉：戎狄荐居，貴貨易土，土可賈焉，一也。邊鄙不聳，民狎其野，穡人成功，二也。戎狄事晉，四鄰振動，諸侯威懷，三也。以德綏戎，師徒不勤，甲兵不頓，四也。鑒于后羿，而用德度，遠至、邇安，五也。君其圖之！」

公説，使魏絳盟諸戎，修民事，田以時。

七年冬十月，晉韓獻子告老，公族穆子有廢疾，將立之。辭曰：「詩曰：『豈不夙夜，謂行多露。』又曰：『弗躬弗親，庶民弗信。』無忌不才，讓，其可乎？請立起也。與田蘇游，而曰『好仁』。詩曰：『靖共爾位，好是正直。神之聽之，介爾景福。』恤民爲德，正直爲正，正曲爲直，參和爲仁。如是，則神聽之，介福降之。立之，不亦可乎？」

庚戌，使宣子朝，遂老。晉侯謂韓無忌仁，使掌公族大夫。

九年，秦景公使士雃乞師于楚，將以伐晉，楚子許之。子囊曰：「不可，當今吾不能與晉爭。晉君類能而使之，舉不失選，官不易方。其卿讓於善，其大夫不失守，其士競於教，其庶人力於農穡，商、工、皂、隸不知遷業。韓厥老矣，知罃稟焉以爲政。范匄少於中行偃而上之，使佐中軍。韓起少於欒黶，而欒黶、士魴上之，使佐上軍。魏絳多功，以趙武爲賢，而爲之佐。君明、臣忠，上讓、下競。當是時也，晉不可敵，事之而後可。君其圖之！」王曰：「吾既許之矣，雖不及晉，必將出師。」

秋，楚子師于武城，以爲秦援。

秦人侵晉，晉饑，弗能報也。

晉侯歸，謀所以息民。魏絳請施舍，輸積聚以貸。自公以下，苟有積者，盡出之。國無滯積，亦無困人，公無禁利，亦無貪民。祈以幣更，賓以特牲，器用不作，車服從給。行之期年，國乃有節。三駕而楚不能與爭。

經·十年，公會晉侯、宋公、衛侯、曹伯、莒子、邾子、滕子、薛伯、杞伯、小邾子、齊世子光會吴于柤。

夏五月甲午，遂滅偪陽。

傳·夏，晉荀偃、士匄請伐偪陽，而封宋向戌焉。荀罃曰：「城小而固，勝之不武，不〔一〕勝爲笑。」固請。丙寅，圍之，弗克。孟氏之臣秦堇父輦重如役。偪陽人啓門，諸侯之士門焉。縣門發，郰人紇抉之。以出門者。狄虒彌建大車之輪，而蒙之以甲，以爲櫓。左執之，右拔戟，以成一隊。孟獻子曰：「詩所謂『有力如虎』者也。」主人縣布，堇父登之，及堞而絶之。隊，則又縣之。蘇而復上者三，主人辭焉，乃退。帶其斷以徇於軍三日。

諸侯之師久於偪陽，荀偃、士匄請於荀罃曰：「水潦將降，懼不能歸，請班師。」知伯怒，投之以机，出於其間，曰：「女成二事，而後告余。余恐亂命，以不女違。女既勤君而興諸侯，牽帥老夫以至於此，既無武守，而又欲易余罪，曰：『是實班師，不然，克矣。』余羸老也，可重任乎？七日不克，必爾乎取之！」五月庚寅，荀偃、士匄帥卒攻偪陽，親受矢、石。甲午，滅之。書曰「遂滅偪陽」，言自會也。

〔一〕「不」，阮刻本作「弗」。

以與向戌，向戌辭曰：「君若猶辱鎮撫宋國，而以偪陽光啓寡君，群臣安矣，其何貺如之！若專賜臣，是臣興諸侯以自封也，其何罪大焉！敢以死請。」乃予宋公。

宋公享晉侯於楚丘，請以桑林。荀罃辭。荀偃、士匄曰：「諸侯宋、魯，於是觀禮。魯有禘樂，賓祭用之。宋以桑林享君，不亦可乎？」舞，師題以旌夏。晉侯懼而退入于房。去旌，卒享而還。及著雍，疾。卜，桑林見。荀偃、士匄欲奔請禱焉，荀罃不可，曰：「我辭禮矣，彼則以之。猶有鬼神，於彼加之。」晉侯有間，以偪陽子歸，獻于武宮，謂之夷俘。偪陽，妘姓也。使周内史選其族嗣，納諸霍人，禮也。

師歸，孟獻子以秦堇父爲右。生秦丕茲，事仲尼。

諸侯之師城虎牢而戍之，晉師城梧及制，士魴、魏絳戍之。書曰「戍鄭虎牢」，非鄭地也，言將歸焉。鄭及晉平。

楚子囊救鄭。十一月，諸侯之師還鄭而南，至於陽陵。楚師不退。知武子欲退，曰：「今我逃楚，楚必驕，驕則可與戰矣。」欒黶曰：「逃楚，晉之耻也。合諸侯以益耻，不如死。我將獨進。」師遂進。己亥，與楚師夾潁而軍。

子蟜曰：「諸侯既有成行，必不戰矣。從之將退，不從亦退。退，楚必圍我。猶將退也，不如從楚，亦以退之。」宵涉潁，與楚人盟。欒黶欲伐鄭師，荀罃不可，曰：「我實不能禦楚，又不能庇鄭，鄭何罪？不如致怨焉而還。今伐其師，楚必救之。戰而不克，爲諸侯笑。克不可命，不如還也。」丁未，諸侯之師還，侵鄭北鄙而歸。楚人亦還。

經·十有一年四月，公會晉侯、宋公、衛侯、曹伯、齊世子光、莒子、邾子、滕子、薛伯、杞伯、小邾子伐鄭。秋七月己未，同盟于亳城北。

傳·四月，諸侯伐鄭。己亥，齊大子光、宋向戌先至于鄭，門于東門。其莫，晉荀罃至于西郊，東侵舊許。衛孫林父侵其北鄙。六月，諸侯會于北林，師于向。右還，次于瑣。圍鄭，觀兵于南門，西濟于濟隧。鄭人懼，乃行成。

秋七月，同盟于亳。范宣子曰：「不慎，必失諸侯。諸侯道敝而無成，能無貳乎？」乃盟。載書曰：「凡我同盟，毋蕴年，毋壅利，毋保姦，毋留慝，救菑〔一〕患，恤禍亂，同好惡，奬王室。或間兹命，司慎、司盟，名山、名川，群神、群祀，先王、先公，七姓、十二國之祖，明神殛之，俾失其民，隊命亡氏，踣其國家。」

楚子囊乞旅於秦。秦右大夫詹帥師從楚子，將以伐鄭。鄭伯逆之。丙子，伐宋。

九月，諸侯悉師以復伐鄭。鄭人使良霄、大宰石臭如楚，告將服于晉，曰：「孤以社

〔一〕「菑」，阮刻本作「災」。

稷之故，不能懷君。君若能以玉帛綏晉，不然，則武震以攝威之，孤之願也。」楚人執之。書曰「行人」，言使人也。

諸侯之師觀兵于鄭東門，鄭人使王子伯駢行成。甲戌，晉趙武入盟鄭伯。冬十月丁亥，鄭子展出盟晉侯。十二月戊寅，會于蕭魚。庚辰，赦鄭囚，皆禮而歸之；納斥候；禁侵掠。晉侯使叔肸告于諸侯。公使臧孫紇對曰：「凡我同盟，小國有罪，大國致討，苟有以藉手，鮮不赦宥，寡君聞命矣。」

鄭人賂晉侯以師悝、師觸、師蠲；廣車、軘車淳十五乘，甲兵備，凡兵車百乘；歌鐘二肆，及其鎛、磬；女樂二八。

晉侯以樂之半賜魏絳，曰：「子教寡人和諸戎狄以正諸華，八年之中，九合諸侯，如樂之和，無所不諧，請與子樂之。」辭曰：「夫和戎狄，國之福也；八年之中，九合諸侯，諸侯無慝，君之靈也，二三子之勞也，臣何力之有焉？抑臣願君安其樂而思其終也。詩曰〔一〕：『樂只君子，殿天子之邦。樂只君子，福禄攸同。便蕃左右，亦是帥從。』夫樂以安德，義以處之，禮以行之，信以守之，仁以厲之，而後可以殿邦國、同福禄、來遠人，所謂樂

〔一〕「曰」，阮刻本作「云」。

也。書曰：『居安思危。』思則有備，有備無患。敢以此規。」公曰：「子之教，敢不承命！抑微子，寡人無以待戎，不能濟河。夫賞，國之典也，藏在盟府，不可廢也。子其受之！」魏絳於是乎始有金石之樂，禮也。

秦庶長鮑、庶長武帥師伐晉以救鄭。鮑先入晉地，士魴禦之，少秦師而弗設備。壬午，武濟自輔氏，與鮑交伐晉師。己丑，秦、晉戰於櫟，晉師敗績，易秦故也。

十三年夏，荀罃、士魴卒，晉侯蒐于緜上以治兵。使士匄將中軍，辭曰：「伯游長。昔臣習於知伯，是以佐之，非能賢也。請從伯游。」荀偃將中軍，士匄佐之。使韓起將上軍，辭以趙武。又使欒黶，辭曰：「臣不如韓起，韓起願上趙武，君其聽之。」使趙武將上軍，韓起佐之。欒黶將下軍，魏絳佐之。新軍無帥，晉侯難其人，使其什吏率其卒乘官屬，以從於下軍，禮也。晉國之民是以大和，諸侯遂睦。

君子曰：「讓，禮之主也。范宣子讓，其下皆讓。欒黶爲汰，弗敢違也。晉國以平，數世賴之，刑善也夫！一人刑善，百姓休和，可不務乎？書曰：『一人有慶，兆民賴之，其寧惟永。』其是之謂乎！周之興也，其詩曰：『儀刑文王，萬邦作孚。』言刑善也。及其衰也，其詩曰：『大夫不均，我從事獨賢。』言不讓也。世之治也，君子尚能而讓其下，小人農力以事其上，是以上下有禮，而讒慝黜遠，由不爭也，謂之懿德。及其亂也，君子稱其功以加小人，小人伐其技以馮君子，是以上下無禮，亂虐並生，由爭善也，謂之昏德。國家之敝，恒必由之。」

十四年春，吴告敗于晉。上年敗於晉。會于向，爲吴謀楚故也。范宣子數吴之不德也，以退吴人。

執莒公子務婁，以其通楚使也。

將執戎子駒支，范宣子親數諸朝，曰：「來！姜戎氏！昔秦人迫逐乃祖吾離于瓜州，乃祖吾離被苫蓋、蒙荆棘以來歸我先君，我先君惠公有不腆之田，與女剖分而食之。今諸侯之事我寡君不如昔者，蓋言語漏洩，則職女之由。詰朝之事，爾無與焉。與，將執女。」對曰：「昔秦人負恃其衆，貪于土地，逐我諸戎。惠公蠲其大德，謂我諸戎，是四嶽之裔胄也，毋是翦棄。賜我南鄙之田，狐狸所居，豺狼所嗥。我諸戎除翦其荆棘，驅其狐狸豺狼，以爲先君不侵不叛之臣，至于今不貳。昔文公與秦伐鄭，秦人竊與鄭盟，而舍戍焉，於是乎有殽之師。晉禦其上，戎亢其下，秦師不復，我諸戎實然。譬如捕鹿，晉人角之，諸戎掎之，與晉踣之。戎何以不免？自是以來，晉之百役，與我諸戎相繼于時，以從執政，猶殽志也，豈敢離逷？今官之師旅無乃實有所闕，以攜諸侯，而罪我諸戎！我諸戎飲食衣服不與華同，贄幣不通，言語不達，何惡之能爲？不與於會，亦無瞢焉。」賦青蠅而退。宣子辭焉，使即事於會，成愷悌也。

於是子叔齊子爲季武子介以會，自是晉人輕魯幣而益敬其使。

夏，諸侯之大夫從晉侯伐秦，以報櫟之役也。晉侯待于竟，使六卿帥諸侯之師以進。及涇，不濟。叔向見叔孫穆子。穆子賦匏有苦葉，叔向退而具舟。魯人、莒人先濟。鄭子蟜見衛北宫懿子曰：「與人而不固，取惡莫甚焉，若社稷何？」懿子説。二子見諸侯之師而勸之濟。濟涇而次。秦人毒涇上流，師人多死。鄭司馬子蟜帥鄭師以進，師皆從之，至於棫林，不獲成焉。荀偃令曰：「雞鳴而駕，塞井夷竈，唯余馬首是瞻！」欒黶曰：「晉國之命，未是有也。余馬首欲東。」乃歸。下軍從之。左史謂魏莊子曰：「不待中行伯乎？」莊子曰：「夫子命從帥。欒伯，吾帥也，吾將從之。從帥，所以待夫子也。」伯游曰：「吾令實過，悔之何及，多遺秦禽。」乃命大還。晉人謂之「遷延之役」。

欒鍼曰：「此役也，報櫟之敗也。役又無功，晉之恥也。吾有二位於戎路，敢不恥乎？」與士鞅馳秦師，死焉。士鞅反。欒黶謂士匄曰：「余弟不欲往，而子召之。余弟死，而子來，是而子殺余之弟也。弗逐，余亦將殺之。」士鞅奔秦。

於是齊崔杼、宋華閱、仲江會伐秦，不書，惰也。向之會亦如之。衛北宫括不書於向，書於伐秦，攝也。

秦伯問於士鞅曰：「晉大夫其誰先亡？」對曰：「其欒氏乎！」秦伯曰：「以其汰乎？」對曰：「然。欒黶汰虐已甚，猶可以免。其在盈乎！」秦伯曰：「何故？」對曰：「武子之德在民，如周人之思召公焉，愛其甘棠，況其子乎？欒黶死，盈之善未能及人，武子所施没矣，而黶之怨實章，將於是乎在。」秦伯以爲知言，爲之請於晉而復之。

師歸自伐秦。晉侯舍新軍，禮也。成國不過半天子之軍。周爲六軍，諸侯之大者，三軍可也。

於是知朔生盈而死，盈生六年而武子卒，彘裘亦幼，皆未可立也。新軍無帥，故舍之。

十五年冬，晉悼公卒。

楚共之憤慨

三年春，楚子重伐吴，爲簡之師。克鳩兹，至于衡山。使鄧廖帥組甲三百、被練三千，以侵吴。吴人要而擊之，獲鄧廖。其能免者，組甲八十、被練三百而已。

子重歸，既飲至三日，吴人伐楚，取駕。駕，良邑也；鄧廖，亦楚之良也。君子謂「子重於是役也，所獲不如所亡」。楚人以是咎子重。子重病之，遂遇心病而卒。

楚子辛爲令尹，侵欲於小國。陳成公使袁僑如會求成。晉侯使和組父告于諸侯。

秋，叔孫豹及諸侯之大夫及陳袁僑〔一〕盟，陳請服也。

五年，楚人討陳叛故，曰：「由令尹子辛實侵欲焉。」乃殺之。書曰：「楚殺其大夫公子壬夫。」貪也。

楚子囊爲令尹。范宣子曰：「我喪陳矣。楚人討貳而立子囊，必改行，而疾討陳。陳近於楚，民朝夕急，能無往乎？有陳，非吾事也，無之而後可。」

冬，諸侯戍陳。子囊伐陳。十一月甲午，會于城棣以救之。

十三年，楚子疾，告大夫曰：「不穀不德，少主社稷。生十年而喪先君，未及習師保之教訓而應受多福，是以不德，而亡師於鄢；以辱社稷，爲大夫憂，其弘多矣。若以大夫之靈，獲保首領以殁於地，唯是春秋窀穸之事、所以從先君於禰廟者，請爲『靈』若『厲』。大夫擇焉。」莫對。及五命，乃許。

秋，楚共王卒。子囊謀謚。大夫曰：「君有命矣。」子囊曰：「君命以共，若之何毁之？赫赫楚國，而君臨之，撫有蠻夷，奄征南海，以屬諸夏，而知其過，可不謂共乎？請謚之『共』。」大夫從之。

〔一〕原無「陳」字，據阮刻本補。

吴侵楚，養由基奔命，子庚以師繼之。養叔曰：「吴乘我喪，謂我不能師也，必易我而不戒。子爲三覆以待我，我請誘之。」子庚從之。戰于庸浦，大敗吴師，獲公子黨。君子以吴爲不弔，詩曰：「不弔昊天，亂靡有定。」

鄭良霄、大宰石㚟猶在楚。石㚟言於子囊曰：「先王卜征五年，而歲習其祥，祥習則行。不習，則增修德而改卜。今楚實不競，行人何罪？止鄭一卿，以除其偪，使睦而疾楚，以固於晉，焉用之？使歸而廢其使，怨其君以疾其大夫，而相牽引也，不猶愈乎？」楚人歸之。

十四年秋，楚子爲庸浦之役故，子囊師于棠，以伐吴。吴不出而還。子囊殿，以吴爲不能而弗儆。吴人自皐舟之隘要而擊之，楚人不能相救。吴人敗之，獲楚公子宜穀。楚子囊還自伐吴，卒。將死，遺言謂子庚：「必城郢！」君子謂：「子囊忠。君薨，不忘增其名；將死，不忘衛社稷，可不謂忠乎？忠，民之望也。詩曰：『行歸于周，萬民所望。』忠也。」

子駟、子孔亂鄭

七年。鄭僖公之爲大子也，於成之十六年與子罕適晉，不禮焉。又與子豐適楚，亦不禮焉。及其元年朝于晉，子豐欲愬諸晉而廢之，子罕止之。及將會于鄬，子駟相，又不禮焉。侍者諫，不聽，又諫，殺之。及鄵，子駟使賊夜弑僖公，而以瘧疾赴于諸侯。簡公生五年，奉而立之。

八年，鄭群公子以僖公之死也，謀子駟。子駟先之。夏四月庚辰，辟殺子狐、子熙、子侯、子丁。孫擊、孫惡出奔衛。

庚寅，鄭子國、子耳侵蔡，獲蔡司馬公子燮。鄭人皆喜，唯子產不順，曰：「小國無文德，而有武功，禍莫大焉。楚人來討，能勿從乎？從之，晉師必至。晉、楚伐鄭，自今鄭國不四、五年弗得寧矣。」子國怒之曰：「爾何知？國有大命，而有正卿，童子言焉，將爲戮矣！」

冬，楚子囊伐鄭，討其侵蔡也。

子駟、子國、子耳欲從楚，子孔、子蟜、子展欲待晉。子駟曰：「周詩有之曰：『俟河之清，人壽幾何？兆云詢多，職競作羅。』謀之多族，民之多違，事滋無成。民急矣，姑從楚，以紓吾民。晉師至，吾又從之。敬共幣帛，以待來者，小國之道也。犧牲玉帛，待於二竟，以待彊者而庇民焉。寇不爲害，民不罷病，不亦可乎？」

子展曰：「小所以事大，信也。小國無信，兵亂日至，亡無日矣。五會之信，今將背之，雖楚救我，將安用之？親我無成，鄙我是欲，不可從也。不如待晉。晉君方明，四軍無闕，八卿和睦，必不棄鄭。楚師遼遠，糧食將盡，必將速歸，何患焉？舍之聞之：『杖莫如信。』完守以老楚，杖信以待晉，不亦可乎？」

子駟曰：「詩云：『謀夫孔多，是用不集。發言盈庭，誰敢執其咎？如匪行邁謀，是用不得於道。』請從楚，騑也受其咎。」

乃及楚平，使王子伯駢告于晉，曰：「君命敝邑：『修而車賦，儆而師徒，以討亂略。』蔡人不從，敝邑之人不敢寧處，悉索敝賦，以討于蔡，獲司馬燮，獻于邢丘。今楚來討曰：『女何故稱兵于蔡？』焚我郊保，馮陵我城郭。敝邑之衆，夫婦男女，不遑啓處，以相救也。翦焉傾覆，無所控告。民死亡者，非其父兄，即其子弟。夫人愁痛，不知所庇。民知窮困，而受盟于楚，孤也與其二三臣不能禁止。不敢不告。」

知武子使行人子員對之曰：「君有楚命，亦不使一介行李告于寡君，而即安于楚。君之所欲也，誰敢違君？寡君將帥諸侯以見于城下。唯君圖之。」

九年冬十月，諸侯伐鄭。庚午，季武子、齊崔杼、宋皇鄖從荀罃、士匄門于鄟門，衛北宫括、曹人、邾人從荀偃、韓起門于師之梁，滕人、薛人從欒黶、士魴門于北門，杞人、郳人從趙武、魏絳斬行栗。甲戌，師于汜。令於諸侯曰：「修器備，盛餱糧，歸老幼，居疾于虎牢，肆眚，圍鄭。」

鄭人恐，乃行成。中行獻子曰：「遂圍之，以待楚人之救也，而與之戰。不然，無成。」知武子曰：「許之盟而還師，以敝楚人。吾三分四軍，與諸侯之鋭，以逆來者，於我未病，楚不能矣。猶愈於戰。暴骨以逞，不可以爭。大勞未艾。君子勞心，小人勞力，先王之制也」諸侯皆不欲戰，乃許鄭成。十一月己亥，同盟于戲，鄭服也。

將盟，鄭六卿，公子騑、公子發、公子嘉、公孫輒、公孫蠆、公孫展之〔二〕及其大夫、門子，皆從鄭伯。晉士莊子爲載書，曰：「自今日既盟之後，鄭國而不唯晉命是聽，而或有異志者，有如此盟。」公子騑趨進曰：「天禍鄭國，使介居二大國之間，大國不加德音，而亂以要之，使其鬼神不獲歆其禋祀，其民人不獲享其土利，夫婦辛苦墊隘，無所厎告。自今日既盟之後，鄭國而不唯有禮與彊可以庇民者是從，而敢有異志者，亦如之。」荀偃曰：「改載書。」公孫舍之曰：「昭大神要言焉。若可改也，大國亦可叛也。」知武子謂獻子曰：「我實不德，而要人以盟，豈禮也哉？非禮，何以主盟？姑盟而退，修德、息師而來，終必獲鄭，何必今日？我之不德，民將棄我，豈唯鄭？若能休和，遠人將至，何恃於鄭？」乃盟

〔二〕「公孫展之」，阮刻本作「公孫舍之」。

而還。

晉人不得志於鄭，以諸侯復伐之。十二月癸亥，門其三門。閏月戊寅，濟于陰阪，侵鄭。次於陰口而還。子孔曰：「晉師可擊也，師老而勞，且有歸志，必大克之。」子展曰：「不可。」

楚子伐鄭，子駟將及楚平，子孔、子蟜曰：「與大國盟，口血未乾而背之，可乎？」子駟、子展曰：「吾盟固云『唯彊是從』，今楚師至，晉不我救，則楚彊矣。盟誓之言，豈敢背之？且要盟無質，神弗臨也。所臨唯信，信者，言之瑞也，善之主也，是故臨之。明神不蠲要盟，背之，可也。」乃及楚平。公子罷戎入盟，同盟于中分。

楚莊夫人卒，王未能定鄭而歸。

十年六月，楚子囊、鄭子耳伐宋，師于訾毋。庚午，圍宋，師〔二〕于桐門。

衛侯救宋，師于襄牛。鄭子展曰：「必伐衛。不然，是不與楚也。得罪於晉，又得罪於楚，國將若之何？」子駟曰：「國病矣。」子展曰：「得罪於二大國，必亡。病，不猶愈於亡乎？」諸大夫皆以爲然。故鄭皇耳帥師侵衛，楚令也。

〔二〕「師」，阮刻本作「門」。

孫文子卜追之，獻兆於定姜。姜氏問繇。曰：「兆如山陵，有夫出征，而喪其雄。」姜氏曰：「征者喪雄，禦寇之利也。大夫圖之！」衛人追之，孫蒯獲鄭皇耳於犬丘。

初，子駟與尉止有爭，將禦諸侯之師，而黜其車。尉止獲，又與之爭。子駟抑尉止曰：「爾車非禮也。」遂弗使獻。初，子駟爲田洫，司氏、堵氏、侯氏、子師氏皆喪田焉。故五族聚群不逞之人因公子之徒以作亂。

於是子駟當國，子國爲司馬，子耳爲司空，子孔爲司徒。冬十月戊辰，尉止、司臣、侯晉、堵女父、子師僕帥賊以入，晨攻執政于西宮之朝，殺子駟、子國、子耳，劫鄭伯以如北宮。子孔知之，故不死。書曰「盜」，言無大夫焉。

子西聞盜，不儆而出，尸而追盜。盜入於北宮，乃歸，授甲，臣妾多逃，器用多喪。子產聞盜，爲門者，庀群司，閉府庫，慎閉藏，完守備，成列而後出，兵車十七乘，尸而攻盜於北宮，子蟜帥國人助之，殺尉止、子師僕，盜衆盡死。侯晉奔晉，堵女父、司臣、尉翩、司齊奔宋。

子孔當國，爲載書，以位序，聽政辟。大夫、諸司、門子弗順，將誅之。子產止之，請爲之焚書。子孔不可，曰：「爲書以定國，衆怒而焚之，是衆爲政也，國不亦難乎？」子產曰：「衆怒難犯，專欲難成，合二難以安國，危之道也。不如焚書以安衆，子得所欲，衆亦得安，不亦可乎？」專欲無成，犯衆興禍，子必從之。」乃焚書於倉門之外，衆而後定。

十一年。鄭人患晉、楚之故，諸大夫曰：「不從晉，國幾亡。楚弱於晉，晉不吾疾也。晉疾，楚將辟之。何爲而使晉師致死於我，楚弗敢敵，而後可固與也。」子展曰：「與宋爲惡，諸侯必至，吾從之盟。楚師至，吾又從之，則晉怒甚矣。晉能驟來，楚將不能，吾乃固與晉。」大夫説之，使疆埸之司惡於宋。宋向戌侵鄭，大獲。子展曰：「師而伐宋可矣。若我伐宋，諸侯之伐我必疾，吾乃聽命焉，且告於楚。楚師至，吾乃與之盟，而重賂晉師，乃免矣。」夏，鄭子展侵宋。

十九年。鄭子孔之爲政也專。國人患之，乃討西宮之難與純門之師。子孔當罪，以其甲及子革、子良氏之甲守。甲辰，子展、子西率國人伐之，殺子孔而分其室。書曰：「鄭殺其大夫。」專也。

子然、子孔，宋子之子也；士子孔，圭嬀之子也。圭嬀之班亞宋子，而相親也；士子孔亦相親也。僖之四年，子然卒；簡之元年，士子孔卒。司徒孔實相子革、子良之室，三室如一，故及於難。子革、子良出奔楚。子革爲右尹。鄭人使子展當國，子西聽政，立子産爲卿。

子展、子産輔鄭

二十二年夏，晉人徵朝于鄭。鄭人使少正公孫僑對，曰：「在晉先君悼公九年，我寡君於是即位。即位八月，而我先大夫子駟從寡君以朝于執事，執事不禮於寡君，寡君懼。因是行也，我二年六月朝于楚，晉是以有戲之役。楚人猶競，而申禮於敝邑。敝邑欲從執事，而懼爲大尤，曰『晉其謂我不共有禮』，是以不敢攜貳於楚。我四年三月，先大夫子蟜又從寡君以觀釁於楚，晉於是乎有蕭魚之役。謂我敝邑，邇在晉國，譬諸草木，吾臭味也，而何敢差池？楚亦不競，寡君盡其土實，重之以宗器，以受齊盟。遂帥群臣隨于執事，以會歲終。貳於楚者，子侯、石盂，歸而討之。溴梁之明年，子蟜老矣，公孫夏從寡君以朝于君，見於嘗酎，與執燔焉。間二年，聞君將靖東夏，四月，又朝以聽事期。不朝之間，無歲不聘，無役不從。以大國政令之無常，國家罷病，不虞荐至，無日不惕，豈敢忘職？

「大國若安定之，其朝夕在庭，何辱命焉？若不恤其患，而以爲口實，其無乃不堪任命，而翦爲仇讎？敝邑是懼。其敢忘君命？委諸執事，執事實重圖之。」

九月，鄭公孫黑肱有疾，歸邑于公，召室老、宗人立段，而使黜官、薄祭。祭以特羊，殷以少牢，足以共祀，盡歸其餘邑，曰：「吾聞之，生於亂世，貴而能貧，民無求焉，可以後亡。敬共事君與二三子。生在敬戒，不在富也。」己巳，伯張卒。君子曰：「善戒。《詩》曰：『慎爾侯度，用戒不虞。』鄭子張其有焉。」

冬十二月，鄭游眅將如[一]晉，未出竟，遭逆妻者，奪之，以館于邑。丁巳，其夫攻子明，殺之，以其妻行。子展廢良而立大叔，曰：「國卿，君之貳也，民之主也，不可以苟。請舍子明之類。」求亡妻者，使復其所。使游氏勿怨，曰：「無昭惡也。」

二十四年，范宣子爲政，諸侯之幣重，鄭人病之。二月，鄭伯如晉，子產寓書於子西，以告宣子，曰：

「子爲晉國，四鄰諸侯不聞令德，而聞重幣，僑也惑之。僑聞君子長國家者，非無賄之患，而無令名之難。夫諸侯之賄聚於公室，則諸侯貳。若吾子賴之，則晉國貳。諸侯貳，則晉國壞；晉國貳，則子之家壞，何沒沒也！將焉用賄？

「夫令名，德之輿也。德，國家之基也。有基無壞，無亦是務乎！有德則樂，樂則能久。《詩》云『樂只君子，邦家之基』，有令德也夫！『上帝臨女，無貳爾心』，有令名也夫！恕思以明德，則令名載而行之，是以遠至邇安。毋寧使人謂子，『子實生我』，而謂『子浚我以

〔一〕「如」，阮刻本作「歸」。

生』乎？象有齒以焚其身，賄也。」

宣子說，乃輕幣。

是行也，鄭伯朝晉，爲重幣故，且請伐陳也。鄭伯稽首，宣子辭。子西相，曰：「以陳國之介恃大國，而陵虐於敝邑，寡君是以請罪焉。敢不稽首。」

晉侯嬖程鄭，使佐下軍。鄭行人公孫揮如晉聘，程鄭問焉，曰：「敢問降階何由？」子羽不能對，歸以語然明，然明曰：「是將死矣。不然，將亡。貴而知懼，懼而思降，乃得其階。下人而已，又何問焉？且夫既登而求降階者，知人也，不在程鄭。其有亡釁乎？不然，其有惑疾，將死而憂也。」

二十五年。初，陳侯會楚子伐鄭，當陳隧者，井堙、木刊，鄭人怨之。六月，鄭子展、子産帥車七百乘伐陳，宵突陳城，遂入之。陳侯扶其大子偃師奔墓，遇司馬桓子，曰：「載余！」曰：「將巡城。」遇賈獲，載其母妻，下之，而授公車。公曰：「舍而母。」辭曰：「不祥。」與其妻扶其母以奔墓，亦免。

子展命師無入公宮，與子産親御諸門。陳侯使司馬桓子賂以宗器。陳侯免，擁社，使其衆男女別而纍，以待於朝。子展執縶而見，再拜稽首，承飲而進獻。子美入，數俘而出。祝祓社，司徒致民，司馬致節，司空致地，乃還。

鄭子産獻捷于晉，戎服將事。晉人問陳之罪，對曰：「昔虞閼父爲周陶正，以服事我先王。我先王賴其利器用也，與其神明之後也，庸以元女大姬[一]配胡公，而封諸陳，以備三恪。則我周之自出，至于今是賴。桓公之亂，蔡人欲立其出，我先君莊公奉五父而立之，蔡人殺之，我又與蔡人奉戴厲公。至於莊、宣，皆我之自立。夏氏之亂，成公播蕩，又我之自入，君所知也。今陳忘周之大德，蔑我大惠，棄我姻親，介恃楚衆，以馮陵我敝邑，不可億逞，我是以有往年之告。未獲成命，則有我東門之役。當陳隧者，井堙、木刊。敝邑大懼不競而恥大姬，天誘其衷，啓敝邑之心。陳知其罪，授手于我。用敢獻功。」晉人曰：「何故侵小？」對曰：「先王之命，唯罪所在，各致其辟。且昔天子之地一圻，列國一同，自是以衰。今大國多數圻矣，若無侵小，何以至焉？」晉人曰：「何故戎服？」對曰：「我先君武、莊爲平、桓卿士。城濮之役，文公布命，曰：『各復舊職。』命我文公戎服輔王，以授楚捷——不敢廢王命故也。」士莊伯不能詰，復於趙文子。文子曰：「其辭順，犯順，不祥。」乃受之。

冬十月，子展相鄭伯如晉，拜陳之功。子西復伐陳，陳及鄭平。

〔一〕 原無「大姬」二字，據阮刻本補。

仲尼曰：「志有之：『言以足志，文以足言。』不言，誰知其志？言之無文，行而不遠。晉爲伯，鄭入陳，非文辭不爲功。慎辭哉[一]！」

晉程鄭卒。子産始知然明，問爲政焉。對曰：「視民如子。見不仁者，誅之，如鷹鸇之逐鳥雀也。」子産喜，以語子大叔，且曰：「他日，吾見蔑之面而已，今吾見其心矣。」子大叔問政於子産。子産曰：「政如農功，日夜思之，思其始而成其終，朝夕而行之。行無越思，如農之有畔，其過鮮矣。」

二十六年，鄭伯賞入陳之功，三月甲寅朔，享子展，賜之先路三命之服，先八邑；賜子産次路再命之服，先六邑。子産辭邑，曰：「自上以下，降殺以兩，禮也。臣之位在四，且子展之功也，臣不敢及賞禮，請辭邑。」公固予之，乃受三邑。公孫揮曰：「子産其將知政矣。讓不失禮。」

楚子、秦人侵吴，及雩婁，聞吴有備而還。遂侵鄭。五月，至於城麇。鄭皇頡戍之，出，與楚師戰，敗。穿封戌囚皇頡，公子圍與之爭之，正於伯州犁，伯州犁曰：「請問於囚。」乃立囚。伯州犁曰：「所爭，君子也，其何不知？」上其手，曰：「夫子爲王子圍，

〔一〕「哉」，阮刻本作「也」。

寡君之貴介弟也。」下其手，曰：「此子爲穿封戌，方城外之縣尹也。誰獲子？」囚曰：「頡遇王子，弱焉。」戌怒，抽戈逐王子圍，弗及。楚人以皇頡歸。

印堇父與皇頡戍城麇，楚人囚之，以獻於秦。鄭人取貨於印氏以請之，子大叔爲令正，以爲請。子產曰：「不獲。受楚之功，而取貨於鄭，不可謂國，秦不其然。若曰『拜君之勤鄭國。微君之惠，楚師其猶在敝邑之城下』，其可。」弗從，遂行。秦人不予。更幣，從子產，而後獲之。

許靈公如楚，請伐鄭，曰：「師不興，孤不歸矣。」八月，卒于楚。楚子曰：「不伐鄭，何以求諸侯？」

冬十月，楚子伐鄭，鄭人將禦之。子產曰：「晉、楚將平，諸侯將和，楚王是故昧於一來。不如使逞而歸，乃易成也。夫小人之性，釁於勇、嗇於禍、以足其性、而求名焉者，非國家之利也，若何從之？」子展說，不禦寇。十二月乙酉，入南里，墮其城。涉於樂氏，門于師之梁。縣門發，獲九人焉。涉于氾而歸。而後葬許靈公。

二十八年，孟孝伯如晉，告將爲宋之盟故如楚也。

蔡侯之如晉也，鄭伯使游吉如楚。及漢，楚人還之，曰：「宋之盟，君實親辱。今吾子來，寡君謂吾子姑還，吾將使馹奔問諸晉而以告。」子大叔曰：「宋之盟，君命將利小國，而亦使安定其社稷，鎮撫其民人，以禮承天之休，此君之憲令，而小國之望也。寡君是故使吉奉其皮幣，以歲之不易，聘於下執事。今執事有命曰：女何與政令之有？必使而君棄而封守，跋涉山川，蒙犯霜露，以逞君心。小國將君是望，敢不唯命是聽？無乃非盟載之言，以闕君德，而執事有不利焉，小國是懼。不然，其何勞之敢憚？」

子大叔歸，復命。告子展曰：「楚子將死矣。不修其政德，而貪昧於諸侯，以逞其願，欲久，得乎？周易有之，在復䷗之頤䷚，曰：『迷復，凶。』其楚子之謂乎！欲復其願，而棄其本，復歸無所，是謂迷復，能無凶乎？君其往也，送葬而歸，以快楚心。楚不幾十年，未能恤諸侯也，吾乃休吾民矣。」裨竈曰：「今茲周王及楚子皆將死。歲棄其次，而旅於明年之次，以害鳥、帑，周、楚惡之。」

九月，鄭游吉如晉，告將朝于楚以從宋之盟。子產相鄭伯以如楚。舍不爲壇。外僕言曰：「昔先大夫相先君適四國，未嘗不爲壇。自是至今亦皆循之。今子草舍，無乃不可乎？」子產曰：「大適小，則爲壇；小適大，苟舍而已，焉用壇？僑聞之，大適小有五美：宥其罪戾，赦其過失，救其菑患，賞其德刑，教其不及。小國不困，懷服如歸，是故作壇以昭其功，宣告後人，無怠於德。小適大有五惡：說其罪戾，請其不足，行其政事，共其職貢，從其時命。不然，則重其幣帛，以賀其福而弔其凶，皆小國之禍也，焉用作壇以昭其禍？所以告子孫，無昭禍焉可也。」

二十九年。鄭子展卒，子皮即位。於是鄭饑，而未及麥，民病。子皮以子展之命餼國人粟，户一鍾，是以得鄭國之民，故罕氏常掌國政，以爲上卿。宋司城子罕聞之，曰：「鄰於善，民之望也。」宋亦饑，請於平公，出公粟以貸。使大夫皆貸。司城氏貸而不書，爲大夫之無者貸。宋無飢人。叔向聞之，曰：「鄭之罕，宋之樂，其後亡者也，二者其皆得國乎！民之歸也。施而不德，樂氏加焉，其以宋升降乎！」

鄭伯有使公孫黑如楚，辭曰：「楚、鄭方惡，而使余往，是殺余也。」伯有曰：「世行也。」子晳曰：「可則往，難則已，何世之有？」伯有將强使之。子晳怒，將伐伯有氏，大夫和之。十二月己巳，鄭大夫盟於伯有氏。裨諶曰：「是盟也，其與幾何？詩曰：『君子屢盟，亂是用長。』今是長亂之道也，禍未歇也，必三年而後能紓。」然明曰：「政將焉往？」裨諶曰：「善之代不善，天命也，其焉辟子産？舉不踰等，則位班也。擇善而舉，則世隆也。天又除之，奪伯有魄，子西即世，將焉辟之？天禍鄭久矣，其必使子産息之，乃猶可以戾。不然，將亡矣。」

三十年，子産相鄭伯以如晉，叔向問鄭國之政焉。對曰：「吾得見與否，在此歲也。駟、良方爭，未知所成。若有所成，吾得見，乃可知也。」叔向曰：「不既和矣乎？」對曰：

「伯有侈而愎，子晳好在人上，莫能相下也。雖其和也，猶相積惡也，惡至無日矣。」

鄭伯有耆酒，爲窟室，而夜飲酒，擊鐘焉，朝至，未已。朝者曰：「公焉在？」其人曰：「吾公在壑谷。」皆自朝布路而罷。既而朝，則又將使子晳如楚，歸而飲酒。庚子，子晳以駟氏之甲伐而焚之。伯有奔雍梁，醒而後知之，遂奔許。

大夫聚謀。子皮曰：「仲虺之志云：『亂者取之，亡者侮之。推亡，固存，國之利也。』罕、駟、豐同生，伯有汏侈，故不免。」人謂子產就直助彊。子產曰：「豈爲我徒？國之禍難，誰知所敝？或主彊直，難乃不生。姑成吾所。」辛丑，子產斂伯有氏之死者而殯之，不及謀而遂行。印段從之。子皮止之。衆曰：「人不我順，何止焉？」子皮曰：「夫子禮於死者，況生者乎？」遂自止之。壬寅，子產入。癸卯，子石入。皆受盟于子晳氏。乙巳，鄭伯及其大夫盟于大宮，盟國人于師之梁之外。

伯有聞鄭人之盟己也，怒；聞子皮之甲不與攻己也，喜，曰：「子皮與我矣。」癸丑，晨，自墓門之瀆入，因馬師頡介于襄庫，以伐舊北門。駟帶率國人以伐之。皆召子產。子產曰：「兄弟而及此，吾從天所與。」伯有死於羊肆。子產襚之，枕之股而哭之，斂而殯諸伯有之臣在市側者，既而葬諸斗城。子駟氏欲攻子產。子皮怒之，曰：「禮，國之幹也。殺有禮，禍莫大焉。」乃止。

於是游吉如晉還，聞難，不入。復命於介。八月甲子，奔晉。駟帶追之，及酸棗。與子上盟，用兩珪質于河。使公孫肸入盟大夫。己巳，復歸。

書曰「鄭人殺良霄」，不稱大夫，言自外入也。

於子蟜之卒也，將葬，公孫揮與裨竈晨會事焉。過伯有氏，其門上生莠。子羽曰：「其莠猶在乎？」於是歲在降婁，降婁中而旦。裨竈指之，曰：「猶可以終歲，歲不及此次也已。」及其亡也，歲在娵訾之口，其明年乃及降婁。

僕展從伯有，與之皆死。羽頡出奔晉，爲任大夫。

雞澤之會，鄭樂成奔楚，遂適晉。羽頡因之，與之比而事趙文子，言伐鄭之說焉。以宋之盟故，不可。子皮以公孫鉏爲馬師。

靈王之庸及太子晉之辨秦妖言髭王亦能修其世，著其爲庸人也。王子朝乃以爲神聖，愚甚。

十年。王叔陳生與伯輿爭政，王右伯輿。王叔陳生怒而出奔。及河，王復之，殺史狡以說焉。不入，遂處之。晉侯使士匄平王室，王叔與伯輿訟焉。王叔之宰與伯輿之大夫瑕禽坐獄於王庭，士匄聽之。王叔之宰曰：「篳門閨竇之人而皆陵其上，其難爲上矣。」瑕禽曰：「昔平王東遷，吾七姓從王，牲用備具，王賴之，而賜之騂旄之盟，曰：『世世無失職。』若篳門閨竇，其能來東底乎？且王何賴焉？今自王叔之相也，政以賄成，而刑放於寵。官之師旅，不勝其富，吾能無篳門閨竇乎？唯大國圖之！下而無直，則何謂正矣？」範宣子曰：「天子所右，寡君亦右之；所左，亦左之。」使王叔氏與伯輿合要，王叔氏不能舉其契。王叔奔晉。不書，不告也。單靖公爲卿士以相王室。

十二年，靈王求后于齊，齊侯問對於晏桓子，桓子對曰：「先王之禮辭有之。天子求后於諸侯，諸侯對曰：『夫婦所生若而人，妾婦之子若而人。』無女而有姊妹及姑姊妹，則曰：『先守某公之遺女若而人。』」齊侯許昏。王使陰里結之。

十四年，王使劉定公賜齊侯命，曰：「昔伯舅大公右我先王，股肱周室，師保萬民。世祚〔二〕大師，以表東海。王室之不壞，緊伯舅是賴。今余命女環，兹率舅氏之典，纂乃祖考，無忝乃舊。敬之哉，無廢朕命！」

二十四年。周語・靈王二十二年，穀、洛鬥，將毀王宮。王欲壅之，太子晉諫曰：「不可。晉聞古之長民者，不墮山，不崇藪，不防川，不竇澤。夫山，土之聚也；藪，物之歸也；川，氣之導也；澤，水之鍾也。夫天地成而聚於高，歸物於下。疏爲川谷，以導

〔二〕「祚」，阮刻本作「胙」。

其氣； 陂塘汙庳，以鍾其美。是故聚不阤崩，而物有所歸； 氣不沈滯，而亦不散越。是以民生有財用，而死有所葬。然則無夭、昏、札、瘥之憂，而無飢、寒、乏、匱之患，故上下能相固，以待不虞，古之聖王唯此之慎。

「昔共工棄此道也，虞于湛樂，淫失其身，欲壅防百川，墮高堙庳，以害天下。皇天弗福，庶民弗助，禍亂並興，共工用滅。其在有虞，有崇伯鯀，播其淫心，稱遂共工之過，堯用殛之于羽山。其後伯禹念前之非度，釐改制量，象物天地，比類百則，儀之于民，而度之于群生，共之從孫四嶽佐之，高高下下，疏川導滯，鍾水豐物，封崇九山，決汨九川，陂障九澤，豐殖九藪，汨越九原，宅居九隩，合通四海。故天無伏陰，地無散陽，水無沈氣，火無災燀，神無閒行，民無淫心，時無逆數，物無害生。帥象禹之功，度之于軌儀，莫非嘉績，克厭帝心。皇天嘉之，祚以天下，賜姓曰『姒』、氏曰『有夏』，謂其能以嘉祉殷富生物也。祚四嶽國，命以侯伯，賜姓曰『姜』、氏曰『有呂』，謂其能爲禹股肱心膂，以養物豐民人也。

「此一王四伯，豈繄多寵？皆亡王之後也。惟能釐舉嘉義，以有胤在下〔二〕，守祀不替

〔二〕「在下」原作「下在」，據徐元誥國語集解乙正。

其典。有夏雖衰，杞、鄫猶在；申、呂雖衰，齊、許猶在。唯有嘉功，以〔一〕命姓受祀，迄于天下。及其失之也，必有慆淫之心閒之。故亡其氏姓，踣斃不振；絶後無主，湮替隸圉。夫亡者豈繄無寵？皆黄、炎之後也。唯不帥天地之度，不順四時之序，不度民神之義，不儀生物之則，以殄滅無胤，至于今不祀。及其得之也，必有忠信之心閒之。度於天地而順於時動，和於民神而儀於物則，故高朗令終，顯融昭明，命姓受氏，而附之以令名。若啓先王之遺訓，省其典圖刑法，而觀其廢興者，皆可知也。其興者，必有夏、呂之功焉；其廢者，必有共、鯀之敗焉。今吾執政無乃實有所避，而滑夫二川之神，使至於爭明，以妨王宮，王而飾之，無乃不可乎！

「人有言曰：『無過亂人之門。』又曰：『佐饔者嘗焉，佐鬭者傷焉。』又曰：『禍不好，不能爲禍。』詩曰：『四牡騤騤，旟旐有翩，亂生不夷，靡國不泯。』又曰：『民之貪亂，寧爲荼毒。』夫見亂而不惕，所殘必多，其飾彌章。民有怨亂，猶不可遏，而況神乎？王將防鬭川以飾宫，是飾亂而佐鬭也，其無乃章禍且遇傷乎？自我先王厲、宣、幽、平而貪天禍，至于今未弭。我又章之，懼長及子孫，王室其愈卑乎？其若之何？

〔一〕原無「以」字，據徐元誥國語集解補。

「自后稷以來寧亂，及文、武、成、康而僅克安民。自后稷之始基靖民，十五王而文始平之，十八王而康克安之，其難也如是。厲始革典，十四王矣。基德十五而始平，基禍十五其不濟乎！吾朝夕儆懼，曰：『其何德之修，而少光王室，以逆天休？』王又章輔禍亂，將何以堪之？王無亦鑒于黎、苗之王，下及夏、商之季，上不象天，而下不儀地，中不和民，而方不順時，不共神祇，而蔑棄五則。是以人夷其宗廟，而火焚其彝器，子孫爲隸，不〔二〕夷於民，而亦未觀夫前哲令德之則。則此五者而受天之豐福，饗民之勳力，子孫豐厚，令聞不忘，是皆天子之所知也。

「天所崇之子孫，或在畎畝，由欲亂民也。畎畝之人，或在社稷，由欲靖民也。無有異焉！詩云：『殷鑒不遠，在夏后之世。』將焉用飾宫？其以徼亂也。度之天神，則非祥也。比之地物，則非義也。類之民則，則非仁也。方之時動，則非順也。咨之前訓，則非正也。觀之詩、書，與民之憲言，則皆亡王之爲也。上下議之，無所比度，王其圖之！夫事大不從象，小不從文。上非天刑，下非地德，中非民則，方非時動而作之者，必不節矣。作又不節，害之道也。」王卒壅之。

〔二〕「不」，徐元誥國語集解作「下」。

傳・三十年。初，王儋季卒，其子括將見王，而歎。單公[一]子愆期爲靈王御士，過諸廷，聞其歎，而言曰：「烏乎！必有此夫！」入以告王，且曰：「必殺之！不慼而願大，視躁而足高，心在他矣。不殺，必害。」王曰：「童子何知！」及靈王崩，儋括欲立王子佞夫。佞夫弗知。戊子，儋括圍蒍，逐成愆。成愆奔平畤。五月癸巳，尹言多、劉毅、單蔑、甘過、鞏成殺佞夫。括、瑕、廖奔晉。書曰「天王殺其弟佞夫」，罪在王也。

〔一〕原無「公」字，據阮刻本補。

經文統鈔中編卷六

益陽陳天倪　主纂
湘陰彭　昺　襄輯

襄公下

衛孫林父出其君

成十四年。衛侯有疾，使孔成子、甯惠子立敬姒之子衎以爲大子。冬十月，衛定公卒。夫人姜氏既哭而息，見大子之不哀也，不内酌飲。歎曰：「是夫也，將不唯衛國之敗，其必始於未亡人。嗚呼！天禍衛國也夫！吾不獲鱄也使主社稷。」大夫聞之，無不聳懼。孫文子自是不敢舍其重器於衛，盡寘諸戚，而甚善晉大夫。

十四年。衛獻公戒孫文子、甯惠子食，皆服而朝，日旰不召，而射鴻於囿。二子從之，不釋皮冠而與之言。二子怒。孫文子如戚，孫蒯入使。公飲之酒，使大師歌巧言之卒章。大師辭。師曹請爲之。初，公有嬖妾，使師曹誨之琴，師曹鞭之。公怒，鞭師曹三百。故師曹欲歌之，以怒孫子，以報公。公使歌之，遂誦之。蒯懼，告文子。文子曰：「君忌我矣，弗先，必死。」

并帑於戚而入，見蘧伯玉，曰：「君之暴虐，子所知也。大懼社稷之傾覆，將若之何？」對曰：「君制其國，臣敢奸之？雖奸之，庸如愈乎？」遂行，從近關出。

公使子蟜、子伯、子皮與孫子盟于丘宮，孫子皆殺之。四月己未，子展奔齊。公如鄄。使子行於孫子，孫子又殺之。公出奔齊，孫氏追之，敗公徒于河〔一〕澤，鄄人執之。

初，尹公佗學射於庚公差，庚公差學射於公孫丁。二子追公，公孫丁御公。子魚曰：「射爲背師，不射爲戮，射爲禮乎？」射兩軥而還。尹公佗曰：「子爲師，我則遠矣。」乃反之。公孫丁授公轡而射之，貫臂。

子鮮從公。及竟，公使祝宗告亡，且告無罪。定姜曰：「無神，何告？若有，不可誣也。有罪，若何告無？舍大臣而與小臣謀，一罪也。先君有冢卿以爲師保，而蔑之，二罪也。余以巾櫛事先君，而暴妾使余，三罪也。告亡而已，無告無罪。」

公使厚成叔弔于衛，曰：「寡君使瘠，聞君不撫社稷，而越在他竟，若之何不弔？以

〔一〕「河」，原作「阿」，據阮刻本改。

同盟之故，使瘠敢私於執事，曰：『有君不弔，有臣不敏，君不赦宥，臣亦不帥職，增淫發洩，其若之何？』」衛人使大叔儀對，曰：「群臣不佞，得罪於寡君。寡君不以即刑，而悼棄之，以爲君憂。君不忘先君之好，辱弔群臣，又重恤之。敢拜君命之辱，重拜大貺。」厚孫歸，復命，語臧武仲曰：「衛君其必歸乎！有大叔儀以守，有母弟鱄以出，或撫其內，或營其外，能無歸乎！」

齊人以郲寄衛侯。及其復也，以郲糧歸。右宰穀從而逃歸，衛人將殺之。辭曰：「余不説初矣。余狐裘而羔袖。」乃赦之。衛人立公孫剽，孫林父、甯殖相之，以聽命於諸侯。衛侯在郲，臧紇如齊唁衛侯。與之言，虐。退而告其人曰：「衛侯其不得入矣。其言糞土也。亡而不變，何以復國？」子展、子鮮聞之，見臧紇，與之言，道。臧孫説，謂其人曰：「衛君必入。夫二子者，或輓之，或推之，欲無入，得乎？」

師曠侍於晉侯。晉侯曰：「衛人出其君，不亦甚乎？」對曰：「或者其君實甚。良君將賞善而刑淫，養民如子，蓋之如天，容之如地；民奉其君，愛之如父母，仰之如日月，敬之如神明，畏之如雷霆，其可出乎？夫君，神之主也，民之望也。若困民之主，匱神乏祀，百姓絶望，社稷無主，將安用之？弗去何爲？天生民而立之君，使司牧之，勿使失性。

有君而爲之貳，使師保之，勿使過度。是故天子有公，諸侯有卿，卿置側室，大夫有貳宗，士有朋友，庶人、工、商、皁、隸、牧、圉皆有親暱，以相輔佐也。善則賞之，過則匡之，患則救之，失則革之。自王以下各有父兄子弟以補察其政。史爲書，瞽爲詩，工誦箴諫，大夫規誨，士傳言，庶人謗，商旅于市，百工獻藝。故夏書曰：「遒人以木鐸徇於路。官師相規，工執藝事以諫。」正月孟春，於是乎有之，諫失常也。天之愛民甚矣。豈其使一人肆於民上，以從其淫，而棄天地之性？必不然矣。」

十七年，衛孫蒯田于曹隧，飲馬于重丘，毁其瓶。重丘人閉門而詢之，曰：「親逐而君，爾父爲厲。是之不憂，而何以田爲？」

夏，衛石買、孫蒯伐曹，取重丘。曹人愬于晉。

二十年，衛甯惠子疾，召悼子曰：「吾得罪於君，悔而無及也。名藏在諸侯之策，曰：『孫林父、甯殖出其君。』君入，則掩之。若能掩之，則吾子也。若不能，猶有鬼神，吾有餒而已，不來食矣。」悼子許諾，惠子遂卒。

二十五年，衛獻公自夷儀使與甯喜言，甯喜許之。大叔文子聞之，曰：「烏乎！詩所謂『我躬不説，皇恤我後』者，甯子可謂不恤其後矣。將可乎哉？殆必不可。君子之行，思其終也，思其復也。書曰：『慎始而敬終，終以不困。』詩曰：『夙夜匪解，以事一人。』

今甯子視君不如弈棋，其何以免乎？弈者舉棋不定，不勝其耦；而況置君而弗定乎？必不免矣。九世之卿族，一舉而滅之，可哀也哉！」

二十六年，衛獻公使子鮮爲復，辭。敬姒强命之。對曰：「君無信，臣懼不免。」敬姒曰：「雖然，以吾故也。」許諾。初，獻公使與甯喜言，甯喜曰：「必子鮮在，不然，必敗。」故公使子鮮。子鮮不獲命於敬姒，以公命與甯喜言，曰：「苟反，政由甯氏，祭則寡人。」甯喜告蘧伯玉。伯玉曰：「瑗不得聞君之出，敢聞其入？」遂行，從近關出。告右宰穀。右宰穀曰：「不可。獲罪於兩君，天下誰畜之？」悼子曰：「吾受命於先人，不可以貳。」穀曰：「我請使焉而觀之。」遂見公於夷儀。反，曰：「君淹恤在外十二年矣，而無憂色，亦無寬言，猶夫人也。若不已，死無日矣。」悼子曰：「子鮮在。」右宰穀曰：「子鮮在，何益？多而能亡，於我何爲？」悼子曰：「雖然，弗〔二〕可以已。」

孫文子在戚，孫嘉聘於齊，孫襄居守。二月庚寅，甯喜、右宰穀伐孫氏，不克，伯國傷。甯子出舍於郊。伯國死，孫氏夜哭。國人召甯子，甯子復攻孫氏，克之。辛卯，殺子叔及大子角。書曰：「甯喜弑其君剽。」言罪之在甯氏也。孫林父以戚如晉。書曰：「入于

〔二〕「弗」，阮刻本作「不」。

戚以叛。」罪孫氏也。臣之禄，君實有之。義則進，否則奉身而退。專禄以周旋，戮也。

甲午，衛侯入。書曰「復歸」，國納之也。大夫逆於竟者，執其手而與之言；道逆者，自車揖之；逆於門者，頷之而已。公至，使讓大叔文子曰：「寡人淹恤在外，二三子皆使寡人朝夕聞衛國之言，吾子獨不在寡人。古人有言曰：『非所怨，勿怨。』寡人怨矣。」對曰：「臣知罪矣！臣不佞，不能負羈絏以從扞牧圉，臣之罪一也。有出者，有居者，臣不能貳，通外内之言以事君，臣之罪二也。有二罪，敢忘其死？」乃行，從近關出。公使止之。

衛人侵戚東鄙，孫氏愬于晉，晉戍茅氏。殖綽伐茅氏，殺晉戍三百人。孫蒯追之，弗敢擊。文子曰：「厲之不如！」遂從衛師，敗之圉。雍鉏獲殖綽。復愬于晉。

六月，公會晉趙武、宋向戌、鄭良霄、曹人于澶淵，以討衛，疆戚田。取衛西鄙懿氏六十以與孫氏。

趙武不書，尊公也。向戌不書，後也。鄭先宋，不失所也。

於是衛侯會之。晉人執甯喜、北宮遺，使女齊以先歸。衛侯如晉，晉人執而囚之於士弱氏。

秋七月，齊侯、鄭伯爲衛侯故如晉，晉侯兼享之。晉侯賦嘉樂。國景子相齊侯，賦蓼蕭。子展相鄭伯，賦緇衣。叔向命晉侯拜二君，曰：「寡君敢拜齊君之安我先君之宗祧也，敢拜鄭君之不貳也。」國子使晏平仲私於叔向，曰：「晉君宣其明德於諸侯，恤其患而補其闕，正其違而治其煩，所以爲盟主也。今爲臣執君，若之何？」叔向告趙文子，文子以告晉侯。晉侯言衛侯之罪，使叔向告二君。國子賦轡之柔矣，子展賦將仲子兮，晉侯乃許歸衛侯。

叔向曰：「鄭七穆，罕氏其後亡者也，子展儉而壹。」

衛人歸衛姬于晉，乃釋衛侯。君子是以知平公之失政也。

二十七年。衛甯喜專，公患之，公孫免餘請殺之。公曰：「微甯子，不及此。吾與之言矣。事未可知，祇成惡名，止也。」對曰：「臣殺之，君勿與知。」乃與公孫無地、公孫臣謀，使攻甯氏，弗克，皆死。公曰：「臣也無罪，父子死余矣！」夏，免餘復攻甯氏，殺甯喜及右宰穀，尸諸朝。石惡將會宋之盟，受命而出，衣其尸，枕之股而哭之。欲斂以亡，懼不免，且曰：「受命矣。」乃行。

子鮮曰：「逐我者出，納我者死，賞罰無章，何以沮勸。君失其信，而國無刑，不亦難乎？且鱄實使之。」遂出奔晉。公使止之，不可。及河，又使止之，止使者而盟於河。託於木門，不鄉衛國而坐。木門大夫勸之仕，不可，曰：「仕而廢其事，罪也；從之，昭吾所以出也。將誰懟乎？吾不可以立於人之朝矣。」終身不仕。公喪之如税服終身。

公與免餘邑六十，辭曰：「唯卿備百邑，臣六十矣。下有上禄，亂也。臣弗敢聞。且甯子唯多邑，故死，臣懼死之速及也。」公固與之，受其半。以爲少師。公使爲卿，辭曰：「大叔儀不貳，能贊大事，君其命之。」乃使文子爲卿。

吴季子之讓國及其文學

十二年，吴子壽夢卒，臨於周廟，禮也。凡諸侯之喪，異姓臨於外，同姓於宗廟，同宗於祖廟，同族於禰廟。是故魯爲諸姬，臨於周廟；爲邢、凡、蔣、茅、胙、祭，臨於周公之廟。

十四年，吴子諸樊既除喪，將立季札。季札辭曰：「曹宣公之卒也，諸侯與曹人不義曹君，將立子臧。子臧去之，遂弗爲也，以成曹君。君子曰『能守節』。君，義嗣也。誰敢奸君？有國，非吾節也。札雖不才，願附於子臧，以無失節。」固立之，棄其室而耕。乃舍之。

二十五年十二月，吴子諸樊伐楚，以報舟師之役。門于巢。巢牛臣曰：「吴王勇而輕，若啓之，將親門。我獲射之，必殪。是君也死，疆其少安。」從之。吴子門焉，牛臣隱於短牆以射之，卒。

二十九年，吴人伐越，獲俘焉，以爲閽，使守舟。吴子餘祭觀舟，閽以刀弑之。

公羊傳·吴子使札來聘。吴無君無大夫，此何以有君有大夫？賢季子也。何賢乎季子？讓國也。其讓國奈何？謁也、餘祭也、夷昧也，與季子同母者四。季子弱而才，兄弟皆愛之，同欲立之以爲君。謁曰：「今若是迮而與季子國，季子猶不受也，請無與子而與弟，弟兄迭爲君，而致國乎季子。」皆曰：「諾。」故諸爲君者，皆輕死爲勇，飲食必祝，曰：「天苟有吴國，尚速有悔於予身。」故謁也死，餘祭也立。餘祭也死，夷昧也立。夷昧也死，則國宜之季子者也。季子使而亡焉。僚者，長庶也即之，季子使而反，至而君之爾。闔廬曰：「先君之所以不與子國而與弟者，凡爲季子故也。將從先君之命與，則國宜之季子者也；如不從先君之命與，則我宜立者也，僚惡得爲君乎？」於是使專諸刺僚，而致國乎季子。季子不受曰：「爾弑吾君，吾受爾國，是吾與爾爲篡也。爾殺吾兄，吾又殺爾，是父子兄弟相殺終身無已也。」去之延陵，終身不入吴國。故君子以其不受爲義，以其不殺爲仁。賢季子則吴何以有君有大夫？以季子爲臣，則宜有君者也。札者何？吴季子之名也。春秋賢者不名，此何以名？許夷狄者不壹而足也。季子者，所賢也，曷爲不足乎季子？許人臣者必使臣，許人子者必使子也。

傳·吴公子札來聘，見叔孫穆子，説之。謂穆子曰：「子其不得死乎！好善而不能擇人。吾聞君子務在擇人。吾子爲魯宗卿，而任其大政，不慎舉，何以堪之？禍必及子！」

請觀於周樂。使工爲之歌周南、召南，曰：「美哉！始基之矣，猶未也，然勤而不怨矣。」爲之歌邶、鄘、衛，曰：「美哉淵乎！憂而不困者也。吾聞衛康叔、武公之德如是，是其衛風乎！」爲之歌王，曰：「美哉！思而不懼，其周之東乎！」爲之歌鄭，曰：「美哉！其細已甚，民弗堪也。是其先亡乎！」爲之歌齊，曰：「美哉！泱泱乎！大風也哉！表東海者，其大公乎！國未可量也。」爲之歌豳，曰：「美哉，蕩乎！樂而不淫，其周公之東乎？」爲之歌秦，曰：「此之謂夏聲。夫能夏則大，大之至也，其周之舊乎？」爲之歌魏，曰：「美哉！渢渢乎！大而婉，險應作「儉」而易行，以德輔此，則明主也。」爲之歌唐，曰：「思深哉！其有陶唐氏之遺民乎！不然，何憂之遠也？非令德之後，誰能若是？」爲之歌陳，曰：「國無主，其能久乎？」自鄶以下無譏焉。爲之歌小雅，曰：「美哉！思而不貳，怨而不言，其周德之衰乎？猶有先王之遺民焉。」爲之歌大雅，曰：「廣哉，熙熙乎！曲而有直體，其文王之德乎！」爲之歌頌，曰：「至矣哉！直而不倨，曲而不屈〔一〕，邇而不偪，

〔一〕「屈」，阮刻本作「詘」。

遠而不攜，遷而不淫，復而不厭，哀而不愁，樂而不荒，用而不匱，廣而不宣，施而不費，取而不貪，處而不底，行而不流。五聲和，八風平。節有度，守有序，盛德之所同也。」

見舞象箾、南籥者，曰：「美哉！猶有憾。」見舞大武者，曰：「美哉！周之盛也，其若此乎！」見舞韶濩者，曰：「聖人之宏也，而猶有慚德，聖人之難也。」見舞大夏者，曰：「美哉！勤而不德，非禹，其誰能修之？」見舞韶箾者，曰：「德至矣哉，大矣！如天之無不幬也，如地之無不載也，雖甚盛德，其蔑以加於此矣，觀止矣。若有他樂，吾不敢請已。」

其出聘也，通嗣君也。故遂聘于齊，説晏平仲，謂之曰：「子速納邑與政。無邑無政，乃免於難。齊國之政將有所歸，未獲所歸，難未歇也。」故晏子因陳桓子以納政與邑，是以免於欒、高之難。

聘於鄭，見子產，如舊相識。與之縞帶，子產獻紵衣焉。謂子產曰：「鄭之執政侈，難將至矣，政必及子。子爲政，慎之以禮。不然，鄭國將敗。」

適衛，説蘧瑗、史狗、史鰌，公子荆、公叔發、公子朝，曰：「衛多君子，未有患也。」

自衛如晉，將宿於戚，聞鐘聲焉，曰：「異哉！吾聞之也：辯而不德，必加於戮。夫子獲罪於君以在此，懼猶不足，而又何樂？夫子之在此也，猶燕之巢於幕上。君又在殯，而可以樂乎？」遂去之。文子聞之，終身不聽琴瑟。

適晉，説趙文子、韓宣子、魏獻子，曰：「晉國其萃於三族乎！」説叔向。將行，謂叔向曰：「吾子勉之！君侈而多良，大夫皆富，政將在家。吾子好直，必思自免於難。」

三十一年，吴子使屈狐庸聘于晉，通路也。趙文子問焉，曰：「延州來季子其果立乎？巢隕諸樊，閽戕戴吴，天似啓之，何如？」對曰：「不立。是二王之命也，非啓季子也。若天所啓，其在今嗣君乎！甚德而度。德不失民，度不失事。民親而事有序，其天所啓也。有吴國者，必此君之子孫實終之。季子，守節者也。雖有國，不立。」

晉師克齊

十六年春，葬晉悼公。平公即位，羊舌肸爲傅，張君臣爲中軍司馬，祁奚、韓襄、欒盈、士鞅爲公族大夫，虞丘書爲乘馬御。改服、修官，烝于曲沃。警守而下，會于湨梁。命歸侵田。以我故，執邾宣公、莒犂比公，且曰「通齊、楚之使」。

晉侯與諸侯宴于温，使諸大夫舞，曰：「歌詩必類。」齊高厚之詩不類。荀偃怒，且曰：「諸侯有異志矣。」使諸大夫盟高厚，高厚逃歸。於是叔孫豹、晉荀偃、宋向戌、衛甯殖、鄭公孫蠆、小邾之大夫盟，曰：「同討不庭。」

冬，穆叔如晉聘，且言齊故。晉人曰：「以寡君之未禘祀，與民之未息，不然，不敢忘。」穆叔曰：「以齊人之朝夕釋憾於敝邑之地，是以大請。敝邑之急，朝不及夕，引領西望曰：『庶幾乎！』比執事之間，恐無及也。」見中行獻子，賦圻父。獻子曰：「偃知罪矣，敢不從執事以同恤社稷，而使魯及此！」見范宣子，賦鴻鴈之卒章。宣子曰：「匄在此，敢使魯無鳩乎？」

十八年秋〔二〕，齊侯伐我北鄙。中行獻子將伐齊，夢與厲公訟，弗勝。公以戈擊之，首隊於前，跪而戴之，奉之以走，見梗陽之巫皋。他日，見諸道，與之言，同。巫曰：「今茲主必死。若有事於東方，則可以逞。」獻子許諾。

晉侯伐齊，將濟河。獻子以朱絲係玉二瑴，而禱曰：「齊環怙恃其險，負其衆庶，棄好背盟，陵虐神主。曾臣彪將率諸侯以討焉，其官臣偃實先後之。苟捷有功，無作神羞，官臣偃無敢復濟。唯爾有神裁之！」沈玉而濟。

冬十月，會于魯濟，尋湨梁之言，同伐齊。齊侯禦諸平陰，塹防門而守之，廣里。夙沙衛曰：「不能戰，莫如守險。」弗聽。諸侯之士門焉，齊人多死。范宣子告析文子，曰：「吾知子，敢匿情乎？魯人、莒人皆請以車千乘自其鄉入，既許之矣。若入，君必失國。子

〔二〕原無「秋」字，據阮刻本補。

盍圖之！」子家以告公，公恐。晏嬰聞之，曰：「君固無勇，而又聞是，弗能久矣。」

齊侯登巫山以望晉師。晉人使司馬斥山澤之險，雖所不至，必旆而疏陳之。使乘車者左實右僞，以旆先，輿曳柴而從之。齊侯見之，畏其衆也，乃脱歸。丙寅晦，齊師夜遁。師曠告晉侯曰：「鳥烏之聲樂，齊師其遁。」邢伯告中行伯曰：「有班馬之聲，齊師其遁。」叔向告晉侯曰：「城上有烏，齊師其遁。」

十一月丁卯朔，入平陰，遂從齊師。夙沙衛連大車以塞隧而殿。殖綽、郭最曰：「子殿國師，齊之辱也。子姑先乎！」乃代之殿。衛殺馬於隘以塞道。晉州綽及之，射殖綽，中肩，兩矢夾脰，曰：「止，將爲三軍獲；不止，將取其衷。」顧曰：「爲私誓。」州綽曰：「有如日！」乃弛弓而自後縛之。其右具丙亦舍兵而縛郭最，皆衿甲面縛，坐于中軍之鼓下。

晉人欲逐歸者，魯、衛請攻險。己卯，荀偃、士匄以中軍克京兹。乙酉，魏絳、欒盈以下軍克邿；趙武、韓起以上軍圍盧，弗克。十二月戊戌，及秦周，伐雍門之萩。范鞅門于雍門，其御追喜以戈殺犬於門中；孟莊子斬其橁以爲公琴。己亥，焚雍門及西郭、南郭。劉難、士弱率諸侯之師焚申池之竹木。壬寅，焚東郭、北郭。范鞅門于揚門。州綽門于東閭，左驂迫，還于門中，以枚數闔。

齊侯駕，將走郵棠。大子與郭榮扣馬，曰：「師速而疾，略也。將退矣，君何懼焉？且社稷之主不可以輕，輕則失衆。君必待之！」將犯之。大子抽劍斷鞅，乃止。甲辰，東侵及濰，南及沂。

十九年春，諸侯還自沂上，盟于督揚，曰：「大毋侵小。」

執邾悼公，以其伐我故。遂次于泗上，疆我田。取邾田，自漷水歸之于我。

晉侯先歸。公享晉六卿于蒲圃，賜之三命之服；軍尉、司馬、司空、輿尉、候奄皆受一命之服。賄荀偃束錦、加璧、乘馬，先吴壽夢之鼎。

荀偃癉疽，生瘍於頭。濟河，及著雍，病，目出。大夫先歸者皆反。士匄請見，弗内。請後，曰：「鄭甥可。」二月甲寅，卒，而視，不可含。宣子盥而撫之，曰：「事吴敢不如事主！」猶視。欒懷子曰：「其爲未卒事於齊故也乎？」乃復撫之曰：「主苟終，所不嗣事于齊者，有如河！」乃瞑，受含。宣子出，曰：「吾淺之爲丈夫也。」

范滅欒氏

二十一年。欒桓子娶於范宣子，生懷子。范鞅以其亡也，怨欒氏，故與欒盈爲公族大夫而不相能。桓子卒，欒祁與其老州賓通，幾亡室矣。懷子患之。祁懼其討也，愬諸宣子曰：「盈將爲亂，以范氏爲死桓主而專政矣，曰：『吾父逐鞅也，不怒而以寵報之，又與吾同官而專之。吾父死而益富。死吾父而專於國，有死而已，吾蔑從之矣。』其謀如是，懼害於主，吾不敢不言。」范鞅爲之徵。懷子好施，士多歸之。宣子畏其多士也，信之。懷子爲下卿，宣子使城著而遂逐之。秋，欒盈出奔楚。宣子殺箕遺、黄淵、嘉父、司空靖、邴豫、董叔、邴師、申書、羊舌虎、叔羆，囚伯華、叔向、籍偃。

人謂叔向曰：「子離於罪，其爲不知乎？」叔向曰：「與其死亡若何？詩曰：『優哉游哉，聊以卒歲。』知也。」

欒王鮒見叔向，曰：「吾爲子請。」叔向弗應。出，不拜。其人皆咎叔向。叔向曰：「必祁大夫。」室老聞之，曰：「欒王鮒言於君，無不行，求赦吾子，吾子不許。祁大夫所不能也，而曰必由之，何也？」叔向曰：「欒王鮒，從君者也，何能行？祁大夫外舉不棄讎，内舉不失親，其獨遺我乎？詩曰：『有覺德行，四國順之。』夫子覺者也。」

晉侯問叔向之罪於欒王鮒，對曰：「不棄其親，其有焉。」於是祁奚老矣，聞之，乘馹而見宣子，曰：「詩曰：『惠我無疆，子孫保之。』書曰：『聖有謩勳，明徵定保。』夫謀而鮮過、惠訓不倦者，叔向有焉，社稷之固也，猶將十世宥之，以勸能者。今壹不免其身，以棄社稷，不亦惑乎？鯀殛而禹興。伊尹放大甲而相之，卒無怨色；管、蔡爲戮，周公右王。若之何其以虎也棄社稷？子爲善，誰敢不勉？多殺何爲？」宣子説，與之乘，以言諸公而免之。不見叔向而歸。叔向亦不告免焉而朝。

初，叔向之母妬叔虎之母美而不使，其子皆諫其母。其母曰：「深山大澤，實生龍蛇。彼美，余懼其生龍蛇以禍女。女，敝族也。國多大〔一〕寵，不仁人閒之，不亦難乎？余何愛焉！」使往視寢，生叔虎，美而有勇力，欒懷子嬖之，故羊舌氏之族及於難。

欒盈過於周，周西鄙掠之。辭於行人曰：「天子陪臣盈，得罪於王之守臣，將逃罪。罪重於郊甸，無所伏竄，敢布其死：昔陪臣書能輸力於王室，王施惠焉。其子黶不能保任其父之勞。大君若不棄書之力，亡臣猶有所逃。若棄書之力，而思黶之罪，臣，戮餘也，將歸死於尉氏，不敢還矣。敢布四體，唯大君命焉。」王曰：「尤而效之，其又甚焉。」使司徒禁掠欒氏者，歸所取焉，使候出諸轘轅。

知起、中行喜、州綽、邢蒯出奔齊，皆欒氏之黨也。欒王鮒謂范宣子曰：「盍反州綽、邢蒯？勇士也。」宣子曰：「彼欒氏之勇也，余何獲焉？」王鮒曰：「子爲彼欒氏，乃亦子之勇也。」

〔一〕「多大」，原作「大多」，據阮刻本乙正。

二十二年秋，欒盈自楚適齊。晏平仲言於齊侯曰：「商任之會，受命於晉。今納欒氏，將安用之？小所以事大，信也。失信，不立。君其圖之。」弗聽。

二十三年，晉將嫁女于吳，齊侯使析歸父媵之，以藩載欒盈及其士，納諸曲沃。欒盈夜見胥午而告之。對曰：「不可。天之所廢，誰能興之？子必不免。吾非愛死也，知不集也。」盈曰：「雖然，因子而死，吾無悔矣。我實不天，子無咎焉。」許諾。伏之而觴曲沃人，樂作，午言曰：「今也得欒孺子何如？」對曰：「得主而爲之死，猶不死也。」皆歎，有泣者。爵行，又言。皆曰：「得主，何貳之有？」盈出，徧拜之。

四月，欒盈帥曲沃之甲，因魏獻子，以晝入絳。初，欒盈佐魏莊子於下軍，獻子私焉，故因之。趙氏以原、屏之難怨欒氏。韓、趙方睦。中行氏以伐秦之役怨欒氏，而固與范氏和親。知悼子少，而聽於中行氏。程鄭嬖於公。唯魏氏及七輿大夫與之。

欒王鮒侍坐於范宣子。或告曰：「欒氏至矣。」宣子懼。桓子曰：「奉君以走固宮，必無害也。且欒氏多怨，子爲政，欒氏自外，子在位，其利多矣。既有利權，又執民柄，將何懼焉？欒氏所得，其唯魏氏乎，而可强取也。夫克亂在權，子無懈矣。」

公有姻喪，王鮒使宣子墨縗、冒、絰，二婦人輦以如公，奉公以如固宮。范鞅逆魏舒，則成列既乘，將逆欒氏矣。趨進，曰：「欒氏帥賊以入，鞅之父與二三子在君所矣，使鞅逆吾子。」鞅請驂乘。」持帶，遂超乘。右撫劍，左援帶，命驅之出。僕請，鞅曰：「之公。」宣子逆諸階，執其手，賂之以曲沃。

初，斐豹，隸也，著於丹書。欒氏之力臣曰督戎，國人懼之。斐豹謂宣子曰：「苟焚丹書，我殺督戎。」宣子喜，曰：「而殺之，所不請於君焚丹書者，有如日！」乃出豹而閉之。督戎從之。踰隱而待之，督戎踰入，豹自後擊而殺之。

范氏之徒在臺後，欒氏乘公門。宣子謂鞅曰：「矢及君屋，死之！」鞅用劍以帥卒，欒氏退，攝車從之。遇欒樂，曰：「樂免之。死，將訟女於天。」樂射之，不中；又注，則乘槐本而覆。或以戟鉤之，斷肘而死。欒魴傷。欒盈奔曲沃。晉人圍之。

冬十月，晉人克欒盈于曲沃，盡殺欒氏之族黨。欒魴出奔宋。書曰「晉人殺欒盈」，不言大夫，言自外也。

楚令尹之更易

十五年，楚公子午爲令尹，公子罷戎爲右尹，蔿子馮爲大司馬，公子櫜師爲右司馬，公子成爲左司馬，屈到爲莫敖，公子追舒爲箴尹，屈蕩爲連尹，養由基爲宮廄尹，以靖國人。

君子謂：「楚於是乎能官人。官人，國之急也。能官人，則民無覦心。詩云：『嗟我懷人，寘彼周行。』能官人也。王及公、侯、伯、子、男，甸、采、衛、大夫，各居其列，所謂周行也。」

十八年，鄭子孔欲去諸大夫，將叛晉而起楚師以去之。使告子庚，子庚弗許。楚子聞之，使楊豚尹宜告子庚曰：「國人謂不穀主社稷而不出師，死不從禮。不穀即位，於今五年，師徒不出，人其以不穀爲自逸而忘先君之業矣。大夫圖之，其若之何？」子庚歎曰：「君王其謂午懷安乎！吾以利社稷也。」見使者，稽首而對曰：「諸侯方睦於晉，臣請嘗之。若可，君而繼之。不可，收師而退，可以無害，君亦無辱。」子庚帥師治兵於汾。於是子蟜、伯有、子張從鄭伯伐齊，子孔、子展、子西守。二子知子孔之謀，完守入保。子孔不敢會楚師。

楚師伐鄭，次於魚陵。右師城上棘，遂涉潁。次于旃然。蔿子馮、公子格率鋭師侵費滑、胥靡、獻于、雍梁，右回梅山，侵鄭東北，至于蟲牢而反。子庚門于純門，信于城下而還，涉於魚齒之下。甚雨及之。楚師多凍，役徒幾盡。

晉人聞有楚師，師曠曰：「不害。吾驟歌北風，又歌南風，南風不競，多死聲。楚必無功。」董叔曰：「天道多在西北。南師不時，必無功。」叔向曰：「在其君之德也。」

二十年秋，蔡公子燮欲以蔡之晉，蔡人殺之。公子履，其母弟也，故出奔楚。

陳慶虎、慶寅畏公子黄之偪，愬諸楚曰：「與蔡司馬同謀。」楚人以爲討。公子黄出奔楚。

初，蔡文侯欲事晉，曰：「先君與於踐土之盟，晉不可棄，且兄弟也。」畏楚，不能行而卒。楚人使蔡無常，公子燮求從先君以利蔡，不能而死。書曰「蔡殺其大夫公子燮」，言不與民同欲也；「陳侯之弟黄出奔楚」，言非其罪也。公子黄將出奔，呼於國曰：「慶氏無道，求專陳國，暴〔一〕蔑其君，而去其親，五年〔二〕不滅，是無天也。」

二十一年夏，楚子庚卒。楚子使薳子馮爲令尹，訪於申叔豫。叔豫曰：「國多寵而王弱，國不可爲也。」遂以疾辭。方暑，闕地，下冰而牀焉。重繭，衣裘，鮮食而寢。楚子使醫視之，復曰：「瘠則甚矣，而血氣未動。」乃使子南爲令尹。

二十二年。楚觀起有寵於令尹子南，未益禄而有馬數十乘。楚人患之，王將討焉。子南之子棄疾爲王御士，王每見之，必泣。棄疾曰：「君三泣臣矣，敢問誰之罪也？」王曰：「令尹之不能，爾所知也。國將討焉，爾其居乎？」對曰：「父戮子居，君焉用之？

〔一〕原無「暴」字，據阮刻本補。
〔二〕「五年」，原作「三年」，據阮刻本校改。

洩命重刑，臣亦不爲。」王〔一〕遂殺子南於朝，轘觀起於四竟。子南之臣謂棄疾，請徙子尸於朝，曰：「君臣有禮，唯二三子。」三日，棄疾請尸，王許之。既葬，其徒曰：「行乎？」曰：「吾與殺吾父，行將焉入？」曰：「然則臣王乎？」曰：「棄父事讎，吾弗忍也。」遂縊而死。

復使薳子馮爲令尹，公子齮爲司馬，屈建爲莫敖。有寵於薳子者八人，皆無禄而多馬。他日朝，與申叔豫言，弗應而退。從之，入於人中。又從之，遂歸。退朝，見之，曰：「子三困我於朝，吾懼，不敢不見。吾過，子姑告我，何疾我也？」對曰：「吾不免是懼，何敢告子？」曰：「何故？」對曰：「昔觀起有寵於子南，子南得罪，觀起車裂，何故不懼？」自御而歸，不能當道。至，謂八人者曰：「吾見申叔，夫子所謂生死而肉骨也。知我者如夫子則可；不然，請止。」辭八人者，而後王安之。

二十三年，陳侯如楚。公子黄愬二慶於楚，楚人召之。使慶樂往，殺之。慶氏以陳叛。夏，屈建從陳侯圍陳。陳人城，版隊而殺人。役人相命，各殺其長，遂殺慶虎、慶寅。楚人納公子黄。君子謂慶氏：「不義，不可肆也。故書曰：『惟命不于常。』」

〔一〕原無「王」字，據阮刻本補。

二十四年冬，楚子伐鄭以救齊，門于東門，次于棘澤。諸侯還救鄭。晉侯使張骼、輔躒致楚師，求御於鄭。鄭人卜宛射犬，吉。子大叔戒之曰：「大國之人不可與也。」對曰：「無有衆寡，其上一也。」大叔曰：「不然。部婁無松柏。」二子在幄，坐射犬於外，既食，而後食之。使御廣車而行，己皆乘乘車。將及楚師，而後從之乘，皆踞轉而鼓琴。近，不告而馳之。皆取胄於櫜而胄。入壘，皆下，搏人以投，收禽挾囚。弗待而出。皆超乘，抽弓而射。既免，復踞轉而鼓琴，曰：「公孫！同乘，兄弟也，胡再不謀？」對曰：「曩者志入而已，今則怯也。」皆笑，曰：「公孫之亟也。」

二十五年，楚薳子馮卒，屈建爲令尹，屈蕩爲莫敖。舒鳩人卒叛楚，令尹子木伐之，及離城，吴人救之。子木遽以右師先，子彊、息桓、子捷、子駢、子盂帥左師以退。吴人居其間七日。子彊曰：「久將墊隘，隘乃禽也，不如速戰。請以其私卒誘之，簡師，陳以待我。我克則進，奔則亦視之，乃可以免。不然，必爲吴禽。」從之。五人以其私卒先擊吴師，吴師奔；登山以望，見楚師不繼，復逐之，傅諸其軍，簡師會之。吴師大敗。遂圍舒鳩，舒鳩潰。八月，楚滅舒鳩。

楚蔿掩爲司馬，子木使庀賦，數甲兵。甲午，蔿掩書土、田：度山林，鳩藪澤，辨京陵，表淳鹵，數疆潦，規偃豬，町原防，牧隰皋，井衍沃，量入脩賦，賦車、籍馬，賦車兵、徒卒、甲楯之數。

既成，以授子木，禮也。

二十六年。初，楚伍參與蔡太師子朝友，其子伍舉與聲子相善也。伍舉娶於王子牟。王子牟爲申公而亡，楚人曰：「伍舉實送之。」伍舉奔鄭，將遂奔晉。聲子將如晉，遇之於鄭郊，班荆相與食，而言復故。聲子曰：「子行矣[一]，吾必復子。」

及宋向戌將平晉、楚，聲子通使於晉，還如楚。令尹子木與之語，問晉故焉，且曰：「晉大夫與楚孰賢？」對曰：「晉卿不如楚，其大夫則賢，皆卿材也。如杞梓、皮革，自楚往也。雖楚有材，晉實用之。」子木曰：「夫獨無族、姻乎？」對曰：「雖有，而用楚材實多。歸生聞之：善爲國者，賞不僭而刑不濫。賞僭，則懼及淫人；刑[二]濫，則懼及善人。若不幸而過，寧僭，無濫。與其失善，寧其利淫。無善人，則國從之。詩曰[三]：『人之云亡，邦國殄瘁。』無善人之謂也。故夏書曰：『與其殺不辜，寧失不經。』懼失善也。商頌有之曰：『不僭不濫，不敢怠皇。命于下國，封建厥福。』此湯所以獲天福也。古之

[一]「矣」，阮刻本作「也」。
[二]「刑」，阮刻本作「罰」。
[三]「曰」，阮刻本作「云」。

治民者，勸賞而畏刑，恤民不倦。賞以春夏，刑以秋冬。是以將賞，爲之加膳，加膳則飫賜，此以知其勸賞也。將刑，爲之不舉，不舉則徹樂，此以知其畏刑也。夙興夜寐，朝夕臨政，此以知其恤民也。三者，禮之大節也。有禮，無敗。今楚多淫刑，其大夫逃死於四方，而爲之謀主，以害楚國，不可救療，所謂不能也。子儀之亂，析公奔晉，晉人寘諸戎車之殿，以爲謀主。繞角之役，晉將遁矣，析公曰：「楚師輕窕，易震蕩也。若多鼓鈞聲，以夜軍之，楚師必遁。」晉人從之，楚師宵潰。晉遂侵蔡，襲沈，獲其君，敗申、息之師於桑隧，獲申麗而還。鄭於是不敢南面。楚失華夏，則析公之爲也。雍子之父兄譖雍子，君與大夫不善是也，雍子奔晉。晉人與之鄐，以爲謀主。彭城之役，晉、楚遇於靡角之谷。晉將遁矣，雍子發命於軍曰：『歸老幼，反孤疾，二人役，歸一人。簡兵蒐乘，秣馬蓐食，師陳焚次，明日將戰。』行歸者，而逸楚囚。楚師宵潰，晉降彭城而歸諸宋，以魚石歸。楚失東夷，子辛死之，則雍子之爲也。子反與子靈爭夏姬，而雍害其事，子靈奔晉，晉人與之邢，以爲謀主。扞禦北狄，通吴於晉，教吴判楚，教之乘車、射御、驅侵，使其子狐庸爲吴行人焉。吴於是伐巢、取駕、克棘、入州來，楚罷於奔命，至今爲患，則子靈之爲也。若敖之亂，伯賁之子賁皇奔晉，晉人與之苗，以爲謀主。鄢陵之役，楚晨壓晉軍而陳。晉將遁矣，苗賁皇曰：『楚師之良，在其中軍王族而已，若塞井夷竈，成陳以當之，欒、范易行以誘之，中行、二郤必克二穆，吾乃四萃於其王族，必大敗之。』晉人從之，楚師大敗，王夷、師熸，子反死之。鄭叛、吴興，楚失諸侯，則苗賁皇之爲也。」子木曰：「是皆然矣。」聲子曰：「今又有甚於此。椒舉娶於申公子牟，子牟得戾而亡，君大夫謂椒舉：『女實遣之！』懼而奔鄭，引領南望，曰：『庶幾赦余。』亦弗圖也。今在晉矣。晉人將與之縣，以比叔向。彼若謀害楚國，豈不爲患？」子木懼，言諸王，益其禄爵而復之。聲子使椒鳴逆之。

齊莊與棠姜

十九年。齊侯娶于魯，曰顏懿姬，無子。其姪鬷聲姬，生光，以爲大子。諸子仲子、戎子，戎子嬖。仲子生牙，屬諸戎子。戎子請以爲大子，許之。仲子曰：「不可。廢常，不祥；間諸侯，難。光之立也，列於諸侯矣。今無故而廢之，是專黜諸侯，而以難犯不祥也。君必悔之。」公曰：「在我而已。」遂東大子光。使高厚傅牙，以爲大子，夙沙衛爲少傅。

齊侯疾，崔杼微逆光。疾病而立之。光殺戎子，尸諸朝，非禮也。婦人無刑。雖有刑，不在朝市。

夏五月壬辰晦，齊靈公卒。莊公即位，執公子牙於句瀆之丘。以夙沙衛易己，衛奔高唐以叛。

秋八月，齊崔杼殺高厚於灑藍，而兼其室。書曰：「齊殺其大夫。」從君於昏也。

齊慶封圍高唐，弗克。冬十一月，齊侯圍之。見衛在城上，號之，乃下。問守備焉，以無備告。揖之，乃登。聞師將傅，食高唐人。殖綽、工僂會夜縋納師，醢衛于軍。

二十一年，齊侯使慶佐爲大夫，復討公子牙之黨，執公子買于句瀆之丘。公子鉏來奔。叔孫還奔燕。

齊莊公朝，指殖綽、郭最曰：「是寡人之雄也。」州綽曰：「君以爲雄，誰敢不雄？然臣不敏，平陰之役，先二子鳴。」莊公爲勇爵，殖綽、郭最欲與焉。州綽曰：「東閭之役，臣左驂迫，還於門中，識其枚數，其可以與於此乎？」公曰：「子爲晉君也。」對曰：「臣爲隸新。然二子者，譬於禽獸，臣食其肉而寢處其皮矣。」

二十三年秋，齊侯伐衛。先驅，穀榮御王孫揮，召揚爲右；申驅，成秩御莒恒，申鮮虞之傅摯爲右。曹開御戎，晏父戎爲右。貳廣，上之登御邢公，盧蒲癸爲右；啓，牢成御襄罷師，狼蘧疏爲右；胠，商子車御侯朝，桓跳爲右；大殿，商子游御夏之御寇，崔如爲右；燭庸之越駟乘。自衛將遂伐晉。

晏平仲曰：「君恃勇力，以伐盟主，若不濟，國之福也。不德而有功，憂必及君。」崔杼諫曰：「不可。臣聞之：『小國閒大國之敗而毁焉，必受其咎。』君其圖之！」弗聽。陳文子見崔武子，曰：「將如君何？」武子曰：「吾言於君，君弗聽也。以爲盟主，而利其難。群臣若急，君於何有？子姑止之。」文子退，告其人曰：「崔子將死乎！謂君甚而又過之，不得其死。過君以義，猶自抑也，況以惡乎？」

齊侯遂伐晉，取朝歌。爲二隊，入孟門，登大行。張武軍於熒庭，戍郫邵，封少水，以報平陰之役，乃還。趙勝帥東陽之師以追之，獲晏氂。

齊侯還自晉，不入，遂襲莒，門于且于，傷股而退。明日，將復戰，期于壽舒。杞殖、華還載甲夜入且于之隧，宿於莒郊。明日，先遇莒子於蒲侯氏。莒子重賂之，使無死，曰：「請有盟。」華周對曰：「貪貨棄命，亦君所惡也。昏而受命，日未中而棄之，何以事君？」莒子親鼓之，從而伐之，獲杞梁。莒人行成。

齊侯歸，遇杞梁之妻於郊，使弔之。辭曰：「殖之有罪，何辱命焉？若免於罪，猶有先人之敝廬在，下妾不得與郊弔。」齊侯弔諸其室。

二十五年。齊棠公之妻，東郭偃之姊也。東郭偃臣崔武子。棠公死，偃御武子以吊焉。見棠姜而美之，使偃取之。偃曰：「男女辨姓，今君出自丁，臣出自桓，不可。」武子筮之，遇困䷮之大過䷛。史皆曰：「吉。」示陳文子，文子曰：「夫從風，風隕妻，不可娶也。且其繇曰：『困于石，據于蒺棃，入于其宫，不見其妻，凶。』困于石，往不濟也；據于蒺棃，所恃傷也；入於其宫，不見其妻，凶，無所歸也。」崔子曰：「嫠也，何害？先夫當之矣。」遂取之。

莊公通焉，驟如崔氏，以崔子之冠賜人。侍者曰：「不可。」公曰：「不爲崔子，其無冠乎？」崔子因是，又以其間伐晉也，曰：「晉必將報。」欲弑公以説于晉，而不獲間。公鞭侍人賈舉，而又近之，乃爲崔子間公。

夏五月，莒爲且于之役故，莒子朝于齊。甲戌，饗諸北郭。崔子稱疾，不視事。乙亥，公問崔子，遂從姜氏。姜入于室，與崔子自側户出。公拊楹而歌。侍人賈舉止衆從者而入，閉門。甲興，公登臺而請，弗許；請盟，弗許；請自刃於廟，弗〔一〕許。皆曰：「君之臣杼疾病，不能聽命。近於公宫，陪臣干掫有淫者，不知二命。」公踰牆。又射之，中股，反隊，遂弑之。賈舉、州綽、邴師、公孫敖、封具、鐸父、襄伊、僂堙皆死。祝佗父祭於高唐，至，復命，不説弁而死於崔氏。申蒯，侍漁者，退，謂其宰曰：「爾以帑免，我將死。」其宰曰：「免，是反子之義也。」與之皆死。崔氏殺鬷蔑于平陰。

〔一〕「弗」，阮刻本作「勿」。

晏子立於崔氏之門外，其人曰：「死乎？」曰：「獨吾君也乎哉，吾死也？」曰：「行乎？」曰：「吾罪也乎哉，吾亡也？」曰：「歸乎？」曰：「君死，安歸？君民者，豈以陵民？社稷是主。臣君者，豈爲其口實，社稷是養。故君爲社稷死，則死之；爲社稷亡，則亡之。若爲己死，而爲己亡，非其私暱，誰敢任之？且人有君而弒之，吾焉得死之？而焉得亡之？將庸何歸？」門啓而入，枕尸股而哭。興，三踊而出。人謂崔子：「必殺之！」崔子曰：「民之望也，舍之，得民。」

盧蒲癸奔晉，王何奔莒。

叔孫宣伯之在齊也，叔孫還納其女於靈公，嬖，生景公。丁丑，崔杼立而相之，慶封爲左相。盟國人於大宮，曰：「所不與崔、慶者——」晏子仰天歎曰：「嬰所不唯忠於君、利社稷者是與，有如上帝！」乃歃。辛巳，公與大夫及莒子盟。

大史書曰：「崔杼弒其君。」崔子殺之。其弟嗣書，而死者二人。其弟又書，乃舍之。南史氏聞大史盡死，執簡以往。聞既書矣，乃還。

閭丘嬰以帷縛其妻而載之，與申鮮虞乘而出，鮮虞推而下之，曰：「君昏不能匡，危不能救，死不能死，而知匿其暱，其誰納之？」行及弇中，將舍。嬰曰：「崔、慶其追我。」鮮虞曰：「一與一，誰能懼我？」遂舍，枕轡而寢，食馬而食，駕而行。出弇中，謂嬰曰：

「速驅之！崔、慶之衆，不可當也。」遂來奔。

崔氏側莊公于北郭。丁亥，葬諸士孫之里。四翣，不蹕，下車七乘，不以兵甲。

晉侯濟自泮，會于夷儀，伐齊，以報朝歌之役。齊人以莊公説，使隰鉏請成，慶封如師。男女以班。賂晉侯以宗器、樂器。自六正、五吏、三十帥、三軍之大夫、百官之正長、師旅及處守者皆有賂。晉侯許之。使叔向告於諸侯。公使子服惠伯對曰：「君舍有罪，以靖小國，君之惠也。寡君聞命矣。」

宋子罕、向戌之優劣

十五年。宋人或得玉，獻諸子罕。子罕弗受。獻玉者曰：「以示玉人，玉人以爲寶也，故敢獻之。」子罕曰：「我以不貪爲寶，爾以玉爲寶。若以與我，皆喪寶也，不若人有其寶。」稽首而告曰：「小人懷璧，不可以越鄉，納此以請死也。」子罕寘諸其里，使玉人爲之攻之，富而後使〔一〕復其所。

十七年。宋華閲卒，華臣弱皋比之室，使賊殺其宰華吴，賊六人以鈹殺諸盧門合左師

〔一〕原無「使」字，據阮刻本補。

之後。左師懼，曰：「老夫無罪。」賊曰：「臯比私有討於吴。」遂幽其妻，曰：「畀余爾〔一〕大璧。」宋公聞之，曰：「臣也不唯其宗室是暴，大亂宋國之政，必逐之。」左師曰：「臣也，亦卿也。大臣不順，國之恥也。不如蓋之。」乃舍之。左師爲己短策，苟過華臣之門，必騁。

十一月甲午，國人逐瘈狗，瘈狗入於華臣氏，國人從之。華臣懼，遂奔陳。

宋皇國父爲大宰，爲平公築臺，妨於農收。子罕請俟農功之畢，公弗許。築者謳曰：「澤門之晳，實興我役。邑中之黔，實慰我心。」子罕聞之，親執扑，以行築者，而抶其不勉者，曰：「吾儕小人皆有闔廬以辟燥濕寒暑。今君爲一臺，而不速成，何以爲役？」謳者乃止。或問其故，子罕曰：「宋國區區，而有詛有祝，禍之本也。」

二十六年。經・秋，宋公殺其世子痤。

傳・初，宋芮司徒生女子，赤而毛，棄諸堤下，共姬之妾取以入，名之曰棄。長而美。平公入夕，共姬與之食。公見棄也，而視之，尤。姬納諸御，嬖，生佐，惡而婉。大子痤美而很，合左師畏而惡之。寺人惠牆伊戾爲大子内師而無寵。秋，楚客聘於晉，過宋。大子

〔一〕「爾」，阮刻本作「而」。

知之，請野享之，公使往。伊戾請從之。公曰：「夫不惡女乎？」對曰：「小人之事君子也，惡之不敢遠，好之不敢近。敬以待命，敢有貳心乎？縱有共其外，莫共其内，臣請往也。」遣之。至，則欿，用牲，加書，徵之，而騁告公，曰：「大子將爲亂，既與楚客盟矣。」公曰：「爲我子，又何求？」對曰：「欲速。」公使視之，則信有焉。問諸夫人與左師，則皆曰：「固聞之。」公囚大子。大子曰：「唯佐也能免我。」召而使請，曰：「日中不來，吾知死矣。」左師聞之，聒而與之語。過期，乃縊而死。佐爲大子。公徐聞其無罪也，乃亨伊戾。

左師見夫人之步馬者，問之，對曰：「君夫人氏也。」左師曰：「誰爲君夫人？余胡弗知？」圉人歸，以告夫人。夫人使饋之錦與馬，先之以玉，曰：「君之妾棄使其獻。」左師改命曰：「君夫人」，而後再拜稽首受之。按：伊戾，一小人耳，何敢爲欿牲、加書之事，蓋爲向戌與赤毛女子所使也。觀下曰「固聞之」「聒而與佐〔二〕語」，且再拜稽首於赤毛圉人之下，其情顯然矣。宋公烹伊戾而不誅向戌，經所以歸獄於宋公也。

〔二〕「佐」，阮刻本作「之」。

宋兩災之烈

九年春，宋災，樂喜爲司城以爲政，使伯氏司里。火所未至，徹小屋，塗大屋，陳畚、挶；具綆缶，備水器；量輕重，蓄水潦，積土塗；巡丈城，繕守備，表火道。使華臣具正徒，令隧正納郊保，奔火所。使華閱討右官，官庀其司。向戌討左，亦如之。使樂遄庀刑器，亦如之。使皇鄖命校正出馬，工正出車，備甲兵，庀武守。使西鉏吾庀府守，令司宮、巷伯儆宮。二師令四鄉正敬享，祝宗用馬于四墉，祀盤庚于西門之外。

晉侯問於士弱曰：「吾聞之，宋災於是乎知有天道，何故？」對曰：「古之火正，或食於心，或食於咮，以出内火。是故咮爲鶉火，心爲大火。陶唐氏之火正閼伯居商丘，祀大火，而火紀時焉。相土因之，故商主大火。商人閱其禍敗之舋，必始於火，是以日知其有天道也。」公曰：「可必乎？」對曰：「在道。國亂無象，不可知也。」

三十年五月，或叫于宋大〔一〕廟，曰：「譆譆，出出。」鳥鳴于亳社，如曰「譆譆」。甲午，宋大災。宋伯姬卒，待姆也。君子謂宋共姬「女而不婦。女待人，婦義事也」。

穀梁傳·五月甲午，宋災。伯姬卒。取卒之日，加之災上者，見以災卒也。其見以災

〔一〕原無「大」字，據阮刻本補。

卒奈何？伯姬之舍失火，左右曰：「夫人少辟火乎？」伯姬曰：「婦人之義，傅母不在，宵不下堂。」左右又曰：「夫人少辟火乎？」伯姬曰：「婦人之義，保母不在，宵不下堂。」遂逮乎火而死。婦人以貞爲行者也，伯姬之婦道盡矣。詳其事，賢伯姬也。

弭兵之會

二十五年，晉趙文子爲政，令薄諸侯之幣，而重其禮。穆叔見之。謂穆叔曰：「自今以往，兵其少弭矣。齊崔、慶新得政，將求善於諸侯。武也知楚令尹。若敬行其禮，道之以文辭，以靖諸侯，兵可以弭。」

二十六年春，秦伯之弟鍼如晉修成，叔向命召行人子員。行人子朱曰：「朱也當御。」三云，叔向不應。子朱怒，曰：「班爵同，何以黜朱於朝？」撫劍從之。叔向曰：「秦、晉不和久矣。今日之事，幸而集，晉國賴之。不集，三軍暴骨。子員道二國之言無私，子常易之。姦以事君者，吾所能御也。」拂衣從之。人救之。平公曰：「晉其庶乎！吾臣之所爭者大。」師曠曰：「公室懼卑。臣不心競而力爭，不務德而爭善，私欲已侈，能無卑乎？」

齊人城郟之歲，其夏，齊烏餘以廩丘奔晉，襲衛羊角，取之；遂襲我高魚。有大雨，自其竇入，介于其庫，以登其城，克而取之。又取邑于宋。於是范宣子卒，諸侯弗能治也。及趙文子爲政，乃卒治之。文子言於晉侯曰：「晉爲盟主，諸侯或相侵也，則討而使歸其地。今烏餘之邑，皆討類也，而貪之，是無以爲盟主也。請歸之。」公曰：「諾。孰可使也？」對曰：「胥梁帶能無用師。」晉侯使往。

二十七年春[二]，胥梁帶使諸喪邑者具車徒以受地，必周。使烏餘具車徒以受封。烏餘以衆出，使諸侯僞效烏餘之封者，而遂執之，盡獲之。皆取其邑，而歸諸侯。諸侯是以睦於晉。

經・二十七年夏，叔孫豹會晉趙武、楚屈建、蔡公孫歸生、衛石惡、陳孔奂、鄭良霄、許人、曹人于宋。

傳・宋向戌善於趙文子，又善於令尹子木，欲弭諸侯之兵以爲名。如晉，告趙孟。趙孟謀於諸大夫。韓宣子曰：「兵，民之殘也，財用之蠹，小國之大菑也。將或弭之，雖曰不可，必將許之。弗許，楚將許之，以召諸侯，則我失爲盟主矣。」晉人許之。如楚，楚亦許之。如齊，齊人難之。陳文子曰：「晉、楚許之，我焉得已？且人曰『弭兵』，而我弗許，則

〔二〕原無「春」字，據阮刻本補。

固攜吾民矣，將焉用之？」齊人許之。告於秦，秦亦許之。皆告於小國，爲會於宋。

五月甲辰，晉趙武至於宋。丙午，鄭良霄至。六月丁未朔，宋人享趙文子，叔向爲介。司馬置折俎，禮也。仲尼使舉是禮也，以爲多文辭。戊申，叔孫豹、齊慶封、陳須無、衛石惡至。甲寅，晉荀盈從趙武至。丙辰，邾悼公至。壬戌，楚公子黑肱先至，成言於晉。丁卯，宋向戌如陳，從子木成言於楚。戊辰，滕成公至。子木謂向戌，請晉、楚之從交相見也。庚午，向戌復於趙孟。趙孟曰：「晉、楚、齊、秦，匹也。晉之不能於齊，猶楚之不能於秦也。楚君若能使秦君辱於敝邑，寡君敢不固請於齊？」壬申，左師復言於子木。子木使驛〔一〕謁諸王。王曰：「釋齊、秦，他國請相見也。」秋七月戊寅，左師至。是夜也，趙孟及子晳盟，以齊言。庚辰，子木至自陳。陳孔奐、蔡公孫歸生至。曹、許之大夫皆至。以藩爲軍。

晉、楚各處其偏。伯夙謂趙孟曰：「楚氛甚惡，懼難。」趙孟曰：「吾左還，入於宋，若我何？」辛巳，將盟於宋西門之外。楚人衷甲。伯州犁曰：「合諸侯之師，以爲不信，無乃不可乎？夫諸侯望信於楚，是以來服。若不信，是棄其所以服諸侯也。」固請釋甲。

〔一〕「驛」，阮刻本作「馹」。

子木曰：「晉、楚無信久矣，事利而已。苟得志焉，焉用有信？」大宰退，告人曰：「令尹將死矣，不及三年。求逞志而棄信，志將逞乎？志以發言，言以出信，信以立志。參以定之。信亡，何以及三？」趙孟患楚衷甲，以告叔向。叔向曰：「何害也？匹夫一爲不信，猶不可，單斃其死。若合諸侯之卿，以爲不信，必不捷矣。食言者不病，非子之患也。夫以信召人，而以僭濟之，必莫之與也，安能害我？且吾因宋以守病，則夫能致死。與宋致死，雖倍楚可也，子何懼焉？又不及是。曰弭兵以召諸侯，而稱兵以害我，吾庸多矣，非所患也。」

季武子使謂叔孫以公命曰：「視邾、滕。」既而齊人請邾，宋人請滕，皆不與盟。叔孫曰：「邾、滕，人之私也；我，列國也，何故視之？宋、衛，吾匹也。」乃盟。故不書其族，言違命也。

晉、楚爭先。晉人曰：「晉固爲諸侯盟主，未有先晉者也。」楚人曰：「子言晉、楚匹也，若晉常先，是楚弱也。且晉、楚狎主諸侯之盟也久矣，豈專在晉？」叔向謂趙孟曰：「諸侯歸晉之德只，非歸其尸盟也。子務德，無爭先。且諸侯盟，小國固必有尸盟者，楚爲晉細，不亦可乎？」乃先楚人。書先晉，晉有信也。

壬午，宋公兼享晉、楚之大夫，趙孟爲客，子木與之言，弗能對；使叔向侍言焉，子木亦不能對也。

乙酉，宋公及諸侯之大夫盟于蒙門之外。子木問於趙孟曰：「范武子之德何如？」對曰：「夫子之家事治，言於晉國無隱情，其祝史陳信於鬼神無愧辭。」子木歸以語王。王曰：「尚矣哉！能歆神、人，宜其光輔五君以爲盟主也。」子木又語王曰：「宜晉之伯也，有叔向以佐其卿，楚無以當之，不可與爭。」

晉荀盈遂如楚涖盟。

鄭伯享趙孟于垂隴，子展、伯有、子西、子産、子大叔、二子石從。趙孟曰：「七子從君，以寵武也。請皆賦，以卒君貺，武亦以觀七子之志。」子展賦草蟲。趙孟曰：「善哉，民之主也。抑武也，不足以當之。」伯有賦鶉之賁賁。趙孟曰：「牀笫之言不踰閾，況在野乎？非使人之所得聞也。」子西賦黍苗之四章。趙孟曰：「寡君在，武何能焉？」子産賦隰桑。趙孟曰：「武請受其卒章。」子大叔賦野有蔓草。趙孟曰：「吾子之惠也。」印段賦蟋蟀。趙孟曰：「善哉，保家之主也，吾有望矣！」公孫段賦桑扈。趙孟曰：「『匪交匪敖』，福將焉往？若保是言也，欲辭福禄，得乎？」

卒享，文子告叔向曰：「伯有將爲戮矣。詩以言志，志誣其上而公怨之，以爲賓榮，其能久乎？幸而後亡。」叔向曰：「然，已侈，所謂不及五稔者，夫子之謂矣。」文子曰：

「其餘皆數世之主也。子展其後亡者也，在上不忘降。印氏其次也，樂而不荒。樂以安民，不淫以使之，後亡，不亦可乎？」

宋左師請賞，曰：「請免死之邑。」公與之邑六十，以示子罕。子罕曰：「凡諸侯小國，晉、楚所以兵威之，畏而後上下慈和，慈和而後能安靖其國家，以事大國，所以存也。無威則驕，驕則亂生，亂生必滅，所以亡也。天生五材，民並用之，廢一不可，誰能去兵？兵之設久矣，所以威不軌而昭文德也。聖人以興，亂人以廢。廢興、存亡、昏明之術，皆兵之由也，而子求去之，不亦誣乎！以誣道蔽諸侯，罪莫大焉。縱無大討，而又求賞，無厭之甚也。」削而投之。左師辭邑。

向氏欲攻司城。左師曰：「我將亡，夫子存我，德莫大焉。又可攻乎？」君子曰：「『彼己之子，邦之司直』，樂喜之謂乎！『何以恤我，我其收之』，向戌之謂乎？」

崔慶之亡

二十七年，齊崔杼生成及彊而寡，娶東郭姜，生明。東郭姜以孤入，曰棠無咎，與東郭偃相崔氏。崔成有疾而廢之，而立明。成請老于崔，崔子許之，偃與無咎弗予，曰：「崔，宗邑也，必在宗主。」成與彊怒，將殺之，告慶封曰：「夫子之身，亦子所知也，唯无咎與偃是從，父兄莫得進矣。大恐害夫子，敢以告。」慶封曰：「子姑退，吾圖之。」告盧蒲嫳。盧蒲嫳曰：「彼，君之讎也。天或者將棄彼矣。彼實家亂，子何病焉？崔之薄，慶之厚也。」他日又告。慶封曰：「苟利夫子，必去之。難，吾助女。」

九月庚辰，崔成、崔彊殺東郭偃、棠无咎於崔氏之朝。崔子怒而出，其衆皆逃，求人使駕，不得。使圉人駕，寺人御而出，且曰：「崔氏有福，止余猶可。」遂見慶封。慶封曰：「崔、慶一也。是何敢然？請爲子討之。」使盧蒲嫳帥甲以攻崔氏。崔氏堞其宮而守之。弗克，使國人助之，遂滅崔氏，殺成與彊，而盡俘其家，其妻縊。嫳復命於崔子，且御而歸之。至，則無歸矣。乃縊。崔明夜辟諸大墓。辛巳，崔明來奔。慶封當國。

二十八年。齊慶封好田而耆酒，與慶舍政，則以其內實遷于盧蒲嫳氏，易內而飲酒。數日，國遷朝焉。使諸亡人得賊者，以告而反之，故反盧蒲癸。癸臣子之，有寵，妻之。慶舍之士謂盧蒲癸曰：「男女辨姓。子不辟宗，何也？」曰：「宗不余辟，余獨焉辟之？賦詩斷章，余取所求焉，惡識宗？」癸言王何而反之，二人皆嬖，使執寢戈而先後之。

公膳日雙雞，饔人竊更之以鶩。御者知之，則去其肉，而以其洎饋。子雅、子尾怒。慶封告盧蒲嫳。盧蒲嫳曰：「譬之如禽獸，吾寢處之矣。」使析歸父告晏平仲。平仲曰：「嬰之衆不足用也，知無能謀也。言弗敢出，有盟可也。」子家曰：「子之言云，又焉用盟？」告北郭子車。子車曰：「人各有以事君，非佐之所能也。」陳文子謂桓子曰：「禍將作矣，吾其何得？」對曰：「得慶氏之木百車於莊。」文子曰：「可慎守也已。」

盧蒲癸、王何卜攻慶氏，示子之兆，曰：「或卜攻讎，敢獻其兆。」子之曰：「克，見血。」冬十月，慶封田于萊，陳無宇從。丙辰，文子使召之，請曰：「無宇之母疾病，請歸。」慶季卜之，示之兆，曰：「死。」奉龜而泣，乃使歸。慶嗣聞之，曰：「禍將作矣。」謂子家：「速歸，禍作必於嘗，歸猶可及也。」子家弗聽，亦無悛志。子息曰：「亡矣！幸而獲在吳、越。」陳無宇濟水，而戕舟發梁。

盧蒲姜謂癸曰：「有事而不告我，必不捷矣。」癸告之。姜曰：「夫子愎，莫之止，將不出。我請止之。」癸曰：「諾。」十一月乙亥，嘗于大公之廟，慶舍涖事。盧蒲姜告之，且止之。弗聽，曰：「誰敢者！」遂如公。麻嬰爲尸，慶奊爲上獻。盧蒲癸、王何執寢戈，慶氏以其甲環公宮。陳氏、鮑氏之圉人爲優。慶氏之馬善驚，士皆釋甲、束馬，而飲酒，且觀優，至於魚里。欒、高、陳、鮑之徒介慶氏之甲。子尾抽桷，擊扉三，盧蒲癸自後刺子之，王何以戈擊之，解其左肩。猶援廟桷，動於甍。以俎、壺投，殺人而後死。遂殺慶繩、麻嬰。公懼，鮑國曰：「群臣爲君故也。」陳須無以公歸，稅服而如內宮。

慶封歸，遇告亂者。丁亥，伐西門，弗克。還伐北門，克之。入，伐內宮，弗克。反，陳于嶽，請戰，弗許，遂來奔。獻車於季武子，美澤可以鑑。展莊叔見之，曰：「車甚澤，人必瘁，宜其亡也。」叔孫穆子食慶封，慶封氾祭。穆子不説，使工爲之誦茅鴟，亦不知。既而齊人來讓，奔吴。吴句餘予之朱方，聚其族焉而居之，富於其舊。子服惠伯謂叔孫曰：「天殆富淫人，慶封又富矣。」穆子曰：「善人富謂之賞，淫人富謂之殃。天其殃之也，其將聚而殲旃。」

崔氏之亂，喪群公子。故鉏在魯，叔孫還在燕，賈在句瀆之丘。及慶氏亡，皆召之，具其器用，而反其邑焉。與晏子邶殿其鄙六十，弗受。子尾曰：「富，人之所欲也。何獨弗欲？」對曰：「慶氏之邑足欲，故亡。吾邑不足欲也，益之以邶殿，乃足欲。足欲，亡無日矣。在外，不得宰吾一邑。不受邶殿，非惡富也，恐失富也。且夫富，如布帛之有幅焉。爲之制度，使無遷也。夫民，生厚而用利，於是乎正德以幅之，使無黜嫚，謂之幅利。利過則爲敗。吾不敢貪多，所謂幅也。」與北郭佐邑六十，受之。與子雅邑，辭多受少。與子尾邑，受而稍致之。公以爲忠，故有寵。釋盧蒲嫳于北竟。

求崔杼之尸，將戮之，不得。叔孫穆子曰：「必得之。武王有亂臣十人，崔杼其有乎？不十人，不足以葬。」既，崔氏之臣曰：「與我其拱璧，吾獻其柩。」於是得之。十二月乙亥朔，齊人遷莊公，殯于大寢。以其棺尸崔杼於市，國人猶知之，皆曰：「崔子也。」

昭三年八月，齊侯田於莒，盧蒲嫳見，泣，且請曰：「余髮如此種種，余奚能爲？」公曰：「諾。吾告二子。」歸而告之。子尾欲復之，子雅不可，曰：「彼其髮短而心甚長，其或寢處我矣。」九月，子雅放盧蒲嫳於北燕。

經文統鈔中編卷七

益陽陳天倪　主纂
湘陰彭　咼　襄輯

昭公上

昭公政紀公名稠，襄公子，母齊歸，在位二十五年，遜位八年，凡三十三年。

元年，季武子伐莒，取鄆。莒人告於會。楚告於晉曰：「尋盟未退，而魯伐莒，瀆齊盟，請戮其使。」

樂桓子相趙文子，欲求貨於叔孫，而爲之請。使請帶焉，弗與。梁其踁曰：「貨以藩身，子何愛焉？」叔孫曰：「諸侯之會，衛社稷也。我以貨免，魯必受師，是禍之也，何衛之爲？人之有牆，以蔽惡也。牆之隙壞，誰之咎也？衛而惡之，吾又甚焉。雖怨季孫，魯國何罪？叔出季處，有自來矣，吾又誰怨？然鮒也賄，弗與，不已。」召使者，裂裳帛而與之，曰：「帶其褊矣。」趙孟聞之，曰：「臨患不忘國，忠也；思難不越官，信也；圖國忘死，貞也； 謀主三者，義也。有是四者，又可戮乎？」乃請諸楚曰：「魯雖有罪，其執事不辟難，畏威而敬命矣。子若免之，以勸左右，可也。若子之群吏，處不辟污，出不辟〔一〕難，其何患之有？患之所生，污而不治，難而不守，所由來也。能是二者，又何患焉？不靖其能，其誰從之？魯叔孫豹可謂能矣，請免之，以靖能者。子會而赦有罪，又賞其賢，諸侯其誰不欣焉〔二〕望楚而歸之，視遠如邇？疆埸之邑，一彼一此，何常之有？王、伯之令也，引其封疆，而樹之官，舉其〔三〕表旗，而著之制令，過則有刑，猶不可壹。於是乎虞有三苗，夏有觀、扈，商有姚〔四〕、邳，周有徐、奄。自無令王，諸侯逐進，狎主齊盟，其又可壹乎？恤大舍小，足以爲盟主，又焉用之？封疆之削，何國蔑有？主齊盟者，誰能辯焉？吳、濮有釁，楚之執事豈其顧盟？莒之疆事，楚勿與知，諸侯無煩，不亦可乎？莒、魯爭鄆，爲日久矣。苟無大害於其社稷，可無亢也。去煩宥善，莫不競勸。子其圖之。」固請諸楚，楚人許之，乃免叔孫。

〔一〕「辟」，阮刻本作「逃」。
〔二〕「焉」，阮刻本作「然」。
〔三〕「其」，阮刻本作「之」。
〔四〕「姚」，阮刻本作「姺」。

叔孫歸，曾夭御季孫以勞之。旦及日中不出。曾夭謂曾阜，曰：「旦及日中，吾知罪矣。魯以相忍爲國也。忍其外，不忍其内，焉用之？」阜曰：「數月於外，一旦於是，庸何傷？賈而欲贏，而惡囂乎？」阜謂叔孫曰：「可以出矣。」叔孫指楹，曰：「雖惡是，其可去乎？」乃出見之。

二年春，晉侯使韓宣子來聘。

夏，叔弓聘于晉，報宣子也。晉侯使郊勞，辭曰：「寡君使弓來繼舊好，固曰『女無敢爲賓』，徹命於執事，敝邑弘矣，敢辱郊使？請辭。」致館，辭曰：「寡君命下臣來繼舊好，好合使成，臣之禄也。敢辱大館！」叔向曰：「子叔子知禮哉！吾聞之曰：『忠信，禮之器也；卑讓，禮之宗也。』辭不忘國，忠信也；先國後己，卑讓也。詩曰：『敬慎威儀，以近有德。』夫子近德矣。」

三年五月，叔弓如滕，葬滕成公，子服椒爲介。及郊，遇懿伯之忌，敬子不入。惠伯曰：「公事有公利，無私忌，椒請先入。」乃先受館。敬子從之。

四年春王正月，大雨雹。季武子問於申豐曰：「雹可禦乎？」對曰：「聖人在上，無雹。雖有，不爲災。古者日在北陸而藏冰，西陸朝覿而出之。其藏冰也，深山窮谷，固陰沍寒，於是乎取之。其出之也，朝之禄位，賓、食、喪、祭，於是乎用之。其藏之也，黑牡、秬黍以享司寒。其出之也，桃弧、棘矢以除其災。其出入也時。食肉之禄，冰皆與焉。大夫命婦喪浴用冰。祭寒而藏之，獻羔而啓之，公始用之，火出而畢賦，自命夫命婦至於老疾，無不受冰。山人取之，縣人傳之，輿人納之，隸人藏之。夫冰以風壯，而以風出。其藏之也周，其用之也徧，則冬無愆陽，夏無伏陰，春無淒風，秋無苦雨，雷不出震，無菑霜雹，癘疾不降，民不夭札。今藏川池之冰棄而不用，風不越而殺，雷不發而震。雹之爲菑，誰能禦之？七月之卒章，藏冰之道也。」

初，穆子去叔孫氏，及庚宗，遇婦人，使私爲食而宿焉。問其行，告之故，哭而送之。適齊，娶於國氏，生孟丙、仲壬。夢天壓己，弗勝，顧而見人，黑而上僂，深目而豭喙，號之曰：「牛！助余！」乃勝之。旦而皆召其徒，無之。且曰：「志之。」及宣伯奔齊，饋之。宣伯曰：「魯以先子之故，將存吾宗，必召女。召女，何如？」對曰：「願之久矣。」

魯人召之，不告而歸。既立，所宿庚宗之婦人獻以雉。問其姓，對曰：「余子長矣，能奉雉而從我矣。」召而見之，則所夢也。未問其名，號之曰「牛」，曰「唯」。皆召其徒使視之，遂使爲豎。有寵，長使爲政。公孫明知叔孫於齊，歸，未逆國姜，子明取之，故怒，其子長而後使逆之。

田於丘蕕，遂遇疾焉。豎牛欲亂其室而有之，强與孟盟，不可。叔孫爲孟鐘，曰：

「爾未際，饗大夫以落之。」既具，使豎牛請日。入，弗謁；出，命之日。及〔一〕賓至，聞鐘聲。牛曰：「孟有北婦人之客。」怒，將往，牛止之。賓出，使拘而殺諸外。牛又强與仲盟，不可。仲與公御萊書觀於公，公與之環，使牛入示之。入，不示；出，命佩之。牛謂叔孫：「見仲而何？」叔孫曰：「何爲？」曰：「不見，既自見矣，公與之環而佩之矣。」遂逐之，奔齊。疾急，命召仲，牛許而不召。杜洩見，告之飢渴，授之戈。對曰：「求之而至，又何去焉？」豎牛曰：「夫子疾病，不欲見人。」使寘饋于个而退。牛弗進，則置虚命徹。十二月癸丑，叔孫不食；乙卯，卒。牛立昭子而相之。

公使杜洩葬叔孫，豎牛賂叔仲昭子與南遺，使惡杜洩于季孫而去之。杜洩將以路葬，且盡卿禮。南遺謂季孫曰：「叔孫未乘路，葬焉用之？且冢卿無路，介卿以葬，不亦左乎？」季孫曰：「然。」使杜洩舍路。不可，曰：「夫子受命於朝而聘於王，王思舊勳而賜之路，復命而致之君。君不敢逆王命而復賜之，使三官書之。吾子爲司徒，實書名；夫子爲司馬，與工正書服；孟孫爲司空以書勳。今死而弗以，是棄君命也。書在公府而弗以，是廢三官也。若命服，生弗敢服，死又不以，將焉用之？」乃使以葬。

〔一〕原無「及」字，據阮刻本補。

季孫謀去中軍，豎牛曰：「夫子固欲去之。」

五年春王正月，舍中軍，卑公室也。毁中軍於施氏，成諸臧氏。初作中軍，三分公室，而各有其一。季氏盡征之，叔孫氏臣其子弟，孟氏取其半焉。及其舍之也，四分公室，季氏擇二，二子各一。皆盡征之，而貢于公。

以書使杜洩告於殯，曰：「子固欲毁中軍，既毁之矣，故告。」杜洩曰：「夫子唯不欲毁也，故盟諸僖閎，詛諸五父之衢。」受其書而投之，帥士而哭之。

叔仲子謂季孫曰：「帶受命於子叔孫曰：『葬鮮者自西門。』」季孫命杜洩。杜洩曰：「卿喪自朝，魯禮也。吾子爲國政，未改禮而又遷之。群臣懼死，不敢自也。」既葬而行。

仲至自齊，季孫欲立之。南遺曰：「叔孫氏厚，則季氏薄。彼實家亂，子勿與知，不亦可乎？」南遺使國人助豎牛以攻諸大庫之庭。司宫射之，中目而死。豎牛取東鄙三十邑以與南遺。

昭子即位，朝其家衆，曰：「豎牛禍叔孫氏，使亂大從，殺適立庶，又披其邑，將以赦罪，罪莫大焉。必速殺之！」豎牛懼，奔齊。孟、仲之子殺諸塞關之外。投其首於寧風之棘上。仲尼曰：「叔孫昭子之不勞，不可能也。周任有言曰：『爲政者不賞私勞，不罰私怨。』詩云：『有覺德行，四國順之。』」

初，穆子之生也，莊叔以周易筮之，遇明夷䷣之謙䷎，以示卜楚丘。曰：「是將行，而歸爲子祀。以讒人入，其名曰牛，卒以餒死。明夷，日也。日之數十，故有十時，亦當十位。自王以下，其二爲公、其三爲卿。日上其中，食日爲二，旦日爲三。明夷之謙，明而未融，其當旦乎，故曰：『爲子祀。』日之謙，當鳥，故曰『明夷于飛』。明而未融，故曰『垂其翼』。象日之動，故曰『君子于行』。當三在旦，故曰『三日不食』。離，火也；艮，山也。離爲火，火焚山，山敗。於人爲言，敗言爲讒，故曰『有攸往。主人有言』。言必讒也。純離爲牛，世亂讒勝，勝將適離，故曰『其名曰牛』。謙不足，飛不翔，垂不峻，翼不廣。故曰『其爲子後乎』。吾子，亞卿也，抑少不終。」

公如晉，自郊勞至于贈賄，無失禮。齊侯〔一〕謂女叔齊曰：「魯侯不亦善於禮乎？」對曰：「魯侯焉知禮！」公曰：「何爲？自郊勞至于贈賄，禮無違者，何故不知？」對曰：「是儀也，不可謂禮。禮，所以守其國，行其政令，無失其民者也。今政令在家，不能取也；有子家羈，弗能用也；奸大國之盟，陵虐小國；利人之難，不知其私。公室四分，

〔一〕「齊侯」，阮刻本作「晉侯」。

民食於他。思莫在公，不圖其終。爲國君，難將及身，不恤其所。禮之本末將於此乎在，而屑屑焉習儀以亟。言善於禮，不亦遠乎？」君子謂叔侯於是乎知禮。

七年。楚子成章華之臺，願與諸侯落之。大宰薳啟彊曰：「臣能得魯侯。」薳啟彊來召公，辭曰：「昔先君成公命我先大夫嬰齊曰：『吾不忘先君之好，將使衡父照臨楚國，鎮撫其社稷，以輯寧爾民。』嬰齊受命于蜀。奉承以來，弗敢失隕，而致諸宗祧。日我先君共王引領北望，日月以冀，傳序相授，於今四王矣。嘉惠未至，唯襄公之辱臨我喪。孤與其二三臣悼心失圖，社稷之不皇，況能懷思君德？今君若步玉趾，辱見寡君，寵靈楚國，以信蜀之役，致君之嘉惠，是寡君既受貺矣，何蜀之敢望？其先君鬼神實嘉賴之，豈唯寡君？君若不來，使臣請問行期，寡君將承質幣而見于蜀，以請先君之貺。」

公將往，夢襄公祖。梓慎曰：「君不果行。襄公之適楚也，夢周公祖而行。今襄公實祖，君其不行。」子服惠伯曰：「行！先君未嘗適楚，故周公祖以道之；襄公適楚矣，而祖以道君。不行，何之？」

三月，公如楚。鄭伯勞于師之梁。孟僖子爲介，不能相儀。及楚，不能答郊勞。

〔二〕「是」，阮刻本作「實」。

晉人來治杞田，季孫將以成與之。謝息爲孟孫守，不可。曰：「人有言曰：『雖有挈缾之知，守不假器，禮也』。夫子從君，而守臣喪邑，雖〔二〕吾子亦有猜焉。」季孫曰：「君之在楚，於晉罪也。又不聽晉，魯罪重矣。晉師必至，吾無以待之，不如與之。間晉而取諸杞。吾與子桃，成反，誰敢有之？是得二成也。魯無憂，而孟孫益邑，子何病焉？」辭以無山，與之萊、柞，乃遷于桃。晉人爲杞取成。

楚子享公于新臺，使長鬣者相。好以大屈。既而悔之。薳啓彊聞之，見公。公語之，拜賀。公曰：「何賀？」對曰：「齊與晉、越欲此久矣。寡君無適與也，而傳諸君。君其備禦三鄰，慎守寶矣，敢不賀乎？」公懼，乃反之。

九月，公至自楚。孟僖子病不能相禮，乃講學之，苟能禮者從之。及其將死也，召其大夫，曰：「禮，人之幹也。無禮，無以立。吾聞將有達者曰孔丘，聖人之後也，而滅於宋。其祖弗父何以有宋而授厲公。及正考父，佐戴、武、宣，三命茲益共，故其鼎銘云：『一命而僂，再命而傴，三命而俯，循牆而走，亦莫余敢侮。饘於是，鬻於是，以餬余口。』其

〔二〕原無「雖」字，據阮刻本補。

共也如是。臧孫紇有言曰：『聖人有明德者，若不當世，其後必有達人。』今[二]其將在孔丘乎！我若獲没，必屬説與何忌於夫子，使事之，而學禮焉，以定其位。」故孟懿子與南宫敬叔師事仲尼。仲尼曰：「能補過者，君子也。詩曰：『君子是則是效。』孟僖子可則效已矣。」

九年冬，築郎囿，書，時也。季平子欲其速成也，叔孫昭子曰：「詩曰：『經始勿亟，庶民子來。』焉用速成，其以勦民也？無囿猶可，無民，其可乎？」

十年秋七月，平子伐莒，取郠。獻俘，始用人於亳社。臧武仲在齊，聞之，曰：「周公其不饗魯祭乎！周公饗義，魯無義。詩曰：『德音孔昭，視民不佻。』佻之謂甚矣，而壹用之，將誰福哉？」

十一年，孟僖子會邾莊公，盟于祲祥，修好，禮也。泉丘人有女，夢以其帷幕孟氏之廟，遂奔僖子，其僚從之。盟于清丘之社，曰：「有子，無相棄也。」僖子使助薳氏之簉。反自祲祥，宿于薳氏，生懿子及南宫敬叔於泉丘人。其僚無子，使字敬叔。

〔二〕原無「今」字，據阮刻本補。

五月，齊歸薨，大蒐于比蒲，非禮也。

九月，葬齊歸，公不慼。晉士之送葬者，歸以語史趙。史趙曰：「必爲魯郊。」侍者曰：「何故？」曰：「歸姓也，不思親，祖不歸也。」

叔向曰：「魯公室其卑乎！君有大喪，國不廢蒐；有三年之喪，而無一日之慼。國不恤喪，不忌君也；君無慼容，不顧親也。國不忌君，君不顧親，能無卑乎？殆其失國。」

十二年，季平子立，而不禮於南蒯。南蒯謂子仲：「吾出季氏，而歸其室於公，子更其位。我以費爲公臣。」子仲許之。南蒯語叔仲穆子，且告之故。

季悼子之卒也，叔孫昭子以再命爲卿。及平子伐莒克之，更受三命。叔仲子欲構二家，謂平子曰：「三命踰父兄，非禮也。」平子曰：「然。」故使昭子。昭子曰：「叔孫氏有家禍，殺適立庶，故婼也及此。若因禍以斃之，則聞命矣。若不廢君命，則固有著矣。」昭子朝，而命吏曰：「婼將與季氏訟，書辭無頗。」季孫懼，而歸罪於叔仲子。故叔仲小、南蒯、公子憖謀季氏。憖告公，而遂從公如晉。南蒯懼不克，以費叛如齊。子仲還，及衛，聞亂，逃介而先。及郊，聞費叛，遂奔齊。

南蒯之將叛也，其鄉人或知之，過之而歎，且言曰：「恤恤乎，湫乎攸乎！深思而淺謀，邇身而遠志，家臣而君圖，有人矣哉！」南蒯枚筮之，遇坤䷁之比䷇，曰「黃裳元吉」，以爲大吉也。示子服惠伯，曰：「即欲有事，何如？」惠伯曰：「吾嘗學此矣，忠信之事則可，不然，必敗。外彊内温，忠也；和以率貞，信也，故曰『黄裳元吉』。黄，中之色也；裳，下之飾也；元，善之長也。中不忠，不得其色；下不共，不得其飾；事不善，不得其極。外内倡和爲忠，率事以信爲共，供養三德爲善，非此三者弗當。且夫易，不可以占險，將何事也？且可飾乎？中美能黄，上美爲元，下美則裳，參成可筮。猶有闕也，筮雖吉，未也。」

將適費，飲鄉人酒。鄉人或歌之曰：「我有圃，生之杞乎！從我者子乎，去我者鄙乎，倍其鄰者恥乎！已乎已乎！非吾黨之士乎！」

平子欲使昭子逐叔仲小。小聞之，不敢朝。昭子命吏謂小待政於朝，曰：「吾不爲怨府。」

十三年春，叔弓圍費，弗克，敗焉。平子怒，命〔一〕見費人執之，以爲囚俘。冶區夫曰：「非也。若見費人，寒者衣之，飢者食之，爲之令主，而共其乏困，費來如歸，南氏亡矣。民將叛之，誰與居邑？若憚之以威，懼之以怒，民疾而叛，爲之聚也。若諸侯皆然，費人無

〔一〕「命」，阮刻本作「令」。

歸，不親南氏，將焉入矣？」平子從之，費人叛南氏。

十四年[一]。南蒯之將叛也，盟費人。司徒老祁、慮癸僞廢疾，使請於南蒯曰：「臣願受盟而疾興。若以君靈不死，請待間而盟。」許之。二子因民之欲叛也，請朝衆而盟。遂劫南蒯曰：「群臣不忘其君，畏子以及今，三年聽命矣。子若弗圖，費人不忍其君，將不能畏子矣。子何所不逞欲？請送子。」請期五日。遂奔齊。侍飲酒於景公。公曰：「叛夫！」對曰：「臣欲張公室也。」子韓皙曰：「家臣而欲張公室，罪莫大焉。」司徒老祁、慮癸來歸費，齊侯使鮑文子致之。

十五年春，將禘于武宮[二]，戒百官。梓慎曰：「禘之日其有咎乎！吾見赤黑之祲，非祭祥也，喪[三]氛也。其在涖事乎！」二月癸酉，禘。叔弓涖事，籥入而卒。去樂，卒事，禮也。

十七年冬，有星孛于大辰，西及漢。申須曰：「彗所以除舊布新也。天事恒象，今除於火，火出必布焉，諸侯其有火災乎！」梓慎曰：「往年吾見之，是其徵也。火出而見，今

〔一〕原無「十四年」三字，據阮刻本補。
〔二〕「宫」，阮刻本作「公」。
〔三〕原無「祥也喪」三字，據阮刻本補。

茲火出而章，必火入而伏，其居火也久矣，其與不然乎？火出，於夏爲三月，於商爲四月，於周爲五月。夏數得天，若火作，其四國當之，在宋、衛、陳、鄭乎！宋，大辰之虚也；陳，大皞之虚也，鄭，祝融之虚也，皆火房也。星孛及漢，漢，水祥也。衛，顓頊之虚也，故爲帝丘，其星爲大水，水，火之牡也。其以丙子若壬午作乎！水火所以合也。若火入而伏，必以壬午，不過其見之月。」

二十一年夏，晉士鞅來聘，叔孫爲政。季孫欲惡諸晉，使有司以齊鮑國歸費之禮爲士鞅。士鞅怒，曰：「鮑國之位下，其國小，而使鞅從其牢禮，是卑敝邑也，將復諸寡君。」魯人恐，加四牢焉，爲十一牢。

二十三年春，邾人城翼，還，將自離姑。公孫鉏曰：「魯將御我。」欲自武城還，循山而南。徐鉏、丘弱、茅地曰：「道下，遇雨，將不出，是不歸也。」遂自離姑。武城人塞其前，斷其後之木而弗殊，邾師過之，乃推而蹶之，遂取邾師，獲鉏、弱、地。

邾人愬于晉，晉人來討。叔孫婼如晉，晉人執之。書曰「晉人執我行人叔孫婼」，言使人也。晉人使與邾大夫坐，叔孫曰：「列國之卿當小國之君，固周制也。邾又夷也。寡君之命介子服回在，請使當之，不敢廢周制故也。」乃不果坐。

韓宣子使邾人聚其衆，將以叔孫與之。叔孫聞之，去衆與兵而朝。士彌牟謂韓宣子曰：「子弗良圖，而以叔孫與其讎，叔孫必死之。魯亡叔孫，必亡邾。邾君亡國，將焉歸？子雖悔之，何及？所謂盟主，討違命也。若皆相執，焉用盟主？」乃弗與，使各居一館。士伯聽其辭，而愬諸宣子，乃皆執之。士伯御叔孫，從者四人，過邾館以如吏。先歸邾子。士伯曰：「以芻蕘之難，從者之病，將館子於都。」叔孫旦而立，期焉。乃館諸箕。舍子服昭伯於他邑。

范獻子求貨於叔孫，使請冠焉。取其冠法，而與之兩冠，曰：「盡矣。」爲叔孫故，申豐以貨如晉。叔孫曰：「見我，吾告女所行貨。」見，而不出。吏人之與叔孫居於箕者，請其吠狗，弗與。及將歸，殺而與之食之。叔孫所館者，雖一日，必葺其牆、屋，去之如始至。

二十四年春，晉士彌牟逆叔孫于箕。叔孫使梁其踁待于門內，曰：「余左顧而欬，乃殺之。右顧而笑，乃止。」叔孫見士伯。士伯曰：「寡君以爲盟主之故，是以久子。不腆敝邑之禮，將致諸從者，使彌牟逆吾子。」叔孫受禮而歸。二月，「婼至自晉」，尊晉也。

二十五年春，叔孫婼聘于宋，桐門右師見之。語，卑宋大夫而賤司城氏。昭子告其人曰：「右師其亡乎！君子貴其身，而後能及人，是以有禮。今夫子卑其大夫而賤其宗，是賤其身也，能有禮乎？無禮，必亡。」

宋公享昭子，賦新宮。昭子賦車轄。明日宴，飲酒，樂，宋公使昭子右坐，語相泣也。

樂祁佐，退而告人曰：「今茲君與叔孫其皆死乎！吾聞之：『哀樂而樂哀，皆喪心也。』心之精爽，是謂魂魄。魂魄去之，何以能久？」

季公若之姊爲小邾夫人，生宋元夫人，生子，以妻季平子。昭子如宋聘，且逆之。公若從，謂曹氏勿與，魯將逐之。曹氏告公，公告樂祁。樂祁曰：「與之。如是，魯君必出。政在季氏三世矣，魯君喪政四公矣。無民而能逞其志者，未之有也，國君是以鎮撫其民。詩曰：『人之云亡，心之憂矣。』魯君失民矣，焉得逞其志？靖以待命猶可，動必憂。」

「有鸜鵒來巢」，書所無也。師己曰：「異哉！吾聞文、武之世，童謡有之，曰：『鸜之鵒之，公出辱之。鸜鵒之羽，公在外野，往饋之馬。鸜鵒跦跦，公在乾侯，徵褰與襦。鸜鵒之巢，遠哉遥遥。禂父喪勞，宋父以驕。鸜鵒鸜鵒，往歌來哭。』童謡有是。今鸜鵒來巢，其將及乎？」

初，季公鳥娶妻於齊鮑文子，生甲。公鳥死，季公亥與公思展與公鳥之臣申夜姑相其室。及季姒與饔人檀通，而懼，乃使其妾抶己，以示秦遄之妻，曰：「公若欲使余，余不可而抶余。」又訴於公甫，曰：「展與夜姑將要余。」秦姬以告公之。公之與公甫告平子，平子拘展於卞，而執夜姑，將殺之。公若泣而哀之，曰：「殺是，是殺余也。」將爲之請，平子使豎勿納，日中不得請。有司逆命，公之使速殺之。故公若怨平子。

季、郈之雞鬭。季氏介其雞，郈氏爲之金距。平子怒，益宫於郈氏，且讓之。故郈昭伯亦怨平子。

臧昭伯之從弟會爲讒於臧氏，而逃於季氏。臧氏執旃。平子怒，拘臧氏老。將禘於襄公，萬者二人，其衆萬於季氏。臧孫曰：「此之謂不能庸先君之廟。」大夫遂怨平子。

公若獻弓於公爲，且與之出射於外，而謀去季氏。公爲告公果、公賁。公果、公賁使侍人僚相告公。公寢，將以戈擊之，乃走。公曰：「執之！」亦無命也。懼而不出，數月不見。公不怒。又使言，公執戈以懼之，乃走。又使言，公曰：「非小人之所及也。」公果自言，公以告臧孫。臧孫以難。告郈孫，郈孫以可，勸。告子家懿伯。懿伯曰：「讒人以君徼幸，事若不克，君受其名，不可爲也。舍民數世，以求克事，不可必也。且政在焉，其難圖也。」公退之。辭曰：「臣與聞命矣，言若洩，臣不獲死。」乃館於公。

叔孫昭子如闞，公居於長府。九月戊戌，伐季氏，殺公之于門，遂入之。平子登臺而請曰：「君不察臣之罪，使有司討臣以干戈，臣〔一〕請待於沂上以察罪。」弗許。請囚於費，弗許。請以五乘亡，弗許。子家子曰：「君其許之！政自之出久矣，隱民多取食焉，爲之

〔一〕原無「臣」字，據阮刻本補。

徒者衆矣。日入慝作，弗可知也。衆怒不可蓄也，蓄而弗治，將蘊。蘊蓄，民將生心。生心，同求將合。君必悔之！」弗聽。郈孫曰：「必殺之。」

公使郈孫逆孟懿子。叔孫氏之司馬鬷戾言於其衆曰：「若之何？」莫對。又曰：「我，家臣也，不敢知國。凡有季氏與無，於我孰利？」皆曰：「無季氏，是無叔孫氏也。」鬷戾曰：「然則救諸！」帥徒以往，陷西北隅以入。公徒釋甲執冰而踞，遂逐之。孟氏使登西北隅，以望季氏。見叔孫氏之旌，以告。孟氏執郈昭伯，殺之于南門之西，遂伐公徒。子家子曰：「諸臣僞劫君者，而負罪以出，君止。意如之事君也，不敢不改。」公曰：「余不忍也。」與臧孫如墓謀，遂行。

己亥，公孫于齊，次于陽州。齊侯將唁公〔一〕于平陰，公先至于野井。齊侯曰：「寡人之罪也。使有司待于平陰，爲近故也。」書曰「公孫于齊，次于陽州，齊侯唁公于野井」，禮也。將求於人，則先下之，禮之善物也。齊侯曰：「自莒疆以西，請致千社，以待君命。寡人將帥敝賦以從執事，唯命是聽。君之憂，寡人之憂也。」公喜。子家子曰：「天禄不再。天若胙君，不過周公。以魯足矣。失魯而以千社爲臣，誰與之立？且齊君無信，不如

〔一〕原無「公」字，據阮刻本補。

早之晉。」弗從。

臧昭伯率從者將盟，載書曰：「戮力壹心，好惡同之。信罪之有無，繾綣從公，無通外內！」以公命示子家子。子家子曰：「如此，吾不可以盟。羈也不佞，不能與二三子同心，而以爲皆有罪。或欲通外內，且欲去君。二三子好亡而惡定，焉可同也？陷君於難，罪孰大焉？通外內而去君，君將速入，弗通何爲？而何守焉？」乃不與盟。

昭子自闞歸，見平子。平子稽顙，曰：「子若我何？」昭子曰：「人誰不死？子以逐君成名，子孫不忘，不亦傷乎！將若子何？」平子曰：「苟使意如得改事君，所謂生死而肉骨也。」昭子從公于齊，與公言。子家子命適公館者執之。公與昭子言於幄內，曰：「將安衆而納公。」公徒將殺昭子，伏諸道。左師展告公，公使昭子自鑄歸。平子有異志。冬十月辛酉，昭子齊於其寢，使祝宗祈死。戊辰，卒。左師展將以公乘馬而歸，公徒執之。

初，臧昭伯如晉，臧會竊其寶龜僂句，以卜爲信與僭，僭吉。臧氏老將如晉問，會請往。昭伯問家故，盡對。及內子與母弟叔孫，則不對。再三問，不對。歸，及郊，會逆，問，又如初。至，次於外而察之，皆無之。執而戮之，逸，奔郈。郈魴假使爲賈正焉。計於季氏，臧氏使五人以戈楯伏諸桐汝之閭，會出，逐之，反奔，執諸季氏中門之外。平子怒，曰：「何故以兵入吾門？」拘臧氏老。季、臧有惡。及昭伯從公，平子立臧會。會曰：

「僂句不余欺也。」

二十六年春王正月庚申，齊侯取鄆。

三月，公至自齊，處于鄆，言魯地也。

夏，齊侯將納公，命無受魯貨。申豐從女賈，以幣錦二兩，縛一如瑱，適齊師。謂子猶之人高齮：「能貨子猶，爲高氏後，粟五千庾。」高齮以錦示子猶，子猶欲之。齮曰：「魯人買之，百兩一布。以道之不通，先入幣財。」子猶受之，言於齊侯曰：「群臣不盡力于魯君者，非不能事君也。然據有異焉。宋元公爲魯君如晉，卒於曲棘；叔孫昭子求納其君，無疾而死。不知天之棄魯耶，抑魯君有罪於鬼神故及此也？君若待于曲棘，使群臣從魯君以卜焉。若可，師有濟也，君而繼之，兹無敵矣。若其無成，君無辱焉。」齊侯從之，使公子鉏帥師從公。

成大夫公孫朝謂平子曰：「有都，以衛國也，請我受師。」許之。請納質，弗許，曰：「信女，足矣。」告於齊師曰：「孟氏，魯之敝室也。用成已甚，不〔一〕能忍也，請息肩於齊。」齊師圍成。成人伐齊師之飲馬于淄者，曰：「將以厭衆。」魯成備而後告曰：「不

〔一〕「不」，阮刻本作「弗」。

勝衆。」

師及齊師戰于炊鼻。齊子淵捷從洩聲子，射之，中楯瓦。繇朐汰輈，匕入者三寸。聲子射其馬，斬鞅，殪。改駕，人以爲鬷戾也，而助之。子車曰：「齊人也。」將擊子車，子車射之，殪。其御曰：「又之。」子車曰：「衆可懼也，而不可怒也。」子囊帶從野洩，叱之。洩曰：「軍無私怒，報乃私也，將亢子。」又叱之，亦叱之。冉豎射陳武子，中手，失弓而罵。以告平子，曰：「有君子白皙鬒鬚眉，甚口。」平子曰：「必子彊也，無乃亢諸？」對曰：「謂之君子，何敢亢之？」林雍羞爲顏鳴右，下。苑何忌取其耳。顏鳴去之。苑子之御曰：「視下！」顧。苑子剕林雍，斷其足，鑋而乘於他車以歸。顏鳴三入齊師，呼曰：「林雍乘！」

二十七年秋，會于扈，令戍周，且謀納公也。宋、衛皆利納公，固請之。范獻子取貨於季孫，謂司城子梁與北宫貞子曰：「季孫未知其罪，而君伐之。請囚、請亡，於是乎不獲。君又弗克，而自出也。夫豈無備而能出君乎？季氏之復，天救之也。休公徒之怒，而啓叔孫氏之心。不然，豈其伐人而説甲執冰以游？叔孫氏懼禍之濫，而自同於季氏，天之道也。魯君守齊，三年而無成。季氏甚得其民，淮夷與之，有十年之備，有齊、楚之援，有天之贊，有民之助，有堅守之心，有列國之權，而弗敢宣也，事君如在國。故鞅以爲難。二子皆圖國者也，而欲納魯君，鞅之願也，請從二子以圍魯。無成，死之。」二子懼，皆辭。乃辭小國，而以難復。

孟懿子、陽虎伐鄆。鄆人將戰，子家子曰：「天命不慆久矣，使君亡者，必此衆也。天既禍之，而自福也，不亦難乎？猶有鬼神，此必敗也。嗚呼！爲無望也夫！其死於此乎！」公使子家子如晉，公徒敗于且知。

冬，公如齊，齊侯請饗之。子家子曰：「朝夕立於其朝，又何饗焉，其飲酒也。」乃飲酒〔一〕，使宰獻，而請安。子仲之子曰重，爲齊侯夫人，曰：「請使重見。」子家子乃以君出。

二十八年春，公如晉，將如乾侯。子家子曰：「有求於人，而即其安，人孰矜之？其造於竟。」弗聽，使請逆於晉。晉人曰：「天禍魯國，君淹恤在外。君亦不使一个辱在寡人，而即安於甥舅，其亦使逆君？」使公復于竟，而後逆之。

二十九年春，公至自乾侯，處于鄆。齊侯使高張來唁公，稱主君。子家子曰：「齊卑君矣，君祇辱焉。」公如乾侯。

平子每歲賈馬，具從者之衣屨，而歸之于乾侯。公執歸馬者，賣之，乃不歸馬。

〔一〕原無「乃飲酒」三字，據阮刻本補。

衛侯來獻其乘馬，曰啟服，塹而死。公將爲之櫝。子家子曰：「從者病矣，請以食之。」乃以幃裹之。

公賜公衍羔裘，使獻龍輔於齊侯，遂入羔裘。齊侯喜，與之陽穀。公衍、公爲之生也，其母偕出。公衍先生。公爲之母曰：「相與偕出，請相與偕告。」三日，公爲生。其母先以告，公爲爲兄。公私喜於陽穀，而思於魯，曰：「務人爲此禍也。且後生而爲兄，其誣也久矣。」乃黜之，而以公衍爲大子。

三十一年，晉侯將以師納公。范獻子曰：「若召季孫而不來，則信不臣矣，然後伐之，若何？」晉人召季孫。獻子使私焉，曰：「子必來，我受其無咎。」季孫意如會晉荀躒于適歷。荀躒曰：「寡君使躒謂吾子：『何故出君？有君不事，周有常刑。子其圖之！』」季孫練冠、麻衣、跣行，伏而對曰：「事君，臣之所不得也，敢逃刑命？君若以臣爲有罪，請囚於費，以待君之察也，亦唯君。若以先臣之故，不絕季氏，而賜之死。若弗殺弗亡，君之惠也，死且不朽。若得從君而歸，則固臣之願也。敢有異心？」

夏四月，季孫從知伯如乾侯。子家子曰：「君與之歸。一慙之不忍，而終身慙乎？」公曰：「諾。」衆曰：「在一言矣，君必逐之！」荀躒以晉侯之命唁公，且曰：「寡君使躒以君命討於意如，意如不敢逃死，君其入也！」公曰：「君惠顧先君之好，施及亡人，將使歸糞除宗祧以事君，則不能見夫人。己所能見夫人者，有如河！」荀躒掩耳而走，曰：「寡君其罪之恐，敢與知魯國之難！臣請復於寡君。」退而謂季孫：「君怒未怠，子姑歸祭。」子家子曰：「君以一乘入于魯師，季孫必與君歸。」公欲從之。衆從者脅公，不得歸。

冬，邾黑肱以濫來奔，賤而書名，重地故也。

君子曰：「名之不可不慎也如是：夫有所名而不如其已。以地叛，雖賤，必書地，以名其人，終爲不義，不〔一〕可滅已。是故君子動則思禮，行則思義，不爲利回，不爲義疚。或求名而不得，或欲蓋而彌〔二〕章，懲不義也。齊豹爲衛司寇，守嗣大夫，作而不義，其書爲『盜』。邾庶其、莒牟夷、邾黑肱以土地出，求食而已，不求其名。賤而必書。此二物者，所以懲肆而去貪也。若艱難其身，以險危大人，而有名章徹，攻難之士將奔走之。若竊邑叛君以要〔三〕大利而無名，貪冒之民將寘力焉。是以春秋書齊豹曰『盜』，三叛人名，以懲不義，數惡無禮，其善志也。故曰：『春秋之稱微而顯，婉而辨。』上之人能使昭明，善人勸焉，淫人懼焉，是以君子貴之。」

〔一〕「不」，阮刻本作「弗」。
〔二〕「彌」，阮刻本作「名」。
〔三〕「要」，阮刻本作「徼」。

三十二年冬十二月，公疾，偏賜大夫，大夫不受。賜子家子雙琥、一環、一璧、輕服，受之。大夫皆受其賜。己未，公薨。子家子反賜於府人，曰：「吾不敢逆君命也。」大夫皆反其賜。書曰「公薨于乾侯」，言失其所也。

趙簡子問於史墨曰：「季氏出其君，而民服焉，諸侯與之；君死於外而莫之或罪也？」對曰：「物生有兩、有三、有五、有陪貳。故天有三辰，地有五行，體有左右，各有妃耦，王有公，諸侯有卿，皆有貳也。天生季氏，以貳魯侯，爲日久矣。民之服焉，不亦宜乎！魯君世從其失，季氏世修其勤，民忘君矣。雖死於外，其誰矜之？社稷無常奉，君臣無常位，自古以然。故詩曰：『高岸爲谷，深谷爲陵。』三后之姓，於今爲庶，主所知也。在易卦，雷乘乾曰大壯☳☰，天之道也。昔成季友，桓之季也，文姜之愛子也，始震而卜，卜人謁之，曰：『生有嘉聞，其名曰友，爲公室輔。』及生，如卜人之言，有文在其手曰『友』，遂以名之。既而有大功於魯，受費以爲上卿。至於文子、武子，世增其業，不廢舊績。魯文公薨，而東門遂殺適立庶，魯君於是乎失國，政在季氏，於此君也四公矣。民不知君，何以得國？是以爲君慎器與名，不可以假人。」

子產相鄭之偉績

襄三十年，鄭子皮授子產政，辭曰：「國小而偪，族大、寵多，不可爲也。」子皮曰：「虎帥以聽，誰敢犯子？子善相之。國無小，小能事大，國乃寬。」

子產爲政，有事伯石，賂與之邑。子大叔曰：「國皆其國也，奚獨賂焉？」子產曰：「無欲實難。皆得其欲，以從其事，而要其成，非我有成，其在人乎？何愛於邑，邑將焉往？」子大叔曰：「若四國何？」子產曰：「非相違也，而相從也，四國何尤焉？鄭書有之曰：『安定國家，必大焉先。』姑先安大，以待其所歸。」既伯石懼而歸邑，卒與之。伯有既死，使大史命伯石爲卿，辭。大史退，則請命焉。復命之，又辭。如是三，乃受策入拜。子產是以惡其爲人也，使次己位。

子產使都鄙有章，上下有服；田有封洫，廬井有伍。大人之忠儉者，從而與之；泰侈者因而斃之。

豐卷將祭，請田焉。弗許，曰：「唯君用鮮，衆給而已。」子張怒，退而徵役。子產奔晉，子皮止之，而逐豐卷。豐卷奔晉。子產請其田、里，三年而復之，反其田、里及其入焉。

從政一年，輿人誦之，曰：「取我衣冠而褚之，取我田疇而伍之。孰殺子產，吾其與之。」及三年，又誦之，曰：「我有子弟，子產誨之；我有田疇，子產殖之。子產而死，誰其嗣之？」

襄三十一年。公薨之月，子産相鄭伯以如晉，晉侯以我喪故，未之見也。子産使盡壞其館之垣而納車馬焉。士文伯讓之，曰：「敝邑以政刑之不修，寇盜充斥，無若諸侯之屬辱在寡君者何，是以令吏人完客所館，高其閈閎，厚其牆垣，以無憂客使。今吾子壞之，雖從者能戒，其若異客何？以敝邑之爲盟主，繕完、葺牆，以待賓客。若皆毁之，其何以共命？寡君使匄請命。」對曰：「以敝邑褊小，介於大國，誅求無時，是以不敢寧居，悉索敝賦，以來會時事。逢執事之不閒，而未得見；又不獲聞命，未知見時。不敢輸幣，亦不敢暴露。其輸之，則君之府實也，非薦陳之，不敢輸也。其暴露之，則恐燥濕之不時而朽蠹，以重敝邑之罪。僑聞文公之爲盟主也，宫室卑庳，無觀臺榭，以崇大諸侯之館，館如公寢；庫廏繕修，司空以時平易道路，圬人以時塓館宫室；諸侯賓至，甸設庭燎，僕人巡宫，車馬有所，賓從有代，巾車脂轄，隸人、牧、圉各瞻其事；百官之屬各展其物；公不留賓，而亦無廢事；憂樂同之，事則巡之；教其不知，而恤其不足。賓至如歸，無寧菑患；不畏寇盜，而亦不患燥濕。今銅鞮之宫數里，而諸侯舍於隸人，門不容車，而不可踰越；盜賊公行，而夭厲不戒。賓見無時，命不可知。若又勿壞，是無所藏幣以重罪也。敢請執事：將何以命之？雖君之有魯喪，亦敝邑之憂也。若獲薦幣，修垣而行，君之惠也，敢憚勤勞！」文伯復命，趙文子曰：「信。我實不德，而以隸人之垣以贏諸侯，是吾罪也。」使士文伯謝不敏焉。

晉侯見鄭伯，有加禮，厚其宴、好而歸之。乃築諸侯之館。叔向曰：「辭之不可以已也如是夫！子産有辭，諸侯賴之，若之何其釋辭也？詩曰：『辭之輯矣，民之協矣；辭之繹矣，民之莫矣。』其知之矣。」

十二月，北宫文子相衛襄公以如楚，宋之盟故也。過鄭，印段廷勞於棐林，如聘禮而以勞辭。文子入聘。子羽爲行人，馮簡子與子大叔逆客。事畢而出，言於衛侯曰：「鄭有禮，其數世之福也，其無大國之討乎！詩云：『誰能執熱，逝不以濯。』禮之於政，如熱之有濯也。濯以救熱，何患之有？」

子産之從政也，擇能而使之：馮簡子能斷大事，子大叔美秀而文，公孫揮能知四國之爲，而辨於其大夫之族姓、班位、貴賤、能否，而又善爲辭令。裨諶能謀，謀於野則獲，謀於邑則否。鄭國將有諸侯之事，子産乃問四國之爲於子羽，且使多爲辭令；與裨諶乘以適野，使謀可否；而告馮簡子使斷之。事成，乃授子大叔使行之，以應對賓客，是以鮮有敗事。北宫文子所謂有禮也。

鄭人游于鄉校，以論執政。然明謂子産曰：「毁鄉校，何如？」子産曰：「何爲？夫人朝夕退而游焉，以議執政之善否。其所善者，吾則行之；其所惡者，吾則改之，是吾師也。若之何毀之？我聞忠善以損怨，不聞作威以防怨。豈不遽止？然猶防川，大決所犯，傷人必多，吾不克救也。不如小決使道，不如吾聞而藥之也。」然明曰：「蔑也今而後知吾子之信可事也。小人實不才，若果行此，其鄭國實賴之，豈唯二三臣？」

仲尼聞是語也，曰：「以是觀之，人謂子產不仁，吾不信也。」

子皮欲使尹何爲邑。子產曰：「少，未知可否。」子皮曰：「愿，吾愛之，不吾叛也。使夫往而學焉，夫亦愈知治矣。」子產曰：「不可。人之愛人，求利之也。今吾子愛人則以政，猶未能操刀而使割也，其傷實多。子之愛人，傷之而已，其誰敢求愛於子？子於鄭國，棟也。棟折榱崩，僑將厭焉，敢不盡言？子有美錦，不使人學製焉。大官、大邑，身之所庇也，而使學者製焉，其爲美錦不亦多乎？僑聞學而後入政，未聞以政學者也。若果行此，必有所害。譬如田獵，射御貫，則能獲禽，若未嘗登車射御，則敗績厭覆是懼，何暇思獲？」子皮曰：「善哉！虎不敏。吾聞君子務知大者、遠者，小人務知小者、近者。我，小人也。衣服附在吾身，我知而慎之；大官、大邑，所以庇身也，我遠而慢之。微子之言，吾不知也。他日我曰，子爲鄭國，我爲吾家，以庇焉，其可也。今而後知不足。自今請，雖吾家，聽子而行。」子產曰：「人心之不同如其面焉，吾豈敢謂子面如吾面乎？抑心所謂危，亦以告也。」子皮以爲忠，故委政焉，子産是以能爲鄭國。

元年夏四月，趙孟、叔孫豹、曹大夫入于鄭，鄭伯兼享之。子皮戒趙孟，禮終，趙孟賦瓠葉，瓠葉謂「幡幡瓠葉」之詩。子皮遂戒穆叔，且告之。穆叔曰：「趙孟欲一獻，子其從之。」子皮曰：「敢乎？」穆叔曰：「夫人之所欲也，又何不敢？」及享，具五獻之籩豆於幕下。趙孟辭，私於子産曰：「武請於冢宰矣。」乃用一獻。趙孟爲客。禮終乃宴。穆叔賦鵲巢，趙孟曰：「武不堪也。」又賦采蘩，曰：「小國爲蘩，大國省穡而用之，其何實非命？」子皮賦野有死麕之卒章。趙孟賦常棣，且曰：「吾兄弟比以安，尨也可使無吠。」穆叔、子皮及曹大夫興，拜，舉兕爵，曰：「小國賴子，知免於戾矣。」飲酒樂，趙孟出，曰：「吾不復此矣。」

鄭徐吾犯之妹美，公孫楚聘之矣，公孫黑又使强委禽焉。犯懼，告子産。子産曰：「是國無政，非子之患也。唯所欲與。」犯請於二子，請使女擇焉。皆許之。子皙盛飾入，布幣而出。子南戎服入，左右射，超乘而出。女自房觀之，曰：「子皙信美矣，抑子南，夫也。夫夫婦婦，所謂順也。」適子南氏。子皙怒，既而櫜甲以見子南，欲殺之而取其妻。子南知之，執戈逐之，及衝，擊之以戈。子皙傷而歸，告大夫曰：「我好見之，不知其有異志也，故傷。」

大夫皆謀之。子産曰：「直鈞，幼賤有罪，罪在楚也。」乃執子南，而數之，曰：「國之大節有五，女皆奸之。畏君之威，聽其政，尊其貴，事其長，養其親，五者所以爲國也。今君在國，女用兵焉，不畏威也；奸國之紀，不聽政也；子皙，上大夫；女，嬖大夫，而弗下之，不尊貴也；幼而不忌，不事長也；兵其從兄，不養親也。君曰：『余不女忍殺，宥女以遠。』勉，速行乎，無重而罪！」

五月庚辰，鄭放游楚於吴。將行子南，子産咨於大叔。大叔曰：「吉不能亢身，焉能亢宗？彼，國政也，非私難也。子圖鄭國，利則行之，又何疑焉？周公殺管叔而蔡蔡叔，夫豈不愛？王室故也。吉若獲戾，子將行之，何有於諸游？」

鄭爲游楚亂故，六月丁巳，鄭伯及其大夫盟于公孫段氏。罕虎、公孫僑、公孫段、印段、游吉、駟帶私盟于閨門之外，實薰隧。公孫黑肱[一]强與於盟，使大史書其名，且曰「七子」。子産弗討。

二年秋，鄭公孫黑將作亂，欲去游氏而代其位，傷疾作而不果。駟氏與諸大夫欲殺之。子産在鄙，聞之，懼弗及，乘遽而至。使吏數之，曰：「伯有之亂，以大國之事，而未

[一] 阮刻本無此「肱」字。

薰隧之盟，女矯君位，而罪三也。有死罪三，何以堪之？不速死，大刑將至。」再拜稽首，辭曰：「死在朝夕，無助天爲虐。」子產曰：「人誰不死？凶人不終，命也。作凶事，爲凶人。不助天，其助凶人乎！」請以印爲褚師。子產曰：「印也若才，君將任之；不才，將朝夕從女。女罪之不恤，而又何請焉？不速死，司寇將至。」七月壬寅，縊。尸諸周氏之衢，加木焉。

三年夏四月，鄭伯如晉，公孫段相，甚敬而卑，禮無違者。晉侯嘉焉，授之以策，曰：「子豐有勞於晉國，余聞而弗忘。賜女州田，以胙乃舊勳。」伯石再拜稽首，受策以出。君子曰：「禮，其人之急也乎！伯石之汏也，一爲禮於晉，猶荷其禄，況以禮終始乎？詩曰『人而無禮，胡不遄死』，其是之謂乎！」

初，州縣，欒豹之邑也。及欒氏亡，范宣子、趙文子、韓宣子皆欲之。文子曰：「温，吾縣也。」二宣子曰：「自郤稱以别，三傳矣。晉之别縣不唯州，誰獲治之？」文子病之，乃舍之。二宣子曰：「吾不可以正議而自與也。」皆舍之。及文子爲政，趙獲曰：「可以取州矣。」文子曰：「退！二子之言，義也。違義，禍也。余不能治余縣，又焉用州，其以徼禍也？君子曰：『弗知實難。』知而弗從，禍莫大焉。有言州必死。」

爾討也。爾有亂心無厭，國不女堪。專伐伯有，而罪一也；昆弟爭室，而罪二也；

豐氏故主韓氏，伯石之獲州也，韓宣子爲之請之，爲其復取之之故。

秋七月，鄭罕虎如晉，賀夫人，且告曰：「楚人日徵敝邑以不朝立王之故。敝邑之往，則畏執事其謂寡君而固有外心；其不往，則宋之盟云。進退，罪也。寡君使虎布之。」宣子使叔向對曰：「君若辱有寡君，在楚何害？脩宋盟也。君苟思盟，寡君乃知免於戾矣。君若不有寡君，雖朝夕辱於敝邑，寡君猜焉。君實有心，何辱命焉？君其往也！苟有寡君，在楚猶在晉也。」

張趯使謂大叔曰：「自子之歸也，小人糞除先人之敝廬，曰：『子其將來。』今子皮實來，小人失望。」大叔曰：「吉賤，不獲來，畏大國，尊夫人也。且孟曰『而將無事』，吉庶幾焉。」

四年，鄭子產作丘賦，國人謗之，曰：「其父死於路，己爲蠆尾，以令於國，國將若之何？」子寬以告。子產曰：「何害？苟利社稷，死生以之。且吾聞爲善者不改其度，故能有濟也。民不可逞，度不可改。詩曰：『禮義不愆，何恤於人言。』吾不遷矣。」渾罕曰：「國氏其先亡乎！君子作法於涼，其敝猶貪。作法於貪，敝將若之何？姬在列者，蔡及曹、滕其先亡乎，偪而無禮。鄭先衛亡，偪而無法。政不率法，而制於心。民各有心，何上之有？」

五年，鄭罕虎如齊，娶於子尾氏。晏子驟見之。陳桓子問其故，對曰：「能用善人，民之主也。」

六年三月，鄭人鑄刑書。叔向使詒子產書，曰：

「始吾有虞於子，今則已矣。昔先王議事以制，不爲刑辟，懼民之有爭心也。猶不可禁禦，是故閑之以義，糾之以政，行之以禮，守之以信，奉之以仁；制爲禄位，以勸其從；嚴斷刑罰，以威其淫。懼其未也，故誨之以忠，聳之以行，教之以務，使之以和，臨之以敬，涖之以彊，斷之以剛；猶求聖哲之上、明察之官、忠信之長、慈惠之師，民於是乎可任使也，而不生禍亂。民知有辟，則不忌於上。並有爭心，以徵於書，而徼幸以成之，弗可爲矣。

「夏有亂政，而作禹刑；商有亂政，而作湯刑；周有亂政，而作九刑：三辟之興，皆叔世也。

「今吾子相鄭國，作封洫，立謗政，制參辟，鑄刑書，將以靖民，不亦難乎？詩曰：『儀式刑文王之德，日靖四方。』又曰：『儀刑文王，萬邦作孚。』如是，何辟之有？民知爭端矣，將棄禮而徵於書，錐刀之末，將盡爭之。亂獄滋豐，賄賂並行，終子之世，鄭其敗乎？肸聞之，『國將亡，必多制』，其此之謂乎！」

復書曰：「若吾子之言——僑不才，不能及子孫，吾以救世也。既不承命，敢忘大惠！」

七年，鄭子產聘于晉。晉侯有疾，韓宣子逆客，私焉，曰：「寡君寢疾，於今三月矣，並走群望，有加而無瘳。今夢黄熊入于寢門，其何厲鬼也？」對曰：「以君之明，子爲大政，其何厲之有？昔堯殛鯀于羽山，其神化爲黄熊，以入于羽淵，實爲夏郊，三代祀之。晉爲盟主，其或者未之祀也乎！」韓子祀夏郊。晉侯有間，賜子産莒之二方鼎。

子産爲豐施歸州田於韓宣子，曰：「日君以夫公孫段爲能任其事，而賜之州田。今無禄早世，不獲久享君德。其子不〔一〕敢有，不敢以聞於君，私致諸子。」宣子辭。子産曰：「古人有言曰：『其父析薪，其子弗克負荷。』施將懼不能任其先人之禄，其況能任大國之賜？縱吾子爲政而可，後之人若屬有疆埸之言，敝邑獲戾，而豐氏受其大討。吾子取州，是免敝邑於戾，而建置豐氏也。敢以爲請。」宣子受之，以告晉侯。晉侯以與宣子。宣子爲初言，病有之，以易原縣於樂大心。

鄭人相驚以伯有，曰：「伯有至矣！」則皆走，不知所往。鑄刑書之歲二月，或夢伯

〔一〕「不」，阮刻本作「弗」。

有介而行，曰：「壬子，余將殺帶也。明年壬寅，余又將殺段也。」及壬子，駟帶卒，國人益懼。齊、燕平之月，壬寅，公孫段卒，國人愈懼。其明月，子産立公孫洩及良止以撫之，乃止。子大叔問其故。子産曰：「鬼有所歸，乃不爲厲，吾爲之歸也。」大叔曰：「公孫洩何爲？」子産曰：「説也。爲身無義而圖説，從政有所反之，以取媚也。不媚，不信。不信，民不從也。」

及子産適晉，趙景子問焉，曰：「伯有猶能爲鬼乎？」子産曰：「能。人生始化曰魄，既生魄，陽曰魂。用物精多，則魂魄强，是以有精爽至於神明。匹夫匹婦强死，其魂魄猶能馮依於人，以爲淫厲，況良霄，我先君穆公之胄，子良之孫，子耳之子，敝邑之卿，從政三世矣。鄭雖無腆，抑諺曰『蕞爾國』，而三世執其政柄，其用物也弘矣，其取精也多矣，其族又大，所馮厚矣，而强死，能爲鬼，不亦宜乎！」

十二年三月，鄭簡公卒。將爲葬除，及游氏之廟，將毁焉。子大叔使其除徒執用以立，而無庸毁，曰：「子産過女，而問何故不毁，乃曰：『不忍廟也。諾，將毁矣。』」既如是，子産乃使辟之。司墓之室有當道者，毁之，則朝而堋；弗毁，則日中而堋。子大叔請毁之，曰：「無若諸侯之賓何？」子産曰：「諸侯之賓能來會吾喪，豈憚日中？無損於賓，而民不害，何故不爲？」遂弗毁，日中而葬。君子謂子産於是乎知禮。禮，無毁人以自成也。

十六年三月，晉韓起聘于鄭，鄭伯享之。子産戒曰：「苟有位於朝，無有不共恪！」孔張後至，立於客間，執政禦之；適客後，又禦之；適縣間。客從而笑之。事畢，富子諫曰：「夫大國之人，不可不慎也，幾爲之笑，而不陵我？我皆有禮，夫猶鄙我。國而無禮，何以求榮？孔張失位，吾子之恥也。」子産怒曰：「發命之不衷，出令之不信，刑之頗類，獄之放紛，會朝之不敬，使命之不聽，取陵於大國，罷民而無功，罪及而弗知，僑之恥也。孔張，君之昆孫子孔之後也，執政之嗣也，爲嗣大夫；承命以使，周於諸侯；國人所尊，諸侯所知。立於朝而祀於家，有禄於國，有賦於軍，喪、祭有職，受脤、歸脤。其祭在廟，已有著位。在位數世，世守其業，而忘其所，僑焉得恥之？辟邪之人而皆及執政，是先王無刑罰也。子寧以他規我。」

宣子有環，其一在鄭商。宣子謁諸鄭伯，子産弗與，曰：「非官府之守器也，寡君不知。」子大叔、子羽謂子産曰：「韓子亦無幾求，晉國亦未可以貳。晉國、韓子不可偷也。若屬有讒人交鬭其間，鬼神而助之，以興其凶怒，悔之何及？吾子何愛於一環，其以取憎於大國也？盍求而與之？」子産曰：「吾非偷晉而有二心，將終事之，是以弗與，忠信故也。僑聞君子非無賄之難，立而無令名之患。僑聞爲國非不能事大、字小之難，無禮以定其位之患。夫大國之人令於小國，而皆獲其求，將何以給之？一共一否，爲罪滋大。大國之求，無禮以斥之，何饜之有？吾且爲鄙邑，則失位矣。若韓子奉命以使，而求玉焉，貪淫甚矣，獨非罪乎？出一玉以起二罪，吾又失位，韓子成貪，將焉用之？且吾以玉賈罪，不亦鋭乎？」

韓子買諸賈人，既成賈矣。商人曰：「必告君大夫！」韓子請諸子産曰：「日起請夫環，執政弗義，弗敢復也。今買諸商人，商人曰『必以聞』，敢以爲請。」子産對曰：「昔我先君桓公與商人皆出自周，庸次比耦以艾殺此地，斬之蓬、蒿、藜、藋，而共處之；世有盟誓，以相信也，曰：『爾無我叛，我無强賈，毋或匄奪。爾有利市寶賄，我勿與知。』恃此質誓，故能相保，以至于今。今吾子以好來辱，而謂敝邑强奪商人，是教弊邑背盟誓也，毋乃不可乎！吾子得玉，而失諸侯，必不爲也。若大國令，而共無藝，鄭鄙邑也，亦弗爲也。僑若獻玉，不知所成。敢私布之。」韓子辭玉，曰：「起不敏，敢求玉以徼二罪？敢辭之。」

夏四月，鄭六卿餞宣子於郊。宣子曰：「二三君〔一〕子請皆賦，起亦以知鄭志。」子齹賦野有蔓草。宣子曰：「孺子善哉！吾有望矣。」子産賦鄭之羔裘。宣子曰：「起不堪

〔一〕原無「君」字，據阮刻本補。

也。」子大叔賦褰裳。宣子曰：「起在此，敢勤子至於他人乎？」子大叔拜。宣子曰：「善哉，子之言是！不有是事，其能終乎？」子游賦風雨，子旗賦有女同車，子柳賦蘀兮。宣子喜，曰：「鄭其庶乎！二三君子以君命貺起，賦不出鄭志，皆昵燕好也。二三君子，數世之主也，可以無懼矣。」宣子皆獻馬焉，而賦我將。子產拜，使五卿皆拜，曰：「吾子靖亂，敢不拜德！」

宣子私覿於子產以玉與馬，曰：「子命起舍夫玉，是賜我玉而免吾死也，敢不藉手以拜！」

九月，鄭大旱，使屠擊、祝款、豎柎有事於桑山。斬其木，不雨。子產曰：「有事於山，蓺山林也；而斬其木，其罪大矣。」奪之官邑。

十七年，鄭裨竈言於子產曰：「宋、衛、陳、鄭將同日火。若我用瓘斝玉瓚，鄭必不火。」子產弗與。

十八年夏五月，火始昏見。丙子，風。梓慎曰：「是謂融風，火之始也；七日，其火作乎！」戊寅，風甚。壬午，大甚。宋、衛、陳、鄭皆火。梓慎登大庭氏之庫以望之，曰：「宋、衛、陳、鄭也。」數日，皆來告火。

裨竈曰：「不用吾言，鄭又將火。」鄭人請用之，子產不可。子大叔曰：「寶以保民也，若有火，國幾亡。可以救亡，子何愛焉？」子産曰：「天道遠，人道邇，非所及也，何以知之？竈焉知天道？是亦多言矣，豈不或信？」遂不與。亦不復火。

鄭之未災也，里析告子産曰：「將有大祥，民震動，國幾亡。吾身泯焉，弗良及也。國遷，其可乎？」子産曰：「雖可，吾不足以定遷矣。」及火，里析死矣，未葬，子産使輿三十人遷其柩。

火作，子産辭晉公子、公孫于東門，使司寇出新客，禁舊客勿出於宫。使子寬、子上巡群屏攝，至于大宫。使公孫登徙大龜，使祝史徙主祏於周廟，告於先君。使府人、庫人各儆其事。商成公儆司宫，出舊宫人，寘諸火所不及。司馬、司寇列居火道，行火所焮。城下之人伍列登城。明日，使野司寇各保其徵，郊人助祝史，除於國北，禳火于玄冥、回禄，祈于四鄘。書焚室而寬其征，與之材。三日哭，國不市。使行人告於諸侯。宋、衛皆如是。陳不救火，許不弔災，君子是以知陳、許之先亡也。

七月，鄭子産爲火故，大爲社，祓禳於四方，振除火災，禮也。乃簡兵大蒐，將爲蒐除。子大叔之廟在道南，其寢在道北，其庭小，過期三〔一〕日，使除徒陳於道南廟北，曰：「子産

〔一〕「三」，阮刻本作「三」。

過女，而命速除，乃毁於而鄉。」子産朝，過而怒之。除者南毁。子産及衝，使從者止之，曰：「毁於北方。」

火之作也，子産授兵登陴。子大叔曰：「晉無乃討乎？」子産曰：「吾聞之，小國忘守則危，況有災乎？國之不可小，有備故也。」既，晉之邊吏讓鄭曰：「鄭國有災，晉君、大夫不敢寧居，卜筮走望，不愛牲玉。鄭之有災，寡君之憂也。今執事撊然授兵登陴，將以誰罪？邊人恐懼，不敢不告。」子産對曰：「若吾子之言，敝邑之災，君之憂也。敝邑失政，天降之災，又懼讒慝之間謀之，以啓貪人，荐爲弊邑不利，以重君之憂。幸而不亡，猶可説也；不幸而亡，君雖憂之，亦無及也。鄭有他竟，望走在晉。既事晉矣，其敢有二心？」

十九年，鄭駟偃卒。子游娶於晉大夫，生絲，弱，其父兄立子瑕。子産憎其爲人也，且以爲不順，弗許，亦弗止。駟氏聳。他日，絲以告其舅。冬，晉人使以幣如鄭，問駟乞之立故。駟氏懼，駟乞欲逃，子産弗遣；請龜以卜，亦弗予。大夫謀對，子産不待而對客曰：「鄭國不天，寡君之二三臣札瘥夭昏，今又喪我先大夫偃。其子幼弱，其一二父兄懼隊宗主，私族於謀，而立長親。寡君與其二三老曰：『抑天實剥亂是，吾何知焉？』諺曰『無過亂門』，民有亂兵，猶憚過之，而況敢知天之所亂？今大夫將問其故，抑寡君實不敢知，其誰實知之？平丘之會，君尋舊盟曰：『無或失職！』若寡君之二三臣，其即世者，晉大夫而專制其位，是晉之縣鄙也，何國之爲？」辭客幣而報其使。晉人舍之。

鄭大水，龍鬬于時門之外洧淵，國人請爲禜焉。子產弗許，曰：「我鬬，龍不我覿也；龍鬬，我獨何覿焉？禳之，則彼其室也。吾無求於龍，龍亦無求於我。」乃止也。

二十年，鄭子產有疾，謂子大叔曰：「我死，子必爲政。唯有德者能以寬服民，其次莫如猛。夫火烈，民望而畏之，故鮮死焉；水懦弱，民狎而翫之，則多死焉，故寬難。」疾數月而卒。

大叔爲政，不忍猛而寬。鄭國多盜，取人於萑苻之澤。大叔悔之，曰：「吾早從夫子，不及此。」興徒兵以攻萑苻之盜，盡殺之，盜少止。

仲尼曰：「善哉！政寬則民慢，慢則糾之以猛。猛則民殘，殘則施之以寬。寬以濟猛，猛以濟寬，政是以和。詩曰『民亦勞止，汔可小康；惠此中國，以綏四方』，施之以寬也。『毋從詭隨，以謹無良，式遏寇虐，慘不畏明』，糾之以猛也。『柔遠能邇，以定我王』，平之以和也。又曰，『不競不絿，不剛不柔。布政優優，百祿是遒』，和之至也。」

及子產卒，仲尼聞之，出涕曰：「古之遺愛也。」

經文統鈔中編卷八

益陽陳天倪　主纂
湘陰彭　昺　襄輯

昭公中

楚靈以弑召弑

襄二十九年夏四月，葬楚康王，公及陳侯、鄭伯、許男送葬，至於西門之外，諸侯之大夫皆至于墓。楚郟敖即位，王子圍爲令尹。鄭行人子羽曰：「是謂不宜，必代之昌。松柏之下，其草不殖。」

襄三十年春王正月，楚子使薳罷來聘，通嗣君也。穆叔問王子之爲政何如。對曰：「吾儕小人食而聽事，猶懼不給命，而不免於戾，焉與知政？」固問焉，不告。穆叔告大夫曰：「楚令尹將有大事，子蕩將與焉助之，匿其情矣。」

楚公子圍殺大司馬蔿掩而取其室。申無宇曰：「王子必不免。善人，國之主也。王絶民之主，去身之偏，艾王之體，以禍其國，無不祥大焉。何以得免？」

襄三十一年，衛侯在楚，北宮文子見令尹圍之威儀，言於衛侯曰：「令尹似君矣，將有他志。雖獲其志，不能終也。詩云：『靡不有初，鮮克有終。』終之實難，令尹其將不免。」公曰：「子何以知之？」對曰：「詩云：『敬慎威儀，惟民之則。』令尹無威儀，民無則焉。民所不則，以在民上，不可以終。」公曰：「善哉！何謂威儀？」對曰：「有威而可畏謂之威，有儀而可象謂之儀。君有君之威儀，其臣畏而愛之，則而象之，故能有其國家，令聞長世。臣有臣之威儀，其下畏而愛之，故能守其官職，保族宜家。順是以下皆如是，是以上下能相固也。衛詩曰：『威儀棣棣，不可選也。』言君臣、上下、父子、兄弟、内外、大小皆有威儀也。周詩曰，『朋友攸攝，攝以威儀』，言朋友之道必相教訓以威儀也。周書數文王之德，曰，『大國畏其力，小國懷其德』，言畏而愛之也。詩云，『不識不知，順帝之則』，言則而象之也。紂囚文王七年，諸侯皆從之囚，紂於是乎懼而歸之，可謂愛之。文王伐崇，再駕而降爲臣，蠻夷帥服，可謂畏之。文王之功，天下誦而歌舞之，可謂則之。文王之行，至今爲法，可謂象之。有威儀也。故君子在位可畏，施舍可愛，進退可度，周旋可則，容止可觀，作事可法，德行可象，聲氣可樂；動作有文，言語有章，以臨其下，謂之有威儀也。」

元年春，楚公子圍聘于鄭，且娶於公孫段氏。伍舉爲介。將入館，鄭人惡之，使行人子羽與之言，乃館於外。既聘，將以衆逆。子産患之，使子羽辭，曰：「以敝邑褊小，不足以容從者，請墠聽命。」令尹命大宰伯州犁對曰：「君辱貺寡大夫圍，謂圍將使豐氏撫有而室。圍布几筵，告於莊、共之廟而來。若野賜之，是委君貺於草莽也，是寡大夫不得列於諸卿也。不寧唯是，又使圍蒙其先君，將不得爲寡君老，其蔑以復矣。唯大夫圖之。」子羽曰：「小國無罪，恃實其罪。將恃大國之安靖己，而無乃包藏禍心以圖之？小國失恃，而懲諸侯，使莫不憾者，距違君命，而有所壅塞不行是懼。不然，敝邑，館人之屬也，其敢愛豐氏之祧？」伍舉知其有備也，請垂櫜而入。許之。

正月乙未，入，逆而出。遂會於虢，尋宋之盟也。祁午謂趙文子曰：「宋之盟，楚人得志於晉。今令尹之不信，諸侯之所聞也。子弗戒，懼又如宋。子木之信稱於諸侯，猶詐晉而駕焉，況不信之尤者乎？楚重得志於晉，晉之耻也。子相晉國，以爲盟主，於今七年矣。再合諸侯，三合大夫，服齊、狄，寧東夏，平秦亂，城淳于，師徒不頓，國家不罷，民無謗讟，諸侯無怨，天無大災，子之力也。有令名矣，而終之以耻，午也是懼，吾子其不可以不戒。」文子曰：「武受賜矣。然宋之盟，子木有禍人之心，武有仁人之心，是楚所以駕於晉也。今武猶是心也，楚又行僭，非所害也。武將信以爲本，循而行之。譬如農夫，是穮是蓘。雖有饑饉，必有豐年。且吾聞之，能信不爲人下，吾未能也。詩曰『不僭不賊，鮮不爲則』，信也。能爲人則者，不爲人下矣。吾不能是難，楚不爲患。」楚令尹圍請用牲讀舊書加於牲上而已，晉人許之。

三月甲辰，盟。楚公子圍設服、離衛。叔孫穆子曰：「楚公子美矣，君哉！」鄭子皮曰：「二執戈者前矣！」蔡子家曰：「蒲宮有前，不亦可乎？」楚伯州犁曰：「此行也，辭而假之寡君。」鄭行人揮曰：「假不反矣。」伯州犁曰：「子姑憂子皙之欲背誕也。」子羽曰：「當璧猶在，假而不反，子其無憂乎？」齊國子曰：「吾代二子愍矣。」陳公子招曰：「不憂何成？二子樂矣。」衛齊子曰：「苟或知之，雖憂何害？」宋合左師曰：「大國令，小國共，吾知共而已。」晉樂王鮒曰：「小旻之卒章善矣，吾從之。」

退會，子羽謂子皮曰：「叔孫絞而婉，宋左師簡而禮，樂王鮒字而敬，子與子家持之，皆保世之主也。齊、衛、陳大夫其不免乎！國子代人憂，子招樂憂，齊子雖憂弗害。夫弗及而憂，與可憂而樂，與憂而弗害，皆取憂之道也，憂必及之。大誓曰：『民之所欲，天必從之。』三大夫兆憂，能無至乎？言以知物，其是之謂矣。」

令尹享趙孟，賦大明之首章。趙孟賦小宛之二章。事畢，趙孟謂叔向曰：「令尹自以爲王矣，何如？」對曰：「王弱，令尹彊，其可哉！雖可，不終。」趙孟曰：「何故？」對曰：「彊以克弱而安之，彊不義也。不義而彊，其斃必速。詩曰：『赫赫宗周，褒姒滅之。』彊不義也。令尹爲王，必求諸侯。晉少懦矣，諸侯將往。若獲諸侯，其虐滋甚，民弗堪也，將何以終？夫以彊取，不義而克，必以爲道。道以淫虐，弗可久已矣。」

楚公子圍使公子黑肱、伯州犁城犫、櫟、郟。鄭人懼。子産曰：「不害。令尹將行大事，而先除二子也。禍不及鄭，何患焉？」

冬，楚公子圍將聘于鄭，伍舉爲介。未出竟，聞王有疾而還。伍舉遂聘。十一月己酉，公子圍至，入問王疾，縊而弑之。遂殺其二子幕及平夏。右尹子干出奔晉，宮廏尹子皙出奔鄭。殺大宰伯州犁于郟。葬王於郟，謂之郟敖。使赴于鄭，伍舉問應爲後之辭焉，對曰：「寡大夫圍。」伍舉更之曰：「共王之子圍爲長。」

子干奔晉，從車五乘，叔向使與秦公子同食，皆百人之餼。趙文子曰：「秦公子富。」叔向曰：「底祿以德，德鈞以年，年同以尊。公子以國。不聞以富。且夫以千乘去其國，彊禦已甚。詩曰：『不侮鰥寡，不畏彊禦。』秦、楚，匹也。」使后子與子干齒。辭曰：

「鍼懼選，楚公子不獲，是以偕〔一〕來，亦唯命。且臣與羈齒，無乃不可乎？史佚有言曰：『非羈，何忌？』」

楚靈王即位，薳罷爲令尹，薳啓彊爲大宰。鄭游吉如楚葬郟敖，且聘立君。歸，謂子産曰：「具行器矣。楚王汏侈，而自説其事，必合諸侯，吾往無日矣。」子産曰：「不數年未能也。」

三年十月，鄭伯如楚，子産相。楚子享之，賦吉日。既享，子産乃具田備，王以田江南之夢。

四年春王正月，許男如楚，楚子止之；遂止鄭伯，復田江南，許男與焉。使椒舉如晉求諸侯，二君待之。椒舉致命曰：「寡君使舉曰：日君有惠，賜盟于宋，曰：『晉、宋〔二〕之從交相見也。』以歲之不易，寡人願結驩於二三君，使舉請間。君若苟無四方之虞，則願假寵以請於諸侯。」晉侯欲勿許。司馬侯曰：「不可。楚王方侈，天或者欲逞其心，以厚其毒，而降其〔三〕罰，未可知也。其使能終，亦未可知也。晉、楚唯天所

〔一〕「偕」，阮刻本作「皆」。
〔二〕「宋」，阮刻本作「楚」。
〔三〕「其」，阮刻本作「之」。

相，不可與爭。君其許之，而修德以待其歸。若歸於德，吾猶將事之，況諸侯乎？若適淫虐，楚將棄之，吾又誰與爭？」曰：「晉有三不殆，其何敵之有？國險而多馬，齊、楚多難；有是三者，何鄉而不濟？」對曰：「恃險與馬，而虞鄰國之難，是三殆也。四嶽、三塗、陽城、大室、荆山、中南，九州之險也，是不一姓。冀之北土，馬之所生，無興國焉。恃險與馬，不可以爲固也，從古以然。是以先王務修德音以亨神、人，不聞其務險與馬也。鄰國之難，不可虞也。或多難以固其國，啓其疆土；或無難以喪其國，失其守宇，若何虞難？齊有仲孫之難，而獲桓公，至今賴之。晉有里、丕之難，而獲文公，是以爲盟主。衛、邢無難，狄〔二〕亦喪之。故人之難，不可虞也。恃此三者，而不修政德，亡於不暇，又何能濟？君其許之！紂作淫虐，文王惠和，殷是以隕，周是以興，夫豈爭諸侯？」乃許楚使。使叔向對曰：「寡君有社稷之事，是以不獲春秋時見。諸侯，君實有之，何辱命焉？」椒舉遂請昏，晉侯許之。

楚子問於子産曰：「晉其許我諸侯乎？」對曰：「許君。晉君少安，不在諸侯。其大夫多求，莫匡其君。在宋之盟又曰如一。若不許君，將焉用之？」王曰：「諸侯其來

〔二〕「狄」，阮刻本作「敵」。

乎？」對曰：「必來。從宋之盟，承君之歡，不畏大國，何故不來？不來者，其魯、衛、曹、邾乎？曹畏宋，邾畏魯，魯、衛偪於齊而親於晉，唯是不來。其餘，君之所及也，誰敢不至？」王曰：「然則吾所求者無不可乎？」對曰：「求逞於人，不可；與人同欲，盡濟。」

夏，諸侯如楚，魯、衛、曹、邾不會。曹、邾辭以難，公辭以時祭，衛侯辭以疾。鄭伯先待于申。

經·四年夏，楚子、蔡侯、陳侯、鄭伯、許男、徐子、滕子、頓子、胡子、沈子、小邾子、宋世子佐、淮夷會于申。

傳·六月丙午，楚子合諸侯于申。椒舉言於楚子曰：「臣聞諸侯無歸，禮以爲歸。今君始得諸侯，其慎禮矣。霸之濟否，在此會也。夏啟有鈞臺之享，商湯有景亳之命，周武有孟津之誓，成有岐陽之蒐，康有酆宮之朝，穆有塗山之會，齊桓有召陵之師，晉文有踐土之盟。君其何用？宋向戌、鄭公孫僑在[一]，諸侯之良也，君其選焉。」王曰：「吾用齊桓。」王使問禮於左師與子産。左師曰：「小國習之，大國用之，敢不薦聞？」獻公合諸侯

[一] 原無「在」字，據阮刻本補。

之禮六。子産曰：「小國共職，敢不薦守？」獻伯子男會公之禮六。君子謂合左師善守先代，子産善相小國。

王使椒舉侍於後以規過，卒事不規。王問其故，對曰：「禮，吾未見者有六焉，又何以規？」

宋大子佐後至，王田於武城，久而弗見。椒舉請辭焉。王使往，曰：「屬有宗祧之事於武城，寡人〔一〕將墮幣焉，敢謝後見。」

徐子，吴出也，以爲貳焉，故執諸申。

楚子示諸侯侈。椒舉曰：「夫六王、二公之事，皆所以示諸侯禮也，諸侯所由用命也。夏桀爲仍之會，有緡叛之；商紂爲黎之蒐，東夷叛之；周幽爲大室之盟，戎狄叛之，皆所以示諸侯汏也，諸侯所由棄命也。今君以汏，無乃不濟乎？」王弗聽。子産見左師曰：「吾不患楚矣，汏而愎諫，不過十年。」左師曰：「然。不十年侈，其惡不遠。遠惡而後棄。善亦如之，德遠而後興。」

秋七月，楚子以諸侯伐吴。宋大子、鄭伯先歸，宋華費遂、鄭大夫從。使屈申圍朱方，

〔一〕「人」，阮刻本作「君」。

八月甲申，克之。執齊慶封而盡滅其族。將戮慶封，椒舉曰：「臣聞無瑕者可以戮人。慶封唯逆命，是以在此，其肯從於戮乎？播於諸侯，焉用之？」王弗聽，負之斧鉞，以徇於諸侯，使言曰：「無或如齊慶封弒其君，弱其孤，以盟其大夫！」慶封曰：「無或如楚共王之庶子圍弒其君——兄之子麇——而代之，以盟諸侯！」王使速殺之。

遂以諸侯滅賴。賴子面縛銜璧，士袒，輿櫬從之，造於中軍。王問諸椒舉，對曰：「成王克許，許僖公如是。王親釋其縛，受其璧，焚其櫬。」王從之。遷賴於鄢。

楚子欲遷許於賴，使鬭韋龜與公子棄疾城之而還。

申無宇曰：「楚禍之首將在此矣。召諸侯而來，伐國而克，城，竟莫校，王心不違，民其居乎？民之不處，其誰堪之？不堪王命，乃禍亂也。」

五年，楚子以屈申爲貳於吳，乃殺之。以屈生爲莫敖，使與令尹子蕩如晉逆女。過鄭，鄭伯勞子蕩于氾，勞屈生于菟氏。晉侯送女于邢丘。子産相鄭伯會晉侯于邢丘。

晉韓宣子如楚送女，叔向爲介。鄭子皮、子大叔勞諸索氏。大叔謂叔向曰：「楚王汏侈已甚，子其戒之！」叔向曰：「汏侈已甚，身之災也，焉能及人？若奉吾幣帛，慎吾威儀，守之以信，行之以禮，敬始而思終，終無不復。從而不失儀，敬而不失威；道之以訓辭，奉之以舊法，考之以先王，度之以二國，雖汏侈，若我何？」

及楚，楚子朝其大夫，曰：「晉，吾仇敵也。苟得志焉，無恤其他。今其來者，上卿、上大夫也。若吾以韓起爲閽，以羊舌肸爲司宮，足以辱晉，吾亦得志矣。可乎？」大夫莫對。薳啟彊曰：「可。苟有其備，何故不可？恥匹夫不可以無備，況恥國乎？是以聖王務行禮，不求恥人。朝聘有珪，享覜有璋，小有述職，大有巡功。設机而不倚，爵盈而不飲；宴有好貨，飧有陪鼎，入有郊勞，出有贈賄，禮之至也。國家之敗，失之道也，則禍亂興。城濮之役，晉無楚備，以敗於邲。邲之役，楚無晉備，以敗於鄢。自鄢以來，晉不失備，而加之以禮，重之以睦，是以楚弗能報，而求親焉。既獲姻親，又欲恥之，以召寇讎，備之若何，誰其重此？若有其人，恥之可也。若其未有，君亦圖之。晉之事君，臣曰可矣：求諸侯而麇至；求昏而薦女，君親送之，上卿及上大夫致之。猶欲恥之，君其亦〔一〕有備矣。不然，奈何？韓起之下，趙成、中行吳、魏舒、范鞅、知盈；羊舌肸之下，祁午、張趯、籍談、女齊、梁丙、張骼、輔躒、苗賁皇，皆諸侯之選也。韓襄爲公族大夫，韓須受命而使矣；箕襄、邢帶、叔禽、叔椒、子羽，皆大家也。韓賦七邑，皆成縣也。羊舌四族，皆彊家也。晉人若喪韓起、楊肸，五卿、八大夫輔韓須、楊石，因其十家九縣，長轂九百，其餘四十

〔一〕「其亦」，原作「亦其」，據阮刻本乙正。

縣，遺守四千，奮其武怒，以報其大恥。伯華謀之，中行伯、魏舒帥之，其蔑不濟矣。君將以親易怨，實無禮以速寇，而未有其備，使群臣往遺之禽，以逞君心，何不可之有？」王曰：「不穀之過也，大夫無辱。」厚爲韓子禮。王欲敖叔向以其所不知，而不能，亦厚其禮。

韓起反，鄭伯勞諸圉。辭不敢見，禮也。

冬十月，楚子以諸侯及東夷伐吴，以報棘、櫟、麻之役。薳射以繁揚之師會於夏汭。越大夫常壽過帥師會楚子於瑣。聞吴師出，薳啟彊帥師從之，遽不設備，吴人敗諸鵲岸。楚子以馹至於羅汭。

吴子使其弟蹶由犒師，楚人執之，將以釁鼓。王使問焉，曰：「女卜來吉乎？」對曰：「吉。寡君聞君將治兵於敝邑，卜之以守龜，曰：『余亟使人犒師，請行以觀王怒之疾徐，而爲之備，尚克知之！』龜兆告吉曰〔一〕：『克可知也。』君若驩焉好逆使臣，滋敝邑休怠，而忘其死，亡無日矣。今君奮然〔二〕震電馮怒，虐執使臣，將以釁鼓，則吴知所備矣。

〔一〕「吉日」，原作「曰吉」，據阮刻本乙正。
〔二〕「然」，阮刻本作「焉」。

敝邑雖羸，若早脩完，其可以息師。難易有備，可謂吉矣。且吳社稷是卜，豈爲一人？使臣獲釁軍鼓，而敝邑知備，以禦不虞，其爲吉，孰大焉？國之守龜，其何事不卜？一臧一否，其誰能常之？城濮之兆，其報在邲。今此行也，其庸有報志？」乃弗殺。

楚師濟於羅汭，沈尹赤會楚子，次於萊山，薳射帥繁揚之師先入南懷，楚師從之，及汝清。吳不可入。楚子遂觀兵於坻箕之山。

是行也，吳早設備，楚無功而還，以蹶由歸。楚子懼吳，使沈尹射待命于巢，薳啟彊待命于雩婁，禮也。

六年六月，楚公子棄疾如晉，報韓子也。過鄭，鄭罕虎、公孫僑、游吉從鄭伯以勞諸柤。辭不敢見。固請，見之。見如見王。以其乘馬八匹私面。見子皮如上卿，以馬六匹；見子產以馬四匹；見子大叔以馬二匹。禁芻牧採樵，不入田，不樵樹，不采蓺，不抽屋，不强匄。誓曰：「有犯命者，君子廢，小人降。」舍不爲暴，主不慁賓。往來如是，鄭三卿皆知其將爲王也。

韓宣子之適楚也，楚人弗逆。公子棄疾及晉竟，晉侯將亦弗逆。叔向曰：「楚辟，我衷，若何效辟？詩曰：『爾之教矣，民胥效矣。』從我而已，焉用效人之辟？書曰：『聖作則。』無寧以善人爲則，而則人之辟乎？匹夫爲善，民猶則之，況國君乎？」晉侯說，乃逆之。

徐儀楚聘于楚，楚子執之，逃歸。懼其叛也，使薳洩伐徐。吴人救之。令尹子蕩帥師伐吴，師于豫章，而次于乾谿。吴人敗其師於房鍾，獲宫廄尹棄疾。子蕩歸罪於薳洩而殺之。

七年春。楚子之爲令尹也，爲王旌以田。芋尹無宇斷之，曰：「一國兩君，其誰堪之？」及即位，爲章華之宫，納亡人以實之。無宇之閽入焉。無宇執之，有司弗與，曰：「執人於王宫，其罪大矣。」執而謁諸王。王將飲酒，無宇辭曰：「天子經略，諸侯正封，古之制也。封略之内，何非君土？食土之毛，誰非君臣？故詩曰：『普天之下，莫非王土；率土之濱，莫非王臣。』天有十日，人有十等。下所以事上，上所以共神也。故王臣公，公臣大夫，大夫臣士，士臣皁，皁臣輿，輿臣隸，隸臣僚，僚臣僕，僕臣臺。馬有圉，牛有牧，以待百事。今有司曰：『女胡執人於王宫？』將焉執之？周文王之法曰『有亡，荒閱』，所以得天下也。吾先君文王，作僕區之法，曰『盜所隱器，與盜同罪』，所以封汝也。若從有司，是無所執逃臣也。逃而舍之，是無陪臺也。王事無乃闕乎？昔武王數紂之罪以告諸侯曰：『紂爲天下逋逃主，萃淵藪。』故夫致死焉。君王始求諸侯而則紂，無乃不可乎？若以二文之法取之，盜有所在矣。」王曰：「取而臣以往。盜有寵，未可得也。」遂赦之。

八年，陳哀公元妃鄭姬生悼大子偃師，二妃生公子留，下妃生公子勝。二妃嬖，留有寵，屬諸司徒招與公子過。哀公有癈疾，三月甲申，公子招、公子過殺悼大子偃師而立公子留。

夏四月辛亥，哀公縊。干徵師赴于楚，且告有立君。公子勝愬之于楚，楚人執而殺之。公子留奔鄭。

書曰「陳侯之弟招殺陳世子偃師」，罪在招也；「楚人執陳行人干徵師殺之」，罪不在行人也。

八月，陳公子招歸罪於公子過而殺之。九月，楚公子棄疾帥師奉孫吳圍陳，宋戴惡會之。

冬十一月壬午，滅陳。輿嬖袁克殺馬毀玉以葬。楚人將殺之，請寘之，既又請私。私於幄，加絰於顙而逃。

使穿封戌爲陳公，曰：「城麇之役不諂。」侍飲酒於王，王曰：「城麇之役，女知寡人之及此，女其辟寡人乎！」對曰：「若知君之及此，臣必致死禮以息楚。」

晉侯問於史趙曰：「陳其遂亡乎！」對曰：「未也。」公曰：「何故？」對曰：「陳，顓頊之族也，歲在鶉火，是以卒滅。陳將如之。今在析木之津，猶將復由。且陳氏得政于齊而後陳卒亡。自幕至于瞽瞍無違命，舜重之以明德，寘德於遂，遂世守之。及胡公不淫，故周賜之姓，使祀虞帝。臣聞盛德必百世祀，虞之世數未也，繼守將在齊，其兆既存矣。」

九年二月庚申，楚公子棄疾遷許于夷，實城父。取州來淮北之田以益之，伍舉授許男田。然丹遷城父人於陳，以夷濮西田益之。遷方城外人於許。

夏四月，陳災。鄭裨竈曰：「五年陳將復封，封五十二年而遂亡。」子産問其故，對曰：「陳，水屬也；火，水妃也。而楚所相也。今火出而火陳，逐楚而建陳也。妃以五成，故曰五年。歲五及鶉火，而後陳卒亡，楚克有之，天之道也，故曰五十二年。」

十一年春，景王問於萇弘曰：「今玆諸侯何實吉？何實凶？」對曰：「蔡凶。此蔡侯般弑其君之歲也，歲在豕韋，弗過此矣。楚將有之，然壅也。歲及大梁，蔡復，楚凶，天之道也。」

楚子在申，召蔡靈侯。靈侯將往，蔡大夫曰：「王貪而無信，唯蔡於感。今幣重而言甘，誘我也，不如無往。」蔡侯不可。五月丙申，楚子伏甲而饗蔡侯於申，醉而執之。夏四月丁巳，殺之。刑其士七十人。公子棄疾帥師圍蔡。

韓宣子問於叔向曰：「楚其克乎？」對曰：「克哉！蔡侯獲罪於其君，而不能其民，天將假手於楚以斃之，何故不克？然肸聞之，不信以幸，不可再也。楚王奉孫吴以討於陳，曰：『將定而國。』陳人聽命，而遂縣之。今又誘蔡而殺其君，以圍其國，雖幸而克，必受其咎，弗能久矣。桀克有緡，以喪其國。紂克東夷，而隕其身。楚小位下，而亟暴於二王，能無咎乎？天之假助不善，非祚之也，厚其凶惡而降之罰也。且譬之如天其有五材，而將用之，力盡而敝之，是以無拯，不可没振。」

冬十一月，楚子滅蔡，用隱大子于岡山。申無宇曰：「不祥。五牲不相爲用，況用諸侯乎？王必悔之！」

楚子城陳、蔡、不羹。使棄疾爲蔡公。王問於申無宇曰：「棄疾在蔡何如？」對曰：「擇子莫如父，擇臣莫如君。鄭莊公城櫟而寘子元焉，使昭公不立。齊桓公城穀而寘管仲焉，至于今賴之。臣聞五大不在邊，五細不在庭。親不在外，羈不在内。今棄疾在外，鄭丹在内。君其少戒！」王曰：「國有大城，何如？」對曰：「鄭京、櫟實殺曼伯，宋蕭、亳實殺子游，齊渠丘實殺無知，衛蒲、戚實出獻公。若由是觀之，則害於國。末大必折，尾大不掉，君所知也。」

十二年，楚子謂成虎，若敖之餘也，遂殺之。或譖成虎於楚子，成虎知之，而不能行。書曰「楚殺其大夫成虎」，懷寵也。

楚子狩于州來，次于潁尾，使蕩侯、潘子、司馬督、囂尹午、陵尹喜帥師圍徐以懼吳。楚子次于乾谿，以爲之援。雨雪，王皮冠，秦復陶，翠被，豹舄，執鞭以出。僕析父從。右尹子革夕，王見之，去冠、被，舍鞭，與之語，曰：「昔我先王熊繹與呂伋、王孫牟、燮父、禽父並事康王，四國皆有分，我獨無有。今吾使人於周，求鼎以爲分，王其與我乎？」對曰：「與君王哉！昔我先王熊繹辟在荆山，篳路藍縷以處草莽，跋涉山林以事天子，唯是桃弧、棘矢以共禦王事。齊，王舅也；晉及魯、衛，王母弟也。楚是以無分，而彼皆有。今周與四國服事君王，將唯命是從，豈其愛鼎？」王曰：「昔我皇祖伯父昆吾，舊許是宅。今鄭人貪賴其田，而不我與。我若求之，其與我乎？」對曰：「與君王哉！周不愛鼎，鄭敢愛田？」王曰：「昔諸侯遠我而畏晉，今我大城陳、蔡、不羹，賦皆千乘，子與有勞焉，諸侯其畏我乎？」對曰：「畏君王哉！是四國者，專足畏也。又加之以楚，敢不畏君王哉！」工尹路請曰：「君王命剥圭以爲鍼柲，敢請命。」王入視之。析父謂子革：「吾子，楚國之望也。今與王言如響，國其若之何？」子革曰：「摩厲以須，王出，吾刃將斬矣。」王出，復語。左史倚相趨過，王曰：「是良史也，子善視之！是能讀三墳、五典、八索、九丘。」對曰：「臣嘗問焉，昔穆王欲肆其心，周行天下，將皆必有車轍馬跡焉。祭公謀父作祈招之詩以止王心，王是以獲没於祗宫。臣問其詩而不知也。若問遠焉，其焉能知之？」王曰：

「子能乎？」對曰：「能。其詩曰：『祈招之愔愔，式昭德音。思我王度，式如玉，式如金。形民之力，而無醉飽之心。』」王揖而入，饋不食，寢不寐，數日，不能自克，以及於難。仲尼曰：「古也有志：『克己復禮，仁也。』信善哉！楚靈王若能如是，豈其辱於乾谿？」

十三年。楚子之爲令尹也，殺大司馬薳掩，而取其室。及即位，奪薳居田；遷許而質許圍。蔡洧有寵於王，王之滅蔡也，其父死焉，王使與於守而行。申之會，越大夫戮焉。王奪鬭韋龜中犫，又奪成然邑，而使爲郊尹。蔓成然故事蔡公。故薳氏之族及薳居、許圍、蔡洧、蔓成然，皆王所不禮也，因群喪職之族啟越大夫常壽過作亂，圍固城，克息舟，城而居之。

觀起之死也，其子從在蔡，事朝吴，曰：「今不封蔡，蔡不封矣。我請試之。」以蔡公之命召子干、子晳，及郊，而告之情，强與之盟，入襲蔡。蔡公將食，見之而逃。觀從使子干食，坎，用牲，加書，而速行。己徇於蔡，曰：「蔡公召二子，將納之，與之盟而遣之矣，將師而從之。」蔡人聚，將執之。辭曰：「失賊成軍，而殺余，何益？」乃釋之。朝吴曰：「二三子若能死亡，則如違之，以待所濟。若求安定，則如與之，以濟所欲。且違上，何適而可？」衆曰：「與之。」乃奉蔡公，召二子而盟于鄧，依陳、蔡人以國。楚公子比、公子黑肱、公子棄疾、蔓成然、蔡朝吴帥陳、蔡、不羹、許、葉之師，因四族之徒，以入楚。及郊，陳、蔡欲爲名，故請爲武軍。蔡公知之，曰：「欲速，且役病矣，請藩而已。」乃藩爲軍。蔡公使須務牟與史猈先入，因正僕人殺大子禄及公子罷敵。公子比爲王，公子黑肱爲令尹，次于魚陂。公子棄疾爲司馬，先除王宫，使觀從從師于乾谿，而遂告之，且曰：「先歸復所，後者劓。」師及訾梁而潰。

王聞群公子之死也，自投于車下，曰：「人之愛其子也，亦如余乎？」侍者曰：「甚焉，小人老而無子，知擠于溝壑矣。」王曰：「余殺人子多矣，能無及此乎？」右尹子革曰：「請待于郊，以聽國人。」王曰：「衆怒不可犯也。」曰：「若入於大都，而乞師於諸侯。」王曰：「皆叛矣。」曰：「若亡於諸侯，以聽大國之圖君也。」王曰：「大福不再，祇取辱焉。」然丹乃歸于楚。王沿夏，將欲入鄢。芋尹無宇之子申亥曰：「吾父再奸王命，王弗誅，惠孰大焉？君不可忍，惠不可棄，吾其從王。」乃求王，遇諸棘圍以歸。夏五月癸亥，王縊于芋尹申亥氏。申亥以其二女殉而葬之。

觀從謂子干曰：「不殺棄疾，雖得國，猶受禍也。」子干曰：「余不忍也。」子玉〔二〕

〔二〕原作「對」，據阮刻本改。

曰：「人將忍子，吾不忍俟也。」乃行。國每夜駭曰：「王入矣！」乙卯夜，棄疾使周走而呼曰：「王至矣！」國人大驚。使蔓成然走告子干、子晳曰：「王至矣，國人殺君司馬，將來矣。君若早自圖也，可以無辱。衆怒如水火焉，不可爲謀。」又有呼而走至者，曰：「衆至矣！」二子皆自殺。丙辰，棄疾即位，名曰熊居。葬子干于訾，實訾敖。殺囚，衣之王服，而流諸漢，乃取而葬之，以靖國人。使子旗爲令尹。

楚師還自徐，吴人敗諸豫章，獲其五帥。

平王封陳、蔡，復遷邑，致群賂，施舍、寬民，宥罪、舉職。召觀從，王曰：「唯爾所欲。」對曰：「臣之先佐開卜。」乃使爲卜尹。使枝如子躬聘于鄭，且致犨、櫟之田。事畢弗致。鄭人請曰：「聞諸道路，將命寡君以犨、櫟，敢請命。」對曰：「臣未聞命。」既復，王問犨、櫟，降服而對，曰：「臣過失命，未之致也。」王執其手，曰：「子毋勤！姑歸，不穀有事，其告子也。」

他年，芋尹申亥以王柩告，乃改葬之。

初，靈王卜曰：「余尚得天下！」不吉。投龜，詬天而呼曰：「是區區者而不余畀，余必自取之。」民患王之無厭也，故從亂如歸。

初，共王無冢嫡，有寵子五人，無適立焉。乃大有事于群望，而祈曰：「請神擇於五人者，使主社稷。」乃徧以璧見於群望，曰：「當璧而拜者，神所立也，誰敢違之？」既，乃與巴姬密埋璧於大室之庭，使五人齊，而長入拜。康王跨之，靈王肘加焉，子干、子晳皆遠之。平王弱，抱而入，再拜，皆厭紐。鬬韋龜屬成然焉，且曰：「棄禮違命，楚其危哉！」

子干歸，韓宣子問於叔向曰：「子干其濟乎？」對曰：「難。」宣子曰：「同惡相求，如市賈焉，何難？」對曰：「無與同好，誰與同惡？取國有五難：有寵而無人，一也；有人而無主，二也；有主而無謀，三也；有謀而無民，四也；有民而無德，五也。子干在晉，十三年矣。晉、楚之從，不聞達者，可謂無人。族盡親叛，可謂無主。無釁而動，可謂無謀。爲羈終世，可謂無民。亡無愛徵，可謂無德。王虐而不忌，楚君子干，涉五難以弒舊君，誰能濟之？有楚國者，其棄疾乎！君陳、蔡，城外屬焉。苛慝不作，盜賊伏隱，私欲不違，民無怨心。先神命之，國民信之。芈姓有亂，必季實立，楚之常也。獲神，一也；有民，二也；令德，三也；寵貴，四也；居常，五也。有五利以去五難，誰能害之？子干之官，則右尹也；數其貴寵，則庶子也；以神所命，則又遠之。其貴亡矣，其寵棄矣。民無懷焉，國無與焉，將何以立？」宣子曰：「齊桓、晉文，不亦是乎？」對曰：「齊桓，衛姬之子也，有寵於僖；有鮑叔牙、賓須無、隰朋以爲輔佐；有莒、衛以爲外主；有國、高以爲內主；從善如流，下善齊肅；不藏賄，不從欲，施舍不倦，求善不厭。

是以有國，不亦宜乎？我先君文公，狐季姬之子也，有寵於獻；好學而不貳[一]，生十七年，有士五人。有先大夫子餘、子犯以爲腹心，有魏犨、賈佗以爲股肱，有齊、宋、秦、楚以爲外主，有欒、郤、狐、先以爲内主，亡十九年，守志彌篤。惠、懷棄民，民從而與之。獻無異親，民無異望。天方相晉，將何以代文？此二君者，異於子干。共有寵子，國有奧主；無施於民，無援於外；去晉而不送，歸楚而不逆，何以冀國？」

晉平晚政之失與趙孟之偷

襄二十九年。晉平公，杞出也，故治杞。六月，知悼子合諸侯之大夫以城杞，孟孝伯會之，鄭子大叔與伯石往。子大叔見大叔文子，與之語。文子曰：「甚乎其城杞也！」子大叔曰：「若之何哉！晉國不恤周宗之闕，而夏肄是屏，其棄諸姬，亦可知也已。諸姬是棄，其誰歸之？吉也聞之，棄同、即異，是謂離德。詩曰：『協比其鄰，昏姻孔云。』晉不鄰矣，其誰云之？」

[一] 「貳」，阮刻本作「厭」。

襄三十年春二〔一〕月癸未，晉悼夫人食輿人之城杞者，絳縣人或年長矣，無子而往，與於食。有與疑年，使之年。曰：「臣，小人也，不知紀年。臣生之歲，正月甲子朔，四百有四十五甲子矣，其季於今三之一也。」吏走問諸朝。師曠曰：「魯叔仲惠伯會郤成子于承匡之歲也。是歲也，狄伐魯，叔孫莊叔於是乎敗狄於鹹，獲長狄僑如及虺也、豹也，而皆以名其子。七十三年矣。」史趙曰：「亥有二首六身，下二如身，是其日數也。」士文伯曰：「然則二萬六千六百有六旬也。」趙孟問其縣大夫，則其屬也。召之而謝過焉，曰：「武不才，任君之大事，以晉國之多虞，不能由吾子，使吾子辱在泥塗久矣，武之罪也。敢謝不才。」遂仕之，使助爲政。辭以老。與之田，使爲君復陶，以爲絳縣師，而廢其輿尉。

於是魯使者在晉，歸以語諸大夫。季武子曰：「晉未可媮也。有趙孟以爲大夫，有伯瑕以爲佐，有史趙、師曠而咨度焉，有叔向、女齊以師保其君。其朝多君子，其庸可媮乎！勉事之而後可。」

元年。秦后子有寵於桓，如二君於景。其母曰：「弗去，懼選。」癸卯，鍼適晉，其車千乘。書曰：「秦伯之弟鍼出奔晉。」罪秦伯也。

〔一〕「二」，阮刻本作「三」。

后子享晉侯，造舟于河，十里舍車，自雍及絳。歸取酬幣，終事八反。司馬侯問焉，曰：「子之車盡於此而已乎？」對曰：「此之謂多矣，若能少此，吾何以得見？」女叔齊以告公，且曰：「秦公子必歸。臣聞君子能知其過，必有令圖。令圖，天所贊也。」

后子見趙孟。趙孟曰：「吾子其曷歸？」對曰：「鍼懼選於寡君，是以在此，將待嗣君。」趙孟曰：「秦君何如？」對曰：「無道。」趙孟曰：「亡乎？」對曰：「何爲？一世無道，國未艾也。國於天地，有與立焉。不數世淫，弗能斃也。」趙孟曰：「夭乎？」對曰：「有焉。」趙孟曰：「其幾何？」對曰：「鍼聞之，國無道而年穀和熟，天贊之也。鮮不五稔。」趙孟視蔭，曰：「朝夕不相及，誰能待五？」后子出，而告人曰：「趙孟將死矣。主民，翫歲而愒日，其與幾何？」

天王使劉定公勞趙孟於潁，館於雒汭。劉子曰：「美哉禹功！明德遠矣。微禹，吾其魚乎！吾與子弁冕、端委，以治民、臨諸侯，禹之力也。子盍亦遠績禹功而大庇民乎！」對曰：「老夫罪戾是懼，焉能恤遠？吾儕偷食，朝不謀夕，何其長也？」劉子歸，以語王曰：「諺所謂老將知而耄及之者，其趙孟之謂乎！爲晉正卿，以主諸侯，而儕於隸人，朝不謀夕，棄神、人矣。神怒、民叛，何以能久？趙孟不復年矣。神怒，不歆其祀；民叛，不即其事。祀、事不從，又何以年？」

晉中行穆子敗無終及群狄于大原，崇卒也。將戰，魏舒曰：「彼徒我車，所遇又阨，以什共車，必克。困諸阨，又克。請皆卒，自我始。」乃毁車以爲行，五乘爲三伍。荀吴之嬖人不肯即卒，斬以徇。爲五陳以相離，兩於前，伍於後，專爲右角，參爲左角，偏爲前拒，以誘之。翟人笑之。未陳而薄之，大敗之。

晉侯有疾，鄭伯使公孫僑如晉聘，且問疾。叔向問焉，曰：「寡君之疾病，卜人曰：『實沈、臺駘爲祟。』史莫之知。敢問此何神也？」子産曰：「昔高辛氏有二子，伯曰閼伯，季曰實沈，居于曠林，不相能也，日尋干戈，以相征討。后帝不臧，遷閼伯于商丘，主辰。商人是因，故辰爲商星。遷實沈于大夏，主參，唐人是因，以服事夏、商。其季世曰唐叔虞。當武王邑姜方震大叔，夢帝謂己：『余命而子曰虞，將與之唐，屬諸參，而蕃育其子孫。』及生，有文在其手曰虞，遂以命之。及成王滅唐，而封大叔焉，故參爲晉星。由是觀之，則實沈，參神也。昔金天氏有裔子曰昧，爲玄冥師，生允格、臺駘。臺駘能業其官，宣汾、洮，障大澤，以處大原。帝用嘉之，封諸汾川。沈、姒、蓐、黄實守其祀。今晉主汾而滅之矣。由是觀之，則臺駘，汾神也。抑此二者，不及君身。山川之神，則水旱癘疫之災於是乎禜之；日月星辰之神，則雪霜風雨之不時，於是乎禜之。若君身，則亦出入、飲食、哀樂之事也，山川、星辰之神又何爲焉？僑聞之，君子有四時：朝以聽政，晝以訪問，夕以脩令，夜以安身。於是乎節宣其氣，勿使有所壅閉湫底以露其體，兹心不爽，而昏亂百度。今無乃壹之，則生疾矣。僑又聞之，内官不及同姓，其生不殖。美先盡矣，則相生疾，君子是以惡之。故志曰：『買妾不知其姓，則卜之。』違此二者，古之所慎也。男女辨姓，禮之大司也。今君内實有四姬〔一〕焉，其無乃是也乎？若由是二者，弗可爲也已。四姬有省猶可，無則必生疾矣。」叔向曰：「善哉！肸未之聞也。此皆然矣。」

叔向出，行人揮送之。叔向問鄭故焉，且問子晳。對曰：「其與幾何！無禮而好陵人，怙富而卑其上，弗能久矣。」

晉侯聞子産之言，曰：「博物君子也。」重賄之。

晉侯求醫於秦，秦伯使醫和視之，曰：「疾不可爲也。是謂近女，室疾如蠱。非鬼非食，惑以喪志。良臣將死，天命不佑。」公曰：「女不可近乎？」對曰：「節之。先王之樂，所以節百事也。故有五節；遲速本末以相及，中聲以降。五降之後，不容彈矣。於是有煩手淫聲，慆堙心耳，乃忘平和，君子弗聽也。物亦如之。至於煩，乃舍也已，無以生疾。君子之近琴瑟，以儀節也，非以慆心也。天有六氣，降生五味，發爲五色，徵爲五聲。

〔一〕原無「姬」字，據阮刻本補。

淫生六疾。六氣曰陰、陽、風、雨、晦、明也。分爲四時，序爲五節，過則爲菑：陰淫寒疾，陽淫熱疾，風淫末疾，雨淫腹疾，晦淫惑疾，明淫心疾。女，陽物而晦時，淫則生内熱惑蠱之疾。今君不節、不時，能無及此乎？」

出，告趙孟。趙孟曰：「誰當良臣？」對曰：「主是謂矣。主相晉國，於今八年，晉國無亂，諸侯無闕，可謂良矣。和聞之，國之大臣，榮其寵禄，任其大節。有菑禍興，而無改焉，必受其咎。今君至於淫以生疾，將不能圖恤社稷，禍孰大焉？主不能禦，吾是以云也。」趙孟曰：「何謂蠱？」對曰：「淫溺惑亂之所生也。於文，皿蟲爲蠱。穀之飛亦爲蠱。在周易，女惑男，風落山謂之蠱䷑。皆同物也。」趙孟曰：「良醫也。」厚其禮而歸之。

十二月，晉既烝，趙孟適南陽，將會孟子餘。甲辰朔，烝于温，庚戌，卒。

二年春，晉侯使韓宣子來聘，且告爲政，而來見，禮也。觀書於大史氏，見易象與魯春秋，曰：「周禮盡在魯矣，吾乃今知周公之德與周之所以王也。」公享之，季武子賦緜之卒章。韓子賦角弓。季武子拜，曰：「敢拜子之彌縫敝邑，寡君有望矣。」武子賦節之卒章。既享，宴于季氏。有嘉樹焉，宣子譽之。武子曰：「宿敢不封殖此樹，以無忘角弓。」遂賦甘棠。宣子曰：「起不堪也，無以及召公。」

宣子遂如齊納幣。見子雅。子雅召子旗，使見宣子。宣子曰：「非保家之主也，不臣。」見子尾。子尾見彊，宣子謂之如子旗。大夫多笑之，唯晏子信之，曰：「夫子，君子也。君子有信，其有以知之矣。」

自齊聘於衛，衛侯享之。北宮文子賦淇澳，宣子賦木瓜。

夏四月，韓須如齊逆女。齊陳無宇送女，致少姜。少姜有寵於晉侯，晉侯謂之少齊。謂陳無宇非卿，執諸中都。少姜爲之請，曰：「送從逆班。畏大國也，猶有所易，是以亂作。」

晉少姜卒，公如晉，及河，晉侯使士文伯來辭，曰：「非伉儷也，請君無辱。」公還。季孫宿遂致服焉。

叔向言陳無宇於晉侯曰：「彼何罪？君使公族逆之，齊使上大夫送之，猶曰不共，君求以貪。國則不共，而執其使。君刑已頗，何以爲盟主？且少姜有辭。」冬十月，陳無宇歸。

三年春王正月，鄭游吉如晉，送少姜之葬。梁丙與張趯見之。梁丙曰：「甚矣哉，子之爲此來也！」子大叔曰：「將得已乎？昔文、襄之霸也，其務不煩諸侯，令諸侯三歲而聘，五歲而朝，有事而會，不協而盟。君薨，大夫弔，卿共葬事；夫人，士弔，大夫送葬。

足以昭禮、命事、謀闕而已，無加命矣。今嬖寵之喪，不敢擇位，而數於守適，唯懼獲戾，豈敢憚煩？少姜有寵而死，齊必繼室。今兹吾又將來賀，不唯此行也。」張趯曰：「善哉，吾得聞此數也！然自今子其無事矣。譬如火焉，火中，寒暑乃退。此其極也，能無退乎？晉將失諸侯，諸侯求煩不獲。」二大夫退。子大叔告人曰：「張趯有知，其猶在君子之後乎！」

齊侯使晏嬰請繼室於晉，曰：「寡君使嬰曰：『寡人願事君朝夕不倦，將奉質幣以無失時，則國家多難，是以不獲。不腆先君之適以備内官，焜燿寡人之望，則又無禄，早世隕命，寡人失望。君若不忘先君之好，惠顧齊國，辱收寡人，徼福於大公、丁公，照臨敝邑，鎮撫其社稷，則猶有先君之適及遺姑姊妹若而人。君若不棄敝邑，而辱使董振擇之，以備嬪嬙，寡人之望也。』」韓宣子使叔向對曰：「寡君之願也。寡君不能獨任其社稷之事，未有伉儷，在縗絰之中，是以未敢請。君有辱命，惠莫大焉。若惠顧敝邑，撫有晉國，賜之内主，豈惟寡君，舉群臣實受其貺，其自唐叔以下實寵嘉之。」

既成昏，晏子受禮，叔向從之宴，相與語。叔向曰：「齊其何如？」晏子曰：「此季世也，吾弗知齊其爲陳氏矣。公棄其民，而歸於陳氏。齊舊四量，豆、區、釜、鍾。四升爲豆，各自其四，以登於釜。釜十則鍾。陳氏三量皆登一焉，鍾乃大矣。以家量貸，而以公量收之。山木如市，弗加於山；魚、鹽、蜃、蛤，弗加於海。民參其力，二入於公，而衣食其一。公聚朽蠹，而三老凍餒，國之諸市，屨賤踴貴。民人痛疾，而或燠休之。其愛之如父母，而歸之如流水。欲無獲民，將焉辟之？箕伯、直柄、虞遂、伯戲，其相胡公、大姬已在齊矣。」

叔向曰：「然。雖吾公室，今亦季世也。戎馬不駕，卿無軍行，公乘無人，卒列無長。庶民罷敝，而宮室滋侈。道殣相望，而女富溢尤。民聞公命，如逃寇讎。欒、郤、胥、原、狐、續、慶、伯降在皂隸，政在家門，民無所依。君日不悛，以樂慆憂。公室之卑，其何日之有？讒鼎之銘曰：『昧旦丕顯，後世猶怠。』況日不悛，其能久乎？」晏子曰：「子將若何？」叔向曰：「晉之公族盡矣。肸聞之，公室將卑，其宗族枝葉先落，則公從之。肸之宗十一族，唯羊舌氏在而已。肸又無子，公室無度，幸而得死，豈其獲祀？」

晉韓起如齊逆女。公孫蠆爲少姜之有寵也，以其子更公女，而嫁公子。人謂宣子：「子尾欺晉，晉胡受之？」宣子曰：「我欲得齊，而遠其寵，寵將來乎？」

五年，秦后子復歸於秦，景公卒故也。

七年秋八月，衛襄公卒。晉大夫言於范獻子曰：「衛事晉爲睦，晉不禮焉，庇其賊人而取其地，故諸侯貳。詩曰：『鶺鴒在原，兄弟急難。』又曰：『死喪之威，兄弟孔懷。』兄弟之不睦，於是乎不弔；況遠人，誰敢歸之？今又不禮於衛之嗣，衛必叛我，是絶諸侯也。」獻子以告韓宣子。宣子説，使獻子如衛弔，且反戚田。

八年春，石言于晉魏榆。晉侯問於師曠曰：「石何故言？」對曰：「石不能言，或馮焉。不然，民聽濫也。抑臣又聞之曰：『作事不時，怨讟動于民，則有非言之物而言。』今宫室崇侈，民力彫盡，怨讟並作，莫保其性。石言，不亦宜乎？」於是晉侯方築虒祁之宫。叔向曰：「子野之言君子哉！君子之言，信而有徵，故怨遠於其身。小人之言，僭而無徵，故怨咎及之。詩曰『哀哉不能言，匪舌是出，唯躬是瘁。哿矣能言，巧言如流，俾躬處休』，其是之謂乎！是宫也成，諸侯必叛，君必有咎，夫子知之矣。」

九年，晉荀盈如齊逆女，還，六月，卒于戲陽。殯於絳，未葬。晉侯飲酒，樂。膳宰屠蒯趨入，請佐公使尊，許之。而遂酌以飲工，曰：「女爲君耳，將司聰也。辰在子、卯，謂之疾日，君徹宴樂，學人舍業，爲疾故也。君之卿佐，是謂股肱。股肱或虧，何痛如之？女弗聞而樂，是弗〔一〕聰也。」又飲外嬖嬖叔，曰：「女爲君目，將司明也。服以旌禮，禮以行事，事有其物，物有其容。今君之容，非其物也；而女不見，是不明也。」亦自飲也，曰：

〔一〕「弗」，阮刻本作「不」。

「味以行氣，氣以實志，志以定言，言以出令。臣實司味，二御失官，而君弗命，臣之罪也。」公説，徹酒。

初，公欲廢知氏而立其外嬖，爲是悛而止。秋八月，使荀躒佐下軍以説焉。

十年春王正月，有星出于婺女。鄭裨竈言於子産曰：「七月戊子，晉君將死。今兹歲在顓頊之虚，姜氏、任氏實守其地，居其維首，而有妖星焉，告邑姜也。邑姜，晉之妣也。天以七紀。戊子逢公以登，星斯於是乎出。吾是以譏之。」

秋七月戊子，晉平公卒。鄭伯如晉，及河，晉人辭之。游吉遂如晉。九月，叔孫婼、齊國弱、宋華定、衛北宫喜、鄭罕虎、許人、曹人、莒人、邾人、薛人、杞人、小邾人如晉，葬平公也。

鄭子皮將以幣行，子産曰：「喪焉用幣？用幣必百兩，百兩必千人。千人至，將不行。不行，必盡用之。幾千人而國不亡？」子皮固請以行。

既葬，諸侯之大夫欲因見新君。叔孫昭子曰：「非禮也。」弗聽。叔向辭之，曰：「大夫之事畢矣，而又命孤。孤斬焉在衰絰之中。其以嘉服見，則喪禮未畢；其以喪服見，是重受弔也，大夫將若之何？」皆無辭以見。

子皮盡用其幣。歸，謂子羽曰：「非知之實難，將在行之。夫子知之矣，我則不足。

書曰『欲敗度，縱敗禮』，我之謂矣。夫子知度與禮矣，我實縱欲，而不能自克也。」

昭子至自晉，大夫皆見，高彊見而退。昭子語諸大夫曰：「爲人子不可不慎也哉！昔慶封亡，子尾多受邑，而稍致諸君，君以爲忠，而甚寵之。將死，疾于公宮，輦而歸，君親推之。其子不能任，是以在此。忠爲令德，其子不〔一〕能任，罪猶及之，難不慎也？喪夫人之力，棄德、曠宗，以及其身，不亦害乎？詩曰『不自我先，不自我後』，其是之謂乎！」

〔一〕「不」，阮刻本作「弗」。

經文統鈔中編卷九

益陽陳天倪　主纂
湘陰彭　昺　襄輯

昭公下

晏子輔齊

襄十七年，齊晏桓子卒。晏嬰麤縗斬，苴絰、帶、杖，菅屨，食鬻，居倚廬，寢苫，枕草。其老曰：「非大夫之禮也。」曰：「唯卿爲大夫。」

三年。初，景公欲更晏子之宅，曰：「子之宅近市，湫隘囂塵，不可以居，請更諸爽塏者。」辭曰：「君之先臣容焉，臣不足以嗣之，於臣侈矣。且小人近市，朝夕得所求，小人之利也，敢煩里旅？」公笑曰：「子近市，識貴賤乎？」對曰：「既利之，敢不識乎？」公曰：「何貴？何賤？」於是景公繁於刑，有鬻踴者，故對曰：「踴貴，屨賤。」既已告於君，故與叔向語而稱之。景公爲是省於刑。

君子曰：「仁人之言，其利溥〔一〕哉！晏子一言，而齊侯省刑。詩曰：『君子如祉，亂庶遄已。』其是之謂乎！」

及晏子如晉，公更其宅。反，則成矣。既拜，乃毀之，而爲里室，皆如其舊，則使宅人反之。「且諺曰：『非宅是卜，唯鄰是卜。』二三子先卜鄰矣。違卜不祥。君子不犯非禮，小人不犯不祥，古之制也。吾敢違諸乎？」卒復其舊宅，公弗許；因陳桓子以請，乃許之。

十月，齊公孫竈卒。司馬竈見晏子，曰：「又喪子雅矣。」晏子曰：「惜也！子旗不免，殆哉！姜族弱矣，而嬀將始昌。二惠競爽猶可，又弱一个焉，姜其危哉！」

八年七月甲戌，齊子尾卒，子旗欲治其室。丁丑，殺梁嬰。八月庚戌，逐子成、子工、子車，皆來奔，而立子良氏之宰。其臣曰：「孺子長矣，而相吾室，欲兼我也。」授甲，將攻之。陳桓子善於子尾〔二〕，亦授甲，將助之。或告子旗，子旗不信。則數人告。將往，又數人告於道，遂如陳氏。桓子將出矣，聞之而還，游服而逆之，請命。對曰：「聞彊氏授甲

〔一〕「溥」，阮刻本作「博」。
〔二〕「良」，阮刻本作「尾」。

將攻子，子聞諸？」曰：「弗聞。」「子盍亦授甲，無宇請從。」子旗曰：「子胡然？彼，孺子也。吾誨之，猶懼其不濟，吾又寵秩之——其若先人何？子盍謂之。周書曰『惠不惠，茂不茂』，康叔所以服弘大也。」桓子稽顙曰：「頃、靈福子，吾猶有望。」遂和之如初。

十年，齊惠欒、高氏皆耆酒，信內，多怨，彊於陳、鮑氏而惡之。

夏，有告陳桓子曰：「子旗、子良將攻陳、鮑。」亦告鮑氏。桓子授甲而如鮑氏。遭子良醉而騁，遂見文子，則亦授甲矣。使視二子，則皆將飲酒。桓子曰：「彼雖不信，聞我授甲，則必逐我。及其飲酒也，先伐諸？」陳、鮑方睦，遂伐欒、高氏。子良曰：「先得公，陳、鮑焉往？」遂伐虎門。

晏平仲端委立於虎門之外，四族召之，無所往。其徒曰：「助陳、鮑乎？」曰：「何善焉？」「助欒、高乎？」曰：「庸愈乎？」「然則歸乎？」曰：「君伐，焉歸？」公召之，而後入。公卜使王黑以靈姑銔率，吉，請斷三尺焉而用之。五月庚辰，戰于稷，欒、高敗，又敗諸莊。國人追之，又敗諸鹿門。欒施、高彊來奔。陳、鮑分其室。

晏子謂桓子：「必致諸公！讓，德之主也。讓之謂懿德。凡有血氣，皆有爭心，故利不可强，思義爲愈。義，利之本也。蘊利生孽。姑使無蘊乎！可以滋長。」桓子盡致諸公，而請老于莒。

桓子召子山，私具幄幕、器用、從者之衣屨，而反棘焉。子商亦如之，而反其邑。子周亦如之，而與之夫于。反子城、子公、公孫捷，而皆益其禄。凡公子、公孫之無禄者，私分之邑。國之貧約孤寡者，私與之粟。曰：「詩云『陳錫載周』，能施也。桓公是以霸。」公與桓子莒之旁邑，辭。穆孟姬爲之請高唐，陳氏始大。

十六年二月丙申，齊師至于蒲隧。徐人行成。徐子及郯人、莒人會齊侯，盟于蒲隧，賂以甲父之鼎。叔孫昭子曰：「諸侯之無伯，害哉！齊君之無道也，興師而伐遠方，會之，有成而還，莫之亢也。無伯也夫！詩曰『宗周既滅，靡所止戾。正大夫離居，莫知我肄』，其是之謂乎！」

十九年秋，齊高發帥師伐莒，莒子奔紀鄣。使孫書伐之。初，莒有婦人，莒子殺其夫，已爲嫠婦。及老，託於紀鄣，紡焉以度而去之。及師至，則投諸外。或獻諸子占，子占使師夜縋而登。登者六十人，縋絶。師鼓譟，城上之人亦譟。莒共公懼，啓西門而出。七月丙子，齊師入紀。

二十年。齊侯疥，遂痁，期而不瘳。諸侯之賓問疾者多在。梁丘據與裔款言於公曰：「吾事鬼神豐，於先君有加矣。今君疾病，爲諸侯憂，是祝、史之罪也。諸侯不知，其謂我不敬，君盍誅於祝固、史嚚以辭賓？」公説，告晏子。晏子曰：「日宋之盟，屈建問范會之德於趙武。趙武曰：『夫子之家事治；言於晉國，竭情無私。其祝、史祭祀，陳信不愧；其家事無猜，其祝、史不祈。』建以語康王，康王曰：『神、人無怨，宜夫子之光輔五君以爲諸侯主也。』」公曰：「據與款謂寡人能事鬼神，故欲誅于祝、史，子稱是語，何故？」對曰：「若有德之君，外内不廢，上下無怨，動無違事，其祝、史薦信，無愧心矣。是以鬼神用饗，國受其福，祝、史與焉。其所以蕃祉老壽者，爲信君使也，其言忠信於鬼神。其適遇淫君，外内頗邪，上下怨疾，動作辟違，從欲厭私，高臺深池，撞鐘舞女。斬刈民力，輸掠其聚，以成其違，不恤後人。暴虐淫從，肆行非度，無所還忌，不思謗讟，不憚鬼神。神怒民痛，無悛於心。其祝、史薦信，是言罪也；其蓋失數美，是矯誣也。進退無辭，則虚以求媚。是以鬼神不饗其國以禍之，祝、史與焉。所以夭昏孤疾者，爲暴君使也，其言僭嫚於鬼神。」公曰：「然則若之何？」對曰：「不可爲也：山林之木，衡鹿守之；澤之萑蒲，舟鮫守之；藪之薪蒸，虞候守之；海之鹽、蜃，祈望守之。縣鄙之人，入從其政；偪介之關，暴征其私；承嗣大夫，强易其賄。布常無藝，徵斂無度；宮室日更，淫樂不違。内寵之妾，肆奪於市；外寵之臣，僭令於鄙。私欲養求，不給則應。民人苦病，夫婦皆詛。祝有益也，詛亦有損。聊、攝以東，姑、尤以西，其爲人也多矣。雖其善祝，豈能勝億兆人之詛？君若欲誅於祝、史，修德而後可。」公説，使有司寬政，毁關，去禁，薄斂，已責。

十二月，齊侯田于沛，招虞人以弓，不進。公使執之。辭曰：「昔我先君之田也，旃以招大夫，弓以招士，皮冠以招虞人。臣不見皮冠，故不敢進。」乃舍之。仲尼曰：「守道不如守官。」君子韙之。

齊侯至自田，晏子侍於遄臺，子猶馳而造焉。公曰：「唯據與我和夫！」晏子對曰：「據亦同也，焉得爲和？」公曰：「和與同異乎？」對曰：「異。和如羹焉，水、火、醯、醢、鹽梅，以烹魚肉，燀之以薪，宰夫和之，齊之以味，濟其不及，以洩其過。君子食之，以平其心。君臣亦然。君所謂可而有否焉，臣獻其否以成其可；君所謂否而有可焉，臣獻其可以去其否，是以政平而不干，民無爭心。故詩曰：『亦有和羹，既戒既平。鬷嘏無言，時靡有爭。』先王之濟五味、和五聲也，以平其心，成其政也。聲亦如味，一氣，二體，三類，四物，五聲，六律，七音，八風，九歌，以相成也；清濁，小大，短長、疾徐，哀樂、剛柔，遲速、高下，出入、周疏，以相濟也。君子聽之，以平其心。心平，德和。故詩曰『德音不瑕』。今據不然。君所謂可，據亦曰可；君所謂否，據亦曰否。若以水濟水，誰能食之？若琴瑟之專壹，誰能聽之？同之不可也如是。」

飲酒樂。公曰：「古而無死，其樂若何？」晏子對曰：「古而無死，則古之樂也，君何得焉？昔爽鳩氏始居此地，季萴因之，有逢伯陵因之，蒲姑氏因之，而後大公因之。古若無死，爽鳩氏之樂，非君所願也。」

二十六年。齊有彗星，齊侯使禳之。晏子曰：「無益也，祇取誣焉。天道不諂，不貳其命，若之何禳之？且天之有彗也，以除穢也。君無穢德，又何禳焉？若德之穢，禳之何損？詩曰：『惟此文王，小心翼翼。昭事上帝，聿懷多福。厥德不回，以受方國。』君無違德，方國將至，何患於彗？詩曰：『我無所監，夏后及商。用亂之故，民卒流亡。』若德回亂，民將流亡，祝史之爲，無能補也。」公説，乃止。

齊侯與晏子坐于路寢。公歎曰：「美哉室！其誰有此乎？」晏子曰：「敢問，何謂也？」公曰：「吾以爲在德。」對曰：「如君之言，其陳氏乎！陳氏雖無大德，而有施於民。豆、區、釜、鍾之數，其取之公也薄，其施之民也厚。公厚斂焉，陳氏厚施焉，民歸之矣。詩曰：『雖無德與女，式歌且舞。』陳氏之施，民歌舞之矣。後世若少惰，陳氏而不亡，則國其國也已。」公曰：「善哉！是可若何？」對曰：「唯禮可以已之。在禮，家施不及國，民不遷，農不移，工賈不變，士不濫，官不滔，大夫不收公利。」公曰：「善哉！我不能矣。吾今而後知禮之可以爲國也。」對曰：「禮之可以爲國也久矣，與天地並。君令、臣共，父慈、子孝，兄愛、弟敬，夫和、妻柔，姑慈、婦聽，禮也。君令而不違，臣共而不貳；

父慈而教，子孝而箴；兄愛而友，弟敬而順；夫和而義，妻柔而正；姑慈而從，婦聽而婉：禮之善物也。」公曰：「善哉！寡人今而後聞此禮之上也！」對曰：「先王所稟於天地以爲其民也，是以先王上之。」

衛靈之立及齊豹之亂

七年。衛襄公夫人姜氏無子，嬖人婤姶生孟縶。孔成子夢康叔謂己：「立元，余使羈之孫圉與史苟相之。」史朝亦夢康叔謂己：「余將命而子苟與孔烝鉏之曾孫圉相元。」史朝見成子，告之夢，夢協。晉韓宣子爲政聘于諸侯之歲，婤姶生子，名之曰元。孟縶之足不良弱[二]行。孔成子以周易筮之，曰：「元尚享衛國，主其社稷。」遇屯䷂。又曰：「余尚立縶，尚克嘉之。」遇屯䷂之比䷇。以示史朝。史朝曰：「『元亨』，又何疑焉？」成子曰：「非長之謂乎？」對曰：「康叔名之，可謂長矣。孟非人也，將不列於宗，不可謂長。且其繇曰：『利建侯。』嗣吉，何建？建非嗣也。二卦皆云，子其建之！康叔命之，二卦告之，筮襲於夢，武王所用也，弗從何爲？弱足者居。侯主社稷，臨祭祀，奉民

〔二〕「弱」，阮刻本作「能」。

人，事鬼神，從會朝，又焉得居？各以所利，不亦可乎？」故孔成子立靈公。

二十年，衛公孟縶狎齊豹，奪之司寇與鄄。有役則反之，無則取之。公孟惡北宮喜、褚師圃，欲去之。公子朝通于襄夫人宣姜，懼，而欲以作亂。故齊豹、北宮喜、褚師圃、公子朝作亂。

初，齊豹見宗魯於公孟，爲驂乘焉。將作亂，而謂之曰：「公孟之不善，子所知也。勿與乘，吾將殺之。」對曰：「吾由子事公孟，子假吾名焉，故不吾遠也。雖其不善，吾亦知之；抑以利故，不能去，是吾過也。今聞難而逃，是僭子也。子行事乎，吾將死之，以周事子；而歸死於公孟，其可也。」

丙辰，衛侯在平壽。公孟有事於蓋獲之門外，齊子氏帷於門外，而伏甲焉。使祝鼃寘戈於車薪以當門，使一乘從公孟以出，使華齊御公孟，宗魯驂乘。及閎中，齊氏用戈擊公孟，宗魯以背蔽之，斷肱，以中公孟之肩，皆殺之。

公聞亂，乘，驅自閱門入。慶比御公，公南楚驂乘。使華寅乘貳車。及公宮，鴻駵魋駟乘于公。公載寶以出。褚師子申遇公于馬路之衢，遂從。過齊氏，使華寅肉袒，執蓋以當其闕，齊氏射公，中南楚之背，公遂出。寅閉郭門，踰而從公。公如死鳥，析朱鉏宵從竇出，徒行從公。

齊侯使公孫青聘于衛。既出，聞衛亂，使請所聘。公曰：「猶在竟内，則衛君也。」乃將事焉，遂從諸死鳥。請將事。辭曰：「亡人不佞，失守社稷，越在草莽，吾子無所辱君[一]命。」賓曰：「寡君命下臣於朝曰：『阿下執事。』臣不敢貳。」主人曰：「君將[二]惠顧先君之好，照臨敝邑，鎮撫其社稷，則有宗祧在。」乃止。衛侯固請見之。不獲命，以其良馬見，爲未致使故也。衛侯以爲乘馬。賓將掫，主人辭曰：「亡人之憂，不可以及吾子；草莽之中，不足以辱從者。敢辭。」賓曰：「寡君之下臣，君之牧圉也。若不獲扞外役，是不有寡君也。臣懼不免於戾，請以除死。」親執鐸，終夕與於燎。

齊氏之宰渠子召北宮子。北宮氏之宰不與聞，謀殺渠子，遂伐齊氏，滅之。丁巳晦，公入，與北宮喜盟于彭水之上。秋七月戊午朔，遂盟國人。八月辛亥，公子朝、褚師圃、子玉霄、子高魴出奔晉。閏月戊辰，殺宣姜。衛侯賜北宮喜[三]謚曰貞子，賜析朱鉏謚曰成子，而以齊氏之墓予之。

衛侯告寧于齊，且言子石。齊侯將飲酒，徧賜大夫曰：「二三子之教也。」苑何忌辭，

[一] 原無「君」字，據阮刻本補。
[二] 「將」，阮刻本作「若」。
[三] 原無「喜」字，據阮刻本補。

曰：「與於青之賞，必及於其罰。在康誥曰，父子兄弟，罪不相及，況在群臣？臣[一]敢貪君賜以干先王？」

琴張聞宗魯死，將往弔之。仲尼曰：「齊豹之盜，而孟縶之賊，女何弔焉？君子不食姦，不受亂，不爲利疚於回，不以回待人，不蓋不義，不犯非禮。」

景王不終

九年，周甘人與晉閻嘉爭閻田。晉梁丙、張趯率陰戎伐潁。王使詹桓伯辭於晉，曰：「我自夏以后稷，魏、駘、芮、岐、畢，吾西土也。及武王克商，蒲姑、商奄，吾東土也；巴、濮、楚、鄧，吾南土也；肅慎、燕、亳，吾北土也。吾何邇封之有？文、武、成、康之建母弟，以蕃屏周，亦其廢隊是爲，豈如弁髦，而因以敝之。先王居檮杌于四裔，以禦螭魅，故允姓之姦居于瓜州。伯父惠公歸自秦，而誘以來，使偪我諸姬，入我郊甸，則戎焉取之。戎有中國，誰之咎也？后稷封殖天下，今戎制之，不亦難乎？伯父圖之！我在伯父，猶衣服之

〔一〕原無「臣」字，據阮刻本補。

有冠冕，木水[一]之有本原，民人之有謀主也。伯父若裂冠毁冕，拔本塞原，專棄謀主，雖戎狄，其何有余一人？」叔向謂宣子曰：「文之伯也，豈能改物？翼戴天子，而加之以共。自文以來，世有衰德，而暴滅宗周，以宣示其侈；諸侯之貳，不亦宜乎！且王辭直，子其圖之。」宣子説。王有姻喪，使趙成如周弔，且致閻田與襚，反潁俘。王亦使賓滑執甘大夫襄以説於晉，晉人禮而歸之。

十二年。周原伯絞虐，其輿臣使曹逃。冬十月壬申朔，原輿人逐絞，而立公子跪尋。絞奔郊。

甘簡公無子，立其弟過。過將去成、景之族。成、景之族賂劉獻公，丙申，殺甘悼公，而立成公之孫鰌。丁酉，殺獻大子之傅庾皮之子過，殺瑕辛于市，及宫嬖綽、王孫没、劉州鳩、陰忌、老陽子。

十五年十二月，晉荀躒如周，葬穆后，籍談爲介。既葬，除喪，以文伯宴，樽以魯壺。王曰：「伯氏，諸侯皆有以鎮撫王室，晉獨無有，何也？」文伯揖籍談。對曰：「諸侯之封也，皆受明器於王室，以鎮撫其社稷，故能薦彝器於王。晉居深山，戎狄之與鄰，而遠於

[一] 原作「水木」，據阮刻本乙正。

王室，王靈不及，拜戎不暇，其何以獻器？」王曰：「叔氏，而忘諸乎！叔父唐叔，成王之母弟也，其反無分乎？密須之鼓與其大路，文所以大蒐也；闕鞏之甲，武所以克商也，唐叔受之，以處參虛，匡有戎狄。其後襄之二路，鏚鉞、秬鬯，彤弓、虎賁，文公受之，以有南陽之田，撫征東夏，非分而何？夫有勳而不廢，有績而載，奉之以土田，撫之以彝器，旌之以車服，明之以文章，子孫不忘，所謂福也。福祚之不登，叔父焉在？且昔而高祖孫伯黶司晉之典籍，以爲大政，故曰籍氏。及辛有之二子董之晉，於是乎有董史。女，司典之後也，何故忘之？」籍談不能對。賓出，王曰：「籍父其無後乎！數典而忘其祖。」

籍談歸，以告叔向。叔向曰：「王其不終乎！吾聞之：『所樂必卒焉。』今王樂憂，若卒以憂，不可謂終。王一歲而有三年之喪二焉，於是乎以喪賓宴，又求彝器，樂憂甚矣，且非禮也。彝器之來，嘉功之由，非由喪也。三年之喪，雖貴遂服，禮也。王雖弗遂，宴樂以早，亦非禮也。禮，王之大經也。一動而失二禮，無大經矣。言以考典，典以志經。忘經而多言，舉典，將焉用之？」

十八年春王二月乙卯，周毛得殺毛伯過，而代之。萇弘曰：「毛得必亡。是昆吾稔之日也，侈故之以。而毛得以濟侈於王都，不亡，何待？」

秋，葬曹平公。往者見周原伯魯焉，與之語，不說學。歸以語閔子馬。閔子馬曰：

原氏不害。』不害而不學，則苟而可，於是乎下陵上替，能無亂乎？夫學，殖也。不學，將落，原氏其亡乎！」

周語·景王二十一年，將鑄大錢。單穆公曰：「不可。古者，天降災戾原本作「天災降戾」此依漢書引，於是乎量資幣，權輕重，以振救民。民患輕，則爲作重幣以行之，於是乎有母權子而行，民皆得焉。若不堪重，則多作輕而行之，亦不廢重，於是乎有子權母而行，小大利之。

「今王廢輕而作重，民失其資，能無匱乎？若匱，王用將有所乏，乏則將厚取於民。民不給，將有遠志，是離民也。且夫備有未至而設之，有至而後救之，是不相入也。可先而不備，謂之怠；可後而先之，謂之召災。周固羸國也，天未厭禍焉，而又離民以佐災，無乃不可乎？將民之與處而離之，將災是備禦而召之，則何以經國？國無經，何以出令？令之不從，上之患也，故聖人樹德於民以除之。

「夏書有之曰：『關石、和鈞，王府則有。』詩亦有之曰：『瞻彼旱麓，榛楛濟濟。愷悌君子，干禄愷悌。』夫旱麓之榛楛殖，故君子得以易樂干禄焉。若夫山林匱竭，林麓散亡，藪澤肆既，民力彫盡，田疇荒蕪，資用乏匱，君子將險哀之不暇，而何易樂之有焉？

「且絶民用以實王府，猶塞川原而爲潢汙也，其竭也無日矣。若民離而財匱，災至而備亡，王其若之何？吾周官之於災備也，其所怠棄者多矣，而又奪之資，以益其災，是去其藏而翳其人也。王其圖之！」

王弗聽，卒鑄大錢。

〔傳・廿一年春，天王將鑄無射，泠州鳩曰：「王其以心疾死乎！夫樂，天子之職也。夫音，樂之輿也；而鐘，音之器也。天子省風以作樂，器以鐘之，輿以行之。小者不窕，大者不摦，則和於物。物和則嘉成。故和聲入於耳而藏於心，心億則樂。窕則不咸，摦則不容，心是以感，感實生疾。今鐘摦矣，王心弗堪，其能久乎！」

廿二年。王子朝、賓起有寵於景王，王與賓孟説之，欲立之。劉獻公之庶子伯蚠事單穆公，惡賓孟之爲人也，願殺之；又惡王子朝之言，以爲亂，願去之。賓孟適郊，見雄雞自斷其尾。問之，侍者曰：「自憚其犧也。」遽歸告王，且曰：「雞其憚爲人用乎！人異於是。犧者實用人，人犧實難，己犧何害？」王弗應。夏四月，王田北山，使公卿皆從，將殺單子、劉子。王有心疾，乙丑，崩于榮錡氏。戊子〔二〕，劉子摯卒，無子，單子立劉蚠。五

〔二〕「子」，阮刻本作「辰」。

月庚辰，見王，遂攻賓起，殺之，盟群王子于單氏。丁巳，葬景王。

王子朝之亂

廿二年，王子朝因舊官、百工之喪職秩者與靈、景之族以作亂。帥郊、要、餞之甲，以逐劉子。壬戌，劉子奔揚。單子逆悼王于莊宮以歸。王子還夜取王以如莊宮。癸亥，單子出。王子還與〔一〕召莊公謀，曰：「不殺單旗，不捷。與之重盟，必來。背盟而克者多矣。」從之。樊頃子曰：「非言也，必不克。」遂奉王以追單子。及領，大盟而復。殺摯荒以説。劉子如劉，單子亡。乙丑，奔于平時，群王子追之，單子殺還、姑、發、弱、鬷、延、定、稠，子朝奔京。丙寅，伐之，京人奔山。劉子入于王城。辛未，鞏簡公敗績于京。乙亥，甘平公亦敗焉。

叔鞅至自京師，言王室之亂也。閔馬父曰：「子朝必不克。其所與者，天所廢也。」單子欲告急於晉。秋七月戊寅，以王如平時，遂如圃車，次于皇。劉子如劉。單子使王子處守于王城。盟百工于平宮。辛卯，鄩肸伐皇。大敗，獲鄩肸。壬辰，焚諸王城之

〔一〕原無「與」字，據阮刻本補。

市。八月辛酉，司徒醜以王師敗績于前城。百工叛。己巳，伐單氏之宮，敗焉。庚午，反伐之。辛未，伐東圉。冬十月丁巳，晉籍談、荀躒帥九州之戎及焦、瑕、温、原之師，以納王于王城。庚申，單子、劉蚠以王師敗績于郊，前城人敗陸渾于社。十一月乙酉，王子猛卒。不成喪也。己丑，敬王即位，館于子旅氏。十二月庚戌，晉籍談、荀躒、賈辛、司馬督帥師軍于陰，于侯氏，于谿泉，次于社。王師軍于氾，于解，次于任人。閏月，晉箕遺、樂徵、右行詭濟師取前城，軍其東南。王師軍于京楚。辛丑，伐京，毁其西南。

二十三年春王正月壬寅朔，二師圍郊。癸卯，郊、鄩潰。丁未，晉師在平陰，王師在澤邑。王使告閒，庚戌，還。

夏四月乙酉，單子取訾，劉子取牆人、直人。六月壬午，王子朝入于尹。癸未，尹圉誘劉佗殺之。丙戌，單子從阪道，劉子從尹道伐尹。單子先至而敗，劉子還。己丑，召伯奂、南宫極以成周人戍尹。庚寅，單子、劉子、樊齊以王如劉。甲午，王子朝入于王城，次于左巷。秋七月戊申，鄩羅納諸莊宮。尹辛敗劉師于唐。丙辰，又敗諸鄩。甲子，尹辛取西闈。丙寅，攻蒯，蒯潰。

八月丁酉，南宫極震。萇弘謂劉文公曰：「君其勉之！先君之力可濟也。周之亡也，其三川震。今西王之大臣亦震，天棄之矣。東王必大克。」

二十四年春王正月辛丑，召簡公、南宮嚚以甘桓公見王子朝。劉子謂萇弘曰：「甘氏又往矣。」對曰：「何害？同德度義。大誓曰：『紂有億兆夷人，亦有離德；余有亂臣十人，同心同德。』此周所以興也。君其務德，無患無人。」戊午，王子朝入于鄔。

三月庚戌，晉侯使士景伯涖問周故。士景伯〔一〕立于乾祭，而問於介衆。晉人乃辭王子朝，不納其使。

六月壬申，王子朝之師攻瑕及杏，皆潰。

鄭伯如晉，子大叔相，見范獻子。獻子曰：「若王室何？」對曰：「老夫其國家不能恤，敢及王室？抑人亦有言曰：『嫠不恤其緯，而憂宗周之隕，爲將及焉。』今王室實蠢蠢焉，吾小國懼矣；然大國之憂也，吾儕何知焉？吾子其早圖之！詩曰：『缾之罄矣，惟罍之恥。』王室之不寧，晉之恥也。」獻子懼，而與宣子圖之。乃徵會於諸侯，期以明年。

冬十月癸酉，王子朝用成周之寶珪于河。甲戌，津人得諸河上。陰不佞以温人南侵，拘得玉者，取其玉。將賣之，則爲石。王定而獻之，與之東訾。

二十五年夏，會于黃父，謀王室也。趙簡子令諸侯之大夫輸王粟，具戍人，曰：「明

〔一〕阮刻本無「景」字。

年將納王。」

子大叔見趙簡子，簡子問揖讓、周旋之禮焉。對曰：「是儀也，非禮也。」簡子曰：「敢問，何謂禮？」對曰：「吉也聞諸先大夫子産曰：『夫禮，天之經也。地之義也，民之行也。』天地之經，而民實則之。則天之明，因地之性，生其六氣，用其五行。氣爲五味，發爲五色，章爲五聲。淫則昏亂，民失其性。是故爲禮以奉之：爲六畜、五牲、三犧，以奉五味；爲九文、六采、五章，以奉五色；爲九歌、八風、七音、六律，以奉五聲。爲君臣上下，以則地義；爲夫婦外内，以經二物；爲父子、兄弟、姑姊、甥舅、昏媾、姻亞，以象天明；爲政事、庸力、行務，以從四時；爲刑罰威獄，使民畏忌，以類其震曜殺戮；爲温慈惠和，以效天之生殖長育。民有好惡、喜怒、哀樂，生於六氣，是故審則宜類，以制六志。哀有哭泣，樂有歌舞，喜有施舍，怒有戰鬭；喜生於好，怒生於惡。是故審行信令，禍福賞罰，以制死生。生，好物也；死，惡物也。好物，樂也；惡物，哀也。哀樂不失，乃能協于天地之性，是以長久。」簡子曰：「甚哉，禮之大也！」對曰：「禮，上下之紀、天地之經緯也，民之所以生也，是以先王尚之。故人之能自曲直以赴禮者，謂之成人。大，不亦宜乎！」簡子曰：「鞅也，請終身守此言也。」

宋樂大心曰：「我不輸粟。我於周爲客？若之何使客？」晉士伯曰：「自踐土以來，宋何役之不會，而何盟之不同？曰『同恤王室』，子焉得辟之？子奉君命，以會大事，而宋背盟，無乃不可乎？」右師不敢對，受牒而退。士伯告簡子曰：「宋右師必亡。奉君命以使，而欲背盟以干盟主，無不祥大焉。」

冬十月壬申，尹文公涉于鞏，焚東訾，弗克。

二十六年四月，單子如晉告急。五月戊午，劉人敗王城之師于尸氏。戊辰，王城人、劉人戰于施谷，劉師敗績。

七月己巳，劉子以王出。庚午，次于渠。王城人焚劉。丙子，王宿于褚氏。丁丑，王次于萑谷。庚辰，王入于胥靡。辛巳，王次于滑。晉知躒、趙鞅帥師納王，使女寬守闕塞。

冬十月丙申，王起師于滑。辛丑，在郊，遂次于尸。十一月辛酉，晉師克鞏。召伯盈逐王子朝，王子朝及召氏之族、毛伯得、尹氏固、南宮嚚奉周之典籍以奔楚。陰忌奔莒以叛。召伯逆王於尸，及劉子、單子盟。遂軍圉澤，次于隄上。癸酉，王入于成周。甲戌，盟于襄宮。晉師使成公般戍周而還。十二月癸未，王入于莊宮。

王子朝使告于諸侯曰：

「昔武王克殷，成王靖四方，康王息民，並建母弟，以蕃屏周，亦曰：『吾無專享文、武之功，且爲後人之迷敗傾覆而溺入于難，則振救之。』至於夷王，王愆于厥身，諸侯莫不並走其望，以祈王身。至于厲王，王心戾虐，萬民弗忍，居王于彘。諸侯釋位，以間王政。宣王有志，而後效官。至於幽王，天不弔周，王昏不若，用愆厥位。攜王奸命，諸侯替之，而建王嗣，用遷郟鄏——則是兄弟之能用力於王室也。至于惠王，天不靖周，生頹禍心，施于叔帶。惠、襄辟難，越去王都。則有晉、鄭咸黜不端，以綏定王家。則是兄弟之〔二〕能率先王之命也。在定王六年，秦人降妖，曰：『周其有頿王，亦克能修其職，諸侯服享，二世共職。王室其有間王位，諸侯不圖，而受其亂災。』至于靈王，生而有頿。王甚神聖，無惡於諸侯。靈王、景王克終其世。

「今王室亂，單旗、劉狄剥亂天下，壹行不若，謂『先王何常之有，唯余心所命，其誰敢討〔三〕之』，帥群不弔之人，以行亂于王室。侵欲無厭，規求無度，貫瀆鬼神，慢棄刑法，倍奸齊盟，傲很威儀，矯誣先王。晉爲不道，是攝是贊，思肆其罔極。茲不穀震盪播越，竄在荆蠻，未有攸厎。若我一二兄弟甥舅獎順天法，無助狡猾，以從先王之命，毋速天罰，赦圖不穀，則所願也。敢盡布其腹心及先王之經，而諸侯實深圖之。

〔二〕　原無此「之」字，據阮刻本補。

〔三〕　「討」，阮刻本作「請」。

「昔先王之命曰：『王后無適，則擇立長。年鈞以德，德鈞以卜。』王不立愛，公卿無私，古之制也。穆后及大子壽早夭即世，單、劉贊私立少，以間先王。亦唯伯仲叔季圖之！」

閔馬父聞子朝之辭，曰：「文辭以行禮也。子朝干景之命，遠晉之大，以專其志，無禮甚矣，文辭何爲？」

定公五年春，王人殺子朝于楚。

晉霸之餘波

十二年，晉侯享諸侯，子産相鄭伯，辭於享，請免喪而後聽命。晉人許之，禮也。

晉侯以齊侯宴，中行穆子相。投壺，晉侯先，穆子曰：「有酒如淮，有肉如坻。寡君中此，爲諸侯師。」中之。齊侯舉矢，曰：「有酒如澠，有肉如陵。寡人中此，與君代興。」亦中之。伯瑕謂穆子曰：「子失辭。吾固師諸侯矣，壺何爲焉，其以中儁也？齊君弱吾君，歸弗來矣。」穆子曰：「吾軍帥彊禦，卒、乘競勸，今猶古也，齊將何事？」公孫叟趨進，曰：「日旰君勤，可以出矣！」以齊侯出。

〖經・十有三年秋，公會劉子、晉侯、齊侯、宋公、衛侯、鄭伯、曹伯、莒子、邾子、滕子、薛伯、杞伯、小邾子于平丘。八月甲戌，同盟于平丘。公不與盟。晉人執季孫意如以歸。公至自會。

〔傳〕晉成虒祁，諸侯朝而歸者皆有貳心。爲取郠故，晉將以諸侯來討。叔向曰：「諸侯不可以不示威。」乃並徵會，告于吳。秋，晉侯會吳子于良，水道不可，吳子辭，乃還。

七月丙寅，治兵于邾南。甲車四千乘。羊舌鮒攝司馬，遂合諸侯于平丘。子産、子大叔相鄭伯以會，子産以幄、幕九張行，子大叔以四十，既而悔之，每舍，損焉。及會，亦如之。

次于衛地，叔鮒求貨於衛，淫芻蕘者。衛人使屠伯饋叔向羹與一篋錦，曰：「諸侯事晉，未敢攜貳，況衛在君之宇下，而敢有異志？芻蕘者異於他日，敢請之。」叔向受羹反錦，曰：「晉有羊舌鮒者，瀆貨無厭，亦將及矣。爲此役也，子若以君命賜之，其已。」客從之，未退而禁之。

晉人將尋盟，齊人不可。晉侯使叔向告劉獻公曰：「抑齊人不盟，若之何？」對曰：「盟以底信。君苟有信，諸侯不貳，何患焉？告之以文辭，董之以武師，雖齊不許，君庸多矣。天子之老請帥王賦，『元戎十乘，以先啟行』，遲速唯君。」叔向告于齊，曰：「諸侯求盟，已在此矣。今君弗利，寡君以爲請。」對曰：「諸侯討貳，則有尋盟。若皆用命，何盟之尋？」叔向曰：「國家之敗，有事而無業，事則不經；有業而無禮，經則不序；有禮而無威，序則不共；有威而不昭，共則不明。不明棄共，百事不終，所由傾覆也。是故明王之制，使諸侯歲聘以志業，間朝以講禮，再朝而會以示威，再會而盟以顯昭明。志業於好，講禮於等，示威於衆，昭明於神。自古以來，未之或失也。存亡之道，恒由是興。晉禮主盟，懼有不治；奉承齊犧，而布諸君，求終事也。君曰『余必廢之』，何齊之有？唯君圖之。寡君聞命矣。」齊人懼，對曰：「小國言之，大國制之，敢不聽從？既聞命矣，敬共以往，遲速唯君。」叔向曰：「諸侯有間矣，不可以不示衆。」八月辛未，治兵，建而不旆。壬申，復旆之。諸侯畏之。

邾人、莒人愬于晉曰：「魯朝夕伐我，幾亡矣。我之不共，魯故之以。」晉侯不見公。使叔向來辭曰：「諸侯將以甲戌盟，寡君知不得事君矣，請君無勤。」子服惠伯對曰：「君信蠻夷之訴，以絶兄弟之國，棄周公之後，亦唯君。寡君聞命矣。」叔向曰：「寡君有甲車四千乘在，雖以無道行之，必可畏也。況其率道，其何敵之有？牛雖瘠，僨於豚上，其畏不死？南蒯、子仲之憂，其庸可棄乎？若奉晉之衆，用諸侯之師，因邾、莒、杞、鄫之怒，以討魯罪，間其二憂，何求而弗克？」魯人懼，聽命。

甲戌，同盟于平丘，齊服也。令諸侯日中造于除。癸酉，退朝。子産命外僕速張於除，子大叔止之，使待明日。及夕，子產聞其未張也，使速往，乃無所張矣。

及盟，子產爭承，曰：「昔天子班貢，輕重以列。列尊貢重，周之制也。卑而貢重者，甸服也。鄭伯，男也，而使從公侯之貢，懼弗給也，敢以爲請。諸侯靖兵，好以爲事。行理之命無月不至，貢之無藝，小國有闕，所以得罪也。諸侯修盟，存小國也。貢獻無極，亡可待也。存亡之制，將在今矣。」自日中以爭，至于昏，晉人許之。既盟，子大叔咎之曰：「諸侯若討，其可瀆乎？」子產曰：「晉政多門，貳偷之不暇，何暇討？國不競亦陵，何國之爲？」

公不與盟。晉人執季孫意如，以幕蒙之，使狄人守之。司鐸射懷錦，奉壺飲冰，以蒲伏焉。守者御之，乃與之錦而入。晉人以平子歸，子服湫從。

冬十月，公如晉。荀吳謂韓宣子曰：「諸侯相朝，講舊好也。執其卿而朝其君，有不好焉，不如辭之。」乃使士景伯辭公于河。

季孫猶在晉，子服惠伯私於中行穆子曰：「魯事晉，何以不如夷之小國？魯，兄弟也，土地猶大，所命能具。若爲夷棄之，使事齊、楚，其何瘳於晉？親親、與大，賞共、罰否，所以爲盟主也。子其圖之！諺曰：『臣一主二。』吾豈無大國？」穆子告韓宣子，且曰：「楚滅陳、蔡，不能救，而爲夷執親，將焉用之？」乃歸季孫。惠伯曰：「寡君未知其罪，合諸侯而執其老。若猶有罪，死命可也。若曰無罪而惠免之，諸侯不聞，是逃命也，何免之爲？請從君惠於會。」宣子患之，謂叔向曰：「子能歸季孫乎？」對曰：「不能。鮒也能。」乃使叔魚。叔魚見季孫，曰：「昔鮒也得罪於晉君，自歸於魯君，微武子之賜，不至於今。雖獲歸骨於晉，猶子則肉之，敢不盡情？歸子而不歸，鮒也聞諸吏，將爲子除館於西河，其若之何？」且泣。平子懼，先歸。惠伯待禮。

十四年春，意如至自晉，尊晉、罪己也。尊晉、罪己，禮也。

子產歸，未至，聞子皮卒，哭，且曰：「吾已！無爲爲善矣。唯夫子知我。」仲尼謂子產：「於是行也，足以爲國基矣。詩曰：『樂只君子，邦家之基。』子產，君子之求樂者也。」且曰：「合諸侯，藝貢事，禮也。」〔一〕

十四年，晉邢侯與雍子爭鄐田，久而無成。士景伯如楚，叔魚攝理。韓宣子命斷舊獄，罪在雍子。雍子納其女於叔魚，叔魚蔽罪邢侯。邢侯怒，殺叔魚與雍子於朝。宣子問其罪於叔向。叔向曰：「三人同罪，施生戮死可也。雍子自知其罪，而賂以買直；鮒也鬻獄；邢侯專殺，其罪一也。己惡而掠美爲昏，貪以敗官爲墨，殺人不忌爲賊。夏書曰

〔一〕「子產歸……藝貢事，禮也」，阮刻本在前文「子服湫從」之後。

『昏、墨、賊，殺』，皋陶之刑也，請從之。」乃施邢侯而尸雍子與叔魚於市。

十六年秋八月，晉昭公卒。

十七年，晉侯使屠蒯如周，請有事於雒與三塗。萇弘謂劉子曰：「客容猛，非祭也，其伐戎乎！陸渾氏甚睦於楚，必是故也。君其備之！」乃警戎備。九月丁卯，晉荀吳帥師涉自棘津，使祭史先用牲于雒。陸渾人弗知，師從之。庚午，遂滅陸渾，數之以其貳於楚也。陸渾子奔楚，其衆奔甘鹿。周大獲。宣子夢文公攜荀吳而授之陸渾，故使穆子帥師，獻俘于文宮。

二十二年。晉之取鼓也，既獻而反鼓子焉。又叛於鮮虞。六月，荀吳略東陽，使師僞糴者負甲以息於昔陽之門外，遂襲鼓，滅之，以鼓子鳶鞮歸，使涉佗守之。

楚平之有初無終

十三年。楚之滅蔡也，靈王遷許、胡、沈、道、房、申於荊焉。平王即位，既封陳、蔡，而皆復之，禮也。隱大子之子廬歸于蔡，禮也。悼大子之子吳歸於陳，禮也。冬十月，葬蔡靈公，禮也。

吴滅州來，令尹子期請伐吴。王弗許，曰：「吾未撫吾〔二〕民人，未事鬼神，未修守備，未定國家，而用民力，敗不可悔。州來在吴，猶在楚也。子姑待之。」

十四年夏，楚子使然丹簡上國之兵於宗丘，且撫其民。分貧，振窮；長孤幼，養老疾；收介特，救災患；宥孤寡，赦罪戾；詰姦慝，舉淹滯；禮新，敘舊；禄勳，合親；任良，物官。使屈罷簡東國之兵於召陵，亦如之。好於邊疆。息民五年，而後用師，禮也。

楚令尹子旗有德於王，不知度，與養氏比，而求無厭。王患之。九月甲午，楚子殺鬬成然，而滅養氏之族。使鬬辛居鄖，以無忘舊勳。

十五年，楚費無極害朝吴之在蔡也，欲去之，乃謂之曰：「王唯信子，故處子於蔡。子亦長矣，而在下位，辱，必求之，吾助子請。」又謂其上之人曰：「王唯信吴，故處諸蔡，二三子莫之如也，而在其上，不亦難乎？弗圖，必及於難。」夏，蔡人逐朝吴。朝吴出奔鄭。王怒，曰：「余唯信吴，故寘諸蔡。且微吴，吾不及此。女何故去之？」無極對曰：「臣豈不欲吴？然而前知其爲人之異也。吴在蔡，蔡必速飛。去吴，所以翦其翼也。」

〔二〕阮刻本無此「吾」字。

十六年，楚子聞蠻氏之亂也與蠻子之無質也，使然丹誘戎蠻子嘉殺之，遂取蠻氏。既而復立其子焉，禮也。

十七年，吳伐楚。陽匄爲令尹，卜戰，不吉。司馬子魚曰：「我得上流，何故不吉？且楚故，司馬令龜，我請改卜。」令曰：「魴也以其屬死之，楚師繼之，尚大克之！」吉。戰于長岸，子魚先死，楚師繼之，大敗吳師，獲其乘舟餘皇。使隨人與後至者守之，環而塹之，及泉，盈其隧炭，陳以待命。吳公子光請於其衆，曰：「喪先王之乘舟，豈唯光之罪，衆亦有焉。請藉取之以救死。」衆許之。使長鬣者三人潛伏於舟側，曰：「我呼餘皇，則對。師夜從之。」三呼，皆迭對。楚人從而殺之。楚師亂，吳人大敗之，取餘皇以歸。

十八年，楚左尹王子勝言於楚子曰：「許於鄭，仇敵也，而居楚地，以不禮於鄭。晉、鄭方睦，鄭若伐許，而晉助之，楚喪地矣。君盍遷許？許不專於楚，鄭方有令政，許曰：『余舊國也。』鄭曰：『余俘邑也。』葉在楚國，方城外之蔽也。土不可易，國不可小，許不可俘，讎不可啓，君其圖之。」楚子說。冬，楚子使王子勝遷許於析，實白羽。

十九年春，楚工尹赤遷陰于下陰，令尹子瑕城郟。叔孫昭子曰：「楚不在諸侯矣，其僅自完也，以持其世而已。」

楚子之在蔡也，郹陽封人之女奔之，生大子建。及即位，使伍奢爲之師，費無極爲少師，無寵焉，欲譖諸王，曰：「建可室矣。」王爲之聘於秦，無極與逆，勸王取之。正月，楚夫人嬴氏至自秦。

楚子爲舟師以伐濮。費無極言於楚子曰：「晉之伯也，邇於諸夏；而楚辟陋，故弗能與爭。若大城城父，而寘大子焉，以通北方，王收南方，是得天下也。」王説，從之。故大子建居于城父。

楚人城州來，沈尹戌曰：「楚人必敗。昔吴滅州來，子旗請伐之。王曰：『吾未撫吾民。』今亦如之，而城州來以挑吴，能無敗乎？」侍者曰：「王施舍不倦，息民五年，可謂撫之矣。」戌曰：「吾聞撫民者，節用於内，而樹德於外，民樂其性，而無寇讎。今宫室無量，民人日駭，勞罷死轉，忘寢與食，非撫之也。」

令尹子瑕言蹶由於楚子，曰：「彼何罪？諺所謂『室於怒市於色』者，楚之謂矣。舍前之忿可也。」乃歸蹶由。

二十年，費無極言於楚子曰：「建與伍奢將以方城之外叛，自以爲猶宋、鄭也，齊、晉又交輔之，將以害楚，其事集矣。」王信之，問伍奢。伍奢對〔一〕曰：「君一過多矣，何言於

〔一〕原無此「對」字，據阮刻本補。

讒？」王執伍奢，使城父司馬奮揚殺大子。未至，而使遣之。三月，大子建奔宋。王召奮揚，奮揚使城父人執己以至。王曰：「言出於余口，入於爾耳，誰告建也？」對曰：「臣告之。君王命臣曰：『事建如事余。』臣不佞，不能苟貳。奉初以還，不忍後命，故遣之。既而悔之，亦無及已。」王曰：「而敢來，何也？」對曰：「使而失命，召而不來，是再奸也。逃無所入。」王曰：「歸，從政如他日。」

無極曰：「奢之子材，若在吳，必憂楚國，盍以免其父召之。彼仁，必來。不然，將爲患。」王使召之，曰：「來，吾免爾父。」棠君尚謂其弟員曰：「爾適吳，我將歸死。吾知不逮，我能死，爾能報。聞免父之命，不可以莫之奔也；親戚爲戮，不可以莫之報也。奔死免父，孝也；度功而行，仁也；擇任而往，知也；知死不辟，勇也。父不可棄，名不可廢，爾其勉之！相從爲愈。」伍尚歸。奢聞員不來，曰：「楚君、大夫其旰食乎！」楚人皆殺之。

員如吳，言伐楚之利於州于。公子光曰：「是宗爲戮，而欲反其讎，不可從也。」員曰：「彼將有他志，余姑爲之求士，而鄙以待之。」乃見鱄設諸焉，而耕於鄙。

二十一年，蔡侯朱出奔楚。費無極取貨於東國，而謂蔡人曰：「朱不用命於楚，君王將立東國。若不先從王欲，楚必圍蔡。」蔡人懼，出朱而立東國。朱愬于楚，楚子將討蔡。

無極曰：「平侯與楚有盟，故封。其子有二心，故廢之。靈王殺隱大子，其子與君同惡，德君必甚。又使立之，不亦可乎！且廢置在君，蔡無他矣。」

二十三年，吳人伐州來，楚薳越帥師及諸侯之師奔命救州來。吳人禦諸鍾離。子瑕卒，楚師熸。吳公子光曰：「諸侯從於楚者衆，而皆小國也，畏楚而不獲已，是以來。吾聞之曰：『作事威克其愛，雖小，必濟。』胡、沈之君幼而狂，陳大夫齧壯而頑，頓與許、蔡疾楚政。楚令尹死，其師熸。帥賤、多寵，政令不壹。七國同役而不同心，帥賤而不能整，無大威命，楚可敗也。若分師先以犯胡、沈與陳，必先奔。三國敗，諸侯之師乃搖心矣。諸侯乖亂，楚必大奔。請先者去備薄威，後者敦陳整旅。」吳子從之。戊辰晦，戰于雞父。吳子以罪人三千先犯胡、沈與陳，三國爭之。吳爲三軍以繫於後，中軍從王，光帥右，掩餘帥左。吳之罪人或奔或止，三國亂，吳師擊之，三國敗，獲胡、沈之君及陳大夫。舍胡、沈之囚使奔許與蔡、頓，曰：「吾君死矣！」師譟而從之，三國奔，楚師大奔。

書曰：「胡子髡、沈子逞滅，獲陳夏齧。」君臣之辭也。不言戰，楚未陳也。

楚大子建之母在郹，召吳人而啟之。冬十月甲申，吳大子諸樊入郹，取楚夫人與其寶器以歸。楚司馬薳越追之，不及。將死，衆曰：「請遂伐吳以徼之。」薳越曰：「再敗君師，死且有罪。亡君夫人，不可以莫之死也。」乃縊於薳澨。

二十四年，楚子爲舟師以略吴疆。沈尹戌曰：「此行也，楚必亡邑。不撫民而勞之，吴不動而速之，吴踵楚，而疆埸無備，邑，能無亡乎？」越大夫胥犴勞王於豫章之汭，越公子倉歸王乘舟。倉及壽夢帥師從王，王及圉陽而還。吴人踵楚，而邊人不備，遂滅巢及鐘離而還。沈尹戌曰：「亡郢之始於此在矣。王壹動而亡二姓之帥，幾如是而不及郢？詩曰『誰生厲階，至今爲梗』，其王之謂乎？」

莒庚輿與許止之奔

十四年秋八月，莒著丘公卒，郊公不慼，國人弗順，欲立著丘公之弟庚輿。蒲餘侯惡公子意恢，而善於庚輿；郊公惡公子鐸，而善於意恢。公子鐸因蒲餘侯而與之謀曰：「爾殺意恢，我出君而立〔一〕庚輿。」許之。

冬十二月，蒲餘侯兹夫殺莒公子意恢。郊公奔齊。公子鐸逆庚輿於齊，齊隰黨、公子鉏送之，有賂田。

〔一〕「立」，阮刻本作「納」。

二十二年，齊北郭啓帥師伐莒。莒子將戰，苑羊牧之諫曰：「齊帥賤，其求不多，不如下之，大國不可怒也。」弗聽，敗齊師于壽餘。齊侯伐莒，莒子行成。司馬竈如莒涖盟；莒子如齊涖盟〔一〕，盟于稷門之外。莒於是乎大惡其君。

二十三年，莒子庚輿虐而好劍，苟鑄劍，必試諸人。國人患之。又將叛齊。烏存帥國人以逐之。庚輿將出，聞烏存執殳而立於道左，懼將止死。苑羊牧之曰：「君過之！烏存以力聞可矣，何必以弒君成名？」遂來奔。齊人納郊公。

十九年夏，許悼公瘧。五月戊辰，飲大子止之藥卒。大子奔晉。書曰「弒其君」，君子曰：「盡心力以事君，舍藥物可也。」

宋華、向之亂

昭二十年，宋元公無信多私，而惡華、向。華定、華亥與向寧謀曰：「亡愈於死，先諸？」華亥僞有疾，以誘群公子。公子問之，則執之。夏六月丙申，殺公子寅、公子御戎、公子朱、公子固、公孫援、公孫丁，拘向勝、向行於其廩。公如華氏請焉，弗許，遂劫之。癸

〔一〕原無「莒子如齊涖盟」六字，據阮刻本補。

卯，取大子欒與母弟辰、公子地以爲質。公亦取華亥之子無慼、向寧之子羅、華定之子啓，與華氏盟，以爲質。

宋華、向之亂，公子城、公孫忌、樂舍、司馬彊、向宜、向鄭、楚建、郳甲出奔鄭。其徒與華氏戰于鬼閻，敗子城。子城適晉。

華亥與其妻，必盥而食所質公子者而後食。公與夫人每日必適華氏，食公子而後歸。華亥患之，欲歸公子。向寧曰：「唯不信，故質其子。若又歸之，死無日矣。」公請於華費遂，將攻華氏。對曰：「臣不敢愛死，無乃求去憂而滋長乎！臣是以懼，敢不聽命？」公曰：「子死亡有命，余不忍其詢。」冬十月，公殺華、向之質而攻之。戊辰，華、向奔陳，華登奔吳。向寧欲殺大子，華亥曰：「干君而出，又殺其子，其誰納我？且歸之有庸。」使少司寇牼以歸，曰：「子之齒長矣，不能事人。以三公子爲質，必免。」公子既入，華牼將自門行。公遽見之，執其手曰：「余知而無罪也，入，復而所。」

二十一年，宋華費遂生華貙、華多僚、華登。貙爲少司馬，多僚爲御士，與貙相惡，乃譖諸公曰：「貙將納亡人。」亟言之。公曰：「司馬以吾故，亡其良子。死亡有命，吾不可以再亡之。」對曰：「君若〔一〕愛司馬，則如亡。死如可逃，何遠之有？」公懼，使侍人召司馬之侍人宜僚，飲之酒，而使告司馬。司馬歎曰：「必多僚也。吾有讒子，而弗能殺，吾又不死。抑君有命，可若何？」乃與公謀逐華貙，將使田孟諸而遣之。公飲之酒，厚酬之，賜及從者。司馬亦如之。張匄尤之，曰：「必有故。」使子皮承宜僚以劍而訊之。宜僚盡以告。張匄欲殺多僚，子皮曰：「司馬老矣，登之謂甚，吾又重之，不如亡也。」五月丙申，子皮將見司馬而行，則遇多僚御司馬而朝。張匄不勝其怒，遂與子皮、臼任、鄭翩殺多僚，劫司馬以叛，而召亡人。壬寅，華、向入。樂大心、豐愆、華牼禦諸橫。華氏居盧門，以南里叛。六月庚午，宋城舊鄘及桑林之門而守之。

冬十月，華登以吴師救華氏。齊烏枝鳴戍宋。廚人濮曰：「軍志有之：『先人有奪人之心，後人有待其衰。』盍及其勞且未定也伐諸！若入而固，則華氏衆矣，悔無及也。」從之。丙寅，齊師、宋師敗吴師于鴻口，獲其二帥公子苦雂、偃州員。華登帥其餘以敗宋師。公欲出，廚人濮曰：「吾小人，可藉死，而不能送亡，君請待之。」乃徇曰：「揚徽者，公徒也。」衆從之。公自揚門見之，下而巡之，曰：「國亡君死，二三子之恥也，豈專孤之罪

〔一〕原無此「若」字，據阮刻本補。

也？」齊烏枝鳴曰：「用少莫如齊致死，齊致死莫如去備。彼多兵矣，請皆用劍。」從之。華氏北，復即之。廚人濮以裳裹首，而荷以走，曰：「得華登矣！」遂敗華氏于新里。翟僂新居于新里，既戰，説甲于公而歸。華姓居于公里，亦如之。

十一月癸未，公子城以晉師至。曹翰胡會晉荀吴、齊苑何忌、衛公子朝救宋。丙戌，與華氏戰于赭丘。鄭翩願爲鸛，其御願爲鵝。子禄御公子城，莊堇爲右。干犨御吕封人華豹，張匄爲右。相遇，城還。華豹曰：「城也！」城怒，而反之。將注，豹則關矣。曰：「平公之靈，尚輔相余。」豹射，出其間。將注，則又關矣。曰：「不狎，鄙。」抽矢，城射之，殪。張匄抽殳而下，射之，折股。扶伏而擊之，折軫。又射之，死。干犨請一矢，城曰：「余言女於君。」對曰：「不死伍乘，軍之大刑也。干刑而從子，君焉用之？子速諸！」乃射之，殪。大敗華氏，圍諸南里。華亥搏膺而呼，見華貙，曰：「吾爲欒氏矣！」貙曰：「子無我迋。不幸而後亡。」使華登如楚乞師，華貙以車十五乘，徒七十人犯師而出，食於睢上，哭而送之，乃復入。楚薳越帥師將逆華氏，大宰犯諫曰：「諸侯唯宋事其君，今又爭國，釋君而臣是助，無乃不可乎？」王曰：「而告我也後，既許之矣。」

二十二年春，楚薳越使告于宋曰：「寡君聞君有不令之臣爲君憂，無寧以爲宗羞，寡君請受而戮之。」對曰：「孤不佞，不能媚於父兄，以爲君憂，拜命之辱。抑君臣日戰，君曰『余必臣是助』，亦唯命。人有言曰：『唯亂門之無過。』君若惠保敝邑，無亢不衷，以獎亂人，孤之望也。唯君圖之！」楚人患之。諸侯之戍謀曰：「若華氏知困而致死，楚恥無功而疾戰，非吾利也。不如出之，以爲楚功，其亦能無爲也已。救宋而除其害，又何求？」乃固請出之。宋人從之。己巳，宋華亥、向寧、華定、華貙、華登、皇奄傷、省臧、士平出奔楚。宋公使公孫忌爲大司馬，邊卬爲大司徒，樂祁爲司城，仲幾爲左師，樂大心爲右師，樂輓爲大司寇，以靖國人。

二十五年十一月，宋元公將爲公故如晉，夢大子欒即位於廟，己與平公服而相之。旦，召六卿。公曰：「寡人不佞，不能事父兄，以爲二三子憂，寡人之罪也。若以群子之靈，獲保首領以没，唯是楄柎所以藉幹者，請無及先君。」仲幾對曰：「君若以社稷之故，私降昵宴，群臣弗敢知。若夫宋國之法，死生之度，先君有命矣，群臣以死守之，弗敢失隊。臣之失職，常刑不赦。臣不忍其死，君命祇辱。」宋公遂行。己亥，卒于曲棘。

楚囊瓦貪賄信讒

二十三年，楚囊瓦爲令尹，城郢。沈尹戌曰：「子常必亡郢。苟不能衛，城無益也。古者，天子守在四夷；天子卑，守在諸侯。諸侯守在四鄰；諸侯卑，守在四竟。慎其四竟，結其四援，民狎其野，三務成功。民無内憂，而又無外懼，國焉用城？今吴是懼，而城於郢，守已小矣。卑之不獲，能無亡乎？昔梁伯溝其公宫而民潰，民棄其上，不亡，何待？夫正其疆埸，修其土田，險其走集，親其民人，明其伍候，信其鄰國，慎其官守，守其交禮，不僭不貪，不懦不耆，完其守備，以待不虞，又何畏矣？詩曰：『無念爾祖，聿修厥德。』無亦監乎若敖、蚡冒至于武、文，土不過同，慎其四竟，猶不城郢。今土數圻，而郢是城，不亦難乎？」

二十六年九月，楚平王卒。令尹子常欲立子西，曰：「大子壬弱，其母非適也，王子建實聘之。子西長而好善。立長則順，建善則治。王順、國治，可不務乎？」子西怒曰：「是亂國而惡君王也。國有外援，不可瀆也；王有適嗣，不可亂也。敗親、速讎、亂嗣，不祥。我受其名。賂吾以天下，吾滋不從也。楚國何爲？必殺令尹！」令尹懼，乃立昭王。

二十七年。郤宛直而和，國人説之。鄢將師爲右領，與費無極比而惡之。令尹子常賄而信讒，無極譖郤宛焉，謂子常曰：「子惡欲飲子酒。」又謂子惡：「令尹欲飲酒於子氏。」子惡曰：「我，賤人也，不足以辱令尹。令尹將必來辱，爲惠已甚，吾無以酬之，若何？」無極曰：「令尹好甲兵，子出之，吾擇焉。」取五甲五兵，曰：「寘諸門。令尹至，必觀之，而從以酬之。」及饗日，帷諸門左。無極謂令尹曰：「吾幾禍子。子惡將爲子不利，甲在門矣。子必無往！且此役也，吴可以得志。子惡取賂焉而還；又誤群帥，使退其師，曰：『乘亂不祥。』吴乘我喪，我乘其亂，不亦可乎？」令尹使視郤氏，則有甲焉。不往，召鄢將師而告之。將師退，遂令攻郤氏，且爇之。子惡聞之，遂自殺也。國人弗爇，令曰：「不爇郤氏，與之同罪。」或取一編菅焉，或取一秉秆焉，國人投之，遂弗爇也。令尹炮之，盡滅郤氏之族、黨，殺陽令終與其弟完及佗，與晉陳及其子弟。晉陳之族呼於國曰：「鄢氏、費氏自以爲王，專禍楚國，弱寡〔一〕王室，蒙王與令尹以自利也，令尹盡信之矣，國將如何？」令尹病之。

楚郤宛之難，國言未已，進胙者莫不謗令尹。沈尹戌言於子常曰：「夫左尹與中廄尹，莫知其罪，而子殺之，以興謗讟，至於今不已。戌也惑之：仁者殺人以掩謗，猶弗爲也。今吾子殺人以興謗，而弗圖，不亦異乎！夫無極，楚之讒人也，民莫不知。去朝吴，出蔡侯朱，喪大子建，殺連尹奢，屏王之耳目，使不聰明。不然，平王之温惠共儉，有過成、莊，無不及焉。所以不獲諸侯，邇無極也。今又殺三不辜，以興大謗，幾及子矣。子而不圖，將焉用之？夫鄢將師矯子之命，以滅三族。國之良也，而不愆位。吴新有君，疆埸日

〔一〕原作「寡弱」，據阮刻本乙正。

駭，楚國若有大事，子其危哉！知者除讒以自安也，今子愛讒以自危也，甚矣，其惑也！」子常曰：「是瓦之罪，敢不良圖！」九月己未，子常殺費無極與鄢將師，盡滅其族，以說于國。謗言乃止。

吴光弑君病楚

二十有七年春，吴子欲因楚喪而伐之，使公子掩餘、公子燭庸帥師圍潛，使延州來季子聘于上國，遂聘于晉，以觀諸侯。楚莠尹然，尹麇帥師救潛。左司馬沈尹戌帥都君子與王馬之屬以濟師，與吴師遇于窮，令尹子常以舟師及沙汭而還。左尹郤宛、工尹壽帥師至于潛，吴師不能退。

吴公子光曰：「此時也，弗〔二〕可失也。」告鱄設諸曰：「上國有言曰：『不索，何獲？』我，王嗣也，吾欲求之。事若克，季子雖至，不吾廢也。」鱄設諸曰：「王可弑也。母老、子弱，是無若我何。」光曰：「我，爾身也。」

夏四月，光伏甲於堀室而享王。王使甲坐於道及其門。門、階、户、席，皆王親也，夾

〔二〕原作「不」，據阮刻本改。

之以鈹。羞者獻體改服於門外，執羞者坐行而入，執鈹者夾承之，及體，以相授也。光僞足疾，入于堀室。鱄設諸寘劍於魚中以進，抽劍刺王，鈹交於胷，遂弑王。闔廬以其子爲卿。

季子至，曰：「苟先君無廢祀，民人無廢主，社稷有奉，國家無傾，乃吾君也，吾誰敢怨？哀死事生，以待天命。非我生亂，立者從之，先人之道也。」復命哭墓，復位而待。吴公子掩餘奔徐，公子燭庸奔鍾吾。楚師聞吴亂而還。

三十年。吴子使徐人執掩餘，使鍾吾人執燭庸，二公子奔楚。楚子大封，而定其徙，使監馬尹大心逆吴公子，使居養，莠尹然、左司馬沈尹戌城之；取於城父與胡田以與之，將以害吴也。子西諫曰：「吴光新得國，而親其民，視民如子，辛苦同之，將用之也。若好吴邊疆，使柔服焉，猶懼其至。吾又彊其讎，以重怒之，無乃不可乎！吴，周之胄裔也，而棄在海濱，不與姬通，今而始大，比于諸華。光又甚文，將自同於先王。不知天將以爲虐乎，使翦喪吴國而封大異姓乎，其抑亦將卒以祚吴乎，其終不遠矣。我盍姑億吾鬼神，而寧吾族姓，以待其歸，將焉用自播揚焉？」王弗聽。

吴子怒。冬十二月，吴子執鍾吾子。遂伐徐，防山以水之。己卯，滅徐。徐子章禹斷其髮，攜其夫人以逆吴子。吴子唁而送之，使其邇臣從之，遂奔楚。楚沈尹戌帥師救徐，弗及。遂城夷，使徐子處之。

吴子問於伍員曰：「初而言伐楚，余知其可也，而恐其使余往也，又惡人之有余之功也。今余將自有之矣。伐楚何如？」對曰：「楚執政衆而乖，莫適任患。若爲三師以肄焉，一師至，彼必皆出。彼出則歸，彼歸則出，楚必道敝。亟肄以罷之，多方以誤之。既罷而後以三軍繼之，必大克之。」闔廬從之，楚於是乎始病。

三十一年秋，吴人侵楚，伐夷，侵潛、六。楚沈尹戌帥師救潛，吴師還。楚師遷潛於南岡而還。吴師圍弦。左司馬戌、右司馬稽帥師救弦，及豫章，吴師還。——始用子胥之謀也。

三十二年夏〔二〕，吴伐越，始用師於越也。史墨曰：「不及四十年，越其有吴乎！越得歲而吴伐之，必受其凶。」

定二年秋，楚囊瓦伐吴，師于豫章。吴人見舟于豫章，而潛師于巢。冬十月，吴軍楚師于豫章，敗之。遂圍巢，克之，獲楚公子繁。

〔二〕原無「夏」字，據阮刻本補。

晉公族之亡及魏氏之興

二十八年，晉祁勝與鄔臧通室。祁盈將執之，訪於司馬叔游。叔游曰：「鄭書有之：『惡直醜正，實蕃有徒。』無道立矣，子懼不免。詩曰：『民之多辟，無自立辟。』姑已，若何？」盈曰：「祁氏私有討，國何有焉？」遂執之。祁勝賂荀躒，荀躒爲之言於晉侯，晉侯執祁盈。祁盈之臣曰：「鈞將皆死，憖使吾君聞勝與臧之死也以爲快。」乃殺之。夏六月，晉殺祁盈及楊食我。食我，祁盈之黨也，而助亂，故殺之。遂滅祁氏、羊舌氏。

初，叔向欲娶於申公巫臣氏，其母欲娶其黨。叔向曰：「吾母多而庶鮮，吾懲舅氏矣。」其母曰：「子靈之妻殺三夫、一君、一子，而亡一國、兩卿矣。可無懲乎？吾聞之『甚美必有甚惡』，是鄭穆少妃姚子之子，子貉之妹也。子貉早死，無後，而天鐘美於是，將必以是大有敗也。昔有仍氏生女，黰黑，而甚美，光可以鑑，名曰玄妻。樂正后夔取之，生伯封，實有豕心，貪惏無饜，忿纇無期，謂之封豕。有窮后羿滅之，夔是以不祀。且三代之亡、共子之廢，皆是物也，女何以爲哉？夫有尤物，足以移人。苟非德義，則必有禍。」叔向懼，不敢取。平公强使取之，生伯石。伯石始生，子容之母走謁諸姑，曰：「長叔姒生男。」姑視之。及堂，聞其聲而還，曰：「是豺狼之聲也。狼子野心。非是，莫喪羊舌氏矣。」遂弗視。

秋，晉韓宣子卒，魏獻子爲政，分祁氏之田以爲七縣，分羊舌氏之田以爲三縣。司馬彌牟爲鄔大夫，賈辛爲祁大夫，司馬烏爲平陵大夫，魏戊爲梗陽大夫，知徐吾爲塗水大夫，韓固爲馬首大夫，孟丙爲盂大夫，樂霄爲銅鞮大夫，趙朝[二]爲平陽大夫，僚安爲楊氏大夫。謂賈辛、司馬烏爲有力於王室，故舉之；謂知徐吾、趙朝、韓固、魏戊，餘子之不失職、能守業者也；其四人者，皆受縣而後見於魏子，以賢舉也。

魏子謂成鱄："吾與戊也縣，人其以我爲黨乎？"對曰："何也！戊之爲人也，遠不忘君，近不偪同，居利思義，在約思純，有守心而無淫行，雖與之縣，不亦可乎！昔武王克商，光有天下，其兄弟之國者十有五人，姬姓之國者四十人，皆舉親也。夫舉無他，唯善所在，親疏一也。

賈辛將適其縣，見於魏子。魏子曰："辛來！昔叔向適鄭，鬷蔑惡，欲觀叔向，從使之收器者，而往，立於堂下，一言而善。叔向將飲酒，聞之，曰：『必鬷明也！』下，執其手以上，曰：『昔賈大夫惡，娶妻而美，三年不言不笑。御以如臯，射雉，獲之，其妻始笑而言。賈大夫曰："才之不可以已，我不能射，女遂不言不笑夫！"今子少不颺，子若無言，

[二] 原作"陽"，據阮刻本校改。

吾幾失子矣。言之不可以已也如是。』遂如故知。今女有力於王室，吾是以舉女。行乎！敬之哉！毋墮乃力！」

仲尼聞魏子之舉也，以爲義，曰：「近不失親，遠不失舉，可謂義矣。」又聞其命賈辛也，以爲忠，「詩曰『永言配命，自求多福』，忠也。魏子之舉也義，其命也忠，其長有後於晉國乎！」

冬，梗陽人有獄，魏戊不能斷，以獄上。其大宗賂以女樂，魏子將受之。魏戊謂閻没、女寬曰：「主以不賄聞於諸侯，若受梗陽人，賄莫甚焉。吾子必諫。」皆許諾。退朝，待於庭。饋入，召之。比置，三歎。既食，使坐。魏子曰：「吾聞諸伯叔，諺曰：『唯食忘憂。』吾子置食之間三歎，何也？」同辭而對曰：「或賜二小人酒，不夕食。饋之始至，恐其不足，是以歎。中置，自咎曰：『豈將軍食之而有不足？』是以再歎。及饋之畢，願以小人之腹爲君子之心，屬厭而已。」獻子辭梗陽人。

二十九年秋，龍見于絳郊。魏獻子問於蔡墨曰：「吾聞之，蟲莫知於龍，以其不生得也，謂之知，信乎？」對曰：「人實不知，非龍實知。古者畜龍，故國有豢龍氏，有御龍氏。」獻子曰：「是二氏者，吾亦聞之，而知其故，是何謂也？」對曰：「昔有飂叔安，有裔子曰董父，實甚好龍，能求其耆欲以飲食之，龍多歸之，乃擾畜龍，以服事帝舜。帝賜之姓曰董，氏曰豢龍，封諸鬷川，鬷夷氏其後也。故帝舜氏世有畜龍。及有夏孔甲，擾于有帝，帝賜之乘龍，河、漢各二，各有雌雄。孔甲不能食，而未獲豢龍氏。有陶唐氏既衰，其後有劉累，學擾龍于豢龍氏，以事孔甲，能飲食之。夏后嘉之，賜氏曰御龍，以更豕韋之後。龍一雌死，潛醢以食夏后。夏后饗之，既而使求之。懼而遷于魯縣，范氏其後也。」獻子曰：「今何故無之？」對曰：「夫物，物有其官，官修其方，朝夕思之。一日失職，則死及之。失官不食。官宿其業，其物乃至。若泯棄之，物乃坻伏，鬱湮不育。故有五行之官，是謂五官，實列受氏姓，封爲上公，祀爲貴神。社稷五祀，是尊是奉。木正曰句芒，火正曰祝融，金正曰蓐收，水正曰玄冥，土正曰后土。龍，水物也，水官棄矣，故龍不生得。不然，周易有之：在乾䷀之姤䷫，曰『潛龍勿用』；其同人䷌曰，『見龍在田』；其大有䷍曰，『飛龍在天』；其夬䷪曰，『亢龍有悔』，其坤䷁曰，『見群龍无首，吉』；坤之剝䷖曰，『龍戰于野』。若不朝夕見，誰能物之？」獻子曰：「社稷五祀，誰氏之五官也？」對曰：「少皞氏有四叔，曰重、曰該、曰修、曰熙，實能金、木及水。使重爲句芒，該爲蓐收，修及熙爲玄冥，世不失職，遂濟窮桑，此其三祀也。顓頊氏有子曰犁，爲祝融；共工氏有子曰句龍，爲后土，此其二祀也。后土爲社；稷，田正也。有烈山氏之子曰柱爲稷，自夏以上祀之。周棄亦爲稷，自商以來祀之。」

三十年夏六月，晉頃公卒。秋八月，葬。鄭游吉弔，且送葬，魏獻子使士景伯詰之，曰：「悼公之喪，子西弔，子蟜送葬。今吾子無貳，何故？」對曰：「諸侯所以歸晉君，禮也。禮也者，小事大，大字小之謂。事大在共其時命，字小在恤其所無。以敝邑居大國之間，共其職貢，與其備御不虞之患，豈忘共命？先王之制：諸侯之喪，士弔，大夫送葬；唯嘉好、聘享、三軍之事於是乎使卿。晉之喪事，敝邑之間，先君有所助執紼矣。若其不間，雖士、大夫有所不獲數矣。大國之惠，亦慶其加，而不討其乏，明厎其情，取備而已，以爲禮也。靈王之喪，我先君簡公在楚，我先大夫印段實往，——敝邑之少卿也。王吏不討，恤所無也。今大夫曰：『女盍從舊？』舊有豐有省，不知所從。從其豐，則寡君幼弱，是以不共。從其省，則吉在此矣。唯大夫圖之。」晉人不能詰。

經文統鈔中編卷十

益陽陳天倪　主纂
湘陰彭　昺　襄輯

定公

定公政紀

公名宋，襄公之子，昭公之弟。「史傳不言其母，不知誰所生。」在位十五年。

元年夏，叔孫成子逆公之喪于乾侯。季孫曰：「子家子亟言於我，未嘗不中吾志也。吾欲與之從政，子必止之，且聽命焉。」子家子不見叔孫，易幾而哭。叔孫請見子家子，子家子辭，曰：「羈未得見，而從君以去〔二〕。君不命而薨，羈不敢見。」叔孫使告之曰：「公衍、公爲實使群臣不得事君，若公子宋主社稷，則群臣之願也。凡從君出而可以入者，將唯子是聽。子家氏未有後，季孫願與子從政。此皆季孫之願也，使不敢以告。」對曰：

〔二〕「去」，阮刻本作「出」。

「若立君，則有卿士、大夫與守龜在，羈弗敢知。若從君者，則貌而出者，入可也；寇而出者，行可也。若羈也，則君知其出也，而未知其入也，羈將逃也。」喪及壞隤，公子宋先入，從公者皆自壞隤反。

六月癸亥，公之喪至自乾侯。戊辰，公即位。季孫使役如闞公氏，將溝焉。榮駕鵝曰：「生不能事，死又離之，以自旌也？縱子忍之，後必或恥之。」乃止。季孫問於榮駕鵝曰：「吾欲爲君謚，使子孫知之。」對曰：「生弗能事，死又惡之，以自信也？將焉用之？」乃止。

秋七月癸巳，葬昭公於墓道南。孔子之爲司寇也，溝而合諸墓。

昭公出故，季平子禱於煬公。九月，立煬宮。

五年六月，季平子行東野。還，未至，丙申，卒于房。陽虎將以璵璠斂，仲梁懷弗與，曰：「改步改玉。」陽虎欲逐之，告公山不狃。不狃曰：「彼爲君也，子何怨焉？」既葬，桓子行東野，及費。子洩爲費宰，逆勞於郊，桓子敬之。勞仲梁懷，仲梁懷弗敬。子洩怒，謂陽虎：「子行之乎？」

〔二〕「遂」，阮刻本作「逆」。

乙亥，陽虎囚季桓子及公父文伯，而逐仲梁懷。冬十月丁亥，殺公何藐。己丑，盟桓子于稷門之内。庚寅，大詛。逐公父歜及秦遄，皆奔齊。

六年二月，公侵鄭，取匡，爲晉討鄭之伐胥靡也。往不假道於衛；及還，陽虎使季、孟自南門入，出自東門，舍於豚澤。衛侯怒，使彌子瑕追之。公叔文子老矣，輦而如公，曰：「尤人而效之，非禮也。昭公之難，君將以文之舒鼎，成之昭兆，定之鞶鑑，苟可以納之，擇用一焉。公子與二三臣之子，諸侯苟憂之，將以爲之質。此群臣之所聞也。今將以小忿蒙舊德，無乃不可乎？大姒之子，唯周公、康叔爲相睦也，而效小人以棄之，不亦誣乎？天將多陽虎之罪以斃之，君姑待之，若何？」乃止。

夏，季桓子如晉，獻鄭俘也。陽虎强使孟懿子往報夫人之幣，晉人兼享之。孟孫立于房外，謂范獻子曰：「陽虎若不能居魯，而息肩於晉，所不以爲中軍司馬者，有如先君！」獻子曰：「寡君有官，將使其人，鞅何知焉？」獻子謂簡子曰：「魯人患陽虎矣。孟孫知其釁，以爲必適晉，故强爲之請，以取入焉。」

秋八月，陽虎又盟公及三桓於周社，盟國人于亳社，詛于五父之衢。

七年秋，齊國夏伐我。陽虎御季桓子，公斂處父御孟懿子，將宵軍齊師。齊師聞之，墮，伏而待之。處父曰：「虎不圖禍，而必死。」苫夷曰：「虎陷二子於難，不待有司，余必殺女。」虎懼，乃還，不敗。

八年。公羊傳·從祀先公。從祀者何？順祀也。文公逆祀，去者三人。定公順祀，叛者五人。

傳·季寤、公鉏極、公山不狃皆不得志於季氏，叔孫輒無寵於叔孫氏，叔仲志不得志於魯，故五人因陽虎。陽虎欲去三桓，以季寤更季氏，以叔孫輒更叔孫氏，己更孟氏。冬十月，順祀先公而祈焉。辛卯，禘于僖公。壬辰，將享季氏于蒲圃而殺之，戒都車，曰：「癸巳至。」

成宰公斂處父告孟孫，曰：「季氏告〔一〕都車，何故？」孟孫曰：「吾弗聞。」處父曰：「然則亂也，必及於子，先備諸。」與孟孫以壬辰爲期。

陽虎前驅。林楚御桓子，虞人以鈹、盾夾之，陽越殿，將如蒲圃。桓子咋謂林楚曰：「而先皆季氏之良也，爾以是繼之。」對曰：「臣聞命後。陽虎爲政，魯國服焉，違之徵死。死無益於主。」桓子曰：「何後之有？而能以我適孟氏乎？」對曰：「不敢愛死，懼不免主。」桓子曰：「往也！」孟氏選圉人之壯者三百人以爲公期築室於門外。林楚怒馬，及

〔一〕「告」，阮刻本作「戒」。

衢而騁。陽越射之，不中。築者闔門。有自門間射陽越，殺之。陽虎劫公與武叔，以伐孟氏。公斂處父帥成人自上東門入，與陽氏戰于南門之内，弗勝；又戰于棘下，陽氏敗。陽虎説甲如公宫，取寶玉、大弓以出，舍于五父之衢，寢而爲食。其徒曰：「追其將至。」虎曰：「魯人聞余出，喜於徵死，何暇追余？」從者曰：「嘻！速駕，公斂陽在。」公斂陽請追之，孟孫弗許。陽欲殺桓子，孟孫懼而歸之。子言辨舍爵於季氏之廟而出。陽虎入于讙、陽關以叛。

九年夏，陽虎歸寶玉、大弓，書曰「得」，器用也。凡獲器用曰得，得用焉曰獲。

六月，伐陽關。陽虎使焚萊門。師驚，犯之而出奔齊，請師以伐魯，曰：「三加，必取之。」齊侯將許之。鮑文子諫曰：「臣嘗爲隸於施氏矣，魯未可取也。上下猶和，衆庶猶睦，能事大國，而無天菑，若之何取之？陽虎欲勤齊師也，齊師罷，大臣必多死亡，己於是乎奮其詐謀。夫陽虎有寵於季氏，而將殺季孫，以不利魯國，而求容焉。親富不親仁，君焉用之？君富於季氏，而大於魯國，兹陽虎所欲傾覆也。魯免其疾，而君又收之，無乃害乎？」齊侯執陽虎，將東之。陽虎願東，乃囚諸西鄙。盡借邑人之車，鍥其軸，麻約而歸之。載蔥靈，寢於其中而逃。追而得之，囚於齊。又以蔥靈逃，奔宋，遂奔晉，適趙氏。仲尼曰：「趙氏其世有亂乎！」

十年春，及齊平。

夏，公會齊侯于祝其，實夾谷。孔丘相，犁彌言於齊侯曰：「孔丘知禮而無勇，若使萊人以兵劫魯侯，必得志焉。」齊侯從之。孔丘以公退，曰：「士兵之！兩君合好，而裔夷之俘以兵亂之，非齊君所以命諸侯也。裔不謀夏，夷不亂華，俘不干盟，兵不偪好——於神爲不祥，於德爲愆義，於人爲失禮，君必不然。」齊侯聞之，遽辟之。

將盟，齊人加於載書曰：「齊師出竟而不以甲車三百乘從我者，有如此盟！」孔丘使茲無還揖對，曰：「而不反我汶陽之田，吾以共命者，亦如之。」

齊侯將享公，孔丘謂梁丘據曰：「齊、魯之故，吾子何不聞焉？事既成矣，而又享之，是勤執事也。且犧、象不出門，嘉樂不野合。饗而既具，是棄禮也。若其不具，用秕稗也。用秕稗，君辱；棄禮，名惡。子盍圖之！夫享，所以昭德也。不昭，不如其已也。」乃不果享。

齊人來歸鄆、讙、龜陰之田。

初，叔孫成子欲立武叔，公若藐固諫，曰：「不可。」成子立之而卒。公南使賊射之，其圉人不能殺。公南爲馬正，使公若爲郈宰。武叔既定，使郈馬正侯犯殺公若，弗〔一〕能。其圉人曰：「吾以劍過朝，公若必曰：『誰之劍也？』吾稱子以告，必觀之。吾僞固而授之末，則可殺也。」使如之。公若曰：「爾欲吴王我乎？」遂殺公若。侯犯以郈叛，武叔、懿子圍郈，弗克。

秋，二子及齊師復圍郈，弗克。叔孫謂郈工師駟赤曰：「郈非唯叔孫氏之憂，社稷之患也。將若之何？」對曰：「臣之業在揚水卒章之四言矣。」叔孫稽首。駟赤謂侯犯曰：「居齊、魯之際而無事，必不可矣。子盍求事於齊以臨民？不然，將叛。」侯犯從之。齊使至。駟赤與郈人爲之宣言於郈中曰：「侯犯將以郈易于齊，齊人將遷郈民。」衆凶懼。駟赤謂侯犯曰：「衆言異矣。子不如易於齊，與其死也，猶是郈也，而得紓焉，何必此？齊人欲以此偪魯，必倍與子地。且盍多舍甲於子之門以備不虞？」侯犯曰：「諾。」乃多舍甲焉。侯犯請易於齊，齊有司觀郈。將至，駟赤使周走呼曰：「齊師至矣！」郈人大駭，介侯犯之門甲，以圍侯犯。駟赤將射之，侯犯止之，曰：「謀免我。」侯犯請行，許之。駟赤先如宿，侯犯殿。每出一門，郈人閉之。及郭門，止之，曰：「子以叔孫氏之甲出，有司

〔一〕「弗」，阮刻本作「不」。

若誅之，群臣懼死。」駟赤曰：「叔孫氏之甲有物，吾未敢以出。」犯謂駟赤曰：「子止而與之數。」駟赤止，而納魯人。侯犯奔齊。齊人乃致郈。

武叔聘于齊，齊侯享之，曰：「子叔孫！若使郈在君之他竟，寡人何知焉？屬與敝邑際，故敢助君憂之。」對曰：「非寡君之望也。所以事君，封疆社稷是以。敢以家隸勤君之執事？夫不令之臣，天下之所惡也。君豈以爲寡君賜？」

十二年。仲由爲季氏宰，將墮三都，於是叔孫氏墮郈。季氏將墮費，公山不狃、叔孫輒帥費人以襲魯。公與三子入于季氏之宫，登武子之臺。費人攻之，弗克。入及公側，仲尼命申句須、樂頎下，伐之，費人北。國人追之，敗諸姑蔑。二子奔齊，遂墮費。

將墮成，公斂處父謂孟孫：「墮成，齊人必至于北門。且成，孟氏之保障也。無成，是無孟氏也。子僞不知，我將不墮。」

冬十二月，公圍成，弗克。

十五年春，邾隱公來朝。子貢觀焉。邾子執玉高，其容仰；公受玉卑，其容俯。子貢曰：「以禮觀之，二君者，皆有死亡焉。夫禮，死生存亡之體也，將左右、周旋，進退、俯仰，於是乎取之；朝、祀、喪、戎，於是乎觀之。今正月相朝，而皆不度，心已亡矣。嘉事不體，何以能久？高、仰，驕也；卑、俯，替也。驕近亂，替近病。君爲主，其先亡乎！」

夏五月壬申，公薨。仲尼曰：「賜不幸言而中，是使賜多言者也。」

諸侯城成周與萇弘之忠

昭三十二年秋八月，王使富辛與石張如晉，請城成周。天子曰：「天降禍于周，俾我兄弟並有亂心，以爲伯父憂。我一二親昵甥舅不遑啓處，於今十年。勤戍五年。余一人無日忘之，閔閔焉如農夫之望歲，懼以待時。伯父若肆大惠，復二文之業，弛周室之憂，徼文、武之福，以固盟主，宣昭令名，則余一人有大願矣。昔成王合諸侯城成周，以爲東都，崇文德焉。今我欲徼福假靈于成王，修成周之城，俾戍人無勤，諸侯用寧，蝥賊遠屏，晉之力也。其委諸伯父，使伯父實重圖之，俾我一人無徼怨于百姓，而伯父有榮施，先王庸之。」

范獻子謂魏獻子曰：「與其戍周，不如城之。天子實云，雖有後事，晉勿與知可也。從王命以紓諸侯，晉國無憂，是之不務，而又焉從事？」魏獻子曰：「善。」使伯音對曰：「天子有命，敢不奉承以奔告於諸侯，遲速衰序，於是焉在。」

〔經・冬，仲孫何忌會晉韓不信、齊高張、宋仲幾、衛世叔申、鄭國參、曹人、莒人、薛人、杞人、小邾人城成周。

傳・十一月，晉魏舒、韓不信如京師，合諸侯之大夫于狄泉，尋盟，且令城成周。魏子南面。衛彪傒曰：「魏子必有大咎。干位以令大事，非其任也。詩曰『敬天之怒，不敢戲豫；敬天之渝，不敢馳驅』，況敢干位以作大事乎？」

己丑，士彌牟營成周，計丈數，揣高卑，度厚薄，仞溝洫，物土方，議遠邇，量事期，計徒庸，慮材用，書餱糧，以令役於諸侯。屬役賦丈，書以授帥，而效諸劉子。韓簡子臨之，以爲成命。

元年春王正月辛巳，晉魏舒合諸侯之大夫于狄泉，將以城成周。魏子涖政。衛彪傒曰：「將建天子，而易位以令，非義也。大事奸令〔一〕，必有大咎。晉不失諸侯，魏子其不免乎！」是行也，魏獻子屬役於韓簡子及原壽過，而田於大陸，焚焉，還，卒於甯。范獻子去其柏椁，以其未復命而田也。

孟懿子會城成周，庚寅，栽。宋仲幾不受功，曰：「滕、薛、郳，吾役也。」薛宰曰：「宋爲無道，絶我小國於周，以我適楚，故我常從宋。晉文公爲踐土之盟，曰：『凡我同盟，各復舊職。』若從踐土，若從宋，亦唯命。」仲幾曰：「踐土固然。」薛宰曰：「薛之皇

〔一〕「令」，阮刻本作「義」。

祖奚仲居薛，以爲夏車正，奚仲居於[一]邳，仲虺居薛，以爲湯左相。若復舊職，將承王官，何故以役諸侯？」仲幾曰：「三代各異物，薛焉得有舊？爲宋役，亦其職也。」士彌牟曰：「晉之從政者新，子姑受功，歸，吾視諸故府。」仲幾曰：「縱子忘之，山川鬼神其忘諸乎？」士伯怒，謂韓簡子曰：「薛徵於人，宋徵於鬼。宋罪大矣。且已無辭，而抑我以神，誣我也。『啟寵納侮』，其此之謂矣。必以仲幾爲戮。」乃執仲幾以歸。三月，歸諸京師。

城三旬而畢，乃歸諸侯之戍。齊高張後，不從諸侯。晉女叔寬曰：「周萇弘、齊高張皆將不免。萇叔違天，高子違人。天之所壞，不可支也；衆之所爲，不可奸也。」

周鞏簡公棄其子弟而好用遠人。

二年夏四月辛酉，鞏氏之群子弟賊簡公。

〔經·四年春三月，公會劉子、晉侯、宋公、蔡侯、衛侯、陳子、鄭伯、許男、曹伯、莒子、邾子、頓子、胡子、滕子、薛伯、杞伯[二]、小邾子、齊國夏于召陵，侵楚。

〔傳·劉文公合諸侯于召陵，謀伐楚也。晉荀寅求貨於蔡侯，弗得。言於范獻子曰：

[一]「居於」，阮刻本作「遷于」。

[二]原無「杞伯」二字，據阮刻本補。

「國家方危，諸侯方貳，將以襲敵，不亦難乎！水潦方降，疾瘧方起，中山不服，棄盟取怨，無損於楚，而失中山，不如辭蔡侯。吾自方城以來，楚未可以得志，祇取勤焉。」乃辭蔡侯。

晉人假羽旄於鄭，鄭人與之。明日，或旆以會。晉於是乎失諸侯。

將會，衛子行敬子言於靈公曰：「會同難，嘖有煩言，莫之治也。其使祝佗從！」公曰：「善。」乃使子魚。子魚辭，曰：「臣展四體，以率舊職，猶懼不給而煩刑書。若又共二，徼大罪也。且夫祝，社稷之常隸也。社稷不動，祝不出竟，官之制也。君以軍行，祓社、釁鼓，祝奉以從，於是乎出竟。若嘉好之事，君行師從，卿行旅從，臣無事焉。」公曰：「行也！」

及皐鼬，將長蔡於衛。衛侯使祝佗私於萇弘曰：「聞諸道路，不知信否。若聞蔡將先衛，信乎？」萇弘曰：「信。蔡叔，康叔之兄也，先衛，不亦可乎？」子魚曰：「以先王觀之，則尚德也。昔武王克商，成王定之，選建明德，以藩屏周。故周公相王室，以尹天下，於周爲睦。分魯公〔一〕以大路、大旂，夏后氏之璜，封父之繁弱，殷民六族，條氏、徐氏、蕭氏、索氏、長勺氏、尾勺氏，使帥其宗氏，輯其分族，將其類醜〔二〕，以法則周公，用即命于

〔一〕原無「公」字，據阮刻本補。
〔二〕原作「醜類」，據阮刻本乙正。

周。是使之職事于魯，以昭周公之明德。分之土田陪敦、祝、宗、卜、史，備物、典策，官司、彝器；因商奄之民，命以伯禽而封於少皞之虚。分康叔以大路、少帛、綪茷、旃旌、大吕，殷民七族，陶氏、施氏、繁氏、錡氏、樊氏、饑氏、終葵氏；封畛土略，自武父以南及圃田之北竟，取於有閻之土以共王職；取於相土之東都以會王之東蒐。聃季授土，陶叔授民，命以康誥而封於殷虚。皆啟以商政，疆以周索。分唐叔以大路、密須之鼓、闕鞏、沽洗，懷姓九宗，職官五正。命以唐誥而封於夏虚，啟以夏政，疆以戎索。三者皆叔也，而有令德，故昭之以分物。不然，文、武、成、康之伯猶多，而不獲是命〔一〕也，唯不尚年也。管、蔡啟商，惎間王室，王〔二〕於是乎殺管叔而蔡蔡叔，以車七乘、徒七十人。其子蔡仲改行帥德，周公舉之，以爲己卿士，見諸王，而命之以蔡。其命書云：『王曰：胡！無若爾考之違王命也！』若之何其使蔡先衛也？武王之母弟八人，周公爲大宰，康叔爲司寇，聃季爲司空，五叔無官，豈尚年哉？曹，文之昭也；晉，武之穆也。曹爲伯甸，非尚年也。今將尚之，是反先王也。晉文公爲踐土之盟，衛成公不在，夷叔，其母弟也，猶先蔡。其載書云：

〔一〕「命」，阮刻本作「分」。

〔二〕原無「王」字，據阮刻本補。

『王若曰，晉重、魯申、衛武、蔡甲午、鄭捷、齊潘、宋王臣、莒期。』藏在周府，可覆視也。吾子欲復文、武之略，而不正其德，將如之何？」萇弘説，告劉子，與范獻子謀之，乃長衛侯於盟。

反自召陵，鄭子大叔未至而卒。晉趙簡子爲之臨，甚哀，曰：「黄父之會，夫子語我九言，曰：『無始亂，無怙富，無恃寵，無違同，無敖禮，無驕能，無復怒，無謀非德，無犯非義。』」

六年，周儋翩率王子朝之徒因鄭人將以作亂于周，鄭於是乎伐馮、滑、胥靡、負黍、狐人、闕外。六月，晉閻没戍周，且城胥靡。

冬十二月，天王處于姑蕕，辟儋翩之亂也。

七年春二月，周儋翩入于儀栗以叛。

夏四月，單武公、劉桓公敗尹氏于窮谷。

冬十一月戊午，單子、劉氏〔一〕逆王于慶氏。晉籍秦逆〔二〕王。己巳，王入于王城，館于

〔一〕「劉氏」，阮刻本作「劉子」。

〔二〕「逆」，阮刻本作「送」。

公族黨氏，而後朝于莊宫。

哀三年。劉氏、范氏世爲婚姻，萇弘事劉文公，故周與范氏。趙鞅以爲討。六月癸卯，周人殺萇弘。

哀十九年冬，叔青如京師，敬王崩故也。

吴楚大戰 蔡遷州來附。

三年冬，蔡昭侯爲兩佩與兩裘以如楚，獻一佩一裘於昭王。昭王服之，以享蔡侯。蔡侯亦服其一。子常欲之，弗與，三年止之。唐成公如楚，有兩肅爽馬，子常欲之，弗與，亦三年止之。唐人或相與謀，請代先從者，許之。飲先從者酒，醉之，竊馬而獻之子常。子常歸唐侯。自拘於司敗，曰：「君以弄馬之故，隱君身，棄國家。群臣請相夫人以償馬，必如之。」唐侯曰：「寡人之過也，二三子無辱！」皆賞之。蔡人聞之，固請，而獻佩于子常。子常朝，見蔡侯之徒，命有司曰：「蔡君之久也，官不共也。明日禮不畢，將死。」蔡侯歸，及漢，執玉而沈，曰：「余所有濟漢而南者，有若大川！」蔡侯如晉，以其子元與其大夫之子爲質焉，而請伐楚。

四年，沈人不會于召陵，晉人使蔡伐之。夏，蔡滅沈。

秋，楚爲沈故，圍蔡。伍員爲吳行人以謀楚。

楚之殺郤宛也，伯氏之族出。伯州犁之孫嚭爲吳大宰以謀楚。楚自昭王即位，無歲不有吳師。蔡侯因之，以其子乾與其大夫之子爲質於吳。

冬，蔡侯、吳子、唐侯伐楚。舍舟于淮汭，自豫章與楚夾漢。左司馬戌謂子常曰：「子沿漢而與之上下，我悉方城外以毁其舟，還塞大隧、直轅、冥阨。子濟漢而伐之，我自後擊之，必大敗之。」既謀而行。武城黑謂子常曰：「吳用木也，我用革也，不可久也，不如速戰。」史皇謂子常：「楚人惡子而好司馬。若司馬毁吳舟于淮，塞城口而入，是獨克吳也。子必速戰！不然，不免。」乃濟漢而陳，自小别至于大别。三戰，子常知不可，欲奔。史皇曰：「安，求其事；難而逃之，將何所入？子必死之，初罪必盡説。」

十一月庚午，二師陳于柏舉。闔廬之弟夫槩王晨請於闔廬曰：「楚瓦不仁，其臣莫有死志。先伐之，其卒必奔；而後大師繼之，必克。」弗許。夫槩王曰：「所謂『臣義而行，不待命』者，其此之謂也。今日我死，楚可入也。」以其屬五千先擊子常之卒。子常之卒奔，楚師亂，吳師大敗之。子常奔鄭。史皇以其乘廣死。吳從楚師，及清發，將擊之。夫槩王曰：「困獸猶鬭，況人乎？若知不免而致死，必敗我。若使先濟者知免，後者慕之，蔑有鬭心矣。半濟而後可擊也。」從之，又敗之。楚人爲食，吳人及之，奔。食而從之，敗諸雍澨。五戰，及郢。

己卯，楚子取其妹季芈畀我以出，涉睢。鍼尹固與王同舟，王使執燧象以奔吴師。庚辰，吴入郢，以班處宫。子山處令尹之宫，夫槩王欲攻之，懼而去之，夫槩王入之。

左司馬戌及息而還，敗吴師于雍澨，傷。初，司馬臣闔廬，故恥爲禽焉，謂其臣曰：「誰能免吾首？」吴句卑曰：「臣賤，可乎？」司馬曰：「我實失子，可哉！」三戰皆傷，曰：「吾不可用也已。」句卑布裳，剄而裹之，藏其身，而以其首免。

楚子涉睢，濟江，入于雲中。王寢，盗攻之，以戈擊王，王孫由于以背受之，中肩。王奔鄖。鍾建負季芈以從。由于徐蘇而從。鄖公辛〔一〕之弟懷將弑王，曰：「平王殺吾父，我殺其子，不亦可乎？」辛曰：「君討臣，誰敢讎之？君命，天也。若死天命，將誰讎？詩曰『柔亦不茹，剛亦不吐。不侮矜寡，不畏彊禦』，唯仁者能之。違彊陵弱，非勇也；乘人之約，非仁也；滅宗廢祀，非孝也；動無令名，非知也。必犯是，吾〔二〕將殺女。」鬬辛與其弟巢以王奔隨。吴人從之，謂隨人曰：「周之子孫在漢川者，楚實盡之。天誘其衷，致

〔一〕原無「辛」字，據阮刻本補。
〔二〕「吾」，阮刻本作「余」。

罰於楚，而君又竄之，周室何罪？君若顧報周室，施及寡人，以獎天衷，君之惠也。漢陽之田，君實有之。」楚子在公宮之北，吳人在其南。子期似王，逃王，而已爲王，曰：「以我與之，王必免。」隨人卜與之，不吉。乃辭吳曰：「以隨之辟小，而密邇於楚，楚實存之。世有盟誓，至于今未改。若難而棄之，何以事君？執事之患不唯一人，若鳩楚竟，敢不聽命？」吳人乃退。鑪金初宦於子期氏，實與隨人要言。王使見，辭，曰：「不敢以約爲利。」王割子期之心以與隨人盟。

初，伍員與申包胥友。其亡也，謂申包胥曰：「我必復楚國。」申包胥曰：「勉之！子能復之，我必能興之。」及昭王在隨，申包胥如秦乞師，曰：「吳爲封豕、長蛇，以荐食上國，虐始於楚。寡君失守社稷，越在草莽，使下臣告急，曰：『夷德無厭，若鄰於君，疆埸之患也。逮吳之未定，君其取分焉。若楚之遂亡，君之土也。若以君靈撫之，世以事君。』」秦伯使辭焉，曰：「寡人聞命矣。子姑就館，將圖而告。」對曰：「寡君越在草莽，未獲所伏，下臣何敢即安？」立，依於庭牆而哭，日夜不絶聲，勺飲不入口七日。秦哀公爲之賦無衣，九頓首而坐。秦師乃出。

五年六月，申包胥以秦師至。秦子蒲、子虎帥車五百乘以救楚。子蒲曰：「吾未知吳道。」使楚人先與吳人戰，而自稷會之，大敗夫槩王于沂。吳人獲薳射於柏舉，其子帥奔徒以從子西，敗吴師於軍祥。

秋七月，子期、子蒲滅唐。

九月，夫槩王歸，自立也，以與王戰，而敗，奔楚，爲堂谿氏。吴師敗楚師于雍澨。秦師又敗吴師。吴師居麇，子期將焚之，子西曰：「父兄親暴骨焉，不能收，又焚之，不可。」子期曰：「國亡矣，死者若有知也，可以歆舊祀？豈憚焚之？」焚之，而又戰，吴師敗。又戰於公壻之谿，吴師大敗，吴子乃歸。囚闉輿罷。闉輿罷請先，遂逃歸。葉公諸梁之弟后臧從其母於吴，不待而歸。葉公終不正視。

冬十月，楚子入于郢。初，鬭辛聞吴人之爭宫也，曰：「吾聞之：『不讓，則不和；不和，不可以遠征。』吴爭於楚，必有亂；有亂，則必歸，焉能定楚？」

王之奔隨也，將涉於成臼。藍尹亹涉其帑，不與王舟。及寧，王欲殺之。子西曰：「子常唯思舊怨以敗，君何效焉？」王曰：「善。使復其所，吾以志前惡。」王賞鬭辛、王孫由于、王孫圉、鍾建、鬭巢、申包胥、王孫賈、宋木、鬭懷。子西曰：「請舍懷也。」王曰：「大德滅小怨，道也。」申包胥曰：「吾爲君也，非爲身也。君既定矣，又何求？且吾尤子旗，其又爲諸？」遂逃賞。王將嫁季芈，季芈辭曰：「所以爲女子，遠丈夫也。鍾建負我矣。」以妻鍾建，以爲樂尹。

王之在隨也，子西爲王輿服以保路，國于脾洩。聞王所在，而後從王。王使由于城麇，復命。子西問高厚焉，弗知。子西曰：「不能，如辭。城不知高厚，小大何知？」對曰：「固辭不能，子使余也。人各有能有不能。王遇盜於雲中，余受其戈，其所猶在。」袒而示之背，曰：「此余所能也。脾洩之事，余亦弗能也。」

六年四月己丑，吳大子終纍敗楚舟師，獲潘子臣、小惟子及大夫七人。楚國大惕，懼亡。子期又以陵師敗于繁揚。令尹子西喜曰：「乃今可爲矣。」於是乎遷郢於鄀，而改紀其政，以定楚國。

哀元年春，楚子圍蔡，報柏舉也。里而栽，廣丈，高倍。夫屯晝夜九日，如子西之素。蔡人男女以辨。使疆于江、汝之間而還。蔡於是乎請遷于吳。

二年，吳洩庸如蔡納聘，而稍納師。師畢入，衆知之。蔡侯告大夫，殺公子駟以說，哭而遷墓。冬，蔡遷于州來。

四年春，蔡昭侯將如吳，諸大夫恐其又遷也，承公孫翩逐而射之，入於家人而卒。以兩矢門之，衆莫敢進。文之鍇後至，曰：「如牆而進，多而殺二人。」鍇執弓而先，翩射之，中肘，鍇遂殺之。故逐公孫辰而殺公孫姓、公孫盱。

宋桐門之逐與公子辰之出

六〔一〕年秋八月，宋樂祁言於景公曰：「諸侯唯我事晉，今使不往，晉其憾矣。」樂祁告其宰陳寅。陳寅曰：「必使子往。」他日，公謂樂祁曰：「唯寡人説子之言，子必往！」陳寅曰：「子立後而行，吾室亦不亡，唯君亦以我爲知難而行也。」見溷而行。趙簡子逆，而飲之酒於緜上，獻楊楯六十於簡子。陳寅曰：「昔吾主范氏，今子主趙氏，又有納焉，以楊楯賈禍，弗可爲也已。然子死晉國，子孫必得志於宋。」范獻子言於晉侯曰：「以君命越疆而使，未致使而私飲酒，不敬二君，不可不討也。」乃執樂祁。

八年，趙鞅言於晉侯曰：「諸侯唯宋事晉，好逆其使，猶懼不至。今又執之，是絶諸侯也。」將歸樂祁，士鞅曰：「三年止之，無故而歸之，宋必叛晉。」獻子私謂子梁曰：「寡君懼不得事宋君，是以止子。子姑使溷代子。」子梁以告陳寅，陳寅曰：「宋將叛晉，是棄溷也，不如侍之。」樂祁歸，卒于大行。士鞅曰：「宋必叛，不如止其尸以求成焉。」乃止諸州。

九年春，宋公使樂大心盟于晉，且逆樂祁之尸。辭，僞有疾；乃使向巢如晉盟，且逆

〔一〕 原作「七」，據阮刻本校改。

子梁之戶。子明謂桐門右師出，曰：「吾猶衰絰，而子擊鐘，何也？」右師曰：「喪不在此故也。」既而告人曰：「己衰絰而生子，余何故舍鐘？」子明聞之，怒，言於公曰：「右師將不利戴氏。不肯適晉，將作亂也。不然，無疾。」乃逐桐門右師。

十年。宋公子地嬖蘧富獵，十一分其室，而以其五與之。公子地有白馬四，公嬖向魋，魋欲之。公取而朱其尾、鬣以與之。地怒，使其徒抶魋而奪之。魋懼，將走，公閉門而泣之，目盡腫。母弟辰曰：「子分室以與獵也，而獨卑魋，亦有頗焉。子爲君禮，不過出竟，君必止子。」公子地出奔陳，公弗止。辰爲之請，弗聽。辰曰：「是我迋吾兄也。吾以國人出，君誰與處？」冬，母弟辰暨仲佗、石彄出奔陳。

十一年春，宋公母弟辰暨仲佗、石彄、公子地入于蕭以叛。秋，樂大心從之，大爲宋患，寵向魋故也。

衛、齊叛晉

七年秋〔一〕，齊侯、鄭伯盟于鹹，徵會于衛。衛侯欲叛晉，諸大夫不可。使北宮結如齊，

〔一〕原無「秋」字，據阮刻本補。

而私於齊侯曰：「執結以侵我。」齊侯從之，乃盟于瑣。

八年，晉師將盟衛侯于鄟澤，趙簡子曰：「群臣誰敢盟衛君者？」涉佗、成何曰：「我能盟之。」衛人請執牛耳。成何曰：「衛，吾温、原也，焉得視諸侯？」將歃，涉佗捘衛侯之手，及捥。衛侯怒，王孫賈趨進，曰：「盟以信禮也。有如衛君，其敢不唯禮是事而受此盟也？」衛侯欲叛晉，而患諸大夫。王孫賈使次于郊，大夫問故，公以晉詬語之，且曰：「寡人辱社稷，其改卜嗣，寡人從焉。」大夫曰：「是衛之禍，豈君之過也？」公曰：「又有患焉，謂寡人『必以而子與大夫之子爲質』。」大夫曰：「苟有益也，公子則往，群臣之子敢不皆負羈絏以從？」將行，王孫賈曰：「苟衛國有難，工商未嘗不爲患，使皆行而後可。」公以告大夫，乃皆將行之。行有日，公朝國人，使賈問焉，曰：「若衛叛晉，晉五伐我，病何如矣？」皆曰：「五伐我，猶可以能戰。」賈曰：「然則如叛之，病而後質焉，何遲之有？」乃叛晉。晉人請改盟，弗許。

九年秋，齊侯伐晉夷儀。敝無存之父將室之，辭，以與其弟，曰：「此役也，不死，反，必娶於高、國。」先登，求自門出，死於霤下。東郭書讓登，犂彌從之，曰：「子讓而左，我讓而右，使登者絶而後下。」書左，彌先下。書與王猛息。猛曰：「我先登。」書斂甲，曰：「曩者之難，今又難焉！」猛笑曰：「吾從子，如驂之靳。」

晉車千乘在中牟，衛侯將如五氏，卜過之，龜焦。衛侯曰：「可也！衛車當其半，寡人當其半，敵矣。」乃過中牟。中牟人欲伐之。衛褚師圃亡在中牟，曰：「衛雖小，其君在焉，未可勝也。齊師克城而驕，其帥又賤，遇，必敗之。不如從齊。」乃伐齊師，敗之。齊侯致禚、媚、杏於衛。

齊侯賞犂彌，犂彌辭，曰：「有先登者，臣從之，晳幘而衣貍製。」公使視東郭書，曰：「乃夫子也——吾貺子。」公賞東郭書，辭，曰：「彼，賓旅也。」乃賞犂彌。

齊師之在夷儀也，齊侯謂夷儀人曰：「得敝無存者，以五家免。」乃得其尸。公三襚之，與之犀軒與直蓋，而先歸之。坐引者，以師哭之，親推之三。

十年，晉趙鞅圍衛，報夷儀也。

初，衛侯伐邯鄲午於寒氏，城其西北而守之，宵熸。及晉圍衛，午以徒七十人門於衛西門，殺人於門中，曰：「請報寒氏之役。」涉陀〔一〕曰：「夫子則勇矣；然我往，必不敢啓門。」亦以徒七十人旦門焉，步左右，皆至而立，如植。日中不啓門，乃退。

反役，晉人討衛之叛故，曰：「由涉佗、成何。」於是執涉佗，以求成於衛。衛人不許。

〔一〕「陀」，阮刻本作「佗」。

晉人遂殺涉佗，成何奔燕。君子曰：「此之謂棄禮，必不鈞。詩曰：『人而無禮，胡不遄死？』涉佗亦遄矣哉！」

十三年春，齊侯、衛侯次于垂葭，實郥氏。使師伐晉。將濟河，諸大夫皆曰不可，邴意兹曰：「可。鋭師伐河内，傳必數日而後及絳。絳不三月不能出河，則我既濟水矣。」乃伐河内。

齊侯皆斂諸大夫之軒，唯邴意兹乘軒。

齊侯欲與衛侯乘，與之宴而駕乘廣，載甲焉。使告曰：「晉師至矣！」齊侯曰：「比君之駕也，寡人請攝。」乃介而與之乘，驅之。或告曰：「無晉師。」乃止。

經文統鈔中編卷十一

益陽陳天倪　主纂
湘陰彭　昺　襄輯

哀公

哀公政紀公名蔣，定公子，母定姒，在位二十七年，卒于越。春秋終于十四年春，左傳盡哀公，並涉及悼公十五年。

魯語・公父文伯退朝，朝其母，其母方績。文伯曰：「以歜之家而主猶績，懼干季孫之怒也，其以歜爲不能事主乎！」

其母歎曰：「魯其亡乎！使僮子備官而未之聞耶？居，吾語女。昔聖王之處民也，擇瘠土而處之，勞其民而用之，故長王天下。夫民勞則思，思則善心生；逸則淫，淫則忘善，忘善則惡心生。沃土之民不材，逸也；瘠土之民莫不嚮義，勞也。是故天子大采朝日，與三公、九卿祖識地德；日中考政，與百官之政事，師尹維旅、牧、相宣序民事；少采夕月，與大史、司載糾虔天刑； 日入監九御，使潔奉禘、郊〔一〕之粢盛，而後即安。諸侯朝修天子之業命，晝考其國職，夕省其典刑，夜儆百工，使無慆淫，而後即安。卿大夫朝考其職，晝講其庶政，夕序其業，夜庀其家事，而後即安。士朝受業，晝而講貫，夕而習復，夜而計過無憾，而後即安。自庶人以下，明而動，晦而休，無日以怠。

「王后親織玄紞，公侯之夫人加之以紘、綖，卿之内子爲大帶，命婦成祭服，列士之妻加之以朝服，自庶士以下，皆衣其夫。社而賦事，蒸而獻功，男女效績，愆則有辟，古之制也。君子勞心，小人勞力，先王之訓也。自上以下，誰敢淫心舍力？今我，寡也，爾又在下位，朝夕處事，猶恐忘先人之業。況有怠惰，其何以避辟！吾冀爾朝夕修我曰：『必無廢先人。』爾今曰：『何不即安〔二〕。』以是承君之官，余懼穆伯之絶嗣也。」

吴伐越，墮會稽，獲骨焉，節專車。吴子使來好聘，且問之仲尼，曰：「無以吾命。」賓發幣於大夫，及仲尼，仲尼爵之。既徹俎而宴，客執骨而問曰：「敢問骨何爲大？」仲尼曰：「丘聞之：昔禹致群神於會稽之山，防風氏後至，禹殺而戮之，其骨節專車。此爲

〔一〕原作「郊禘」，據徐元誥國語集解乙正。
〔二〕「何不即安」，徐元誥國語集解作「胡不自安」。

大矣。」客曰：「敢問誰守爲神？」仲尼曰：「山川之靈，足以紀綱天下者，其守爲神；社稷之守者〔一〕，爲公侯。皆屬於王者。」客曰：「防風氏〔二〕何守也？」仲尼曰：「汪芒氏之君也，守封、嵎之山者也，爲漆姓。在虞、夏、商爲汪芒氏，於周爲長翟〔三〕，今爲大人。」客曰：「人長之極幾何？」仲尼曰：「僬僥氏長三尺，短之至也。長者不過十之，數之極也。」

仲尼在陳，有隼集于陳侯之庭而死，楛矢貫之，石砮其長尺有咫。陳惠公使人以隼如仲尼之館問之。仲尼曰：「隼之來也遠矣！此肅慎氏之矢也。昔武王克商，通道于九夷、百蠻，使各以其方賄來貢，使無忘職業。於是肅慎氏貢楛矢、石砮，其長尺有咫。先王欲昭其令德之致遠也，以示後人，使永監焉，故銘其栝曰『肅慎氏之貢矢』，以分大姬，配虞胡公而封諸陳。古者，封〔四〕同姓以珍玉，展親也；分異姓以遠方之職貢，使無忘服也。

〔一〕徐元誥國語集解無「者」字。
〔二〕徐元誥國語集解無「氏」字。
〔三〕「翟」，徐元誥國語集解作「狄」。
〔四〕「封」，徐元誥國語集解作「分」。

故分陳以肅慎氏之貢。君若使有司求之〔一〕故府，其可得也。」使求，得之金櫝，如之。按：三年，「司鐸火……」，有及「公父文伯至，……孔子在陳，聞火……」之語，則知文伯之登顯仕，孔子入陳，在三年之前，故列此文。

經·二年春王二月，季孫斯、叔孫州仇、仲孫何忌帥師伐邾，取漷東田及沂西田。癸巳，叔孫州仇、仲孫何忌及邾子盟于句繹。

傳·三年夏五月辛卯，司鐸火。火踰公宫，桓、僖災。救火者皆曰顧府。南宫敬叔至，命周人出御書，俟於宫，曰：「庀女，而不在，死。」子服景伯至，命宰人出禮書，以待命。命不共，有常刑。校人乘馬，巾車脂轄，百官官備，府庫慎守，官人肅給。濟濡帷幕，鬱攸從之。蒙葺公屋。自大廟始，外内以悛。助所不給。有不用命，則有常刑，無赦。公父文伯至，命校人駕乘車。季桓子至，御公立于象魏之外，命救火者傷人則止，財可爲也。命藏象魏，曰：「舊章不可亡也。」富父槐至，曰：「無備而官辦者，猶拾瀋也。」於是乎去表之槀，道還公宫。

孔子在陳，聞火，曰：「其桓、僖乎！」

〔一〕「之」，徐元誥國語集解作「諸」。

秋，季孫有疾，命正常曰：「無死！南孺子之子，男也，則以告而立之；女也，則肥也可。」季孫卒，康子即位。既葬，康子在朝。南氏生男，正常載以如朝，告曰：「夫子有遺言，命其圉臣曰：『南氏生男，則以告於君與大夫而立之。』今生矣，男也，敢告。」遂奔衛。康子請退。公使共劉視之，則或殺之矣。乃討之。召正常，正常不反。

七年夏，公會吴于鄫。吴來徵百牢。子服景伯對曰：「先王未之有也。」吴人曰：「宋百牢我，魯不可以後宋。且魯牢晉大夫過十，吴王百牢，不亦可乎？」景伯曰：「晉范鞅貪而棄禮，以大國懼敝邑，故敝邑十一牢之。君若以禮命於諸侯，則有數矣。若亦棄禮，則有淫者矣。周之王也，制禮，上物不過十二，以爲天之大數也。今棄周禮，而曰必百牢，亦唯執事。」吴人弗聽。景伯曰：「吴將亡矣，棄天而背本。不與，必棄疾於我。」乃與之。

大宰嚭召季康子，康子使子貢辭。大宰嚭曰：「國君道長，而大夫不出門，此何禮也？」對曰：「豈以爲禮，畏大國也。大國不以禮命於諸侯，苟不以禮，豈可量也？寡君既共命焉，其老豈敢棄其國？大伯端委以治周禮，仲雍嗣之，斷髮文身，臝以爲飾，豈禮也哉？有由然也。」反自鄫，以吴爲無能爲也。

季康子欲伐邾，乃饗大夫以謀之。子服景伯曰：「小所以事大，信也；大所以保小，仁也。背大國，不信；伐小國，不仁。民保於城，城保於德。失二德者，危，將焉保？」孟孫曰：「二三子以爲何如？惡賢而逆之？」對曰：「禹合諸侯於塗山，執玉帛者萬國。今其存者，無數十焉，唯大不字小、小不事大也。知必危，何故不言？魯德如邾，而以衆加之，可乎？」不樂而出。

秋，伐邾，及范門，猶聞鐘聲。大夫諫，不聽。茅成子請告於吴，不許，曰：「魯擊柝聞於邾，吴二千里，不三月不至，何及於我？且國内豈不足？」成子以茅叛，師遂入邾，處其公宫，衆師晝掠，邾衆保于繹。師宵掠，以邾子益來，獻于亳社，囚諸負瑕。負瑕固〔一〕有繹。

邾茅夷鴻以束帛乘韋自請救於吴，曰：「魯弱晉而遠吴，馮恃其衆，而背君之盟，辟君之執事，以陵我小國。邾非敢自愛也，懼君威之不立。君威之不立，小國之憂也。若夏盟於鄫衍，秋而背之，成求而不違，四方諸侯其何以事君？且魯賦八百乘，君之貳也；邾賦六百乘，君之私也。以私奉貳，唯君圖之。」吴子從之。

八年，吴爲邾故，將伐魯，問於叔孫輒。叔孫輒對曰：「魯有名而無情，伐之，必得志

〔一〕「固」，阮刻本作「故」。

焉。」退而告公山不狃。公山不狃曰：「非禮也。君子違，不適讎國。未臣而有伐之，奔命焉，死之可也。所託也則隱。且夫人之行也，不以所惡廢鄉。今子以小惡而欲覆宗國，不亦難乎？若使子率，子必辭，王將使我。」子張疾之。王問於子洩，對曰：「魯雖無與立，必有與斃；諸侯將救之，未可以得志焉。晉與齊、楚輔之，是四讎也。夫魯，齊、晉之脣。脣亡齒寒，君所知也。不救何爲？」

三月，吳伐我，子洩率，故道險，從武城。初，武城人或有因於吳竟田焉，拘鄫人之漚菅者，曰：「何故使吾水滋？」及吳師至，拘者道之以伐武城，克之。王犯嘗爲之宰，澹臺子羽之父好焉，國人懼。懿子謂景伯：「若之何？」對曰：「吳師來，斯與之戰，何患焉？且召之而至，又何求焉？」吳師克東陽而進，舍於五梧。明日，舍於蠶室。公賓庚、公甲叔子與戰于夷，獲叔子與析朱鉏，獻於王。王曰：「此同車，必使能，國未可望也。」明日，舍於庚宗，遂次於泗上。微虎欲宵攻王舍，私屬徒七百人三踊於幕庭，卒三百人，有若與焉。及稷門之内，或謂季孫曰：「不足以害吳，而多殺國士，不如已也。」乃止之。吳子聞之，一夕三遷。

吳人行成，將盟，景伯曰：「楚人圍宋，易子而食，析骸而爨，猶無城下之盟；我未及虧，而有城下之盟，是棄國也。吳輕而遠，不能久，將歸矣，請少待之。」弗從。景伯負載，造於萊門。乃請釋子服何於吴，吴人許之，以王子姑曹當之，而後止。吴人盟而還。

十一年春，齊爲鄎故，國書、高無丕帥師伐我，及清。季孫謂其宰冉求曰：「齊師在清，必魯故也。若之何？」求曰：「一子守，二子從公禦諸竟。」季孫曰：「不能。」求曰：「居封疆之間。」季孫告二子，二子不可。求曰：「若不可，則君無出。一子帥師，背城而戰。不屬者，非魯人也。魯之群室衆於齊之兵車，一室敵車優矣，子何患焉？二子之不欲戰也宜，政在季氏。當子之身，齊人伐魯而不能戰，子之恥也，大不列於諸侯矣。」季孫使從於朝，俟於黨氏之溝。武叔呼而問戰焉，對曰：「君子有遠慮，小人何知？」懿子强問之，對曰：「小人慮材而言，量力而共者也。」武叔曰：「是謂我不成丈夫也。」退而蒐乘。孟孺子洩帥右師，顔羽御，邴洩爲右。冉求帥左師，管周父御，樊遲爲右。季孫曰：「須也弱。」有子曰：「就用命焉。」季氏之甲七千，冉求以武城人三百爲己徒卒，老幼守宫，次于雩門之外。五日，右師從之。公叔務人見保者而泣，曰：「事充，政重，上不能謀，士不能死，何以治民？吾既言之矣，敢不勉乎！」

師及齊〔一〕師戰于郊。齊師自稷曲，師不踰溝。樊遲曰：「非不能也，不信子也，請三

〔一〕原作「晉」，據阮刻本校改。

刻而踰之。」如之，衆從之。師入齊軍。右師奔，齊人從之。陳瓘、陳莊涉泗。孟之側後入以爲殿，抽矢策其馬，曰：「馬不進也。」林不狃之伍曰：「走乎？」不狃曰：「誰不如？」曰：「然則止乎？」不狃曰：「惡賢？」徐步而死。

師獲甲首八十，齊人不能師。宵諜曰：「齊人遁。」冉有請從之三，季孫弗許。孟孺子語人曰：「我不如顏羽，而賢於邴洩。子羽鋭敏，我不欲戰而能默，洩曰：『驅之。』」公爲與其嬖僮汪錡乘，皆死，皆殯。孔子曰：「能執干戈以衛社稷，可無殤也。」冉有用矛於齊師，故能入其軍。孔子曰：「義也。」

爲郊戰故，公會吴子伐齊。五月，克博。壬申，至于嬴。中軍從王，胥門巢〔一〕將上軍，王子姑曹將下軍，展如將右軍。齊國書將中軍，高無丕將上軍，宗樓將下軍。陳僖子謂其弟書：「爾死，我必得志。」宗子陽與閭丘明相厲也。桑掩胥御國子。公孫夏曰：「二子必死。」將戰，公孫夏命其徒歌虞殯。陳子行命其徒具含玉。公孫揮命其徒曰：「人尋約，吴髮短。」東郭書曰：「三戰必死，於此三矣。」使問弦多以琴，曰：「吾不復見子矣。」陳書曰：「此行也，吾聞鼓而已，不聞金矣。」

〔一〕原無「巢」字，據阮刻本補。

甲戌，戰于艾陵。展如敗高子，國子敗胥門巢。王卒助之，大敗齊師，獲國書、公孫夏、閭丘明、陳書、東郭書，革車八百乘，甲首三千，以獻于公。

將戰，吴子呼叔孫，曰：「而事何也？」對曰：「從司馬。」王賜之甲、劍鈹，曰：「奉爾君事，敬無廢命！」叔孫未能對。衛賜進，曰：「州仇奉甲從君。」而拜。

公使大史固歸國子之元，寘之新篋，褽之以玄纁，加組帶焉。寘書于其上，曰：「天若不識不衷，何以使上〔二〕國？」

論語・季氏將伐顓臾。冉有、季路見於孔子曰：「季氏將有事於顓臾。」

孔子曰：「求！無乃爾是過與？夫顓臾，昔者先王以爲東蒙主，且在邦域之中矣，是社稷之臣也。何以伐爲？」

冉有曰：「夫子欲之，吾二臣者皆不欲也。」

孔子曰：「求！周任有言曰：『陳力就列，不能者止。』危而不持，顛而不扶，則將焉用彼相矣？且爾言過矣。虎兕出於柙，龜玉毁於櫝中，是誰之過與？」

冉有曰：「今夫顓臾，固而近於費。今不取，後世必爲子孫憂。」

〔二〕「上」，阮刻本作「下」。

孔子曰：「求！君子疾夫舍曰欲之而必爲之辭。丘也聞有國有家者，不患貧而患不均，不患寡而患不安。通常本作『不患寡而患不均，不患貧而患不安』，此依先儒多人改定。文與下文「蓋均無貧」相應，其義較長，又有作「不患寡而患不和者」，亦近。蓋均無貧，和無寡，安無傾。夫如是，故遠人不服，則修文德以來之。既來之，則安之。今由與求也，相夫子，遠人不服、而不能來也；邦分崩離析、而不能守也：而謀動干戈於邦内。吾恐季孫之憂，不在顓臾，而在蕭牆之内也。」

傳·季孫欲以田賦，使冉有訪諸仲尼。仲尼曰：「丘不識也。」三發，卒曰：「子爲國老，待子而行，若之何子之不言也？」仲尼不對，而私於冉有曰：「君子之行也，度於禮，施取其厚，事舉其中，斂從其薄。如是，則以丘亦足矣。若不度於禮，而貪冒無厭，則雖以田賦，將又不足。且子季孫若欲行而法，則有〔二〕周公之典在；若欲苟而行，又何訪焉？」弗聽。

十三年，吴人將以公見晉侯，子服景伯對使者曰：「王合諸侯，則伯帥侯牧以見於王；伯合諸侯，則侯帥子、男以見於伯。自王以下，朝聘玉帛不同；故敝邑之職貢於

〔二〕阮刻本無此「有」字。

吴，有豐於晉，無不及焉，以爲伯也。今諸侯會，而君將以寡君見晉君，則晉成爲伯矣，敝邑將改職貢：魯賦於吴八百乘，若爲子、男，則將半邾以屬於吴，而如邾以事晉。且執事以伯召諸侯，而以侯終之，何利之有焉？」吴人乃止。既而悔之，將囚景伯。景伯曰：「何也立後於魯矣，將以二乘與六人從，遲速唯命。」遂囚以還。及户牖，謂大宰曰：「魯將以十月上辛有事於上帝、先王，季辛而畢，何世有職焉，自襄以來，未之改也。若不會，祝宗將曰『吴實然』，且謂魯不共，而執其賤者七人，何損焉？」大宰嚭言於王曰：「無損於魯，而祇爲名，不如歸之。」乃歸景伯。

吴申叔儀乞糧於公孫有山氏，曰：「佩玉蘂兮，余無所繫之；旨酒一盛兮，余與褐之父睨之。」對曰：「粱則無矣，麤則有之。若登首山以呼曰『庚癸乎』，則諾。」

十四年春，西狩於大野，叔孫氏之車子鉏商獲麟，以爲不祥，以賜虞人。仲尼觀之，曰「麟也」，然後取之。

公羊傳・西狩獲麟，何以書？記異也。何異爾？非中國之獸也。然則孰狩之？薪采者也。薪采者則微者也，曷爲以狩言之？大之也。曷爲大之？爲獲麟大之也。曷爲爲獲麟大之？麟者，仁獸也。有王者則至，無王者則不至。有以告者曰：「有麕而角者。」孔子曰：「孰爲來哉！孰爲來哉！」反袂拭面涕沾袍。顔淵死，子曰：「噫！天喪予。」子路死，子曰：「噫！天祝予。」西狩獲麟，孔子曰：「吾道窮矣。」春秋何以始乎隱？祖之所逮聞也，所見異辭，所聞異辭，所傳聞異辭。何以終乎哀十四年？曰：「備矣！」君子曷爲爲春秋？撥亂世，反諸正，莫近諸春秋。

傳・小邾射以句繹來奔，曰：「使季路要我，吾無盟矣。」使子路，子路辭。季康子使冉有謂之曰：「千乘之國，不信其盟，而信子之言，子何辱焉？」對曰：「魯有事於小邾，不敢問故，死其城下可也。彼不臣，而濟其言，是義之也。由弗能。」

夏五月甲午，齊陳恒弒其君壬于舒州。孔丘三日齊，而請伐齊三。公曰：「魯爲齊弱久矣，子之伐之，將若之何？」對曰：「陳恒弒其君，民之不與者半。以魯之衆加齊之半，可克也。」公曰：「子告季孫。」孔子辭，退而告人曰：「吾以從大夫之後也，故不敢不言。」

初，孟孺子洩將圉馬於成，成宰公孫宿不受，曰：「孟孫爲成之病，不圉馬焉。」孺子怒，襲成，從者不得入，乃反。成有司使，孺子鞭之。秋八月辛丑，孟懿子卒，成人奔喪，弗內，袒、免哭于衢，聽共，弗許；懼，不歸。

十五年春，成叛于齊。武伯伐成，不克，遂城輸。

秋，齊陳瓘如楚，過衛，仲由見之，曰：「天或者以陳氏爲斧斤，既斲喪公室，而他人有之，不可知也；其使終饗之，亦不可知也。若善魯以待時，不亦可乎！何必惡焉？」子玉曰：「然。吾受命矣，子使告我弟。」

冬，及齊平。子服景伯如齊，子贛爲介，見公孫成，曰：「人皆臣人，而有背人之心，況齊人雖爲子役，其有不貳乎？子，周公之孫也，多饗大利，猶思不義。利不可得，而喪宗國，將焉用之？」成曰：「善哉！吾不早聞命。」

陳成子館客，曰：「寡君使恒告曰：『寡人〔一〕願事君如事衛君。』」景伯揖子贛而進之，對曰：「寡君之願也。昔晉人伐衛，齊爲衛故，伐晉冠氏〔二〕，喪車五百。因與衛地，自濟以西，禚、媚、杏以南，書社五百。吴人加敝邑以亂，齊因其病，取讙與闡，寡君是以寒心。若得視衛君之事君也，則固所願也。」成子病之，乃歸成。公孫宿以其兵甲入于嬴。

十六年夏四月己丑，孔丘卒。公誄之曰：「旻天不弔，不慭遺一老，俾屏余一人以在位，煢煢余在疚。嗚呼哀哉尼父！無自律。」

子贛曰：「君其不没於魯乎！夫子之言曰：『禮失則昏，名失則愆。』失志爲昏，失所爲愆。生不能用，死而誄之，非禮也；稱一人，非名也。君兩失之。」

〔一〕「人」，阮刻本作「君」。

〔二〕「晉冠氏」，原作「晉寇氏」，據阮刻本校改。

十七年十二月，公會齊侯盟于蒙，孟武伯相。齊侯稽首，公拜。齊人怒。武伯曰：「非天子，寡君無所稽首。」武伯問於高柴曰：「諸侯盟，誰執牛耳？」季羔曰：「鄫衍之役，吴公子姑曹；發揚之役，衛石魋。」武伯曰：「然則彘也。」

二十四年夏四月，晉侯將伐齊，使來乞師，曰：「昔臧文仲以楚師伐齊，取穀；宣叔以晉師伐齊，取汶陽。寡君欲徼福於周公，願乞靈於臧氏。」臧石帥師會之，取廩丘。

公子荆之母嬖，將以爲夫人，使宗人釁夏獻其禮。對曰：「無之。」公怒曰：「女爲宗司〔一〕，立夫人，國之大禮也，何故無之？」對曰：「周公及武公娶於薛，孝、惠娶於商，自桓以下娶於齊，此禮也則有。若以妾爲夫人，則固無其禮也。」公卒立之，而以荆爲大子。國人始惡之。

閏月，公如越，得大子適郢，將妻公而多與之地。公孫有山使告于季孫，季孫懼，使因大宰嚭而納賂焉，乃止。

二十五年六月，公至自越，季康子、孟武伯逆於五梧。郭重僕，見二子，曰：「惡言多矣，君請盡之。」公宴於五梧，武伯爲祝，惡郭重，曰：「何肥也！」季孫曰：「請飲彘

〔一〕原作「師」，據阮刻本校改。

也！以魯國之密邇仇讎，臣是以不獲從君，克免於大行，又謂重也肥？」公曰：「是食言多矣，能無肥乎？」飲酒不樂，公與大夫始有惡。

二十七年春，越子使舌庸來聘，且言邾田，封于駘上。二月，盟于平陽，三子皆從。康子病之，言及子贛，曰：「若在此，吾不及此夫！」武伯曰：「然。何不召？」曰：「固將召之。」文子曰：「他日請念。」

夏四月己亥，季康子卒。公弔焉，降禮。

公患三桓之侈也，欲以諸侯去之；三桓亦患公之妄也，故君臣多間。公游于陵阪，遇孟武伯於孟氏之衢，曰：「請有問於子，余及死乎？」對曰：「臣無由知之。」三問，卒辭不對。公欲以越伐魯而去三桓，秋八月甲戌，公如公孫有陘氏。因孫於邾，乃遂如越。國人施公孫有山氏。

楚之復興與白公之亂

定十四年〔一〕，頓子牂欲事晉，背楚而絶陳好。二月，楚滅頓。

〔一〕　原無「年」字，整理者補。

定十五年[一]，吴之入楚也，胡子盡俘楚邑之近胡者。楚既定，胡子豹又不事楚，曰：「存亡有命，事楚何爲？多取費焉。」二月，楚滅胡。

元年夏，吴之入楚也，使召陳懷公。懷公朝國人而問焉，曰：「欲與楚者右，欲與吴者左。陳人從田，無田從黨。」逢滑當公而進，曰：「臣聞，國之興也以福，其亡也以禍。今吴未有福，楚未有禍，楚未可棄，吴未可從。而晉，盟主也；若以晉辭吴，若何？」公曰：「國勝君亡，非禍而何？」對曰：「國之有是多矣，何必不復。小國猶復，況大國乎？臣聞，國之興也，視民如傷，是其福也；其亡也，以民爲土芥，是其禍也。楚雖無德，亦不艾殺其民。吴日敝於兵，暴骨如莽，而未見德焉。天其或者正訓楚也，禍之適吴，其何日之有？」陳侯從之。及夫差克越，乃修先君之怨。秋八月，吴侵陳，修舊怨也。

吴師在陳，楚大夫皆懼，曰：「闔廬惟能用其民，以敗我於柏舉。今聞其嗣又甚焉，將若之何？」子西曰：「二三子恤不相睦，無患吴矣。昔闔廬食不二味，居不重席，室不崇壇，器不彤鏤，宫室不觀，舟車不飾，衣服財用，擇不取費。在國，天有菑癘，親巡孤寡而共其乏困。在軍，熟食者分而後敢食，其所嘗者，卒乘與焉。勤恤其民，而與之勞逸，是以

[一] 原無「年」字，整理者補。

民不罷勞，死知不曠。吾先大夫子常易之，所以敗我也。今聞夫差，次有臺榭陂池焉，宿有妃嬙、嬪御焉；一日之行，所欲必成，玩好必從；珍異是聚，觀樂是務，視民如讎，而用之日新。夫先自敗也已。安能敗我？」

四年夏，楚人既克夷虎，乃謀北方。左司馬眅、申公壽餘、葉公諸梁致蔡於負函，致方城之外於繒關，曰：「吴將泝江入郢，將奔命焉。」爲一昔之期，襲梁及霍。單浮餘圍蠻氏，蠻氏潰。蠻子赤奔晉陰地。司馬起豐、析與狄戎，以臨上雒。左師軍于菟和，右師軍于倉野，使謂陰地之命大夫士蔑曰：「晉、楚有盟，好惡同之。若將不廢，寡君之願也。不然，將通於少習以聽命。」士蔑請諸趙孟。趙孟曰：「晉國未寧，安能惡於楚？必速與之！」士蔑乃致九州之戎，將裂田以與蠻子而城之，且將爲之卜。蠻子聽卜，遂執之與其五大夫，以畀楚師于三户。司馬致邑立宗焉，以誘其遺民，而盡俘以歸。

六年秋七月，楚子在城父，將救陳。卜戰，不吉；卜退，不吉。王曰：「然則死也。再敗楚師，不如死；棄盟、逃讎，亦不如死。死一也，其死讎乎！」命公子申爲王，不可；則命公子結，亦不可；則命公子啟，五辭而後許。將戰，王有疾。庚寅，昭王攻大冥，卒於城父。子閭退，曰：「君王舍其子而讓，群臣敢忘君乎？從君之命，順也。立君之子，亦順也。二順不可失也。」與子西、子期謀，潛師，閉塗，逆越女之子章立之，而後還。

是歲也，有雲如衆赤鳥，夾日以飛三日。楚子使問諸周大史。周大史曰：「其當王身乎！若禜之，可移於令尹、司馬。」王曰：「除腹心[一]之疾，而寘諸股肱，何益？不穀不有大過，天其夭諸？有罪受罰，又焉移之？」遂弗禜。

初，昭王有疾，卜曰：「河爲祟。」王弗祭。大夫請祭諸郊，王曰：「三代命祀，祭不越望。江、漢、雎、漳，楚之望也。禍福之至，不是過也。不穀雖不德，河非所獲罪也。」遂弗祭。

孔子曰：「楚昭王知大道矣。其不失國也，宜哉！」

十六年。楚大子建之遇讒也，自城父奔宋；又辟華氏之亂於鄭。鄭人甚善之。又適晉，與晉人謀襲鄭，乃求復焉。鄭人復之如初。晉人使諜於子木，請行而期焉。子木暴虐於其私邑，邑人訴之。鄭人省之，得晉諜焉，遂殺子木。其子曰勝，在吴，子西欲召之。葉公曰：「吾聞勝也詐而亂，無乃害乎？」子西曰：「吾聞勝也信而勇，不爲不利。舍諸邊竟，使衛藩焉。」葉公曰：「周仁之謂信，率義之謂勇。吾聞勝也好復言，而求死士，殆有私乎！復言，非信也；期死，非勇也；子必悔之。」弗從。召之，使處吴竟，爲白公。請

[一] 原作「心腹」，據阮刻本乙正。

伐鄭，楚救之，與之盟。勝怒，曰：「鄭人在此，讎不遠矣。」

勝自厲劍，子期之子平見之，曰：「王孫何自厲也？」曰：「勝以直聞，不告女，庸爲直乎？將以殺爾父。」平以告子西。子西曰：「勝如卵，余翼而長之。楚國，第我死，令尹、司馬，非勝而誰？」勝聞之，曰：「令尹之狂也！得死，乃非我。」子西不悛。勝謂石乞曰：「王與二卿士，皆五百人當之，則可矣。」乞曰：「不可得也。」曰〔一〕：「市南有熊宜僚者，若得之，可以當五百人矣。」乃從白公而見之。與之言，説。告之故，辭。承之以劍，不動。勝曰：「不爲利諂，不爲威惕，不洩人言以求媚者，去之。」

吴人伐慎，白公敗之。請以戰備獻，許之，遂作亂。秋七月，殺子西、子期于朝，而劫惠王。子西以袂掩面而死。子期曰：「昔者吾以力事君，不可以弗終。」抉豫章以殺人而後死。石乞曰：「焚庫、弒王。不然，不濟。」白公曰：「不可。弒王，不祥；焚庫，無聚，將何以守矣？」乞曰：「有楚國而治其民，以敬事神，可以得祥，且有聚矣，何患？」弗從。

〔一〕原無「曰」字，據阮刻本補。

葉公在蔡，方城之外皆曰：「可以入矣。」子高曰：「吾聞之，以險徼幸者，其求無饜，偏重必離。」聞其殺齊管脩也，而後入。

白公欲以子閭爲王，子閭不可，遂劫以兵。子閭曰：「王孫若安靖楚國，匡正王室，而後庇焉，啓之願也，敢不聽從？若將專利以傾王室，不顧楚國，有死不能。」遂殺之，而以王如高府。石乞尹門。圉公陽穴宫，負王以如昭夫人之宫。

葉公亦至，及北門，或遇之，曰：「君胡不胄？國人望君如望慈父母焉，盜賊之矢若傷君，是絶民望也，若之何不胄？」乃胄而進。又遇一人曰：「君胡胄？國人望君如望歲焉，日日以幾，若見君面，是得艾也。民知不死，其亦夫有奮心，猶將旌君以徇於國；而又掩面以絶民望，不亦甚乎！」乃免胄而進。遇箴尹固帥其屬，將與白公。子高曰：「微二子者，楚不國矣。棄德從賊，其可保乎？」乃從葉公。使與國人以攻白公，白公奔山而縊。其徒微之。生拘石乞而問白公之死焉，對曰：「余知其死所，而長者使余勿言。」曰：「不言，將烹。」乞曰：「此事克則爲卿，不克則烹，固其所也，何害？」乃烹石乞。王孫燕奔頯黄氏。

沈諸梁兼二事，國寧，乃使寧爲令尹，使寬爲司馬，而老於葉。

十七年。楚白公之亂，陳人恃其聚而侵楚。楚既寧，將取陳麥。楚子問帥於大師子穀與葉公諸梁，子穀曰：「右領差車與左史老皆相令尹、司馬以伐陳，其可使也。」子高曰：「率賤，民慢之，懼不用命焉。」子穀曰：「觀丁父，鄀俘也，武王以爲軍率，是以克州、蓼，服隨、唐，大啟群蠻。彭仲爽，申俘也，文王以爲令尹，實縣申、息，朝陳、蔡，封畛於汝。唯其任也，何賤之有？」子高曰：「天命不諂。令尹有憾於陳，天若亡之，其必令尹之子是與，君盍舍焉？臣懼右領與左史有二俘之賤而無其令德也。」王卜之，武城尹吉。使帥師取陳麥。陳人御之，敗，遂圍陳。秋七月己卯，楚公孫朝帥師滅陳。

王與葉公枚卜子良以爲令尹。沈尹朱曰：「吉。過於其志。」葉公曰：「王子而相國，過將何爲！」他日，改卜子國而使爲令尹。

十八年，巴人伐楚，圍鄾。初，右司馬子國之卜也，觀瞻曰：「如志。」故命之。及巴師至，將卜帥。王曰：「寧如志，何卜焉？」使帥師而行。請承，王曰：「寢尹、工尹，勤先君者也。」三月，楚公孫寧、吳由于、薳固敗巴師于鄾，故封子國於析。

君子曰：「惠王知志。夏書曰『官占唯能蔽志，昆命于元龜』，其是之謂乎！志曰『聖人不煩卜筮』，惠王其有焉。」

十九年秋，楚沈諸梁伐東夷，三夷男女及楚師盟于敖。

陳氏得齊之先聲

五年，齊燕姬生子，不成而死。諸子鬻姒之子荼嬖，諸大夫恐其爲大子也，言於公曰：「君之齒長矣，未有大子，若之何？」公曰：「二三子間於憂虞，則有疾疢，亦姑謀樂，何憂於無君？」公疾，使國惠子、高昭子立荼，寘群公子於萊。秋，齊景公卒。冬十月，公子嘉、公子駒、公子黔奔衛，公子鉏、公子陽生來奔。萊人歌之曰：「景公死乎不與埋，三軍之事乎不與謀。師乎師乎，何黨之乎？」

六年。齊陳乞僞事高、國者，每朝，必驂乘焉。所從，必言諸大夫曰：「彼皆偃蹇，將棄子之命。皆曰：『高、國得君，必偪我，盍去諸？』固將謀子，子早圖之！圖之，莫如盡滅之。需，事之下也。」及朝，則曰：「彼，虎狼也。見我在子之側，殺我無日矣，請就之位。」又謂諸大夫曰：「二子者禍矣，恃得君而欲謀二三子，曰：『國之多難，貴寵之由，盡去之而後君定。』既成謀矣，盍及其未作也，先諸？作而後，悔亦無及也。」大夫從之。

夏六月戊辰，陳乞、鮑牧及諸大夫以甲入于公宮。昭子聞之，與惠子乘如公。戰于莊，敗。國人追之，國夏奔莒，遂及高張、晏圉、弦施來奔。

八月，陳僖子使召公子陽生。陽生駕而見南郭且于，曰：「嘗獻馬於季孫，不入於上乘，故又獻此，請與子乘之。」出萊門而告之故。闞止知之，先待諸外。公子曰：「事未可知，反，與壬也處。」戒之，遂行。逮夜，至於齊，國人知之。僖子使子士之母養之，與饋者皆入。

冬十月丁卯，立之。將盟，鮑子醉而往。其臣差車鮑點曰：「此誰之命也？」陳子曰：「受命于鮑子。」遂誣鮑子曰：「子之命也！」鮑子曰：「女忘君之爲孺子牛而折其齒乎，而背之也？」悼公稽首，曰：「吾子，奉義而行者也。若我可，不必亡一大夫；若我不可，不必亡一公子。義則進，否則退，敢不唯子是從？廢興無以亂，則所願也。」鮑子曰：「誰非君之子？」乃受盟。使胡姬以安孺子如賴，去鬻姒，殺王甲，拘江說，囚王豹于句竇之丘。

公使朱毛告於陳子，曰：「微子，則不及此。然君異於器，不可以二。器二不匱，君二多難，敢布諸大夫。」僖子不對而泣，曰：「君舉不信群臣乎？以齊國之困，困又有憂，少君不可以訪，是以求長君，庶亦能容群臣乎！不然，夫孺子何罪？」毛復命，公悔之。毛曰：「君大訪於陳子，而圖其小可也。」使毛遷孺子於駘。不至，殺諸野幕之下，葬諸殳冒淳〔二〕。

〔二〕原無「葬諸殳冒淳」五字，據阮刻本補。

八年春。齊悼公之來也，季康子以其妹妻之，即位而逆之。季魴侯通焉，女言其情，弗敢與也。齊侯怒。夏五月，齊鮑牧帥師伐我，取讙及闡。

或譖胡姬於齊侯曰：「安孺子之黨也。」六月，齊侯殺胡姬。

齊侯使如吴請師，將以伐我，乃歸邾子。邾子又無道，吴子使大宰子餘討之，囚諸樓臺，栫之以棘。使諸大夫奉大子革以爲政。

秋，及齊平。九月，臧賓如如齊涖盟。齊閭丘明來涖盟，且逆季姬以歸，嬖。

鮑牧又謂群公子曰：「使女有馬千乘乎？」公子愬之。公謂鮑子：「或譖子，子姑居於潞以察之。若有之，則分室以行；若無之，則反子之所。」出門，使以三分之一行；半道，使以二乘。及潞，麇之以入，遂殺之。

冬十二月，齊人歸讙及闡，季姬嬖故也。

十年春，公會吴子、邾子、郯子伐齊南鄙，師于鄎。

齊人弑悼公，赴于師。吴子三日哭於軍門之外。徐承帥舟師將自海入齊，齊人敗之，吴師乃還。

十四年。齊簡公之在魯也，闞止有寵焉。及即位，使爲政。陳成子憚之，驟顧諸朝。諸御鞅言於公曰：「陳、闞不可並也，君其擇焉。」弗聽。

子我夕，陳逆殺人，逢之，遂執以入。陳氏方睦，使疾，而遺之潘沐，備酒肉焉，饗守囚者，醉而殺之，而逃。子我盟諸陳於陳宗。

初，陳豹欲爲子我臣，使公孫言己，已有喪而止，既，而言之，曰：「有陳豹者，長而上僂，望視，事君子必得志，欲爲子臣。吾憚其爲人也，故緩以告。」子我曰：「何害，是其在我也。」使爲臣。他日，與之言政，説，遂有寵，謂之曰：「我盡逐陳氏而立女，若何？」對曰：「我遠於陳氏矣。且其違者不過數人，何盡逐焉？」遂告陳氏。子行曰：「彼得君，弗先，必禍子。」子行舍於公宫。

夏五月壬申，成子兄弟四乘如公。子我在幄，出，逆之，遂入，閉門。侍人禦之，子行殺侍人。公與婦人飲酒于檀臺，成子遷諸寢。公執戈，將擊之。大史子餘曰：「非不利也，將除害也。」成子出舍于庫，聞公猶怒，將出，曰：「何所無君？」子行抽劍，曰：「需，事之賊也。誰非陳宗？所不殺子者，有如陳宗！」乃止。

子我歸，屬徒，攻闈與大門，皆不勝，乃出。陳氏追之，失道於弇中，適豐丘。豐丘人執之，以告，殺諸郭關。成子將殺大陸子方，陳逆請而免之。以公命取車於道，及耏，衆知而東之，出雍門，陳豹與之車，弗受，曰：「逆爲余請，豹與余車，余有私焉。事子我而有私於其讎，何以見魯、衛之士？」東郭賈奔衛。

庚辰，陳恒執公于舒州。公曰：「吾早從鞅之言，不及此。」

二十七年，晉荀瑶帥師伐鄭，次于桐丘。鄭駟弘請救于齊。齊師將興，陳成子屬孤子三日朝。設乘車兩馬，繫五邑焉。召顏涿聚之子晉，曰：「隰之役，而父死焉。以國之多難，未女恤也。今君命女以是邑也，服車而朝，毋廢前勞！」乃救鄭。及留舒，違穀七里，穀人不知。及濮，雨，不涉。子思曰：「大國在敝邑之宇下，是以告急。今師不行，恐無及也。」成子衣製、杖戈，立於阪上，馬不出者，助之鞭之。知伯聞之，乃還，曰：「我卜伐鄭，不卜敵齊。」使謂成子曰：「大夫陳子，陳之自出。陳之不祀，鄭之罪也，故寡君使瑶察陳衷焉，謂大夫其恤陳乎？若利本之顛，瑶何有焉？」成子怒曰：「多陵人者皆不在，知伯其能久乎！」

中行文子告成子曰：「有自晉師告寅者，將爲輕車千乘以壓齊師之門，則可盡也。」成子曰：「寡君命恒曰：『無及寡，無畏衆。』雖過千乘，敢辟之乎？將以子之命告寡君。」文子曰：「吾乃今知所以亡。君子之謀也，始、衷、終皆舉之，而後入焉。今我三不知而入之，不亦難乎？」

宋寵向魋與大尹之失

九年，鄭武子賸之嬖許瑕求邑，無以與之。請外取，許之。故圍宋雍丘。宋皇瑗圍鄭師，每日遷舍，壘合，鄭師哭。子姚救之，大敗。二月甲戌，宋取鄭師于雍丘，使有能者無死，以郲張與鄭羅歸。

晉趙鞅卜救鄭，遇水適火，占諸史趙、史墨、史龜。史龜曰：「『是謂沈陽，可以興兵，利以伐姜，不利子商〔一〕。』伐齊則可，敵宋不吉。」史墨曰：「盈，水名也；子，水位也。名位敵，不可干也。炎帝爲火師，姜姓其後也。水勝火，伐姜則可。」史趙曰：「是謂如川之滿，不可游也。鄭方有罪，不可救也。救鄭則不吉，不知其他。」陽虎以周易筮之，遇泰䷊之需䷄，曰：「宋方吉，不可與也。微子啟，帝乙之元子也。宋、鄭，甥舅也。祉，禄也。若帝乙之元〔二〕子歸妹而有吉禄，我安得吉焉？」乃止。

十一年冬，衛太叔疾出奔宋。初，疾娶于宋子朝，其娣嬖。子朝出。孔文子使疾出其妻，而妻之。疾使侍人誘其初妻之娣，寘於犂，而爲之一宮，如二妻。文子怒，欲攻之，仲

〔一〕「子商」，阮刻本作「於商」。
〔二〕原無「元」字，據阮刻本補。

尼止之。遂奪其妻。或淫于外州，外州人奪之軒以獻。耻是二者，故出。衛人立遺，使室孔姞。疾臣向魋，納美珠焉，與之城鉏。宋公求珠，魋不與，由是得罪。及桓氏出，城鉏人攻叔疾，衛莊公復之，使處巢，死焉。殯於鄖[一]，葬於少禘。

初，晉悼公子慭亡在衛，使其女僕而田，太叔懿子止而飲之酒，遂聘之，生悼子。悼子即位，故夏戊爲大夫。悼子亡，衛人翦夏戊。

孔文子之將攻大叔也，訪於仲尼。仲尼曰：「胡簋之事，則嘗學之矣；甲兵之事，未之聞也。」退，命駕而行，曰：「鳥則擇木，木豈能擇鳥？」文子遽[二]止之，曰：「圉豈敢度其私，訪衛國之難也。」將止，魯人以幣召之，乃歸。

十四年。宋桓魋之寵害於公，公使夫人驟請享焉，而將討之。未及，魋先謀公，請以鞌易薄。公曰：「不可。薄，宗邑也。」乃益鞌七邑，而請享公焉，以日中爲期，家備盡往。公知之，告皇野曰：「余長魋也，今將禍余，請即救。」司馬子仲曰：「有臣不順，神之所惡也，而況人乎？敢不承命。不得左師不可，請以君命召之。」左師每食，擊鐘。聞鐘聲，

[一] 原無「鄖」字，據阮刻本補。
[二] 「遽」，阮刻本作「遽」。

公曰：「夫子將食。」既食，又奏。公曰：「可矣。」以乘車往，曰：「迹人來告曰：『逢澤有介麇焉。』公曰：『雖魋未來，得左師，吾與之田，若何？』君憚告子。野曰：『嘗私焉。』君欲速，故以乘車逆子。」與之乘，至，公告之故，拜，不能起。司馬曰：「君與之言。」公曰：「所難子者，上有天，下有先君。」對曰：「魋之不共，宋之禍也，敢不唯命是聽。」司馬請瑞焉，以命其徒攻桓氏。其父兄故臣曰「不可」，其新臣曰「從吾君之命」。遂攻之。子頎騁而告桓司馬。司馬欲入，子車止之，曰：「不能事君，而又伐國，民不與也，祇取死焉。」向魋遂入于曹以叛。六月，使左師巢伐之，欲質大夫以入焉。不能，亦入于曹，取質。魋曰：「不可。既不能事君，又得罪于民，將若之何？」乃舍之。民遂叛之。向魋奔衛。向巢來奔，宋公使止之，曰：「寡人與子有言矣，不可以絶向氏之祀。」辭曰：「臣之罪大，盡滅桓氏可也。若以先臣之故，而使有後，君之惠也。若臣，則不可以入矣。」司馬牛致其邑與珪焉，而適齊。向魋出於衛地，公文氏攻之，求夏后氏之璜焉。與之他玉，而奔齊。陳成子使爲次卿，司馬牛又致其邑焉，而適吴。吴人惡之，而反。趙簡子召之，陳成子亦召之，卒於魯郭門之外，阬氏葬諸丘輿。

十七年，宋皇瑗之子麇有友曰田丙，而奪其兄酁般邑以與之。酁般愠而行，告桓司馬之臣子儀克。子儀克適宋，告夫人曰：「麇將納桓氏。」公問諸子仲。初，子仲將以杞姒之子非我爲子。麇曰：「必立伯也，是良材。」子仲怒，弗從，故對曰：「右師則老矣，不識麇也。」公執之。皇瑗奔晉，召之。

十八年春，宋殺皇瑗。公聞其情，復皇氏之族，使皇緩爲右師。

二十六年。宋景公無子，取公孫周之子得與啟畜諸公宫，未有立焉。於是皇緩爲右師，皇非我爲大司馬，皇懷爲司徒，靈不緩爲左師，樂茷爲司城，樂朱鉏爲大司寇，六卿〔二〕三族降聽政，因大尹以達。大尹常不告，而以其欲稱君命以令。國人惡之。司城欲去大尹，左師曰：「縱之，使盈其罪。重而無基，能無敝乎？」

冬十月，公游于空澤。辛巳，卒於連中。大尹興空澤之士千甲，奉公自空桐入如沃宫。使召六子，曰：「聞下有師，君請六子畫。」六子至，以甲劫之曰：「君有疾病，請二三子盟。」乃盟于少寢之庭，曰：「無爲公室不利！」大尹立啟，奉喪殯于大宫，三日而後國人知之。司城茷使宣言于國曰：「大尹惑蠱其君，而專其利，今君無疾而死，死又匿之，是無他矣，大尹之罪也。」

得夢啟北首而寢於盧門之外，己爲烏而集於其上，咮加於南門，尾加於桐門。曰：

〔二〕原無「六卿」二字，據阮刻本補。

「余夢美，必立。」

大尹謀曰：「我不在盟，無乃逐我，復盟之乎！」使祝爲載書。六子在唐盂，將盟之。祝襄以載書告皇非我，皇非我因子潞、門尹得、左師謀曰：「民與我，逐之乎！」皆歸授甲，使徇于國曰：「大尹惑蠱其君，以陵虐公室；與我者，救君者也。」衆曰：「與之！」大尹徇曰：「戴氏、皇氏將不利公室，與我者，無憂不富。」衆曰：「無別！」戴氏、皇氏欲伐公，樂得曰：「不可。彼以陵公有罪，我伐公，則甚焉。」使國人施于大尹，大尹奉啟以奔楚，乃立得。司城爲上卿，盟曰：「三族共政，無相害也！」

宋滅曹

經〔一〕・六年，宋向巢帥師伐曹。

傳〔二〕・七年，宋人圍曹，鄭桓子思曰：「宋人有曹，鄭之患也，不可以不救。」冬，鄭師救曹，侵宋。

〔一〕原無「經」字，整理者補。
〔二〕原無「傳」字，整理者補。

初，曹人或夢衆君子立于社宫，而謀亡曹。曹叔振鐸請待公孫彊，許之。旦而求之，曹無之。戒其子曰：「我死，爾聞公孫彊爲政，必去之。」及曹伯陽即位，好田弋。曹[一]鄙人公孫彊好弋，獲白雁，獻之，且言田弋之説，説之。因訪政事，大説之。有寵，使爲司城以聽政。夢者之子乃行。

彊言霸説於曹伯，曹伯從之，乃背晉而奸宋。宋人伐之，晉人不救，築五邑於其郊，曰黍丘、揖丘、大城、鐘、邗。

八年春，宋公伐曹將還，褚師子肥殿。曹人詬之，不行。師待之。公聞之，怒，命反之，遂滅曹。執曹伯及司城彊以歸，殺之。

衛父子爭國之亂

定十三年[二]。初，衛公叔文子朝，而請享靈公。退，見史鰌而告之。史鰌曰：「子必

[一] 作者原稿塗删「曹」字，今據阮刻本補。
[二] 原無「年」字，整理者補。

禍矣！子富而君貪，罪[一]其及子乎！」文子曰：「然。吾不先告子，是吾罪也。君既許我矣，其若之何？」史鰌曰：「無害。子臣，可以免。富而能臣，必免於難。上下同之。戍也驕，其亡乎！富而不驕者鮮，吾唯子之見。驕而不亡者，未之有也。戍必與焉。」及文子卒，衛侯始惡於公叔戍，以其富也。公叔戍又將去夫人之黨，夫人愬之曰：「戍將爲亂。」

定十四年春，衛侯逐公叔戍與其黨，故趙陽奔宋，戍來奔。

衛侯爲夫人南子召宋朝，會于洮。大子蒯聵獻盂于齊，過宋野。野人歌之曰：「既定爾婁豬，盍歸吾艾豭？」大子羞之，謂戲陽速曰：「從我而朝少君，少君見我，我顧，乃殺之。」速曰：「諾。」乃朝夫人。夫人見大子。大子三顧，速不進。夫人見其色，啼而走，曰：「蒯聵將殺余。」公執其手以登臺。大子奔宋。盡逐其黨，故公孟彄出奔鄭，自鄭奔齊。

大子告人曰：「戲陽速禍余。」戲陽速告人曰：「大子則禍余。大子無道，使余殺其母。余不許，將戕於余；若殺夫人，將以余説。余是故許而弗爲，以紓余死。諺曰『民保於信』，吾以信義也。」

〔一〕阮刻本無此「罪」字。

二年。初，衛侯遊于郊，子南僕。公曰：「余無子，將立女。」不對。他日又謂之，對曰：「郢不足以辱社稷，君其改圖。君夫人在堂，三揖在下，君命祇辱。」

夏，衛靈公卒。夫人曰：「命公子郢爲大子，君命也。」對曰：「郢異於他子，且君没於吾手，若有之，郢必聞之。且亡人之子輒在。」乃立輒。

六月乙酉，晉趙鞅納衛大子于戚。宵迷，陽虎曰：「右河而南，必至焉。」使大子絻，八人衰絰，僞自衛逆者。告於門，哭而入，遂居之。

十五年。衛孔圉取大子蒯聵之姊，生悝。孔氏之豎渾良夫長而美，孔文子卒，通於内。大子在戚，孔姬使之焉。大子與之言曰：「苟使我入獲國，服冕、乘軒，三死無與。」與之盟，爲請於伯姬。

閏月，良夫與大子入，舍於孔氏之外圃。昏，二人蒙衣而乘，寺人羅御，如孔氏。孔氏之老欒寧問之，稱姻妾以告，遂入，適伯姬氏。既食，孔伯姬〔一〕杖戈而先，大子與五人介，輿豭從之。迫孔悝於厠，强盟之，遂劫以登臺。欒寧將飲酒，炙未熟，聞亂，使告季子；召獲駕乘車，行爵食炙，奉衛侯輒來奔。

〔一〕原無「孔」字，據阮刻本補。

季子將入，遇子羔將出，曰：「門已閉矣。」季子曰：「吾姑至焉。」子羔曰：「弗及，不踐其難！」季子曰：「食焉，不辟其難。」子羔遂出，子路入。及門，公孫敢門焉，曰：「無入爲也。」季子曰：「是公孫也，求利焉，而逃其難。由不然，利其禄，必救其患。」有使〔一〕者〔二〕出，乃入，曰：「大子焉用孔悝？雖殺之，必或繼之。」且曰：「大子無勇，若燔臺，半，必舍孔叔。」大子聞之，懼，下石乞、盂黶敵子路，以戈擊之，斷纓。子路曰：「君子死，冠不免。」結纓而死。孔子聞衛亂，曰：「柴也其來，由也死矣。」

孔悝立莊公。莊公害故政，欲盡去之，先謂司徒瞞成曰：「寡人離病於外久矣，子請亦嘗之。」歸告褚師比，欲與之伐公，不果。

十六年春，瞞成、褚師比出奔宋。

衛侯使鄢武子告于周曰：「蒯聵得罪于君父、君母，逋竄于晉。晉以王室之故，不棄兄弟，寘諸河上。天誘其衷，獲嗣守封焉，使下臣肸敢告執事。」王使單平公對曰：「肸以嘉命來告余一人，往謂叔父：余嘉乃成世，復爾禄次。敬之哉！方天之休。勿敬勿

〔一〕「使」，阮刻本作「死」。

〔二〕原無「者」字，據阮刻本補。

休〔二〕，悔其可追？」

六月，衛侯飲孔悝酒於平陽，重酬之。大夫皆有納焉。醉而送之，夜半而遣之。載伯姬於平陽而行，及西門，使貳車反祏於西圃。子伯季子初爲孔氏臣，新登于公，請追之，遇載祏者，殺而乘其車。許公爲反祏，遇之，曰：「與不仁人爭明，無不勝。」必使先射，射三發，皆遠許爲。許爲射之，殪。或以其車從，得祏於橐中。孔悝出奔宋。

衛侯占夢，嬖人求酒於大叔僖子，不得，與卜人比，而告公曰：「君有大臣在西南隅，弗去，懼害。」乃逐大叔遺。遺奔晉。

衛侯謂渾良夫曰：「吾繼先君而不得其器，若之何？」良夫代執火者而言，曰：「疾與亡君，皆君之子也，召之而擇材焉可也。若不材，器可得也。」豎告大子。大子使五人輿豭從己，劫公而强盟之，且請殺良夫。公曰：「其盟免三死。」曰：「請三之後有罪殺之。」公曰：「諾哉！」

十七年春，衛侯爲虎幄於藉圃，成，求令名者而與之始食焉。大子請使良夫。良夫乘衷甸兩牡，紫衣狐裘。至，袒裘，不釋劍而食。大子使牽以退，數之以三罪而殺之。

〔二〕「勿敬勿休」，阮刻本作「弗敬弗休」。

晉趙鞅使告于衛，曰：「君之在晉也，志父爲主。請君若大子來，以免志父。不然，寡君其曰志父之爲也。」衛侯辭以難，大子又使椓之。

夏六月，趙鞅圍衛。齊國觀、陳瓘救衛，得晉人之致師者。子玉使服而見之，曰：「國子實執齊柄，而命瓘曰『勿〔一〕辟晉師』，豈敢廢命？子又何辱？」簡子曰：「我卜伐衛，未卜與齊戰。」乃還。

衛侯夢于北宮，見人登昆吾之觀，被髮北面而譟曰：「登此昆吾之虚，緜緜生之瓜。余爲渾良夫，叫天無辜。」公親筮之，胥彌赦占之，曰：「不害。」與之邑，寘之而逃，奔宋。衛侯貞卜，其繇曰：「如魚竀尾，衡流而方羊。裔焉大國，滅之，將亡。闔門塞竇，乃自後踰。」

冬十月，晉復伐衛，入其郛，將入城。簡子曰：「止。叔向有言曰：『怙亂滅國者無後。』」衛人出莊公而與晉平。晉立襄公之孫般師而還。

十一月，衛侯自鄄入，般師出。初，公登城以望，見戎州。問之，以告。公曰：「我，姬姓也，何戎之有焉？」翦之。公使匠久。公欲逐石圃，未及而難作。辛巳，石圃因匠氏

〔一〕「勿」，阮刻本作「無」。

攻公。公闔門而請，弗許。踰于北方而隊，折股。戎州人攻之，大子疾、公子青踰從公，戎州人殺之。公入于戎州己氏。初，公自城上見己氏之妻髮美，使髡之，以爲呂姜髢。既入焉，而示之璧，曰：「活我，吾與女璧。」己氏曰：「殺女，璧其焉往？」遂殺之，而取其璧。衛人復公孫般師而立之。十二月，齊人伐衛，衛人請平，立公子起，執般師以歸，舍諸潞。

十八年夏，衛石圃逐其君起，起奔齊。衛侯輒自齊復歸，逐石圃，而復石魋與大叔遺。

二十五年夏五月庚辰，衛侯出奔宋。

衛侯爲靈臺于藉圃，與諸大夫飲酒焉，褚師聲子韈而登席，公怒。辭曰：「臣有疾，異於人；若見之，君將嗀之，是以不敢。」公愈怒。大夫辭之，不可。褚師出，公戟其手，曰：「必斷而足！」聞之。褚師與司寇亥乘，曰：「今日幸而後亡。」

公之入也，奪南氏邑，而奪司寇亥政。公使侍人納公文懿子之車于池。初，衛人翦夏丁氏，以其帑賜彭封彌子。彌子飲公酒，納夏戊之女，嬖，以爲夫人。其弟期，大叔疾之從孫甥也，少畜於公，以爲司徒。夫人寵衰，期得罪。公使三匠久。公使優狡盟拳彌，而甚近信之。故褚師比、公孫彌牟、公文要、司寇亥、司徒期因三匠與拳彌以作亂，皆執利兵，無者執斤。使拳彌入于公宮，而自大子疾之宮譟以攻公。鄄子士請禦之，彌援其手，曰：

「子則勇矣，將若君何？不見先君乎？君何所不逞欲？且君嘗在外矣，豈必不反？當今不可，衆怒難犯。休而易間也。」乃出。將適蒲，彌曰：「晉無信，不可。」將適鄄，彌曰：「齊、晉爭我，不可。」將適泠，彌曰：「魯不足與。請適城鉏，以鉤越。越有君。」乃適城鉏。彌曰：「衛盜不可知也，請速，自我始。」乃載寶以歸。

公爲支離之卒，因祝史揮以侵衛。衛人病之。懿子知之，見子之，請逐揮。文子曰：「無罪。」懿子曰：「彼好專〔一〕利而妄，夫見君之入也，將先道焉。若逐之，必出於南門，而適君所。夫越新得諸侯，將必請師焉。」揮在朝，使吏遣諸其室。揮出，信，弗内。五日，乃館諸外里，遂有寵，使如越請師。

二十六年夏五月，叔孫舒帥師會越皋如、后庸、宋樂茷納衛侯。文子欲納之，懿子曰：「君愎而虐，少待之，必毒於民，乃睦於子矣。」衛〔二〕師侵外州，大獲。出禦之，大敗。掘褚師〔三〕定子之墓，焚之于平莊之上。

文子使王孫齊私於皋如，曰：「子將大滅衛乎？抑納君而已乎？」皋如曰：「寡君

〔一〕原稿爲「專好」，據阮刻本乙正。
〔二〕阮刻本無此「衛」字。
〔三〕原無「師」字，據阮刻本補。

之命無他，納衛君而已。」文子致衆而問焉，曰：「君以蠻夷伐國，國幾亡矣，請納之。」衆曰：「勿納。」曰：「彌牟亡而有益，請自北門出。」衆曰：「勿出。」重賂越人，申開、守陴而納公，公不敢入。師還。立悼公，南氏相之。以城鉏與越人。公曰：「期則爲此。」令苟有怨於夫人者報之。司徒期聘於越，公攻而奪之幣。期告王，王命取之，期以衆取之。公怒，殺期之甥之爲大子者，遂卒于越。

衛出公自城鉏使以弓問子贛，且曰：「吾其入乎？」子贛稽首受弓，對曰：「臣不識也。」私於使者曰：「昔成公孫於陳，甯武子、孫莊子爲宛濮之盟而君入。獻公孫於齊，子鮮、子展爲夷儀之盟而君入。今君再在孫矣，内不聞獻之親，外不聞成之卿，則賜不識所由入也。詩曰：『無競惟人，四方其訓〔一〕之。』若得其人，四方以爲主，而國於何有？」

吴越爭雄之結局

定十四年，吴伐越，越子句踐禦之，陳于檇李。句踐患吴之整也，使死士再禽焉，不動。使罪人三行，屬劍於頸，而辭曰：「二君有治，臣奸旗鼓。不敏於君之行前，不敢逃

〔一〕「訓」，阮刻本作「順」。

刑，敢歸死。」遂自剄也。師屬之目，越子因而伐之，大敗之。靈沽浮[一]以戈擊闔廬，闔廬傷將指，取其一屨。還，卒於陘，去檇李七里。

夫差使人立於庭，苟出入，必謂己曰：「夫差！而忘越王之殺而父乎？」則對曰：「唯。不敢忘！」三年，乃報越。

元年春，吳王夫差敗越于夫椒，報檇李也。遂入越。越子以甲楯五千保于會稽，使大夫種因吳太宰嚭以求[二]成，吳子將許之。伍員曰：「不可。臣聞之：『樹德莫如滋，去疾莫如盡。』昔有過澆殺斟灌以伐斟鄩，滅夏后相，后婚方娠，逃出自竇，歸于有仍，生少康焉。爲仍牧正。惎澆能戒之。澆使椒求之，逃奔有虞，爲之庖正，以除其害。虞思於是妻之以二姚，而邑諸綸，有田一成，有衆一旅。能布其德，而兆其謀[三]，以收夏衆，撫其官職；使女艾諜澆，使季杼誘豷[四]。遂滅過、戈，復禹之績，祀夏配天，不失舊物。今吳不如過，而越大於少康，或將豐之，不亦難乎！句踐能親而務施，施不失人，親不棄勞。與我

〔一〕「靈沽浮」，阮刻本作「靈姑浮」。
〔二〕「求」，阮刻本作「行」。
〔三〕原無「能布其德，而兆其謀」八字，據阮刻本補。
〔四〕「殪」，阮刻本作「豷」。

同壤，而世爲仇讎。於是乎克而弗取，將又存之，違天而長寇讎，後雖悔之，不可食已。姬之衰也，日可俟也。介在蠻夷，而長寇讎，以是求伯，必不行矣。」弗聽。退而告人曰：「越十年生聚，而十年教訓，二十年之外，吳其爲沼乎！」三月，越及吳平。

吳語·吳王夫差起師伐越，越王句踐起師逆之。大夫種乃獻謀曰：「夫吳之與越，唯天所授，王其無庸戰。夫申胥、華登簡服吳王〔一〕之士於甲兵，而未嘗有所挫也。夫一人善射，百夫決拾，勝未可成也。夫謀必素見成事焉，而後履之，不可以授命。王不如設戎，約辭行成，以喜其民，以廣侈吳王之心。吾以卜之於天，天若棄吳，必許吾成而不吾足也，將必寬然有伯諸侯之心焉。既罷弊其民，而天奪之食，安受其燼，乃無有命矣。」

越王許諾，乃命諸稽郢行成於吳，曰：

「寡君句踐使下臣郢不敢顯然布幣行禮，敢私告於下執事曰：昔者越國見禍，得罪於天王。天王親趨玉趾，以心孤句踐，而又宥赦之。君王之於越也，繄起死人而肉白骨也。孤不敢忘天災，其敢忘君王之大賜乎！今句踐申禍無良，草鄙之人，敢忘天王之大德，而思邊垂之小怨，以重得罪於下執事？句踐用帥二三之老，親委重罪，頓顙於邊。

〔一〕「王」，徐元誥國語集解作「國」。

「今君王不察，盛怒屬兵，將殘伐越國。越國固貢獻之邑也，君王不以鞭箠使之，而辱軍士使寇令焉。句踐請盟：一介嫡女，執箕帚以晐姓於王宫；一介嫡男，奉槃匜以隨諸御；春秋貢獻，不解於王府。天王豈辱裁之？亦征諸侯之禮也。

「夫諺曰：『狐埋之而狐搰之，是以無成功。』今天王既封殖越國，以明聞於天下，而又刈亡之，是天王之無成勞也。雖四方之諸侯，則何實以事吴？敢使下臣盡辭，唯天王秉利度義焉！」

吴王夫差乃告諸大夫曰：「孤將有大志於齊，吾將許越成，而無拂吾慮。若越既改，吾又何求？若其不改，反行，吾振旅焉。」

申胥諫曰：「不可許也。夫越非實忠心好吴也，又非懾畏吾兵甲之彊也。大夫種勇而善謀，將還玩吴國於股掌之上，以得其志。夫固知君王之蓋威以好勝也，故婉約其辭，以從逸王志，使淫樂於諸夏之國，以自傷也。使吾甲兵鈍獘，民人離落，而日以憔悴，然後安受其〔二〕燼。夫越王好信以愛民，四方歸之，年穀時熟，日長炎炎。及吾猶可以戰也，爲虺弗摧，爲蛇將若何？」

〔二〕「其」，徐元誥國語集解作「吾」。

吴王曰：「大夫奚隆於越，越曾足以爲大虞乎？若無越，則吾何以春秋曜吾軍士？」乃許之成。

將盟，越王又使諸稽郢辭曰：「以盟爲有益乎？前盟口血未乾，足以結信矣。以盟爲無益乎？君王舍甲兵之威以臨使之，而胡重於鬼神而自輕也？」吴王乃許之，荒成不盟。

傳・九年秋，吴城邗，溝通江、淮。

十一年，吴將伐齊，越子率其衆以朝焉，王及列士皆有饋賂。吴人皆喜，唯子胥懼，曰：「是豢吴也夫！」諫曰：「越在我，心腹之疾也。壤地同，而有欲於我。夫其柔服，求濟其欲也，不如早從事焉。得志於齊，猶獲石田也，無所用之。越不爲沼，吴其泯矣。使醫除疾，而曰：『必遺類焉』者，未之有也。盤庚之誥曰：『其有顛越不共，則劓殄無遺育，無俾易種于兹邑。』是商所以興也。今君易之，將以求大，不亦難乎！」弗聽。使於齊，屬其子於鮑氏，爲王孫氏。反役，王聞之，使賜之屬鏤以死。將死，曰：「樹吾墓檟，檟可材也。吴其亡乎！三年，其始弱矣。盈而〔一〕毁，天之道也。」

〔一〕「而」，阮刻本作「必」。

十二年，公會吴于橐皋，吴子使大宰嚭請尋盟。公不欲，使子貢對曰：「盟，所以周信也，故心以制之，玉帛以奉之，言以結之，明神以要之。寡君以爲苟有盟焉，弗可改也已。若猶可改，日盟何益？今吾子曰『必尋盟』，若可尋也，亦可寒也。」乃不尋盟。吴徵會於衛。初，衛人殺吴行人且姚而懼，謀於行人子羽。子羽曰：「吴方無道，無乃辱吾君，不如止也。」子木曰：「吴方無道，國無道，必棄疾於人。吴雖無道，猶足以患衛。往也！長木之斃，無不摽也，國狗之瘈，無不噬也，而況大國乎！」

秋，衛侯會吴于鄖。公及衛侯、宋皇瑗盟，而卒辭吴盟。吴人藩衛侯之舍。子服景伯謂子貢曰：「夫諸侯之會，事既畢矣，侯伯致禮，地主歸餼，以相辭也。今吴不行禮於衛，而藩其君舍以難之，子盍見大宰？」乃請束錦以行。語及衛故，大宰嚭曰：「寡君願事衛君，衛君之來也緩，寡君懼，故將止之。」子貢曰：「衛君之來，必謀於其衆，其衆或欲或否，是以緩來。其欲來者，子之黨也；其不欲來者，子之讎也。若執衛君，是墮黨而崇讎也，夫墮子者得其志矣。且合諸侯而執衛君，誰敢不懼？墮黨、崇讎，而懼諸侯，或者難以霸乎！」大宰嚭説，乃舍衛侯。衛侯歸，效夷言。子之尚幼，曰：「君必不免，其死於夷乎！執焉而又説其言，從之固矣。」

十三年六月丙子，越子伐吴，爲二隧，疇無餘、謳陽自南方，先及郊。吴大子友、王子地、王孫彌庸、壽於姚自泓上觀之。彌庸見姑蔑之旗，曰：「吾父之旗也。不可以見讎而弗殺也。」大子曰：「戰而不克，將亡國，請待之。」彌庸不可，屬徒五千，王子地助之。乙酉，戰，彌庸獲疇無餘，地獲謳陽。越子至，王子地守。丙戌，復戰，大敗吳師，獲大子友、王孫彌庸、壽於姚。丁亥，入吳。吳人告敗于王，王惡其聞也，自剄七人於幕下。

秋七月辛丑盟，吳、晉爭先。吳人曰：「於周室，我爲長。」晉人曰：「於姬姓，我爲伯。」趙鞅呼司馬寅曰：「日旰矣，大事未成，二臣之罪也。建鼓整列，二臣死之，長幼必可知也。」對曰：「請姑視之。」反，曰：「肉食者無墨。今吳王有墨，國勝乎？大子死乎？且夷德輕，不忍久，請少待之。」乃先晉人。

王欲伐宋，殺其丈夫而囚其婦人。大宰嚭曰：「可勝也，而弗能居也。」乃歸。

冬，吳及越平。

十七年三月，越子伐吳。吳子禦之笠澤，夾水而陳。越子爲左右句卒，使夜或左或右，鼓譟而進；吳師分以禦之。越子以三軍潛涉，當吳中軍而鼓之，吳師大亂，遂敗之。

二十年，吳公子慶忌驟諫吳子，曰：「不改，必亡。」弗聽。出居于艾，遂適楚。聞越將伐吳，冬，請歸平越，遂歸。欲除不忠者以說于越，吳人殺之。

十一月，越圍吳。趙孟降於喪食。楚隆曰：「三年之喪，親暱之極也，主又降之，無乃有故乎？」趙孟曰：「黄池之役，先主與吴王有質，曰：『好惡同之。』今越圍吴，嗣子不廢舊業而敵之，非晉之所能及也，吾是以爲降。」楚隆曰：「若使吴王知之，若何？」趙孟曰：「可乎？」隆曰：「請嘗之。」乃往，先造于越軍，曰：「吴犯間上國多矣，聞君親討焉，諸夏之人莫不欣喜，唯恐君志之不從，請入視之。」許之。告于吴王曰：「寡君之老無恤使陪臣隆，敢展謝其不共。黄池之役，君之先臣志父得承齊盟，曰：『好惡同之。』今君在難，無恤不敢憚勞，非晉國之所能及也，使陪臣敢展布之。」王拜稽首曰：「寡人不佞，不能事越，以爲大夫憂，拜命之辱。」與之一簞珠，使問趙孟，曰：「句踐將生憂寡人，寡人死之不得矣。」王曰：「溺人必笑，吾將有問也。史黯何以得爲君子？」對曰：「黯也進不見惡，退無謗言。」王曰：「宜哉！」

二十二年冬十一月丁卯，越滅吴，請使吴王居甬東。辭曰：「孤老矣，焉能事君？」乃縊。越人以歸。

越語・四年，王召范蠡而問焉，曰：「先人就世，不穀即位。吾年既少，未有恒常，出則禽荒，入則酒荒。吾百姓之不圖，唯舟與車。上天降禍於越，委制於吴。吴人之那不穀，亦又甚焉。吾欲與子謀之，其可乎？」范蠡〔一〕對曰：「未可也。蠡聞之，上帝不考，時反是守，彊索者不祥。得時不成，反受其殃。失德滅名，流走死亡。有奪，有予，有不予，王無蚤圖。夫吳，君王之吳也，王若蚤圖之，其事又將未可知也。」王曰：「諾。」

又一年，王召范蠡而問焉，曰：「吾與子謀吳，子曰：『未可也』。今吳王淫於樂而忘其百姓，亂民功，逆天時；信讒喜優，憎輔遠弼，聖人不出，忠臣解骨；皆曲相御，莫適相非，上下相偷。其可乎？」對曰：「人事至矣，天應未也，王姑待之。」王曰：「諾。」

又一年，王召范蠡而問焉，曰：「吾與子謀吳，子曰：『未可也。』今申胥驟諫其王，王怒而殺之，其可乎？」對曰：「逆節萌生。天地未形，而先爲之征，其事是以不成，雜受其刑。王姑待之。」王曰：「諾。」

又一年，王召范蠡而問焉，曰：「吾與子謀吳，子曰：『未可也。』今其稻蟹不遺種，其可乎？」對曰：「天應至矣，人事未盡也，王姑待之。」王怒曰：「道固然乎，妄其欺不穀邪？吾與子言人事，子應我以天時；今天應至矣，子應我以人事。何也？」范蠡對曰：「王姑勿怪。夫人事必將與天地相參，然後乃可以成功。今其禍新民恐，其君臣上

〔一〕徐元誥國語集解無「范蠡」二字。

下，皆知其資財之不足以支長久也，彼將同其力，致其死，猶尚殆。王其且馳騁弋獵，無至禽荒；宮中之樂，無至酒荒；肆與大夫觴飲，無忘國常。彼其上將薄其德，民將盡其力，又使之望而不得食，乃可以致天地之殛。王姑待之。」

至於玄月，王召范蠡而問焉，曰：「諺有之曰〔二〕：『觥飯不及壺飧。』今歲晚矣，子將奈何？」對曰：「微君王之言，臣故將謁之。臣聞從時者，猶救火、追亡人也，蹶而趨之，惟恐弗及。」王曰：「諾。」遂興師伐吳，至於五湖。

吳人聞之，出而挑戰，一日五反。王弗忍，欲許之。范蠡進諫曰：「夫謀之廊廟，失之中原，其可乎？王姑勿許也。臣聞之，得時無怠，時不再來，天予不取，反爲之災。贏縮轉化，後將悔之。天節固然，惟謀不遷。」王曰：「諾。」弗許。

范蠡曰：「臣聞古之善用兵者，贏縮以爲常，四時以爲紀，無過天極，究數而止。天道皇皇，日月以爲常，明者以爲法，微者則是行。陽至而陰，陰至而陽；日困而還，月盈而匡。古之善用兵者，因天地之常，與之俱行。後則用陰，先則用陽；近則用柔，遠則用剛。後無陰蔽，先無陽察，用人無藝，往從其所。剛彊以禦，陽節不盡，不死其野。彼來從

〔二〕原無「曰」字，據徐元誥國語集解補。

我，固守勿與。若將與之，必因天地之災，又觀其民之饑飽勞逸以參之。盡其陽節、盈吾陰節而奪之利。宜爲人客，剛彊而力疾；陽節不盡，輕而不可取。宜爲人主，安徐而重固；陰節不盡，柔而不可迫。凡陳之道，設右以爲牝，益左以爲牡，蚤晏無失，必順天道，周旋無究。今其來也，剛彊而力疾，王姑待之。」王曰：「諾。」弗與戰。

居軍三年，吴師自潰。吴王帥其賢良，與其重禄，以上姑蘇。使王孫雒行成於越，曰：「昔者上天降禍於吴，得罪於會稽。今君王其圖不穀，不穀請復會稽之和。」王弗忍，欲許之。范蠡進諫曰：「臣聞之，聖人之功，時爲之庸。得時不成，天有還形。天節不遠，五年復反，小凶則近，大凶則遠。先人有言曰：『伐柯者其則不遠。』今君王不斷，其忘會稽之事乎？」王曰：「諾。」不許。

使者往而復來，辭愈卑，禮愈尊，王又欲許之。范蠡諫曰：「孰使我蚤朝而晏罷者，非吴乎？與我爭三江、五湖之利者，非吴耶？夫十年謀之，一朝而棄之，其可乎？王姑勿許，其事將易冀已。」王曰：「吾欲勿許，而難對其使者，子其對之。」范蠡乃左提鼓，右援枹，以應使者，曰：「昔者上天降禍於越，委制於吴，而吴不受。今將反此義以報此禍，吾王敢無聽天之命，而聽君王之命乎？」王孫雒曰：「子范子，先人有言曰：『無助天爲虐，助天爲虐者不祥。』今吴稻蟹不遺種，子將助天爲虐，不忌其不祥乎？」范蠡曰：「王孫子，昔吾先君固周室之不成子也，故濱於東海之陂，黿鼉魚鱉之與處，而鼃黽之與同渚。余雖靦然而人面哉，吾猶禽獸也，又安知是諓諓者乎？」王孫雒曰：「子范子將助天爲虐，助天爲虐不祥。雒請反辭於王。」范蠡曰：「君王已委制於執事之人矣。子往矣，無使執事之人得罪於子。」

使者辭反。范蠡不報於王，擊鼓興師以隨使者，至於姑蘇之宮，不傷越民，遂滅吴。反至五湖，范蠡辭於王曰：「君王勉之，臣不復入越國矣。」王曰：「不穀疑子之所謂者何也？」對曰：「臣聞之，爲人臣者，君憂臣勞，君辱臣死。昔者君王辱於會稽，臣所以不死者，爲此事也。今事已濟矣，蠡請從會稽之罰。」王曰：「所不掩子之惡，揚子之美者，使其身無終没於越國。子聽吾言，與子分國。不聽吾言，身死，妻子爲戮。」范蠡對曰：「臣聞命矣。君行制，臣行意。」遂乘輕舟以浮於五湖，莫知其所終極。

王命金工以良金寫范蠡之狀而朝禮之，浹日而令大夫朝之，環會稽三百里者以爲范蠡地，曰：「後世子孫，有敢侵蠡之地者，使無終没於越國，皇天后土、四鄉地主正之。」

晉范、中行之亡及趙、魏、韓之成功

昭二十九年冬[一]，晉趙鞅、荀寅帥師城汝濱，遂賦晉國一鼓鐵，以鑄刑鼎，著范宣子所爲刑書焉。

仲尼曰：「晉其亡乎！失其度矣。夫晉國將守唐叔之所受法度，以經緯其民，卿大夫以序守之。民是以能尊其貴，貴是以能守其業。貴賤不愆，所謂度也。文公是以作執秩之官，爲被廬之法，以爲盟主。今棄是度也，而爲刑鼎，民在鼎矣，何以尊貴？貴何業之守？貴賤無序，何以爲國？且夫宣子之刑，夷之蒐也，晉國之亂制也，若之何以爲法？」蔡史墨曰：「范氏、中行氏其亡乎！中行寅爲下卿，而干上令，擅作刑器，以爲國法，是法姦也。又加范氏焉，易之，亡也。其及趙氏，趙孟與焉。然不得已，若德，可以免。」

定十三年，晉趙鞅謂邯鄲午曰：「歸我衛貢五百家，吾舍諸晉陽。」午許諾。歸告其父兄，父兄皆曰：「不可。衛是以爲邯鄲，而寘諸晉陽，絶衛之道也。不如侵齊而謀之。」乃如之，而歸之于晉陽。趙孟怒，召午，而囚諸晉陽，使其從者説劍而入，涉賓不可。乃使告邯鄲人曰：「吾私有討於午也，二三子唯所欲立。」遂殺午。趙稷、涉賓以邯鄲叛。夏

[一] 原無「冬」字，據阮刻本補。

六月，上軍司馬籍秦圍邯鄲。邯鄲午，荀寅之甥也；荀寅，范吉射之姻也，而相與睦，故不與圍邯鄲，將作亂。董安于聞之，告趙孟，曰：「先備諸？」趙孟曰：「晉國有命，始禍者死，爲後可也。」安于曰：「與其害於民，寧我獨死。請以我說。」趙孟不可。秋七月，范氏、中行氏伐趙氏之宮，趙鞅奔晉陽，晉人圍之。

范皋夷無寵於范吉射，而欲爲亂於范氏。梁嬰父嬖於知文子，文子欲以爲卿。韓簡子與中行文子相惡，魏襄子亦與范昭子相惡。故五子謀，將逐荀寅，而以梁嬰父代之；逐范吉射，而以范皋夷代之。荀躒言於晉侯曰：「君命大臣，始禍者死，載書在河。今三臣始禍，而獨逐鞅，刑已不鈞矣。請皆逐之。」冬十一月，荀躒、韓不信、魏曼多奉公以伐范氏、中行氏，弗克。

二子將伐公。齊高彊曰：「三折肱知爲良醫。唯伐君爲不可，民弗與也。我以伐君在此矣。三家未睦，可盡克也。克之，君將誰與？若先伐君，是使睦也。」弗聽，遂伐公。國人助公，二子敗，從而伐之。丁未，荀寅、士吉射奔朝歌。

韓、魏以趙氏爲請。十〔二〕二月辛未，趙鞅入于絳，盟于公宮。

〔二〕原無「十」字，據阮刻本補。

定十四年。梁嬰父惡董安于，謂知文子曰：「不殺安于，使終爲政於趙氏，趙氏必得晉國，盍以其先發難也討於趙氏？」文子使告於趙孟曰：「范、中行氏雖信爲亂，安于則發之，是安于與謀亂也。晉國有命，始禍者死。二子既伏其罪矣，敢以告。」趙孟患之。安于曰：「我死而晉國寧，趙氏定，將焉用生？人誰不死，吾死莫矣。」乃縊而死。趙孟尸諸市，而告於知氏曰：「主命戮罪人安于，既伏其罪矣，敢以告。」知伯從趙孟盟，而後趙氏定，祀安于於廟。

冬十二月，晉人敗范、中行氏〔一〕之師於潞，獲籍秦、高彊。又敗鄭師及范氏之師于百泉。

元年秋八月，齊侯、衛侯會于乾侯，救范氏也。師及齊師、衛孔圉、鮮虞人伐晉，取棘蒲。

二年秋八月，齊人輸范氏粟，鄭子姚、子般送之。士吉射逆之，趙鞅禦之，遇於戚。陽虎曰：「吾車少，以兵車之旆與罕、駟兵車先陳。罕、駟自後隨而從之，彼見吾貌，必有懼心，於是乎會之，必大敗之。」從之。卜戰，龜焦。樂丁曰：「詩曰：『爰始爰謀，爰契我

〔一〕原無「氏」字，據阮刻本補。

龜。』謀協，以故兆詢可也。」簡子誓曰：「范氏、中行氏反易天明，斬艾百姓，欲擅晉國而滅其君。寡君恃鄭而保焉。今鄭爲不道，棄君助臣，二三子順天明，從君命，經德義，除詬恥，在此行也。克敵者，上大夫受縣，下大夫受郡，士田十萬，庶人、工、商遂，人臣隸圉免。志父無罪，君實圖之！若其有罪，絞縊以戮，桐棺三寸，不設屬辟，素車、樸馬，無入于兆，下卿之罰也。」

甲戌，將戰，郵無恤御簡子，衛太子爲右。登鐵上，望見鄭師衆，大子懼，自投于車下。子良授大子綏，而乘之，曰：「婦人也。」簡子巡列，曰：「畢萬，匹夫也，七戰皆獲，有馬百乘，死於牖下。群子勉之！死不在寇。」繁羽御趙羅，宋勇爲右。羅無勇，麇之。吏詰之，御對曰：「痁作而伏。」衛大子禱曰：「曾孫蒯聵敢昭告皇祖文王、烈祖康叔、文祖襄公：鄭勝亂從，晉午在難，不能治亂，使鞅討之。蒯聵不敢自佚，備持矛焉。敢告無絶筋，無折骨，無面傷，以集大事，無作三祖羞。大命不敢請，佩玉不敢愛。」

鄭人擊簡子中肩，斃于車中，獲其蠭旗。大子救之以戈。鄭師北，獲温大夫趙羅。大子復伐之，鄭師大敗，獲齊粟千車。趙孟喜曰：「可矣。」傅傁曰：「雖克鄭，猶有知在，憂未艾也。」

初，周人與范氏田，公孫尨税焉，趙氏得而獻之。吏請殺之。趙孟曰：「爲其主也，何罪？」止而與之田。及鐵之戰，以徒五百人宵攻鄭師，取蠭旗於子姚之幕下，獻，曰：「請報主德。」追鄭師，姚、般、公孫林殿而射，前列多死。趙孟曰：「國無小。」既戰，簡子曰：「吾伏弢嘔血，鼓音不衰，今日我上也。」大子曰：「吾救主於車，退敵於下，我，右之上也。」郵良曰：「我兩靷將絶，吾能止之，我，御之上也。」駕而乘材，兩靷皆絶。

三年冬十月，晉趙鞅圍朝歌，師于其南，荀寅伐其郛，使其徒自北門入，己犯師而出。癸丑，奔邯鄲。

十一月，趙鞅殺士皋夷，惡范氏也。

四年秋七月，齊陳乞、弦施，衛甯跪救范氏。庚午，圍五鹿。九月，趙鞅圍邯鄲。冬十一月，邯鄲降。荀寅奔鮮虞，趙稷奔臨。十二月，弦施逆之，遂墮臨。國夏伐晉，取邢、任、欒、鄗、逆時、陰人、盂、壺口。會鮮虞，納荀寅于柏人。

五年春，晉圍柏人，荀寅、士吉射奔齊。

初，范氏之臣王生惡張柳朔，言諸昭子，使爲柏人。昭子曰：「夫非而讎乎？」對曰：「私讎不及公，好不廢過，惡不去善，義之經也，臣敢違之？」及范氏出，張柳朔謂其子：「爾從主，勉之！我將止死，主生授我矣，吾不可以僭之。」遂死於柏人。

二十三年夏六月，晉荀瑶伐齊，高無丕帥師禦之。知伯視齊師，馬駭，遂驅之，曰：

「齊人知余旗，其謂余畏而反也。」及壘而還。

將戰，長武子請卜。知伯曰：「君告於天子，而卜之以守龜於宗祧，吉矣，吾又何卜焉？且齊人取我英丘，君命瑶，非敢耀武也，治英丘也。以辭伐罪足矣，何必卜？」

壬辰，戰于犁丘，齊師敗績。知伯親禽顔庚。

悼之四年，晉荀瑶帥師圍鄭，未至，鄭駟弘曰：「知伯愎而好勝，早下之，則可行也。」乃先保南里以待之。知伯入南里，門于桔柣之門。鄭人俘酅魁壘，賂之以知政，閉其口而死。將門，知伯謂趙孟：「入之！」對曰：「主在此。」知伯曰：「惡而無勇，何以爲子？」對曰：「以能忍恥，庶無害趙宗乎！」知伯不悛，趙襄子由是惎知伯，遂喪之。知伯貪而愎，故韓、魏反而喪之。

按：晚晉之强宗，爲趙氏、魏氏、韓氏、范氏、中行氏、知氏六家。中行氏爲荀息長子荀林父之後，知氏爲荀息季子荀首之後。范、中行、知氏亡，而趙、魏、韓三家遂分晉矣。左氏由此終，司馬通鑑自此始。

附録：春秋列國年表

益陽陳天倪 主纂
湘陰彭 昺 襄輯

春秋經始隱訖哀，哀公十四年春，西狩獲麟。左傳則先經始事，後經終義，實始惠終悼。鄭、衛、晉之事，左氏皆起惠公時。三晉滅知伯，則在哀公後，悼公中世。年表不明著其始終，則時代不易分曉。東周王朝年表，已見周世譜，茲復再注於魯表中，藉便對勘。不以東周夷於列國，從史記十二諸侯年表之例也。

列國之名見經傳者，共二百九國，茲取其事實可考者二十二國具於篇。早亡如虞、虢等國不録。年世名謚全不明如隨者，即終春秋世尚存，亦俱從略。

魯 姬姓，侯爵，周公旦之後。魯公伯禽始封，十三傳至惠公。連始封君計，下同。惠公立於周平王三年。

四十六年惠公薨，子隱公息姑攝立。隱公三年平王崩，孫桓王林立。

隱公立十一年見弑，弟桓公允立。十五年桓王崩，子莊王陀立。
桓公立十八年見殺於齊，子莊公同立。十二年莊王崩，子僖王胡齊立。十七年僖王崩，子惠王閬立。
莊公三十二年薨，子閔公開立。
二年見弑，庶兄僖公申立。八年惠王崩，子襄王鄭立。
僖公立三十三年薨，子文公興立。八年襄王崩，子頃王壬臣立。十四年頃王崩，子匡王班立。
文公立十八年薨，子惡見殺，庶子宣公倭篡立。二年匡王崩，弟定王瑜立。
宣公立十八年薨，子成公黑肱立。五年定王崩，子簡王夷立。
成公立十八年薨，子襄公午立。元年簡王崩，子靈王泄心立。二十八年靈王崩，子景王貴立。
襄公立三十一年薨，子昭公稠立。二十二年景王崩，子王猛立。旋卒，弟敬王丐立。
昭公立二十五年出亡，三十二年薨於乾侯，弟定公宋立。
十五年薨，子哀公蔣立。十九年敬王崩，子元王仁立。二十六年元王崩，子貞定王介立。

哀公立二十七年孫於越，子悼公寧立。

十五年爲貞定王十六年，左傳紀事止此。魯八傳至頃公，越一百九十八年，爲楚所滅。

齊 姜姓，侯爵，周初太公望之後。十三傳至僖公福父。九年，入春秋。

魯桓十五年，僖公卒，子襄公諸兒立。

魯莊八年，襄公弑，弟桓公小白立。

魯僖十七年，桓公卒，子無虧嗣。

十八年見殺，桓公子孝公昭立。

二十七年，孝公卒，桓公子昭公潘立。

魯文十四年，昭公卒，子舍立。

九月，舍見殺，桓公子懿公商人立。

十八年，懿公弑，桓公子惠公元立。

魯宣十年，惠公卒，子頃公無野立。

魯成十年，頃公卒，子靈公環立。

魯襄十九年，靈公卒，子莊公光立。

二十五年，莊公弑，弟景公杵臼立。

魯哀五年，景公卒，子安孺子荼嗣。

是年見殺，兄悼公陽生立。

十年悼公弑，子簡公壬立。

十四年簡公弑，弟平公驁立。

魯悼十二年，平公卒，子宣公積立。

戰國初爲田齊所簒。

晉　姬姓，成王弟唐叔之後。八傳至穆侯，生太子仇及季子成師。

穆侯卒，弟殤叔僭立。

三年，仇逐之自立。

魯惠公二十四年，文侯仇卒，子昭侯伯立。封其叔父成師於曲沃，號爲桓叔。

三十年，昭侯被弑，子孝侯平立。三十八年桓叔卒，子莊伯鱓立。

四十五年，孝侯被弑，子鄂侯郤立。鄂侯二年入春秋。

魯隱公五年，鄂侯卒，子哀侯光立。七年曲沃莊伯卒，子武公稱立。

三年，哀侯被虜，子小子侯立。

七年，小子侯弑，弟哀侯緡立。

魯莊十六年，爲曲沃武公所并。

十七年，武公卒，子獻公詭諸立。

魯僖九年，獻公卒，子奚齊立。

冬，奚齊見殺，弟卓子立。

十年，卓子見殺，兄惠公夷吾立。

二十三年，惠公卒，子懷公圉立。

二十四年，懷公見殺，惠公兄文公重耳立。

三十二年文公卒，子襄公驩立。

魯文六年襄公卒，子靈公夷皋立。

魯宣二年，靈公弑，文公子成公黑臀立。

九年成公卒，子景公據立。

魯成十年，景公卒，子厲公壽曼立。

十八年，厲公弑，襄公子悼公周立。

魯襄十五年，悼公卒，子平公彪立。

魯昭十五年，平公卒，子昭公夷立。
二十六年，昭公卒，子頃公去疾立。
三十年，頃公卒，子定公午立。
魯哀二十年，定公卒，子出公鑿立。
魯悼十年，出公被逐道死，昭公曾孫哀公驕立。
戰國初爲趙、魏、韓三家所滅。

宋 子姓，公爵。周成王時微子之後。十四傳至穆公和，七年入春秋。
魯隱三年，穆公卒，姪殤公與夷立。
魯桓二年，殤公弒穆公，子莊公馮立。
魯莊二年，莊公卒，子閔公捷立。
十二年，閔公弒，弟桓公御說立。
魯僖九年，桓公卒，子襄公茲父立。
二十三年，襄公卒，子成公王臣立。
魯文十四年，成公卒，子昭公杵臼立。
十六年，昭公弒，弟文公鮑立。

魯成二年，文公卒，子共公固立。十五年，共公卒，子平公成立。魯昭十年，平公卒，子元公佐立。二十五年，元公卒，子景公頭曼立。魯哀二十六年，景公卒，元公曾孫公孫周之子得立。入戰國，後爲齊所滅。

衛　姬姓，侯爵，周成王叔父康叔之後。十二傳至莊公揚。元年，當魯惠公十二年。魯惠三十四年，莊公卒，子桓公完立。十三年入春秋。魯隱四年，莊公寵子州吁弑桓自立。是年國人殺州吁，弟宣公晉立。魯桓十二年，宣公卒，子惠公朔立。十六年，惠公被逐，奔齊，太子伋之弟黔牟立。魯莊六年，齊納惠公，黔牟奔周。二十五年，惠公卒，子懿公赤立。魯閔二年，狄殺懿公，衛人立黔牟之弟、昭伯頑之子申，是爲戴公。

旋卒，戴公弟文公燬立。
魯僖二十五年，文公卒，子成公鄭立。
魯宣九年，成公卒，子穆公遬立。
魯成二年，穆公卒，子定公臧立。
十四年，定公卒，子獻公衎立。
魯襄十四年，獻公卒奔齊，衛立穆公孫殤公剽。
二十六年，殤公弑，獻公復歸。
二十九年，獻公卒，子襄公惡立。
魯昭七年，襄公卒，子靈公元立。
魯哀二年，靈公卒，孫出公輒立。
十四年，父蒯聵逐出公自立，是爲莊公。
十七年，莊公弑，靈公子衛君起立。
十八年，起被逐，出公復歸。
魯哀二十五年，出公奔越，國人立蒯聵庶弟公子黚，是爲悼公。
後歷戰國，至秦二世時始滅。

鄭 姬姓，伯爵，周宣王弟友之後。友殉難，子武公掘突立。

武公卒，子莊公寤生立。二十二年入春秋。

魯桓十一年，莊公卒，子昭公忽立。

是年，昭公奔衛，兄厲公突立。

十五年，厲公奔蔡，昭公歸鄭。

十七年，昭公弑，弟子亹立。

十八年，齊殺亹，弟子儀立。

魯莊十四年，子儀弑，厲公復入。

二十一年，厲公卒，子文公捷立。

魯僖三十二年，文公卒，子穆公蘭立。

魯宣三年，穆公卒，子靈公夷立。

四年，靈公弑，弟襄公堅立。

魯成四年，襄公卒，子悼公費立。

六年，悼公卒，子成公睔立。

魯襄二年，成公卒，子僖公髡頑立。

七年，僖公卒，子簡公嘉立。

魯昭十二年，簡公卒，子定公寧立。

二十八年，定公卒，子獻公蠆立。

魯定九年，獻公卒，子聲公勝立。

魯悼五年，聲公卒，子哀公易立。

魯悼十三年，哀公弑，弟共公丑立。

戰國時爲韓所滅。

秦 嬴姓，初爲附庸，後進爲伯。周孝王時養馬者非子之後。十三傳至穆公任好。

十五年，即魯僖十五年，始見經。

魯文六年，穆公卒，子康公罃立。

十八年，康公卒，子共公稻立。

魯宣六年，共公卒，子桓公榮立。

魯成十四年，桓公卒，子景公立。

魯昭五年，景公卒，子哀公立。

魯定九年，哀公卒，孫惠公立。

魯哀三年，惠公卒，子悼公立。十八年，悼公卒，子厲共公立。入戰國後，國益强，至始皇時并天下。

楚 芈姓，三代以前古國。周初例降爲子，成王時熊繹之後。十七傳至熊通，始勑王號爲武王。十九年入春秋。

魯莊四年，武王卒，子文王熊貲立。十九年，文王卒，子堵敖熊囏立。五年，弟熊頵弑而代立，是爲成王。

魯文元年，子商臣弑之自立，是爲穆王。十三年，穆王卒，子莊王旅立。

魯宣十八年，莊王卒，子共王審立。

魯襄十三年，共王卒，子康王昭立。二十八年，康王卒，子郟敖麇立。

魯昭元年，郟敖弑，庶兄靈王圍立。十三年，靈王弑，弟平王棄疾立。

二十六年，平王卒，子昭王軫立。

魯哀六年，昭王卒，子惠王章立。

入戰國益强，後爲秦所滅。

陳 　姬姓，侯爵，周初胡公滿之後。十二傳至桓公鮑，二十三年入春秋。

魯桓五年，桓公卒，弟陳佗殺太子自立。

六年，陳陀見殺，桓公子厲公躍立。

十二年，厲公卒，桓公子莊公林立。

魯莊元年，莊公卒，弟宣公杵臼立。

魯僖十二年，宣公卒，子穆公款立。

二十八年，穆公卒，子共公朔立。

魯文十五年，共公卒，子靈公平國立。

魯宣十年，靈公弑，子成公午立。

魯襄四年，成公卒，子哀公弱立。

魯昭八年，哀公卒，楚滅陳。

十三年，楚復封陳。哀公孫惠公吴立。

魯定四年，惠公卒，子懷公柳立。

八年，懷公卒，子閔公越立。

魯哀十七年，楚復滅陳。

蔡　姬姓，侯爵，周成王時蔡仲之後。十傳至宣公考父，二十八年入春秋。

魯隱八年，宣公卒，子桓侯封人立。

魯桓十七年，桓侯卒，弟哀侯獻舞立。

魯莊十年，楚執哀侯。

十九年，哀侯卒於楚。子穆侯盼立。

魯僖十四年，穆侯卒，子莊公甲午立。

魯文十五年，莊公卒，子文公申立。

魯宣十七年，文公卒，子景公固立。

魯襄三十年，世子般弑景公自立，是爲靈公。

魯昭十一年，楚殺靈公，滅蔡，執世子有以歸。

十三年，楚復封蔡，世子有之子平公廬立。

二十年，平公卒，太子朱立。

二十一年，朱出奔楚，弟悼公東國立。

二十三年，悼公卒，弟昭公申立。

魯哀四年，昭公弒，子成侯朔立。

魯哀二十三年，成侯卒，子聲侯産立。

魯悼十一年，聲侯卒，子元侯立。

後十年，爲楚所滅。

曹 姬姓，伯爵，周初文王子叔振鐸之後。十二傳至桓公終生，三十五年入春秋。

魯桓十年，桓公卒，子莊公射姑立。

魯莊二十三年，莊公卒，子僖公夷立。

三十二年，僖公卒，子昭公班立。

魯僖七年，昭公卒，子共公襄立。

魯文十九年，共公卒，子文公壽立。

魯宣十四年，文公卒，子宣公廬立。

魯成十三年，宣公卒，子負芻殺太子自立，是爲成公。

魯襄十八年，成公卒，子武公勝立。

魯昭十四年，武公卒，子平公須立。

十八年，平公卒，子悼公午立。

二十七年，悼公卒，弟聲公野立。

三十二年，平公弟通殺聲公自立，是爲隱公。

魯定四年，聲公弟露殺隱公自立，是爲靖公。

八年，靖公卒，子伯陽立。

魯哀八年，宋滅曹。

許 姜姓，男爵。四岳伯夷之裔，曰文叔，周武王封于許。十一世至魯隱，十一年始見經，即莊公也，年譜未詳。魯桓十五年「許叔入于許」，即穆公新臣也。

魯僖四年，穆公卒，子僖公業立。

魯文五年，僖公卒，子昭公錫我立。

魯宣十七年，昭公卒，子靈公寧立。

魯襄二十六年，靈公卒，子悼公買立。

魯昭十九年，悼公飲世子止之藥，卒，子斯立。

魯定六年，鄭滅許，以斯歸。

後楚又存之，元公成復立。

魯哀十三年，元公卒，子結立。以後不明。

戰國初滅於楚。

滕　姬姓，侯爵，周初文王子叔繡之後。世次名謚不明，魯隱七年始見經。後傳宣公嬰齊，孝公鄭，年譜均闕。

魯宣九年，昭公元卒，子文公壽立。

魯成十六年，文公卒，子成公元立。

魯昭三年，成公卒，子悼公寧立。

二十八年，悼公卒，子頃公結立。

魯哀四年，頃公卒，子隱公虞母立。

十一年，隱公卒。

終春秋世猶存。入戰國，或云齊滅，或云宋滅，或云於越滅，未知孰是。

燕一名北燕　姬姓，伯爵，周初召公奭之後。約十五世至穆侯，七年入春秋。

魯桓元年，穆侯卒，子宣侯立。

十四年，宣侯卒，子桓侯立。

魯莊三年，桓侯卒，子莊公立。

魯僖二年，莊公卒，子襄公立。

魯文元年，襄公卒，子桓公立。

魯宣七年，桓公卒，宣公立。

魯成四年，宣公卒，子昭公立。十七年，昭公卒，武公立。

魯襄十八年，武公卒，文公立。二十四年，文公卒，懿公立。二十八年，懿公卒，子惠公立。

魯昭七年，惠公卒，悼公立。十三年，悼公卒，共公立。十八年，共公卒，平公立。

魯定五年，平公卒，簡公立。

魯哀二年，簡公卒，獻公立。二十七年，獻公卒，子孝公立。

入戰國後稱王者六世，後爲秦所滅。

南燕　姞姓，伯爵，三代以前古國，黄帝後。魯隱五年始見傳，世次年譜均不明。魯莊二十年鄭執燕仲父。杜注云：南燕伯。後不知爲誰所滅。

杞　姒姓，侯爵，春秋時黜爲子。周初，東樓公之後夏禹裔。五傳至武公，二十九年入春秋。

魯桓八年，武公卒，子靖公立。
魯莊十三年，靖公卒，子共公立。
二十一年，共公卒，子德公立。
魯僖五年，德公卒，子成公立。
二十三年，成公卒，弟桓公姑容立。
魯襄七年，桓公卒，子孝公匄立。
二十四年，孝公卒，弟文公益姑立。
魯昭六年，文公卒，弟平公郁釐立。
二十四年平公卒，子悼公成立。
魯定四年，悼公卒，子隱公乞立。

七月，弟遂弒而自立，是爲僖公。
魯哀八年，僖公卒，子閔公維立。
魯哀二十四年，閔公卒，弟哀公閼路立。
魯悼六年，哀公卒，子出公敕立。
戰國初滅於楚。

薛　任姓，侯爵，三代以前古國，世次名謚不明。魯隱十一年見經。
魯昭三十一年，獻公穀卒，子襄公定立。
魯定十二年，襄公卒，子薛伯比立。
十三年，比見弒，子惠公夷立。
魯哀十年，惠公卒。
戰國時猶存，後不知爲誰所滅。

郳　曹姓。初爲附庸，後進子爵。周初曹挾之後。約十二傳至郳子克儀父入春秋。
謚號年譜多未詳。
魯莊十六年克卒，子瑣立。
二十八年瑣卒，子文公蘧篨立。

魯文十二年，文公卒，子定公貜且立。

魯成十七年，定公卒，子宣公𫛞立。

魯襄十七年，宣公卒，子悼公華立。

魯昭元年，悼公卒，子莊公穿立。

魯定元年，莊公卒，子隱公益立。

魯哀八年，吴囚益，使諸大夫奉太子革以爲政，是爲桓公。

十年，益奔魯，遂奔齊。

十九年，益自齊奔越，越人歸之。子革奔越。

二十年，越人執益而立革弟公子何。

終春秋世猶存，戰國時改國號曰鄒，後爲楚所滅。

莒　己姓，子爵，少昊裔，周初兹輿期之後。十一世至魯隱二年見經。後傳兹丕公、紀公庶其。謚號年譜均不詳。

魯文十八年，太子僕弑庶其而出奔。庶其少子季佗立，是爲渠丘公。

魯成十四年，渠丘公卒，子黎比公密州立。

魯襄三十一年，黎比公弑，子展輿立。

明年，齊納展輿弟去疾，是爲著丘公。

魯昭十四年，著丘公卒，子郊公立。

是年奔齊。展輿之弟庚輿立，是爲共公。

二十三年，庚輿奔魯，齊納郊公。

魯哀十四年，莒子狂卒。

入戰國爲楚所滅。

小邾 曹姓。初爲附庸，後進子爵。周初夷父之後，魯莊五年始見經書名。

魯僖七年，始書小邾子。盟會屢見於春秋，世次無可攷。春秋後六世爲楚所滅。

吴 姬姓，子爵，周初爲大伯仲雍之後。約十七世至魯宣八年始見傳，魯成七年始見經，即吴子壽夢也。

魯襄十二年，壽夢卒，長子諸樊立。

二十五年，門于巢卒，弟餘祭立。

二十九年，餘祭卒，弟夷昧立。

魯昭十五年，夷昧卒，子王僚立。

二十七年，諸樊子闔廬弑僚自立。

魯哀十四年，闔廬兵敗，卒。子夫差立。
二十三年，越滅吴。

越 夏初國，周初例降爲子。少康庶子之後。魯宣八年始見傳，魯定五年始見經，即允常也。世次年謚均未詳。

允常卒，子勾踐立。十五年，敗吴兵。
魯哀二十三年，滅吴，國益强大。周元王賜胙，命爲伯。
魯悼三年，勾踐卒，子鼫與適郢立。
魯悼九年，鼫與卒，子不壽立。
入戰國，楚滅越。越分散朝于楚。至漢初爲閩越王、東海王。武帝時始廢爲郡縣。

經文統鈔下編卷一

益陽陳天倪　主纂
湘陰彭　昺　襄輯

孝經

仲尼居，曾子侍。子曰：「先王有至德要道，以順天下，民用和睦，上下無怨，汝知之乎？」

曾子避席曰：「參不敏，何足以知之？」

子曰：「夫孝，德之本也，教之所由生也。復坐，吾語汝。」

「身體髮膚，受之父母，不敢毀傷，孝之始也。立身行道，揚名於後世，以顯父母，孝之終也。夫孝，始於事親，中於事君，終於立身。大雅云：『無念爾祖，聿修厥德。』」

子曰：「愛親者，不敢惡於人；敬親者，不敢慢於人。愛敬盡於事親，而德教加於百姓，刑於四海。蓋天子之孝也。甫刑云：『一人有慶，兆民賴之。』」

「在上不驕，高而不危；制節謹度，滿而不溢。高而不危，所以長守貴也；滿而不溢，所以長守富也。富貴不離其身，然後能保其社稷，而和其民人。蓋諸侯之孝也。詩云：『戰戰兢兢，如臨深淵，如履薄冰。』」

「非先王之法服不敢服，非先王之法言不敢道，非先王之德行不敢行。是故非法不言，非道不行；口無擇言，身無擇行；言滿天下無口過，行滿天下無怨惡。三者備矣，然後能守其宗廟。蓋卿大夫之孝也。詩云：『夙夜匪懈，以事一人。』」

「資於事父以事母，而愛同；資於事父以事君，而敬同。故母取其愛，而君取其敬，兼之者父也。故以孝事君則忠，以敬事長則順。忠順不失，以事其上，然後能保其祿位，而守其祭祀。蓋士之孝也。詩云：『夙興夜寐，無忝爾所生。』」

「用天之道，分地之利，謹身節用，以養父母，此庶人之孝也。故自天子至於庶人，孝無終始，而患不及者，未之有也。」

曾子曰：「甚哉，孝之大也！」

子曰：「夫孝，天之經也，地之義也，民之行也。天地之經，而民是則之。則天之明，因地之利，以順天下。是以其教不肅而成，其政不嚴而治。先王見教之可以化民也，是故先之以博愛，而民莫遺其親；陳之於德義，而民興行；先之以敬讓，而民不爭；道之以禮樂，而民和睦；示之以好惡，而民知禁。詩云：『赫赫師尹，民具爾瞻。』」

子曰：「昔者明王之以孝治天下也，不敢遺小國之臣，而況於公侯伯子男乎？故得萬國之懽心，以事其先王。治國者，不敢侮於鰥寡，而況於士民乎？故得百姓之懽心，以事其先君。治家者，不敢失於臣妾，而況於妻子乎？故得人之懽心，以事其親。夫然，故生則親安之，祭則鬼享之。是以天下和平，災害不生，禍亂不作。故明王之以孝治天下也如此。詩云：『有覺德行，四國順之。』」

曾子曰：「敢問聖人之德無以加於孝乎？」

子曰：「天地之性，人爲貴。人之行，莫大於孝。孝莫大於嚴父。嚴父莫大於配天，則周公其人也。昔者周公郊祀后稷以配天，宗祀文王於明堂以配上帝。是以四海之内，各以其職來助祭。夫聖人之德，又何以加於孝乎？故親生之膝下，以養父母日嚴。聖人因嚴以教敬，因親以教愛。聖人之教不肅而成，其政不嚴而治，其所因者本也。父子之道，天性也，君臣之義也。父母生之，續莫大焉。君親臨之，厚莫重焉。故不愛其親而愛他人者，謂之悖德；不敬其親而敬他人者，謂之悖禮。以順則逆，民無則焉。不在於善，而皆在於凶德，雖得之，君子不貴也。君子則不然，言思可道，行思可樂，德義可尊，作事可法，容止可觀，進退可度，以臨其民。是以其〔一〕民畏而愛之，則而象之。故能成其德教，而行其政令。詩云：『淑人君子，其儀不忒。』」

子曰：「孝子之事親也，居則致其敬，養則致其樂，病則致其憂，喪則致其哀，祭則致其嚴。五者備矣，然後能事親。事親者，居上不驕，爲下不亂，在醜不爭。居上而驕則亡，爲下而亂則刑，在醜而爭則兵。三者不除，雖日用三牲之養，猶爲不孝也。」

子曰：「五刑之屬三千，而罪莫大於不孝。要君者無上，非聖人者無法，非孝者無親，此大亂之道也。」

子曰：「教民親愛，莫善於孝。教民禮順，莫善於悌。移風易俗，莫善於樂。安上治民，莫善於禮。禮者，敬而已矣。故敬其父，則子悦；敬其兄，則弟悦；敬其君，則臣悦；敬一人，而千萬人悦。所敬者寡，而悦者衆，此之謂要道也。」

子曰：「君子之教以孝也，非家至而日見之也。教以孝，所以敬天下之爲人父者也。教以悌，所以敬天下之爲人兄者也。教以臣，所以敬天下之爲人君者也。詩云：『愷悌君子，民之父母。』非至德，其孰能順民如此其大者乎！」

〔一〕原無「其」字，據阮刻本補。

子曰：「君子之事親孝，故忠可移於君。事兄悌，故順可移於長。居家理，故治可移於官。是以行成於内，而名立於後世矣。」

曾子曰：「若夫慈愛恭敬，安親揚名，則聞命矣。敢問子從父之令，可謂孝乎？」子曰：「是何言與！是何言與！昔者天子有爭臣七人，雖無道，不失其天下；諸侯有爭臣五人，雖無道，不失其國；大夫有爭臣三人，雖無道，不失其家；士有爭友，則身不離於令名；父有爭子，則身不陷於不義。故當不義，則子不可以不爭於父，臣不可以不爭於君；故當不義，則爭之。從父之令，又焉得爲孝乎？」

子曰：「昔者明王事父孝，故事天明；事母孝，故事地察；長幼順，故上下治。天地明察，神明彰矣。故雖天子，必有尊也，言有父也。必有先也，言有兄也。宗廟致敬，不忘親也；脩身慎行，恐辱先也；宗廟致敬，鬼神著矣。孝悌之至，通於神明，光于四海，無所不通。詩云：『自西自東，自南自北，無思不服。』」

子曰：「君子之事上也，進思盡忠，退思補過，將順其美，匡救其惡，故上下能相親也。詩云：『心乎愛矣，遐不謂矣。中心藏之，何日忘之。』」

子曰：「孝子之喪親也，哭不偯，禮無容，言不文，服美不安，聞樂不樂，食旨不甘，此哀戚之情也。三日而食，教民無以死傷生。毁不滅性，此聖人之政也。喪不過三年，示民有終也。爲之棺槨衣衾而舉之，陳其簠簋而哀慼之；擗踊哭泣，哀以送之；卜其宅兆，而安厝之；爲之宗廟，以鬼享之；春秋祭祀，以时思之。生事愛敬，死事哀戚，生民之本盡矣，死生之義備矣，孝子之事親終矣。」

經文統鈔下編卷二

益陽陳天倪　主纂
湘陰彭　昺　襄輯

禮記

大學

依古本，惟將「此謂知之至也」句移置後「此謂知本」下，前「此謂知本」句删。「詩云『瞻彼淇澳』」至「此謂知本，此謂知之至也」三百另三字移置「所謂誠其意者」前。

大學之道，在明明德，在親民親當讀爲新，在止於至善。知止而后有定，定而后能靜，靜而后能安，安而后能慮，慮而后能得。物有本末，事有終始。知所先後，則近道矣。古之欲明明德於天下者，先治其國。欲治其國者，先齊其家。欲齊其家者，先修其身。欲修其身者，先正其心。欲正其心者，先誠其意。欲誠其意者，先致其知。致知在格物。物格而後知至，知至而后意誠，意誠而后心正，心正而后身修，身修而后家齊，家齊而后國治，國治而后天下平。自天子以至於庶人，壹是皆以修身爲本，其本亂而末治者否矣。其所厚者薄，而其所薄者厚，未之有也。以上總綱。明德，物也。明，格也。民，物也。親，格也。至善，物也。止，格也。物格而知至、意誠、心正、身修、家齊、國治、天下平之理，一以貫之矣。此爲全篇綱領。

詩云：「瞻彼淇澳，菉竹猗猗。有斐君子，如切如磋，如琢如磨。瑟兮僩兮，赫兮喧兮。有斐君子，終不可諠兮。」「如切如磋」者，道學也。「如琢如磨」者，自修也。「瑟兮僩兮」者，恂慄也。「赫兮喧兮」者，威儀也。「有斐君子，終不可諠兮」者，道盛德至善，民之不能忘也。詩云：「於戲前王不忘。」君子賢其賢而親其親，小人樂其樂而利其利，此以没世不忘也。康誥曰「克明德」，大甲曰「顧諟天之明命」，帝典曰「克明峻德」，皆自明也。湯之盤銘曰：「苟日新，日日新，又日新。」康誥曰：「作新民。」詩云：「周雖舊邦，其命維新。」是故君子無所不用其極。詩云：「邦畿千里，維民所止。」詩云：「緡蠻黄鳥，止於丘隅。」子曰：「於止，知其所止，可以人而不如鳥乎？」詩云：「穆穆文王，於緝熙敬止。」爲人君止於仁；爲人臣止於敬；爲人子止於孝；爲人父止於慈；與國人交止於信。子曰：「聽訟，吾猶人也。必也使無訟乎？」無情者不得盡其辭，大畏民志。此謂知本，此謂知之至也。以上格致。「詩云『瞻彼淇澳』」至「民之不能忘也」，言明明德之止於至善。「詩云：『於戲前王不忘』」至「没世不忘也」，言親民之止於至善。「康誥曰『克明德』」至「皆自明也」，引古書以證明明德。「湯之盤銘曰」至「無所不用其極」，引古書以證親民。「詩云：『邦畿千里』」至「止於信」，引古書證明止於至善。末引孔子之言總結之。此即所謂物格知至也。朱子謂格致章今亡者，非。

所謂誠其意者，毋自欺也，如惡惡臭，如好好色，此之謂自謙。故君子必慎其獨也。小人閒居爲不善，無所不至，見君子而後厭然，揜其不善，而著其善。人之視己，如見其肺肝然，則何益矣？此謂誠於中，形於外，故君子必慎其獨也。曾子曰：「十目所視，十手所指，其嚴乎？」富潤屋，德潤身，心廣體胖，故君子必誠其意。以上誠意。

所謂修身正在其心者，身有所忿懥，則不得其正；有所恐懼，則不得其正；有所好樂，則不得其正；有所憂患，則不得其正。心不在焉，視而不見，聽而不聞，食而不知其味。此謂修身在正其心。以上正心。

所謂齊其家在修其身者，人之其所親愛而辟焉，之其所賤惡而辟焉，之其所畏敬而辟焉，之其所哀矜而辟焉，之其所敖惰而辟焉。故好而知其惡，惡而知其美者，天下鮮矣。故諺有之曰：「人莫知其子之惡，莫知其苗之碩。」此謂身不修，不可以齊其家。以上修身。

所謂治國必先齊其家者，其家不可教，而能教人者無之，故君子不出家而成教於國。孝者，所以事君也；弟者，所以事長也；慈者，所以使衆也。康誥曰：「如保赤子。」心誠求之，雖不中不遠矣。未有學養子而后嫁者也。一家仁，一國興仁；一家讓，一國興讓；一人貪戾，一國作亂。其機如此。此謂一言僨事，一人定國。堯、舜率天下以仁，而民從之。桀、紂率天下以暴，而民從之。其所令反其所好，而民不從。是故君子有諸己而後求諸人，無諸己而后非諸人。所藏乎身不恕而能喻諸人者，未之有也。故治國在齊其家。詩云：「桃之夭夭，其葉蓁蓁。之子於歸，宜其家人。」「宜其家人」，而后可以教國人。詩云：「宜兄宜弟。」「宜兄宜弟」，而后可以教國人。詩云：「其儀不忒，正是四國。」其爲父子、兄弟足法，而后民法之也。此謂治國在齊其家。以上齊家。

所謂平天下在治其國者，上老老而民興孝，上長長而民興弟，上恤孤而民不倍，是以君子有絜矩之道也。所惡於上，毋以使下；所惡於下，毋以事上；所惡於前，毋以先後；所惡於後，毋以從前；所惡於右，毋以交於左；所惡於左，毋以交于右。此之謂絜矩之道。詩云：「樂只君子，民之父母。」民之所好好之，民之所惡惡之，此之謂「民之父母」。詩云：「節彼南山，維石巖巖。赫赫師尹，民具爾瞻。」有國者不可以不慎，辟則爲天下僇矣。詩云：「殷之未喪師，克配上帝。儀監於殷，峻命不易。」道得衆則得國，失衆則失國。是故君子先慎乎德。有德此有人，有人此有土，有土此有財，有財此有用。德者本也，財者末也。外本內末，爭民施奪。是故財聚則民散，財散則民聚。是故言悖而出者，亦悖而入；貨悖而入者，亦悖而出。康誥曰：「惟命不于常。」道善則得之，不善則失之矣。楚書曰：「楚國無以爲寶，惟善以爲寶。」舅犯曰：「亡人無以爲寶，仁親以爲寶。」秦誓曰：「若有一个臣，斷斷兮，無他技，其心休休焉，其如有容焉。人之有技，若己有之。人之彥聖，其心好之，不啻若自其口出，寔能容之，以能保我子孫黎民，尚亦有利哉！人之有技，媢嫉以惡之。人之彥聖，而違之，俾不通，寔不能容，以不能保我子孫黎民，亦曰殆哉！」唯仁人放流之，迸諸四夷，不與同中國。此謂唯仁人爲能愛人，能惡人。見賢而不能舉，舉而不能先，命也。見〔一〕善而不能退，退而不能遠，過也。好人之所惡，惡人之所好，是謂拂人之性，菑必逮乎乎〔二〕身。是故君子有大道，必忠信以得之，驕泰以失之。生財有大道，生之者衆，食之者寡，爲之者疾，用之者舒，則財恒足矣。仁者以財發身，不仁者以身發財。未有上好仁而下不好義者也，未有好義其事不終者也，未有府庫財非其財者也。孟獻子曰：「畜馬乘，不察於雞豚。伐冰之家，不畜牛羊。百乘之家，不畜聚斂之臣。與其有聚斂之臣，寧有盜臣。」此謂國不以利爲利，以義爲利也。長國家而務財用者，必自小人矣。彼爲善之，小人之使爲國家，菑害並至。雖有善者，亦無如之何矣！此謂國不以利爲利，以義爲利也。以上治平。

〔一〕「見」下原有「不」字，據阮刻本删。
〔二〕「乎」，阮刻本作「夫」。

中庸

俞樾云：「中庸，予曰有可删者五：仲尼曰『君子中庸』及『中庸其至矣乎』、『道之不行也』、『道其不行矣夫』四章均爲一氣，應合爲一章。子曰『舜其大知也與』『人皆曰予知』應合爲一章。」子曰「回之爲人」「天下國家可均也」應合爲一章。亦有朱子云可删尚不能删者，如「子曰：好學近夫知」是也。蓋「哀公問政」章非皆孔子之言，疑「故爲政在人」以下皆子思之書，中引孔子好學三句，以證知、仁、勇之三德也。今用其説。

天命之謂性，率性之謂道，脩道之謂教。道也者，不可須臾離也，可離非道也。是故君子戒慎乎其所不睹，恐懼乎其所不聞。莫見乎隱，莫顯乎微，故君子慎其獨也。喜怒哀樂之未發謂之中；發而皆中節謂之和。中也者，天下之大本也；和也者，天下之達道也。致中和，天地位焉，萬物育焉。一章

仲尼曰：「君子中庸，小人反中庸。君子之中庸也，君子而時中；小人之中庸也，小人而無忌憚也。中庸其至矣乎！民鮮能久矣！道之不行也，我知之矣：知者過之，愚者不及也。道之不明也，我知之矣：賢者過之，不肖者不及也。人莫不飲食也，鮮能知味也。道其不行矣夫！」二章

子曰：「舜其大知也與？舜好問而好察邇言，隱惡而揚善，執其兩端，用其中于民，其斯以爲舜乎！人皆曰予知，驅而納諸罟擭陷阱之中，而莫之知辟也。人皆曰予知，擇乎中庸，而不能期月守也。」三章

子曰：「回之爲人也，擇乎中庸，得一善，則拳拳服膺弗失之矣。天下國家可均也，爵禄可辭也，白刃可蹈也，中庸不可能也。」四章

子路問强。子曰：「南方之强與？北方之强與？抑而强與？寬柔以教，不報無道，南方之强也，君子居之。衽金革，死而不厭，北方之强也，而强者居之。故君子和而不流，强哉矯；中立而不倚，强哉矯；國有道，不變塞焉，强哉矯；國無道，至死不變，强哉矯。」五章

子曰：「素隱行怪，後世有述焉，吾弗爲之矣。君子遵道而行，半塗而廢，吾弗能已矣。君子依乎中庸，遯世不見，知而不悔，唯聖者能之。」六章

「君子之道，費而隱。夫婦之愚，可以與知焉。及其至也，雖聖人亦有所不知焉。夫婦之不肖，可以能行焉。及其至也，雖聖人亦有所不能焉。天地之大也，人猶有所憾。故君子語大，天下莫能載焉；語小，天下莫能破焉。詩云：『鳶飛戾天，魚躍于淵。』言其上下察也。君子之道，造端乎夫婦，及其至也，察乎天地。」七章

子曰：「道不遠人，人之爲道而遠人，不可以爲道。詩云：『伐柯伐柯，其則不遠。』執柯以伐柯，睨而視之，猶以爲遠。故君子以人治人，改而止。忠恕違道不遠，施諸己而不願，亦勿施于人。君子之道四，丘未能一焉。所求乎子以事父，未能也；所求乎臣以

事君，未能也；所求乎弟以事兄，未能也；所求乎朋友先施之，未能也。庸德之行，庸言之謹；有所不足，不敢不勉，有餘不敢盡。言顧行，行顧言。君子胡不慥慥爾。」八章

「君子素其位而行，不願乎其外。素富貴行乎富貴，素貧賤行乎貧賤，素夷狄行乎夷狄，素患難行乎患難。君子無入而不自得焉。在上位不陵下，在下位不援上，正己而不求於人，則無怨。上不怨天，下不尤人。故君子居易以俟命，小人行險以徼幸。」

子曰：「射有似乎君子，失諸正鵠，反求諸其身。」九章

「君子之道，辟如行遠必自邇，辟如登高必自卑。詩曰：『妻子好合，如鼓瑟琴。兄弟既翕，和樂且耽。宜爾室家，樂爾妻帑。』」

子曰：「父母其順矣乎？」十章

子曰：「鬼神之爲德，其盛矣乎！視之而弗見，聽之而弗聞，體物而不可遺，使天下之人，齊明盛服，以承祭祀。洋洋乎如在其上，如在其左右。詩曰：『神之格思，不可度思，矧可射思。』夫微之顯，誠之不可揜，如此夫。」

子曰：「舜其大孝也與！德爲聖人，尊爲天子，富有四海之内。宗廟饗之，子孫保之。故大德必得其位，必得其禄，必得其名，必得其壽。故天之生物，必因其材而篤焉。故栽者培之，傾者覆之。詩曰：『嘉樂君子，憲憲令德。宜民宜人，受禄於天。保佑命

之，自天申之。』故大德者必受命。」十一章

子曰：「無憂者，其惟文王乎！以王季爲父，以武王爲子，父作之，子述之。武王纘大王、王季、文王之緒，壹戎衣而有天下，身不失天下之顯名，尊爲天子，富有四海之内，宗廟饗之，子孫保之。武王末受命，周公成文、武之德，追王大王、王季，上祀先公以天子之禮。斯禮也，達乎諸侯、大夫及士、庶人。父爲大夫，子爲士，葬以大夫，祭以士。父爲士，子爲大夫，葬以士，祭以大夫。期之喪，達乎大夫。三年之喪，達乎天子。父母之喪，無貴賤，一也。」十二章

子曰：「武王、周公，其達孝矣乎！夫孝者，善繼人之志，善述人之事者也。春秋脩其祖廟，陳其宗器，設其裳衣，薦其時食。宗廟之禮，所以序昭穆也。序爵，所以辨貴賤也；序事，所以辨賢也。旅酬下爲上，所以逮賤也。燕毛，所以序齒也。踐其位，行其禮，奏其樂，敬其所尊，愛其所親，事死如事生，事亡如事存，孝之至也。郊社之禮，所以事上帝也。宗廟之禮，所以祀乎其先也。明乎郊社之禮，禘嘗之義，治國其如示諸掌乎！」十三章

哀公問政。子曰：「文武之政，布在方策，其人存則其政舉，其人亡則其政息。人道敏政，地道敏樹。夫政也者，蒲盧也。故爲政在人，取人以身，修身以道，修道以仁。仁

者，人也，親親爲大。義者，宜也，尊賢爲大。親親之殺，尊賢之等，禮所生也。在下位不獲乎上，民不可得而治矣。故君子不可以不脩身。思脩身，不可以不事親。思事親，不可以不知人。思知人，不可以不知天。

天下之達道五，所以行之者三，曰君臣也，父子也，夫婦也，昆弟也，朋友之交也。五者，天下之達道也。知、仁、勇三者，天下之達德也。所以行之者一也。或生而知之，或學而知之，或困而知之，及其知之，一也。或安而行之，或利而行之，或勉强而行之，及其成功，一也。

子曰："「好學近乎知，力行近乎仁，知恥近乎勇。知斯三者，則知所以脩身；知所以脩身，則知所以治人；知所以治人，則知所以治天下國家矣。」

凡爲天下國家有九經，曰：脩身也，尊賢也，親親也，敬大臣也，體群臣也，子庶民也，來百工也，柔遠人也，懷諸侯也。脩身則道立，尊賢則不惑，親親則諸父昆弟不怨，敬大臣則不眩，體群臣則士之報禮重，子庶民則百姓勸，來百工則財用足，柔遠人則四方歸之，懷諸侯則天下畏之。齊明盛服，非禮不動，所以脩身也；去讒遠色，賤貨而貴德，所以勸賢也；尊其位，重其禄，同其好惡，所以勸親親也；官盛任使，所以勸大臣也；忠信重禄，所以勸士也；時使薄斂，所以勸百姓也；日省月試，既廪稱事，所以勸百工也；　送往迎來，嘉善而矜不能，所以柔遠人也；　繼絶世，舉廢國，治亂持危，朝聘以時，厚往而薄來，所以懷諸侯也。凡爲天下國家有九經，所以行之者一也。凡事豫則立，不豫則廢。言前定則不跲，事前定則不困，行前定則不疚，道前定則不窮。

在下位不獲乎上，民不可得而治矣。獲乎上有道，不信乎朋友，不獲乎上矣；　信乎朋友有道，不順乎親，不信乎朋友矣；　順乎親有道，反諸身不誠，不順乎親矣；　誠身有道，不明乎善，不誠乎身矣。誠者，天之道也；　誠之者，人之道也。誠者不勉而中，不思而得，從容中道，聖人也。誠之者，擇善而固執之者也。

博學之，審問之，慎思之，明辨之，篤行之。有弗學，學之弗能，弗措也；　有弗問，問之弗知，弗措也；　有弗思，思之弗得，弗措也；　有弗辨，辨之弗明，弗措也；　有弗行，行之弗篤，弗措也。人一能之，己百之，人十能之，己千之。果能此道矣，雖愚必明，雖柔必强。十四章

自誠明謂之性，自明誠謂之教。誠則明矣，明則誠矣。

唯天下至誠，爲能盡其性；　能盡其性，則能盡人之性；　能盡人之性，則能盡物之性；　能盡物之性，則可以贊天地之化育；　可以贊天地之化育，則可以與天地參矣。

其次致曲，曲能有誠，誠則形，形則著，著則明，明則動，動則變，變則化。唯天下至誠

爲能化。十五章

至誠之道，可以前知。國家將興，必有禎祥；國家將亡，必有妖孽。見乎蓍龜，動乎四體。禍福將至，善，必先知之；不善，必先知之。故至誠如神。十六章

誠者自成也，而道自道也。誠者物之終始，不誠無物。是故君子誠之爲貴。誠者非自成己而已也，所以成物也。成己，仁也；成物，知也。性之德也，合外内之道也，故時措之宜也。

故至誠無息，不息則久，久則徵，徵則悠遠，悠遠則博厚，博厚則高明。博厚，所以載物也；高明，所以覆物也；悠久，所以成物也。博厚配地，高明配天，悠久無疆。如此者，不見而章，不動而變，無爲而成。天地之道，可一言而盡也。其爲物不貳，則其生物不測。天地之道：博也，厚也，高也，明也，悠也，久也。今夫天，斯昭昭之多，及其無窮也，日月星辰繫焉，萬物覆焉。今夫地，一撮土之多，及其廣厚，載華嶽而不重，振河海而不洩，萬物載焉。今夫山，一卷石之多，及其廣大，草木生之，禽獸居之，寶藏興焉。今夫水，一勺之多，及其不測，黿鼉蛟龍魚鱉生焉，貨財殖焉。詩曰：「惟天之命，於穆不已。」蓋曰天之所以爲天也。「於乎不顯，文王之德之純。」蓋曰文王之所以爲文也，純亦不已。十七章

大哉！聖人之道，洋洋乎發育萬物，峻極于天。優優大哉！禮儀三百，威儀三千，待其人然後行。故曰：「苟不至德，至道不凝焉。」故君子尊德性而道問學，致廣大而盡精微，極高明而道中庸。温故而知新，敦厚以崇禮。是故居上不驕，爲下不倍。國有道，其言足以興；國無道，其默足以容。詩曰：「既明且哲，以保其身。」其此之謂與？十八章

子曰：「愚而好自用，賤而好自專，生乎今之世，反古之道，如此者，裁及其身者也。非天子，不議禮，不制度，不考文。今天下車同軌，書同文，行同倫。雖有其位，苟無其德，不敢作禮樂焉；雖有其德，苟無其位，亦不敢作禮樂焉。」子曰：「吾説夏禮，杞不足徵也。吾學殷禮，有宋存焉。吾學周禮，今用之，吾從周。」十九章

「王天下有三重焉，其寡過矣乎！上焉者，雖善無徵，無徵不信，不信，民弗從；下焉者，雖善不尊，不尊不信，不信，民弗從。故君子之道，本諸身，徵諸庶民，考諸三王而不繆，建諸天地而不悖，質諸鬼神而無疑，百世以俟聖人而不惑。『質諸鬼神而無疑』，知天也；『百世以俟聖人而不惑』，知人也。是故君子動而世爲天下道，行而世爲天下法，言而世爲天下則。遠之則有望，近之則不厭。詩曰：『在彼無惡，在此無射，庶幾夙夜，以永終譽！』君子未有不如此而蚤有譽于天下者也。」二十章

仲尼祖述堯舜，憲章文武，上律天時，下襲水土。辟如天地之無不持載，無不覆幬。辟

如四時之錯行，如日月之代明。萬物並育而不相害，道並行而不相悖，小德川流，大德敦化，此天地之所以爲大也。二十一章

唯天下至聖，爲能聰明睿知，足以有臨也；寬裕溫柔，足以有容也；發强剛毅，足以有執也；齊莊中正，足以有敬也；文理密察，足以有别也。溥博淵泉，而時出之。「溥博」如天，「淵泉」如淵，見而民莫不敬，言而民莫不信，行而民莫不説。是以聲名洋溢乎中國，施及蠻貊，舟車所至，人力所通，天之所覆，地之所載，日月所照，霜露所隊，凡有血氣者，莫不尊親，故曰「配天」。二十二章

唯天下至誠，爲能經綸天下之大經，立天下之大本，知天地之化育。夫焉有所倚？肫肫其仁！淵淵其淵！浩浩其天！苟不固聰明聖知達天德者，其孰能知之？二十三章

詩曰「衣錦尚絅」，惡其文之著也。故君子之道，闇然而日章；小人之道，的然而日亡。君子之道，淡而不厭，簡而文，溫而理，知遠之近，知風之自，知微之顯，可與入德矣。詩云：「潛雖伏矣，亦孔之昭！」故君子内省不疚，無惡于志。君子所不可及者，其唯人之所不見乎？詩云：「相在爾室，尚不愧于屋漏。」故君子不動而敬，不言而信。詩曰：「奏假無言，時靡有爭。」是故君子不賞而民勸，不怒而民威於鈇鉞。詩曰：「不顯惟德，百辟其刑之。」是故君子篤恭而天下平。詩云：「予懷明德，不大聲以色。」

子曰：「聲色之於以化民，末也。詩曰：『德輶如毛。』毛猶有倫，『上天之載，無聲無臭』，至矣！」二十四章

禮運

昔者仲尼與於蜡賓，事畢，出游於觀之上，喟然而嘆。仲尼之嘆，蓋嘆魯也。言偃在側，曰：「君子何嘆？」孔子曰：「大道之行也，與三代之英，丘未之逮也，而有志焉。」

「大道之行也，天下爲公。選賢與能，講信脩睦，故人不獨親其親，不獨子其子，使老有所終，壯有所用，幼有所長，矜寡孤獨廢疾者，皆有所養。男有分，女有歸。貨惡其弃於地也，不必藏於己；力惡其不出於身也，不必爲己。是故謀閉而不興，盜竊亂賊而不作，故外户而不閉，是謂大同。」

「今大道既隱，天下爲家。各親其親，各子其子，貨力爲己。大人世及以爲禮。城郭溝池以爲固。禮義以爲紀，以正君臣，以篤父子，以睦兄弟，以和夫婦，以設制度，以立田里，以賢勇知，以功爲己。故謀用是作，而兵由此起。禹、湯、文、武、成王、周公，由此其選也。此六君子者，未有不謹於禮者也。以著其義，以考其信，著有過，刑仁、講讓，示民有常。如有不由此者，在埶者去，衆以爲殃。是謂小康。」

言偃復問曰：「如此乎禮之急也？」孔子曰：「夫禮，先王以承天之道，以治人之情。故失之者死，得之者生。詩曰：『相鼠有體，人而無禮。人而無禮，胡不遄死？』是故夫禮必本於天，殽於地，列於鬼神。達於喪、祭、射、御、冠、昏、朝、聘。故聖人以禮示之，故天下國家可得而正也。」

言偃復問曰：「夫子之極言禮也，可得而聞與？」孔子曰：「我欲觀夏道，是故之杞，而不足徵也。吾得夏時焉。我欲觀殷道，是故之宋，而不足徵也。吾得坤乾焉。坤乾之義，夏時之等，吾以是觀之。」

「夫禮之初，始諸飲食，其燔黍捭豚，汙尊而抔飲，蕢桴而土鼓，猶若可以致其敬於鬼神。及其死也，升屋而號，告曰：『皋某復！』然後飯腥而苴孰，故天望而地藏也。體魄則降，知氣在上。故死者北首，生者南鄉。皆從其初。」

「昔者先王未有宮室，冬則居營窟，夏則居橧巢。未有火化，食草木之實，鳥獸之肉，飲其血，茹其毛，未有麻絲，衣其羽皮。後聖有作，然後脩火之利，范金，合土，以爲臺榭、宮室、牖户。以炮，以燔，以亨，以炙，以爲醴酪。治其麻絲，以爲布帛，以養生送死，以事鬼神上帝，皆從其朔。」

「故玄酒在室，醴醆在户，粢醍在堂，澄酒在下。陳其犧牲，備其鼎俎，列其琴、瑟、管、磬、鐘、鼓，脩其祝、嘏，以降上神與其先祖，以正君臣，以篤父子，以睦兄弟，以齊上下，夫婦有所，是謂承天之祜。」

「作其祝號，玄酒以祭，薦其血毛，腥其俎；孰其殽，與其越席，疏布以冪，衣其澣帛，醴醆以獻，薦其燔炙，君與夫人交獻，以嘉魂魄。是謂合莫。然後退而合亨，體其犬豕牛羊，實其簠、簋、籩、豆、鉶、羹。祝以孝告，嘏以慈告，是謂大祥。此禮之大成也。」

孔子曰：「於呼哀哉！我觀周道，幽、厲傷之，吾舍魯，何適矣！魯之郊、禘，非禮也，周公其衰矣！」

「杞之郊也，禹也。宋之郊也，契也。是天子之世[一]守也。故天子祭天地，諸侯祭社稷。」「祝嘏」至「疵國」十段删。

「故政者，君之所以藏身也。是故夫政必本於天，殽以降命。命降於社之謂殽地，降於祖廟之謂仁義，降於山川之謂興作，降於五祀之謂制度。此聖人所以藏身之固也。」

「故聖人參於天地，並於鬼神，以治政也。處其所存，禮之序也；玩其所樂，民之治也。故天生時而地生財，人，其父生而師教之。四者君以正用之，故君者，立於無過之

[一] 「世」，阮刻本作「事」。

地也。」

「故君者所明也，非明人者也。君者所養也，非養人者也。君者所事也，非事人者也。故君明人則有過，養人則不足，事人則失位。故百姓則君以自治也，養君以自安也，事君以自顯也。故禮達而分定，故人皆愛其死而患其生。」

「故用人之知，去其詐；用人之勇，去其怒；用人之仁，去其貪。故國有患，君死社稷，謂之義；大夫死宗廟，謂之變。」

「故聖人耐以天下爲一家，以中國爲一人者，非意之也，必知其情，辟於其義，明於其利，達於其患，然後能爲之。」

「何謂人情？喜、怒、哀、懼、愛、惡、欲，七者弗學而能。何謂人義？父慈、子孝、兄良、弟弟、夫義、婦聽、長惠、幼順、君仁、臣忠，十者謂之人義。講信脩睦，謂之人利。爭奪相殺，謂之人患。故聖人之所以治人七情，脩十義，講信脩睦，尚辭讓，去爭奪，舍禮何以治之？飲食男女，人之大欲存焉；死亡貧苦，人之大惡存焉。故欲惡者，心之大端也。人藏其心，不可測度也。美惡皆在其心，不見其色也。欲一以窮之，舍禮何以哉！」

「故人者，其天地之德，陰陽之交，鬼神之會，五行之秀氣也。」

「故天秉陽，垂日星；地秉陰，竅於山川。播五行於四時，和而后月生也。是以三五而盈，三五而闕。五行之動，迭相竭也。五行四時十二月，還相爲本也。五聲六律十二管，還相爲宫也。五味六和十二食，還相爲質也。五色六章十二衣，還相爲質也。」

「故人者，天地之心也，五行之端也，食味、别聲、被色而生者也。故聖人作則，必以天地爲本，以陰陽爲端，以四時爲柄，以日星爲紀，月以爲量，鬼神以爲徒，五行以爲質，禮義以爲器，人情以爲田，四靈以爲畜。」

「以天地爲本，故物可舉也。以陰陽爲端，故情可睹也。以四時爲柄，故事可勸也。以日星爲紀，故事可列也。月以爲量，故功有藝也。鬼神以爲徒，故事可〔一〕守也。五行以爲質，故事可復也。禮義以爲器，故事行有考也。人情以爲田，故人以爲奥也。四靈以爲畜，故飲食有由也。」

「何謂四靈？麟、鳳、龜、龍謂之四靈。故龍以爲畜，故魚鮪不淰。鳳以爲畜，故鳥不獝。麟以爲畜，故獸不狘。龜以爲畜，故人情不失。」

「故先王秉蓍龜，列祭祀，瘞繒，宣祝嘏辭説，設制度。故國有禮，官有御，事有職，禮有序。故先王患禮之不達於下也。」

〔一〕「可」，阮刻本作「有」。

「故祭帝於郊，所以定天位也；　祀社於國，所以列地利也；　祖廟，所以本仁也；　山川，所以儐鬼神也；　五祀，所以本事也。故宗祝在廟，三公在朝，三老在學，王前巫而後史，卜筮瞽侑皆在左右。　王中心無爲也，以守至正。」

「故禮行於郊，而百神受職焉；　禮行於社，而百貨可極焉；　禮行於祖廟，而孝慈服焉；　禮行於五祀，而正法則焉。故自郊、社、祖廟、山川、五祀，義之脩而禮之藏也。」

「是故夫禮必本於大一，分而爲天地，轉而爲陰陽，變而爲四時，列而爲鬼神。其降曰命。其官於天也。」

「夫禮必本於天，動而之地，列而之事，變而從時，協於分藝，其居人也曰養，其行之以貨力、辭讓、飲食、冠、昏、喪、祭、射、御、朝、聘。」

「故禮義也者，人之大端也。所以講信脩睦，而固人之肌膚之會，筋骸之束也。所以養生送死，事鬼神之大端也。所以達天道順人情之大竇也。故唯聖人爲知禮之不可以已也，故壞國、喪家、亡人，必先去其禮。」

「故禮之於人也，猶酒之有糵也，君子以厚，小人以薄。」

「故聖王脩義之柄、禮之序，以治人情。故人情者，聖王之田也，脩禮以耕之，陳義以種之，講學以耨之，本仁以聚之，播樂以安之。故禮也者，義之實也。協諸義而協。則禮仁者，義之本也，順之體也，得之者尊。」

「故治國不以禮，猶無耜而耕也。爲禮不本於義，猶耕而弗種也。爲義而不講之以學，猶種而弗耨也。講之於學，而不合之以仁，猶耨而弗穫也。合之以仁，而不安之以樂，猶穫而弗食也。安之以樂，而不達於順，猶食而弗肥也。四體既正，膚革充盈，人之肥也。父子篤，兄弟睦，夫婦和，家之肥也。大臣法，小臣廉，官職相序，君臣相正，國之肥也。天子以德爲車、以樂爲御，諸侯以禮相與，大夫以法相序，士以信相考，百姓以睦相守，天下之肥也。是謂大順。大順者，所以養生、送死、事鬼神之常也。故事大積焉而不苑，並行而不繆，細行而不失，深而通，茂而有間，連而不相及也，動而不相害也。此順之至也。故明於順，然後能守危也。」

「故禮之不同也，不豐也，不殺也，所以持情而合危也。故聖王所以順，山者不使居川，不使渚者居中原，而弗敝也。用水、火、金、木、飲食必時。合男女，頒爵位，必當年德。用民必順，故無水旱昆蟲之災，民無凶饑妖孽之疾。故天不愛其道，地不愛其寶，人不愛其情。故天降膏露，地出醴泉，山出器車，河出馬圖，鳳凰麒麟皆在郊棷，龜龍在宮沼，其餘鳥獸之卵胎，皆可俯而闚也。則是無故，先王能修禮以達義，體信以達順，故此順之實也。」

樂記

凡音之起，由人心生也。人心之動，物使之然也。感於物而動，故形於聲。聲相應，故生變，變成方，謂之音。比音而樂之，及干戚、羽旄，謂之樂。

樂者，音之所由生也，其本在人心之感於物也。是故其哀心感者，其聲噍以殺。其樂心感者，其心[一]嘽以緩。其喜心感者，其聲發以散。其怒心感者，其聲粗以厲。其敬心感者，其聲直以廉。其愛心感者，其聲和以柔。六者非性也，感於物而后動。是故先王慎所以感之者。故禮以道其志，樂以和其聲，政以一其行，刑以防其姦。禮、樂、刑、政，其極一也，所以同民心而出治道也。

凡音者，生人心者也。情動於中，故形於聲。聲成文，謂之音。是故治世之音安以樂，其政和。亂世之音怨以怒，其政乖。亡國之音哀以思，其民困。聲音之道，與政通矣。

宮爲君，商爲臣，角爲民，徵爲事，羽爲物。五者不亂，則無怗懘之音矣。宮亂則荒，

〔一〕「心」，阮刻本作「聲」。

其君驕。商亂則陂，其官壞。角亂則憂，其民怨。徵亂則哀，其事勤。羽亂則危，其財匱。五者皆亂，迭相陵，謂之慢。如此，則國之滅亡無日矣。

鄭、衛之音，亂世之音也，比於慢矣。桑間、濮上之音，亡國之音也，其政散，其民流，誣上行私而不可止也。

凡音者，生於人心者也。樂者，通倫理者也。是故知聲而不知音者，禽獸是也。知音而不知樂者，衆庶是也。唯君子爲能知樂。是故審聲以知音，審音以知樂，審樂以知政，而治道備矣。是故不知聲者，不可與言音。不知音者，不可與言樂。知樂，則幾於禮矣。禮樂皆得，謂之有德。德者得也。是故樂之隆，非極音也。食饗之禮，非致味也。清廟之瑟，朱弦而疏越，壹倡而三歎，有遺音者矣。大饗之禮，尚玄酒而俎腥魚。大羹不和，有遺味者矣。是故先王之制禮樂也，非以極口腹耳目之欲也，將以教民平好惡，而反人道之正也。

人生而靜，天之性也。感於物而動，性之欲也。物至知知，然後好惡形焉。好惡無節於內，知誘於外，不能反躬，天理滅矣。夫物之感人無窮，而人之好惡無節，則是物至而人化物也。人化物也者，滅天理而窮人欲者也。於是有悖逆詐偽之心，有淫泆作亂之事。是故强者脅弱，衆者暴寡，知者詐愚，勇者苦怯，疾病不養，老幼孤獨不得其所，此大亂之道也。

是故先王之制禮樂，人爲之節。衰麻哭泣，所以節喪紀也。鐘鼓干戚，所以和安樂也。昏姻冠笄，所以别男女也。射、鄉食饗，所以正交接也。禮節民心，樂和民聲，政以行之，刑以防之。禮、樂、刑、政，四達而不悖，則王道備矣。

樂者爲同，禮者爲異。同則相親，異則相敬。樂勝則流，禮勝則離。合情飾貌者，禮樂之事也。禮義立，則貴賤等矣。樂文同，則上下和矣。好惡著，則賢不肖别矣。刑禁暴，爵舉賢，則政均矣。仁以愛之，義以正之，如此，則民治行矣。

樂由中出，禮自外作。樂由中出，故靜。禮自外作，故文。大樂必易，大禮必簡。樂至則無怨，禮至則不爭。揖讓而治天下者，禮樂之謂也。暴民不作，諸侯賓服，兵革不試，五刑不用，百姓無患，天子不怒，如此，則樂達矣。合父子之親，明長幼之序，以敬四海之内，天子如此，則禮行矣。

大樂與天地同和，大禮與天地同節。和，故百物不失；節，故祀天祭地。明則有禮樂，幽則有鬼神。如此，則四海之内，合敬同愛矣。禮者，殊事合敬者也；樂者，異文合愛者也。禮樂之情同，故明王以相沿也。故事與時並，名與功偕。

故鐘鼓管磬，羽籥干戚，樂之器也。屈伸俯仰，綴兆舒疾，樂之文也。簠簋俎豆，制度文章，禮之器也。升降上下，周還裼襲，禮之文也。故知禮樂之情者能作，識禮樂之文者能述。作者之謂聖，述者之謂明。明聖者，述作之謂也。

樂者，天地之和也；禮者，天地之序也。和故百物皆化，序故群物皆別。樂由天作，禮以地制。過制則亂，過作則暴。明於天地，然後能興禮樂也。

論倫無患，樂之情也；欣喜歡愛，樂之官也。中正無邪，禮之質也；莊敬恭順，禮之制也。若夫禮樂之施於金石，越於聲音，用於宗廟社稷，事乎山川鬼神，則此所與民同也。

王者功成作樂，治定制禮。其功大者其樂備，其治辯者其禮具。干戚之舞，非備樂也。孰亨而祀，非達禮也。五帝殊時，不相沿樂。三王異世，不相襲禮。樂極則憂，禮粗則偏矣。及夫敦樂而無憂，禮備而不偏者，其唯大聖乎。

天高地下，萬物散殊，而禮制行矣。流而不息，合同而化，而樂興焉。春作夏長，仁也；秋斂冬藏，義也。仁近於樂，義近於禮。樂者敦和，率神而從天。禮者別宜，居鬼而從地。故聖人作樂以應天，制禮以配地。禮樂明備，天地官矣。

天尊地卑，君臣定矣。卑高已陳，貴賤位矣。動靜有常，小大殊矣。方以類聚，物以群分，則性命不同矣。在天成象，在地成形，如此，則禮者，天地之別也。

地氣上齊，天氣下降，陰陽相摩，天地相蕩，鼓之以雷霆，奮之以風雨，動之以四時，暖之以日月，而百化興焉。如此，則樂者，天地之和也。化不時則不生，男女無辨則亂升，天地之情也。

及夫禮樂之極乎天而蟠乎地，行乎陰陽而通乎鬼神，窮高極遠而測深厚。樂著大始，而禮居成物。著不息者，天也。著不動者，地也。一動一靜者，天地之間也。故聖人曰「禮樂」云。

昔者，舜作五弦之琴以歌南風，夔始制樂以賞諸侯。故天子之爲樂也，以賞諸侯之有德者也。德盛而教尊，五穀時熟，然後賞之以樂。故其治民勞者，其舞行綴遠。其治民逸者，其舞行綴短。

故觀其舞，知其德；聞其謚，知其行也。大章，章之也。咸池，備矣，韶，繼也。夏，大也。殷、周之樂盡矣。

天地之道，寒暑不時則疾，風雨不節則饑。教者，民之寒暑也，教不時則傷世。事者，民之風雨也，事不節則無功。然則先王之爲樂也，以法治也，善則行象德矣。

夫豢豕爲酒，非以爲禍也，而獄訟益繁，則酒之流生禍也。是故先王因爲酒禮。壹獻之禮，賓主百拜，終日飲酒而不得醉焉，此先王之所以備酒禍也。故酒食者，所以合歡也。

樂者，所以象德也；禮者，所以綴淫也。是故先王有大事，必有禮以哀之；有大福，必有禮以樂之。哀樂之分，皆以禮終。樂也者，聖人之所樂也，而可以善民心，其感人深，其移風易俗，故先王著其教焉。

夫民有血氣心知之性，而無哀樂喜怒之常，應感起物而動，然後心術形焉。是故志微、噍殺之音作，而民思憂。嘽諧、慢易、繁文、簡節之音作，而民康樂。粗厲、猛起、奮末、廣賁之音作，而民剛毅。廉直、勁正、莊誠之音作，而民肅敬。寬裕、肉好、順成、和動之音作，而民慈愛。流辟、邪散、狄成、滌濫之音作，而民淫亂。

是故先王本之情性，稽之度數，制之禮義，合生氣之和，道五常之行，使之陽而不散，陰而不密，剛氣不怒，柔氣不懾，四暢交於中，而發作於外，皆安其位而不相奪也。然後立之學等，廣其節奏，省其文采，以繩德厚。律小大之稱，比終始之序，以象事行。使親疏、貴賤、長幼、男女之理，皆形見於樂，故曰：「樂觀其深矣。」

土敝則草木不長，水煩則魚鼈不大，氣衰則生物不遂，世亂則禮慝而樂淫。是故其聲哀而不莊，樂而不安，慢易以犯節，流湎以忘本。廣則容姦，狹則思欲。感條暢之氣，而滅平和之德。是以君子賤之也。

凡姦聲感人，而逆氣應之。逆氣成象，而淫樂興焉。正聲感人，而順氣應之。順氣成象，而和樂興焉。倡和有應，回邪曲直，各歸其分；而萬物之理，各以類相動也。是故君子反情以和其志，比類以成其行。姦聲亂色，不留聰明；淫樂慝禮，不接心術；惰慢邪辟之氣，不設於身體，使耳、目、鼻、口、心知、百體，皆由順正，以行其義。

然後發以聲音，而文以琴瑟，動以干戚，飾以羽旄，從以簫管。奮至德之光，動四氣之和，以著萬物之理。是故清明象天，廣大象地，終始象四時，周還象風雨。五色成文而不亂，八風從律而不姦，百度得數而有常。小大相成，終始相生，倡和清濁，迭相爲經。故樂行而倫清，耳目聰明，血氣和平，移風易俗，天下皆寧。

故曰：樂者，樂也。君子樂得其道，小人樂得其欲。以道制欲，則樂而不亂；以欲忘道，則惑而不樂。是故君子反情以和其志，廣樂以成其教，樂行而民鄉方，可以觀德矣。德者，性之端也。樂者，德之華也。金石絲竹，樂之器也。詩，言其志也。歌，詠其聲也。舞，動其容也。三者本於心，然後樂器從之。是故情深而文明，氣盛而化神，和順積中，而英華發外，唯樂不可以爲僞。

樂者，心之動也。聲者，樂之象也。文采節奏，聲之飾也。君子動其本，樂其象，然後治其飾。是故先鼓以警戒，三步以見方，再始以著往，復亂以飭歸，奮疾而不拔，極幽而不隱，獨樂其志，不厭其道，備舉其道，不私其欲。是故情見而義立，樂終而德尊，君子以好善，小人以聽過。故曰：生民之道，樂爲大焉。

樂也者，施也；禮也者，報也。樂，樂其所自生；而禮，反其所自始。樂章德，禮報情，反始也。

所謂大輅者，天子之車也。龍旂九旒，天子之旌也。青黑緣者，天子之寶龜也。從之以牛羊之群，則所以贈諸侯也。

樂也者，情之不可變者也。禮也者，理之不可易者也。樂統同，禮辨異。禮樂之説，管乎人情矣。

窮本知變，樂之情也；著誠去僞，禮之經也。禮樂偩天地之情，達神明之德，降興上下之神，而凝是精粗之體，領父子君臣之節。

是故大人舉禮樂，則天地將爲昭焉。天地訢合，陰陽相得，煦嫗覆育萬物，然後草木茂，區萌達，羽翼奮，角觡生，蟄蟲昭蘇，羽者嫗伏，毛者孕鬻，胎生者不殰，而卵生者不殈，則樂之道歸焉耳。

樂者，非謂黄鐘、大吕、弦歌、干揚也。樂之末節也，故童者舞之。鋪筵席，陳尊俎，列籩豆，以升降爲禮者，禮之末節也，故有司掌之。樂師辨乎聲詩，故北面而弦。宗祝辨乎宗廟之禮，故後尸。商祝辨乎喪禮，故後主人。是故德成而上，藝成而下，行成而先，事成而後。是故先王有上有下，有先有後，然後可以有制於天下也。

魏文侯問於子夏曰：「吾端冕而聽古樂，則唯恐臥。聽鄭衛之音，則不知倦。敢問古樂之如彼，何也？新樂之如此，何也？」

子夏對曰：「今夫古樂，進旅退旅，和正以廣。弦匏笙簧，會守拊鼓。始奏以文，復亂以武。治亂以相，訊疾以雅。君子於是語，於是道古。脩身及家，平均天下。此古樂之發也。今夫新樂，進俯退俯，姦聲以濫，溺而不止，及優、侏儒，獶雜子女，不知父子。樂終，不可以語，不可以道古。此新樂之發也。今君之所問者樂也，所好者音也。夫樂者，與音相近而不同。」文侯曰：「敢問何如？」

子夏對曰：「夫古者天地順而四時當，民有德而五穀昌，疾疢不作而無妖祥，此之謂大當。然後聖人作爲父子君臣，以爲紀綱。紀綱既正，天下大定。天下大定，然後正六律，和五聲，弦歌詩頌，此之謂德音，德音之謂樂。詩云：『莫其德音，其德克明。克明克類，克長克君。王此大邦，克順克俾，俾于文王，其德靡悔。既受帝祉，施于孫子。』此之謂也。今君之所好者，其溺音乎？」文侯曰：「敢問溺音何從出也？」

子夏對曰：「鄭音好濫淫志，宋音燕女溺志，衛音趨數煩志，齊音敖辟喬志。此四者，皆淫於色而害於德，是以祭祀弗用也。

「詩云：『肅雍和鳴，先祖是聽。』夫肅，肅敬也；雍，雍和也。夫敬以和，何事不行？爲人君者，謹其所好惡而已矣。君好之，則臣爲之。上行之，則民從之。詩云『誘民孔易』，此之謂也。

「然後聖人作爲鞉、鼓、椌、楬、壎、篪。此六者，德音之音也。然後鐘、磬、竽、瑟以和之，干、戚、旄、狄以舞之。此所以祭先王之廟也，所以獻、酬、酳、酢也，所以官序貴賤各得其宜也，所以示後世有尊卑長幼之序也。

「鐘聲鏗，鏗以立號，號以立橫，橫以立武。君子聽鐘聲，則思武臣。石聲磬，磬以立辨，辨以致死。君子聽磬聲，則思死封疆之臣。絲聲哀，哀以立廉，廉以立志。君子聽琴瑟之聲，則思志義之臣。竹聲濫，濫以立會，會以聚衆。君子聽竽笙簫管之聲，則思畜聚之臣。鼓鼙之聲讙，讙以立動，動以進衆。君子聽鼓鼙之聲，則思將帥之臣。君子之聽音，非聽其鏗鎗而已也，彼亦有所合之也。」

賓牟賈侍坐於孔子，孔子與之言，及樂，曰：「夫武之備戒之已久，何也？」對曰：「病不得其衆也。」

「詠歎之，淫液之，何也？」對曰：「恐不逮事也。」「發揚蹈厲之已蚤，何也？」對曰：「及時事也。」「武坐，致右憲左，何也？」對曰：「非武坐也。」「聲淫及商，何也？」

對曰：「非武音也。」子曰：「若非武音，則何音也？」對曰：「有司失其傳也。若非有司失其傳，則武王之志荒矣。」子曰：「唯。丘之聞諸萇弘，亦若吾子之言是也。」

賓牟賈起，免席而請曰：「夫武之備戒之已久，則既聞命矣，敢聞〔一〕遲之遲而又久，何也？」子曰：「居，吾語汝。夫樂者，象成者也。揔干而山立，武王之事也。發揚蹈厲，大公之志也。武亂皆坐，周、召之治也。

「且夫武，始而北出，再成而滅商，三成而南，四成而南國是疆，五成而分周公左、召公右，六成復綴以崇。

「天子夾振之而駟伐，盛威於中國也。分夾而進，事蚤濟也，久立於綴，以待諸侯之至也。且女獨未聞牧野之語乎？武王克殷反商，未及下車而封黄帝之後於薊，封帝堯之後於祝，封帝舜之後於陳。下車而封夏后氏之後於杞，投殷之後於宋，封王子比干之墓，釋箕子之囚，使之行商容而復其位。庶民弛政，庶士倍禄。濟河而西，馬散之華山之陽而弗復乘，牛散之桃林之野而弗復服，車甲衅而藏之府庫而弗復用，倒載干戈，包之以虎皮，將

〔一〕「聞」，阮刻本作「問」。

帥之士使爲諸侯，名之曰「建櫜」，然後天下〔一〕知武王之不復用兵也。

「散軍而郊射，左射貍首，右射騶虞，而貫革之射息也。裨冕搢笏，而虎賁之士説劍也。祀乎明堂，而民知孝。朝覲，然後諸侯知所以臣。耕藉，然後諸侯知所以敬。五者，天下之大教也。食三老、五更於大學，天子袒而割牲，執醬而饋，執爵而酳，冕而揔干，所以教諸侯之弟也。若此，則周道四達，禮樂交通，則夫武之遲久，不亦宜乎！」

君子曰：禮樂不可斯須去身。致樂以治心，則易、直、子、諒之心油然生矣。易、直、子、諒之心生則樂，樂則安，安則久，久則天，天則神。天則不言而信，神則不怒而威，致樂以治心者也。

致禮以治躬，則莊敬，莊敬則嚴威。心中斯須不和不樂，而鄙詐之心入之矣。外貌斯須不莊不敬，而易慢之心入之矣。

故樂也者，動於内者也；禮也者，動於外者也。樂極和，禮極順，内和而外順，則民瞻其顏色而弗與爭也，望其容貌而民不生易慢焉。故德煇動於内，而民莫不承聽。理發諸外，而民莫不承順。故曰：致禮樂之道，舉而錯之天下，無難矣。

〔一〕原稿無「天下」二字，據阮刻本補。

樂也者，動於内者也。禮也者，動於外者也。故禮主其減，樂主其盈。禮減而進，以進爲文；樂盈而反，以反爲文。禮減而不進則銷，樂盈而不反則放，故禮有報而樂有反。禮得其報則樂，樂得其反則安。禮之報，樂之反，其義一也。

夫樂者，樂也，人情之所不能免也。樂必發於聲音，形於動靜，人之道也。聲音動靜，性術之變，盡於此矣。

故人不耐無樂，樂不耐無形。形而不爲道，不耐無亂。先王耻其亂，故制雅、頌之聲以道之，使其聲足樂而不流，使其文足論而不息，使其曲直、繁瘠、廉肉、節奏，足以感動人之善心而已矣，不使放心邪氣得接焉，是先王立樂之方也。是故樂在宗廟之中，君臣上下同聽之，則莫不和敬；在族長鄉里之中，長幼同聽之，則莫不和順；在閨門之内，父子兄弟同聽之，則莫不和親。故樂者，審一以定和，比物以飾節，節奏合以成文，所以合和父子君臣，附親萬民也。是先王立樂之方也。

故聽其雅、頌之聲，志意得廣焉；執其干戚，習其俯仰詘伸，容貌得莊焉；行其綴兆，要其節奏，行列得正焉，進退得齊焉。故樂者，天地之命，中和之紀，人情之所不能免也。

夫樂者，先王之所以飾喜也。軍、旅、鈇、鉞者，先王之所以飾怒也。故先王之喜怒，皆得其儕焉。喜則天下和之，怒則暴亂者畏之。先王之道，禮樂可謂盛矣。

子贛見師乙而問焉，曰：「賜聞聲歌各有宜也，如賜者，宜何歌也？」師乙曰：「乙，賤工也，何足以問所宜？請誦其所聞，而吾子自執焉：愛者宜歌商，温良而能斷者宜歌齊。夫歌者，直己而陳德也，動己而天地應焉，四時和焉，星辰理焉，萬物育焉。故商者，五帝之遺聲也。寬而靜，柔而正者，宜歌頌。廣大而靜，疏達而信者，宜歌大雅。恭儉而好禮者，宜歌小雅。正直而靜，廉而謙者，宜歌風。肆直而慈愛，商之遺聲也，商人識之，故謂之商。齊者，三代之遺聲也，齊人識之，故謂之齊。明乎商之音者，臨事而屢斷；明乎齊之音者，見利而讓。臨事而屢斷，勇也。見利而讓，義也。有勇有義，非歌孰能保此？故歌者上如抗，下如隊，曲如折，止如槀木，倨中矩，句中鉤，纍纍乎端如貫珠。故歌之爲言也，長言之也。説之，故言之；言之不足，故長言之；長言之不足，故嗟歎之；嗟歎之不足，故不知手之舞之，足之蹈之也。」子貢問樂

儒行

魯哀公問於孔子曰：「夫子之服，其儒服與？」孔子對曰：「丘少居魯，衣逢掖之衣；長居宋，冠章甫之冠。丘聞之也：君子之學也博，其服也鄉。丘不知儒服。」

哀公曰：「敢問儒行？」孔子對曰：「遽數之不能終其物，悉數之乃留，更僕，未可終也。」

哀公命席，孔子侍，曰：「儒有席上之珍以待聘，夙夜强學以待問，懷忠信以待舉，力行以待取。其自立有如此者。儒有衣冠中，動作慎。其大讓如慢，小讓如僞；大則如威，小則如愧。其難進而易退也，粥粥若無能也。其容貌有如此者。儒有居處齊難，其坐起恭敬；言必先信，行必中正。道塗不爭險易之利，冬夏不爭陰陽之和，愛其死以有待也，養其身以有爲也。其備豫有如此者。儒有不寶金玉，而忠信以爲寶；不祈土地，立義以爲土地；不祈多積，多文以爲富；難得而易禄也，易禄而難畜也。非時不見，不亦『難得』乎？非義不合，不亦『難畜』乎？先勞而後禄，不亦『易禄』乎？其近人有如此者。儒有委之以貨財，淹之以樂好，見利，不虧其義；劫之以衆，沮之以兵，見死，不更其守；鷙蟲攫搏，不程勇者；引重鼎不程其力；往者不悔，來者不豫；過言不再，流言不極；不斷其威，不習其謀。其特立有如此者。

「儒有可親而不可劫也，可近而不可迫也，可殺而不可辱也。其居處不淫，其飲食不溽，其過失可微辨而不可面數也。其剛毅有如此者。

「儒有忠信以爲甲胄，禮義以爲干櫓；戴仁而行，抱義而處；雖有暴政，不更其所。

其自立有如此者。

「儒有一畝之宫，環堵之室，篳門圭窬，蓬户甕牖；　易衣而出，并日而食；　上答之不敢以疑，上不答不敢以諂。其仕有如此者。

「儒有今人與居，古人與稽；　今世行之，後世以爲楷；　適弗逢世，上弗援，下弗推。讒諂之民，有比黨而危之者，身可危也，而志不可奪也。雖危，起居竟信其志，猶將不忘百姓之病也。其憂思有如此者。

「儒有博學而不窮，篤行而不倦；　幽居而不淫，上通而不困；　禮之以和爲貴，忠信之美，優游之法；　舉賢而容衆，毁方而瓦合。其寬裕有如此者。

「儒有内稱不辟親，外舉不辟怨；　程功積事，推賢而進達之，不望其報；　君得其志，苟利國家，不求富貴。其舉賢援能有如此者。

「儒有聞善以相告也，見善以相示也，爵位相先也，患難相死也，久相待也，遠相致也。其任舉有如此者。

「儒有澡身而浴德，陳言而伏，静而正之，上弗知也，麤而翹之，又不急爲也；　不臨深而爲高，不加少而爲多；　世治不輕，世亂不沮，同弗與，異弗非也。其特立獨行有如此者。

「儒有上不臣天子，下不事諸侯；慎靜而尚寬，强毅以與人；博學以知服，近文章，砥礪廉隅；雖分國如錙銖，不臣不仕。其規爲有如此者。「儒有合志同方，營道同術，並立則樂，相下不厭，久不相見，聞流言不信。其行本方立義，同而進，不同而退。其交友有如此者。「温良者，仁之本也。敬慎者，仁之地也。寬裕者，仁之作也。孫接者，仁之能也。禮節者，仁之貌也。言談者，仁之文也。歌樂者，仁之和也。分散者，仁之施也。儒皆兼此而有之，猶且不敢言仁也。其尊讓有如此者。「儒有不隕穫於貧賤，不充詘於富貴，不慁君王，不累長上，不閔有司，故曰『儒』。今衆人之命儒也妄常，以儒相詬病。」孔子至舍，哀公館之，聞此言也，言加信，行加義，「終没吾世，不敢以儒爲戲」。

檀弓

公儀仲子之喪，檀弓免焉。仲子舍其孫而立其子。檀弓曰：「何居？我未之前聞也。」趨而就子服伯子於門右，曰：「仲子舍其孫而立其子，何也？」伯子曰：「仲子亦猶行古之道也。昔者文王舍伯邑考而立武王，微子舍其孫腯而立衍也。夫仲子亦猶行古之道也。」子游問諸孔子，孔子曰：「否！立孫。」

事親有隱而無犯，左右就養無方，服勤至死，致喪三年。事君有犯而無隱，左右就養有方，服勤至死，方喪三年。事師無犯無隱，左右就養無方，服勤至死，心喪三年。

孔子少孤，不知其墓殯於五父之衢。人之見之者，皆以爲葬也。其慎也，蓋殯也。問於郰曼父之母，然後得合葬於防。孔子既得合葬於防，曰：「吾聞之，古也墓而不墳。今丘也，東西南北之人也，不可以弗識也。」於是封之，崇四尺。孔子先反，門人後。雨甚，至。孔子問焉，曰：「爾來何遲也？」曰：「防墓崩。」孔子不應，三，孔子泫然流涕曰：「吾聞之，古不脩墓。」「孔子既得合葬於防」以下，原在前，今移此。「不知其墓殯於五父之衢」爲一句，蓋古者墓而不墳，無所記識，不知其穴之所在也，故合墓後爲墳以識之。墓葬無壟，墳有壟。叔梁紇之墓，原係殯而非葬，故孔子不能審知。以孔子爲全不知其父墓者句讀之，誤。

曾子寢疾，病。樂正子春坐於牀下，曾元、曾申坐於足，童子隅坐而執燭。童子曰：「華而睆，大夫之簀與？」子春曰：「止！」曾子聞之，瞿然曰：「呼！」曰：「華而睆，大夫之簀與？」曾子曰：「然，斯季孫之賜也，我未之能易也。元，起易簀。」曾元曰：「夫子之病革矣，不可以變，幸而至於旦，請敬易之。」曾子曰：「爾之愛我也不如彼。君子之愛人也以德，細人之愛人也以姑息。吾何求哉？吾得正而斃焉，斯已矣。」舉扶而易之，反席未安而没。

子夏喪其子而喪其明。曾子弔之，曰：「吾聞之也，朋友喪明則哭之。」曾子哭，子夏亦哭，曰：「天乎，予之無罪也！」曾子怒曰：「商，女何無罪也？吾與女事夫子於洙、泗之間，退而老於西河之上，使西河之民，疑女於夫子，爾罪一也。喪爾親，使民未有聞焉，爾罪二也。喪爾子，喪爾明，爾罪三也。而曰女何無罪與？」子夏投其杖而拜曰：「吾過矣！吾過矣！吾離群而索居，亦已久矣。」

孔子蚤作，負手曳杖，消摇於門，歌曰：「泰山其頽乎？梁木其壞乎？哲人其萎乎？」既歌而入，當户而坐。子貢聞之曰：「泰山其頽，則吾將安仰？梁木其壞、哲人其萎，則吾將安放？夫子殆將病也。」遂趨而入。夫子曰：「賜，爾來何遲也？夏后氏殯於東階之上，則猶在阼也。殷人殯於兩楹之間，則與賓主夾之也。周人殯於西階之上，則猶賓之也。而丘也，殷人也。予疇昔之夜，夢坐奠於兩楹之間。夫明王不興，而天下其孰能宗予？予殆將死矣〔二〕。」蓋寢疾七日而没。

孔子之喪，門人疑所服。子貢曰：「昔者夫子之喪顔淵，若喪子而無服。喪子路亦

〔二〕「矣」，阮刻本作「也」。

然。請喪夫子若喪父而無服。」

孔子之喪，公西赤爲志焉。飾棺牆，置翣，設披，周也。設崇，殷也。綢練設旐，夏也。

孔子之喪，二三子皆絰而出。群居則絰，出則否。

孔子之喪，有自燕來觀者，舍於子夏氏。子夏曰：「聖人之葬人，與人之葬聖人也，子何觀焉？昔者夫子言之曰：『吾見封之若堂者矣，見若坊者矣，見若覆夏屋者矣，見若斧者矣。從若斧者焉。馬鬣封之謂也。』今一日而三斬板，而已封。尚行夫子之志乎哉！」

有子問於曾子曰：「問喪於夫子乎？」曰：「聞之矣：喪欲速貧，死欲速朽。」有子曰：「是非君子之言也。」曾子曰：「參也聞諸夫子也。」有子又曰：「是非君子之言也。」曾子曰：「參也與子游聞之。」有子曰：「然，然則夫子有爲言之也。」曾子以斯言告於子游。子游曰：「甚哉！有子之言似夫子也。昔者夫子居於宋，見桓司馬自爲石椁，三年而不成。夫子曰：『若是其靡也，死不如速朽之愈也。』死之欲速朽，爲桓司馬言之也。南宮敬叔反，必載寶而朝。夫子曰：『若是其貨也，喪不如速貧之愈也。』喪之欲速貧，爲敬叔言之也。」曾子以子游之言告於有子，有子曰：「然，吾固曰非夫子之言也。」

曾子曰：「子何以知之？」有子曰：「夫子制於中都，四寸之冠〔一〕，五寸之椁，以斯知不欲速朽也。昔者夫子失魯司寇，將之荆，蓋先之以子夏，又申之以冉有，以斯知不欲速貧也。」

晉獻公將殺其世子申生，公子重耳謂之曰：「子蓋言子之志於公乎？」世子曰：「不可，君安驪姬，是我傷公之心也。」曰：「然則蓋行乎？」世子曰：「不可，君謂我欲弑君也。天下豈有無父之國哉！吾何行如之？」使人辭於狐突曰：「申生有罪，不念伯氏之言也，以至於死。申生不敢愛其死。雖然，吾君老矣，子少，國家多難。伯氏不出而圖吾君，伯氏苟出而圖吾君，申生受賜而死。」再拜稽首，乃卒。是以爲恭世子也。

晉獻公之喪，秦穆公使人弔公子重耳，且曰：「寡人聞之，亡國恒於斯，得國恒於斯。雖吾子儼然在憂服之中，喪亦不可久也，時亦不可失也。孺子其圖之。」以告舅犯，舅犯曰：「孺子其辭焉！喪人無寶，仁親以爲寶。父死之謂何？又因以爲利，而天下其孰能説之？孺子其辭焉！」公子重耳對客曰：「君惠弔亡臣重耳，身喪父死，不得與於哭泣之

〔一〕「冠」，阮刻本作「棺」。

哀，以爲君憂。拜命之辱〔一〕，父死之謂何？或敢有他志以辱君義。」稽顙而不拜，哭而起，起而不私。子顯以致命於穆公。穆公曰：「仁夫公子重耳！夫稽顙而不拜，則未爲後也，故不成拜。哭而起，則愛父也。起而不私，則遠利也。」

知悼子卒，未葬。平公飲酒，師曠、李調侍，鼓鐘。杜蕢自外來，聞鐘聲，曰：「安在？」曰：「在寢。」杜蕢入寢，歷階而升，酌，曰：「曠飲斯。」又酌，曰：「調飲斯。」又酌，堂上北面坐飲之。降，趨而出。平公呼而進之曰：「蕢，曩者爾心或開予，是以不與爾言。爾飲曠何也？」曰：「子卯不樂，知悼子在堂，斯其爲子卯也大矣。曠也大師也，不以詔，是以飲之也。」「爾飲調何也？」曰：「調也，君之褻臣也，爲一飲一食，忘君之疾，是以飲之也。」「爾飲何也？」曰：「蕢也，宰夫也，非刀匕是共，又敢與知防，是以飲之也。」平公曰：「寡人亦有過焉，酌而飲寡人。」杜蕢洗而揚觶。公謂侍者曰：「如我死，則必無廢斯爵也。」至於今，既畢獻，斯揚觶，謂之杜舉。

孔子過泰山側，有婦人哭於墓者而哀。夫子式而聽之，使子路問之，曰：「子之哭也，壹似重有憂者。」而曰：「然。昔者吾舅死於虎，吾夫又死焉，今吾子又死焉。」夫子

〔一〕阮刻本無「拜命之辱」四字。

曰：「何爲不去也？」曰：「無苛政。」夫子曰：「小子識之，苛政猛於虎也。」

延陵季子適齊，於其反也，其長子死，葬於嬴、博之間。孔子曰：「延陵季子，吴之習於禮者也。」往而觀其葬焉。其坎深不至於泉，其斂以時服。既葬而封，廣輪揜坎，其高可隱也。既封，左袒，右還其封且號者三，曰：「骨肉歸復於土，命也。若魂氣則無不之也，無不之也。」而遂行。孔子曰：「延陵季子之於禮也，其合矣乎！」

國子高曰：「葬也者，藏也。藏也者，欲人之弗得見也。是故衣足以飾身，棺周於衣，椁周於棺，土周於椁。反壤樹之哉。」

齊大饑，黔敖爲食於路，以待餓者而食之。有餓者蒙袂輯屨，貿貿然來。黔敖左奉食，右執飲，曰：「嗟，來食！」揚其目而視之，曰：「予唯不食嗟來之食，以至於斯也。」從而謝焉，終不食而死。曾子聞之曰：「微與！其嗟也可去，其謝也可食。」

陽門之介夫死，司城子罕入而哭之哀。晉人之覘宋者，反報於晉侯曰：「陽門之介夫死，而子罕哭之哀，而民説，殆不可伐也。」孔子聞之曰：「善哉覘國乎！詩云：『凡民有喪，扶服救之。』雖微晉而已，天下其孰能當之？」

趙文子與叔譽觀乎九原。文子曰：「死者如可作也，吾誰與歸？」叔譽曰：「其陽處父乎？」文子曰：「行并植於晉國，不没其身，其知不足稱也。」「其舅犯乎？」文子曰：「見利不顧其君，其仁不足稱也。我則隨武子乎？利其君，不忘其身。謀其身，不遺其友。」晉人謂文子知人。文子其中退然如不勝衣，其言呐呐然如不出其口。所舉於晉國管庫之士七十有餘家，生不交利，死不屬其子焉。

學記

發慮憲，求善良，足以謏聞，不足以動衆。就賢體遠，足以動衆，未足以化民。君子如欲化民成俗，其必由學乎！

玉不琢，不成器；人不學，不知道。是故古之王者建國君民，教學爲先。兑命曰：「念終始典於學。」其此之謂乎！

雖有嘉肴，弗食，不知其旨也；雖有至道，弗學，不知其善也。是故學然後知不足，教然後知困。知不足，然後能自反也。知困，然後能自强也。故曰：「教學相長也。」兑命曰：「學學半。」其此之謂乎！

古之教者，家有塾，黨有庠，術有序，國有學。比年入學，中年考校。一年視離經辨志，三年視敬業樂群，五年視博習親師，七年視論學取友，謂之小成。九年知類通達，强立而不反，謂之大成。夫然後足以化民易俗，近者説服，而遠者懷之，此大學之道也。記曰：「蛾子時術之。」其此之謂乎！

大學始教，皮弁祭菜，示敬道也。宵雅肄三，官其始也。入學鼓篋，孫其業也。夏、楚二物，收其威也。未卜禘，不視學，游其志也。時觀而弗語，存其心也。幼者聽而弗問，學不躐等也。此七者，教之大倫也。記曰：「凡學，官先事，士先志。」其此之謂乎！

大學之教也，時。教必有正業，退息必有居。學不學操縵，不能安弦。不學博依，不能安詩。不學雜服，不能安禮。不興其藝，不能樂學。故君子之於學也，藏焉，修焉，息焉，游焉。夫然，故安其學而親其師，樂其友而信其道。是以雖離師輔而不反也。兑命曰：「敬孫務時敏，厥修乃來。」其此之謂乎！

今之教者，呻其佔畢，多其訊。言及於數，進而不顧其安，使人不由其誠，教人不盡其材，其施之也悖，其求之也佛。夫然，故隱其學而疾其師，苦其難而不知其益也。雖終其業，其去之必速。教之不刑，其此之由乎！

大學之法，禁於未發之謂豫，當其可之謂時，不陵節而施之謂孫，相觀而善之謂摩。此四者，教之所由興也。

發然後禁，則扞格而不勝。時過而〔二〕後學，則勤苦而難成。雜施而不孫，則壞亂而不修。獨學而無友，則孤陋而寡聞。燕朋逆其師，燕辟廢其學。此六者，教之所由廢也。

君子既知教之所由興，又知教之所由廢，然後可以爲人師也。故君子之教喻也，道而弗牽，强而弗抑，開而弗達。道而弗牽則和，强而弗抑則易，開而弗達則思。和易以思，可謂善喻矣。

學者有四失，教者必知之。人之學也，或失則多，或失則寡，或失則易，或失則止。此四者，心之莫同也。知其心，然後能救其失也。教也者，長善而救其失者也。

善歌者使人繼其聲，善教者使人繼其志。其言也約而達，微而臧，罕譬而喻，可謂繼志矣。

君子知至學之難易，而知其美惡，然後能博喻；能博喻然後能爲師；能爲師然後能爲長；能爲長然後能爲君。故師也者，所以學爲君也。是故擇師不可不慎也。記曰：「三王、四代，唯其師。」此之謂乎！

凡學之道，嚴師爲難。師嚴然後道尊，道尊然後民知敬學。是故君之所不臣於其臣

〔二〕「而」，阮刻本作「然」。

者二：當其爲尸，則弗臣也；當其爲師，則弗臣也。大學之禮，雖詔於天子，無北面，所以尊師也。

善學者師逸而功倍，又從而庸之。不善學者師勤而功半，又從而怨之。善問者如攻堅木，先其易者，後其節目，及其久也，相說以解。不善問者反此。善待問者如撞鐘，叩之以小者則小鳴，叩之以大者則大鳴，待其從容，然後盡其聲。不善答問者反此。此皆進學之道也。

記問之學，不足以爲人師，必也其聽語乎。力不能問，然後語之。語之而不知，雖舍之可也。

良冶之子，必學爲裘。良弓之子，必學爲箕。始駕馬者反之，車在馬前。君子察於此三者，可以有志於學矣。

古之學者，比物醜類。鼓無當於五聲，五聲弗得不和。水無當於五色，五色弗得不章。學無當於五官，五官弗得不治。師無當於五服，五服弗得不親。

君子曰：「大德不官，大道不器，大信不約，大時不齊。察於此四者，可以有志於學矣。」

三王之祭川也，皆先河而後海，或源也，或委也。此之謂務本。

經解

孔子曰：「入其國，其教可知也。其爲人也温柔敦厚，詩教也；疏通知遠，書教也；廣博易良，樂教也；絜靜精微，易教也；恭儉莊敬，禮教也；屬辭比事，春秋教也。故詩之失，愚；書之失，誣；樂之失，奢；易之失，賊；禮之失，煩〔一〕；春秋之失，亂。其爲人也，温柔敦厚而不愚，則深於詩者也；疏通知遠而不誣，則深於書者也；廣博易良而不奢，則深於樂者也；絜靜精微而不賊，則深於易者也；恭儉莊敬而不煩，則深於禮者也；屬辭比事而不亂，則深於春秋者也。」

天子者，與天地參，故德配天地，兼利萬物，與日月並明，明照四海而不遺微小。其在朝廷則道仁聖禮義之序，燕處則聽雅、頌之音，行步則有環佩之聲，升車則有鸞和之音。居處有禮，進退有度，百官得其宜，萬事得其序。詩云：「淑人君子，其儀不忒，其儀不忒，正是四國。」此之謂也。發號出令而民説，謂之和。上下相親，謂之仁。民不求其所欲而得之，謂之信。除去天地之害，謂之義。義與信，和與仁，霸王之器也。有治民之意而無其器，則不成。

〔一〕原稿無「禮之失煩」四字，據阮刻本補。

禮之於正國也，猶衡之於輕重也，繩墨之於曲直也，規矩之於方圜也。故衡誠縣，不可欺以輕重。繩墨誠陳，不可欺以曲直。規矩誠設，不可欺以方圜。君子審禮，不可誣以姦詐。是故隆禮由禮，謂之有方之士。不隆禮，不由禮，謂之無方之民。敬讓之道也。故以奉宗廟則敬；以入朝廷則貴賤有位；以處室家則父子親，兄弟和；以處鄉里則長幼有序。孔子曰：「安上治民，莫善於禮。」此之謂也。

故朝覲之禮，所以明君臣之義也。聘問之禮，所以使諸侯相尊敬也。喪祭之禮，所以明臣子之恩也。鄉飲酒之禮，所以明長幼之序也。昏姻之禮，所以明男女之別也。夫禮，禁亂之所由生，猶坊止水之所自來也。故以舊坊爲無所用而壞之者，必有水敗。以舊禮爲無所用而去之者，必有亂患。故昏姻之禮廢，則夫婦之道苦，而淫辟之罪多矣。鄉飲酒之禮廢，則長幼之序失，而爭鬬之獄繁矣。喪祭之禮廢，則臣子之恩薄，而倍死忘生者衆矣。聘覲之禮廢，則君臣之位失，諸侯之行惡，而倍畔侵陵之敗起矣。

故禮之教化也微，其止邪也於未形，使人日徙善遠罪而不自知也，是以先王隆之也。《易》曰：「君子慎始，差若毫釐，繆以千里。」此之謂也。

經文統鈔下編卷三

益陽陳天倪　主纂
湘陰彭　昺　襄輯

附　離騷經

離騷經者，屈原之所作也。屈原與楚同姓，仕於懷王，爲三閭大夫。三閭之職，掌王族三姓，曰昭、屈、景。屈原序其譜屬，率其賢良，以厲國士。入則與王圖議政事，決定嫌疑；出則監察群下，應對諸侯。謀行職修，王甚珍之。同列大夫上官靳尚妒害其能，共譖毀之，王乃疏屈原。

而屈原執履忠貞而被讒衺，憂心煩亂，不知所愬，乃作離騷經。離，別也；騷，愁也；經，徑也。言己放逐離別，中心愁思，猶陳直徑以風諫君也。故上述唐、虞三后之制，下序桀、紂、羿、澆之敗，冀君覺悟，反於正道而還己也。

是時，秦昭王使張儀譎詐懷王，令絕齊交；又使誘楚，請與俱會武關，遂脅與俱歸，拘留不遣，卒客死於秦。其子襄王復用讒言，遷屈原於江南。屈原放在草野，復作九章，援天引聖，以自證明，終不見省。不忍以清白久居濁世，遂赴汨淵自沉而死。

離騷之文，依詩取興，引類譬喻。故善鳥香草，以配忠貞；惡禽臭物，以比讒佞；靈修美人，以媲於君；宓妃佚女，以譬賢臣；虬龍鸞鳳，以託君子；飄風雲霓，以爲小人。其詞温而雅，其義皎而朗，凡百君子，莫不慕其清高，嘉其文采，哀其不遇，而閔其志焉。王逸離騷經章句

帝高陽之苗裔兮，朕皇考曰伯庸。攝提貞于孟陬兮，惟庚寅吾以降。皇覽揆余于初度兮，肇錫余以嘉名：名余曰正則兮，字余曰靈均。紛吾既有此内美兮，又重之以脩能；扈江離與辟芷兮，紉秋蘭以爲佩。汩余若將弗及兮，恐年歲之不吾與。朝搴阰之木蘭兮，夕攬洲之宿莽。日月忽其不淹兮，春與秋其代序；惟草木之零落兮，恐美人之遲暮。不撫壯而棄穢兮，何不改乎此度也？乘騏驥以馳騁兮，來吾道夫先路！

昔三后之純粹兮，固衆芳之所在；雜申椒與菌桂兮，豈惟紉夫蕙茝！彼堯、舜之耿介兮，既遵道而得路；何桀、紂之昌披兮，夫惟捷徑以窘步。惟黨人之偷樂兮，路幽昧以

險隘； 豈余身之憚殃兮，恐皇輿之敗績！ 忽奔走以先後兮，及前王之踵武； 荃不揆余之中情兮，反信讒而齌怒。 余固知謇謇之爲患兮，忍而不能舍也； 指九天以爲正兮，夫惟靈修之故也！ 曰黄昏以爲期兮，羌中道而改路。 初既與余成言兮，後悔遁而有他； 余既不難夫離别兮，傷靈脩之數化。

余既滋蘭之九畹兮，又樹蕙之百晦。 畦留夷與揭車兮，雜杜蘅與芳芷。 冀枝葉之峻茂兮，願俟時乎吾將刈； 雖萎絶其亦何傷兮，哀衆芳之蕪穢！

衆皆競進以貪婪兮，憑不厭乎求索； 羌内恕己以量人兮，各興心而嫉妬。 忽馳騖以追逐兮，非余心之所急； 老冉冉其將至兮，恐修名之不立。 朝飲木蘭之墜露兮，夕餐秋菊之落英。

苟余情其信姱以練要兮，長顑頷亦何傷！ 擥木根以結茝兮，貫薜荔之落蘂； 矯菌桂以紉蕙兮，索胡繩之纚纚。 謇吾法夫前修兮，非世俗之所服； 雖不周於今之人兮，願依彭咸之遺則。

長太息以掩涕兮，哀民生之多艱； 余雖好修姱以鞿羈兮，謇朝誶而夕替。 既替余以蕙纕兮，又申之以攬茝； 亦余心之所善兮，雖九死其猶未悔。

怨靈修之浩蕩兮，終不察夫民心； 衆女嫉余之蛾眉兮，謡諑謂余以善淫。 固時俗之工巧兮，偭規矩而改錯；　背繩墨以追曲兮，競周容以爲度。　忳鬱邑余侘傺兮，吾獨窮困乎此時也；　寧溘死以流亡兮，余不忍爲此態也！

鷙鳥之不群兮，自前世而固然；　何方圜之能周兮，夫孰異道而相安！屈心而抑志兮，忍尤而攘詬；　伏清白以死直兮，固前聖之所厚。

悔相道之不察兮，延佇乎吾將反；　回朕車以復路兮，及行迷之未遠。步余馬於蘭皋兮，馳椒丘且焉止息；　進不入以離尤兮，退將復修吾初服。製芰荷以爲衣兮，集芙蓉以爲裳；　不吾知其亦已兮，苟余情其信芳！高余冠之岌岌兮，長余佩之陸離；　芳與澤其雜糅兮，唯昭質其猶未虧。忽反顧以遊目兮，將往觀乎四荒；　佩繽紛其繁飾兮，芳菲菲其彌章！民生各有所樂兮，余獨好修以爲常。　雖體解吾猶未變兮，豈余心之可懲！

女嬃之嬋媛兮，申申其詈余。曰：「鯀婞直以亡身兮，終焉〔一〕殀乎羽之野。汝何博謇而好修兮，紛獨有此姱節？薋菉葹以盈室兮，判獨離而不服。衆不可户説兮，孰云察余之中情？世並舉而好朋兮，夫何煢獨而不余聽！」

依前聖以節中兮，喟憑心而歷兹；　濟沅、湘以南征兮，就重華而敶詞：　啟九辯與九

〔一〕「焉」，洪興祖楚辭補注、俞初校本均作「然」。

歌兮，夏康娱以自縱；不顧難以圖後兮，五子用失乎家巷。羿淫遊以佚田兮，又好射夫封狐；固亂流其鮮終兮，浞又貪夫厥家。澆身被服强圉兮，縱欲而不忍；日康娱而自忘兮，厥首用夫顛隕。夏桀之常違兮，乃遂焉而逢殃；后辛之菹醢兮，殷宗用之不長。湯、禹儼而祗敬兮，周論道〔一〕而莫嗟〔二〕；舉賢而授能兮，循繩墨而不頗。皇天無私阿兮，覽民德焉錯輔；夫維聖哲以茂行兮，苟得用此下土。瞻前而顧後兮，相觀民之計極；夫孰非義而可用兮？孰非善而可服？阽余身而危死兮，覽余初其猶未悔；不量鑿而正枘兮，固前修以菹醢。曾歔欷余鬱邑兮，哀朕時之不當；攬茹蕙以掩涕兮，霑余襟之浪浪。

跪敷衽以陳辭兮，耿吾既得此中正；駟玉虬以乘鷖兮，溘埃風余上征。朝發軔於蒼梧兮，夕余至乎縣圃；欲少留此靈瑣兮，日忽忽其將暮。吾令羲和弭節兮，望崦嵫而勿迫；路曼曼其修遠兮，吾將上下而求索。飲余馬於咸池兮，揔余轡乎扶桑；折若木以拂日兮，聊逍遥以相羊。前望舒使先驅兮，後飛廉使奔屬；鸞皇爲余前〔三〕戒兮，雷師告

〔一〕原作「道論」，據洪興祖楚辭補注、俞初校本乙正。

〔二〕「嗟」，洪興祖楚辭補注、俞初校本均作「差」。

〔三〕「前」，洪興祖楚辭補注作「先」，俞初校本作「前」。

余以未具。吾令鳳凰[一]飛騰兮，繼之以日夜；飄風屯其相離兮，率雲霓而來御。紛總總其離合兮，斑陸離其上下；吾令帝閽開關兮，倚閶闔而望予。時曖曖其將罷兮，結幽蘭而延佇；世溷濁而不分兮，好蔽美而嫉妬。

朝吾將[二]濟於白水兮，登閬風而緤馬；忽反顧以流涕兮，哀高丘之無女。溘吾遊此春宫兮，折瓊枝以繼佩；及榮華之未落兮，相下女之可詒。吾令豐隆乘雲兮，求宓妃之所在；解佩纕以結言兮，吾令蹇修以爲理。紛總總其離合兮，忽緯繣其難遷；夕歸次於窮石兮，朝濯髮乎洧盤。保厥美以驕傲兮，日康娱以淫遊；雖信美而無禮兮，來違棄而致[三]求。覽相觀於四極兮，周流乎天余乃下；望瑶臺之偃蹇兮，見有娀之佚女。吾令鴆爲媒兮，鴆告余以不好。雄鳩之鳴逝兮，余猶惡其佻巧。心猶豫而狐疑兮，欲自適而不可。鳳皇既受詒兮，恐高辛之先我。

欲遠集而無所止兮，聊浮遊以逍遥；及少康之未家兮，留有虞之二姚。理弱而媒拙兮，恐導言之不固；世溷濁而嫉賢兮，好蔽美而稱惡。閨中既以邃遠兮，哲王又不寤；

[一]「凰」，洪興祖楚辭補注作「鳥」，俞初校本作「凰」。
[二] 原稿無「將」字，據洪興祖楚辭補注、俞初校本補。
[三]「致」，洪興祖楚辭補注、俞初校本均作「改」。

懷朕情而不發兮，余焉能忍與此終古！

索藑茅以筳篿兮，命靈氛爲余占之。曰：「兩美其必合兮，孰信修而慕之？思九州之博大兮，豈惟是其有女？」曰：「勉遠逝而無狐疑兮，孰求美而釋女？何所獨無芳草兮，爾何懷乎故宇？」世幽昧以昡曜兮，孰云察余之美〔二〕惡？民好惡其不同兮，惟此黨人其獨異：户服艾以盈要兮，謂幽蘭其不可佩。覽察草木其猶未得兮，豈珵美之能當？蘇糞壤以充幃兮，謂申椒其不芳！

欲從靈氛之吉占兮，心猶豫而狐疑；巫咸將夕降兮，懷椒糈而要之。百神翳其備降兮，九嶷繽其並迎；皇剡剡其揚靈兮，告余以吉故。曰：「勉升降以上下兮，求榘矱之所同：湯、禹儼而求合兮，摯、咎繇而能調。苟中情其好修兮，又何必用夫行媒：説操築於傅巖兮，武丁用而不疑。吕望之鼓刀兮，遭周文而得舉；甯戚之謳歌兮，齊桓聞以該輔。及年歲之未晏兮，時亦猶其未央；恐鵜鴂之先鳴兮，使夫百草爲之不芳！」

何瓊佩之偃蹇兮，衆薆然而蔽之；惟此黨人之不諒兮，恐嫉妬而折之。時繽紛其變

〔二〕「美」，洪興祖楚辭補注、俞初校本作「善」。

易兮，又何可以淹留； 蘭芷變而不芳兮，荃蕙化而爲茅。何昔日之芳草兮，今直爲此〔二〕蕭艾也？豈其有他故兮，莫好修之害也！余以蘭爲可恃兮，羌無實而容長； 委厥美以從俗兮，苟得列乎衆芳。椒專佞以慢慆兮，樧又欲充夫佩幃； 既干進而務入兮，又何芳之能祗！固時俗之流從〔三〕兮，又孰能無變化？覽椒蘭其若茲兮，又況揭車與江離！惟茲佩之可貴兮，委厥美而歷茲； 芳菲菲而難虧兮，芬至今猶未沬。和調度以自娛兮，聊浮游而求女； 及余飾之方壯兮，周流觀乎上下。

靈氛既告余以吉占兮，歷吉日乎吾將行。折瓊枝以爲羞兮，精瓊爢以爲粻。爲余駕飛龍兮，雜瑤象以爲車； 何離心之可同兮，吾將遠逝以自疏！邅吾道夫崑崙兮，路修遠以周流； 揚雲霓之晻藹兮，鳴玉鸞之啾啾。朝發軔於天津兮，夕余至乎西極； 鳳皇翼其承旂兮，高翱翔之翼翼。忽吾行此流沙兮，遵赤水而容與； 麾蛟龍使梁津兮，詔西皇使涉予。路修遠以多艱兮，騰衆車使徑待； 路不周以左轉兮，指西海以爲期。屯余車其千乘兮，齊玉軑而並馳； 駕八龍之婉婉兮，載雲旗之委蛇。抑志而弭節兮，神高馳之邈

〔二〕 原作「此爲」，據洪興祖楚辭補注、俞初校本乙正。
〔三〕 原作「從流」，據洪興祖楚辭補注、俞初校本乙正。

邈；奏九歌而舞韶兮，聊假日以媮樂。陟陞皇之赫戲兮，忽臨睨夫舊鄉；僕夫悲余馬懷兮，蜷局顧而不行。

亂曰：已矣哉！國無人莫我知兮，又何懷乎故都？既莫足與爲美政兮，吾將從彭咸之所居！

敘曰：昔者孔子叡聖明喆，天生不群，定經術，删詩書，正禮樂，制作春秋，以爲後人法。門人三千，罔不昭達。臨終之日，則大義乖而微言絶。其後周室衰微，戰國並爭，道德陵遲，譎詐萌生。於是楊、墨、鄒、孟、孫、韓之徒，各以所知，著造傳記，或以述古，或以明世。而屈原履忠被譖，憂悲愁思，獨依詩人之義而作離騷，上以風〔二〕諫，下以自慰。遭時闇亂，不見省納，不勝憤懣，遂復作九歌以下凡二十五篇。楚人高其行義，瑋其文采，以相教傳。至於孝武帝，恢廓道訓，使淮南王安作離騷經章句，則大義粲然。後世雄俊，莫不瞻慕，擄舒妙思，纘述其詞。逮至劉向，典校經書，分爲十六卷。孝章即位，深弘道藝，而班固、賈逵復以所見，改易前疑，各作離騷經章句。

〔二〕「風」，洪興祖楚辭補注作「諷」。

其餘十五卷，闕而不説。又以壯爲狀，義多乖異，事不要括。今臣復以所識所知，稽之舊章，合之經傳，作十六卷章句。雖未能究其微妙，然大指之趣，略可見矣。且人臣之義，以忠正爲高，以伏節爲賢。故有危言以存國，殺身以成仁。是以伍子胥不恨於浮江，比干不悔於剖心，然後德立而行成，榮顯而名著。若夫懷道以迷國，佯愚而不言，顛則不能扶，危則不能安，婉娩以順上，逡巡以避患，雖保黄耇，終壽百年，蓋志士之所恥，愚夫之所賤也。今若屈原，膺忠貞之質，體清潔之性，直若砥石〔二〕，言若丹青，進不隱其謀，退不顧其命，此誠絶世之行，俊彦之英也。而班固謂之「露才揚己」，「競於群小之中，怨恨懷王，譏刺椒、蘭，苟欲求進，强非其人，不見容納，忿恚自沈」，是虧其高明，而損其清潔者也。昔伯夷、叔齊讓國守志，不食周粟，遂餓而死，豈可復謂有求於世而怨望哉！且詩人怨主刺上，曰：「嗚呼！小子，未知臧否，匪面命之，言提其耳！」風諫之語，於斯爲切。然仲尼論之，以爲大雅。引此比彼，屈原之詞，優游婉順，寧以其君不智之故，欲提攜其耳乎！而論者以爲「露才揚己」、怨刺其上、「强非其人」，殆失厥中矣。夫離騷之文，依託五經以立義焉：「帝高陽之苗裔」，則「厥

〔二〕「石」，洪興祖楚辭補注作「矢」。

初生民，時惟姜嫄」也；「紉秋蘭以爲佩」，則「將翺將翔，佩玉瓊琚」也；「夕攬洲之宿莽」，則易「潛龍勿用」也；「駟玉虬而乘鷖」，則易〔二〕「時乘六龍以御天」也；「就重華而陳詞」，則尚書咎繇之謀謨也；「登崑崙而涉流沙」，則禹貢之敷土也。故智彌盛者其言博，才益劭者其識遠。屈原之詞，誠博遠矣。自終没以來，名儒博達之士，著述〔三〕詞賦，莫不擬則其儀表，祖式其模範，取其要妙，竊其華藻，所謂金相玉質，百世無匹，名垂罔極，永不刊滅者矣。王逸楚辭章句敘

〔二〕洪興祖楚辭補注無此「易」字。

〔三〕「述」，洪興祖楚辭補注作「造」。

經文統鈔附編卷一

益陽陳天倪　撰

別録上

六經之名，始見於莊子天運篇。漢後或名六藝史記孔子世家，或稱六學漢書儒林傳，皆以述古，其通稱則爲五經。白虎通云：「古以易、書、詩、禮、樂、春秋爲六經，至秦焚書，樂經亡，始定名五經。」按秦焚之後，諸經皆存，何以獨亡樂經？周、漢諸儒，亦未有引之者。蓋樂之節奏存於禮，其歌詞存夫詩，初非別有樂經。漢武帝時，竇公獻樂經，即周禮之大司樂章，知樂經即在周禮中。禮經有二：單舉，通稱禮，或稱禮樂；對舉則有別。禮器云：「經禮三百，曲禮三千。」中庸云：「禮儀三百，威儀三千。」經禮、禮儀，周禮也；曲禮、威儀，儀禮也。合之易、書、詩、春秋，其數爲六，故云六經。漢時周禮未立學官，故稱五經。後儒或合以論語、孝經，稱七經蜀志秦宓傳；或以易、書、詩合之三禮、三傳，稱爲九經唐有九經科目；或以九經加論語、孝經、爾雅、孟子，爲十三經唐開成石經，宋人加刻孟子。說皆可通，然非其本也。

古文尚書，出於孔壁，孔安國以今文讀之，因以起其家。較伏書多二十五篇，行世千年，未有非之者。宋吴棫始發難端，朱子勿能辨而附和之。吴澄、梅鷟之徒，推波助瀾，冀沈大陸。然井底蛙鳴，聞者猶寡。迨清閻若璩强挾朱子之勢，簧鼓學林，惠棟、王鳴盛等爲之應聲蟲，謂孔書爲梅賾僞撰，僞古文之名，遂徧天下。陳季立、陸隴其、方苞、齊召南諸君子，雖能力持正議，尚未成爲專書，毛奇齡始作古文尚書寃辭。踵是而興者，茹敦和有尚書未定稿，王劼有尚書後案駁正，張崇蘭有古文尚書私議，謝庭蘭有古文尚書辨，皆以鍼盲起廢爲任。而吴光耀古文尚書正辭三十三卷，洪良品古文尚書十八卷及析疑、商是、賸言三書，尤能以大隧之風，掃秋林之葉。遺文重興，如出霾霧而昭白日矣。本編無、古文之別，無真僞之分，一以注疏本爲斷。

國家之興，出於部落，西儒謂之圖騰。後儒以禪繼之制，推於上古，謂羲、農、黄帝如三代之一系相承，非知古者也。中國自堯、舜後，始漸備國家之制，族姓因之大著，西儒所謂先有種而後有族也。部落大小，通謂之氏。説文釋「氏」字，謂西蜀山崩之形，非是。而部落之初，實依山而立。章太炎有古代天子居山説。「氏」爲部落之名，亦即爲酋長之號。酋長傳之世數，長短不等。其强者，或威脅諸部而臣之，號稱爲帝。傳至末葉，勢衰力微，而別部之豪又乘時起而奪之。然帝號雖除，而本氏之傳不絕也。開氏之長，没後或謂之神，山海經言某山某神守之，是也。

古酋長之巨者，首稱庖羲，亦云太皞。帝王世紀以庖羲、太皞爲二人，與少皞相次。帝王世紀所列之女媧氏十五人，皆同時之酋長，爲其所臣服者也。女媧氏不必爲女子，商有女鳩、女房，晉有女叔齊，皆非女子。或謂女媧爲庖羲妹，非。庖羲氏没，十五氏之子孫或相代以興，然其功德皆不及，故易繫稱庖羲氏没，神農氏作。然庖羲之胤雖未爲天子，而其氏之傳如常，左傳所謂「任、宿、須句、顓臾，風姓也。實司太皞與有濟之祀，以服事諸夏」也。有清亦庖羲之後。

神農亦稱炎帝。其部落之名爲烈山氏，亦稱連山氏。開氏之主，蓋與庖羲同時，至神農而始大著。命曆序稱神農「甄度四海，東西九十萬里，南北八十二萬里」，固屬誇詞。然元命苞亦言神農之世，「白阜圖地形脈道」，則度地確有其事矣。尸子言神農傳七十世，命曆序則言傳八世五百二十年，二説不同。蓋命曆序所言者，帝位之傳由臨魁以至榆罔也。尸子所言者，姜氏之胤，在堯時爲四岳，傳至周代，尚有紀、許、申、吕諸國也。

當時與羲、農並立者，蓋以千百計。雜見載籍者，自燧人、有巢外，左傳有帝鴻氏、縉雲氏、共工氏、大庭氏，國語有〔一〕有嶠氏、方雷氏、彤魚氏，大戴記有西陵氏、蜀山氏、滕隍氏、竭水氏、鬼方氏、有郃氏、有娀氏，管子有無懷氏，莊子有狶韋氏、有猋氏、泰氏、几蘧氏、冉相氏、容成氏、伯皇氏、中央氏、栗陸氏、驪畜氏、赫胥氏、尊盧氏、祝融氏，列子有華胥氏，商君書有昊英氏，吕氏春秋有朱襄氏、葛天氏、陰康氏、史皇氏，其散見山海經及緯書者，不可勝計。宋羅泌路史循蜚紀有鉅靈等二十二氏，因提紀有辰放等十三氏，禪通紀有史皇等十五氏。雖真僞淆雜，要皆古代之國名也。禹貢塗山之會，號稱萬國。韓詩外傳：「孔子升泰山觀易姓而王可得而數者七十餘氏，不可紀者以萬數。」雖多侈辭，亦足以證古國、氏之多也。

自帝繫言五帝同出一原，史遷因之，言黄帝娶西陵氏之女，是爲嫘祖。嫘祖爲黄帝正妃，生二子：其一曰玄囂，是爲青陽，降居江水。其二曰昌意，降居若水，是生高陽。所謂青陽即少皞也，高陽即顓頊也。於是華族皆黄帝之子孫，而舜有妻曾祖姑之誚矣。按黄帝、頊、嚳之連稱，與禹、湯、文、武等。頊、嚳不必爲黄帝之胤，猶湯非禹之子，文、武非湯之胤也。黄帝軒轅部落之名爲有熊氏，國語謂炎、黄二帝異母同父。蓋有熊氏之初，原

〔一〕原無「有」字，據前後文補。

與炎帝並起，非異母同父，乃異姓同種也。至公孫軒轅而始大著，黜榆罔而代其位。其同時部落之著者有青陽氏，高陽氏，高辛氏。命曆序言黄帝傳十世，少昊傳八世，顓頊傳二十世，或云十世，帝嚳傳十世。蓋黄帝氏衰，青陽氏之少皞起而代之。然黄帝氏之本宗固未替，尚書璿璣鈐云「孔子求書，得黄帝玄孫帝魁之書」，而樂記亦言武王封黄帝之後於薊也。少皞青陽氏亦稱金天氏，傳八世而衰，高陽氏之顓頊又起而代之。其本宗亦未替，春秋時尚有郯子朝魯，言鳥官之制，仲尼受之也。顓頊氏傳二十世而衰，高辛氏之帝嚳又起而代之。其本宗亦未替，由虞幕以至舜是也。帝嚳傳十世至摯，荒淫失道，陶唐氏之放勳又起而代之。左傳言高陽氏才子八人，高辛氏才子八人。此十六族也，世濟其美，以至于堯，則堯之與嚳非相承可知矣。五帝德所言帝繫不盡可信，存之以備一說。

堯之先，出于伊耆氏，記所謂「伊耆氏始爲蜡」也。其支庶降封於唐，爲陶唐氏，即以伊耆爲姓，耆或作祁。降封之祖，即舜所受終之文祖也。陶唐氏初爲部落之名，其後爲天子，始正國名之制，故尚書以爲首。史言摯無適，堯年十六，諸侯戴爲天子，非也。十六歲之孺子，有何功德而諸侯戴之？蓋堯十六嗣爲諸侯，及長而雄武，故諸書多言堯武功。以次翦滅弱部，諸侯畏之，故棄摯而歸堯也。其爲天子，蓋在三十以後。「朕在位七十載」，乃追泝其始爲諸侯之年也。左傳言「自幕至于瞽瞍無違命」，據此，瞽瞍亦非惡人，舜重之以明德。而國語言虞幕能宣八風以知八音，是虞之始祖爲幕。而帝繫云：顓頊生窮蟬，窮蟬生敬康，敬康生句芒，句芒生蟜牛，蟜牛生瞽瞍，瞽瞍生舜，與此不同。呂梁碑遂改顓頊爲幕，云「幕生窮蟬」。按：陳爲舜後，左傳言：「陳，顓頊之屬」，則顓頊之爲舜先，明甚。據命曆序數之，顓頊與堯，世次相距甚遠，則非舜之六世祖可知。蓋顓頊支庶降封於虞，其初祖爲幕，虞書所謂「格于藝祖」也。幕之裔孫，寔爲窮蟬，帝不嗣，其失甚矣。

古帝所居，多在河南、山東之地，三皇五帝，厥跡章矣。孟子言：「舜生于諸馮，遷于負夏。」史言舜耕於歷山，漁於雷澤，陶於河濱，作什器於壽丘。說者謂虞城爲古之虞國，而史言潁川南陽，夏人之居，皆在大河之南，兗、豫之交，獨堯都河東。堯既徵舜，試以職事，故移虞於潙汭。舜既任禹，將授以天下，故移夏於安邑，其故地固未動也。易世之後，訟獄朝覲，即在新邑。而故都之地，仍以奉傳其胤嗣，未嘗有處宮逼子之事也。禪位之後，堯端拱無爲，老死平陽，故有「囚堯」之稱；舜勤于民事，耄猶遠行，故有「野死」之號，非有所逼也。曹丕篡漢，貌爲禪讓，登受既畢，謂「舜、禹之事，吾知之矣」。小人之無忌憚，亦固其所，而史通傳以讕言，謂堯、舜之禪位爲僞。囊血射天，豐蔀見斗，不如是之甚也。

古書多有增文，如易文言傳之自問自答「初九，潛龍勿用，何謂也？子曰」之類，不似孔子本文。

本文應與後章「乾元者，始而亨者也」至篇終。及坤文言傳「坤至柔而動也剛」至篇終。一例。客主之詞，始于戰國，漢人辭賦家因之，孔子無是也。春秋獲麟以後至孔子卒，公羊、穀梁經文之「孔子生」，經爲孔子自作，無自記生卒之理。左傳「悼之四年」一節，春秋經終於獲麟，左傳終於魯哀之入越，悼公不在十二公之列，而又元、二、三年不記，獨記四年三家共滅智伯之由，極爲不合。大戴禮之昭帝冠詞，舍周王、魯侯之冠辭不記，獨取漢昭，於義安在？西京雜記載：「郭威……好讀書，謂爾雅周公所制，而有張仲孝友，張仲，宣王時人，爾雅非周公所制，明矣。余以問揚子雲，子雲曰：『孔子門徒游、夏之徒可爲也。』家君以爲外戚傳稱『史佚教其子以爾雅』，爾雅，小學也。又記言：『孔子教哀公以學爾雅。』爾雅之所出遠矣。舊傳學者，皆云周公所記也。『張仲孝友』之類，後人所足也。」則固明言其爲增文矣。按：釋地「八陵」云「雁門是也」，釋獸「鼳鼠」下云「秦人謂之小驢」，亦與此同。又郝懿行義疏釋詁第三節謂「大」字之訓凡三十有九名，尸子所稱才十一，證知爾雅諸文後人多有增益及竄改。此其意在裨補缺漏，非作僞也。清儒據此，或謂經有僞文，非。尚書堯、舜、禹之弁詞及贊語亦然。堯爲創始之君，故冠以「粤若稽古」四字，爲全書之端冕。其前事無所見，故附以「欽明文思」至「於變時雍」之贊詞。舜之前事已見堯典，禹之前事已見舜典，弁語固不必有，贊詞亦爲贅文。堯號放勳，見于孟子。重華、文命，史記以爲舜、禹之名號。而禹贊詞云：「文命敷于四海」，截「文命」二字爲號，則「敷于四海」爲何物？不成詞句。至皋陶無號，亦冠以「粤若稽古」，循二典之例，將以「允迪」爲皋陶之號乎，尤不可通！今宜於皋陶謨去弁語，餘仍舊。

增文署名，自史記褚先生始，其中增文尚多，不皆署名也。此外有注文誤入正文者，如孟子「從流下而忘反謂之流」四句。有校勘誤入正文者，如論語「子張問明」一章，「可謂明也已矣」，「可謂遠也已矣」，蓋古本有作「明」者，有作「遠」者，校者不知孰是，因兩存之也。此類異文尚多，在讀者玩索得之，不能徧舉也。

虞史紀事，以類相從，不以時相次。如禹平水土之後，有娀方將生契立商，而契與禹同命，是也。舜命伯禹作司空，禹讓於稷、契及皋陶，下接以稷、契、皋陶三命。舜命伯夷典三禮，伯夷讓於夔、龍，下接以夔、龍二命，順文勢而爲之也。舊説謂無僉推禮讓之文者，爲堯時原命，誤矣。象刑之事，與命官同。鯀之放，在九載勿成之時，放勳所爲。苗之竄，在「三危既宅」之後，大禹所爲。二者皆與舜無與。「流」「放」「竄」「殛」，「殛」本爲「極」，言極之所往，左傳所謂「流四凶族」也，字異義同。夫詞章之文，例避複字，故借「極」爲「流」，因「極」易爲「殛」，訓「殛」爲「誅」。以其事屬於舜，於是舜、禹禪授之間有異論矣。鄭康成不知典、貢文法，見殛鯀於羽山在堯典爲最後，遂謂舜之殛鯀在禹成功之後。不知功成之後，禹爲司空，總百揆，方將授以天下，舜尚殛其父乎？疏駁之，是矣。

鯀之先，出于少皞金天氏。左傳：「金天氏有裔子曰昧，爲玄冥師，生允格、臺駘。臺駘能業其官，宣汾洮，障大澤，以處太原。帝用嘉之此非堯帝，封諸汾川。沈、姒、蓐、黄實守其祀。」姒氏之裔孫爲鯀，鯀之障水，即本臺駘之術。洪水滔天，非汾、洮可比，績之勿成，非必鯀之罪也。有鯀之障，而後有禹之疏，失敗者成功之師也。三代祀鯀，豈無故哉！至四凶族之名，有謂即四罪者，有證其非是者。致之行事，歷史有合有否，不可一概論也。

神洲西南邊之地，苗族之故居也，種類以千百計，九黎、三苗，猶云五戎、六狄、九夷、八蠻，非真數也。尚書言：「苗頑勿即工」，「七旬有苗格」，此内地之苗族，初叛即服者也。又云：「三危既宅，三苗丕敘」，此今川藏之土苗，所謂「分北三苗」者也。二者皆非四罪之苗。惟吕刑云：「蚩尤惟始作亂，延及於平民，固不寇賊。」此則内地之苗，染蚩尤之化者也。「苗民勿用靈，制以刑，爰始淫爲劓、刵、椓、黥。」鄭康成云：「苗民，三苗之君也。」下云：「皇帝哀矜庶戮之不辜，報虐以威，遏絶苗民，無世在下。」此即舜竄三苗於三危，宥其民而竄其君也。知皇帝爲舜者，以下所命之三后，與舜同時也。至四凶之縉雲氏，則古帝之支庶，軒轅之命官左傳：「黄帝以雲紀，故爲雲師而雲名。」其後裔之貪食者、冒貨者，非有制五虐刑之區罪，不得混入三苗也。

山海經言：「洞庭之山，帝之二女居之。」謂天帝之女也，而秦博士謂爲堯女舜妻。舜三十而娶，古者女二十而嫁，二女之小于舜無幾也。舜百一十而崩，二女即幸存，亦年過百歲。頭童齒豁之死媪，又焉能嫋嫋兮秋風，目眇眇兮愁予哉！「舜生三十」一節，孔傳讀不成句，蔡訓「陟方」爲南巡。南巡當曰「下」，不當言「陟」，前人已言之矣。「三十徵庸」，庸，用也，言舜三十始徵用也。「三十在位」，試用二年，攝政二十八年。在位，當國主政也。「五十載陟方」，陟，升也，方，位也，言升任天子之位五十年也。周制：天子曰崩，庶人曰死。古無此則，堯曰殂落，舜曰死，其義一也。孟子言舜卒鳴條，而記言舜葬蒼梧之野。蒼梧之去鳴條，四千餘里。屈原與孟子同時，而騷經云「濟沅湘而南征兮，就重華而陳辭」，則記言亦非盡誣矣。特斑竹、黄陵等説，不免涉於附會也。

詩：「履帝武敏歆。」史謂姜原出野，見巨人跡，心忻然説而踐之，身動如孕，及期而生子，名之曰棄，「天命玄鳥，降而生商」，史謂有娀之女簡狄行浴，見玄鳥墮其卵，取而吞之，孕而生契。蓋草昧之時，男女無別，知有母而不知有父，故詩言棄、契，皆不夫而孕，無父而生。帝王之起，莫不異其所生。劉邦有父，猶云皇媪與龍交而生，況不知所出乎？元阿蘭之「光明耀腹」，清天女之「朱果入衣」，皆此類也。後之儒者，必欲於無稽之言，求其實事。因取帝嚳以夫原、狄，而有元妃、次妃之稱。以玄鳥爲祀高禖之期，以履武爲履帝嚳之跡，可謂苦心衛聖矣。王充論衡謂燕遺之卵，祇能生燕，烏能生敷教之司徒。王船山又證以生理學，謂生育之事，須由陰道交合。吞入之卵，入腸成糞，安能産兒。其論雖正，然非詩人之意也。姦生棄兒之事，自古有之。如鬬伯比淫邧子之女而生子文，邧夫人使棄之夢中。姜原棄子，或亦此旨。棄之平林，伐平林者收養之。幼而岐嶷，長爲農師。播時百穀，粒我烝民。好事者因爲牛字鳥覆之説以神其事。其定姓爲姬，姬蓋有邰氏之本姓。姓從女生，古固從母姓也。周人創郊禘之禮，記者固推之於虞、夏、商。而記與國語所載不同，其爲無當，一也。記云：「周人禘嚳而郊稷。」禘者，祀於明堂以配上帝也。而孝經云：「周公郊祀后稷以配天，宗祀文王於明堂以配上帝。」知記言帝嚳之誣矣。詩言文王之生，曰：「乃及王季，維德之行。太任有身，生此文王。」敘武王之生，曰：「有命自天，命此文王。于周于京，纘女維莘。長子維行，篤生武王。」皆父母並列。嚳果爲稷父，大雅、魯頌何恨於嚳而去之乎！或謂姜原姓姜，非也。姜原，名而非姓，猶簡狄不姓簡也。

堯年十六而襲尊，七十載而舉舜，舜時年三十，是堯長於舜五十六歲。舜年百有一十崩，位傳於禹。禹年九十陟帝位，是禹小於舜二十年。受命治水，不知其年，姑以二十歲約之，則爲舜攝政之八年。當受命時，亟娶塗山氏之女，成昏四日而度土功，塗山氏已孕矣。啟呱呱而泣，爲禹冠後一年。益佐禹治水，年小於禹無幾。禹陟帝位八年而崩，年九十八。後二年而益卒，是其壽亦相等。當禹葬會稽之時，微獨益耄不省事，而啟亦七十有七矣。而説者猶以禹不傳益爲德衰，豈不悖哉！舜、禹皆家河南，漁、稼相接，故稔知其才，授以大任，非貿貿然也。皋陶相禹二年而卒，益代其任，孟子所謂益相禹七年也。禹、皋、益，年皆相次，惟契最少。詩云：「禹敷下土方。外大國是疆，……有娀方將，帝立子生商。」則固生於平成之後矣。

堯典首紀羲和，舜攝政始于巡狩，終于用刑。此史臣類敘之法，非先後之次也。嵎夷、南交、西戎、朔方之宅。經云宅西，不言戎者，不欲名之爲戎也，其實即雍州，西戎即敘之地。皆在禹平水土之後。四海既同，驛道始通，乃命四氏於極邊之地，求里差之實。宅亦暫棲，事畢而歸，非永駐其地也。巡狩方嶽，亦在山川既奠之後。五嶽地廣，不必一年徧及。即「五載一巡守，群后四朝」，亦法令之文，不可拘文牽泥，以爲事實也。書言輯五瑞，又言五玉、三帛之贄，是舜時群后確有五等。注者以公執鎮圭、侯執恒圭、伯執信圭等釋之，此乃成周之制，虞、夏不必然也。虞廷封君，統稱群后，猶後之稱諸侯。若二百諸侯，則專稱，非通稱也。九州爲内地，南交、朔方、流沙即西戎。爲羈縻地，不必名州。而統稱十二州者，以共名包別名，猶周爵有五等，統稱諸侯；夷乃東夷之名，而蠻、戎、夷、貉亦統稱四夷也。秦之内史，漢之三輔，與諸郡合計稱郡，亦同此例。禹貢但著九州，取其則壤成賦者也。皋陶謨言：「州十有二師，外薄四海，咸建五長。」説者謂每州置十有二師，濱海之州又特建五長，固非。近人謂每州出十二師以治水，九州合出二十七萬人，亦非也。師猶云牧，言治州之官，置十有二牧。不云州而云師者，避肇州重文也。五長即五等之君長，言即海濱之地，皆置有五等之長也。鯀之被放，在九載勿成之時，三苗之竄，在頑勿即功之後，前已言之矣。事隔數十年，而文相聯者，此用類敘法也。呂梁未鑿，龍門未闢，洪水氾濫，貫平陽而達於砥柱，帝都爲魚，環都爲障，勢不得已，非鯀之罪也。堯之殛鯀，過矣。舜攝政時，鯀已前卒。舜憐鯀無罪，起用其子禹，鑿石爲渠，闢山行水，開古今未有之奇績，不知當時用何神術，成此巨功，此其所以爲神禹也。孟子稱禹之治水，行其所無事，指疏導下游言也，烏足以概禹之全功哉！

古代帝王，本游牧之酋長，以氈幕爲行都，以師兵爲營衛，如女真、蒙古然。惟堯坐鎮平陽，不好周流。若舜、禹，則巡遊不息，猶游牧之故態也。江至南郡，地平波闊，由此而澧，而沅，而資，而湘，上下天光，一碧萬頃。自長沙以達零陵，山水明媚。川陵通行，舜、禹遺跡，時時見於山澤間。舜泝湘而殂於蒼梧，禹沿江而崩於會稽，其事一也。後人疑此疑而信禹穴，悖哉！湖南禹蹟，見岳瀆經、岣嶁碑。

洪水滔天，懷山襄陵。古無水經之圖，孰能辨其脈絡？然水出於山，欲知水源，必辨山脈。故禹之治水，先以隨山刊木。釋者謂爲「行山表木」。洪荒之時，徧山皆木，何道可表？左傳：「當陳隧者，井湮木刊」，鄭人以爲大恥。若僅表木，何恥之有？古之刊字，今名爲斫。斫所不盡，從之以火。灌莽既除，源流始悉。此益之掌火所以先於疏河也。

河循西山而下，至兗、冀之交，地平質疏，隨地可決。禹於大陸之東播爲九河，以速其歸。同爲逆河，入于海。逆者，迎也，謂同迎河以入海也。注者謂分爲九河，復合爲逆河。既分之矣，合之何爲？求逆河而不得，則謂已淪入海，爲今之渤海，謬甚！今九河僅存天津一道，稍南有小河二，餘皆湮塞。九河次弟，由南至北，九曰鬲津，即今天津。「大行恒山，至于碣石」，此碣石山也。别有右碣石，在海之中，今名秦皇島。「島夷皮服，夾右碣石，入于河。」島之左右皆可行舟，故謂爲夾也。

「嵎夷既略。」嵎夷者，朝鮮也，顧祖禹釋之明矣。説者必欲縮小禹跡，於是營州之地，遂成化外矣。朝鮮内屬，自古已然。九夷君子之國，孔子嘗欲居之。乘桴浮海，意蓋有在。惟新羅、百濟非中國地，此不能强合者也。新羅、百濟，恐即皮服、卉服之島夷。

「陽鳥攸居」，鳥即島字，今江、浙海中諸島是也。「彭蠡既豬」，表揚之西界，「陽鳥攸居」，表揚之東界，而以三江、震澤貫注其中，繡壤雲連，綺流四合，天地之美，盡於是矣。而説者謂陽鳥爲鴻雁。鴻飛冥冥，豈有居所乎？三江者，揚子江，吴淞江，浙江也。揚子江之流域，誠貫萬里，而在揚州，則與淞、浙相等。揚子江爲北江，淞江爲中江，浙江爲南江。導江但言中江、北江，不言南江者，南江獨行入海，不必導也。

「九江孔殷。」九江之爲洞庭，允矣。不謂之澤而謂之江者，則以荆州巨浸，古在雲夢，跨江而成，洞庭之波不及也。越千餘年，雲夢半淤爲平地，而水積中於上游，由是洞庭之名著。國策有三苗左洞庭，右彭蠡之文，而九江之名隱矣。九江之稱，舊傳出於沅水者六，合湘、資、澧而九。朱子以沅水所占太多，因減沅三流，補湘水三支，以足其數。授之蔡沈，沈終以湘支源短，仍從舊注。皆非也。澧水正流，北出於江，南溢入湖者，其偶然耳。不得爲江數。禹貢敘水，循其正流，未暇計其長短也。山海經云「瀟湘之淵，在九江之間」，九江即湘江也。而名爲九江者，由合九小水而成，猶太湖之爲五湖也。湘水發源嶺際，北下而瀟水合之，其流始廣，因名瀟湘。又北而耒、舂、洣、渌、漣、汨諸水合之，以入於湖。合資水爲資湘，合沅水爲沅湘，於是有三湘之稱。三湘、九江，其實一也。至沅水流域與湘水埒，屈賦沅、湘並稱，而禹等之資水者，蓋沅水爲槃瓠氏故地，禹治水時，「苗頑勿即功」，未能窮其源也。自雲夢爲邑，洞庭爲湖，而湘水遂與沅、資、澧爲湖南四水之一，九江之號，遂移於潯陽矣。雲夢跨江南北，有土有澤，本爲一地，或單稱或連稱，無以別也。而注者或謂江南爲雲，江北爲夢。左傳「王以田江南之夢」，「濟江入于雲中」，其爲互名明矣。「雲夢土作乂」者，謂水歸於澤，其土可以治生也。「作乂」與「其乂」不同。「其乂」者，專指水言，「淮、沂其乂」是也。「作乂」則兼指人事。唐明皇乃改爲「雲土夢作乂」，學者因之，此倚皇帝之勢以亂經也。「惟箘簵楛，三邦底貢厥名」，鄒漢勳據逸周書，謂箘、簵、楛爲三邦之名，地在越南。其列於荆州者，以南交非禹貢地，其貢品必由荆州以達也。崑崙、析支、渠搜之貢織皮，附於雍州，義同。雲夢故地，大約在今臨湘、蒲圻、沔陽、監利之交。沔陽之洪湖，臨湘之黄蓋湖，其中心也。水量之富，與彭蠡略同，四面之土皆可耕種。夢澤南岸，高阜者爲東陵，低窪者爲敷淺原，非二地也。

禹貢三言黑水，注者不得其地，遂謂黑水有三：有梁州之黑水，有雍州之黑水，有導川之黑水。準此而言，則青州之海、岱，非徐州之海、岱；導水之江、淮，非州域之江、淮矣。此惟顧祖禹能明之。禹貢之例，非大山川不可表界。故荆州之南，超出衡山五百里，而名爲衡陽。梁州東北不及華山二百里，而稱爲華陽也。黑水在幹山之南，而云黑水西河爲雍州者，蓋雍州之域，東北起於西河，西南斜趣以臨黑水，不及黑水上源三百餘里。而以爲界者，循衡、華之例也。中國入南海之水有三：一爲瀾滄江，一爲怒江，一爲雅魯藏布江。三危猶言三衛，即今西康、前藏、後藏三處。雅魯藏布江出印度，怒江出緬甸，均離中土太遠。今定瀾滄江爲黑水，由越南入海。越南即堯典之南交也。三危三地，而總稱爲三危者，猶漢之京兆、左馮翊、右扶風，名爲三輔，河東、河内、河南爲三河也。「三危既宅，三苗丕敘」，此當屬於梁州，而文在雍州，此錯簡當正者也。「弱水既西」，「既」，猶言極，言其在極西也。此水不屬雍州，以界相連而及之也。「厥貢惟球琳琅玕。」玉出于闐，而繫於雍州者，以沙漠不通河道，必輦至積石以達龍門西河也。「崑崙、析支、渠搜」敘于雍州貢道之外，以本不屬雍州也。

「導弱水，至于合黎。」此水在九州之外，而記之者，以其在十二州之内也。説見下。弱水即今新疆之鄂里木河，有南、北二源，中隔以大沙漠，而會於烏魯木齊。弱，即鄂里木之合音；合黎，即烏魯木齊之合音也。「餘波入于流沙」，著其爲入沙之水也。入後復出於青海，爲河源，水經注所謂河有重源也。若「流沙」之地，則爲今新疆全部，所謂「西被于流沙」也。流沙分爲三大部：南爲析支，北爲渠搜，西爲崑崙，河之初源所自出。至「餘波入于流沙」，乃言水之入沙，非地名，當分别觀之。

山不須導，而云導者，以水本於山，導山即所以導川也。然導山之文，訛舛特甚。山不可渡水，而云荆山「逾于河」。衡山「過九江至于敷淺原」。河東山脈，皆自代北來，而云「底柱、析城，至于王屋；太行、恒山，至于碣石」。衡山之脈來自南幹五嶺，與中幹之岷山不相屬，而云「岷山之陽，至于衡山」。此其本末倒置者也。衡山在湘江之西，過九江非過大江，横過非直過也。

其言導川，亦有失者。金沙江之源，長過黄河。禹未探其源，以爲始於岷江，故導江自岷山始。又以岷、嶓二山，準望相值，遂謂江、漢二流同起同趨。漢由大别入江，合流七百餘里，分爲二道：一循揚子江入海，是爲北江；一道吴淞入海，是爲中江。於是大江遂成雙頭雙尾之形。禹貢之例：小水入大水，謂之入。大水注小水，謂之過。二水相等，謂之會。江海爲百谷王，而云「東迆北會于滙」。彭蠡合四大水而成湖，非由江、漢所滙，而云「東滙澤爲彭蠡」。此行文之小失者也。綜之漢水源短，非江之比。導漢一條，當至「南入于江」止。下游吴淞亦非揚子江之比，當分别記之，不當並漢於江，使源流不分明也。

「四隩既宅。」隩者，深遠之區。「宅嵎夷曰暘谷」，「宅南交曰明都」，「宅西曰昧谷」，「宅朔方曰幽都」，是也。「九山刊旅」，每至爲一山：「導岍及岐，至于荆山」，一也。「壺口、雷首，至于太岳」，二也。「底柱、析城，至于王屋」，三也。「太行、恒山，至于碣石」，四也。「西傾、朱圉、鳥鼠，至于太華」，五也。「熊耳、外方、桐柏，至于陪尾」，六也。「導嶓冢，至于荆山」，七也。「内方，至于大别」，八也。「岷山之陽，至于衡山」，九也。「九川滌源」：「導弱水，至于合黎」，一也。「導黑水，至于三危」，二也。「導河積石」，三也。「嶓冢導漾」，四也。「岷山導江」，五也。「導沇水，東流为濟」，六也。「導淮自桐柏」，七也。「大導渭自鳥鼠同穴」，八也。「導洛自熊耳」，九也。「九澤既陂」：「雷夏」，一也。「大野」，二也。「彭蠡」，三也。「震澤」，四也。「雲夢」，五也。「滎波」，六也。「菏澤」，七也。「孟豬」，八也。「豬野」，九也。注者乃謂爲九州之山，九州之水，九州之澤，泛而不實，禹貢無此書法也。

「四海會同。」四海者，太古相傳之稱，非禹所創也。禹貢但稱海東海與南海，因無西海、北海也。東周人謂渤海爲北海，然渤海實東海之一角，不能別自爲海也。蓋無始之時，蒙古之瀚海，新疆之大戈壁，汪洋浩瀚，一望無際，此古之北海、西海也。歷萬年後，變爲沙漠。然漢書蘇武傳牧羊北海，猶以瀚海爲北海。史記大宛傳：「于闐之西，水皆西流注西海。」則古之西海，尚未全湮。今新疆有羅布泊，面積甚廣。最近分省圖載面積爲二・九六九公里，其水深僅一二米，爲新疆最大湖泊。旁有小泊無數，皆其遺也。志又云：「奄蔡在康居西北，臨大海無崖，蓋乃北海云。」此爲西海之北部，非北海也。海變爲泊，四海之稱未替。書云：「予決九川，注四海」，即指東、南二海，以偏概全也。孟子「放乎四海」，蓋與此同。又云「外薄四海」，則爲四塞四裔，爾雅所謂東夷、南蠻、西戎、北狄謂之四海也。至若「文命敷于四海」「聲教訖於四海」「四海會同」，則與言天下、宇内同。此古今所通稱之四海也。

大宛傳又云：「條枝在安息西數千里，臨西海。」按：條枝即今阿剌伯。此爲真西海，非古之西海也。顧亭林謂西方皆高山，不容有海，今人或以地中海當西海，然非禹跡所及也。

「予乘四載。」史記謂：「陸行乘車，水行乘舟，泥行乘橇，山行乘檋。」舟、車無論矣，而橇、檋何物，殊不可攷。釋橇者頗似板楯，釋檋者大類山屐，其失顯然。攷工記：「輪人爲輪，行澤者欲杼，行山者欲侔。杼以行澤，則是刀以割塗也。侔以行山，則是摶以行石也。」疑橇、檋亦是車類，但制度略異於常車，不可攷耳。或又訓載爲年，謂禹隨山四年，治水八年，合爲十二年，引「作十有三載乃同」爲證，則真不通矣。

舜典「肇十有二州」，而禹貢衹有九州。說者謂爾雅爲殷制，有幽、營而無青、梁，職方爲周制，有幽、并而無徐、梁。殷、周不能自創州名，幽、并、營之名，必始於舜。禹合幽、并於冀，併營于青，故爲九州。按：爾雅爲殷制，經無左證。周公制禮作樂，安見其不能創州名哉？蓋九州之名，起自上古。舜典「肇十有二州」，肇者創也，言創立十二州也。「封十有二山」，每州各封一山爲之表識也。禹貢僅敘九州，取其則壤成賦者言之。若朔方、流沙、南交，地在域外，田賦無徵，稍有貢品，必由鄰州以達。如崑崙、析支、渠搜之織皮，由雍州以達。南交三邦底貢厥名，由荊州以達是也。九州如清之十八省，南交、流沙、朔方，猶清之内外蒙古、新疆、東三省。堯典四宅，惟嵎夷見於禹貢，其他曰南交、曰西、曰朔方，皆在九州之外。南交則嶺南、越南之地也，朔方則蒙古、滿洲之區也。西不言地，而經云「西被于流沙」，蓋今新疆之地，沙占三分之一，故名曰流沙，面積甚大。老子西行，人見之於流沙國，其最小之一部也。漢時三十六國，皆在天山以南，爲城郭國，知其開化久矣。天山北則仍爲游牧，以地不便耕殖也。劉師培謂華種西來，初宅於此，即黄帝所夢華胥之國，作思祖國篇以張之。戈壁之地，古原外遠極，故日光照不及。「冬至、夏至者，日道發、斂之所生也。」發猶往，斂猶還。「故日行極北，北方日中，南方夜半。日在極東，東方日中，西方夜半。日在極南，南方日中，北方夜半。日在極西，西方日中，東方夜半。」按：赤道北與赤道南，晝夜相同，冬夏相反。東半球與西半球，冬夏相同，晝夜相反。此言南北日夜相反，非是，然其言極下日光之隱見，不可易也。周髀又云：「北極之下不生萬物。北極左右，夏有不釋之冰。物有朝生暮獲。」六月爲晝，六月爲夜，故云朝生暮獲。「中衡左右，冬有不死之草。五穀一歲再熟。」即熱帶地。中國在赤道之北，故知北極而不知南極。然知熱帶爲中衡，則南之有極，可以隅反也。放勳知天地之大，不可以空言定也，故命羲仲宅嵎夷，羲叔宅南交，和仲宅西，和叔宅朔方，以求里差之度：仲春日中星鳥，仲夏日永星火，仲秋宵中星虛，仲冬日短星昴。以求歲實及歲差之數：東作厥民析，南訛厥民因，西成厥民夷，朔易厥民隩，以允釐百工。期三百有六旬有六日，以閏月定四时，成歲。以協日正月，所謂「欽若昊天」「敬授人時」也。「載璿璣玉衡，以齊七政。」爲玉衡者一，爲璿璣者七，自相旋轉，以協于周天之數。所謂「曆象日月星辰」也。歲實之法，漢四分曆謂周天數爲三百六十五度四分度之一，而堯典言期三百有六旬有六日，贏出四分之三者，非堯有所不明也。太陽故爲液體，歲漸收縮，地輪因之，故三統曆以前，皆四分度之一而强。四分曆以後，皆四分度之一而弱。大約七十餘年差一度。郭守敬至元曆謂百年以前增一度，百年以後減一度，亦未密也。西曆以日食分數參之日躔度數，離合互定，其法始精。此法非萬言可畢，故堯舉成數，不言分數也。

四時中星：「仲春，日中星鳥。」天官書：「柳爲鳥。」星經云「柳八星爲朱鳥喙」，是中星爲朱鳥部第三星也。周禮：「鳥旟七斿，以象鶉火。」星經：「星七星如鉤，在柳東南。」似星星即鶉火。或謂鶉本鳥名，故經云「星鳥」。其不言「星火」者，以「心」亦名「火」，恐與「日永星火」之文相亂也。據此，則爲南宿第四星，要其爲朱鳥部，一也。仲夏星火，火即心星，蒼龍第五星也。仲秋星虚，玄武第四星也。仲冬星昴，白虎第四星也。堯典中星，即四屬之中星，知堯時四屬之廣狹相差無幾。使天道不變，恒星有恒，則據堯典之中星以考逸周書之周月時訓，據周月、時訓之中星以攷吕氏春秋之月令與淮南子之時則訓，不獨三代、秦、漢之曆年可瞭如指掌，而二千年之歲實、歲差亦不求自明。然而不能者，有二故焉：各宿星座，多寡不倫，少者二三，多者至二十有二。而一宿屬星，累萬盈千，不可指屈。即同宿星座，亦相距不知其幾億萬里。遷移遲速，非可預測。今觜星之度，不及二分，而井星廣至三十二度。固非堯時之舊，躔度失次，推步無益，此其一。中國在赤道之北，不見南極，遂謂北極出地三十六度，南極入地三十六度，不知南極出地與北極同。又日月運行不出赤道，而宿星羅布，雜出温黄，犬牙交錯，難資取正，此其二。欲齊而一之，惟集八瀛天文家，析周天之數，於赤道中分爲十二道。每道二宿，每宿十五度。減二十八宿爲二十四宿。定其距星，正其準望。更倣西儒經天該之術，實測南極，釐定星名，與北極之北斗三垣等。於以定曆授時，則日月可照，霜露所墜，皆可仰矩而測，匪獨千歲之日至可坐而定也。今西曆歲元爲冬至後十日，不可解。惟以冬至日爲歲首，六單月除正月外，通爲三十一日，六偶月皆三十日。遇閏日之年，正月亦三十一日，則整齊畫一，無畸出畸入之弊矣。宜與世界天文學家正之。

甘誓「有扈氏威侮五行」，而左傳言「夏有觀扈」，水經注亦有「叛觀」地名。似扈之外尚有觀國，或稱武觀，武或訛爲五。說者欲證古文爲僞，以爲五觀即五子，乃叛夏不忠者，五子之歌乃僞作也。其鍛煉周内，有周興、來俊臣所不屑爲者，罪不勝誅矣！

攷吕氏春秋：「夏后相與有扈戰於甘澤而不勝。六卿請復之，夏后相曰：『不可。吾地不狹，吾民不寡，是吾德薄而政不善也。』於是乎處不重席，食不貳味，琴瑟不張，鍾鼓不修，子女不飾，親親長長，尊賢使能。期年而有扈服。」相當作啟。是扈不久即服也。竹書紀年：「十一年，放王季、武觀於西河。十五年，武觀以西河叛。彭伯壽帥師征之，武觀來歸。」觀國，今頓丘縣。是武觀實有其人，但與五子無與也。

詩：「禹敷下土方。外大國是疆，幅員既長。有娀方將，帝立子生商。玄王桓撥，受小國是達，受大國是達。」所謂玄王，即契也。按舜之五臣，契爲司徒，無稱王之理。蓋契生昭明，昭明生相土，「相土烈烈，海外有截」。左傳「取於相土之東都，以會王之東蒐」，是相土東境至于大名曹州之外，地方千餘里。當時太康失位，夷羿稱帝。虞箴：「在帝夷羿。」相土不願爲之臣，故自稱王，追尊其祖曰玄王。「受小國是達，受大國是達」，本相土之事，而云玄王者，善則歸祖也。夏祚中絶，垂五十年，至少康中興，相土久卒，其子孫或仍舊稱。與楚熊渠之去王號，漢趙佗之去帝號同。以理推之當如是，然其詳不可考也。

「娶於塗山。辛、壬、癸、甲，啟呱呱而泣，予弗子。」據文，有禹結婚四日即生子之疑，今正其文，當云：「娶于塗山，辛、壬、癸、甲。惟荒度土功，啟呱呱而泣，予弗子。」惟，獨也；荒，遠也。言辛日結婚，甲日即行，楚辭「甲之朝吾以行」，亦有所本。獨自遠度土功也。蓋禹受命決河疏導，必自下游始。而道多不通，故繞道塗山，適與塗山女會，新婚三日即行杜甫之新婚別昉此，然已珠胎暗結矣。禹自是疏九河，瀹濟潔，返而治灘道過塗山，爲時十月，而啟已呱呱在抱矣，禹弗之顧。淮水平後，還鑿龍門，凡三過其居，皆勿入室。直至八年功成，始復完聚。禹蓋羞言之，故隱約其辭。聖人之憂民如此，塗山氏之貞淑如此，皆古今所罕見也。

説胤征者，謂羲和附於后羿，仲康命胤侯征之，以翦羿之羽翼。蘇子則謂羲和蓋忠於夏者，羿大惡之，命其黨胤侯假仲康之命以征之，如司馬懿之誅王凌、諸葛誕然。今按：仲康之嗣太康，如平帝孺子之嗣漢，懷、愍之嗣晉然，固非有實力。羲和所據者，不過一邑（酒荒於厥邑），所失者，不過一救日食之事，絶與國家大事無關。仲康命胤侯，蓋倣古誥誓之文爲此兒戲，並非事實。史臣録之，以見太康之後尚有仲康，夏未遽亡耳，非有深意也。然自此以後，夏遂無史。以少康復夏之大烈而書無一篇，補少康，崇明德也。

史記殷本紀自契至湯十三世，周本紀自后稷至王季亦十三世。稷、契同時，而王季去湯六百年，其世數相等。父子相傳約以三十年爲一世，而周獨八十年爲一世，非其實矣。國語：「夏后氏政衰，去稷不務。稷子不窋失其官守，竄于戎、狄之間。」所云稷者，乃夏末之稷官，爲棄之裔孫，去棄蓋十餘世矣。史記誤以不窋爲棄之子，故其謬至此也。不窋生鞠陶，鞠陶生公劉，始復后稷之業。遷國于邠，棄封於邰。邠在邰之北，似不及邰。而公劉遷之者，蓋自不窋居戎，邰地久失，公劉遷邠，以爲遷邰之漸耳。讀公劉六章，七月八章，其體國經野之謀，重農講武之績，實足繼后稷之業，其創業垂統非偶然也。

劉氏七略道家首伊尹，又次爲太公，爲管子，又次爲老子。道家之旨，以清静爲本，以權譎爲用。始如處女，狡如脱兔。黄帝之所以勝四帝也，其術不傳，惟伊尹能修而用之。孟子言「伊尹樂堯舜之道」，非也。尹在畎畝之間，而樂堯舜之道，湯惡從知之？諸侯不能越國取士，有莘去亳甚遠，湯又焉能聘之？有莘國或謂在河南，或謂在陝西，以陝西爲是。尹既臣湯矣，而又五就湯五就桀，長樂老之所不爲者，而謂一介不取、千駟不視者爲之乎？史記：「伊尹欲干湯而無由，乃爲有莘氏媵臣，負鼎俎，以滋味説湯，致于王道。」又云：「從湯言素王九主之事，湯舉任以國政。」吕氏春秋本味篇：「尹説湯以至味。湯曰：『可對而爲乎？』對曰：『君王國小，不足以具之，爲天子然後可具。』」以下言九州之産、四海之物數千言，而終之曰：「非天子不可得而具。天子不可强爲，必先知道。道者知彼知己〔二〕，己成而天子成，天子成則至味具。故審近所以知遠也，成己所以成人也。」湯悦而任之。夫始以九州四海之産説湯，借滋味以自炫其博也。繼以非天子不可得而具，以伐夏取天下動湯也。又次爲天子不可强爲，必先知道，其所謂道，盗天下之道也。章太炎云：「伊尹太公雖知道，其道，盗也。」管子：「女華者，桀之所愛也，湯事之以千金；曲逆者，桀之所善也，湯

〔二〕「知彼知己」，吕氏春秋作「止彼在己」。

事之以千金。内則有女華之陰，外則有曲逆之陽，議合，而得成其天子。此湯之陰謀也。」管子固習伊尹之術者，同爲道家。故能言之深切如此，非迂闊之孟子所能知也。

欲伐大國，必先自擴其地。欲擴其地，必自近者始，而葛危矣。葛伯不祀，與湯何與？而湯遺之牛羊，此屈産之乘也。葛乏粢盛，饋之斗粟足矣，何爲悉亳衆而往爲之耕？此殖民之策也。耕者所餉，安有盛饌？葛伯人君，何至牽民以奪其食，而殺其童子？殺童子者，湯也。假此爲葛伯罪而奪其國也。爲葛伯不祀而滅之，葛亡而祀葛之先者誰乎？滅葛爲匹夫匹婦復仇，葛亡又十征，此十國者，豈皆奪童子之黍肉乎？嗚呼，載旆秉鉞，新王之氣驕；殘山落照，亡國之痛深矣！

併國十一，九有有截，韋顧昆吾，三櫱就擒，牧宫斗大之地，可指日下也。湯欲不戰而下人之國，猶懼其未也，乃遣伊尹以嘗之。呂氏春秋：「湯欲令伊尹往視曠夏，恐其不信，湯自射伊尹。伊尹奔夏。」孫子兵法所謂商之與伊尹爲間也。「三年，反報於亳，曰：『桀迷惑於妹喜，好彼琬琰，不恤其衆。衆志不堪。』」然商之師猶未出也。説苑：「湯欲伐桀，伊尹曰：『請阻乏〔一〕貢職以觀其動。』桀怒，起九夷之師以伐之。伊尹曰：『未可。

〔一〕原稿作「之」，據向宗魯説苑校證校改。

彼尚能起九夷之師，是罪在我也。』湯乃謝罪請服，復入貢職。明年，又不供貢職。桀怒，起九夷之師，九夷之師不起。伊尹曰：『可矣。』湯〔二〕乃興師而殘之。遷桀南巢氏〔三〕焉。」蓋自五就五反，内之房帷闈闥，靡所不知；外之罟擭陷阱，布之甚密。鳴條之攻，直探囊取物耳。此其陰謀全出于尹。漢志「伊尹書五十一篇」，其供狀也。小説家别有伊尹二十七篇。孔子序列古之神聖賢人，不述祖德湯即孔子之祖，不道伊、吕，其旨微矣。

伊尹以味説湯，起之自下。武丁因夢得説，發之自上。所由不同，其爲詭謀一也。商自小辛、小乙兩世不競，武丁嗣位，甘盤旋喪，欲起衰興治，非得良弼不能。舊勞于外，曾親傅説。驟立作相，恐百辟不從。固三年不言以激之，託於夢賚以神之，又先使傅説築於傅巖之野而審象旁求以得之，卒致朝諸侯而有天下。猶運之掌，其功盛矣！若其術，則吹垢驅羊之故智也。

玄鳥一章，序云：「祀高宗也。」而詩云：「商之先后，受命不殆，在武丁孫子。武丁孫子，武王靡不勝。」則是記武丁孫子之詩矣。毛公知其不可通，遂謂武丁善爲人孫子，是

〔二〕　原稿無「湯」字，據向宗魯説苑校證補。
〔三〕　原稿作「死」，據向宗魯説苑校證改。

以不通濟不通也。按：武丁、武王，文宜互易，王引之已言之。當云：「受命不殆，在武王孫子。武王，湯也。武王孫子，武丁靡不勝。」言湯之子孫武丁無不勝任也。

那詩結語「顧予烝嘗，湯孫之將」，既不與上文協韻，又與烈祖結語重複，此本烈祖篇文而那誤載也。二句之韻亦與那不協，而與烈祖全篇協。魯語引「自古在昔」四語無此結句，尤明證也。

詩：「撻彼殷武，奮伐荆楚。」易：「高宗伐鬼方」，「震用伐鬼方」。注者求鬼方不得，則謂鬼方即荆楚，或又謂貴州爲羅施鬼國以實之。按顧棟高大事表，春秋楚地不至湖南，高宗之兵，安能越五溪而至夜郎乎？王者四征不庭，既伐荆楚，何必鬼方不可伐？鬼方蓋即王季所征之西落鬼戎，在雍州之西。鬼方、荆楚，固非一地。而高宗之伐與震用之伐，亦非一時。「三年克之」者，高宗也。「三年有賞于大國」者，王季也。王季不稱名者，子孫不欲名其祖父，故易言震用也。震爲長子，師卦言「長子帥師」。震用者，言用長子帥師。「有賞于大國」，即受鈇鉞專征之事也。

書言太王「肇基王跡」，詩言太王「實始翦商」，固周室開基之主也。獨孟子言其避狄去邠。審是，則如蔡之遷州來，魏之失安邑矣。覆亡不暇，其能興邦乎？蓋邠地苦寒，本非腴壤，公劉東遷，藉以立基。卒後寖衰，傳世八葉，未能自振。至於「陶復陶穴」，其敝甚矣。岐山在郃之西，佳氣葱葱。「率西水滸，至於岐下。爰及姜女〔二〕，聿來胥宇。」築室作廟，雖日不暇給，規模宏達矣。古公亶父，言古時之公亶父也。古時爵名多冠於名字之上，公劉、公非、公叔祖類，具有先例。時人欲增字成句，故於公亶父之上冠以古字，其嗣季歷亦稱公季。至周公成文、武之德，始追亶父爲太王，公季爲王季。緜詩言文王之興本由太王，故著其原稱也。

湯之得伊尹，由尹自薦。文王之得太公，則同聲相應非一日也。史記云：「呂尚蓋嘗窮困，年老矣，以漁釣干周西伯。或曰：太公博聞，嘗事紂，紂無道，去之。游説諸侯，無所遇，而卒歸周西伯。或曰：呂尚處士，隱海濱。周西伯拘羑里，散宜生、閎夭、泰顛素知而招呂尚。呂尚亦曰：『吾聞西伯賢，又善養老，盍往焉。』」三説皆是，而未當也。尚書大傳言泰顛、閎夭、散宜生、南宫适皆太公弟子。蓋太公窮困，嘗以策干紂，紂不能用。鹽鐵論言太公鼓刀而屠於朝歌，蓋陰伺紂之動静，期於待幾而發也。適會西伯囚羑里，太公因令散宜生等求美女奇物獻於紂，脱西伯於厄。西伯歸而德四人，四人因言其師本謀，文王乃招太公。出獵之占，與渭濱之釣，皆僞跡也。史公云：「西伯歸，與呂

〔二〕原稿無「爰及姜女」四字，據阮刻本詩大雅緜補。

尚陰謀以傾商政，其事多兵權與奇計，故後世之言兵及周之陰權皆宗太公爲本謀。周西伯政平，及斷虞芮之訟，而詩人言西伯受命曰文王。伐崇、密須、犬夷，大作豐邑。天下三分，其二歸周者，太公之謀計居多。」以周本紀證之，求有莘氏美女，驪戎氏之文馬，有熊九駟，他奇怪物，因嬖臣費仲而獻之紂。紂乃赦西伯，賜之弓矢鈇鉞，使西伯得征伐，一也。歸而陰行善，諸侯皆來決平。「於是虞、芮之人有獄不能決，乃如周。入界，耕者皆讓畔，民俗皆讓長。虞、芮之人未見西伯，皆慙，相謂曰：『吾所爭，周人所恥，何往爲，只取辱耳。』遂還，俱讓而去。諸侯聞之，曰：『西伯蓋受命之君。』」自是西伯遂稱王，三也。「明年，伐犬戎。明年，伐密須。明年，敗耆國。」耆，書作黎，所謂西伯戡黎也。非上黨之黎。「明年，伐邘。明年，伐崇侯虎。而作豐邑，自岐下而徙都豐。」史云太公之計謀居多，而世家不載者，史記留侯世家所謂「與上從容言天下事甚衆，非天下所以存亡，故不著」也。以詩證之：「密人不恭……侵阮徂共。王赫斯怒，爰整其旅，以按徂旅」，出其不意，衝其中堅，伐敵之巧術也。「以爾鉤援，與爾臨衝，以伐崇墉。」鉤援者，上城之具。臨衝者，衝城之車即今之坦克車。東周列國尚未有此具，而文王用之，此必陰符六韜之劃也。太公至周年蓋七十，而文王伐密、崇，年過九十，精力已衰，不能無望於太公也。文王九十七而崩，又三年而武王始伐商，太公年已八十。卒於成王之季年，壽且百歲，是太公少於文王且二十歲。孟子言西伯善養老，若太公年老就養於文王者，非也。太公之書，有法有術，其法管仲行之以霸齊，其術張良采之以興漢。若游説家之所揣摩，兵家之所輯録，其最小者也。張良匿下邳時圯上老人授以書，且視之，乃太公兵法。良常誦習讀之。古書用竹簡，傳本甚少。圯上老人居濟北穀城，本爲齊人，得有傳本。以書太繁重，删取其要爲三略，三略即六韜之節本也。此爲海内孤本，得人始授。故僞爲墮履，以觀其忍；兩呵後期，以觀其誠，知其可教而後予之。凡授人密術者必先自藏其身，以免於殺身之禍。老人之爲黄石，張良之學神仙，皆先藏其身也。説者疑黄石公爲鬼物，而不知其爲策士之精也。

自論語有「三分服事」之言，説者遂以文王爲商之死臣。韓愈拘幽操至有「臣罪當誅，天王聖明」之語。文王既聖紂矣，則當事事效紂之所爲，何爲修德行仁，與紂相反乎？周自太王以來，無日不以翦商爲事，但時機未熟耳。文王拘羑里，演易辭，曰「王用亨于岐山」，曰「東鄰殺牛，不如西鄰之禴祭」，曰「帝乙歸妹，其君之袂，不如其娣之袂良」。意深遠矣，其旨微矣。京房不知易旨，遂爲湯嫁妹之解，愚甚。其爲周公所撰者，如明夷一卦，專言文王與紂王之事。明夷：「利艱貞。」象曰：「明入地中，『明夷』。內文明而外柔順，以蒙大難，文王以之。『利艱貞』，晦其明也。內難而能正其志，箕子以之。」「初九，明夷于飛，垂其翼。君子于行，三日不食。有攸往，主人有言。」象曰：「『君子于行』，義不食也。」此言伯夷也。伯夷避紂，所如不合，飛而垂其翼也。餓於首陽之下，三日不食也。則爲文王孫子之事。「殷士膚敏，裸將于京」，則武王克商之後，殷之蓋臣侯服于周也。文王稱王，仍未與商絶，詩人或易辭以別之。如「王命南仲」，文王也。「自天子所」，天子謂紂也。商之季年，律歷志有驪山氏，比干盤有仄王。稱王者非文王一人，猶周時之徐、楚、吴、越，與周並稱王也。王崩有謚號，而追王者無之。文王有謚，而太王、王季無有。中庸亦言追王太王、王季，不言文王，以文固王也。武王十九年，除去文王九年，則武王只有十年，證之諸書皆合。若以武王有十九年，則太公卒於成王末年，召公卒於康王末年，壽且百二十歲，不合之處甚多。

「思齊太任，文王之母，思媚周姜，京室之婦。」注謂太任爲王季之配，周姜爲太王之妃，姑其婦而婦其姑矣。「文王初載，天作之合。大邦有子，俔天之妹。」即周姜也。傳讀俔爲磬，不可解。或謂俔即見字，言大邦之子，即天之妹。天烏有妹以嫁文王，不通極矣。俔，國名也。天，猶言君。爾雅：「林、烝、天、帝，君也。」俔君氏姜，此爲其妹，猶衛詩言莊姜爲東宫之妹也。或云俔天猶言儲君，與東宫之妹同，亦通。詩云「不顯」，有訓爲顯者，亦有謂真不顯者如「無曰不顯，莫予云覯」之類。此則爲真不顯，言文王造舟爲梁，親迎姜氏於渭，而姜氏不永其年也。「于周于京，纘女維莘。長子維行，篤生武王。」纘，繼也，言文王繼配有莘氏之長女而生武王也。「太姒嗣徽音」，即嗣其姑與文王之前妻也。太姒十子，並妾、媵所出，亦不逮二十人，而云「則百斯男」，詩人誇誕之辭，如云「子孫千億」，非其實也。

「維此二國，其政不獲。維彼四國，爰究爰度。」注謂二國爲夏、商，四國爲四方之國，非也。當時東方大國，商、奄並稱。左傳言「蒲姑、商、奄」，又云「商、奄之民」。孟子言「誅紂伐奄」。書序：「成王東伐淮夷，遂滅奄」，又「成王既踐奄，遷其君於蒲姑」。多方：「王來自奄，至于宗周。」當時奄之位次，直亞於商，二國即商、奄也。四國者，耆、密、邘、崇，上帝憎之，故文王伐之也。史記：文王受命，「明年，伐犬戎。明年，敗耆國」。耆，書作黎，所謂西伯戡黎也。黎在陝西，非上黨之黎。「明年，伐邘。明年，伐崇。」四國皆西周之鄰，臥榻之側，不容他人鼾睡，而崇地之雄，又文王欲取爲臥榻者。如紀之與齊，不能兩存者也。崇侯之譖文王，猶紀侯之譖齊哀，皆不得已之事。崇譖而文王囚，紀譖而齊哀烹。文王之必得崇，猶齊哀之必滅紀。而崇之守甚固，「臨衝閑閑，崇墉言言。臨衝茀茀，崇墉仡仡」。九天九地之難無以逾也。

武王曰：「予有亂臣十人。」孔子曰：「有婦人焉，九人而已。」婦人不知其名，或謂文母，子不可以臣母也。或云邑姜，妻不可以干政也。古之滅敵，多用女戎，妹喜、褒姒之流，不一而足。十亂之婦人，即有莘之美女，出文王拘羑里者。文王之妃太姒，故有莘之長女，美女蓋其娣姪，舍身以成姬氏之業者，其功固不細矣。「迪知上帝命」，豈虛譽哉！自文王出羑里而有莘氏不再見，亦如神龍之見首不見尾矣。

八卦之作，起於太古。蓋天造草昧，萬事森羅，形形色色，不可名狀。伏羲氏作，思爲術以統一之，於是作爲八卦。分別部居，若算術之代數，事物之代名然。總宇内言之，則乾爲天，坤爲地，震爲雷，巽爲風，坎爲水，離爲火，艮爲山，兑爲澤，是也。舉一家言之，則乾爲父，坤爲母，震爲長男，巽爲長女，坎爲中男，離爲中女，艮爲少男，兑爲少女，是也。以身言之，則乾爲首，坤爲腹，震爲足，巽爲股，坎爲耳，離爲目，艮爲手，兑爲口，所謂近取諸身也。以物言之，則乾爲馬，坤爲牛，震爲龍，巽爲雞，坎爲豕，離爲雉，艮爲狗，兑爲羊，所謂遠取諸物也。以品性言之，則乾健、坤順、震動、巽入、坎陷、離麗、艮止、兑説。以行事言之，則爲出震、齊巽、見離、役坤、説兑、戰乾、勞坎、成艮，所謂通神明之德，類萬物之情，是也。又或隨事假名，如「乾爲天爲圜」以下百餘名是也。或又變動不居，如雜卦傳之「乾剛坤柔」以下是也。卦爲事物之代名，代表此物時，則不代表彼物。如乾代天時，則不代表老馬；坤代表母時，則不代表子母牛。某女士問余：陰爲女子，又爲小人，女子是小人耶？余以代表此不代表彼之義曉之。及其進也，則又依象制物。傳言：「作結繩而爲罔罟，以佃以漁，蓋取諸離。」包羲當漁獵之時，而作者止于八卦，故舉一事一卦，以概其餘，非其所作止于此也。神農氏以八卦不足以盡天下之變，遂重之爲六十四卦。傳言：「斲木爲耜，揉木爲耒，耒耜之利，以教天下，蓋取諸益。」「日中爲市，致天下之民，聚天下之貨，交易而退，各得其所，蓋取諸噬嗑。」神農氏始教稼穡，制市井，而重卦適當其時，故特舉二事一重卦以概其餘，亦非所作止于此也。自神農以至黃帝，制作益繁，故舉乾、坤十卦以概其餘，所謂「以制器者尚其象」也。神農本號烈山氏，音傳爲連山。重卦既定，蓍揲之法始生，因名其書爲連山。禹因之不改，非禹所創也。猶歲首首建寅，非自禹始，而名爲夏正同。淳于俊謂連山似山出雲氣連天地，皇甫謐謂其卦以純艮爲首，山上山下，是名連山，均極不通，蓋不知連山即烈山也。宋邵雍言八卦有先天後天之分：乾一、兑二、離三、震四、巽五、坎六、艮七、坤八者，先天也，伏羲所造。説卦震正東、巽東南、離正南、坤西南、兑正西、乾西北、坎正北、艮東北者，後天也，文王所次。按傳言「兩儀生四象，四象生八卦」，以生卦之次言之，邵氏先天之圖是也。惟説卦八卦之次，義不可解。據干寶易注，謂爲連山之次。考其方位先後，頗合禹貢之敘九州，其義則不能知也。商人因連山而作歸藏，謂天下之義皆歸藏於是，始由象而及于理數。歸藏以坤爲首，孔子所云「吾得坤乾」也。歸藏、連山，皆純主占筮，所謂「以卜筮者尚其占」也。至文王因於羑里，思危慮深，所繫彖、象，多主欲取固予，深藏待時之義。占與老氏之旨多合。言者尚其辭，動者尚其變。傳云「易有聖人之道四焉」者，至此始備。故歸藏之名爲易，以其周流六虛，用變所適也。迨孔子贊易以知來藏往之法，極範圍曲成之能，由此易與天地準矣。説、序、雜三篇，惟序卦絶無理識。若説卦、雜卦，語雖粗淺，亦有意義，恐係古昔相傳雜説，故文王、周公繫易多用之。後儒補葺推衍爲此兩篇，雖非經文，解易固不可少也。至易中象數名理，余別有周易概要述之，茲不具論。

禮運論治，有大同、小康二派。古説謂大同爲堯舜之治，小康爲三代之治。今按堯、舜二典俱存，烏有「不獨親其親」以下各狀？此説固非。邵懿辰曰：「謂周爲今，可也。謂夏、商爲今，可乎？」因取下段「禹、湯、文、武、成王、周公，由此其選也。此六君子者，未有不由於禮者也」四句，插入「不必爲己」之下，謂「大道之行」爲政治，「三代之英」爲人才，「大道既隱」一段爲東周之治。東周以後，亡國五十二，弑君三十六，安可謂之小康？其説尤謬。茲正「今」字爲衍文。大同之治，爲孔子之理想，未成事實。「大道既隱」，言大同之治既不可見，惟三代小康之治，天下爲家之政實行於世。擯去一切改易之説，則理明而詞亦達矣。大同與今共産相似。孔子蓋預明此義。子游見其未實行，故曰：「若此乎禮之急也。」以下專言禮治。蓋大同既未實現，自以禮治爲最宜也。

文王世子言：「文王九十七乃終，武王九十三乃終。」據此，則文王七歲生子，武王八十始能生子。羅泌路史發揮已闢其謬矣。而記文王「夢帝與我九齡」，武王釋爲九國，語不可解。蓋齡爲齒之誤，夢帝與之九齒也。武王以九齒爲九國，文王謂九齒爲九齡。九齡即九年，以意推之，文王受命九年而崩，武王即仍其數，或即此九年歟？「我百爾九十」，當作「我百爾五十」。竹書紀年言武王年五十四而崩。五十年加以文王所與之三年，實得五十三。蓋竹書所紀，歷年之都數，而戴記所言，受生之實數也。

文王受命九年，大統未集。武王繼成其志，即繼其九年之數也。伐商之會，有謂在十一年者，有謂在十三年者。按：武王出兵，本有二次：初，試用行師，書所謂「觀政于商」，記所謂「始而北出」，史所謂「八百諸侯咸集」，武王以爲天命未可，而還師也。史謂「武王載木主，號爲文王」，自稱太子發，蓋喪服未除，不欲稱王，書亦言「肆予小子發」，是也。牧野之師，則在十三年，武成所謂「一月壬辰，王朝步自周，于征伐商」。此爲出兵之日也。自稱「有道曾孫周王發」，服除之辭也。「厥四月，王來自商，至于豐」，此凱旋之日也。「丁未，祀于周廟」，「庚戌，……大告武成」。「王若曰」以下，追述先世建邦之事。「予小子其承厥志」以下，述己伐商成功之事。詞意相承。蔡氏以为有錯簡，割「底商之罪」一段，置「于征伐商」之下，未知其爲告群后之辭也。

洪範五行、五事、皇極、三德、稽疑、庶徵六篇，皆有演詞，而八政、五紀、五福三篇無有。非闕文也，八庶徵「曰王省惟歲」以下，即五紀演辭；六三德「惟辟作福」以下，即五福、六極演辭，編者之誤也。五紀、五福、六極，此天之「陰騭下民，相協厥居」者，本非人主可敘。而人亦自有五紀，如「王省惟歲」「卿士惟月」「師尹惟日」「庶民惟星」是也。人主亦自有福極，如「惟辟作福，惟辟作威」是也。言天者必有徵於人，非謂天之所制，人主可得而代之也。八政之目，包括周之六官，唐之通典，非數十萬言莫能明，故略之也。洪範首以五行，全書皆五行之學，古原有五行之官，至夏禹始標今名。侔於宗教。箕子承之，曰「鯀汩陳其五行。帝乃震怒，不畀洪範九疇，彝倫攸斁。鯀則殛死，禹乃嗣興。天乃錫禹洪範九疇，彝倫攸敘」，其尊之如此。啟之討有扈氏，曰「威侮五行」，坐以大逆不道之罪也。

漢儒五行傳，主以五事應以休徵、咎徵，若桴鼓之相應，其遺旨也。希臘、印度學者皆主四大之説。地心爲火，地面海占十之七而弱，土占十之三而强，地上爲風。地、水、火、風，謂之四大，其論確矣。或又增太空爲五大。按：四大皆行於太空之中，太空中之行星同於地球，恒星同於太陽，其歸結不可思議，不如四大之可致而知也。周易八卦之説，與此暗合。如乾爲天，天即空氣，其動爲風，坤爲地，離爲火，坎爲水，分布南、北、東、西，謂之四正。巽爲風，位西南，爲天之輔。艮爲山，在西北，爲地之輔。兑爲澤，在西南，爲水之輔。震爲雷，雷即電，在東北，爲火之輔。似較西人爲密，然其爲四行，一也。禹始創五行之説，金、木小物，而儕於水、火，非其倫矣。此二説者，各自獨立，本不相通。言神道者，亦云河圖授羲，洛書授禹，龍馬龜文，區以別矣。宋儒必欲合五行於八卦，謂易有太極，分爲陰陽，陽變陰合而生水火木金土。亦徒見其詞費而已。周易，玄學也。西人愛智學，中儒譯爲哲學，名不甚合。按：劉宋立四學：雷次宗主經學，何尚之主玄學，何承天主史學，謝玄主文學。玄學之名，較哲學爲當。玄之又玄，衆妙之門，故其含義至廣。其曰「惟深也，故能通天下之志」，玄學也；「惟幾也，故能成天下之務」，科學中之政治學也；「惟神也，故不疾而速，不行而至」，宗教也。曰「形而上者謂之道，形而下者謂之器」，明玄學與科學之分際也。曰「乾知大始，坤作成物」，嚴復謂凡力皆乾，凡質皆坤。明力學與質學之交綫也。曰「變動不居，周流六虛」，明玄學之本體也。曰「備物致用，立成器，以爲天下利」，明玄學之效用也。曰「同聲相應」，明發音機、收音機之制也。曰「同氣相求」，明磁石引鍼、指南車之所由造也。曰「其靜也專，其動也直」，明靜者不自動，動力必直之原理也。曰「其靜也翕，其動也闢」，翕以聚質，闢以出力，明效實儲能之一致也。曰「精氣爲物」，曰「唯變所適」，物質不滅之精義也。張子正蒙云：「散殊而可象爲氣，清通而不可象爲神。」王船山釋之云：「形而上者謂之道，即所謂清通而不可象者也。器有成毁，而不可象者寓於氣以起用，未嘗成，亦不可毁，器敝而道未嘗息也。春夏爲生、爲來、爲伸，而秋冬生氣潛藏於地中，枝葉槁而根本固榮，則非秋冬一消滅而更無餘也。車薪之火，一烈已盡，而爲焰、爲煙、爲燼，木者仍歸木，水者仍歸水，土者仍歸土，特希微而人不見爾。一甑之炊，濕熱之氣，蓬蓬勃勃，必有所歸，若盦蓋嚴密，則鬱而不散。汞見火則飛，不知何往，而究歸於地。」故易曰往來，曰屈伸，曰散聚，而不言生滅也。此言太虛氣質有幽明而無有無，有聚散而無生滅，至爲明切。曰「天與水違行，訟」，曰「止而說，二氣感應以相與，亨」，明同性相斥，異性相引之精義也。乾、坎同性，故相斥；艮、兑異性，故相引。曰「陰陽相摩」，明陰電、陽電之交合也。「水在火上，既濟」，而初九曰「曳其輪」；「火在水上，未濟」，而九二曰「曳其輪」，明蒸汽機之製造也。曰「天下何思何慮？同歸而殊途，一致而百慮」，極演繹歸納之學，天下之能事畢矣。「以言者尚其辭」，「履，德之基」以下，三乘九卦，辭之指歸也。「以制器者尚其象」，始之以結繩，終之以書契，所取凡十三卦，象之初步也。「以動者尚其變」，「通其變，遂成天下之文；極其數，遂定天下之象」，則非言辭之所能窮矣。「富有」「日新」，萬世取之而不竭；「顯仁」「藏用」，「百姓日用而不知」。所謂妙萬物而爲言，與乾坤同成毁者也。

上天下地之謂宇，往古來今之謂宙。宇之大，不可知也；宙之變，不可窮也。有謂爲進化者：西儒達爾文、赫胥黎之進化論，秦商鞅之開塞書，是也。有謂爲退化者：老子「道降而後德，德降而後仁，仁降而後義，義降而後禮，禮者，忠信之薄而亂之首」，尸子謂「今日不及古日之熱，今月不及古月之明」，是也。西人亦有此説，主實質言，與尸子之説略近。有謂螺旋進化者，有謂俱分進化者。一部分進，一部分退。而周易則爲循環，十二辟卦之消息，及宋後黑白相銜之太極圖是也。非濂溪太極圖。而易首乾卦，言統治權之所屬，亦有進化之意焉。「初九，潛龍勿用」，太古之初，天造草昧，君主之制未立也。「九二，見龍在田，利見大人」，謂五帝之時，當陽出治，惟有德者主之則利。「利見大人」，言大人見則利也。「九三，君子終日乾乾，夕惕若厲，无咎」，言三王之世，爲人君者，須朝乾夕惕，始得无咎也。「九四，或躍在淵，无咎」，此如漢高之流，以亭長出爲天子也。「九五，飛龍在天」，此如唐、宋盛時，君主之制大備。「利見大人」，亦惟有德者始能居此位也。「上九，亢龍有悔」，明、清中葉，君權太過，其後必有悔也。「用九，見群龍无首，吉」，則民主之制矣。易固不可爲典要，然神以知來，知以藏往，其義固昭昭也。自「漢儒五行傳」起，至「固昭昭也」止，即周易概要新義。

自逸周書俘陳周王俘獲，史記因之，云：紂「登於鹿臺之上，蒙衣其珠玉〔一〕，自燔於火而死。武王持太白旗以揮諸侯。至紂死所，武王自射之，三發而後下車，以輕劍擊之，以黄鉞斬紂頭，懸太白之旗。已而至紂之嬖妾二女，二女皆經自殺。武王又射三發，擊以劍，斬以黄鉞，懸其頭於小白之旗」。夫紂已燔矣，何頭可斬？弑亡國之君，始於劉裕，丕、炎所不忍爲者，況割死君之頭乎？嬖妾二人於紂有罪而於周有功，范蠡用西施以破吳，吳亡而載之游五湖，隱録其功也。死而射之，非惟不仁，其愚甚矣。或謂中庸言「武王末受

〔一〕校之史記三家注本，「衣其珠玉」前有「蒙」字。

命」爲「未受命」，言紂聞牧野師敗，自燔而死。武王亟退師，立紂之子禄父而還，與商分土而王。商制：非爲天子者，不得以十干爲號，而禄父稱武庚，知其王號未替也。論語：「武王曰：『予有亂臣十人。』孔子曰：『才難，不其然乎？』」繼曰：「三分天下有其二，以服事殷。周之德，其可謂至德也已！」至德之稱，謂武王，非文王也。武王崩，管叔以武庚叛，成王始誅之。封微子于宋，降王爲公，仍用天子之禮樂，待以賓禮，其命辭稱微子不敢以周之爵加於殷王之元子也。至微仲之子稽立，史稱宋公，始爲周臣也。大誥之文，言「寧王」而不言武王，自稱「小邦周」，罪「殷小腆」而不及其君，曰「伐殷逋播臣」而不云伐殷，忠厚之至也。逸周書之言，允爲野語矣。

武王克殷，滅國者五十，可謂多矣，然非武王一代之事也。湯十一征，湯之地原小，廓其地以爲王畿也。周則自后稷以來，即有魏、郜、芮、箕、畢。至于文王，王畿之地已足，故大封子弟功臣，以實所滅之國。封建之規，自此著矣。傳稱兄弟之國十五人，姬姓之國四十人，而攷之載籍，姬姓之國大半皆其兄弟，蓋十五國即在姬姓四十國之中也。太姒十子，無召公奭名。召公蓋文王庶子，而富辰所言文王之昭十有六國，亦無燕國。謂係群從之親，然季、歷兩兄，均逃蠻方。文王昆仲，亦祇二號。而召康公名位次於周公，而高於太公，康叔、畢公，遠出其下。周道親親，決不可以疏間親也。攷富辰所云十六國，獨雍無聞。召公采邑，傳云：今「扶風雍縣南有召亭」，即其地。是采邑本爲雍，易其名號，使與周公等，改而爲召，富辰所言爲原名也。十六國中，管叔無後，故稱十五人。周公誕保成王七年，歸豐三年而薨，而召公薨於康王二十六年，後於周公五十餘年，壽過百歲，誠所謂「天壽平格」者也。古之大臣勳德冠世者，必爲之創特稱。如周公、太公，豈無采地，而於尚父以至尊之「太」字稱之，於公旦以國號之「周」字稱之。齊、魯之侯，封以另號，其子不敢加於二公也。召公之稱，或謂以其無上古年曆，如元命苞、丹壺書之言，不足道矣。曆家推算，爰有曆元。自上元至湯伐桀之年，有謂十餘萬年，如四分、三統之類。自上元至獲麟之歲，有謂二百七十萬年者，如殷曆、後漢庚申四分曆之類。要皆曆數之學，與歷史無與。太史公云：「余讀諜記，黄帝以來，皆有年數。」然其云五帝同出一源，既不可信，則年曆亦難據依。惟堯、舜之年，紀於二典，則信而有徵。自是而下，迄於共和，雖有紀事之書，實無編年之史。孟子云：「由堯、舜至於湯，五百有餘歲。由湯至於文王，五百有餘歲。由文王至於孔子，五百有餘歲。」此以傳道爲宗，非以傳統爲主。王孫滿言「桀有昏德，鼎遷於商，載祀六百」，成王定鼎於郟鄏，卜世三十，卜年七百，皆係約舉其年，未能實徵其數也。惟劉歆三統世經云：「夏后氏繼世十七王，四百三十二歲。殷繼世三十一王，六百二十九歲。周繼世三十六王六，一作七。八百六十七年。」世數與年數始有可徵，然於立王御國之實年，未能指也。史公三代本紀，僅三代僅有世表，無年表也。惟汲冢紀年自禹至桀十七世，有王無王，用歲四百七十一年。湯滅夏以至於受，二十九王，用歲四百九十六年。每王歷年，均實稽其數，似合編年之正軌矣。然作者生於戰國之末，追言三代，多係誣罔。如：「益干啟位」，「后啟殺益」，「太甲殺伊尹」，「文丁殺季歷」，怪辭駭世。其言殷之歷年不滿五百，與王孫滿、孟子、三統世經大悖，固不足據也。迨宋邵雍以皇極數推之，每代王數，每王年數，若目睹而筆記者，宋後史家多因之。夫天之曆數，誠可坐致，王之歷年，烏可術知？以理言之，似難徵信。然竹書之誣，既如彼矣，而皇極所云，按之孟子、史記、世經，多相符合。是康節固博稽載籍，衷以極數，非向壁虛造也。金履祥綱目前編，傳以時事，遂同正史有由然也。本書三代世譜即據金氏爲本。

西儒言人類之異於萬物者，即無論何處地，圖騰高下不等，而皆能造作符號以布言令、記往事，而庶物不能，此其所以爲萬物之靈也即「善假于物」之一。審是，則文字之生，當與人類俱起。世本言倉頡作文字，蓋至是始釐正六書，統一聲音，非創作也。如秦并天下，李斯奏同文字，一於小篆之比。不知歷幾何年代，至于虞、夏，遂進爲沈博絶麗之文。以典、貢徵之，如：「欽明文思」與「允恭克讓」偶。「格於上下」與「光被四表」偶。「克明俊德，以親九族」與「九族既睦，平章百姓。百姓昭明，協和萬邦」偶。「黎民於變時雍」與上三排以意偶。「迺命羲和」與下「分命羲仲」四句偶。「欽若昊天」與「敬授人時」偶。「曆象日月星辰」與上下二句以意偶。「分命羲仲」以下四節，節相爲偶。「期三百有六旬有六日」與「以閏月定四時成歲」以行偶兼意偶行偶俗云流水對。「允釐百工，庶績咸熙」廻文相偶。如「允釐百工」與「咸熙庶績」偶，「庶績咸熙」與「百工允釐」偶。此如廻文詩格。「疇咨若時登庸」一節與「疇咨若予采」一節相偶。「湯湯洪水方割，蕩蕩懷山襄陵，浩浩滔天」三句變文爲偶。三句少二字，變文以化板。「下民其咨，有能俾乂」，詞單意偶。「明明揚側陋」，句自爲偶。「慎徽五典，五典克從」，與下三聯爲偶。「烈風」句故增二字，化板爲活。凡有三四聯者，宜稍爲不齊，方妙。「肆類于上帝」四句，相疊爲偶，首句加一字以示別。「既月乃日，四岳群牧」，句自爲耦。「歲二月東巡守」一節，與「五月南巡狩」「八月西巡狩」「十有一月朔巡狩」三節偶，稍變文以示異。「五載一巡狩」與「群后四朝」爲行偶。「敷奏以言」三句順行相偶。「肇十有二州」與「封十有二山」爲正偶，與「濬川」爲意偶。以下倣此，不贅。大約以單行之神，爲排耦之體，間用單語以立幹，故爲不齊以示奇，無法不備而不漏痕迹，所謂「焕乎其有文章」也。但此宜名雅文亦云詞章文，不可謂之駢文，以駢文乃雅文之裔孫，不可以孫之謚加於祖也。章太炎謂王闓運爲能盡雅，曾國藩爲能盡俗。雅文即詞章文，俗文即散行文。雅文之敝，流爲駢文；俗文之敝，流爲白話文。

史記儒林傳序「詔書律令下者，通天人分際，訓詞深厚，文章爾雅」，即雅文之名所本也。深厚者，淺薄之對。雅文深厚，散文淺薄。孔子曰：「爾雅以觀於古，足以辨言矣。」周史佚教其子以爾雅，孔子亦教哀公學爾雅，知古必有爾雅之書，非今之爾雅。史官習之，故其文沈博絶麗。去複字，省助詞，不爲空靈之句，不爲摇曳之文，故能籠天地於形内，挫萬物於毫端。如禹貢「治梁及岐」「既修太原」「覃懷底績」「恒衛既從，大陸既作」「九河既道，雷夏既澤，灉沮会同」「嵎夷既略」「淮沂其乂，蒙羽其藝。大野既豬，東原底平」「陽鳥攸居。三江既入，震澤底定」「江漢朝宗，九江孔殷」「蔡蒙旅平」「灃水攸同」「三苗丕敘」，通可以一「治」字了之，而必用字如此之多，欲去複而免俗也。禹貢全篇無「之、乎、者、矣、焉」及諸感歎字，典、謨亦祗一「哉」字，尚書全部無一「也」字，所用助字及感歎字亦甚少。作雅文之法，要能以名詞作動詞，動詞作感歎詞、助詞，無句不整，有詞必鍊，始能爲之。不得此法則不通，故學雅文者，十有九不通。此經文之所以可貴也。典、貢肇基，天玄地黄。謨、範繼軌，星輝雲爛。其他訓命之文，典章之册，雖詞有高下，意有淺深，而榘矱不失，同爲雅文。惟殷盤周誥，牘式語體，詰屈聱牙，不足以語此。如衙門告示，案牘公文，用當時格式，本地俗語，易代易地，多不可解。

六經之文，儀禮、周易與春秋之經，單詞硬語，各立壁壘，誠不可以常文論。若周禮、易傳、左氏内外傳，及戴記各篇，雖不必盡屬雅詞，亦絶無俗體。戰國諸子，始爲謬悠之論，縱横之言。多其語助，繁其呼應，散體俗文，因之而出。而龍門子長，取以入史。於是所謂文勝質則史者，至是大變。而其文則史之言，爲不信矣。班孟堅獨尋墜緒，力反古初，故漢書之文，直接周書。劉知幾謂漢書爲典謨訓詁之遺，是也。稍後張、蔡之徒，及建安、黄初諸子，踵事增華，文過其實，然經儒宿學，尚有典型。如華嶠、陳壽之述史，賀循、摯虞之議禮，枝幹並茂，華實相扶，執柯伐柯，其則不遠。下逮齊、梁，始取青妃白，弄月吟風，駢儷之名，由此而立。累牘連篇，曼衍相屬。韓愈惡其靡也，起而排之，障徐、庾之流波，尋龍門之遺轍，而古文之名大著。自是駢、散兩宗，代執牛耳。學雅文者，匪襲衣之優孟，即濫竽之南郭。黄鐘大吕之音，成絶響矣。

經文統鈔附編卷二

益陽陳天倪　撰

別録中〔一〕

一、論孔子無删詩之事〔二〕

虞書：「帝庸作歌，曰：『勑天之命，惟時惟幾。』乃歌曰：『股肱喜哉！元首起

〔一〕整理者按：本卷所收的是陳天倪先生的著作詩經别論，這部著作也收集在一九九七年出版的尊聞室賸稿一書中，字句有所出入。經文統鈔一書完成於一九六一年，一直未曾付梓。一九六五年，彭昺先生的後人將書稿交給長沙中山圖書館保存，該館後來合併到湖南圖書館。五十多年來，陳氏後人一直希望一睹這部書稿，終未能如願。直至二〇一七年以前，陳天倪的後人從來没有見過經文統鈔的書稿，不知其内容。二十世紀九十年代中期，陳天倪的四子陳雲章在編輯尊聞室賸稿時，也不知道詩經別論早就收入了經文統鈔，認爲確實是從未發表過的「賸稿」，因而將其編入了尊聞室賸稿。

〔二〕此目録據尊聞室賸稿補。

哉！百工熙哉！』」此作歌之始也。命夔曰：「詩言志，歌永言，聲依永，律和聲。」此言詩之始也。初民之時，饑者歌其食，勞者歌其事，稱心而言，矢口而成，發於天籟之自然，而未協夫[一]抑揚抗墜之音節，可謂之歌謠，不可謂之詩。詩者，古人用以合樂者也。呂氏春秋音初篇：「『燕燕往飛』，實始作爲北音[二]；『候人兮猗』，實始作爲南音[三]；破斧之歌，始爲東音。」今之三百篇，有燕燕、候人、破斧諸篇，乃知古人之[四]詩，如今人之爲詞，按譜而填。其深通音律者，可自創體格，如詞人之自度曲然。不協音律者，不得入於樂官之選，逸詩是也。史記言詩經三千餘篇，孔子去其重，取其可施於禮義者，爲三百五篇，非也。三百五篇多重複而不合於禮義，而删去之逸詩引於傳記者，反多合於禮義。又孔子言「誦詩三百」，墨子非治孔學者，亦云「誦詩三百」，知删詩者爲周之太師，取其合於音節，非必[五]取其合於禮義也。孔子曰：「吾自衛反魯，然後樂正，雅、頌各得其所。」知孔

[一]「夫」，尊聞室賸稿作「乎」。
[二]此句尊聞室賸稿作「始爲北音」。
[三]此句尊聞室賸稿作「始爲南音」。
[四]尊聞室賸稿此「之」字下有「爲」字。
[五]尊聞室賸稿無此「必」字。

子衹正樂、頌，未嘗删詩。而今之雅、頌次第，上不與儀禮合，下不與楚莊所引之酌、桓、賚、般合，則孔子所正之雅、頌，後亦未嘗行也。删詩之説，孔疏已非之，朱竹垞言之尤詳，今不贅。

詩與樂合，其利有一，其弊有二。清歌妙舞，佐以八音，娱耳蕩心，其樂只且，此其利也。一唱再歎，音節不殊。如芣苢六聯，僅更五字；樛木三章，只出六言。是謂重複，其弊一也。「南山有臺，北山有萊」，何與「邦家之基」？「翹翹錯薪，言刈其蔞」，何與「之子于歸」？鴛鴦雖美，「畢之羅之」，則失其自由矣，有何福禄？螽斯害苗，理宜捕滅，何以擬子孫之繁衍？是謂乖離，其弊二也。自齊、魯、韓、毛，腐儒接踵，既不知樂，復不能詩，以爲孔子所定[一]，無敢妄議。見詩首關雎，則以爲王化始于衽席，多方附會，以成其説。而「輾轉反側」之淫詞[二]，反成爲誠意正心[三]之至論矣！于關雎曰：「后妃之德也。」葛覃曰：「后妃之本也。」卷耳曰：「后妃之志也。」樛木曰：「后妃逮下也。」螽斯曰：「后

[一]「定」，尊聞室賸稿作「訂」。
[二]「淫詞」，尊聞室賸稿作「暱詞」。
[三]「誠意正心」，尊聞室賸稿作「正心誠意」。

妃子孫衆多也。」桃夭曰：「后妃之〔一〕所致也。」兔罝曰：「后妃所化也。」芣苢曰：「后妃之美也。」惟漢廣、汝墳，始及文王。周南十篇，出于后妃者八，是文王之政，全出房闈，無殊于紂〔二〕。而卷耳之詩，后妃直目所賢者爲懷人，其無恥更過於妲己矣。妲己未聞有外淫之事。〔三〕又以詩爲聖經，不敢議其文辭。於文辭之優美者，亦視爲釋氏之内典，徒〔四〕以誦多爲貴。全部〔五〕詩經，直同廢物，而徒〔六〕與蘇、李、曹、劉把臂而入藝苑矣。

〔一〕尊聞室賸稿無此「之」字。
〔二〕尊聞室賸稿無「無殊于紂」四字。
〔三〕「其無恥」至「外淫之事」句，尊聞室賸稿作大字「其肆無忌憚，亦非解詩者所能曲諒矣。」
〔四〕尊聞室賸稿無此「徒」字。
〔五〕「全部」二字之前，尊聞室賸稿有「于是」二字。
〔六〕「而徒」，尊聞室賸稿作「不能」。

二、詩當以詞采爲主[一]

古之詩章，原以合樂，故當以聲律爲衡；今不合樂，則當以詞采爲主。余所鈔經文[二]，於詩之重複者去之，不合者汰之，約去十之二三，而詩之精美者始見。王船山曰：「居常謂與天同道[三]者，迎之不見其首，隨之不見其尾，適融而流，適結而止，其惟三百篇乎？過此以還，思必有津，筆必有徑，非獨至而不可至者也。」可謂善言詩者矣。

紀事。[四]詩之紀事，與史不同。史則直書其事，詩則寓有頌揚之意，以生民、公劉、邠風[五]、緜、大明、皇矣六篇爲著。生民前三章敘后稷之生，次三章言播殖之事，適[六]是一篇本傳。惟後二章及乎[七]祭祀，以詩本爲尊祖配天而作也，思文一篇即傳後贊語。王通謂

[一] 此目録據尊聞室賸稿補。
[二] 「所鈔經文」，尊聞室賸稿作「所選經文鈔」。
[三] 「道」，船山全書作「造」。
[四] 「紀事」，據尊聞室賸稿補。
[五] 「邠風」，尊聞室賸稿作「七月」。
[六] 「適」，尊聞室賸稿作「直」。
[七] 「乎」，尊聞室賸稿作「于」。

詩爲史，此類是也。公劉六章，述開國之鴻猷，紀新都之形勝，宣上德而攄蓄念也。七月八章，言景物之遷〔一〕變，述女心之傷悲，通下情而懷舊俗也。緜述太王之移都，而終之虞芮質成。大明、思齊，述王季、文王之遺德，而歸之于肆伐大商。前敘作屏菑翳之功，後論翦密伐崇之烈，而以雍容揄揚出之。凡此諸作，皆出于周公。八音繁奏，五采相宣，未足以喻其妙也。

頌揚。〔二〕商頌五篇，剛健其骨，婀娜其態，無以加矣。周頌〔三〕則優而柔之，饜而飫之。「文王在上」「殷士膚敏」與「思皇多士」齊輝，「文王有聲」「維辟維翰」與「翼子詒〔四〕孫」並著，而以「於昭于天」「豐水有芑」，仰觀俯察以盡其神。棫樸、旱麓，繼以靈臺，昭作育之功。既醉、假樂輔以卷阿，極太平之象。天保九如，詞重意複〔五〕，而其氣彌遒，其神彌永，

〔一〕「遷」，尊聞室賸稿作「遞」。
〔二〕「頌揚」，據尊聞室賸稿補。
〔三〕尊聞室賸稿無「周頌」二字。
〔四〕「詒」，尊聞室賸稿作「貽」。
〔五〕「詞重意複」，尊聞室賸稿作「詞意重複」。

雅中之頌也。周頌之詞，如維天之〔一〕「於穆不已」，烈文之「不顯惟德」，蔚爲理語之宗。時邁之「懷柔百神」，來雝〔二〕之「燕及皇天」，彌著天人之應。酌、桓、賚、般四篇，于文舞干羽之中〔三〕，具武功七德之義。言約而旨遠，實爲詞林允師。而般之全章，虎變文炳，與商頌長發之「小球」「大共」兩章，壯烈相等，可作中國〔四〕國歌。山輝川媚，不可多得也。魯亦有頌，其泮水、閟宫，雖極意鋪張，意欲上追九如，而真宰不存，味索然矣。

武功。〔五〕文王之世〔六〕，曰采薇、曰出車、曰杕杜，皆以征婦之思，寫征人之苦，「説以犯難，民忘其死」也。「昔我往矣，楊柳依依。今我來思，雨雪霏霏」，謝玄賞之。王船山云：「『春日遲遲，卉木萋萋。倉庚喈喈，采蘩祁祁。執訊獲醜，薄言還歸；赫赫南仲，玁狁于夷。』善于取影。訓詁家不知領悟，謂婦方采蘩而見歸師，旨趣索然矣。詩以優美爲主，非能

〔一〕尊聞室賸稿此「之」字下有一「命」字。
〔二〕「來雝」，尊聞室賸稿作「雝」。
〔三〕此句尊聞室賸稿作「于武舞于執譽之中」。
〔四〕「中國」，尊聞室賸稿作「華夏」。
〔五〕「武功」，據尊聞室賸稿補。
〔六〕「世」，尊聞室賸稿作「時」。

作詩者不能知詩。與訓詁家談詩，如與棺中人談風月。建旌旗，舉矛戟，車馬喧闐，凱樂競奏之下，倉庚何能不驚〔一〕飛，而尚〔二〕聞其喈喈？六師〔三〕在道，雖曰不擾，采蘩之婦，亦何事暴面於三軍之側耶？征人歸矣，度其婦方采蘩，而聞三〔四〕師之凱旋。故遲遲之日，萋萋之艸，鳥鳴之和，皆爲助喜。而南仲之功，震于閨閣，家室之欣幸，遥想其然，而征人之意得可知矣。乃以此而稱南仲，又影中取影，曲盡人情之極也。」按：以景言之，則采薇三篇誠爲至上；若以情言之，則東山四章，尤爲盡致。首章：「蜎蜎者蠋，烝在桑野。敦彼獨宿，亦在車下。」獨宿已苦，在車下更苦。言征夫之宿〔五〕車下，無異蠋之在桑野，其苦至矣。次章言「果蠃之實，亦施于宇。伊威在室，蠨蛸在户。町疃鹿場，熠耀宵行」，寫獨居寂寥恐怖之狀，驚魂動魄，小膽臨房怯也。三章：「鸛鳴于垤，婦歎于室。灑掃穹窒，我征聿至。有敦瓜苦，

〔一〕「驚」，尊聞室賸稿誤作「鶩」。
〔二〕尊聞室賸稿無此「尚」字。
〔三〕「師」，尊聞室賸稿作「軍」。
〔四〕「三」，尊聞室賸稿作「婦」。
〔五〕「宿」，尊聞室賸稿作「在」。

烝在栗薪。〔二〕自我不見，于今三年。」當君懷歸日，是妾斷腸時。三年惡夢，盡情以吐也。行役三年，婚姻阻隔，至此始行合巹之禮，零雨之濛，一變而爲熠熠之色。「之子于歸，皇駁其馬。親結其縭，九十其儀。」其望彌殷，其喜彌至矣。而隔墻之婦，久別之敘，同於新婚，則呼而謔之曰：「其新孔嘉，其舊如之何？」喜之至也。若秦風小戎爲國復仇，敵愾懔懔，出於婦人之口，則可謂巾幗中有丈夫之氣者也〔三〕。

明農之詩，生民、七月，無以加矣。而小雅有楚茨、信南山、甫田、大田四篇，頌有載芟一篇，皆追述播種之勤與收穫之富，而終之以享祀。於省耕省斂之中，行勞民勸相之實。不紀民風月令，故神味淵永不及七月，而駿發櫛比，則不異生民。中華以〔三〕農業立國，而周以農業開基，故能言之諄諄〔四〕，達之亹亹也。

詩之關於燕饗者，小雅五篇爲首。鹿鳴，燕群〔五〕臣嘉賓也。常棣，燕兄弟也。伐木，

〔一〕「有敦瓜苦，烝在栗薪」，尊聞室賸稿無。
〔二〕此句尊聞室賸稿作「則所謂巾幗有丈夫之氣者也」。
〔三〕尊聞室賸稿無此「以」字。
〔四〕「諄諄」，尊聞室賸稿作「深深」。
〔五〕「群」，尊聞室賸稿作「君」。

傳言鹿見美食則相呼，以喻君臣嘉賓之意。鄭樵云：「『呦呦鹿鳴，食野之蘋。』不識鹿，則安知食蘋之趣與呦呦之聲乎？凡牛羊之屬，有角無齒者，則其聲呦呦；駝馬之屬，有齒無角者，則其聲蕭蕭，此天籟也。鹿之喙似牛羊，故其聲如是，又得蔞蒿之趣也。」按詠物必實見其物，引物必與其事有關，此作詩之通例也。鹿鳴之詩，以賓禮燕群〔一〕臣，奏絲竹以娱其情，筐幣帛以將其意，又動以周行之示，俾盡其心之所欲言，厚之至也。四牡之詩，言「王事靡盬」者四，言「豈不懷歸」者三，勉其移孝作忠也。皇皇者華，告使臣曰必咨于周。「訪善曰咨，咨親爲詢，咨禮爲度，咨事爲諏，咨難爲謀。」示以取于人爲〔二〕善也。常棣之詩，先之以孔懷急難，次之以儐籩飲酒，而終之以「妻子好合」。一家之倫，父子也，兄弟也，夫婦也。孔子恐遺其父母也，又補之曰：「父母其順矣乎〔三〕！」天倫之樂，樂之和不足以喻也。伐木之章，首言嚶鳴求友之意，次言諸父諸舅之速，終言鼓舞盡歡之情，人情之至也。至蓼蕭、湛露，略分而言情；彤弓、采菽，錫貺而備物。君臣之樂，不異於父子家人也。至燕朋友故舊也。四牡，勞使臣之來。皇皇者華，君遣使臣。要之，皆燕詩也。

〔一〕「群」，尊聞室賸稿作「君」。

〔二〕「爲」，尊聞室賸稿作「以爲」。

〔三〕「乎」，尊聞室賸稿作「夫」。

頍弁三章，亦燕兄弟故舊之詩，而其卒章曰：「如彼雨雪，先集維〔一〕霰。死喪無日，無幾相見。樂酒今夕，君子維宴。」其詞雖工，其情〔二〕彌惻，可以觀世變矣。

詩之屬於譏刺者，「文王曰咨」七章，前已言之矣。周以幽王時爲最多。〔三〕刺幽王之詩，有直究王訩以明其喪亂之由者，若南山〔四〕、正月、瞻卬是也。有念故懷舊以伸其蹙國之痛者，若十月之交、召旻是也。皇父非小人，說見後。雨無正，傷正大夫之離居。巧言，述河麋之階亂。巷伯，言譖人之梟張。皆意有所指。或出以委婉之詞，或極其憤慨之氣，有餘痛焉。小旻、小宛，具臨深履薄之思；大東、北山，陳賦役不均之隱。驚弓之鳥，飛卑而鳴哀矣。小弁以父子之親，攄家國之痛，桑梓之敬，毛裏之恩，尚有親親之意，非固哉高叟

〔一〕「維」，尊聞室賸稿作「爲」。

〔二〕「倩」，尊聞室賸稿作「辭」。

〔三〕「文王曰咨」至「最多」，尊聞室賸稿作：「以『文王曰咨』七章爲最早，亦以此爲最工。詩序謂爲召穆公刺厲王，非也。蓋文王出羑里之囚，周公承其意旨，作此以聲紂之罪也。蕩一章與此文不相類，當爲瞻卬或召旻之首章誤置于此。首章言强禦掊克之在位，次章言流言寇攘之不息，三章著其炰烋斂怨之狀，四章寫其湎酒呼唬之聲，五章言國內之蜩螗，覃及鬼方，六、七章言老成之遺棄，撥先本實，詞成廉悍，字挾風霜，懍乎其不可逼視也。」

〔四〕「南山」，尊聞室賸稿作「節南山」。

之所知也。

男女之事，房中之樂，性情之所極也。婚姻之詩，車舝爲最：「匪飢匪渴，德音來括」，愛之深也；「辰彼碩女，令德來教。式燕且譽，好爾無射」，親之至也；「高山仰止，景行行止。四牡騑騑，六轡如琴」，和之極也。其次爲綢繆：女曰「今夕何夕，見此良人」，士曰「子兮子兮，如此良人何！」次章删。〔一〕士曰「今夕何夕，見此粲者」，女曰「子兮子兮，如此粲者何！」「音嬌欲滴，舌粲如花〔二〕，天下之至美也。古者三月廟見，始稱來歸。鄭風雞鳴〔三〕以士、女稱，蓋初婚而未見於廟者也。「明星有爛」「弋鳧與雁」，不戀〔四〕於燕昵之私，節情以復禮也。「宜言飲酒」「琴瑟在御」〔五〕，申從一之義，敘婉戀〔六〕之情也，三章删。〔七〕可云佳耦矣。嫁女之作，首稱桃夭。王船山云：「夭夭者，桃之穉者也。桃花拱把

〔一〕尊聞室賸稿無「次章删」三字。
〔二〕「音嬌欲滴，舌粲如花」，尊聞室賸稿無此八字。
〔三〕「雞鳴」，尊聞室賸稿作「女曰雞鳴」。
〔四〕「戀」，尊聞室賸稿作「留」。
〔五〕「宜言飲酒」「琴瑟在御」，尊聞室賸稿作「宜言飲酒，與子偕老，琴瑟在御」。
〔六〕「戀」，尊聞室賸稿作「孌」。
〔七〕尊聞室賸稿無此「三章删」三字。

以上，則液流蠹結。小樹弱枝〔一〕，婀娜妍茂，爲可愛〔二〕耳。」「灼灼其華，宜其室家」，「其葉蓁蓁，宜其家人」，三復斯言，齒頰皆芬矣。二章刪。〔三〕而何彼穠矣兩章尤工，所謂「居移氣，養移體」也。三章刪。〔四〕迎婦之詞，亦有匏葉〔五〕。古者霜降嫁女，冰泮殺昏。「濟有深陟」，則冰已泮矣。「雝雝鳴雁，旭日始旦」，敘景何其鮮也。「人涉卬否，卬須我友」，抒情何其至也。關雎亦新婚之詩。序以爲文王后妃之事，非。首章風韻天然，二章以後，品斯下矣。二章「求之不得」四句，他人惡從知之？若以爲新郎自言，則無恥已甚。古者婚不用樂，而四章言「鐘鼓樂之」，張金奏於房中，如爨爰居以鐘鼓，新娘有不怖而走者乎！經鈔刪第二章「求之不得」四句，末章全刪。〔六〕歸寧之作，莫如葛覃。「其葉萋萋」「其鳴喈喈」，得體物之情；「是刈是濩」「言告

〔一〕尊聞室賸稿「小樹弱枝」前有「惟」字。
〔二〕校之船山全書薑齋詩話，「可愛」當作「有加」。
〔三〕「灼灼其華」至「二章刪」，尊聞室賸稿無。
〔四〕尊聞室賸稿無「三章刪」三字。
〔五〕「亦有匏葉」，尊聞室賸稿作「應推匏有苦葉」。
〔六〕「二章『求之不得』四句」至「末章全刪」，尊聞室賸稿作小字：「古者婚不用樂，而四章言『鐘鼓樂之』，於古不合。」

言歸」，得敘事之法。至于六禮不備，而行露有雀角之拒；白茅是誘，春女有感帨[一]之詞。「未見君子，惄如調飢」「既見君子，不我遐棄」，皆情至之作，不可增減者也。

父子兄弟，以天合者也；夫婦朋友，以人合者也。以天合者，無藉於詩。以人合者，唱和之作，朋友多於夫婦。蓋夫婦以禮合，朋友以文合也。儀禮：「夫婦，牉合也。」蒹葭白露，秋水伊人，何思之深也。空谷白駒，風雨雞鳴，何情之篤也。傷亂則北風雨雪，「攜手同行」；招隱則十畝桑間，「行與子還」；輔德則出谷遷喬，「求其友聲」；酬酢則投我木桃，報之瓊瑤，皆有至性存焉。然亦有凶終隙末者。谷風之恐懼置懷，安樂轉棄，尚未實指其人。若蘇公之于暴公，則明言逝梁不入，「視人罔極」矣。

周、召而後，詩以宣王時爲極盛。如六月之敘尹吉甫，雍容儒將，不戰而屈人之兵。采芑之敘方叔，「陳師鞠旅」，嚴陣以挫敵之勢，非杜甫之前、後出塞所能企也。江漢之敘召虎，「式辟四方」，「至于南海」，常武之敘皇父，山苞川流，雷震霆怒，皆以黃鐘大吕之音，寫熊咆虎哮之狀，非韓愈之平淮西碑[二]所敢望也。雲漢八章，序云：「仍叔美宣王

[一]「感帨」，尊聞室賸稿作「感悦」。
[二]「平淮西碑」，「平」字據尊聞室賸稿補。

也。」宣王遇災而懼，側身修行，卒復豐、鎬之業。畏天勤民，衷情若揭矣。鴻雁三章，「劬勞于野」，「其究安宅」，痛定思痛，喜極而悲，如聞其聲矣。車攻、吉日，田獵之詩也。「蕭蕭馬鳴，悠悠旆旌」，顔之推稱〔一〕之，善其整以暇也。無羊，「攷牧也」。王漁洋云：「『或降于阿，或飲于池，或寢或訛。爾牧來思，何蓑何笠，或負其餱』『麾之以肱，畢來既升』，史道碩、戴嵩不能畫也。」此詩末「牧人乃夢」一章不通，經鈔已删去。〔二〕斯干，「宣王考室也」。竹苞松茂，「西南其户」，「風雨攸除，鳥鼠攸去」，已曲盡室内外之情狀矣。其三章曰「如跂斯翼，如矢斯棘，〔三〕如鳥斯革，如翬斯飛」，其四章曰「殖殖其庭，有覺其楹。噲噲其正，噦噦其冥」，極藻繪之工，具飛動之象，魯靈光殿所未有也。惟五、六章不通。五章經鈔改之云：「上莞下簟，乃安斯寢。吉夢維何？非龍非彲，非虎非羆。」二句用周本紀語。六章則竟删去，再接以「乃生男子」「乃生女子」二章，則美善備矣。夫重男輕女，固中國之舊習。至女子之有虺蛇，猶男子之有豺狼也。間有之事，不可以概一切。今乃頌男子爲熊羆，斥女子爲

〔一〕「稱」，尊聞室賸稿作「愛」。
〔二〕尊聞室賸稿無「經鈔已删去」五字。
〔三〕「跂」「矢」，尊聞室賸稿誤作「跋」「夭」。

虺蛇。人皆女子所生，天下豈有無母之人哉？〔一〕贈行之作，有崧高、烝民、韓奕三篇。崧高言宣王優崇舅氏之情。韓奕言韓侯尊榮光寵之狀，而出之以淵雅，有瀟灑絶塵之致。烝民之詩曰：「天生烝民，有物有則。民之秉彝，好是懿德。」曰：「柔嘉維〔二〕則。令儀令色，古訓是式，威儀是力。」曰：「柔亦不茹，剛亦不吐。不侮鰥〔三〕寡，不畏强禦。」則直以聖賢之訓爲揚扢之詞，過於「洞庭張樂地」「大江流日夜」〔四〕矣。鶴鳴二章，經鈔刪第二章。〔五〕序以爲誨宣王詩，朱子曰：「作者不知主名，然必陳善納誨之詞也。」「鶴鳴于九皋，聲聞于野」，言誠之不可掩也。「魚潛在淵，或在于渚」，言理之無定也。「樂彼之園，爰有樹檀。其下維蘀」，言美中有惡也。「他山之石，可以攻錯」，言惡可以助善也。斯又不言道而道在其中矣。

風詩之有衛風，猶賦之有楚騷，詞之有南唐。其言德之美者，莫如淇澳。「瞻彼淇奥，

〔一〕「惟五、六章不通」至「天下豈有無母之人哉」，尊聞室賸稿無。
〔二〕「維」，尊聞室賸稿作「惟」，二字可通。
〔三〕「鰥」，尊聞室賸稿作「矜」，二字古同。
〔四〕尊聞室賸稿於此有一「遠」字。
〔五〕尊聞室賸稿無「經鈔刪第二章」六字。

緑竹猗猗。」竹比君子，識在王子猷之先矣。大學釋之曰：「『如切如磋』者，道學也；『如琢如磨』者，自修也；『瑟兮僩兮』者，恂慄也；『赫兮喧兮』者，威儀也；『有斐君子，終不可諼兮』者，道盛德至善，民之不能忘也。」次章言「充耳琇瑩，會弁如星」，美君子之容。三章言「如圭如璧，如金如錫」，美君子之德。以詩〔一〕言義理，非腐儒所能夢見也。詠容之美者，無〔二〕如碩人。「手如柔荑，膚如凝脂，領如蝤蠐，齒如瓠犀，螓首蛾眉，巧笑倩兮，美目盼兮」，惟妙惟肖，絶世無儔。次章言其入朝之容：「朱幩鑣鑣，翟茀以朝。」三章言其初來之時：「葭菼揭揭，庶姜孽孽。」盡美盡善，宋玉之高唐，曹植之洛神，不能得其恍惚也。言服飾之美者，無如君子偕老。詩惟〔三〕「子之不淑，云如之何」爲刺宣姜，餘皆假設一美人爲標準夫人。〔四〕「副笄六珈，如山如河」，莊嚴法相也。〔五〕玉瑱象揥，「蒙彼縐絺」，「鬒髮如雲」，「揚且之顔」，春容雅貌也。天猶言天人，帝猶言帝子。增字解經，訓詁學家所忌。惟詩就句就韻，有

〔一〕「詩」，尊聞室賸稿「詩」下有「義」字。

〔二〕尊聞室賸稿無此「無」字。

〔三〕「詩惟」，尊聞室賸稿作「此詩唯」。

〔四〕「餘皆假設一美人爲標準夫人」，尊聞室賸稿作「餘均就一設想中之美婦人描述之」。

〔五〕此句尊聞室賸稿作「中『副笄六珈，如山如河』之莊嚴法相也」。

時必增減方通。「胡然而天」「胡然而帝」者，言天人、帝子胡然降此世也。「展如之人兮，邦之媛也」，明其爲標準夫人[一]也。餘如邶之柏舟，傷仁人之不遇[二]。鄘之柏舟，著烈女之操。緑衣、終風、日月，皆莊姜怨憤之詞。而燕燕之送戴嬀，情懷尤篤。泉水、竹竿、河廣，皆嫁女思歸之作。河廣之事稍異。而載馳之傷故國，疚疾尤深。同一思婦也，擊鼓「死生契闊」之言，要之於生前；伯兮蓬首諼草之憤，念之於別後。同一孤臣也，簡兮之執籥秉翟，方將萬舞；北門[三]之「室人交謫，王事一埤」。作者各從其志也。左傳云：「靜女之三章，取彤管焉。干旄何以告之，取其忠也。」讀者各適其情也。狄滅衛，衛遷於楚丘，營立宮室，避難苟全也。而楚丘之詩，上規瓜緜，下擬新宮，善頌善禱，傳所謂「衛國忘亡」也。言情之詩，有獨冠[四]千古者，則邶之谷風、衛之氓[五]二篇是也。谷風首二章，同甘苦，共生死，結偕老之約矣。旋爲薄情之夫所棄。「誰謂荼苦？其甘如薺。」優柔不迫，有深痛焉。三

〔一〕「標準夫人」，尊聞室賸稿作「國色」。
〔二〕「不遇」，尊聞室賸稿作「遇」，無「不」字。
〔三〕「北門」，原稿爲「北風」，當誤，整理者據上下文意校改。
〔四〕「冠」，尊聞室賸稿作「絶」。
〔五〕原誤作「衛之谷風、氓」，據尊聞室賸稿校正。

章以涇、渭之清濁，形悲歡之異趣。堂前轉燭，山下蘼蕪，不能過也。四章言就淺就深之苦，五章言「既生既育」之情，匍匐報喪，「比予于毒」，何其哀也。六章御冬御窮，「有洸有潰」，是血是淚，不能辨矣。「氓之蚩蚩」，偽貿絲以求歡，要以行媒則憒而即去，期以秋月則久而不來。涉淇之哀音，垝垣之泣望，掬肺肝相示，指天日明衷。「淇水湯湯，漸車帷裳」，不用禮聘，而反以賄遷。女非不悟，蓋先已失身，不能自拔也。初昏之時，廉恥未泯。遽强其爲非禮之行，招摇過市。女與士耽，萬人指目，欲拒不能，何其褻也。「三歲食貧」，「夙興夜寐」，以其匳資之豐，加以織紝之勤，遂得小康，而華年已過。狼子野心，厭故取新。旦旦信誓，成爲截截諞言。截截即喋喋，諞即欺騙之本字。淇水有岸，而身如舟流，不知所届。傷之至也，怨之深也，此其傷與谷風同，而其詞尤工。然讀谷風之詩，行道皆爲扼腕，而察氓蚩之情，兄弟且咥其笑者，何也？始不以正故也。朱子謂：「立身一敗，萬事瓦裂。」信哉！

三、序、傳、箋注之誤[一]

詩序之訟，相持者千年。毛傳以爲出於子夏，欲藉其勢以自立也。然[二]詩本無題目，皆[三]後人擬議爲之。如郭茂倩之樂府解題、近人之宋詩紀事，皆非目[四]擊其事也。即使子夏爲之，何可徵信，況未必是乎？其最不通者，如鵲巢言德如鳲鳩可配人君[五]。羔羊言在位化文王之政，德如羔羊。鳲鳩、羔羊有何盛德，而以爲夫人、大夫之模範？設有好賢之主，以經術治國，爵羔羊以大夫，使之臨民[六]，策鳲鳩爲夫人，俾其侍寢[七]，豈不笑人乎！笙詩六篇，有詞無詞，誠不可知，而序者就其題目，望文生義。如：「崇丘，萬物得極其高大也。」而詩云：「崧高維嶽，峻極于天」，其高于崇丘遠甚，何不云萬物之高極於天，

〔一〕此目録據尊聞室賸稿補。
〔二〕尊聞室賸稿無「然」字。
〔三〕尊聞室賸稿無「皆」字。
〔四〕「目」，尊聞室賸稿誤作「同」。
〔五〕「可配人君」，尊聞室賸稿作「則可以配人君子」。
〔六〕尊聞室賸稿無「使之臨民」四字。
〔七〕尊聞室賸稿無「俾其侍寢」四字。

而以爲贈[一]申伯之詩乎？華黍言：「時和歲豐，宜黍稷也。」而蓼莪之目與此同，何不云土地肥沃，最宜蓼莪，而以爲孝子不得終養乎？「白華，孝子之潔白也。」則力田服賈孝養父母，以致面目黧黑者，爲不孝之子乎？且幽后亦有白華，何不以爲后妃之潔白乎？由庚：「萬物得由其道。」由儀：「萬物各得其儀。」誤與此同。南陔，陔字難識，改陔作戒，爲「孝子相戒以養」，則求一不通之名而不可得矣。然序文亦有善於史記者。如正考甫佐戴、武、宣，宣公之弟穆公始入春秋，隱公二年卒。繼之殤、莊、閔、桓四公，方至襄公，爲時八十餘年。而史記言襄公之時，修行仁義，欲爲盟主，其史[二]正考甫作商頌以美之。謬至於此。序獨謂戴公時禮樂廢壞，正考甫得商頌于周太師，以那爲首，可云信史。于魯頌亦云史克所作，可糾班氏之誤，證閟宫「奚斯所作」爲作廟，而非作詩，是又不可一概論也。

詩歌聲律之别，虞書已言之矣。引詩而爲歌[三]，因歌而成聲，節聲以協律，雖有相通之道，然其本義不可混也。孔子言：「鄭聲淫。」樂記言：「鄭、衛之音，亂世之音也。」

[一]「贈」，尊聞室賸稿作「頌」。
[二]尊聞室賸稿無此「史」字。
[三]「爲歌」，尊聞室賸稿作「歌」。

淫亂者，其聲也，非詩也。朱子遂以鄭、衛爲淫詩。同時陳傅良已疑之，謂「以城闕爲偷期之所，彤管爲淫奔之具，竊所未安」。由不知聲與詩之别也。詩者，言志之詞；音者，歌之腔調。調高者，其聲淫，短促而尖刻，刺激性重。如今之帮子腔以胡絃合音。調卑者，其聲和，嘽緩而平滯，無甚刺激性。如今之崑曲以笛和聲。刺激性重者，深入心脾，所謂「聽鄭、衛之音則不知倦」也。刺激性輕者，適可而止，所以「端冕而聽古樂，則惟恐臥」也。且淫者非僅鄭、衛，子夏〔一〕云：「鄭音好濫淫志，宋音燕女溺志，衛音趨數煩志，齊音敖辟喬志。」要之音志不純，亦非僅四國已也。至聲之貞淫，則全與詩無涉。如梆子腔多正戲，崑曲多邪戲。詩之貞淫，又與作者無涉。如屈原忠臣，好言美人；梁帝高僧，喜語香奩。朱子以聲混詩，而詩遂多有不可讀者矣。言漢學者，遂以朱子爲誨淫，則又非也。鄭君釋草蟲，以「亦既覯〔二〕止」爲男女搆精，且以爲新婦自言，意極穢褻，朱子不如是之甚也。

「思齊大任，文王之母。思媚周姜，京室之婦。」注謂周姜爲太王之妃，大任爲王季之配。姑在下而稱婦，婦在上而稱母，是姑其婦而婦其姑矣。果如此，當云「思齊大姜，王季之母。思

〔一〕「子夏」，原誤作「子貢」，據尊聞室賸稿校正。
〔二〕「覯」，尊聞室賸稿誤作「觀」。

媚大任，京室之婦」方合。蓋文王先配姜氏，不永其年，又繼配太姒也。詩：「文王初載，天作之合。」「大邦有子，俔天之妹。」傳讀俔爲磬，不可解。或謂俔即見字，言大邦之子，即天之妹，天鳥有妹以嫁文王，誣極矣。俔，國名也。天，猶言君。釋詁：「林、烝、天、帝，君也。」俔君氏姜，此爲其妹。猶衛風言莊姜爲東宮之妹也。詩云不顯，有訓爲顯者，亦有訓爲真不顯者。此訓爲真不顯，謂文王造舟爲梁，親迎姜氏于渭，而姜不永其年也。于周于京，纘女維莘。長子維行，篤生武王。謂文王繼配有莘氏之長女而生武王也。或謂文王舍伯邑考而立武王，伯邑考未聞有過失，何由而廢？意伯邑爲周姜所生，母死無寵，故立武王，然此無佐證。太姒嗣徽音者，即嗣其姑與文王之前妻也。又武王曰：「予有亂臣十人。」孔子曰：「有婦人焉，九人而已。」是十亂臣中有一婦人。或謂爲文母，然子不可以臣母也。或謂爲邑姜，然妻不可以干政也。古者亡人之國，多用女戎。如妹喜、褒姒、西施之流，不一而足。文王困于羑里，散宜生得有莘氏之美女以獻于紂。紂釋文王而賜以鈇鉞，使得專征，由此滅四鄰國。周遂拓地千里。太姒故有莘氏之長女美者，或其娣姪，蓋捨身以成周之業者，故列于十功臣之中。書曰：「亦惟十人，迪知上帝命。」豈虛譽哉。

詩：「履帝武敏歆。」史謂姜嫄出野，見巨人迹，心忻然悦而踐之，身動成孕，及期而生子，名之曰棄。天命玄鳥，降而生商。史謂：「有娀之女簡狄行浴，見玄鳥墮大卵，取而吞之，孕而生契。」蓋草昧之時，男女無別，知有母而不知有父，故詩言棄、契，皆不夫而孕，無父而生。帝王之起，莫不異其所出。劉邦有父，猶云皇媪與龍交而生，況不知所出乎？元阿蘭之光明耀腹，清天女之朱果入衣，皆此類也。後之儒者，必欲于無稽之言求其實事，以玄鳥爲祀高禖之期，以履武爲履帝嚳之迹。因取帝嚳以夫嫄、狄，而有元妃、次妃之稱，可謂苦心衛聖矣。王充論衡謂：「燕遺之卵，衹能生燕，烏能生敷教之徒。」王船山又證以生理學，謂生育之事，須由陰道交合。吞入之卵，入腸成糞，安能産兒？其論雖工，非詩人之意也。以詩證之：「禹敷下土方。外大國是疆，幅隕既長。有娀方將，帝立子生商。」是有娀之將，在禹治水成功之後，則契之生年，當下于啓甚遠，而謂其爲嚳子，又誣之甚者也。帝嚳先于堯十世，並非堯之先人。堯爲伊耆氏之後，舜爲顓頊裔孫虞幕之後，禹爲少皞裔孫昧之後，稷、契皆由蒼頭特起，五帝並非同宗。契與禹、稷同命，爲追紀非同時。余另有辨，見所著六藝論衡。奸生棄兒之事，自古有之。鬥伯比淫鄖子之女而生子文，鄖夫人棄之夢中。姜嫄棄子，或亦此旨。棄之平林，伐平林者收養之。幼而岐嶷，長爲農師。播時百穀，粒我烝民。好事者因爲牛字鳥覆之説，以神其事。其定姓爲姬，或用古人吹律定姓之法，或即從收養者之姓，均不可知。周人創郊禘之禮，記者因推之于虞、夏、商，而記與國語所載不同，其爲無當一也。記云，周人禘嚳而郊稷。禘者，祀于明堂以配上帝也。孝經云：「周人郊祀后稷以配天，宗祀文王于明堂以配上帝。」知記言帝嚳之誣矣。詩叙文王之生曰：「乃及王季，維德之行。大任有身，生此文王。」叙武王之生曰：「有命自天，命此文王。于周于京，纘女維莘。長子維行，篤生武王。」皆父母並列，嚳果爲稷父，大雅、魯頌，何惡于嚳而去之耶？

虞、芮質成，文王稱王。大雅文王篇序云：「文王受命作周，是也。首章言「周雖舊邦，其命維新。」所謂新命，即易西伯而爲王號也。文王稱王，仍未與商絶。詩人或易辭以別之。如「王命南仲」，王，文王也。「自天子所」，天子，謂紂也。王崩有謚號，而追王者無之。文王有謚，而太王、王季無有。中庸言追王太王、王季，不言文王。以文固王也。詩：「維彼二國，其政不獲。維彼四國，爰究爰度。」注謂二國爲夏、商，四國爲四方之國，非也。當時東方大國，商、奄並稱。左傳云：「蒲姑商、奄。」又云：「因商、奄之民。」孟子言「誅紂伐奄」。書序云：「成王東伐淮夷，遂滅奄。」又：「成王既踐奄，遷其君于蒲姑。」多方：「王來自奄，至于宗周。」當時奄之位置與商相伯仲。二國即商、奄也。四國者，耆、密、邘、崇也。上帝憎之，故文王伐之也。史記：「文王受命。」虞、芮質成，諸侯聞之，曰西伯蓋受命之君。明年伐犬戎，明年敗耆國。殷之祖伊聞之，懼。以言帝紂。紂曰：『不有天命乎？是何能爲。』耆，書作黎，注者或以爲上黨之黎。按，上黨之黎在太行之下，文王師未逾孟津，安能伐之？非是。明年伐邘，明年伐崇侯虎而作豐邑，自岐下而徙都豐。明年而西伯崩。

四國皆西周之鄰，卧榻之側，不容他人鼾睡。而崇地之雄，又文王欲取爲卧榻者。如紀之與齊，不能兩存者也。崇侯之譖文王，猶紀侯之譖齊哀，皆不得已之事。崇譖而文王囚，紀譖而哀侯烹。文王之必得崇，猶齊桓之必得紀。而崇之守甚固，臨衝閑閑，崇墉言言。臨衝茀茀，崇墉仡仡。九天九地之難，無以逾也。衝，即衝車，馳以破城，猶今之坦克車。〔二〕

「誰謂雀無角」，「誰謂鼠無牙」。雀本無角，鼠則有牙，而詞語平列，非雀有角，即鼠無牙矣。董子曰：「予之齒者去其角」，説者以牛無上齒釋之，無上齒不能謂之無齒也。王安石堅以爲牛無齒，鼠無牙，王莘老至牽牛以質之，安石始無言。且牛、羊皆角物也，羊上下齒均有，又何説焉？蓋角、咮古同音，角爲咮之假借字。咮，尖嘴也，可以啄人。「去其角」，謂有齒之物可以齧人者，則去其尖嘴也。王船山云：「誰謂雀無角？」設爲男子之詞，言：誰謂雀無咮乎，無咮則何以穿我茅屋也？誰謂女與我無室家之道乎？如我非女之夫家，何以速女于獄也？女應之曰：爾即速我於獄，而室家之禮實不充足，言其六禮未備也。下章云：「雖速我獄〔三〕，亦不汝從。」則拒之深矣。

〔二〕「思齊」至「坦克車」，據尊聞室賸稿補。
〔三〕「獄」，尊聞室賸稿作「訟」。

「螟蛉有子，果蠃負之。」注謂螟蛉無子，取果蠃之子以爲子，祝曰「類我類我」，七日而螟蛉子化爲果蠃，非也。王船山曰：果蠃自有子，果蠃强而螟蛉弱，果蠃生子，取螟蛉之子以爲糧。七日之後，果蠃子大而螟蛉子不見，因謂〔一〕螟蛉子化爲果蠃也。詩人之意，欲友人教誨其子，使與己同，毋爲異類所侵蝕，强種待時也。下章「交交桑扈，率塲啄粟。哀我填寡，宜岸宜獄」，注謂桑扈不竊脂而啄粟，爲窮困之徵，填寡受屈，宜向所司伸理，亦非也。桑扈指在位者之走隸，率塲啄粟，謂走隸之比屋箕斂。詩言我輩填寡之人，不滿伊之慾海，入獄入岸，固其宜也。人無可告，惟有訴之鬼神。「握粟出卜，自何能穀」，忠厚之至也。終之曰「如臨于谷」「如集于木」，憂危慮患之念深矣！

十月之詩言皇父者三：曰「皇父卿士」，曰「抑此皇父，豈曰不時」，曰「皇父孔聖，作都于向」。節南山之詩，言尹氏者三：曰「赫赫師尹，民具爾瞻」，曰「赫赫師尹，不平謂何」，曰「尹氏大師，維周之氐」。説者遂以皇父、師尹爲亡國之兩巨奸，非也。常武之詩曰：「王命卿士，南仲太祖，太師皇父。」釋者曰：「南仲，文王時武臣也。」宣王命卿士爲大將，以惠南國，其人爲誰，則以南仲爲太祖之太師皇父也。皇父「闞如虓虎，仍執醜

〔一〕「謂」，據尊聞室賸稿作「爲」。

虜。「截彼淮浦」，「徐方來庭」，功無與尚。當幽王時，爲國之元老，國人以其身爲安危者也。周之官以太師爲最尊，以卿士〔一〕爲最重。「皇父卿士」其下皆賢臣：「番維司徒，家伯維宰〔二〕，仲允膳夫，棸子内史，蹶維趣馬，楀維師氏。」家伯蓋即家父之宗主，蹶即孔武蹶父，皆宣王所用以詒子孫者也。「艷妻煽方處」：處，位也，褒姒干政，變亂諸賢所居之方位也。皇父爲先王時重臣，勛德冠世，使屹然不動，宫妾亦何能爲？乃遠權畏害，奉身以退，而群賢不能安其位矣，所謂「徹我牆屋，田卒汙萊」也。曰「予不戕，禮則然」者〔三〕，皇父謂言不見用，禮當引去，非有害於國，而不知其害之深也。「皇父孔聖」，聖者通也，謂年雖老而神明不衰也。「作都于向」：向者，皇父私邑。王應麟以爲〔四〕趙鞅之據晉陽，董卓之保郿塢，非也。皇父去位，當時必有爲王留行者。皇父毅然自還其居，三有事即番、允、

〔一〕「卿士」，尊聞室賸稿作「皇父」。
〔二〕「維宰」，尊聞室賸稿誤作「冢宰」。
〔三〕「者」，原作「矣」，作者墨塗之，改爲「者」，尊聞室賸稿誤作「矣者」。
〔四〕尊聞室賸稿「爲」下有「猶」字。

家伯之徒〔一〕，褰裳同往，朝廷爲之一空，所謂「不憖遺一老，俾守我王」也。「擇有車馬，以居徂〔二〕向」，言三事大夫皆自以其車馬從〔三〕皇父遷向也。皇父既去，尹氏即襲太師之任。尹氏蓋即尹吉甫，所謂「文武吉甫，萬邦爲〔四〕憲」者也。至是尸位求容，如漢之胡廣、趙戒然。「家父作誦」曰：「尹氏大師，維周之氐；秉國之鈞〔五〕，四方是維。天子〔六〕是毗，俾民不迷。不弔昊天，不宜空我師。」深責之也。皇父子枉屈，阮元辯〔七〕而未暢，余稍爲申之。

刺詩之作，發於厲王。然厲王無女色之好，無游畋之荒，亦未嘗殺一士大夫，其不德惟聚財與監謗耳。大雅民勞序云：「召穆公刺厲王也。」板序云：「凡伯刺厲王也。」蕩序云：「召穆公傷周室大壞也。」桑柔：「芮伯刺厲王也。」蕩之非刺厲王，前已言之矣。

〔一〕「徒」，尊聞室賸稿作「流」。
〔二〕「徂」，尊聞室賸稿誤作「組」。
〔三〕「從」，尊聞室賸稿作「隨」。
〔四〕「爲」，尊聞室賸稿作「惟」。
〔五〕「鈞」，尊聞室賸稿作「均」。
〔六〕「天子」，尊聞室賸稿誤作「天于」。
〔七〕「辯」，尊聞室賸稿作「辨」。

抑之自警，似與厲王無涉。厲王時，衛武年尚少，詩亦無刺厲王意。民勞言：「柔遠能邇，以定我王。」又言：「王欲玉女，是用大諫。」板詩言：「我雖異事，及爾同僚。」安得以爲刺王之作乎？朱子謂爲〔一〕責僚友，是也。且厲王之立，已非弱小，居位三十七年，必五十以上。而板詩言「老夫灌灌，小子蹻蹻」，則凡伯必長于厲王。又云「匪我言耄」，必年近七十矣。經共和十四年，宣王四十六年，而又作瞻卬、召旻以刺幽王，則凡伯不且百三四十歲乎？此尤絶不可通者也。桑柔之詩似流彘之後，芮伯不平而作者，曰「我生不辰，逢天僤怒」，曰「天降喪亂，滅我立王」，曰「誰生厲階，至今爲梗」，曰「民之罔極，職涼善背」，曰「自有肺腸，俾民卒狂」，無一語及于王。似其時有煽動民叛者，不欲實指其人，以詩抒憤耳。厲之流彘，乃周之不幸，非必有紂、幽之惡也。又邶詩靜女序云：「刺時也。夫人無德。」齊詩猗嗟序云：「刺魯莊公也。齊人傷魯公有威儀技藝，然不能以禮防閑其母〔二〕，人以爲齊侯之子焉。」唐風葛生序云：「刺晉獻公也。」按三詩無刺意。「貽我彤管」，管者，籥笛，詩所謂「嘒嘒管聲」也。彤者，赤也。言赤色之籥笛也。靜女善樂，故以管相貽，其曰

〔一〕「謂爲」，尊聞室賸稿作「以爲」。

〔二〕「防閑其母」下，阮刻本有「失子之道」四字。

彤管，猶言瓊簫玉笛。注者或以爲寫書之簡，或以爲淫奔之具，皆大誤也。猗嗟三章，王船山以爲觀新壻之詩〔二〕。莊公美儀容，公羊傳已言之。技藝之美，左傳已言之。甥，壻也。言如此之人，信可爲吾國之壻也。而説者以爲爲齊侯之子辯誣，可謂自誣矣。葛生三章，嚴粲以爲悼亡之詩。「予美無此」，作「予無此美」讀可也。春秋固有褒貶，而爲褒貶者不過什之二三。詩固有美刺，而非美刺者居什之七八。而序詩者必謂非美即刺，泥序以言詩，猶叩〔三〕槃捫燭以索日也。

序云：「關雎、麟趾之化，王者之風也，故繫之周公。南，言化自北而南也。鵲巢、騶虞之德，諸侯之風也，先王之所以教，故繫之召公。」按周南、召南，皆南音之詩，與文王、后妃無與。惟召南何彼襛矣頌美王姬，然亦詩人所作，譜以南音，無王者、諸侯之别也。古者簡策繁重，篇卷不能過多，南詩二十四篇，故分爲二，題名周、召，以資識别。衛詩三十九篇，故分爲三卷，以邶、鄘、衛分題，非有存亡繼絶之旨。此説經之家無義而生義也。至蘇子瞻謂魏之與唐、檜之與鄭，與此同例，則又非也。檜與鄭，詩不相次。魏與唐雖相次，

〔二〕「觀新壻之詩」，尊聞室賸稿作「歡新婿之詩」。

〔三〕「叩」，尊聞室賸稿作「扣」。

然季札觀周樂，爲之歌周南、召南，爲之歌邶、鄘、衛，歌辭贊語，俱無分別。而爲之歌魏，則曰：「美哉，渢渢乎！」爲之歌唐，曰：「思深哉！其有陶唐氏之遺民乎！」則明爲二國，不可合也。

四、樂舞與戲劇[一]

古者歌以象德，舞以象功。歌在堂上，舞在堂下。樂、舞亡矣，其流爲元、明人之雜劇。在堂上者移之於[二]左，爲音樂部。在堂下者登之堂上，爲劇舞場。劇之套數，古謂之成，今謂之齣。傳奇四十齣，不及此數者，謂之雜劇。大武之樂，「始而北出」，爲第一齣。「再成而滅商」，爲第二齣。「三成而南」，爲第三齣。「四成而南國是疆」，爲第四齣。「五成而分，周公左，召公右」，爲第五齣。「六成復綴，以崇天子」，爲第六齣。齣之幕數多寡不等。首齣北出，爲觀政于商之事，記言「武備[三]戒之已久」，今劇所謂人馬齊備也。備之

[一] 此目録據尊聞室賸稿補。
[二] 「於」，尊聞室賸稿作「廳」。
[三] 「武備」，尊聞室賸稿作「武之備」。

已久，不遽開兵，悲歌慷慨，聲淫及商，詠歎淫液，不能自已。蓋武王伐商，非諸侯所願，所謂「病不得其衆」，「恐不逮事」也。次幕則鐵騎齊出，稱干比戈，前歌後舞，擁出新王，記所謂「偬干山立，武王之事也」。旁出老將，白髮武裝，縱横舞蹈，氣如鷹揚，舞畢致右憲坐。〔一〕非武坐。所謂「發揚蹈厲，太公之志也」。三幕爲觀政之事，四幕爲還師之事。周本紀言孟津之會：「不期而會者八百諸侯，皆曰：『紂可伐矣！』武王曰：『女未知天命。』」似伐紂之事動于諸侯，而記言武王之起，病不得其衆。蓋史侈傳功德，而樂紀實象也。再成而伐商。第一幕有小將八人夾大將四人，載旆秉鉞，分擊四方。所謂「夾振之而駟伐，盛威於中國也」。次幕則周公、太公擁鉞秉麾，分道而出，及商郊而止。所謂「分夾而進，事蚤濟也」。久立于綴，以待諸侯之至也」。三幕則牧野之戰，四幕則入商之舉，而再成畢矣。以後四成，記未有言。以意推之，大約三成爲薊、祝、杞、陳之封，釋囚返政之事。事畢而南，故曰「三成而南」也。四成則在濟河之後。散馬放牛，虎賁脱劍，散軍郊射，而「南國是疆」行乎其中矣。五成而分，周公左，召公右，則太公退席，周、召分治。裨冕搢

〔一〕「憲坐」，尊聞室賸稿作「憲左」。

笏，論道講藝。所謂「武亂皆坐，周、召之治也」。「六成復綴，以宗〔一〕天子」，則祀于明堂，養三老、五更于太學，所謂「周道四達，武之遲以久〔二〕」也。後唐太宗之七德舞，形容擒王世充、竇建德之事，與此略同。

五、詩亡而騷賦作〔三〕

孟子曰：「王者之迹熄而詩亡，詩亡而後春秋作。」直以春秋繼詩。然詩爲詞章，春秋爲史，雖中有相通之處，以後人四部言之〔四〕，區以别矣。東遷以後，風、雅遂絶，燕享賦詩，惟取舊詩〔五〕。間有短章，難施諷誦。直至楚國淪胥，孤臣屈原始發憤作爲騷賦，以續風、雅。淮南子謂：「國風好色而不淫，小雅怨誹而不亂，離騷兼之。」班固亦云：「賦

〔一〕校之史記三家注本，「宗」當作「崇」。

〔二〕「遲以久」，尊聞室賸稿作「遲久」。

〔三〕此目録據尊聞室賸稿補。

〔四〕「以後人四部言之」，尊聞室賸稿作「以七略、四部言之」。

〔五〕尊聞室賸稿無「惟取舊詩」四字。

者，古詩之流也。」周[二]太史陳詩，不録楚風。然周南之「漢廣」、「江永」，召南之「江汜」、「江沱」，實爲楚地。垂七百年，而楚果出騷賦，以繼三百篇之統，斯亦奇矣。漢志詩賦略：「屈原賦二十五篇。」計九歌九篇，國殤、禮魂、[三]離騷、卜居、遠遊、漁父、天問各一篇，九章九篇。是離騷者，屈賦之一篇。自昭明誤讀史記，而所編文選以詩次賦，以騷次詩，于是二十五篇之賦通名爲騷，而謂離騷爲離騷經，詩、賦與騷竟成三體，蓋不讀漢志之過也。今依漢志，通名爲賦。史公謂「與日月爭光」，劉勰味其文辭，謂較之風、雅，有四同四異。王船山氏論其環境，謂得江山光怪之氣，出生入死，上震天地，已極其藴矣。而温公通鑑不録屈原，蓋通鑑不録文人，沿史記屈原列傳之誤，以原爲文人也。傳云：「上官大夫與之同列爭寵，而心害其能。懷王使屈原造爲憲令，屈平屬草稿未定，上官大夫見而欲奪之，屈平不與，因讒之曰：『王使屈平爲令，衆莫不知，每一令出，平伐其功，以爲非我莫能爲也。』王怒而疏屈平。」平遂幽憂發憤而作離騷。據此，則靳尚之讒，懷王之疏，皆出于小兒之見。偶爾見疏，並未奪其官爵。是時王無失德，國無危機，而原遽欲循子胥

[二]「周」下原有「代」字，尊聞室賸稿作「周代」。

[三]尊聞室賸稿「九篇」作「十一篇」，且無「國殤、禮魂」四字。

以自適。依彭咸之遺則，此小人妾婦失寵怨望者之所爲，安能與日月爭光乎！其進告於懷王者，惟「秦虎狼之國，不可信，不如無行」一語。昭睢亦能言之，何足爲異。又原與頃襄無君臣之分，而有寇讎之嫌。孟子：「君之視臣如土芥，則臣視君如寇讎。」而論者謂屈原之懷沙自沈，在頃襄十四年，若原爲懷王死，則已遲，爲頃襄死，則匹夫匹婦自經溝瀆之見，並鴻毛之不若，通鑑黜之，宜矣。猶幸傳有屈原「使於齊，顧反，諫懷王曰：『何不殺張儀？』」等語，證之戰國策、楚世家，而後知張儀之詐，靳尚之奸，懷王之愚，纖悉畢露，而屈原之忠謀至計，同於漢之諸葛武侯，唐之陸宣公。至於不可奈何，以身殉君國，其死重于泰山矣。王應麟云「春秋褒纖毫之善，通鑑掩日月之光」，非過論也。長沙曹耀湘氏哀其志之不明，作讀騷論世，謂屈子有見用之時，有疏遂之時，有再用之時，有放流之時，有南遷自沈之時，盡闡其秘。而後靈均之沈霾於九淵者，至是撥雲霧而登九霄。今據以爲本，

兼參鄙見，爲表於左：〔一〕

周顯王十四年丙寅，楚宣王良夫十五年正月庚寅，屈原生，上距孔子卒百二十四年。清江寧陳暘屈子生卒年月攷云：「以甄鸞五經算術所載周曆法，自楚懷以前上推至〔二〕威王九年庚寅，及宣王十五年丙寅，此二年中建寅之月皆無庚寅之日。惟宣王二十七年戊寅，建寅之月己巳朔，庚寅爲月之二十二日。屈子蓋以是年生。」劉師培古曆管窺與陳氏同，惟以庚午爲正月朔，庚寅爲二十二日。據此，則曹氏所攷當推下十二年。按置閏之法，左傳謂在歲終，清儒謂置閏而閏。閏法一更，則日辰〔三〕易位。且漢志並列六曆，周曆、魯曆

〔一〕「而温公通鑒不録屈原」至「爲表於左」，尊聞室賸稿作：「惟是史記本傳，獵其文詞，不核其時事。時事不明，則原之志節終不可見；志節不見，則其文之旨趣不明。於是下者以之與説難、孤憤並論，稍上者則與惜誓、招隱、哀時命等稱。鵷、鴻已翔于寥闊，而羅者猶視于藪澤，亦可悲矣。近代學者或頗以年事相比，多未符。惟長沙曹耀湘氏所撰讀騷論世，按據史記、國策，證以楚辭，謂屈子有見用之時、有疏邀之時、有再用之時、有放流之時、有南遷自沈之時，作屈子編年、屈原列傳辨證、諸家叙贊辨證三篇，較爲徵實。今據以爲本，參以鄙見，爲表於次。」

〔二〕尊聞室賸稿無此「至」字。

〔三〕「辰」，尊聞室賸稿作「星」。

本來不同。晉居夏地而用夏曆，則楚爲顓頊之後，或用顓頊曆，未必爲甄鸞曆算。且移下十二年，則原方逾弱冠，即登顯仕，而强仕之年，張儀已死，皆不合事實。今一以曹氏爲準。〔一〕

懷王六年，屈原〔二〕三十三歲。

戰國楚最强，懷王初政清明，任用親賢。原爲左徒如今秘書，蓋在此後數年之間。

懷王十一年，屈原三十八歲。

是歲蘇秦約從，山東六國共攻秦，楚爲從長。秦固守函谷關，不勝而還。屈原爲左徒，入則與王圖議國事，〔三〕出則應對諸侯，如今外交官之職，國家之所倚以盛衰者也。是時楚地之廣倍于秦，而所領上庸、漢中諸地，扼秦、蜀之咽喉；巫、黔中諸地，拊蜀之肩

〔一〕「且漢志並列六曆」至「今一以曹氏爲準」，尊聞室賸稿作「且列國用曆亦不一致。如晉用夏曆是。若推下十二年，則屈原方逾弱冠，即膺顯仕，恐非事實，今一以曹氏爲準，餘説不取。」

〔二〕「屈原」，尊聞室賸稿作「原」。

〔三〕「屈原爲左徒，入則與王圖議國事」，尊聞室賸稿作：「列傳：『上官大夫靳尚與之同列爭寵，而心害其能，懷王使屈原造爲憲令，上官大夫見而欲奪之，屈平不與，因讒之曰：「王使屈平爲令，衆莫不知，每一令出，平伐其功曰：以爲非我莫能爲也。」』按此小兒之見，平之見疏，未必由此。蓋平入則與王圖議國事。」

背。楚如合齊以善韓，因秦于關中，則足以制秦之死命，而楚有磐石之固矣。此原之本謀也。靳尚受秦金，爲反間，與張儀合。〔一〕因攻關不勝，遂進讒言，懷王惑之，始疏屈原。疏者，不用其言，非遽罷其官也。曹氏以爲罷原左徒，出爲三閭大夫。三閭爲邑名，官大於左徒，陽尊之而陰抑之，非也。屈、昭、景三族爲楚宗室，漁父謂屈原爲三閭大夫，猶言宗室大夫也，非官名。原自疏散之後，乃〔二〕閒游都邑，作九歌九篇以自適。〔三〕九歌之文，大抵於游戲之中，襍以慷慨憤悱之語，與李白之天姥吟、遠離別相同。注以爲祀神之詞，非也。史記謂原于是時作離騷，非也。離騷詞中有國破君危之痛，此尚非其時也。原與懷王情誼甚篤，偶一疏遠，遽爲懟詞，此悻悻小丈夫之所爲，原不如此。東皇、太一等神，原非命祀，歌辭亦游戲之中，雜以感懷，如李白之天姥吟、遠別離等，非祝辭也。〔四〕

楚懷王十六年，屈原四十三歲。

是歲，「秦欲伐齊，齊與楚從親，惠王患之，乃命張儀佯去秦，厚幣委質事楚，曰：『秦

〔一〕「爲反間，與張儀合」，尊聞室賸稿作「與張儀聯合，爲秦反間。」

〔二〕尊聞室賸稿無此「乃」字。

〔三〕「作九歌九篇以自適」，尊聞室賸稿作「作九歌十一篇」，且無此下的小字註文。

〔四〕「史記謂」至「非祝辭也」，據尊聞室賸稿補。

甚憎齊，齊與楚從親，楚誠能絶齊，秦願獻商於之地六百里。』懷王貪而信讒，遂絶齊，使使如秦受地」。張儀詐病不見，「懷王曰：『儀以爲吾絶齊未甚耶？』乃使勇士宋遺北辱齊王。齊王大怒，折符而合於秦。秦、齊交合，儀乃起，謂楚使曰：『何不受地？自某至某，廣袤六里。』楚使曰：『使聞六百里，不聞六里。』歸報懷王。懷王怒，大興師將伐秦」。十七年，戰於丹、淅，秦大破楚軍，「斬首八萬，虜楚將屈匄，遂取楚之漢中地」，楚之弱自此始。原於是作國殤以哀戰士，作禮魂以祭死義之臣。二篇舊附於九歌之後，以作賦之年相次也。注謂九歌十一篇，非。〔一〕絶齊之事，陳軫諫而原無言者，蓋原已見疏，不復在位也。懷王乃悉發國中兵，深入擊秦，戰于藍田，楚軍大敗。韓、魏聞之，南襲楚，楚乃引兵歸。懷王悔悟，復用屈原使于齊。而齊竟怒不救楚，楚大困，亡形見矣。十八年，秦懼齊、楚之合也，願割漢中之地予楚以和，懷王曰：「不願得地，願得張儀而甘心焉。」張儀復如楚，賂靳尚與寵姬鄭袖，懷王復釋張儀。史記：「是時屈平〔二〕既疏，不復在位，使〔三〕于齊。」按使臣，國之司命，何云不復在位？蓋不

〔一〕「原於是作國殤以哀戰士」至「注謂九歌十一篇，非」，尊聞室賸稿無。

〔二〕「屈平」，據尊聞室賸稿作「屈原」。

〔三〕原誤作「世」，據尊聞室賸稿和史記校正。

在位者，十六年前之事也。自〔一〕十七年楚受秦大創之後，復起用原。從原連齊之策，復使於齊。齊王因受宋遺之辱，怒不救楚。然原尚在齊，齊感其忠義，有復楚交絶秦歡之意。秦懼其成，故願割漢中地予〔二〕楚以和也。不然，則秦已兩〔三〕勝楚，得漢中地，無故而損〔四〕地與楚，而張儀願舍身以存漢中，何爲乎？原自齊反，而儀已行矣。急諫懷王曰：「何不殺張儀？」懷王悔，追儀不及。十八年〔五〕，秦惠文王卒，武王即位，逐張儀，〔六〕而屈原連齊之策已成。十九年，張儀去秦，死于魏。諸侯復合縱，齊緡王〔七〕爲從長，遺書與懷王，懷王許之，遂不合秦而合齊善韓。〔八〕楚無秦禍者四年，原之策也。秦之滅諸侯，先以賂，次以譎詐，又次以兵。其亡齊也，齊后勝相，多受秦間金，多使賓客入秦，秦又多予客金。客皆爲反間，勸王去從朝秦。其亡趙也，多予趙奄、郭開金，使王遷殺李牧。秦本紀言尉繚説秦王「毋愛財物，賂其豪傑，不過亡三十萬金，則諸侯可盡」。孜秦賂靳尚以間屈原，離横即從。又令張儀佯去秦，厚幣委贄事楚。又賂靳尚使鄭袖惑懷王釋張儀。又以厚賂

〔一〕上句末「也」字與此「自」字，尊聞室賸稿無。
〔二〕「予」，尊聞室賸稿作「與」。
〔三〕「兩」，原作「大」，作者墨塗之，改爲「兩」，尊聞室賸稿作「大」。
〔四〕「捐」，尊聞室賸稿作「捎」。
〔五〕「十八年」，尊聞室賸稿作「是歲」。
〔六〕「武王即位，逐張儀」，尊聞室賸稿作「楚禍少紓」。
〔七〕尊聞室賸稿無此「王」字。
〔八〕尊聞室賸稿此下有「秦武王即位，逐張儀，諸侯復合從」句。

求婚於楚。利用賂滅諸國，固秦之本謀，非自始皇始也。〔一〕

懷王二十四年，屈原五十一歲。

秦昭王初立，厚賂求婚於楚。是年楚往送婦史記誤「送婦」爲「迎婦」，倍〔二〕齊而合秦。當時從横之説紛紛無定，從則合齊，横則合秦。屈原主合齊，而靳尚之徒則主合秦。必曰秦惠王死，其子武王，我之自出。武王即位四年，秦、楚不構兵，非原之謀，姻戚之效也。今秦王昭王新立，不如釋怨締姻，合秦爲便。必且造作謗議，誣原不忠。懷王惑於讒言，疑忌屈原，而倍齊合秦之謀乃定矣。時秦王與楚婚，欲與懷王會。懷王欲行，屈平曰：「秦虎狼之國，不可信，不如毋行。」懷王不聽，入與秦昭王盟於黄棘，懷王果安全而歸。秦復與楚上庸，讒人之勢益張，誣謗原愈甚。王於是流原於漢北，永不復用矣。離騷之作，蓋於是時。騷經曰「初既與余成言兮，後悔遁而有他」，又曰「羌中道而改路」，指此事也。哀郢篇曰「方仲春而東遷」，曰「甲之朝吾以行」，則原放流〔三〕之月日也。曰「遵江夏以流亡」，

〔一〕尊聞室賸稿無此段小字注文。

〔二〕「倍」，尊聞室賸稿作「背」。

〔三〕「放流」，尊聞室賸稿作「流放」。

曰「過夏首而西浮」，則原被放〔一〕而行，沿江東下，泝漢而北也。曰「至今九年而不復」，則被放之年以至于自沈之年也。九章作于將没之日，哀郢一篇，追敘〔二〕此數年之事。

楚懷王二十六年，屈原五十三歲。

是年，齊、韓、魏伐〔三〕楚，以楚負從即秦也。楚使太子横入質于秦以求救，秦遣兵救楚，三國引兵去。國勢已弱，質子求救，哀郢篇所謂「被以不慈之僞名」也。二十七年，楚太子自秦亡歸。卜居篇云「屈原既放，三年不得復見」，蓋作于是年。二十八年，秦與韓、魏、齊共攻楚，大破楚軍，殺其將唐昧。二十九年，秦復攻楚，大破楚軍，斬首三萬〔四〕，殺其將景缺。懷王恐，乃使太子爲質于齊以求救。原放流眷顧，不忘宗國，顔色枯槁，形容憔悴。遠遊篇、漁父篇，蓋作于此時。漁父歌滄浪之詩，知其在漢北也。漁父篇有「寧赴常流」之語，文選作「湘流」，誤。三十年，秦伐楚，取八城。秦昭王遺楚王書，欲與楚〔五〕會武關。懷王見

〔一〕「放」，尊聞室賸稿作「流放」。
〔二〕「敘」，尊聞室賸稿作「述」。
〔三〕「伐」，尊聞室賸稿作「共伐」。
〔四〕「三萬」，原作「二萬」，今據尊聞室賸稿和資治通鑒校正。
〔五〕「楚」，尊聞室賸稿作「楚王」。

秦書，患之。欲往，恐見欺。昭睢曰：「王毋行，而發兵自守耳。」懷王此時如宋徽、欽之入金營。〔一〕懷王稚子子蘭勸王行，曰：「奈何絶秦歡〔二〕？」秦昭王伏兵武關，楚王至則閉關，留楚王，要以割地。史稱懷王西至咸陽，朝章臺，不與亢禮〔三〕。懷王大怒，悔不用昭子言。楚大臣患之，謀更立君。昭睢乃赴齊，説湣王歸楚太子横。横立，是爲頃襄王。屈原大痛，於是〔四〕作天問。天問者，問天也，人窮則反本也。頃襄元年，秦發兵出武關攻楚，大敗楚軍，斬首五萬，取十六城以去。頃襄二年，楚懷王逃歸，秦覺之，遮楚道。懷王從間道走趙，趙不納，復之秦。懷王悲憤發病，逾年卒于秦，「秦歸其喪于楚。楚人憐之，如悲親戚。諸侯由是不直秦」。

懷王之困于秦也，楚人欲立子蘭，未及行而昭睢反太子横于齊。横立，以子蘭爲讓己，因以爲〔五〕令尹。懷王西行，子蘭勸之，懷王若歸，必罪子蘭。頃襄王亦懼王歸，奪己君

〔一〕尊聞室賸稿無此段小字注文。
〔二〕「歡」，尊聞室賸稿作「歡心」。
〔三〕「亢禮」，尊聞室賸稿作「均禮」。
〔四〕尊聞室賸稿無「於是」二字。
〔五〕「以爲」，尊聞室賸稿作「以之爲」。

位。故皆不欲王返。與宋高宗用秦檜殺岳飛以沮徽、欽南歸之路同。〔一〕獨原有反君興國之心，不釋於懷，雖放流，不忘故君。而漢北之地，與武關相接，故頃襄、子蘭欲遷原于江南以斷其往來之路，是時尚未知懷王之死也，遂放原于江南。逾年〔二〕，秦人歸其〔三〕喪，楚君臣知之，逐臣未必遽知也，故原不即死。直至遷地〔四〕，始聞其事，而原之望絶矣，由是以一死殉君國。

頃襄王四年，屈原六十一歲。

正月，原遷江南，四月至羅國〔五〕，五月自沈于汨羅。原賦以九章爲最後。將死之時，追紀其始末也。其初遷，蓋在冬之末，春之初。涉江篇云：「乘鄂渚而反顧兮，欸秋冬之緒風。」思美人篇云：〔六〕「開春發歲兮，白日出之悠悠。」言南遷之初，寒氣未解也。曰「乘舲船余上沅」，曰「朝發枉〔七〕渚兮，夕宿辰陽」，曰「入漵浦余儃佪兮，迷不知吾之所

〔一〕尊聞室賸稿無此段小字注文。
〔二〕尊聞室賸稿無「逾年」二字。
〔三〕「其」，尊聞室賸稿作「懷王」。
〔四〕「遷地」，尊聞室賸稿作「長沙」。
〔五〕「羅國」，尊聞室賸稿作「長沙」。
〔六〕「乘鄂渚而反顧兮」至「思美人篇云」，尊聞室賸稿缺。
〔七〕「枉」，尊聞室賸稿誤作「狂」。

之」，蓋溆浦入資，陸行百里，時驛道亦未甚通，故不知所之也。〔一〕抽思、懷沙二篇皆言孟夏，蓋順資而下〔二〕至湘所作。原之死於汨羅，以五月五日，懷沙篇，其絶命之詞也。屈原身爲宗臣，與國家同休戚生死，非游説之流。其與懷王曾備侍從，爲肺腑，與謀〔三〕大計，非疏遜小臣之比。故雖放流，睠顧繫心懷王，史所謂：「存君興國而欲反復之，一篇之中，三致意也。」無如頃襄乘危篡國，子蘭叛父圖榮，故卒不可以返。懷王生而屈原猶有所冀，懷王死而屈原不得不死矣。所謂從容就義，非慷慨捐生者比也。

史記屈原傳末云：「其後楚日以削，數十年竟爲秦所滅。」明不用賢則亡之義也。攷之楚世家，懷王卒後，秦、楚絶。頃襄王六年，復謀與秦平。七年，迎婦于秦。十四年，秦、楚會于宛，結和親。十九年，秦伐楚，割上庸、漢北地予秦。二十年，秦拔鄢西陵。二十一年，秦拔郢，燒夷陵，頃襄王亡走陳。二十二年，秦拔巫、黔中。二十三年，頃襄王收東地兵十餘萬拒秦。二十七年，復與秦平，以太子爲質。二十八年〔四〕，太子自秦歸。頃襄王

〔一〕「蓋溆浦入資」，至「故不知所之也」，尊聞室賸稿作「則由沅入湘之途徑也」。

〔二〕尊聞室賸稿無「順資而下」四字。

〔三〕「與謀」，尊聞室賸稿作「預謀」。

〔四〕據史記和資治通鑑，太子自秦歸，實爲楚頃襄王三十六年事，是年頃襄王卒，此處「二十八年」當誤。

卒，太子立，是爲考烈王，春申君黄歇爲相。考烈王元年，納地于秦以平。六年，春申君救趙。十年，徙于鉅陽。十二年，秦昭王卒，春申君弔于秦。十六年，秦莊襄王卒，子政立。二十二年，楚與諸侯共伐秦，不利，楚徙都于壽春。二十五年，考烈王卒，子幽王悍〔一〕立。十年卒，母弟哀王代立。二月餘〔二〕，哀王庶兄負芻殺哀王自立。負芻二年，秦大破楚軍。四年，秦破楚軍，殺將項燕。五年，秦虜負芻，楚亡。自屈子没後至于楚亡，凡七十有二年。

六、餘論〔三〕

自屈、宋創賦體，同時荀卿亦作詠物數篇，而賦遂代詩以興。兩都賦序云：「自成、康没而頌聲寢，王澤竭而詩不作。大漢初定，日不暇給。至〔四〕武宣之世，乃尊禮官，考文

〔一〕「悍」，尊聞室賸稿誤作「得」。
〔二〕「二月餘」，尊聞室賸稿誤作「一月餘」。
〔三〕此標題據尊聞室賸稿補。
〔四〕「至」，尊聞室賸稿作「及」。

章，言語侍從之臣，若司馬相如、吾邱壽王、東方朔、王褒、枚乘〔一〕、劉向之徒，朝夕論思，日月獻納；　而公卿大臣倪寬、孔臧、董仲舒、劉德、蕭望之等，又時時間作。或以抒下情而通諷諭，或以宣上德而盡忠孝，雍容揄揚，著于後嗣，亦雅、頌之亞也。故孝、成之世，輯而録之，蓋奏御者千有餘篇，而後大漢之文章，炳〔二〕焉與三代同風。」固以賦承三百篇之統也。詩原有比、興、賦之體，賦者，鋪陳其事而直言之，故雅、頌多賦體。賦與雅、頌同聲，故以賦爲名。　詩之美者：　古詩十九首，則出於李、蘇贈別之作，出於結髮從軍之武人；　團扇則出於失寵之妃妾；　不知姓名之文人。　蓋詞臣以賦爲本位，不屑屑於此也。東京而後，班固、張衡京、都諸賦，炳靈震耀，而所作詠史、怨篇，短促鄙陋，以重賦輕詩之故也。惟秦、徐夫婦，詩有可觀，以其位不顯也。終兩漢之世，詩爲賦之附庸，直至曹子建出，始排黜百家，上薄風、騷，旗鼓始振。作者競起，川騰雲湧。由是詩遂與賦方軌並進，以至于隋。逮〔三〕唐群賢拔起，超軼絶塵，於是詩遂復冕旒之位，而律賦退居臣妾之職矣。〔四〕

〔一〕「枚乘」，尊聞室賸稿同，然文選作「枚臯」。

〔二〕「炳」，尊聞室賸稿作「焕」。

〔三〕「逮」，尊聞室賸稿作「迨」。

〔四〕「而律賦退居臣妾之職矣」，尊聞室賸稿作「而律賦與試帖詩遂退居臣妾之職矣」。

史稱詩三百篇孔子皆弦歌之，以復于韶、武之音。詩固樂章也，自漢以後，作者不必合於律吕，故别爲樂府。在上若郊祀、房中之雄壯，在下若「日出東南隅」之佳麗，「飲馬長城窟」之悲哀，皆足與蘇、李古詩相頡頏。而廬江府吏爲古今第一長詩，深情婉轉，〔一〕獨一無二矣。至唐代，樂府之作又不合律，與詩無殊，惟五、七絶之樂府可被之管絃。至晚唐，又不可歌，于是取長短〔二〕之詩以爲詞。五代承之，以唐、蜀爲最工。〔三〕宋倚聲之詞，遂與詩抗，文人幾無不知音者。宋末之詞，又不能盡入樂，而元曲代興。賦生於三百篇，詞生於唐詩，曲又生於詞，此韻文之變遷，然詩之本位未替也。〔四〕

〔一〕尊聞室賸稿此處有一「又」字。

〔二〕「長短」，尊聞室賸稿作「長短句」。

〔三〕「五代承之，以唐、蜀爲最工。」，尊聞室賸稿作「五代唐、蜀，其流益廣，其辭甚工」，且於下句句首有一「至」字。

〔四〕「此韻文之變遷，然詩之本位未替也」，尊聞室賸稿作「皆韻文也，四者雖有升降之殊，而各有獨至之處，四庫全書不收曲劇，蓋以其俗而不雅、去古逾遠也」。

經文統鈔附編卷三

益陽陳天倪　撰

別録下

嚴氏觀周篇云：「孔子將修春秋，與左丘明乘如周，觀書于周史，歸而修春秋之經，丘明爲之傳。」是經之與傳，本爲一書。桓譚新論云：「春秋傳於經，猶衣之表裏，相輔而行。經而無傳，使聖人閉門思之十年，不能得也。」通鑑綱目準春秋而作，朱子爲綱，弟子趙師淵爲目。綱不能離目以獨存，目亦不能離綱而自立。若公羊、穀梁，則尹起莘之發明，劉友益之書法也。〔一〕或曰：「春秋重義不重事，非公、穀何以明之？」不知專以義言，則論語存經足矣，何必作春秋？若欲藉事以明義，則君臣爲立倫之首，亂臣賊子，必誅不赦者也。而魯君之内弑者四，於隱公、閔公，書「公薨」，子般、子惡，皆書曰「卒」。弑君之

〔一〕 原作「尹起莘之書法，劉友益之發明也」，當誤，整理者乙正。

賊，生逃刑網，猶曰有南史、董狐直著其事，遺臭萬年也。而史又爲之諱，是春秋直亂臣賊子之護符矣，何云孔子作春秋而亂臣賊子懼哉！莊公疾病，問後於叔牙，曰：「慶父材。」季友誅之。以非誅叔牙，般不得立，以政非以法也。今云政治手段，如以法言，叔牙無罪。而公羊子爲之辭，曰：「君親無將，將則必誅。」慶父姦淫國母，手弑二君，汙宮之罪，身有其二，季友誅之，則又曰：「緩追逸賊，親親之道。」極天下之愚，未有過於此者，是又尹、劉所不爲也。董子之春秋決事比多與此類，無有是處。然則春秋之義若何？曰晉書本紀劉淵使懷帝行酒，左右哭，帝崩。而弑帝之事，則詳於劉淵載記。五代史梁紀，太子反，帝崩，而弑朱温之事，則載於友珪傳。蓋君父之弑，非臣子所忍言，故紀諱其文，而傳著其事。此等奥旨，實本於春秋。春秋、左傳，本爲一書，於經諱之，於傳詳之，所謂大義，炳於日星也。杜預言「發傳之體有三，而爲例之情有五。」引而伸之，觸類而長之，傳之文闕，而經之義亦盡矣。彼三科九旨之説，新周王魯之詞，揮麈縱談，博一今文家之頭銜以自炫可也。若據董子繁露之文以制法，循春秋決事比之言以決獄，則真吕步舒所謂下愚矣。

尚書長於紀言，短於紀事。紀事之法，莫備於左史，亦莫工於左史。馮李驊云：「左氏紀事，有正敘，有原敘，有順敘，有倒敘，有實敘，有虚敘，有明敘，有暗敘，有預敘，有補敘，有類敘，有串敘，有攤敘，有簇敘，有對敘，有錯敘，有插敘，有帶敘，有搭敘，有陪敘，有零敘，有複敘，有問議夾敘，有連經夾敘，有述言代敘，有趁文滚敘，〔二〕有斷案結敘。」正敘、順敘、實敘、明敘不必言，原敘如成師肇亂，倒敘如敗狄采桑，虚敘如邲戰巢車之望，暗敘如城濮、齊、秦之賂，預敘如嬰齊具舟先濟，補敘如巫臣挾纊傅蕭，類敘如鄭瞞伐我，串敘如二憾皆命，攤敘如重耳出亡本末，簇敘如宋鮑禮於國人，對敘如聲伯嫁妹，錯敘如戴公廬曹，插敘如鄭門内蛇外蛇，帶敘如晏子更宅反宅，搭敘如郤犨送孫林父，陪敘如畢萬之後必大，零敘如三點厲之役，複敘如兩述郎之師，夾敘如七子寵武，駕敘如宋襄盟盂，代敘如樂伯致師，滚敘如敗秦刳首，提敘如晉文一戰而霸，結敘如子産擇能而使，此其略也。借賓形主，此爲行文之通例。「左則有添賓並主之法，如反自箕，將胥臣與先軫、郤缺雙結，遂霸西戎。將子桑與秦伯、孟明雙結。」所謂水鏡造元直，不辨誰爲主賓也。又有略主詳賓之法，如要寫太子不得立，卻詳敘畢萬必復其始。要見晉文憐新棄舊，卻全寫叔隗，而季隗祇起手一句，對面一照，無不了了。有賓主互用之法，如克段是主，卻重在姜氏。殺州吁是主，卻重在石厚。於事爲主，於文爲賓。於事爲賓，於文則爲主。或從主入賓，或反賓爲主。運用之妙，層出不竭。所謂同橐籥之罔窮，惟毫素之所擬也。

〔二〕據四庫存目本左綉，此下有「有凌空提敘」句。

五霸之名，杜預注左傳，謂爲夏昆吾、商大彭、豕韋、周齊桓、晉文。趙岐注孟子，謂爲齊桓、宋襄、晉文、秦穆、楚莊。同者二人，齊桓、晉文。説者爲調停之術，以杜預所言爲三代之五霸，趙岐所言爲周代之五霸。按五霸之名，繼三王而起，三王不閲有二，五霸何以獨殊？且左傳、孟子，同以五霸次於三王，不能在三王之前也。第趙岐所云，亦有未合。霸之號雖假於伯，而實與九命作伯、分陝二伯之義不同，孔子所謂「霸諸侯，一匡天下」是也。宋襄公爲楚所執，傷於泓而死，何名爲霸？秦穆僅霸西戎，非有一匡天下之實。且霸者尊周攘夷，楚莊自稱爲王，何云尊周？身爲夷主，霸主所欲攘之者，而以爲霸，認仇爲主，其誣甚矣！荀子去宋襄、秦穆，加闔廬、勾踐，此荀子之五伯，非周之五伯也。然則五霸自桓、文以外，餘三人爲誰？曰：詩序云：「小雅盡廢，則四夷交侵，中國危矣。」霸者之興，宜在是時。史記衛世家：「武公即位，修康叔之政，百姓和集。四十二年，犬戎殺周幽王，武公將兵救周平戎，甚有功，周平王命武公爲公。」毛詩：「旄丘，責衛伯也。」是衛武曾有伯號矣。秦本紀：「襄公七年春，周幽王用褒姒，廢太子，西戎、犬戎與申侯伐周，殺幽王驪山下。秦襄公發兵救周，戰甚力，有功。周避犬戎難，東徙洛邑，襄公以兵送平王。平王封襄公爲諸侯，賜之岐以西之地。十二年，襄公伐戎至岐，卒。」奉王命以討戎狄，固霸者之事也。鄭桓公友者，宣王庶弟也。幽王以爲司徒，周民皆説。二歲，犬戎殺幽王於驪山下，並殺桓公，鄭人立其子掘突，是爲武公。定平王於東都，亦爲司徒。其夾輔周室，雖與秦、衛同，而入爲王卿士，用王師以衛王，則其任彌重矣。是五霸之數，當爲衛武公、秦襄公、鄭武公、合之桓、文而五，皆行尊王攘夷之實者也。或曰：文侯仇與鄭武公同輔平王，平王錫以文侯之命，今舍文侯仇而取武公，何也？曰：五霸之名，出自輿論，非由上錫。申侯與犬戎攻宗周，弑幽王於戲，實由平王。虢公之立王子余臣，（余臣，幽王庶子，非伯服。）正也。平王立於東，與余臣分治者二十餘年。一旦假文侯以命，使之殺余臣，非正也。殺余臣非正，則文侯不得爲霸。況晉後重耳，勳德冠世，正名爲霸。五霸之名，起於文公以後，不得有二晉文也。鄭武上承桓公之勳，而下開莊公之緒。武公没後，莊公繼之，稱雄者四十三年，武公之澤遠矣。

杜預左傳序云：「或先經以起事，或後經以終義。」説者指惠公孟子一篇敘於經文之先，以爲先經之證，非也。左傳本文原與經别行，杜氏始分經之年與傳之年相附，是杜氏先傳，非左氏先經也。傳之先經者有三：晉穆侯之夫人姜氏以條之役生太子，命之曰仇，其弟以千畝之戰生，命之曰成師。穆侯立二十七年，卒，弟殤叔自立。四年，仇以兵逐殤叔而立，是爲文侯。文侯卒，子昭侯立。七年，臣潘父弑昭侯，迎成師。晉人拒成師，殺潘父而立昭侯子孝侯。十五年，成師子曲沃莊伯弑孝侯，晉人立孝侯子鄂侯。鄂侯二年入春秋。傳敘穆侯條之役於桓二年，先經者四世矣。鄭武公娶于申，曰武姜，生莊公及共叔段。武公卒，莊公立，是年封弟段于京。二十二年克段于鄢，入春秋。衛莊公娶于齊東宮得臣之妹，曰莊姜，美而無子。又娶于陳，曰厲嬀，其娣曰戴嬀，生完，莊姜以爲己子。嬖人之子曰州吁。莊公卒，完即位，是爲桓公。十三年入春秋。隱四年，州吁弑桓公自立。傳敘完之立於隱三年，敘州吁弑君於隱四年，遂有疑桓公即位僅一年爲州吁所弑者，責老臣石碏不能預防，不知石碏已去職十有五年矣。然以耄耋投閒之身，猶能設計復仇，並誅子厚，此其所以爲純臣也。至隱元年敘莊公事，則莊公即位與克段于鄢同在一年，若莊公于段旋封之而旋逐之者，於是呂東萊以魚獸比叔段，而以漁獵擬莊公。雖讀者之誤，而亦傳文不明之所致也。莊公元年即封叔段於京，叔段踰數年而命西鄙、北鄙貳於己，又數年收貳以爲己邑，至于廩延。得地之廣，幾與鄭埒，而莊公若罔聞知。祭仲諫之而不從，公子呂言之而不用。太叔自受封之日，即以奪國爲事，處心積慮，凡二十有二年。基地既廣，遂應武姜之命，繕甲兵，具卒乘，爲曲沃桓叔之謀，行州吁謀逆之事。公聞其期，始命子封伐之。會京人亦厭太叔，起而叛之。段入于鄢，公伐諸鄢。段叔奔共，於是京城太叔爲共太叔矣。莊公不加追迫，仍厚養其妻子，自悔曰：「寡人有弟，不能和協，而使餬其口于四方。」公没之後，諸子爭位，厲公尤爲悍鷙。魯莊十六年，厲公自櫟還鄭，討與于雍糾之亂者，殺公子閼，刖强鉏。段之孫公父定叔出奔衛，三年而厲公復之，「曰『不可使公叔無後於鄭』。使以十月入，曰『良月也，就盈數焉』」。以厲公之殘忍而猶爲是言，必莊公之遺教也。莊公之待叔段，可謂仁至義盡矣。

春秋之初，華、楚、戎、狄爭命之候也。戎之大別有七：早入中土者，爲揚拒、泉皋、伊洛之戎，其來時不可詳也。在陝西之臨潼者曰驪戎，即女獻公以驪姬者也。在鳳翔者曰犬戎，即弑幽王者也。其在瓜州者曰允姓之戎，即秦、晉所遷陸渾之戎也。在直隸之永平者曰北戎，亦稱山戎，即病齊之戎也。茅戎與己氏之戎，則微者也。狄之大別有三：曰赤狄，曰白狄，曰長狄。長狄兄弟三人，無種類。赤狄之別有六：曰東山皋落氏，曰廧咎如，曰潞氏，曰甲氏，曰留吁，曰鐸辰。白狄初與秦同居，近晉之鮮虞、肥、鼓，其別種也。諸狄之中，赤狄最强。衛自并邶、鄘後，全有殷墟故地，而爲狄所滅，僅男女七百三十人夜從戴公渡河，野處曹邑。其伐邢也，諸侯次于聶北，不能前抗，邢人奔師而棄其國。以齊桓之雄，亦僅能遷邢於夷儀，封衛於楚丘，不能以一矢相加也。北戎兩敗于鄭，較狄爲弱。然戎人伐周，齊侯使管仲平戎於王，若敵國然。僖十三年[二]，淮夷病杞，淮夷之弱，非戎、

[二] 原稿作「僖二十三年」。整理者按，據左傳，「淮夷病杞」當是僖十三年事，故改。

狄比，諸侯亦城緣陵而遷之。讀江漢之詩，可爲太息矣。蓋管仲雖作軍政，而高、國皆非將才，僅能摟諸侯以伐諸侯，不能張撻伐之威也。

兵法曰：知彼知己，百戰不殆。誠其知也，則有不戰者矣，所謂折衝於樽俎之間也。陳漢章攷楚所楚自熊通稱王，至於成王，三世矣。荆尸所過，勢如破竹，未有能當其鋒者也。吞滅者五十八國，成王時已過其半。齊桓因怒蔡姬之事，進而伐楚，至於召陵，聲也，非實也。楚子使與師言，責讓也，非求和也。於斯而遜辭以去之，是示弱也。嚴詞以詰之，是求敗也。而管子之天下才，於此見矣。包茅不貢，孰如盡滅與國之惡？南征不復，孰與南面稱王之失？而仲不舉其大而舉其小，僅責包茅，使其易於轉圜也。即以貢物言，荆州珍品至多，獨舉包茅者，茅價最廉。昭王之時，楚地未至漢水，謬言南征不復，使其有詞可卻也。楚不服罪，進至於陘。楚子使屈完求和，如仲之願矣。桓公曰：「先君之好是繼，與不穀同好，如何？」屈完曰：「辱收寡君，寡君之願也。」交已成矣。而桓公忽曰：「以此衆戰，誰能禦之？以此攻城，何城不克？」露出故態，駟不及舌。屈完曰：「君若以德綏諸侯，誰敢不服？君若以力，楚國方城以爲城，漢水以爲池，雖衆，無所用之。」揭出管仲未言之隱矣。管仲將略，固不及鬥穀於菟。欲與楚戰，必須如晉致之二千里外城濮今在直隸，不能與虎鬥於穴中也。屈完受盟而退，爲僖公四年。五年，楚鬥穀於菟滅弦。六年，楚子圍許，蔡穆侯將許僖公面縛銜璧，見楚子於武城。十二年，楚人滅黄，楚敗徐於婁林，未嘗因盟而殺其威也。傳於弦之滅曰：「江、黄、道、柏，方睦於齊，皆弦姻也，弦子恃之而不事楚。」於黄之滅曰：「黄人恃諸侯之睦於齊也，不共楚職。」於婁林之敗曰：「徐恃救也。」言恃救者之非，實譏救者之不足恃，爲桓諱爲桓惜矣。然桓雖不能救而南北出師，至死未已。力有不給，非其咎也。孔子曰：「民到于今受其賜，微管仲，吾其被髪左衽矣。」深美之也。

桓公管仲，盡瘁四國，而蠢爾蠻荆，爲仇如故，非晉文公重耳出而挫之，中國有累卵之危矣。文公以召陵服楚之次年奔翟，歷十九年而反國，又四年而敗楚城濮，功烈於方、召矣。兹自僖公五年起至二十八年止，列表於左：

僖公五年，晉使寺人披伐蒲，公子重耳奔翟，從者狐偃、趙衰、顛頡、魏武子、司空季子。是歲晉滅虞、虢，楚人滅弦。出亡之年，杜預以爲十七，史記以爲四十三，今不論。

六年，居翟。晉使賈華伐屈，郤芮以夷吾奔梁。是歲楚圍許，蔡穆侯將許穆公見楚子於武城。

七年，居翟。翟人伐廧咎如，獲其二女叔隗、季隗，納諸公子。公子取季隗，生伯儵、叔劉，以叔隗妻趙衰，生盾。此事不知何年。以季隗是時年十五，可以承事君子，姑繫乎此。

八年，居翟。前年閏月，惠王崩，襄王惡太叔帶之難，懼不立，不發喪，至是定位，始發惠王之喪。

九年，居翟。桓公會諸侯於葵丘。宋桓公卒，子襄公兹父立。九月，晉獻公卒，荀息立奚齊。里克、丕鄭欲納文公。以三公子之徒作亂，秦穆公使子顯來弔，諷以乘喪取國，公子謝之。十月，里克殺奚齊於次，荀息立公子卓。十一月，里克殺卓於朝。郤芮使夷吾重賂秦以求入。

十年，居翟。夏，周公忌父、王子黨會齊隰朋，立夷吾爲晉侯。晉侯殺里克。公子聞奚齊、卓子之死，從翟君田渭濱，欲假秦之力以歸晉，夷吾使寺人披拒於中路。命披三宿，披中宿至，不果行。冬，晉殺丕鄭、祁舉及七輿大夫，皆公子之黨也。晉獻之卒也，里克、丕鄭等以三公子之徒作亂，意在納文公。秦穆使子顯來弔，欲迎文公歸國。使文公稍有圖位之心，立時可入。而文公追先父之志，不忍害其愛子，仁親以爲寶也。至夷吾[一]本不當立，文公因欲取之。會里克、丕鄭先後爲夷吾所殺，故不果也。或曰：翟去晉近，文公何不藉其力以入晉？曰：借資於夷，必終爲夷所制。後人用此喪邦者多矣石敬瑭、童貫等，文公故不爲也。

[一] 原稿無「吾」字，整理者據文意補。

十一年，居翟。揚、拒、泉、皐、伊、洛之戎同伐京師，王子帶召之也。

十二年，居翟。齊侯使管夷吾平戎於王。是年楚滅黄。

十三年，居翟。冬，晉荐饑，使乞糴于秦，秦輸粟於晉。

十四年，居翟。冬，秦饑，使乞糴于晉，晉人勿許。慶鄭諫，勿聽。

十五年，居翟。十有一月，晉侯及秦伯戰於韓，晉師敗績，獲晉侯。余少讀「梁由靡御韓簡，虢射爲右，輅秦伯，將止之。鄭以救公誤之，遂失秦伯。秦獲晉侯以歸」，不得其解，以爲晉既將獲秦伯矣，何以秦反獲晉侯？再三思之，始知晉有兩軍，秦亦有兩軍。兩軍對壘，左當其右，右當其左。秦伯自將上軍，當晉之下軍；晉侯自將上軍，當秦之下軍。晉君雖無道，而國多將才。梁由靡與虢射，曾佐里克敗狄於采桑者，而韓簡以良將將下軍。二子爲御、爲右，非秦伯所能當，故幾獲秦伯。晉惠固下愚，有慶鄭而不用，又以步揚御戎，家僕徒爲右，所乘之馬又爲鄭小駟，烏足以當秦之下軍。臨陣之初，小駟陷於泥淖，步揚失其御力，家僕徒無勇，既不能推車，又不能戴公而走，故陷於淖。公號慶鄭，慶鄭不即應召，而爲之召韓簡，韓簡三人遂舍秦伯而救晉侯，秦伯遂跳而免。韓簡等未至，而秦下軍已獲晉後矣。使晉侯能用慶鄭爲右，乘冀産之馬，擇良工爲御以敵秦，必不至敗，而韓簡擒秦伯至師矣。急時不號慶鄭，則秦獲晉侯，晉亦獲秦伯，兩者足以相抵。蓋遭此變，殆太子申生之鬼有以使之歟？所謂天奪其魄也。

十六年，公子以晉敗於秦，有乘勢歸國之意。西路不通，改由東路。以齊桓尚存，可以藉其力以制晉。「將適齊，謂季隗曰：『待我二十五年，而後嫁。』季隗曰：『我二十五年矣，又如是而嫁，則就木焉，請待子。』處翟十二年而行。過衛，衛文公不禮焉。出於五鹿，乞食於野人，野人予之塊。公子怒，欲鞭之。子犯曰：『天賜也。』稽首受而載之。及齊，齊桓公妻之，有馬二十乘。」公子遂留齊。是年十一月，秦釋夷吾歸國，征晉河東。

十七年，居齊。冬十月乙亥，齊桓公卒。「桓公存三亡國以屬諸侯」，論者謂「霸者之民驩虞如也」。齊侯不先救邢、衛，待其亡而後存之，欲其感恩也。此其誤由於不知驩虞二字之解，以驩虞爲歡娛，故以小人之腹，度桓公之心。驩，樂也。虞，憂也。言有憂有樂也。「王者之民皞皞如也」，言無憂亦無樂也。管子內政分齊氏爲三部：一公家之鼓，二高子之鼓，三國子之鼓。高、國均庸人，不知兵。春秋之時，晉、楚多將才，而齊無一將。管仲文人，如漢之留侯，唐之鄴侯。使漢無韓、彭，而令張良抗項羽，唐無李、郭，令李泌戰安、史，豈有不敗者乎？故管仲純用老氏之術，始終未嘗與敵一戰。狄滅衛，則封衛于楚丘；狄滅邢，則遷邢于夷儀，而狄亦不敢加害于齊也。司馬懿之拒蜀，實用此術。不折一矢，蜀亦不能得魏寸土。是歲，晉太子圉質于秦，秦人歸河東而妻之。

十八年，居齊。桓公始卒，鄭伯即朝于楚，諸國亦有從楚之意，獨宋襄公不服，欲與楚抗。齊桓無適子，傳謂桓公與管仲屬孝公于宋襄公以主齊，非也。立子之權在己，無轉屬他國之理，齊桓、管仲不若是之懦也。諸子無虧最長，且嘗帥兵以戍衛。桓公卒，無虧以次立，非貂、巫之謀也。第齊國君臣多黨於楚見後，孝公奔宋，襄公以爲可藉之得齊以抗楚。是年襄公以諸侯伐齊，殺無虧而立孝公，自是中國不亡矣。

二十年，居齊。公子之初來齊也，欲藉桓公之力以入晉。會夷吾復歸晉，而桓公亦衰，次年桓公薨，諸子爭立，又一年而孝公立。孝公固庸人，公子知不足與謀。久於齊，非其志也。

二十一年，公子留齊五年矣。所欲不成，有去志。恐姜氏知之，或阻其行。僞爲鎮靜，與從者謀於桑下。蠶妾在其上，聞其謀，以告姜氏。姜亦英雌，手自殺之。謂公子曰：「子有四方之志，其聞之者吾殺之矣。」公子恐其嘗己也，曰：「無之。」姜曰：「行也！懷人之寵，安己之居，適足以敗名。」公子猶未深知其心，故爲不欲行。姜乃與子犯謀，醉而遣之。及曹，曹共公聞其駢脅，因其裸浴，薄而觀之。「僖負羈之妻曰：『吾觀晉公子之從者，皆足以相國。若以相，夫子必反晉國。反其國，必得志於諸侯，而誅無禮，曹其首也。子盍早自貳焉？』乃饋盤飧，置璧焉。公子受饗飧反璧。及宋，宋襄公贈之以馬二十乘。」是年，宋人爲鹿上之盟，求諸侯於楚，楚人許之。秋，諸侯會宋公于盂，楚執宋公以伐宋。冬十二月，諸侯會于薄，釋宋公。

二十二年，晉太子圉棄其妻，自秦逃歸。冬十月，宋公及楚人戰於泓，宋師敗績，公傷股。知公子賢，以國禮禮之。宋司馬公孫固善於舅犯，謂犯曰：「宋小國新困，不足以求入，更之大國。」乃行。過鄭，鄭文公不禮焉，叔詹諫，不聽。

二十三年，公子至楚。「楚子饗之，曰『公子若反晉，則何以報不穀？』」楚成欲并河南之志久矣，知公子志大，欲與之訂約：送公子歸國，即位之後，自晉以外，惟我所欲，汝弗與聞。以此報我，則我送汝歸。晉公子僞爲不知也者，曰：「子女玉帛，則君有之。羽毛齒革，則君地生焉。其波及晉國者，君之餘也，何以報君？」楚成知公子之弄己也，固問之曰：「何以報我？」公子乃質，謂己欲保中原，楚如北侵，許辟三舍以報，不獲已則以兵戎相見。蓋知楚成英雄，不可面欺，英雄必不殺英雄也。曹操不殺劉備亦此意。子玉請殺之，楚子弗許，然亦無送公子入國之意矣。居數月，晉公子圉自秦逃歸，秦怨之，聞重耳在楚，遣人召之。楚王以禮送公子至秦，秦納女五人，懷嬴與焉。公子疑之，司空季子曰：「其國且伐，況其故妻乎！」穆公享之，公子賦河水，公賦六月。「公子降，拜，稽首。公降一級而辭焉。」趙衰曰：「君稱所以佐天子者命重耳，重耳敢不拜？」是歲九月，晉惠公卒，懷公圉立，命無從亡人。狐突之子毛及偃從重耳在秦，勿召，懷公殺狐突。狐偃欲報父仇，情愈急矣。

二十四年正月，秦伯納之。及河，子犯恐公子猶有不忍殺懷公之心也，以去要之。公子曰：「所不與舅氏同心者，有如白水！」「濟河，圍令狐，入桑泉，取臼衰。二月甲午，晉師軍於廬柳。秦伯使公子縶如晉師，師退，軍于郇。辛丑，狐偃及秦、晉之大夫盟于郇。壬寅，公子入于晉師。丙午，入于曲沃。丁未，朝于武宫。戊申，使殺懷公于高粱。」十九年艱苦備嘗而不得入，一月破敵得國而有餘，亦異聞也。以其素得内外之人心，至此時機已熟矣。

二十五年。文公「始入而教其民，二年，欲用之」，即是年也。自齊桓之没，楚氛愈惡。敗宋于泓，入饗于鄭，而中國之藩徹矣。旋得曹，因新婚於衛，而勢及于今之直隸矣。臧文仲乞師於楚，導之以伐齊、宋，而山東之魯去矣。魯以楚師伐齊，取穀，置桓公子雍于穀，易牙奉之以爲魯援，楚申叔帥師戍穀，而僅存之齊，又斷其右臂矣。宋襄公之卒，成公已朝于楚，聞文公之起，叛楚即晉，而楚子玉伐宋圍緡，與申叔之戍穀相望。文公不出，彈丸之周，楚取之如拾芥耳。文公憂之，慨然有征楚之志，子犯曰：「民未知義，未安其居。」是年三月，出師勤王。右師圍温，左師逆之。是時晉祇有二軍。夏四月，王入于王城，取太叔于溫，殺之於隰城。「入務利民，民懷生矣。」秋，與秦伐鄀，楚鬥克、屈禦寇以申、息之師戍商密，秦人囚之以歸，楚令尹子玉追之弗及。公欲乘之以伐楚，子犯曰：「民未知信，未宣其用。」冬，晉侯圍原，命三日之糧。原不降，命去之。退一舍而原降。遷原伯貫于冀，趙衰爲原大夫，狐溱爲溫大夫。

二十六年。伐原之後，民知有信，「易資者不求豐焉，明徵其辭」。公又欲伐楚，子犯曰：「民未知禮，未生其共。」

二十七年，蒐于被廬。始作三軍，謀元帥。如登壇拜大將之禮。晉多將才，而欒、郤、狐、先四族尤盛。「使郤縠將中軍，郤溱佐之；使狐偃將上軍，讓於狐毛而佐之。命趙衰爲卿，讓於欒枝、先軫。使欒枝將下軍，先軫佐之。」按將才，先軫第一，而屈於下軍之佐，使一說禮敦詩之郤縠居其上，未爲得也。幸次年二月郤縠卒，先軫超五級爲元帥，胥臣佐下軍，三軍長、佐皆才臣也。於是作執秩以正其官，布之於民，而謀楚之計完矣。

二十八年，晉楚合戰之會也。楚自去年戍穀圍緡，至是合諸侯以圍宋，欲一舉而得之也。狐偃曰：「楚始得曹，而新婚于衛，若伐曹、衛，楚必救之，則齊、宋免矣。」攻其所必救，誘之使必至，而徐以計制其進退，此其第一策也。楚子知其然，使子玉去宋，使申叔去穀。穀戍既去，齊之兵得出以從晉，晉之力愈强矣。然楚子雖去，而子玉之氣未衰。晉於楚子則欲之去，以減其力，於子玉則欲引而致之，以挫其鋒。先軫執曹伯，分曹、衛之田以畀宋人，使子玉退則沮於讒慝之口，進則困於怒頑之師，此爲第二策也。子玉果使伯棼請戰，楚子惡之，少予之師，惟西廣、東宫與若敖之六卒從之，而敵之勢大減矣。憤兵必僨，怒兵必敗。執曹伯，分曹、衛之田，子玉之怒未甚也。用先軫之策，拘宛春於衛，私許復曹、衛，曹、衛告絶于楚，而子玉之怒不可遏矣。此其第三策也。子玉怒從晉師，晉師陽爲報施之舉，陰爲誘敵之計，使悻悻之兵，由宋而過曹，由曹而趨衛，深入二千里，頓兵城濮之下。而合晉、秦、齊、宋之師，四圍以殲之。用欒、郤、狐、先之群策群力，横擊夾攻以折之，雖有飛將，未有不擒者也。子玉自出師以來，所向無前，而卒困於此。蓋晉之謀楚，在十年以前，而其攻楚，在三示之後，故能成此曠世未有之烈也。然三日館穀，文公猶有憂色，迨楚殺子玉，而後喜見於色。蓋子玉萬人之敵，文公出全力始勝之，故深憂其復至也。

晉文定霸，夾輔之臣，實爲欒、郤、狐、先，趙衰非有尺寸之績也，然循謹自守，尚不失爲良臣。趙盾則庸而又奸，忝其父矣。襄公繼父之業，楚人帖耳，鬥章求盟，西敗秦師，北獲白狄，霸之餘業未熄也。楚成被弑，商臣奸位，令尹、司馬，皆奴隸之才，而遺臣子西、仲歸方欲加刃於商臣，使晉有賢臣，南方可圖也。乃襄公早世，趙盾挾幼主以臨朝，不但晉不能南向，而楚之范山反謂北方可圖，於是乎有狼淵之師，厥貉之次矣。趙盾不自知罪，之一跌不振矣。奸臣之誤國，甚矣哉！

天地英靈之氣，不擇地而鍾。芝艸無根，醴泉無源，觀於楚莊而益信矣。楚莊所生，

而反諉過於君，謂靈公忲侈，故不競於楚而弒之。不知苟有賢臣，君侈何害？以楚靈之侈，而椒舉合諸侯於申；以晉厲之汰，而郤至敗楚於鄢陵，與今豈異世哉？春秋正名，書之曰：「趙盾弒其君。」所以正奸臣之罪也。左史黨於趙氏，反謂孔子用良史之書法，豈不謬哉！史記亦然，觀趙世家可知。或曰：臺上彈人而觀其避丸，宰夫胹熊蹯不熟而殺之，靈公固不君也。曰：奸臣弒君，必誣其君以非法，史氏從而書之。如魏志言曹芳裸袒游戲，自彈龐熙，曹髦遥射太后，密行酖毒，豈實事哉？順是以下，宋、齊末帝，無不如是。蓋宋、齊準魏志，魏志準左傳，其誣一也。或曰：靈公使鉏麑刺趙盾，鉏麑見趙盾之賢，自觸於槐而死，何得謂盾不賢哉？曰：鉏麑自語，誰則聞之？自觸於槐，趙盾未醒，烏從知之？醒矣，何不救之？是鉏麑之死，盾實殺之，情昭然矣。漢獻遷許，左右前後無一非曹氏之人。靈公嗣位，盾置一靈輒於内，盡收其徒從，所未收者僅一犬，又與提彌明俱斃，則其命早制於趙氏之手矣。猶幸巍目早死，嗣子幼沖，故晉得保其餘業。不然，則必如齊霸

南蠻鴃〔一〕舌之邦也。其父爲商臣，弒父之元凶也。其傅爲鬥克及公子燮，亂臣之尤也。以童孺之年當宅憂之任，内無舊學之甘盤，外無專征之尚父，而卒能成爲賢明之主，非得天獨厚者，烏有是乎！其曰「鴃止戈爲武」，以文字之學教其臣，許書之遠祖也。由時邁桓武而悟武有七德，毛詩之導師也。或曰：詩教小學者，史氏之詞也，莊王豈知此哉？曰：莊王行事，皆合經訓，非知之不能行之也。其討夏徵舒也，取陳而縣之。陳侯在晉，申叔時一言而復其君。棄一國之地如敝屣然，其合經訓一也。夏姬之色，冠絶一時，莊王欲納之，因巫臣引周書「明德慎罰」之言，戛然而止，其合於經訓二也。鄭受盟於辰陵，又徼事於晉。楚師圍之旬有七日，鄭人守陴者皆哭。楚子退師，鄭人修城，遂復圍之，三月克之。鄭伯肉袒牽羊以逆，有請成之意。左右曰：「不可許也，得國無赦！」王退三十里而許之平。伐叛柔服，其合於經訓三也。其圍宋也，宋人易子而食，析骸以爨，國可立得矣，亦退三十里而許之平。不貪寸土，其合於經訓四也。敗晉師於邲，次於衡雍，潘黨請築京觀以爲名，莊王非之，祀於河而還，其合於經訓五也。至於師人多寒，王循三軍，拊而勉之，三軍之士，皆如挾纊；解揚許其言而反之，赦之使歸，固純爲王者之道，霸者所未

〔一〕「鴃」，或當爲「鴂」之誤。

有也。或曰：「楚子使申舟聘於齊，曰，無假道於宋。亦使公子馮聘於晉，曰，無假道於鄭」，致宋華元殺其使，而受易子析骸之慘，豈儒者之爲乎？曰：楚子此舉誠近權術，然亦華元之愚有以致之。使華元有鄭人之智，優待其使，不墮其術中，楚師必不出。受圍日久，晉救不至，即當效鄭伯之牽羊，保境息民，何至受易子析骸之慘？而元甘爲之，其愚至矣。春秋戰國之人皆以宋人爲愚人之代表，如揠苗助長、燕石爲璞，皆託之宋人。劉師培、陳漢章搜集證據甚多。傳至於唐，而張巡猶承華元之遺，食人於睢陽。蓋宋人之愚，冠於中國至今猶然。而華元之愚，又冠於宋人，固楚子所不及料也。或曰：「楚子伐陸渾之戎，遂至於洛，觀兵于周疆」，問鼎之大小輕重，是有圖周之心也，惡得爲賢？曰：古者重要之文，多鑄於鐘鼎。夏之興也，「貢金九牧，鑄鼎象物」，州爲一鼎，鼎重九萬斤。書序：「帝釐下土，別生分類，作九共九篇。」又云：「禹別九州，隨山刊木，任土作貢。」今惟禹貢存，九共九篇俱亡。使九鼎尚存，必可考「別生分類」之略，以補禹貢之闕，而古代之文字得存，其高於籀、篆無筭也。九鼎定於郟鄏，正當如漢之石經立於太學，任人摹寫。三體古文存於隸釋，功在百世，乃周人視同傳國璽而閟之。楚莊博學好古，盡讀墳、典、邱、索之書，欲觀此以爲發疑正讀之資。乃加以規取神器之惡名，使之廢然而返。未幾周亡，九鼎淪於泗水，而古文以絕。王孫滿之罪，可勝誅哉！且滿亦幸而遇小心恭順之莊王，故能售其欺耳。使楚果有取之之心，必曰：「德之休明，雖小而重；奸回昏亂，雖大而輕。此物之神，變化莫測。予久有所聞，甚欲一觀以徵其異。且吾楚夙多魑魅罔兩，而此器可以驅邪，甚欲藉此以資鎮懾。」或即移伐陸渾之師入據郟鄏，起申、息、鄧、葉之師前來迎鼎。由洛至宛，數日可達。定鼎於宛，與天下共之。則卜年七百之天命，且斷送於王孫滿之一言矣。其後九鼎與周俱亡，絶不可解。史記或云：「宋太丘社亡，鼎没於泗水彭城下。」彭城去洛，相距千里，何由而没於泗水？或謂赧王債臺高築，鎔化爲錢。信如是，周祚之亡，罪深於桀、紂矣！使早入宛，任人觀摩，三古之遺文，可永存於世，豈不快哉！

楚莊之才德盛矣，而其輔子重子反皆庸人，遠不及晉卿。蓋楚之令尹、司馬，必用懿親，一姓之人材有限，不足永保邦國也。

楚子入鄭而晉師救之，王與令尹欲還，爲伍參所阻，然求和於晉者再。至「王乘左廣以逐趙旃」，楚人從之而乘晉軍。乘軍，非勝算也。使荀林父堅壁不動，令上下兩軍張兩翼以攻其二廣，楚師必退。既退而中軍以全力衝之，雖不必勝，亦決不至敗也。乃林父以文公宿將城濮之戰，林父御戎，昧於一時，「鼓於軍中曰：『先濟者有賞！』」中軍自潰，非楚人敗之也。然晉師右移，上軍未動，鞏朔、韓穿帥七覆於敖前，足以制楚。下軍雖移，然楚囚知罃，知莊子以其族反之。射連尹襄老，獲之；射公子穀臣，囚之。以一族之兵而楚人勿敢抗，爲之退師，直至晉師全渡而楚始敢重至于邲。是晉之敗，乃偶然，非當然也。雖屈於南而伸於北，其後荀林父敗赤狄於曲梁，滅潞殺酆舒；魏顆敗秦師於輔氏，獲杜回；士會滅赤狄甲氏及留吁、鐸辰，晉侯請于王，以黼冕命士會將中軍。自後諸狄非降則滅，向之所謂獯鬻玁狁者，悉歸於晉。至於平公，霸業如故。晉文之遺烈遠矣！左傳疑義應正者尚多，限於篇幅，不能再及。

孔子講學，有布席設几，如今之上講堂然者。如三反、三樂、三畏、三愆、三戒、三變、九思之類，皆先舉其綱，以次敷陳其義如今人之書墨版，記者不能盡舉其辭，僅存其目，其詳不可得而聞也。有聯席問答者，如顏淵、仲弓、司馬牛之問仁，孟懿子、子游、子夏之問孝，互相答辨討論仁、孝之理。孟武伯乃懿子之子，因懿子而附見之，非同時。記者統名之曰問，删繁就簡。所答之詞不同，亦是隨文辨論，非對病下藥，如朱子所云也。如答子游言敬，便説子游不敬。答子夏言色難，便説子夏無婉容之類。仲弓爲季氏宰，問政孔子，教以舉賢才。仲弓問焉知賢才而舉之，夫子告以舉爾所知。猶恐其義有未盡，故他日又告以犂牛騂角之事，言舉賢才不可以門第限也。注者不知，則謂仲弓之父爲惡人。易稱：「有子，考無咎。」而仲弓之父獨以有賢子而得惡名，非孔子之意也。古者疾革遷於正寢，伯牛平民，非有正寢，垂死之時，仍臥内室。内室多婦人，孔子不欲入，故自牖執其手而歎之，亦是常事。乃注者誣以爲癩，使大賢蒙惡名，尤爲可恨！

有侍坐講業，孔子令其言志述學者如今之自述。如顔淵、季路侍，孔子曰：「盍各言爾志？」子路、曾晳、冉有、公西華侍坐，孔子言：「如或知爾，則何以哉？」是也。三子皆言從政之事，曾晳以不得志於時，遂發超世之想，孔子與有同慨，喟然歎曰：「吾與點也！」憤慨之詞，非一浴一咏遂足盡其所學也。朱子謂其胸次悠然，直與天地萬物上下同流，大而無當矣。今之學生無不游泳歌唱，未見有天地同流之概。

有講授之後，潛察氣象者。如閔子侍側一段是也。蓋觀四者之氣象，微有不同，孔子憂子路之及禍而戒之。適談及魯人爲長府之事，而閔子之言有當，亟進而褒之。又玆子路瑟聲，與行行之容相比，亟退而貶之。子貢問師、商孰賢，以過猶不及答之。忽憶冉有聚斂之事，又重辭以責之。非真欲鳴鼓而攻也。

有講授之時，泛論古聖者。如舜、禹之有天下至禹吾無間然是也。

有雜以問答者。如「堯曰：『咨！爾舜！』」至「無以知人」也，是也。凡事言之相聯者通爲一章。朱子以每子曰爲一章，非是。

其他零章斷句，則孔子隨事立言，或弟子、時人互相問答，記者非一人，亦非一時，精理名論，多在其中，不可以雜言律也。

論語分篇，漫無統系，亦間有有意義者：如公冶長篇及雍也前十四章，多記古今人物賢否得失；鄉黨篇全記聖人之容色言動；季氏篇文最優美而有條理；微子篇多記聖賢出處；子張篇全記弟子之言，是也。然亦有後人攙入者：逸民七人，有孔子論斷，固宜録入。「柳下惠爲士師，三黜」，「周公謂魯公曰」一段，雖無孔子斷語，然孔子嘗稱二人，猶可記也。若「太師摯適齊」一段與「周有八士」，與孔子何與？而加以甄録。至「邦君之妻」，似曲禮中語，而著録於此，則簡策錯亂所致。記者雖愚，亦不如是也。

孔子尚論古今聖賢，而於逸民尤甚。五百年中，逸民僅得七人。蓋與興王名世同重，非偶然也。又有隱士，較逸民尤高。逸者尚留其名氏，隱士則名亦不具。亦僅七人，「作者七人」是也。七人者：晨門、荷蕢、儀封人、接輿、長沮、桀溺、丈人是也。荷蕢以事名，儀封人、晨門以職名，丈人以年名，接輿言接孔子之車，長沮者，言往而不反，桀溺者，言沈淪不出，本無名氏，記者强爲之名，非後世逃名以求名，充隱以求利者比也。

論語中有誣衊孔子者，較「於衛主癰疽，於齊主侍人瘠環」更甚，又齊東野人所不語也。左傳定公十年，孔子相魯。十二年，「仲由爲季氏宰，將墮三都。於是叔孫氏墮郈，季氏將墮費，公山不狃、叔孫輒帥費人以襲魯」。「仲尼命申句須、樂頎下伐之。費人北，國人追之，敗諸姑蔑。二子奔齊。」是公山弗擾之奔齊，孔子爲相時逐之也。而論語言：「公山弗擾以費叛，召，子欲往」，子路阻之，子曰：「夫召我者而豈徒哉？如有用我者，吾其爲東周乎？」是孔子欲奉弗擾爲天子，不但欲滅魯，且欲滅周矣。定公九年，「晉車千乘在中牟。衛侯將如五氏，過中牟，中牟人欲伐之」。杜注：「今滎陽有中牟。」迂遠，疑非也，中牟似屬晉。哀公六年，「趙鞅伐衛，范氏之故也，遂圍中牟」。中牟不似屬衛。佛肸之名，三傳、國語、戰國策及諸子皆無其人，中牟屬晉屬衛，既不可知，爲誰而叛，亦不可攷，即有佛肸，亦當在三家分晉之後，孔子卒已近百年矣。而論語云：佛肸召，子欲往，子路不悦，孔子曰：「吾豈匏瓜也哉？焉能繫而不食？」謂匏瓜欲食耶，則匏瓜無口。不繫亦不能食。謂人欲食匏瓜因以自喻耶，則孔子欲捨身飼人，亦無此理。左傳靈公爲夫人南子召宋朝，論語祝鮀之佞於宋朝之美並稱。宋朝固美男子，南子故欲之也。若孔子身長腰短，史記：孔子長九尺六寸，腰不及禹三寸。堯顙皋項，頭若尼丘，不美實甚，南子何爲欲之？以彌子瑕之美，寵於靈公，欲孔子主其家，許以衛卿，孔子猶羞之，何取于南子？朱子爲之説曰：「古之欲仕於其國者，有見小君之禮。」上攷三代，下至明、清，皆無此禮，何獨爲孔子制此禮，令其指天宣誓乎？輯論語者約當戰國之末，漢初傳者又有齊、魯、古三種，成帝時張禹合爲一部，意爲去取，謂之張侯論，今本是也。此三事之謬妄，蓋委巷下流之諧言，張禹亟取之，以飾其求爲王氏佐命之意。其當刊削，斷斷如也。論語崇爵讖云：「子夏等六十四人共撰，豈有六十四人共撰二十篇書者乎！因此可知其難也。」

孟子爲自著之書，故首尾一貫，無踳駁牴牾之言。以其爲諸子之書，未經秦火，故無點竄改易之失。雖微有重複如數言伯夷、伊尹、柳下惠之類，不足爲病也。惟孟子本書先至梁，後至齊，史記本傳則謂先齊後梁，讀者不能無疑。明季本有孟子事蹟圖譜，言游事先後頗詳，今據以爲本，參之譚貞然孟子編年、周廣業孟子四攷，編次於左：

孟子，鄒人也。居鄒四十年，隱居尚志，授徒講學，有曹交假館之事。旋仕於鄒，有答鄒穆公上慢下殘之語。時季任爲任處守，以幣交，於是由鄒之任見季子。旋游平陸，儲子爲相，以幣交，由平陸之齊，不見儲子，有答屋廬子之言。不見齊侯，故陳代以不見諸侯爲小，而萬章亦有不見諸侯何義之問，孟子皆舉齊景公招虞人不往爲説，以其爲齊故事，人易曉也。王疑其有異，使人瞯之，蓋儲子通意齊王，招之以禮，故得見孟子也。或謂孟子不見諸侯，何以首篇即云「孟子見梁惠王」？不知孟子言不見，謂不待其招而往見也。諸侯來而不見，惟段干木、泄柳爲然，孟子無是也。當其三見而未言事，蓋欲以道革其非心。其居平陸也，謂其大夫孔距心失伍，距心受爲己罪，以告宣王，宣王亦歸罪於己，似可與有爲也。然欲行短喪，不問政治，徒以兼金百鎰爲餽，故孟子辭之，去而之宋。當剔成之世，意雖至其國，亦不見宋君，故公孫丑有不見諸侯何義之問。列於宋事之間，必公孫丑從行之宋，因宋而發也。孟子之宋，必有上下之交。如尊德樂義，爲宋勾踐言之。什一去關市之征，爲戴盈之論之。滕文公爲世子，將之楚，過宋而見孟子，可知其居宋之久矣。時孟子有遠行之志。遠行，周廣業以爲欲適梁。按梁、宋接壤，不可云遠。蓋孟子初有遠歷秦、楚之意，未成事實，故云「將有」，今不可攷。宋王聞之，餽金五十鎰，辭曰「餽贐」，孟子受之，遂行。時人有欲害孟子者，孟子有戒心，乃取道於薛以歸。此薛非春秋時之薛，乃靖郭君田嬰之薛。薛君餽五十鎰，辭曰「聞戒」，孟子受之。復歸於鄒。未幾，滕定公薨，世子以送死事大，未敢自專，使其傅然友一再之鄒問於孟子。孟子旋至滕，館於上宮。滕文公問爲國，甚加敬禮，使其弟滕更受業，選畢戰主井田之事。時許行自楚至，倡並耕之説，又國間齊、楚危甚，孟子亦不能久留矣。孟子初至滕，文公即位未踰年，稱之曰子，其後稱曰君，知在滕二年餘也。時梁惠王三十五年，卑詞厚禮，以招賢者。而孟子至梁，有答利國之問。堅不肯仕，有答周霄之問。孟子於梁未稱臣。有糜爛其民之歎。踰年，惠卒襄立，孟子如齊，爲宣王十年。有答齊桓、晉文之問，有雪宮、明堂之談，難以枚舉。自是爲卿於齊。又嘗受命出弔於滕。或謂爲弔滕定公。按定公卒，孟子在鄒，説非。或謂爲滕夫人。夫人之喪，亦無遣卿往弔之禮。季本斷爲文公之喪。非大國之君，無使卿及貴介往弔之禮。此蓋因滕文公之賢而隆其數，亦孟子欲往弔以敦夙契也。尋以母喪去官，服闋見王于崇，退有去志，不果，於是仕不受禄。旋宣王取燕，孟子以言不見用，致爲臣而歸。按燕噲及子之死，當在赧王即位之先一二年方合。史在赧王元年，似誤。有舍我其誰之歎。居久之，復游于宋。按表，宣王十五年，宋偃始立。踰十年，爲慎靚王三年，偃始稱王。孟子謂戴不勝：「其如宋王何？」必在稱王以後。萬章云：「將行王政」，意偃初政，必頗自勵，決不如世家有射天、射諫臣之事。但好大喜功而才不能遂。既至宋，知其足以召禍，故亟歸。未幾，歸鄒。會樂正子爲政於魯，孟子聞之，喜而不寐，復至魯。樂正子告於平公，平公將就見，而臧倉沮之。又欲使慎子爲將軍，伐齊取南陽，孟子非之，告以當道志仁之說。遂歸鄒，不復出。退而論集所與高第弟子公孫丑、萬章之徒難疑答問，又自撰其法度之言，著書七篇。孟子之生，大約爲周安王十七年丙寅，魯繆公二十二年，去孔子卒九十五年。烈王三十三年乙酉，爲梁惠王三十五年，孟子見梁惠王，年五十矣。赧王元年，爲魯平公元年，孟子七十二歲，曾一度至魯不知何年，未幾，歸鄒，不復出。撤瑟之時，蓋年八十云。

孔門設教，材分四科：曰德行，後謂之道學。曰言語，其流爲詞章。曰政事，後名爲經濟今之法政學。曰文學，其流爲考據。傳授之廣，以道學、考據兩派爲盛。道學本爲心學，顏、閔、二冉均無著述，其著者獨曾子。曾子之書，存於大戴者有立事、本孝、立孝、大孝、事父母、制言上、制言中、制言下、疾病、天圓十篇，存於小戴者有曾子問一篇，所編定者有孝經。朱子謂大學一篇，蓋曾子之意，而門人記之。其體大思精，信非曾子不能爲也。一傳爲子思，史記世家：「子思作中庸。」舊唐書載沈約之言云：「中庸、坊記、表記、緇衣，皆取子思子。」又坊記、表記、緇衣皆以子言之發端，與各記異。所謂子者，即子思也。子思再傳而得孟子，後儒以之次孔子。考訂爲經學正宗。後漢徐防云：「詩、書、禮、樂，定自孔子； 章句發明，始於子夏。」宋洪邁云： 子夏於諸經皆有書，於易有傳，於詩有序，於禮有儀禮喪服一篇，於春秋，受諸孔子而傳於公羊、穀梁。今按易傳似非子夏作，公羊、穀梁出於子夏，係戴宏一人之私言，史、漢儒林傳所無。惟詩出於子夏，則陸德明釋文言之，云：「子夏傳曾申，申傳魏人李克，克傳魯人孟仲子，孟仲子傳根牟子，根牟子傳趙人孫卿子，孫卿子傳魯人大毛公。」子夏之功，於詩爲鉅矣。宋胡致堂云： 禮運，子游作。清邵懿辰云：「子游特授禮運精微之説。其徒又爲檀弓上、下篇，記行禮節目甚詳。檀弓，魯人，或即子游之門人。禮運自稱言偃，則全篇皆子游所記。」清沈德潛云：「檀弓上下二篇，當時公卿大夫士庶，凡議禮勿決者，必得子游之言以爲重。共十有四，而其不足於人者，惟縣子『汰哉叔氏』一言，則其畢生之合禮可知矣。」游、夏之外，傳易者有商瞿，傳春秋者有左丘明。商瞿傳授，見漢書儒林傳。經典敘録云：「左丘明作傳，授曾申，申傳魏人吴起，起傳其子期，期傳楚人鐸椒，椒傳趙人虞卿，卿傳同郡荀卿名況，漢興，北平侯武威張蒼受左傳於荀卿。」由此觀之，孟子受曾子、子思之傳，爲宋學之遠祖； 荀子受子夏、左丘明之傳，爲漢學宗師。太史公以孟、荀並傳，允矣。今人言哲學者，門户雖繁，要不出心、物二派。以孔子之學言之，則孟、荀爲兩大宗。孟子惟心，故法先王，道性善，主良知，述仁義。荀子惟物非今之惟物，故法後王，道性惡，主勸學，述禮樂。學似相反，而道實相成，非後學小儒所得而軒輊也。荀子書中有排斥子思、孟子、子游、子夏之言，余另有辨，兹不著。余六藝通義中有孟子概要，六子述微中有荀子發微，以爲讀二子者之津梁。其深義，則余不能盡知也。周末子書多僞撰，其真者獨管、老、墨、荀、莊、韓六家，稍加指引，名曰發微。諸家多未成編，皆亡於火。惟荀子一書，吳生則虞研精覃思，爲集解十卷，囑余揭其綱要。余以耄荒之年，勉徇其請，追憶曩作，補苴罅漏，爲書後二十二篇，仍名發微，以續貂尾。此余絶筆之作也。

經文統鈔卷末

陳天倪

述學

余賦性愚頑，不達時務，簞瓢屢空，終老遺經。提要鉤玄，爲書數種：

一、六藝後論更名六藝通義。周以禮、樂、射、御、書、數爲六藝，漢以六經爲六藝，此用漢義。敘論經學之歷史，爲文二十四篇。南京鍾山書局出板，内孔傳定讞因多於本書，未印。附以群經概要，分論各經之要旨。已印者：周易、孟子、孝經。東北大學、湖南大學、中山大學出版，餘未印或未成。

二、六藝論衡

通義循用故訓，論衡則專伸己見。於傳注之錯誤或未詳者，及清儒之論釋未備者，糾正伸釋，以還經之本旨。其闢謬同于王充之論衡，其論正同於亭林之日知録，王氏之述聞，俞氏之平議。已成四卷，未印，稿於火。書藏湖南居士林，林被焚。遺文雜見別録中。

三、六藝微言

經有大義，有微言。微言者，精微之言，理學是也。爲書八篇：

（一）格物。次弟依注疏古本。七十二家格物之説，無有是處。朱子謂格致篇亡，因取程子之意以補之，不知固未亡也。篇首：「大學之道，在明明德，在新民，在止于至善。」明德、民、至善，物也。明明德、新民、止至善，格物也。「康誥曰『克明德』」以下，釋格物之明明德也。「湯之盤銘曰」以下，釋格物之新民也。「詩云：『邦畿千里』」以下，釋格物之止善也。「詩云：『瞻彼淇澳』」以下，言明明德之止于至善也。「於戲前王不忘」以下，言新民之止于至善也。明德、新民，皆以至善爲止，非二者之外別有至善，故參互言之也。「子曰：『聽訟，吾猶人也』」至「此謂知本」，本即物之本。下文「此謂知之至也」，即致知之成功也。古本大學繫此章於誠意之下者，物必以意格之。知生于意，不能於意外求知也。惟誠意則在致知之後，故首言知至而後意誠也。格字最難解，經中格字，各處義不同。如論語「有恥且格」，詩「神之格思」，書「格于上下」「格人元龜」「天降格于我家」，義各不同，可意會不可言傳。

余少作古本大學釋義，附有釋格一篇。此格字則如今言合格，中含有研究之意。言明德以明爲合格，民以新爲合格，至善以止爲合格也。古者七歲入小學，其目凡六：一入孝，二出弟，三謹行，四信言，五親愛，六學文。十五入大學，其目亦六：一格致，二誠意，三正心，四修身，五齊家，六治平。朱子三綱領八條目之説非。小學先行後知，大學先知後行。小學之終，即大學之始。格致基于學文，非憑虛頓悟也。格物致知爲知，中庸所謂「博學」「審問」「慎思」「明辨」也。修、齊、治、平，則「篤行」也。天下國家之事，無不當知即無不當格，格致非專供誠意之用，乃終身之事也。

（二）窮理。戴震經學，卓然名家。然所著原善等書，混欲於理，充其説必淪人道於禽獸。然戴説誤矣。而宋儒必謂人欲淨盡，而後天理流行，充其類必至於無人。蓋飲食男女，皆欲也。無男女之欲，則無人；無飲食之欲，則人不能生，釋氏所以分爲欲界、色界、無色界也。竊謂天理、人欲，非截然二物，人欲得當處便是天理。如飲食是由父母養成後，己以勞力得之，仍是天理。若是剥奪得來的，便是人欲。男女是以禮聘娶的，仍是天理。若是姦淫苟合而成，便是人欲。今分爲四類：一、理中之理。此惟色界、無色界有之，欲界無有也。二、理中之欲。如欲著書傳名，欲行道利物，理也，而欲在其中矣。三、欲中之理。即飲食男女之得其正者，食之以時，用之以禮是也。四、欲中之欲。即禽獸也。孟子曰：「人之所以異於禽獸者幾希。」

庶民去之，君子存之。」存、去之間，人禽之界也。

（三）定性。性有五説：一、性善，孟子所主。二、性惡，荀子所主。三、無善無不善，告子所主。四、善惡混，揚子所主。無善無不善者，性中善惡俱無；善惡混者，性中善惡俱有。五、性有三品，韓子所主。又有董子之説，同於孟子而小異。余於孟子概要中已詳辨之矣。

（四）復禮。中國爲禮治之邦，事無鉅細，壹範於禮。禮之節目雖繁，而其用於士者不多。禮之適於古而不宜於今者，則用其意而更其制。禮之過於費而害於時者，則删其繁而就其易。「禮，與其奢也，寧儉；喪，與其易也，寧戚。」此禮之本也。

（五）明倫。中庸言天下之大道五，即五倫也。五倫之别，又可并合爲三：君臣，國家倫理也；父子夫婦兄弟，家庭倫理也；朋友，社會倫理也。今世雖無君臣，然國家倫理不可廢也。古者倫理集中家庭，今之倫理又趨重社會。廣言之，則國家、家庭，皆社會也，何必軒輊於其間哉！

（六）博物。人未有不衣食而能生者，則農桑尚已；未有不教育而能成者，則禮樂尚已。内治之方，刑政不可少；外禦之法，兵革不可廢。此修齊治平之實際也。大學言：「上老老而民興孝，上長長而民興弟。」孟子言：「人人親其親，長其長，而天下平。」此空談也。空談必須實際，德成尤貴藝成。治水明農，考工講武，大學所未言，皆人生之所必需，聖功王道不可須臾離此也。

（七）商是。宋之中葉，理學盛行，由此名家者以數十百計。至明，遂有學案之作。南雷黄氏，首成明儒學案。輯宋元學案未成，其子百家繼之，亦未成。然亦幸而未成，而全祖望成之，遂絶千古。蓋黄雖先業其學，識固遠不及全也。全氏立案雖多，稽其同異，不過數派。愚以爲同者可異，而異者不必可同；是者有非，而非者絶無一是。今取其是中有非者商訂之，以歸于是。其非者不復商也。

（八）溯異。孟子距楊、墨，韓子攻佛、老，皆言其爲異端。夫異端，猶異國也。彼自守其城而不内侵攻之可也。不攻亦可也。若張吾之旗幟，開關迎敵，是賣國也；援異族之螟蛉，入吾宗牒，是篡宗也。此而不距，國亡踵絶矣。王守仁以禪篡儒，有似於此，非老、墨之比也。守仁本習兵家言，自貶龍場驛後，無書可讀，日與夷獠爲伍，無生人趣。因思以静坐消遣，皈依禪宗。禪在釋爲教外别傳，終年面壁，不立語言文字。浸假而流於機鋒一字關，又久而流於棒喝。棒喝呵佛罵祖。云老僧看見佛，欲一棍將他打死，喂狗子喫。守仁認爲不二法門，觀「天泉證道」之言，不啻其自供矣。而詭言出於孟子。孟子雖曾言良知良能一次，然實以孝弟爲本位，謂孝弟爲人之良知，不待外求。守仁則以良知爲本位，謂一切都是良知。心之大用全體無不明，則物之表裏無不到。余嘗親試之易孝子矣。易孝子未讀書而知孝其母，謂孝弟爲良知，可也。余延孝子於寓，舉表而粗者問之，如湘、資、沅、澧之源流，衡岳高出海面之度數，彼張目不答。又舉其裏而精者問之，如原子電子之構造，彼亦茫然不知。所謂赤日當空，萬象畢照者，安在耶？守仁又謂已格一竿竹子，格之七日，人已格病，而理尚未明。此又良知之過也。若問天地間如何有此竹子，則當先問如何有人，不當舍大而論小。若問竹子之成分及其用途，則以十錢買植物教科書一册，一覽便知，何須七日？可謂愚矣。孟子言人皆可以爲堯、舜，堯、舜性善，及民亦性善，故皆可爲。守仁則謂滿街都是聖人。街中流氓盜賊無所不有，安得盡爲聖人！牛、馬、犬、豕，充溢於途，謂皆爲人已妄，況聖人乎！即如所云，鄉中風俗，較街爲樸，何以街中皆聖人，而鄉反無有乎？此等語不但毫無知識，抑且文理不通。守仁父爲狀元，身中進士，固非文理不通之人，而爲此言者，蓋習於禪家之説也。象教來華，初譯四十二章經，與儒家爲近，無不通者。至梁譯金〔一〕剛經，如云佛説某事，即非某事，是名某事，文理始不通。至禪宗，則以不通爲常軌矣。然禪宗亦有通者，如神秀偈云：「身是菩提樹，心如明鏡台。時時勤拂拭，不使惹塵埃。」與朱子明善而復其初之義相近。慧能本不識字，其偈云：「菩提本無樹，

〔一〕原稿作「經」字，當誤，整理者改。

明鏡亦非台。本來無一物，何處惹塵埃。」山河大地，如此其巨也；人民萬類，如此其衆也，而謂爲無物，則真不通矣。守仁之初爲禪家言，固未敢自信也。而無知者附和之，遂居之不疑矣。南雷姚江學案云：學至姚江而始大明，前此「彼亦一述朱，此亦一述朱耳」。自陽明提出「良知」二字，「始人人有作聖之路」。無陽明，則學脈絶矣。所立學案，陽明學徒佔其泰半。嗚呼！南雷以嚴氣正性之儒，爲一代史學之宗，讀書之多，上不異深寧、東發，下不減竹垞、西河。徒以父師之故，爲此違心之論，亦可哀矣！余向擬撰明清學案，以續全氏之緒，所取至嚴。取王氏師徒之説，悉附於五燈會元之末。其稍正者，倣全氏待荆公、眉山之例，爲王氏學略，附於案末，亦正本清源之道也。微言燬於居士林。

四、通史序例

劉歆七略，太史公書列於春秋之後，原未有經、史之分。荀勗四部，别史於經，非古法也。民國甲寅，余與曾子運乾濫竽官書局，擬撰通史，首爲序例三卷，原始五篇。正史以下，先爲長編，以待纂訂。未幾局解，書未克成。繆君贊虞爲刊序例三卷，南京鍾山書局出版。柳君翼謀爲之序，略云：「天倪陳子，奮跡湖湘。窮經之餘，發憤治史。溯源倉、孔，導揚馬、鄭。以爲史法壞自孟堅，至夾漈始明其宏指。爰與曾子運乾創爲通史，綜通古斷代二家，通編年紀傳紀事三體，爲敘例十餘萬言。刺乙部之利病，起百王而辜較。正閏洪纖，罔弗貫穿。淵懷洪識，劉子玄所不逮也。」云云。是書上古三代皆原本經傳，雜引諸子百家以副之。經文統鈔以經爲史，其遺制也。

五、原名即字形學、成均即字音學

附於經者爲小學，小學分形、聲、義三種。形學之書，以許慎之説文解字爲宗，固漢代之倉頡也。倉頡作書，首製象形、指事，因形、事而生會意。三者既定，正其音讀，以生形聲、轉注。形、事、意三文者，定其形而命之聲，以爲一切文字之聲母者也。形聲、轉注以形儷聲，即聲母以爲聲，而不能別自爲聲者也。朱駿聲説文通訓定聲聲母凡一千一百三十餘名。許君求古文而定其形，因形而考其本義，正其音讀，洵爲倉頡之功臣，余六藝後論中已言其具有五善矣。惟是獨體之字，創於初民。見日則畫爲圓形，見月則畫半圓形，所謂「畫成其物，隨體詰屈，日、月是也。」此如不識字之人入市買物，買壺則畫壺形，買碗則畫碗形。左加右則爲上，右加左則爲下法無一定，所謂「視而可識，察而見意，上、下是也」。此如不能言之人作手勢，一二三四則伸指爲形，大小長短則舉手作勢。本無知識，有何深理？而説文於數目之字，「一」云：「惟初太極，道立於一」；「七」云「微陽發生也」；「九」云「陽之究也」。穴居野處之人，何知太極陰陽之理乎？干支二十二字，惟卯、酉古文粗有意義，其餘皆承用初文，當云從古文之形，而皆謬爲訓釋。其他爲顧、王、俞諸儒所辨者甚繁。其引孔子及三十通人之說，尤多不根。如孔子曰：「視犬之字，如畫狗也。」「狗，叩也。」此豈孔子之言乎！凡說文所引孔子之言，皆他無所見，又絕不似孔子之言。又如禿字，引王育說：「倉頡造字時，見禿人在禾中，因爲此字。」王育不與倉頡同時，安知其造字時所見之禿人乎？王育亦三十通人之一，說文三引王育說，皆不通。其謬一也。「了」下云：「人無手也。」「孑」下云：「人無右臂也。」「孓」下云：「人無左臂也。」無手臂之人至少，何必爲之造字乎？其他無用之字，不見經傳者，不下千名。而經傳常用之字，說文未收者亦三百餘名。甚至己姓許而無許字，漢姓劉而無劉字。荒忽絕倫，其謬二也。釋形詁經，義不同歸。惟許君兼通五經，以所學附於解字，猶可說也。其詁王制、禮儀，不及鄭君，其他異詁，則互有是非，固卓然大師也。但往往以解字之法解詁，則紕繆實甚。如地名國名，本多假字，秦、宋、薛，皆國名也。字之本義，秦似爲「其葉蓁蓁」之蓁本字。宋似爲鄉飲酒義「東榮」之榮本字。本注：「榮，屋翼也。」宋从宀从木，與屋翼義合。薛似爲萌蘖之蘖本字。自假爲國名，於是秦加艸而爲蓁，薛加木而爲蘖，宋則假用榮華之榮字，其大較也。而說文於「秦」云：「从禾，以地宜禾。」宜禾之地，豈獨一秦？且鄭、白未開渠之先，秦亦未必宜禾也。「宋」云：「从木，爲居。」非宋遂不用乎？「薛」从辛，爲辠。仲虺相湯，受封於薛，有何罪辠？誣亦甚矣！説文序言所稱經家，皆古文也。而觀其所引，多異本怪字，並非古文。如改費誓之「費」字爲粊，訓爲惡米，惡米何必作誓？引「朋淫於家」爲「堋淫於家」，「堋」何能淫？而其釋「家」字、「也」字、「郭」字尤怪。古文亥、豕二字相似，故亥或訛爲豕。説文：「亥，從二，二，古文上字；一人男，一人女也。從乙，象裹子咳咳之形。」家字之義，實取於此。上從宀，象室，下從一男一女育兒之形，正合家人之義。自許氏訛亥爲豕，家字從豕，義不可通，則謂其從豭省聲，誤甚矣。進而求之，傳云：「亥有二首六身。」今之亥字，六身不備，則一男一女之形本別爲一字，音讀如咳咳音皆，咳與家雙聲家從俗語開口一等音，義而兼聲，尤爲明顯。惟其形與豕字相近而用處極少，至誤爲豕。説文一誤爲二首六身之亥，再誤爲豕，愚者遂混人於豕。解字之不通，未有過於是者也！也，實古「地」字，説文「地」，篆云：「從土，也聲。」也、地同聲，其跡可見。初文地作一。一字之形，實含三義：一爲天，其形半圓，「雨」字古文𠕲上部象之。半圓之字，不便書寫，旋爲一形。一爲地，其形平直，旦字之下部象之。一爲一數，重之爲二、三、亖古文四字。三者不能分別。後於天字改爲從一從大，遂成會意字。地非正平，人皆見之，易地險山林川谷丘陵也，故略象其形爲[illegible]字，隸變其形爲「也」。自「也」借爲助詞，用於語尾，初亦由地低下之義引申。於是也旁加土以示別，音讀如底，仍用其初文之聲，猶天讀如顛也。説文乃以爲女陰，小徐又以乁爲聲，則乁形當去。形既奇斜，又缺而不完，天下女子有如此怪陰乎？郭本城郭，假爲國名，而詁則云：「齊之郭氏，善善而不能用，惡惡而不能去，是以亡國。」郭即虢國，公羊傳可證，而謂爲齊臣。春秋郭公，余另有辨。臣安有國，而謂其亡國。牽引雜書，又違解字本例，小兒所不爲，其謬至也。今之説文決非許慎原本。解字詁經，原不可合。必欲合而一之，則論語首節已不可解。如：「學而時習之，不亦説乎。有朋自遠方來。」「而」是鬍子，「習」是鳥數飛，「之」是艸木發生，「不」是鳥飛到天上下不得地，「亦」是脅肋，「有」是不當有，「朋」是鳳鳥，「自」是鼻子，「方」是兩船相並，「來」是麥子，如何可通？故自玉篇後，字書易爲韻書。直至五季之末，始有治説文者。前此二劉、孔、賈，詁經而不述許。南唐徐鉉、徐鍇，治説文而不治經。各習其師也。以説文解經，自朱子始。論語「誾誾如也」，集注：「許氏説文：『誾誾，和悦而諍也。』」孟子：「自怨自艾。」集注：「艾，治也。説文：『芟艸也。』蓋斬絶自新之義。」「非禮勿視」，語類：「説文謂勿字似旗腳。此旗一麾，三軍皆退，工夫只在勿字上。」孟子：「不屑去。」語類：「説文屑字：『動作切切也。』『不屑』言只是不切切于此。」此解不合。如「學而時習之」之引用，故謂兒童能解。而引説文云「習，鳥數飛也」，則學究亦不能識。此皆好奇之過也。清代諸儒，好詆朱子，而其尊重説文，則視朱子尤甚。經中初見之字，必引説文而詳辨之。於書之原用借字者，必改用本字，其原用本字，又反改用借字，以示其奇。說文中無用之字，必使其有用，如錢大昕之說文答問，薛傳均之答問疏證是也。通用之字，說文所無者，必避而不書，曰無以下筆。或又遷就他字以代之，如許必作鄦，劉必作鐂，是也。甚至如江聲，買藥亦用篆籒，店徒不能識，以至反脣相稽，則允爲詅癡符矣。

余作原名，以與說文相錯綜。獨體爲文，合體爲字，文、字通謂之名。原名者，原其初義也。象形、指事，各分五類。略如王筠啟蒙指事第五類，立從古文某字之形一門，凡單文之不可解者屬之，不無義而更生義也。會意、形聲，略如古訓。惟轉注之義，説者棼如。段玉裁謂轉相爲注爲轉注，是以「訓」「詁」爲轉注，轉注無字。朱駿聲以假借字之無意義者爲假借如朋、來，其有意義者爲轉注如令、長，轉注隸於假借，亦無字。六書之中，僅存四書。保氏之法，至是大壞矣。章太炎氏始撢其奧，云：「轉注者，異字同義也；假借者，同字異義也。有轉注，而百字可一義矣。有假借，而一字可百義矣。」其論始通。吾友曾運乾氏因之，惟其析類過繁，其説義頗費。轉注之字，原在形聲中。如曾氏之説，則必析形聲字之泰半爲轉注，亦非制字之本義也。蓋轉注非字，即事加形以資識別。如學究施教於地之旁，輒加口形，王先謙外國史之嘆咭唎、唛㕭哂，正与此等。久遂成字：凡泳物加魚，羽族著鳥，皆是也如倉庚加形爲鶬鶊之類。或又即形加聲。村童讀書，於字之難釋者輒加同音之字於旁，以備遺忘。其筆畫之簡者，亦或成字，今之注音字母所從出也。説文云：「建類一首，同意相受，考、老是也。」老字方音，各處不同，有讀如旨者，則增旨爲耆；有讀如句者，則增句爲耉；有讀如至者，則增至爲耊，所謂即形加聲也。丂字之義，運用各異：或爲丂敗，則增木爲朽；或爲丂擊，則加攴爲攷；或爲工丂，則增工爲巧，而老、考又可互注，所謂即聲加形也。又有因假借而生者：如或爲國本字，因借爲或人之或，遂加囗形爲國。或已從口，玆又口外加囗，極爲不通。王菉友名爲重同字。朋本鵬本字鵬即鳳，因借爲朋友之朋，遂加鳥形爲鵬。薛爲蘖本字，因借爲薛國之薛，遂加木於下爲蘖。此字極不通，上從艸，下又從木。又有因假借而省形者：如爲本爲猴，加人會意字皆通，轉注字多不通，不可一例論也。又有因假借而省形者：如爲本爲猴，加人於爲旁爲僞，以爲作爲之爲。作爲或有詐僞，加言於爲旁，以爲詐僞之僞。猴類字多無取於爲，於是以爲爲作爲之爲，以僞爲行事之僞，而以譌爲言之訛譌，此又與加形之例相反者也。至假借例云：「本無其字，依聲托事。」而今人或以爲有字，則不知六書之例者也。古之君主，必有諍臣。原名者，説文之諍臣也。首列象形、指事、會意三文，訓其本義，正其音讀，合計一千一百餘字與朱氏略同，以爲形聲、轉注之聲母。次於形聲之中抽出八百餘字，以爲轉注字。假借無字，則爲論以明之。疏而不漏，詳而有體，欲使六書之旨粲然著明也。於説文九千餘字之中，無用者去之，重複者芟之，約千餘文。説文未録而見於經典者收之，約三百餘文。編録之字，約八千文。古文篆籀之譌誤者正之，以爲字書之準的。於許説之合者因之，其不合者辨而易之。其所引經字之異訓、異字，則全去之。欲正三古之遺文，不敢囿於一先生之言也。申明本義，不雜讆言。其所不知，蓋闕如也。

自李登聲類後，繼起者數十家，至陸法言切韻出，始集其成。宋人因之爲廣韻，踵其後軌，實繁有徒。顛倒錯亂，至明之洪武正韻而極。顧亭林因陳第之説，據廣韻以正宋人之失，據古經以正沈氏唐韻之失，而知三代之音，部分秩如，至賾而不可亂。謂「天未喪斯文，必有聖人復起，舉今日之音而返之淳古者」。定古音爲十韻，爲音學五書以明之。爾後江慎修立十三部，段玉裁立十七部，王念孫立二十一部，互有得失。惟孔廣森立十八部，獨得其正。章太炎氏謂「言韻莫精於孔廣森」，允矣。惟所立十八部，陰陽各半，黄氏季剛定爲陽十陰八。今之論者多右黄左孔，其實黄亦未爲密也。蓋陽聲收聲於鼻，陰聲收聲於喉。收聲於鼻者掩鼻則不能出聲，惟入聲短促，不待至鼻而聲已出，於是陰陽對轉之法生。而入韻部目大減於三聲，黄氏遂以入聲爲陰陽之媒介，爲説千餘言，立表四紙，而祭、泰、夬、廢之四聲終無所屬，亦言古韻者之一厄也。不知四韻本爲陽聲，平、上均無此部，惟去聲有之。而四韻又不待至鼻而音已出，與平、上異，今人又以爲陰聲。陰陽錯亂，而其法遂窮，所以説愈多，而義愈晦也。周官大樂正掌成均之法，均即韻也，成均猶言正韻。當日必有專書，故十五國之風與楚辭之韻，山河睽隔而音讀無大異。至秦而韻亡，漢、魏詩賦遂不可讀。自晉後韻書疊興，始有可理，至切韻益密。然徵之古韻，尚未合也。余作成均，平、上各十七韻，去聲十八韻，入聲十韻，通爲六十二韻。三代之元音，於此復見矣。

音學有二，一爲韻，一爲紐。紐、韻相切，是爲反切。反切始於孫叔炎，而大明於切韻。反切上字與所切之字雙聲，下字與所切之字疊韻。上字定其清濁，下字定其平上去入，此其得也。疊韻者何？同收音之字者也。雙聲者何？同發音之字，所謂紐也。切韻不過萬餘字，而所立之紐至四百五十二字，繁而無紀。又所立部目二百有六，如臻韻獨收齒聲，痕韻、欣韻獨收喉、牙聲，而唐韻全收古紐，陽韻全收變紐，義例亦不畫一。説文之卓絶千古者，由其後序一篇，述文字之源流，綜八體之正變，立六書之定例，囊括萬名，如網在綱。切韻雖有弁言，未明體要，此其失也。東周至隋，緜延千載，陸氏折衷南北語言，定爲切韻，合於隋、唐，未必盡協古韻。立韻太多，尤失古義。沙門守温，始以梵音貫華語，以便翻譯，爲一切經音義之本。横列三十六母，有喉、牙、唇、舌、齒之分。繼爲四等，有開口、齊齒、合口、撮唇之別。舌有舌頭、舌上，唇有重唇、輕唇，齒有正齒、齒頭。喉爲元音，牙音今名淺喉，其別又有半舌、半齒，此發音之辨也。別之以清濁，範之以發音、送氣、收聲，此讀音之分也。清儒嗜古，聲韻益精。江永四聲切韻表仍依舊例，不增不減。

錢大昕始謂古無輕脣音，舌音無類隔。章太炎氏又謂娘、日歸泥。按新化鄒漢勛早有泥、孃、日一聲之說。然僅知古紐之一部，未能究其全也。陳蘭甫切韻攷內外篇，始貫四百五十二字爲四十一紐。黄季剛氏復於廣韻中攷得三十二韻爲古本韻，此三十二韻中惟有影、見、溪、曉、匣、疑、端、透、定、來、泥、精、清、從、心、幫、滂、並、明十九紐，斷之曰古本韻，即古本紐。定變紐爲廿一少陳氏一紐，古紐自此大定矣。曾運乾氏又據廣韻唐、陽二部，定變紐爲卅二。雖合古義，然三十六字母已多有音無字。四十一紐中，不能別音者有十一紐喻與于、知與照、徹與穿、澄與神、精與莊、清與初、從與牀、心與山、非與敷，況五十一紐乎！立紐繁多，無益聲讀。今於三十六字母之中，依陳氏增神、于、莊、初、山五紐，照音韻闡微之法，分别等第，加於各音初字之上，以資識别。至字母舊有助紐加於紐韻之中，則與拼音無殊。而讀發音、送氣、收聲之字，以掌對口，其音益顯，聲論中已具其義矣。

古無四聲之說，平上去爲一類，三聲通協；入聲自爲一類，不與三聲協。至沈約始爲四聲，然「天子聖哲」，梁武勿之信也。迨近體詩作，四聲益明。審音者又謂四聲各有陰陽，分爲八音，然此惟廣東人能讀之陳澧自言能讀九音，他省不能也。湘人能讀六聲陰平、陽平、上、去、入、濁音，亦有能讀七聲者曾重伯能之。此惟讀者自知，聽者不能别也。此可以樂音證之。古樂分宫、商、角、徵、羽五聲，然有二聲相去太遠，故又增少宫、少商二聲亦云變宫、變徵，合爲七聲。琴有七絃，是也。然絲不若竹，故人多用笛聲，易宮商之名爲凡、上、尺、工、一、士、合。而士、合孔中，又别出五、六二音。五、六最高，士、合最低，而同出一孔，雖有九等，實爲七音。西人亦分七音多來米發梭捺希，天下之元音一也。據此，則平、上、去各得二聲，入聲原以陽合陰，析之亦得二聲，此四聲爲八聲之大凡也。成均爲書八篇：一、聲論即紐，二、音論即韻，三、平上，四、平下，五、上，六、去，七、入，八爲雜論。首論樂律與音韻之關係。次論韻之變遷如中原音韻、平水韻之類，及詞韻、曲韻之聲調。管中窺豹，時見一斑，不敢自是也。

至訓詁之書，古稱爾雅。然爾雅釋詁有歸納而無演繹，不足以盡字之義。所録之字僅千七百有奇，不足以箋經文。稱此名者，惟阮芸臺之經籍籑詁。後優於先，良有以也。惟是物有雙名如鴛鴦、鸊鷉之類，文有駢字如逍遥、倜儻之類，見於駢雅者至夥，皆可合而不可分，似宜連綴於下一字韻中，此其可商者也。

或問段玉裁云：朱子所作之小學，與公所治之小學，異同如何？段曰：朱子所作者，小學之全體。余所治者，小學之一部。戴、段、錢、王諸巨儒，童子習之，白首而後能言，則天下之成人鮮矣。今爲原名、成均二書，習者一年可畢，於小學之後一年治之。成童以後，專治經世之務，則太平之治可期矣。二書尚未完，倭寇犯順時，余歸自無錫，僅以身免，物品書册均失。

尚有二書：一爲山經注

水由分而之合，山由合而之分。山者，水之所自出也，水有經而山無經，是跛履而眇視也。山海經及形家言，不能謂之山經。水道之書至繁，而水經獨名者，以酈注之詞美也。兹通紀崑崙以東之山脈地形，綜其條貫，名山爲經，支山爲注。邊徼之山，多無主名，或按古圖書定其稱謂，於穆天子傳、山海經、屈賦諸書中求之；或相其形勢，别立新名。注則依酈注之法，襍取神怪異物及苗倮異俗，以廣異聞。而於山之大小高下及方位地形，則絲毫不亂。此書擬與柳氏翼謀、張氏其昀共爲之。張氏地理專家，條分支幹；柳君史學巨子，正名屬詞；而余爲之點綴花卉，搔弄姿態，以與水經媲美。石韞玉而山輝，水合珠而川媚，天下之至美也。

一爲方術集林，省稱術林或名學EOF

莊子天下篇列治方術者六家，踳駁不倫。其不列孔子者，蓋篇首言至人、神人、天人、聖人，四者有區分而無差等。孔子即聖人，故不與諸家伍。荀子非十二子篇，譏刺不當。惟太史談論六家要旨，七略言九家者流，持論較公。然陰陽實術數之流，縱横本兵家之術，農家無專書，小説不能名家，雜家應各歸其宅。出于儒者應歸之儒家，出于道者應歸之道家。兹定其形而上者五家，爲道、名、墨、法、儒。以儒居後者，欲折衷於儒家也。形而下者四家，爲兵、醫、藝、數。形上猶政務之官，各思以其説易天下者也。形下猶事務之官，無論何家主治，皆不可無者也。形上家以學爲分，不以人爲別。如管子白心等篇，歸道家，餘多歸法家。荀子什之九爲儒家，其近於名與法者，仍各歸其家。餘同。每家各分内、外篇。道家言清靜無爲者爲内篇，權譎詐僞者屬外篇。墨家言敬天兼愛者爲内篇，宋牼等説爲外篇。名家言正名者爲内篇，鉤鈲析亂者爲外篇。法家以道政齊刑者爲内篇，其慘刻少恩者爲外篇。儒、兵、醫、藝、數五家則分上、下篇，不別内外，以其爲切實之學，非游談者比也。當時擬與名家巨子章行嚴君共爲之，章君總其大綱，而余爲之輯略。此書與山經注方草具儀法，而日寇猝入，俱停止矣。

夫已亡之書，擬修之作，不應輯録，而言之特詳者，則以諸書有裨國故，不能無望於來哲也。經文統鈔，余與彭叟共成之，而叟深自降挹，列名襄輯，所謂謙謙君子也。彭叟刻苦力學，兀兀窮年，著述至博，而古聲韻合譜尤精。言古韻者，此其選矣！至余在校所編之講誼及自訂之詩集，雖已刊行，無與學術，不足論也。

跋語

右經文統鈔上、中、下三編，並譜、表、附編，都二十六卷，創始於去歲初秋。時余將有辰谿之行，天倪先生手所擬題目見示。余攜赴辰鐀兒子汝舟住所，客中著手綴輯。遇有疑難，緘札往返者達十餘次。重陽返省，賡續爲之。審定體例，稿經三易，至今夏始告蕆事。此書雖屬迻録，究係創作，以鎔鑄群經，拉横爲直，輯爲一書，自古固無此體製也。六經之文，炳如日星，去粕咀華，裒然成帙。可作一部文學觀，亦可作一部古史觀，學者得此，可收一舉兩得之效。

上、中二編尤屬精心結撰。上編補前紀、棄稷、少康、公劉、豳風、湯征各篇，均有據依，而非杜撰。其他尚多所訂補，古史庶少闕文。中編排比左氏傳，間亦有所補苴。一事首尾完具，著録謹嚴，語無重出，爲左氏別開生面。蓋合尚書、春秋、左傳、國語、漢書各家爲一，非曩者僅爲編年或紀事本末單純之體者可比。

附編則全由天翁一手撰箸。每樹一義，石破天驚，披郤導窾，即起古人於九京，諒亦無以自解。其詮易：「用九，見群龍无首」，謂即近日民主之制；「聲應氣求」，協近代聲光電化之學。釋書堯典「中星」「歲實」「歲差」及軌道度數，融貫中外，推闡精覈，突過前代注家。釋禹貢「九江」，以瀟湘、耒、舂、洣、渌、漣、汨、資湘、沅湘當之，發前人所未發，尤足祛千古積惑，馬徵麟禹貢圖說以瀟、舂、耒、洣、漉、漣、瀏、汨羅當九江，不列沅水，與此亦異。通天地人之理，達古今上下之變，殆與王氏紀聞、顧氏日知録精闢相埒，荆川稗編等箸概所弗及也。

曷於此無能爲役，偶參末見。如虞書益稷篇，應依馬、鄭、王所據書序，定名棄稷；詩秦風黄鳥篇，三良之須並録；雅皇皇者華，諏、謀、度、詢各章之不可闕一。以及衛風氓，隰應改濕；雅常棣係周初作；富辰有「弔二叔不咸」語，二叔應指夏、殷據富辰語，下數封國，有管、蔡可證，詩序以爲憫管、蔡，非是；禮檀弓「孔子不知其墓」應連下「殯於五父之衢」讀各條，謬蒙甄録。此外疑難之處，尚有數端，用再臚陳於後，先生儻許某爲諍臣乎？按：禹貢「岷山導江」「嶓冢導漾」，書法與「導淮自桐柏」「導渭自鳥鼠同穴」「導洛自熊耳」有異，似非不知「江」「漾」之源，特施功始此，故置山名句首。「導河積石」，句中無「自」字，用意亦同。「江」「河」源遠，窮溯均出後代。禹時疏濬，急於内地，自是無暇及此。至禹域聲教所訖，則與今幅員似無多出入。編中以「嵎夷」爲朝鮮，以「流沙」指今新疆，全部地位地質均合。以「黑水」爲瀾滄江，明徐霞客親履其地，亦有此說。蓋瀾滄發源青海，流經今昌都、雲南，至老撾入海。周越裳爲今老撾，實在其流域。以三危爲三衛，則至今西藏矣。惟詮「朔南暨」暨字，引説文「日半見」，謂爲南極、北極之地，南蠻、北貊，以此爲極。二極日半歲見，半歲不見，正合「暨」字本義，章太炎亦主此説。似覺相距太遠。竊謂「東漸」「西被」，舉海及流沙地名，係實説；「朔南暨」不舉地名，係虚説，兩漢人皆以「朔南暨聲教」爲句，亦不能確指其地。不能確指其地。漢地理志「暨」作「泉」，則實與「及」同義，特廣汎言之，當時聲教未必果至二極也。禹貢後人或疑假託，要爲先秦古籍，與山海經多可質證。管見所及，附識一二。宵燭末光，無當於日月；土壤細流，自慙於山海。聊比告人，猶賢博奕云爾。旅辰時相與往復，曾撰二詩道意，録以爲殿：

千古高文出六經，忍令魚目壞儀型。麟經筆削垂鴻寶，馬史要删炳汗青。去粕漫留輪扁誚，發狂誰信次公酲。先生大膽點竄經文，間有迻易。謂今處不諱之朝，儘可破除盲目尊經故習。耆年碩學金聲振，肯使鯫生效寸莛。

虞書本自述陶唐，豳頌何妨紀夏商。豳風七月追敘周先公遺事，當遠及夏商之世。豈是前王躬載筆，且憑晚出溯遺芳。竝耕信衍神農緒，靈素寧非軒帝方。靜掃經文千古翳，臨風展讀意徜徉。先生不黜僞古文，要取其便於誦讀者。實則前人所稱爲僞，均有所本。即所稱真古文，亦未必盡出當時之手，奚辨別之爲？

公元一千九百六十一年七月六日湘陰彭昺焌文氏跋於長沙市稻穀倉十四號寓廬，時年七十有五。

後記

經文統鈔完稿六十年

一九六一年八月，陳天倪和彭昺兩位老先生，在炎天暑日之際，克服無紙張可用的困難，戰勝資料匱乏的艱辛，忍住飢餓和貧困的襲擊，排除無助手可協助的障礙，辛苦了整整一年，終於完成了四十餘萬字的經典著作——經文統鈔。那一年，陳天倪先生八十二歲，彭昺先生七十四歲。

一、兩位老先生當時的工作和生活狀態

陳天倪先生和彭昺先生當時都是湖南省文史館館員，那時的文史館是個什麼機構呢？簡單地説，就是一個照顧曾經很有名，但是那時無處就業的文化名人的機構，發一點可以養家的工資，但是不必上班。那時候的文史館無工作壓力和研究任務，有時會組織大家寫一點回憶録，但是沒有明確的研究任務要求和真正意義上的學術活動，如果文史

館員想做這方面的工作，就要靠自己，既無資金又無助手。當時國家的文化和經濟狀況與現在完全不同，如果是現在這種社會環境，那些文化名人早就被各大院校或者研究機構請去教書或者做顧問了，不會爲五斗米聚集在一個可以遮風雨的文化廟宇下休閑。

那時的陳天倪先生基本上不去「單位」，而稍年輕的彭昺先生則常常會去文史館開開會和領工資，陳天倪先生的工資也常常由他代領，然後親自送到陳天倪先生家中。

但實際上這兩位老學者畢竟都曾經是大學教授，都從事過很多年的學術研究。對他們來説，清貧可以接受，但是不讀書、不思考和不研究學術，則不能接受，因爲學術天地纔是他們的精神世界，纔是他們的追求和依靠。

因此，雖然没有任何單位的委託和課題佈置，没有一分錢研究經費，没有任何助手，這兩位古稀和耄耋之年的老人還是自己開始了他們的研究工作。

二、爲什麼他們選擇了編寫經文統鈔

陳天倪先生是著名的經學大師，經文統鈔是陳天倪先生醖釀了多年的研究課題，他在多年的讀經、研經過程中認爲，應該對十三經做一個統一的整理工作。將一些他認爲一般讀者不必細讀的内容，例如公文之類，去掉，將一些他認爲錯誤的部分改正。同時在編排上，按時間順序排好，即他説的「拉横爲直」。再加上他自己對經學的解釋，讓讀者能夠更好地、系統地讀十三經。這些構想和編撰，他在三十年代就開始做了。不幸的是，他這方面的手稿，還有他和曾運乾先生共同編寫的中國通史手稿，以及其他著作的文件，一共七大箱，都在日本侵略者佔領無錫時毁於戰火了。因而，從那以後，天倪先生再没有精力和興趣重新起步撰寫此書，直到他在湖南文史館擔任館員，和彭昺先生成爲同事和鄰居。

兩位老先生曾經都住在長沙通泰街83號院内，這樣就給了他們在一起談經論道的機會。有一次陳天倪先生告訴彭昺先生他關於整理經學、將十三經「拉横爲直」的想法，以及未完成的經文統鈔手稿毁於戰火的故事，這些描述深深地打動了曾經擔任過湖南大學中文系教授的彭昺先生，因而極力説服陳天倪先生繼續完成這項文化工程，並且表示，他會盡力協助陳天倪先生。

三、完稿與期盼

在彭昺先生的極力鼓勵及協助下，兩位老學者開始了他們艱難和辛苦的工作。説艱難，是没有年輕的助手，大小事情都要自己動手。一九六〇年時，中國經濟跌入低谷，書寫紙張全國缺貨。買不到稿紙，彭昺先生就找來一些據説是明版的單面印字的套頁舊書，翻過來寫字；没有參考書籍，彭昺先生就到處搜集和借閲，他還承擔了大部分的抄寫工作，正如陳天倪先生所説，没有彭昺先生的努力，經文統鈔不可能完成。

從一九六〇年八月開始，到一九六一年八月完稿，將明版套頁舊書拆開翻頁重新裝訂作爲稿紙所寫書稿一共裝訂了七本。

完稿後，兩位老先生非常開心，陳天倪先生還賦詩一首慶祝書稿完成：

喜經文統鈔竣稿

遥遥華胄紹簽鏗，石室金縢一手傳。

不有蒲輪徵國老，定來謁者訪遺綸。

陳天倪先生覺得在當時的經濟和文化環境下，要將書稿付印非常不易，因此想尋求他在北京的老友王季范先生、黎錦熙先生等人的幫助，他也給老朋友寫了信，但是由於多種原因，這個願望没能實現。

四、傳遞

轉眼到了「文革」期間，不要説書籍的出版，稿件的保存都成爲問題了。

七本書稿都保存在彭昺先生家裡，一九六八年，陳天倪先生去世，一九七〇年，彭昺先生去世，經文統鈔手稿交由彭昺先生的孫子彭叔康保存，後來世人才得知，彭叔康先生因爲一時失去了居屋，他便將全部經文統鈔手稿交給了湖南省圖書館。

二十世紀八十年代初，中國進入了「文革」後的祥和時代。平反並升職後的陳雲章先生想起了手稿，四處了解手稿的下落。當他獲悉手稿在湖南省圖書館時，便去交涉，希望取回手稿，然而直至他去世，最終也没有成功。

在陳雲章先生去世後十多年，岳麓書院的吴仰湘教授等人，開始逐漸發表研究陳天倪先生的學術文章，他們也獲悉經文統鈔的手稿收藏在湖南圖書館，希望能看到這部手稿或者看到手稿的出版。

陳天倪先生在雲南的孫子陳錫周教授首先提出整理出版手稿的想法，得到我的響應，作爲天倪公的孫子、雲公的兒子，我覺得有不可推卸的責任去完成先祖的遺願，經過與湖南圖書館多次交涉，最達成了由陳氏後人自行出版該手稿，而由湖南圖書館提供手稿圖片的協議。

手稿的電子文檔是由陳錫周先生一個人整理完成的，他爲此付出了巨大的努力。

又經過若干年的努力，這部經歷了漫長等待的書籍終於可以出版了，感謝岳麓書社的崔燦社長，陳文韜主任，特別要感謝責任編輯周家琛先生，是他爲本書的出版付出了日日夜夜。更要感謝吴仰湘教授的大力協助和指導，還爲本書作了精彩的序言。感謝浙江省湖州師範學院的胡媛老師，她爲本書做了仔細認真的校勘，這是很重要的學術工作，讓本書更完美。

還要感謝陳國平先生，是他在最初伴我一起，一次次地去湖南圖書館核對和拍攝手稿。也要感謝我們家族的很多長輩和同輩，大家都給予了關心和資助。感謝我的姑姑陳湘荃，她在最困難時也拿出了她力所能及的費用，並提供了很多本書作者的資料。

感謝去世於德國的我的堂妹陳蘭蓀，她在去世前就托付她的弟弟陳錫周捐贈了費用用於資助本書的出版，也完成了她對祖父的責任，我向她的英靈致敬。

還要感謝我公司的三位員工，彭佳、盧曙琴和劉力，她們在我徵集出版費用時也從自己不多的工資收入中拿出了一份自己的心意。

我祖父和彭昺先生的遺願終於實現了，但是，距他們在極其艱難的情況下完成此稿之時，已經六十三年了。

陳家書

二〇二四年五月二十八日

圖書在版編目（CIP）數據

經文統鈔 / 陳天倪主纂；彭昺襄輯；陳錫周整理 . -- 長沙：岳麓書社，2025.5

ISBN 978-7-5538-1935-8

Ⅰ . ①經… Ⅱ . ①陳… Ⅲ . ①經學 – 研究 – 中國
Ⅳ . ① Z126

中國國家版本館CIP數據核字(2023)第165377號

JINGWEN TONGCHAO

經文統鈔

陳天倪　主纂

彭　昺　襄輯

陳錫周　整理

出 版 人 | 崔燦

責任編輯 | 周家琛　周　艷　陳文韜　陶嶒玲

曾　倩　肖　航　夏楚婷

責任校對 | 舒　舍

封面設計 | 羅志義

岳麓書社出版發行

地址 | 湖南省長沙市愛民路 47 號

直銷電話 | 0731-88804152　0731-88885616　郵編 | 410006

2025 年 5 月第 1 版　2025 年 5 月第 1 次印刷

開本 | 890 mm*1240 mm　1/32　印張 | 34.875　字數 | 608 千字

書號 | ISBN　978-7-5538-1935-8

定價（全二册）| 398.00 圓

承印 | 長沙超峰印刷有限公司

如有印裝質量問題，請與本社印務部聯繫

電話 | 0731-88884129

經文統鈔（上）

陳天倪 主纂
彭昺 襄輯
陳錫周 整理

岳麓書社·長沙

陈天倪先生像

陈天倪先生曲阜谒拜孔庙。右二为陈天倪先生，左一为其子陈云章。

1914 年 3 月 29 日，碧湖诗社甲寅上巳雅集，送王闿运赴北京任国史馆馆长留念。二排左三为王闿运，三排左三即为陈天倪先生。

时务学堂故址

天倪庐

末代衍圣公孔德成题《天倪堂》

周谷城题《天倪堂》

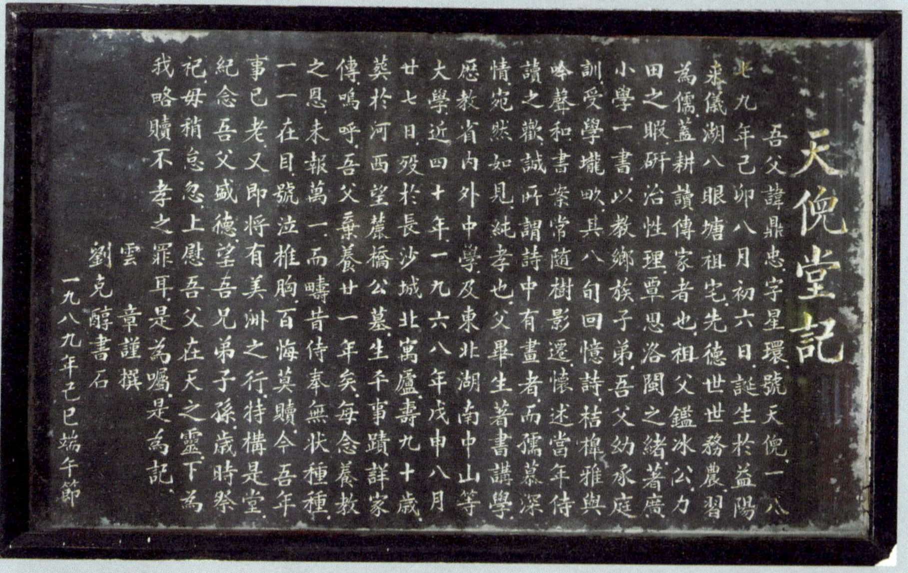

陈云章撰、刘克醇书《天倪堂记》

前言

陳天倪先生，名鼎忠，字星垣，後改字天倪，光緒五年八月初六（一八七九年九月二十一日）生於長沙府益陽縣汾湖洲（今屬益陽市赫山區歐江岔鎮）。先生幼受庭訓，粗知經術，後相繼入讀益陽箴言書院、長沙城南書院、湖南優級師範學堂，既沉潛於訓詁、經解與文史典籍，又接受維新變法與民主革命熏陶。辛亥湖南光復後，先生相繼任長沙日報、國民日報撰述，鼓吹革命、民主、共和。及湯薌銘督湘設官書局，招致儒士，先生膺選，寄望存史以興國，與好友曾運乾合撰通史，但事與願違，僅成敘例三卷、原始五篇。此後先生任教長沙藝芳女校，一度遠赴廣西蒼梧中學授課。一九二六年，先生受聘擔任東北大學教授，此後相繼執教於湖南大學、中山大學、無錫國學專修學校、私立民國大學、國立師範學院，講授經學、文學等課程，並兼湖南大學國文系主任、中山大學文史研究所主任。先生晚年被聘爲益陽文獻委員會委員兼縣志主修、湖南省文物管理委員會委員，雖全家生計時形拮據，卻對文化傳承極爲關切，既不乏「道喪學敗」之虞，也不失「興廢繼絶」之望。一九六八年十月十八日，先生病逝於長沙。

先生曾回顧一生學術，説：「余賦性愚頑，不達時務，簞瓢屢空，終老窮經，提要鉤玄，爲書數種。」[二]所舉著述（含已亡之書、擬修之作）分别是：（一）六藝後論兩卷（一九三四年南京鍾山書局刊本），另附群經概要九種，其中印行者有周易概要（一九三四年中山大學刊本）、孟子概要（一九三四年無錫國學專修學校刊本）、孝經概要（一九二七年東北大學刊本）；（二）六藝論衡；（三）六藝微言；（四）通史敘例（一九三三年南京鍾山書局刊本）；（五）原名；（六）成均；（七）山經注；（八）方術集林。但據現有各種資料，先生著述還有：（九）詁讞（作於箴言書院）；（十）瓠言（一八九八年作於城南書院）；（十一）諸子引經考；（十二）諸子語訂；（十三）金石證經（以上三書一九一八年擬作）；（十四）治法（一九二五年刊行）；（十五）經文統鈔二十一卷附别録三卷（一九六一年成稿）；（十六）尊聞室詩集；（十七）尊聞室文集。可見先生一生興趣廣泛，著述衆多，可惜生逢亂世，擬撰之作未克蕆事，已成之稿屢遭損毁，傳佈人世者寥寥。爲此，先生屢發感慨：「得爲瓿覆真堪羨，未改帷囊亦可傷。」[三]一九六三年底又在家書

[二] 陳天倪述學，見經文統鈔卷末。

[三] 陳天倪八旬憶往七律十六首，載尊聞室賸稿下册，中華書局一九九七年版，第八八一頁。

中説：「國内無紙，一切書皆不能印，而舊書尤所鄙棄者。余與彭老所訂經文統鈔，附以别録》，古今所無，亦不能印，遑論其他。」〔一〕直到二十世紀九十年代，經先生哲嗣陳雲章多方搜輯，弟子馬積高、羊春秋、吴容甫諸教授悉心董理，彙爲尊聞室賸稿，收録六藝後論、周易概要、孟子概要、詩經别論、通史敘例、治法、詩論、尊聞室詩集（附詩餘）、尊聞室文集、家書，由中華書局排印行世，先生治學成就與思想始爲今人知曉。數年前，復經先生孫陳家書蓋籌，將塵封湖南圖書館的經文統鈔手稿，通過拍照取得複本，由另一賢孫陳錫周作全式標點，交付岳麓書社刊印，使先生「終老窮經」的功績不致永遠湮没，可謂善繼善述。

先生研精四部，學問淵懿，聲名素著。章士釗、章太炎、黄侃、陳衍、柳詒徵、金毓黼、陳柱、張舜徽等，均對先生文史之學大加稱頌。兹就先生著述中有關經學者稍作梳理，明其立場，彰其功績，以發潛德之光，並志瓣香之意。

先生少壯在箴言書院作詁獻，「欲以獄法決經，參互證訂，有如爰書」〔二〕，顯然是模仿

〔一〕陳天倪家書，載尊聞室賸稿下册，中華書局一九九七年版，第九九七頁。

〔二〕陳天倪家書，載尊聞室賸稿下册，中華書局一九九七年版，第九八二頁。

清儒考據成法，想要裁決經學疑義。晚年編纂經文統鈔時，先生追述六藝論衡撰作旨趣，說：「於傳注之錯誤或未詳者，及清儒之論釋未備者，糾正伸釋，以還經之本旨，其闢謬同於王充之論衡，其論正同於亭林之日知録、王氏之述聞、俞氏之平議。」[一]可知先生始終遵循漢學矩矱，治經務求謹嚴細密。六藝後論最能呈現先生對經學的整體看法，其中設有「改制駁議」專章，大量援引近代古文家章太炎、劉師培之論，指斥清代常州今文學者「欲尊公羊而排左氏」[二]，批駁廖平、康有爲所倡孔子托古改制、作六經、創儒教諸新說。在爲好友曾運乾所作傳記中，先生又說：「湘中經術，自魏默深提倡今文、王壬秋標榜公羊，戊戌變法，康氏『孔子改制』之說遂盛行於國。星笠頗好之，余則好周禮、左傳，各是其是，未嘗相忤也。」[三]正是自揭其古文經學立場。但六藝後論論及經名、經書、孔子與六經的關係等關鍵問題，先生坦然接受漢代今文學派的意見，暗駁章太炎諸家說法，甚至譏諷他「徒玩章句，而以部次綴輯尊孔氏，是猶未免於藩鷃之測天，井蛙之語海也」[四]。概言

[一] 陳天倪述學，見經文統鈔卷末。
[二] 陳天倪六藝後論，載尊聞室賸稿上册，中華書局一九九七年版，第二二四頁。
[三] 陳天倪曾運乾傳，載尊聞室賸稿下册，中華書局一九九七年版，第九七〇頁。
[四] 陳天倪六藝後論，載尊聞室賸稿上册，中華書局一九九七年版，第十八頁。

之，先生既宗主古文經學，又兼采今文精義，務在明經以救世濟變，摒棄了晚清以來今古爭訟的經師習氣。

先生治經恪守漢學，卻不薄視義理心性。他曾批評清名儒不知經學大要，一生沉迷於小學而不能自拔：「古者七歲入小學，十五歲入大學。小學科目凡六：入孝、出弟、謹行、信言、親愛、學文。大學科凡六：格致、誠意、正心、修身、齊家、治平。小學之事本極簡單，至多一年可了，而段玉裁垂老盡氣祇治説文一部，而説文祇小學學文之初基，要到治平，非有彭祖之壽不可。」在循用訓詁的六藝後論、專明考訂的六藝論衡之外，先生特作六藝微言，用以闡發「性道之言」，探究六經精微之旨。一九四八年先生在家書中道及六藝微言梗概，略言：「余論心性、義理之學，與宋儒大同小异，大約依明儒湛甘泉之説，益闡其理，而行以文中子中説之文。……文中子中説無一語出六經之外，余微言二十多篇多與彼合，附以自注，將陽明異説駁除無餘。」一九六一年先生詳述六藝微言八篇内容，即格物、窮理、定性、復禮、明倫、博物、商是、溯異，明指程朱解大學有缺失，因此突破「三綱領、八條目」，想自建一套理學思想體繫與理學史框架。他不認同宋儒高標「存天理、滅人欲」，也不滿戴震矯枉過正提出「尊欲滅理」，贊同湛若水「隨事隨物體認天理」之説，並自抒新見：「余謂天理即在人欲中，人欲得當處即是天理（如做事得正俸是天理，俸外多取一分即是人欲；　男女居室是天理，苟合即爲人欲）。」先生强調「天理、人欲非截然二物」，進而細分爲四類，即理中之理、理中之欲、欲中之理、欲中之欲，明確主張：「我們生在欲界，衹能在第三義活動，讀書明理即是體認之法，參用第二義之法。」對於王守仁發明「良知」説，宣揚「滿街都是聖人」，先生痛斥其「以禪篡儒」，特意溯源辨異，將「良知」説與孟子「良知良能」區以别之。[一]　可見，先生修正程朱理學，批評陽明心學，旨在明道以適於百姓日用，展現了求真務實的學者品質。

先生處身中華民族興亡繼絶的時代，終生惓念國故，先是珍惜中國古代歷史與文化，後來一意守護傳統經學，尤應大書特書者有數事：

其一，先生纂輯通史時，針對「今世華士，謂文化大啟，實由黄帝西來，移植東土」，特意擬作前紀一卷，詳敘伏羲至秦朝之史，强調：「自秦以上，文化所由，政教所始，洪纖畢具，囊括靡遺。」他敘述上古、三代的歷史，主要取資於經傳記載，特别聲明：「周、秦以上，詩、書所載，易、春秋所記，皆加採録，非敢以經爲史，復古代殽雜之弊，亦引經作傳，附

[一]　本段參見陳天倪家書，載尊聞室賸稿下册，中華書局一九九七年版，第九八三—九八五、九九〇—九八五、九九〇—九九一頁；　陳天倪述學，見經文統鈔卷末。

孔門傳經之例也。」先生因此批評司馬遷、班固、胡宏、金履祥等取六經作古史，「彼此割裂，首尾顛倒」，表彰司馬光修通鑒斷自戰國、不始唐虞者，「言不敢損益六經也」。鑒於前人每每割經侮圣，先生表示：「故今所録，頗懲前失，書則依書序、大傳，順次編撰；詩則依詩序、鄭譜，按時録入。並論輯舊事而爲之傳，或先經以張本，或後經以終事，或依經以辨理，或錯經以見義。亦猶孔子序書，兼録其事；丘明傳春秋，專述本事也。章句不明，則事義不顯，故録述舊説，分注於下。詩取毛、鄭二氏之長，書祛今、古兩家之蔽，義取明經以證史，非關黨同而伐異也。」〔二〕先生秉持「明經以證史」的原則，不僅堅持尊經尊孔的立場，而且效法經傳注疏的體例，與近人化經作史時表露的尊史抑經迥不相侔。

其二，先生在六藝後論中，針對晚清以來學界種種賊經害道、標目炫奇的言行，宣稱：「六籍之道宏矣，下走弇陋，無能爲役，惟平生之所兢兢自守者有三要義：一曰信古，二曰尊經，三曰述聖。」他高揭尊孔崇經之幟，既對歷代疑經辨僞之作大加貶責，更對近代學人盲目西化的言行痛下針砭，力言中國遠古文明有典可稽，「欲求吾國之源，固巧

〔二〕 陳天倪、曾運乾通史敘例，載尊聞室賸稿下册，中華書局一九九七年版，第五八六、五八〇、五九四—五九五頁。

歷所不能計也」。鑒於經部典籍汗牛充棟，十三經古注新解繁蕪累人，學者窮年莫殫，先生主張適當簡化：「惟有囊括群言，折衷一是，爲十三經簡注（書用孔傳，詩用毛公，三禮用鄭注。本注是者，不再爲注；本注非者，則别爲補注，先駁本注之誤，而以所採者録於後。詩序仍别出，附於經後。其餘各經，則不復録舊注，但擇是者一説注之）。通習者祇讀是書，專一經者始旁觀别家，則用力少而成功多。」先生還提出一種「以經爲首，餘以類從」的圖書法，將十三經依不同體制，分居各部之首：「甲類首周易，凡諸子中自撰之書，成一家言者隸之（如老、莊、申、韓皆是）。乙類首論語、孝經、孟子，凡諸子中輯録之書，及集部之不屬於文辭者隸之（如名儒名臣文集以説理論事爲主者）。丙類首尚書，凡紀事之史隸之（如國語、戰國策之類）。丁類首春秋，凡紀傳、編年之史皆隸之。戊類首三禮，凡典章經制之書（通典、通考之屬）、兵農學伎數術之學皆隸之（凡西人所云哲學皆歸易類，所云科學皆附於禮類）。己類首詩，凡詩賦詞曲及駢儷之文均隸之（西人所云美術之文皆屬此類）。庚類首爾雅，凡文字、音韻、訓詁之學隸之。其餘小説雜技，則别爲一類，附於簡末。」〔二〕這種七部分類法，既能統率舊有群籍，又可融納西學新書，體現「經之囊括萬有」，充分反映先生竭力維持經學獨立與尊嚴的良苦用心與美妙設想。

其三，當先生晚年，時移世變，不但經學早已消聲匿跡，經書也被視作殘缺不全的史料，不再具有獨立的價值。先生於是別出心裁，以「今世究研古典文學，貴在採菁去粕，經籍尤爲淵府，學者自須探涉」爲由，對十三經加以剪裁、考訂，與彭焌文合作纂輯成書，明言：「十三經之文，六十餘萬言，汗漫難稽，勞而少功，惟删繁去複，擷其精要，勒成一書，庶收事半功倍之益。今易横爲直，以時相次，起伏羲，迄東周末，文辭與時代一系相承，如絲之有統，名曰統鈔，都二十餘萬字，分爲三編，義實一貫。雖因前人，實爲創作。」〔三〕經文統鈔前兩編全用「以經爲史」之法，堪稱精心結撰：上編立前紀、虞書、夏書、商書、周書，主要擇取易、書、詩、禮，輔以大戴禮記、國語、左傳、爾雅等篇章，依次呈現三皇五帝到西周末年的文明發展；中編分作十一卷，主要依據左傳，以魯國爲主綫，詳述春秋戰國的歷史演進。這正是先生早年編撰通史前紀的延續與擴展。彭焌文稱譽説：「此書雖屬

〔二〕本段參見陳天倪六藝後論，載尊聞室賸稿上册，中華書局一九九七年版，第一〇一—一一一、一二〇—一二五、一二九〇—一二九二頁。

〔三〕陳天倪例言，見經文統鈔卷首。

迻録，究係創作。以鎔鑄群經，拉横爲直，輯爲一書，自古固無此體制也。六經之文，炳如日星，去粕咀華，裒然成帙，可作一部文學觀，亦可作一部古史觀。學者得此，可收一舉兩得之效。」〔二〕這部介於文史之間的經文統鈔，較之先生此前設想的十三經簡注，更具條理，也更爲可讀，實是一部可以有效保存經籍、切實傳承經學的匠心之作。

六藝後論評騭清儒得失時，曾説：「最後有海寧王國維静盦，雖不以博洽名，然當異學爭鳴之時，獨以反經信古爲己任，是亦不可及者。」〔三〕先生對静安學術情懷的獨特品賞，不啻於夫子自道，「反經信古」四字，正可移作先生一生學術志業的定評。

癸卯冬朔日，溆浦後學 吴仰湘 謹述

〔二〕 彭焌文跋語，見經文統鈔卷末。

〔三〕 陳天倪六藝後論，載尊聞室賸稿上册，中華書局一九九七年版，第二〇二頁。

目録

經文統鈔卷首

例言〔一〕

今世究研古典文學，貴在採菁去粕，經籍尤爲淵府，學者自須探涉。本書所鈔，以十三經爲斷，亦間鈔大戴禮及國語，以國語本左氏外傳，大戴、小戴皆禮記也。

本書以文爲主，無真僞古今文之分，惟殷盤、周誥皆當時告示及案牘之詞，俚俗之語，格式之文，不甚可解，多予删去。

詩經本爲樂府韻文，或前人作譜，後人按譜爲之，如今人之填詞然，常有重複之文與不通〔二〕之句，作序者多方附會，一概凖以美刺，常不可通〔三〕。今以詞章爲主，於詩之重複

〔一〕二十世紀九十年代，陳雲章先生整理出版了天倪公遺著尊聞室賸稿，其中也收録了這篇例言，僅在個别字詞上有所出入。

〔二〕「通」，尊聞室賸稿作「順」。

〔三〕「通」，尊聞室賸稿作「解」。

者去之，不通者削之，序之合於詩者仍之，不合者去之，以還詩之本旨。按時代先後編入，以詩爲史。東周以後，風雅絶響，以騷經代之。

十三經之文，六十餘萬言，汗漫難稽，勞而少功，惟删繁去複，擷其精要，勒成一書，庶收事半功倍之益。今易横爲直，以時相次，起伏羲、迄東周末，文辭與時代一系相承，如絲之有統，名曰統鈔，都二十餘萬字本書併别録〔一〕等共三十餘萬字。分爲三編，義實一貫。雖因前人，實爲創作。

上編立前紀、虞書、夏書、商書、周書五目。前紀羲、農採易繫，黄帝、顓頊、帝嚳採大戴禮宰予問五帝德，少皞〔二〕採郯子鳥官之對，列於黄帝之後，使世序相承，凡三皇五帝通爲一帙。虞書二典，伏生合爲一篇固誤，孔氏割「慎徽五典」以下爲舜典，致堯有始無終，亦不成篇。今定堯典至〔三〕「遏密八音」止。採左傳太史克之言，起「高陽氏有才子八人」至「同心戴舜以爲天子」一段，納於「乃命以位」之下，「月正元日」之上，而終於「陟方乃死」，爲舜典全文。益稷篇亡，孔氏割臯陶謨「帝曰來禹」以下補之，至爲荒謬，今以全文還

〔一〕「别録」，尊聞室賸稿作「副録」。
〔二〕「少皞」，尊聞室賸稿作「少昊」。
〔三〕「至」，尊聞室賸稿誤作「主」。

取大之皋陶。至益稷篇名，疏引鄭注，本名棄稷，孔傳改爲益稷，亦不可通。今復其原名，取大雅生民一篇爲傳，頌思文后稷一篇爲贊以實之。定虞書爲堯典、舜典、大禹謨、皋陶謨、棄稷五篇，併前紀爲一卷。

大禹謨已入虞書，夏書存者僅禹貢、甘誓、五子之歌、胤征四篇。考中興賢君，古惟少康，忠貞遺臣，亦僅臣靡〔一〕，闕而勿紀，烏用書爲！今採左傳魏絳、伍員之言，立少康一篇。孟子夏諺疑爲夏民怨太康盤游無度所作，録于五子之歌以後。〔二〕稷后重興，蓋在夏末，今採大雅公劉一篇，豳風七月一篇，以正夏時而立周統，定夏書八篇爲一卷。

商書湯征，有録無書，今採孟子湯居亳一節以補之。湯誥以下，採商頌五篇，按時〔三〕編入。盤庚詰屈聱牙，今衹取上篇，以存遷都之實。西伯戡黎全篇皆祖伊告紂之文，無一語及周，固爲商書。微子篇後，取周書洪範、微子之命二篇附之。蓋箕子義不臣周，微子亦於周爲客，仍用商之禮樂，非周臣也。今定商書爲一卷。

〔一〕「臣靡」，尊聞室賸稿作「吕靡」。

〔二〕「孟子、夏諺」至「五子之歌以後」，尊聞室賸稿闕如。

〔三〕「時」，尊聞室賸稿作「時序」。

周代文盛，存書頗多，而詩尤繁。今於書之詰屈者去之，詩之重複者芟〔一〕之，淫泆〔二〕者削之。易經，文王所作；周禮、儀禮周公所制；皆出自先聖。易鈔全文，而二禮多所刊削者，以易義彌綸天地，而周禮原未實行，儀禮，艱〔三〕於誦讀故也。周禮録十餘篇，著其大綱；儀禮録士冠〔四〕一篇，存其梗概。冠、婚、喪、祭諸義，採禮記〔五〕以補之，以記代經也。爾雅，相傳始於周公，後儒遞有增〔六〕益，録釋詁一篇，次於禮後。孔子贊易，舊云十翼，而説卦、襍卦詞義淺〔七〕陋，似出後師，序卦無〔八〕有是處。今録彖傳、象傳、文言、繫辭上下篇，餘不甄録。左氏、國語起自穆王，今録東遷以前，次於尚書。定周書爲四卷。〔九〕

〔一〕「芟」，尊聞室賸稿作「刪」。
〔二〕「泆」，尊聞室賸稿作「佚」。
〔三〕「艱」，尊聞室賸稿作「難」。
〔四〕「士冠」，尊聞室賸稿作「士冠禮」。
〔五〕「禮記」，尊聞室賸稿作「孔記」。
〔六〕「增」，尊聞室賸稿作「補」。
〔七〕「淺」，尊聞室賸稿作「較」。
〔八〕「無」，尊聞室賸稿作「少」。
〔九〕上編之末，另附有三代世譜。

中編以春秋左傳爲主。嚴氏引觀周篇云：「孔子將修春秋，與左丘明乘如周，觀書於周史，歸而修春秋之經，丘明爲之傳。」桓譚新論云：「左氏傳於經，猶衣之表裏，相輔而行。經而無傳，使聖人閉門思之，十年不能得也。」是經之與傳，本爲一書。經主明道，故多微顯志〔一〕晦之詞，而其文簡；傳主紀事，故極網羅排比之能，而其詞詳。本書專重事文，以傳爲主。傳之因經成文，及依經辨理者，並録經文，非是不著。蓋經義宏深，自有專門學者任之，非本書所能備也。傳以魯爲主，十二公各爲政紀，列於篇首。列國則標題紀事，按時附入。以所用年月，皆魯正朔，不得不主魯也。傳文或移置先後，或稍〔二〕芟削，其一事關係兩國或數國者，則録於關係較重之國，皆順其文勢而爲之。屬辭比事，若綱在綱，非與高氏〔三〕左傳紀事本末之著録錯〔四〕雜，馬氏左傳事緯〔五〕之論斷〔六〕膚廓，同其面目

〔一〕「志」，尊聞室賸稿作「老」。
〔二〕尊聞室賸稿「稍」後有一「加」字。
〔三〕「高氏」，當指清高士奇，尊聞室賸稿誤作「王氏」。
〔四〕「錯」，尊聞室賸稿作「複」。
〔五〕「左傳事緯」，尊聞室賸稿誤作「左傳手續」。
〔六〕「論斷」，尊聞室賸稿作「議論」。

也。於國語及公、穀二傳，擇其敘事不悖於傳，而其義不違於經者録之。別爲讀左十問，列於卷首，以明其指趣〔一〕。定中編爲十一卷。〔二〕

下編首列孝經。六藝論云：「孔子以六經題目不同，旨意各別，恐道離散，莫知根源，故作孝經以總匯之。」白虎通亦云：「孔子已作春秋，復作孝經，何？欲專制正於孝經，由博返約之書也。」禮記之屬於冠、婚、喪、祭者，已編入儀禮後矣。通論學術者，首爲大學、中庸，次爲禮運、樂記，又次爲儒行、學記、經解、檀弓，或録全篇，或加掇擇，各因其宜。

餘篇雖有宏指，限於篇幅，不悉載也。論語、孟子爲聖學之途徑，學者皆當誦〔三〕習，未敢妄爲去取。惟是自東周至秦，五百餘年無一韻文，今以騷繼詩，即以殿經。定下編爲三卷。

經文間有訛誤，注家尤多漏失。兹於先儒箋注失當或近儒言而未詳者，依亭林日知

〔一〕尊聞室賸稿無此「趣」字。
〔二〕中編之末，另附有春秋列國年表。
〔三〕「誦」，尊聞室賸稿作「研」。

録之例，稍爲釐訂，名爲别録，列於附編。〔一〕

含緜邈〔二〕於尺素，吐滂沛乎〔三〕寸心。知言君子，諒有同情也。

編者識

〔一〕附編計三卷，附編之後，另有述學及跋語各一篇。
〔二〕「緜邈」，尊聞室賸稿作「邈綿」。
〔三〕「乎」，尊聞室賸稿作「於」。

經文統鈔上編卷一

益陽陳天倪　主纂
湘陰彭　昺　襄輯

前紀

昔[一]者包犧氏之王天下也，仰則觀象於天，俯則觀法於地，觀鳥獸之文，與地之宜，近取諸身，遠取諸物，於是始作八卦，以通神明之德，以類萬物之情。作結繩而爲罔罟，以佃以漁，蓋取諸離。包犧氏殁，神農氏作，斲木爲耜，揉木爲耒，耒耨之利，以教天下，蓋取諸益。日中爲市，致天下之民，聚天下之貨，交易而退，各得其所，蓋取諸噬嗑。神農氏殁，黄帝、堯、舜氏作，通其變，使民不倦；神而化之，使民宜之。易窮則變，變則通，通則久，是以「自天佑之，吉无不利」。黄帝、堯、舜垂衣裳而天下治，蓋取諸

〔一〕「昔」，阮刻本作「古」。

乾、坤。

刳木爲舟，剡木爲楫，舟楫之利以濟不通，致遠以利天下，蓋取諸涣。服牛乘馬，引重致遠，以利天下，蓋取諸隨。重門擊柝，以待暴客，蓋取諸豫。斷木爲杵，掘地爲臼，臼杵之利，萬民以濟，蓋取諸小過。弦木爲弧，剡木爲矢，弧矢之利，以威天下，蓋取諸睽。上古穴居而野處，後世聖人易之以宫室，上棟下宇，以待風雨，蓋取諸大壯。古之葬者，厚衣之以薪，葬之中野，不封不樹，喪期无數，後世聖人易之以棺槨，蓋取諸大過。上古結繩而治，後世聖人易之以書契，百官以治，萬民以察，蓋取諸夬。以上易繫辭

黄帝，少典之子也，曰軒轅。生而神靈，弱而能言，幼而慧〔一〕齊，長而敦敏，成而聰明。治五氣，設五量，撫民力〔二〕，度四方，教熊羆貔豹虎，以與赤帝戰於版泉之野。三戰然後得行其志。黄帝黼黻衣，大帶，黼裳，乘龍扆雲，以順天地之化〔三〕，幽明之故，死生之説，存亡之難。時播百穀草木，故教化淳，鳥獸昆蟲，歷離日月星辰，極畋土石金玉，勞心力耳目，節用水火材物。生而民得其利百年，死而民畏其神百年，亡而民用其教百年，故曰三百

〔一〕「慧」，阮刻本作「彗」。
〔二〕「撫民力」，阮刻本作「撫萬民」。
〔三〕「化」，阮刻本作「紀」。

年。以上大戴禮記[一]

黄帝氏以雲紀，故爲雲師而雲名∴；炎帝氏以火紀，故爲火師而火名∴；共工氏以水紀，故爲水師而水名∴；太皞氏以龍紀，故爲龍師而龍名。少皞摯[二]之立也，鳳鳥適至，故紀於鳥，爲鳥師而鳥名∴；鳳鳥氏，歷正也∴；玄鳥氏，司分者也∴；伯趙氏，司至者也∴；青鳥氏，司啓者也∴；丹鳥氏，司閉者也。祝鳩氏，司徒也∴；鴡鳩氏，司馬也∴；鳲鳩氏，司空也∴；爽鳩氏，司寇也∴；鶻鳩氏，司事也。五鳩，鳩民者也。五雉爲五工正，利器用、正度量，夷民者也。九扈爲九農正，扈民無淫者也。自顓頊以來，不能紀遠，乃紀於近。爲民師而命以民事。以上左傳昭公十七年[三]

顓頊，黄帝之孫，昌意之子也，曰高陽。洪淵以有謀，疏通而知事。養材以任地，履時以象天。依鬼神以制義，治氣以教民，絜誠以祭祀。乘龍而至四海，北至於幽陵，南至於交趾，西濟於流沙，東至於蟠木。動靜之物，大小之神，日月所照，莫不祗勵。

帝嚳，玄囂之孫，蟜極之子也，曰高辛。生而神靈，自言其名∴；博施利物，不於其

[一] 原無「以上」「禮記」四字，據前後文補。
[二] 「少皞摯」之前，阮刻本有「我高祖」三字。
[三] 原爲「左傳昭十七年」，據前後文改爲「以上左傳昭公十七年」。

身；聰以知遠，明以察微；順天之義，知民之急；仁而威，惠而信，修身而天下服。取地之財而節用之，撫教萬民而利誨之，歷日月而迎送之，明鬼神而敬事之。其色郁郁，其德嶷嶷，其動也時，其服也士。春夏乘龍，秋冬乘馬，黄黼黻衣，執中而獲天下；日月所照，風雨所至，莫不從順。以上大戴禮記〔一〕

〔一〕原無「禮記」二字，據前後文補。

虞書

堯典

曰若稽古，帝堯曰放勳，欽明文思安安，允恭克讓，光被四表，格於上下。克明俊德，以親九族。九族既睦，平章百姓。百姓昭明，協和萬邦，黎民於變時雍。

乃命羲和，欽若昊天，曆象日月星辰，敬授人時。分命羲仲，宅嵎夷，曰暘谷，寅賓出日，平秩東作。日中，星鳥，以殷仲春。厥民析，鳥獸孳尾。申命羲叔，宅南交。曰明都依鄭説增，平秩南訛，敬致。日永，星火，以正仲夏。厥民因，鳥獸希革。分命和仲，宅西，曰昧谷。寅餞纳日，平秩西成。宵中，星虛，以殷仲秋。厥民夷，鳥獸毛毨。申命和叔，宅朔方，曰幽都。平在朔易。日短，星昴，以正仲冬。厥民隩，鳥獸氄毛。帝曰：「咨！汝羲暨和。期三百有六旬有六日，以閏月定四时，成歲。允釐百工，庶績咸熙。」

帝曰：「疇咨若時登庸？」

放齊曰：「胤子朱啓明。」

帝曰：「吁！嚚訟可乎？」

帝曰：「疇咨若予采？」

驩兜曰：「都！共工方鳩僝功。」

帝曰：「吁！静言庸違，象恭滔天。」

帝曰：「咨！四岳，湯湯洪水方割，蕩蕩懷山襄陵，浩浩滔天。下民其咨，有能俾乂？」

僉曰：「於！鯀哉。」

帝曰：「吁！咈哉，方命圮族。」

岳曰：「异哉！試可乃已。」

帝曰：「往，欽哉！」九載，績用弗成。

帝曰：「咨！四岳。朕在位七十載，汝能庸命，巽朕位？」

岳曰：「否德，忝帝位。」

帝曰〔二〕：「明明揚側陋。」

師錫帝曰：「有鰥在下，曰虞舜。」

帝曰：「俞！予聞，如何？」

〔二〕阮刻本無「帝」字。

岳曰：「瞽子，父頑，母嚚，象傲，克諧。以孝烝烝，乂不格姦。」

帝曰：「我其試哉！」女于時，觀厥刑于二女。釐降二女于嬀汭，嬪于虞。

帝曰：「欽哉！」

慎徽五典，五典克從。納于百揆，百揆時敘；賓于四門，四門穆穆；納于大麓，烈風雷雨弗迷。

帝曰：「格！汝舜。詢事考言，乃言厎可績，三載，汝陟帝位。」舜讓于德，弗嗣。

正月上日，受終于文祖。在璿璣玉衡，以齊七政。肆類于上帝，禋于六宗，望于山川，徧于群神。輯五瑞。既月乃日，覲四岳群牧，班瑞于群后。

歲二月，東巡守，至于岱宗，柴。望秩于山川，肆覲東后。協時月正日，同律度量衡。修五禮、五玉、三帛、二生、一死贄。如五器，卒乃復。五月南巡守，至于南岳，如岱禮。八月西巡守，至于西岳，如初。十有一月朔巡守，至于北岳，如西禮。歸，格于藝祖，用特。

五載一巡守，群后四朝。敷奏以言，明試以功，車服以庸。

肇十有二州，封十有二山，濬川。

象以典刑，流宥五刑，鞭作官刑，扑作教刑，金作贖刑。眚災肆赦，怙終賊刑。欽哉，欽哉，惟刑之恤哉！

流共工于幽州，放驩兜于崇山，竄三苗于三危，殛鯀于羽山，四罪而天下咸服。二十有八載，帝乃殂落。百姓如喪考妣，三載，四海遏密八音。

舜典

曰若稽古，帝舜曰重華，協于帝。濬哲文明，温恭允塞，玄德升聞，乃命以位。

昔高陽氏有才子八人，蒼舒、隤敳、檮戭、大臨、尨降、庭堅、仲容、叔達，齊、聖、廣、淵、明、允、篤、誠，天下之民謂之八愷。高辛氏有才子八人，伯奮、仲堪、叔獻、季仲、伯虎、仲熊、叔豹、季貍，忠、肅、共、懿、宣、慈、惠、和，天下之民謂之八元。此十六族也，世濟其美，不隕其名。以至於堯，堯不能舉。舜臣堯，舉八愷，使主后土，以揆百事，莫不時敘〔一〕，地平天成。舉八元，使布五教于四方，父義、母慈、兄友、弟共、子孝，内平外成。昔帝鴻氏有不才子，掩義隱賊，好行凶德，醜類惡物，頑嚚不友，是與比周，天下之民謂之渾敦。少皞氏有不才子，毁信廢忠，崇飾惡言，靖譖庸回，服讒蒐慝，以誣盛德，天下之民謂之窮奇。顓頊有不才子，不可教訓，不知話言，告之則頑，舍之則嚚，傲很明德，以亂天常，天下之民謂之

〔一〕「敘」，阮刻本作「序」。

檮杌。此三族也，世濟其凶，增其惡名，以至於堯，堯不能去。縉雲氏有不才子，貪於飲食，冒於貨賄，侵欲崇侈，不可盈厭，聚斂積實，不知紀極，不分孤寡，不恤窮匱，天下之民以比三凶，謂之饕餮。舜臣堯，賓於四門，流四凶族，渾敦、窮奇、檮杌、饕餮，投諸四裔，以禦螭魅。是以堯崩而天下如一，同心戴舜，以爲天子。

月正元日，舜格于文祖，詢于四岳，闢四門，明四目，達四聰。

「咨，十有二牧！」曰：「食哉惟時！柔遠能邇，惇德允元，而難任人，蠻夷率服。」

舜曰：「咨，四岳！有能奮庸熙帝之載，使宅百揆亮采，惠疇？」

僉曰：「伯禹作司空。」

帝曰：「俞，咨！禹，汝平水土，惟時懋哉！」禹拜稽首，讓于稷、契暨皋陶。

帝曰：「俞，汝往哉！」

帝曰：「棄，黎民阻飢，汝后稷，播時百穀。」

帝曰：「契，百姓不親，五品不遜。汝作司徒，敬敷五教，在寬。」

帝曰：「皋陶，蠻夷猾夏，寇賊姦宄。汝作士，五刑有服，五服三就。五流有宅，五宅三居。惟明克允！」

帝曰：「疇若予工？」

僉曰：「垂哉！」

帝曰：「俞，咨！垂，汝共工。」垂拜稽首，讓于殳斨暨伯與。

帝曰：「俞，往哉！汝諧。」

帝曰：「疇若予上下草木鳥獸？」

僉曰：「益哉！」

帝曰：「俞，咨！益，汝作朕虞。」益拜稽首，讓于朱、虎、熊、羆。

帝曰：「俞，往哉！汝諧。」

帝曰：「咨！四岳，有能典朕三禮？」

僉曰：「伯夷！」

帝曰：「俞，咨！伯，汝作秩宗。夙夜惟寅，直哉惟清。」伯拜稽首，讓于夔、龍。

帝曰：「俞〔一〕，往，欽哉！」

帝曰：「夔！命汝典樂，教胄子，直而温，寬而栗，剛而無虐，簡而無傲。詩言志，歌永言，聲依永，律和聲。八音克諧，無相奪倫，神人以和。」

〔一〕原無「俞」字，據阮刻本補。

夔曰：「於！予擊石拊石，百獸率舞。」[一]

帝曰：「龍，朕堲讒説殄行，震驚朕師。命汝作納言，夙夜出納朕命，惟允！」

帝曰：「咨！汝二十有二人，欽哉！惟時亮天功。」三載考績，三考，黜陟幽明，庶績咸熙。分北三苗。

舜生三十徵庸，三十在位，五十載陟方，乃死。

大禹謨

曰若稽古。大禹曰：「文命敷于四海，祗承于帝。」曰：「后克艱厥后，臣克艱厥臣，政乃乂，黎民敏德。」

帝曰：「俞[二]！允若兹，嘉言罔攸伏，野無遺賢，萬邦咸寧。稽于衆，舍己從人，不虐無告，不廢困窮，惟帝時克。」

益曰：「都，帝德廣運，乃聖乃神，乃武乃文。皇天眷命，奄有四海爲天下君。」

[一] 原無此句，據阮刻本補。

[二] 原無「俞」字，據阮刻本補。

禹曰：「惠迪吉，從逆凶，惟影響。」

益曰：「吁！戒哉！儆戒無虞，罔失法度。罔遊于逸，罔淫于樂。任賢勿貳，去邪勿疑。疑謀勿成，百志惟熙。罔違道以干百姓之譽，罔咈百姓以從己之欲。無怠無荒，四夷來王。」

禹曰：「於！帝念哉！德惟善政，政在養民。水、火、金、木、土、穀，惟修；正德、利用、厚生，惟和。九功惟敘，九敘惟歌。戒之用休，董之用威，勸之以九歌，俾勿壞。」

帝曰：「俞！地平天成，六府三事允治，萬世永賴，時乃功。」

帝曰：「格，汝禹！朕宅帝位三十有三載，耄期倦于勤。汝惟不怠，揔朕師。」

禹曰：「朕德罔克，民不依。皋陶邁種德，德乃降，黎民懷之。帝念哉！念茲在茲，釋茲在茲，名言茲在茲，允出茲在茲，惟帝念功。」

帝曰：「皋陶，惟茲臣庶，罔或干予正。汝作士，明于五刑，以弼五教。期于予治，刑期于無刑，民協于中，時乃功，懋哉。」

皋陶曰：「帝德罔愆，臨下以簡，御衆以寬；罰弗及嗣，賞延于世。宥過無大，刑故無小；罪疑惟輕，功疑惟重；與其殺不辜，寧失不經；好生之德，洽于民心，茲用不犯于有司。」

帝曰：「俾予從欲以治，四方風動，惟乃之休。」

帝曰：「來，禹！降水儆予，成允成功，惟汝賢，克勤于邦，克儉于家，不自滿假，惟汝賢。汝惟不矜，天下莫與汝爭能。汝惟不伐，天下莫與汝爭功。予懋乃德，嘉乃丕績，天之歷數在汝躬，汝終陟元后。人心惟危，道心惟微，惟精惟一，允執厥中。無稽之言勿聽，弗詢之謀勿庸。可愛非君？可畏非民？衆非元后，何戴？后非衆，罔與守邦？欽哉！慎乃有位，敬修其可願，四海困窮，天禄永終。惟口出好興戎，朕言不再。」

禹曰：「枚卜功臣，惟吉之從。」

帝曰：「禹！官占惟先蔽志，昆命于元龜。朕志先定，詢謀僉同，鬼神其依，龜筮協從，卜不習吉。」禹拜稽首，固辭。

帝曰：「毋！惟汝諧。」

正月朔旦，受命于神宗，率百官若帝之初。

帝曰：「咨，禹！惟時有苗弗率，汝徂征。」

禹乃會群后，誓于師曰：「濟濟有衆，咸聽朕命。蠢兹有苗，昏迷不恭，侮慢自賢，反道敗德，君子在野，小人在位，民棄不保，天降之咎，肆予以爾衆士，奉辭伐罪。爾尚一乃心力，其克有勳。」

三旬，苗民逆命。益贊于禹曰：「惟德動天，無遠弗届。滿招損，謙受益，時乃天道。帝初于歷山，往于田，日號泣于旻天，于父母，負罪引慝。祇載見瞽瞍，夔夔齋栗，瞽亦允若。至諴感神，矧兹有苗。」禹拜昌言曰：「俞！」班師振旅。帝乃誕敷文德，舞干羽于兩階，七旬有苗格。

皋陶謨篇首「曰若稽古」四字删，説見别録

皋陶曰：「允迪厥德，謨明弼諧。」禹曰：「俞！如何？」皋陶曰：「都！慎厥身修，思永。惇敘九族，庶明勵翼，邇可遠在兹。」禹拜昌言曰：「俞！」

皋陶曰：「都！在知人，在安民。」禹曰：「吁！咸若時，惟帝其難之。知人則哲，能官人；安民則惠，黎民懷之。能哲而惠，何憂乎驩兜？何遷乎有苗？何畏乎巧言令色孔壬。」

皋陶曰：「都！亦行有九德。亦言其人有德。乃言曰：『載采采。』」禹曰：「何？」

皋陶曰：「寬而栗，柔而立，願而恭，亂而敬，擾而毅，直而温，簡而廉，剛而塞，彊而義。彰厥有常，吉哉！日宣三德，夙夜浚明有家。日嚴祇敬六德，亮采有邦。翕受敷施，

九德咸事，俊乂在官。百僚、師師，百工惟時，撫于五辰，庶績其凝。無教逸欲有邦。兢兢業業，一日二日萬幾。無曠庶官，天工人其代之。天敘有典，敕我五典五惇哉；天秩有禮，自我五禮有庸哉；同寅協恭和衷哉；天命有德，五服五章哉；天討有罪，五刑五用哉；政事懋哉懋哉！天聰明，自我民聰明；天明畏，自我民明威。達于上下，敬哉有土！」

皋陶曰：「朕言惠可厎行？」禹曰：「俞！乃言厎可績。」皋陶曰：「予未有知，思曰贊贊襄哉。」

帝曰：「來，禹！汝亦昌言。」禹拜曰：「都！帝，予何言？予思日孜孜。」皋陶曰：「吁！如何？」禹曰：「洪水滔天，浩浩懷山襄陵，下民昏墊。予乘四載，隨山刊木，暨益奏庶鮮食。余〔一〕決九川距四海，濬畎澮距川；暨稷播奏庶艱食、鮮食。懋遷有無化居。烝民乃粒，萬邦作乂。」皋陶曰：「俞！師汝昌言。」

禹曰：「都！帝慎乃在位。」帝曰：「俞！」禹曰：「安汝止，惟幾惟康；其弼直，惟動丕應。徯志以昭受上帝，天其申命用休。」

〔一〕「余」，阮刻本作「予」。

帝曰：「吁！臣哉鄰哉！鄰哉臣哉！」

禹曰：「俞！」

帝曰：「臣作朕股肱耳目。予欲左右有民，汝翼；予欲宣力四方，汝爲；予欲觀古人之象，日、月、星辰、山、龍、華蟲，作會；宗彝、藻、火、粉米、黼、黻、絺、繡，以五采彰施于五色作服，汝明；予欲聞六律、五聲、八音，在治忽，以出納五言，汝聽；予違，汝弼。汝無面從，退有後言。欽四鄰，庶頑讒説，若不在時，侯以明之，撻以記之，書用識哉，欲並生哉，工以納言，時而颺之，格則承之、庸之，否則威之。」

禹曰：「俞哉！帝光天之下，至于海隅蒼生，萬邦黎獻，共爲〔一〕帝臣，惟帝時舉。敷納以言，明庶以功，車服以庸。誰敢不讓，敢不敬應。帝不時敷，同，日奏，罔功。無若丹朱傲，言天下之傲未有甚於丹朱者。蘇子謂戒舜毋效丹朱，非。惟慢遊是好，傲虐是作。罔晝夜頟頟，罔水行舟。朋淫于家，用殄厥世。予創若時。娶于塗山，辛壬癸甲，惟荒度土功。惟，獨也；荒，遠也。言獨遠度土功。啓呱呱而泣，予弗子，此即三過其門弗入之事。「惟荒度土功」，原文誤列「啓呱呱而泣，予弗子」之下，致後人有禹結婚四日生子之疑，今正。弼成五服，至於五千，州十有二師。外薄四海，

〔一〕「爲」，阮刻本作「惟」。

咸建五長，各迪有功。苗頑弗即工，帝其念哉！」

帝曰：「迪朕德，時乃功惟敘。」皋陶方祗厥敘，方施象刑惟明。

夔曰：「戛擊鳴球、搏拊、琴、瑟，以詠。」祖考来格，虞賓在位，群后德讓。下管鼗鼓，合止柷敔，笙鏞以間。鳥獸蹌蹌，簫韶九成，鳳皇來儀。

夔曰：「於！予擊石拊石，百獸率舞，庶尹允諧。」

帝庸作歌，曰：「敕天之命，惟時惟幾。」乃歌曰：「股肱喜哉！元首起哉！百工熙哉！」

皋陶拜手稽首颺言曰：「念哉！率作興事，慎乃憲，欽哉！屢省乃成，欽哉！」乃賡載歌曰：「元首明哉，股肱良哉，庶事康哉！」又歌曰：「元首叢脞哉，股肱惰哉，萬事墮哉！」帝拜曰：「俞，往欽哉！」

棄稷

皋陶謨後，據孔疏引馬、鄭、王所據書序，篇名原爲棄稷，兹還其舊，采詩二篇實之。

厥初生民，時維姜嫄。生民如何？克禋克祀，以弗無子。履帝武敏歆，攸介攸止。載震載夙，載生載育：時維后稷。

誕彌厥月，先生如達。不拆不副，無菑無害。以赫厥靈。上帝不寧，不康禋祀？居然生子！

誕寘之隘巷，牛羊腓字之。誕寘之平林，會伐平林。誕寘之寒冰，鳥覆翼之。鳥乃去矣，后稷呱矣。實覃實訏，厥聲載路。

誕實匍匐，克岐克嶷。以就口食，蓺之荏菽。荏菽旆旆，禾役穟穟。麻麥幪幪。瓜瓞唪唪。

誕后稷之穡，有相之道。茀厥豐草，種之黄茂。實方實苞，實種實褎；實發實秀，實堅實好，實穎實栗。即有邰家室。

誕降嘉種：維秬維秠，維穈維芑。恒之秬秠，是穫是畝；恒之穈芑，是任是負；以歸肇祀。

誕我祀如何？或舂或揄，或簸或蹂；釋之叟叟，烝之浮浮。載謀載惟，取蕭祭脂，取羝以軷，載燔載烈：以興嗣歲。

印盛于豆，于豆于登；其香始升。上帝居歆，胡臭亶時。后稷肇祀，庶無罪悔，以迄于今。詩大雅生民

思文后稷，克配彼天。立我烝民，莫匪爾極。貽我來牟，帝命率育，無此疆爾界。陳常于時夏。詩周頌思文

經文統鈔上編卷二

益陽陳天倪　主纂
湘陰彭　昺　襄輯

夏書

禹貢

禹別九州，随山濬川，任土作贡。

禹敷土，随山刊木，奠高山大川。

冀州：　既載壶口，治梁及岐。既修太原，至于岳阳。覃懷厎績，至于衡漳。厥土惟白壤，厥賦惟上上错，厥田惟中中。恒衛既從，大陸既作。島夷皮服。夹右碣石入于河。

济、河惟兖州。九河既道，雷夏既澤，灉、沮会同。桑土既蠶，是降丘宅土。厥土黑墳，厥草惟繇，厥木惟條，厥田惟中下，厥賦貞；　作十有三載，乃同。厥貢：　漆、丝，厥篚織文。浮于濟、漯，達于河。

海、岱惟青州。嵎夷既略，濰、淄其道。厥土白墳，海濱廣斥。厥田惟上下，厥賦中上，厥貢：鹽、絺、海物，惟錯。岱畎絲、枲、鉛、松、怪石，萊夷作牧，厥篚檿絲。浮于汶，達于濟。

海、岱及淮惟徐州。淮、沂其乂，蒙、羽其藝。大野既豬，東原厎平。厥土赤埴墳，草木漸包。厥田惟上中，厥賦中中，厥貢惟土五色。羽畎夏翟，嶧陽孤桐。泗濱浮磬，淮夷蠙珠暨魚。厥篚玄纖縞。浮于淮、泗，達于河。

淮、海惟揚州。彭蠡既豬，陽鳥攸居。三江既入，震澤厎定。篠簜既敷，厥草惟夭，厥木惟喬，厥土惟塗泥，厥田惟下下，厥賦下上，上錯。厥貢惟金三品，瑤琨、篠簜、齒、革、羽、毛，惟木。島夷卉服，厥篚織貝，厥包橘柚錫貢。沿于江、海，達于淮、泗。

荆及衡陽惟荆州。江、漢朝宗于海，九江孔殷，沱、潛既道，雲夢土作乂。厥土惟塗泥，厥田惟下中，厥賦上下。厥貢羽、毛、齒、革，惟金三品，杶榦栝柏，礪砥砮丹，惟箘簵楛。三邦厎貢厥名，包匭菁茅，厥篚玄纁璣組，九江納錫大龜。浮于江、沱、潛、漢，逾于洛，至于南河。

荆、河惟豫州。伊、洛、瀍、澗，既入于河。滎波既豬，导荷澤，被孟豬。厥土惟壤，下土墳壚。厥田惟中上，厥賦錯上中。厥貢漆、枲、絺、紵，厥篚纖纊，錫貢磬錯。浮于洛，達于河。

華陽、黑水惟梁州。岷、嶓既藝，沱、潛既道。蔡、蒙旅平，和夷厎績。三危既宅，三苗丕敘，厥土青黎，厥田惟下上，厥賦下中，三錯。厥貢璆、鐵、銀、鏤、砮、磬、熊、皮〔一〕、狐、狸、織皮。西傾因桓是来，浮于潛，逾于沔，入于渭，亂于河。

黑水、西河惟雍州。弱水既西，涇屬渭汭，漆、沮既從，灃水攸同。荆、岐既旅，終南、惇物，至于鳥鼠，原隰厎績，至于豬野。厥土惟黄壤，厥田惟上上，厥賦中下。厥貢惟球琳琅玕。浮于積石，至于龍門、西河，會于渭汭。織皮：崐崘、析支、渠搜，西戎即敘。

導岍及岐，至于荆山，逾于河，壺口、雷首，至于太岳；厎柱、析城，至于王屋；太行、恒山，至于碣石，入于海。

西傾、朱圉、鳥鼠，至于太華；熊耳、外方、桐柏，至于陪尾。

導嶓冢，至于荆山；内方，至于大別；岷山之陽，至于衡山；過九江，至于敷淺原。

導弱水，至于合黎，餘波入于流沙。

導黑水，至于三危，入于南海。

〔一〕「皮」，阮刻本作「羆」。

導河積石，至于龍門。南至于華陰，東至于厎柱，又東至于孟津。東過洛汭，至于大伾。北過降水，至于大陸。又北，播爲九河，同爲逆河，入于海。

嶓冢導漾，東流爲漢，又東爲滄浪之水，過三澨，至于大別，南入于江。東匯澤爲彭蠡，東爲北江，入于海。

岷山導江，東別爲沱，又東至于澧，過九江，至于東陵，東迆北會于匯。東爲中江，入于海。

導沇水，東流爲濟，入于河，溢爲滎，東出于陶丘北，又東至于荷，又東北會于汶，又北，東入于海。

導淮自桐柏，東會于泗、沂，東入于海。

導渭自鳥鼠同穴，東會于灃，又東會于涇，又東過漆沮，入于河。

導洛自熊耳，東北會于澗、瀍，又東會于伊，又東北入于河。

九州攸同，四隩既宅。九山刊旅，九川滌源，九澤既陂。四海會同，六府孔修。庶土交正，厎慎財賦，咸則三壤成賦。中邦錫土、姓。祗台德先，不距朕行。

五百里甸服：百里賦納總，二百里納銍，三百里納秸服，四百里粟，五百里米。

五百里侯服：百里采，二百里男邦，三百里諸侯。

五百里綏服：三百里揆文教，二百里奮武衛。

五百里要服：三百里夷，二百里蔡。

五百里荒服：三百里蠻，二百里流。

東漸于海，西被于流沙，朔南暨聲教，訖于四海。禹錫玄圭，告厥成功。

甘誓

大戰于甘，乃召六卿。王曰：「嗟！六事之人，予誓告汝：有扈氏威侮五行，怠棄三正，天用勦絶其命，今予惟恭行天之罰。

「左不攻于左，汝不恭命；右不攻于右，汝不恭命；御非其馬之正，汝不恭命。用命，賞于祖；不〔一〕用命，戮于社，予則孥戮汝。」

〔一〕「不」，阮刻本作「弗」。

五子之歌

太康尸位，以逸豫滅厥德，黎民咸貳，乃般〔一〕遊無度，畋于有洛之表，十旬弗反。有窮后羿因民弗忍，距于河，厥弟五人御其母以從，徯于洛之汭。五子咸怨，述大禹之戒以作歌。

其一曰：「皇祖有訓，民可近，不可下，民惟邦本，本固邦寧。予視天下愚夫愚婦，一能勝予，一人三失，怨豈在明，不見是圖。予臨兆民，懍乎若朽索之馭六馬，爲人上者，奈何不敬？」

其二曰：「訓有之，内作色荒，外作禽荒。甘酒嗜音，峻宇雕牆。有一于此，未或不亡。」

其三曰：「惟彼陶唐，有此冀方。今失厥道，亂其紀綱，乃厎滅亡。」

其四曰：「明明我祖，萬邦之君。有典有則，貽厥子孫。關石和鈞，王府則有。荒墜厥緒，覆宗絶祀！」

其五曰：「嗚呼曷歸？予懷之悲。萬姓仇予，予將疇依？鬱陶乎予心，顔厚有忸怩。

〔一〕「般」，阮刻本作「盤」。

弗慎厥德，雖悔可追？」

夏諺

孟子夏諺，舊注以爲晏子之詞，其不合有三：一、晏子非詞章家，何必仿夏諺之體爲之藻繢；二、齊未嘗僭王，安得有諸侯；三、流連荒亡，果係晏子所纂，何必自爲之注？此似太康逸豫巡游無度，夏民怒歎之詞。惟其中「今也不然」四字不倫不類，今取五子之歌「奈何不敬」四字易之。其詞之優美，可與虞箴比肩，非五子之歌可及也。夏時韻文傳者極少，故過而存之。

吾王不遊，吾何以休？吾王不豫，吾何以助？一遊一豫，爲諸侯度。奈何不敬，師行而糧食，飢者勿食，勞者勿息，〔二〕睊睊胥讒，民乃作慝。方命虐民，飲食若流。流連荒亡，爲諸侯憂。

胤征

惟仲康肇位四海，胤侯命掌六師。羲和廢厥職，酒荒于厥邑，胤后承王命徂征。

〔二〕「飢者勿食，勞者勿息」，阮刻本作「飢者弗食，勞者弗息」。

告于衆曰：「嗟予有衆，聖有謨訓，明徵定保，先王克謹天戒，臣人克有常憲，百官修輔，厥后惟明明，每歲孟春，遒人以木鐸徇于路，官師相規，工執藝事以諫，其或不恭，邦有常刑。惟時羲和，顛覆厥德，沈湎〔一〕于酒，畔官離次，俶擾天紀，遐棄厥司，乃季秋月朔，辰弗集于房，瞽奏鼓，嗇夫馳，庶人走，羲和尸厥官，罔聞知，昏迷于天象，以干先王之誅，政典曰：『先時者殺無赦，不及時者殺無赦。』

「今予以爾有衆，奉將天罰。爾衆士同力王室，尚弼予欽承天子威命。火炎崐岡，玉石俱焚。天吏逸德，烈于猛火。殲厥渠魁，脅從罔治，舊染污俗，咸與维新。嗚呼！威克厥愛，允濟；愛克厥威，允罔功。其爾衆士懋戒哉！」

少康

書未有無篇名者。夏書篇數太少，今特立少康及公劉二名，采左傳二條及雅詩公劉篇補之。

昔有夏之方衰也，后羿自鉏遷于窮石，因夏民以代夏政。恃其射也，不修民事，而淫于原獸，棄武羅、伯因、熊髡、尨圉而用寒浞。寒浞，伯明氏之讒子弟也，伯明后寒棄之，夷羿收之，信而使之，以爲己相。浞行媚于内，而施賂於外，愚弄其民，而虞羿于田。樹之詐

〔一〕「湎」，阮刻本作「亂」。

慝，以取其國家，外内咸服。羿猶不悛，將歸自田，家衆殺而亨之，以食其子，其子不忍食諸，死于窮門。靡奔有鬲氏。浞因羿室，生澆及豷，恃其讒慝詐僞，而不德于民，使澆用師，滅斟灌及斟尋氏。處澆于過，處豷于戈。靡自有鬲氏，收二國之燼，以滅浞而立少康。少康滅澆于過，后杼滅豷于戈，有窮由是遂亡。左傳襄四年

昔有過澆殺斟灌以伐斟鄩，滅夏后相，后婚方娠，逃出自竇，歸于有仍，生少康焉。爲仍牧正。惎澆能戒之。澆使椒求之，逃奔有虞，爲之庖正，以除其害。虞思於是妻之以二姚，而邑諸綸，有田一成，有衆一旅。能布其德，而兆其謀，以收夏衆，撫其官職；使女艾諜澆，使季杼誘豷。遂滅過、戈，復禹之績，祀夏配天，不失舊物。左傳哀元年

公劉

篤公劉！匪居匪康。迺埸迺疆；迺積迺倉。迺裹餱糧，于橐于囊。思輯用光。弓矢斯張，干戈戚揚，爰方啓行。

篤公劉！于胥斯原。既庶既繁，既順迺宣，而無永歎。陟則在巘，復降在原。何以舟之？惟玉及瑶，鞞琫容刀。

篤公劉！逝彼百泉，瞻彼溥原。迺陟南岡，乃覯于京。京師之野，于時處處，于時廬

旅，于時言言，于時語語。

篤公劉！于京斯依。蹌蹌濟濟，俾筵俾几。旣登乃依，乃造其曹。執豕于牢，酌之用匏。食之飲之，君之宗之。

篤公劉！旣溥旣長，旣景迺岡；相其陰陽，觀其流泉。其軍三單，度其隰原，徹田爲糧。度其夕陽，豳居允荒。

篤公劉！于豳斯館。涉渭爲亂，取厲取鍛。止基迺理，爰衆爰有。夾其皇澗，溯其過澗。止旅迺密，芮鞫之即。詩大雅公劉

豳風・七月〔一〕公劉遷豳，事在夏商之交。以詩全用夏正，故作於夏。

七月流火，九月授衣。一之日觱發，二之日栗烈；無衣無褐，何以卒歲！三之日于耜，四之日舉趾，同我婦子，饁彼南畝。田畯至喜。

七月流火，九月授衣。春日載陽，有鳴倉庚。女執懿筐，遵彼微行，爰求柔桑。春日遲遲，采蘩祁祁。女心傷悲，殆及公子同歸。

〔一〕原無「七月」二字，此標題爲整理者補。

七月流火，八月萑葦。蠶月條桑，取彼斧斨，以伐遠揚，猗彼女桑。七月鳴鵙，八月載績。載玄載黄，我朱孔揚，爲公子裳。

四月秀葽，五月鳴蜩。八月其穫，十月隕籜。一之日于貉：取彼狐狸。爲公子裘。二之日其同，載纘武功。言私其豵，獻豜于公。

五月斯螽動股，六月莎雞振羽。七月在野，八月在宇，九月在户，十月蟋蟀入我牀下。穹窒熏鼠，塞向墐户。嗟我婦子，曰爲改歲，入此室處。

六月食鬱及薁，七月亨葵及菽。八月剥棗，十月穫稻：爲此春酒，以介眉壽。七月食瓜，八月斷壺，九月叔苴。采荼薪樗，食我農夫。

九月築場圃，十月納禾稼。黍稷重穋，禾麻菽麥。嗟我農夫：我稼既同，上入執宫功！晝爾于茅，宵爾索綯。亟其乘屋，其始播百穀。

二之日鑿冰沖沖，三之日納於凌陰。四之日其蚤，獻羔祭韭。九月肅霜，十月滌場。朋酒斯饗，曰殺羔羊。躋彼公堂，稱彼兕觥，「萬壽無疆」！詩豳風七月

經文統鈔上編卷三

益陽陳天倪　主纂
湘陰彭　爲　襄輯

商書

湯征

書亡，今采孟子補之。

湯居亳，與葛爲鄰，葛伯放而不祀。湯使人問之曰：「何爲不祀？」曰：「無以供犧牲也。」湯使遺之牛羊。葛伯食之，又不以祀。湯又使人問之曰：「何爲不祀？」曰：「無以供粢盛也。」湯使亳衆往爲之耕，老弱饋食。葛伯率其民，要其有酒食黍稻者奪之，不授者殺之。有童子以黍肉餉，殺而奪之。爲其殺是童子而征之，四海之内皆曰：「非富天下也，爲匹夫匹婦復讎也。」湯始征，自葛載。十一征而無敵於天下。

湯誓

王曰：「格汝〔一〕衆庶，悉聽朕言。非台小子敢行稱亂！有夏多罪，天命殛之。今爾有衆，汝曰：『我后不恤我衆，舍我穡事，而割正夏？』予惟聞汝衆言，夏氏有罪，予畏上帝，不敢不正。今汝其曰：『夏罪其如台？』夏王率遏衆力，率割夏邑。有衆率怠弗協，曰：『時日曷喪？予及汝偕亡！』夏德若茲，今朕必往。

「爾尚輔予一人，致天之罰，予其大賚汝！爾無不信，朕不食言。爾不從誓言，予則孥戮汝，罔有攸赦。」

仲虺之誥

成湯放桀于南巢，惟有慙德。曰：「予恐來世以台爲口實。」仲虺乃作誥，曰：「嗚呼！惟天生民有欲，無主乃亂，惟天生聰明時乂。有夏昏德，民墜塗炭，天乃錫王勇智，表正萬邦，纘禹舊服。茲率厥典，奉若天命。夏王有罪，矯誣上天，以布命于下。帝用不臧，式商受命，用爽厥師。簡賢附勢，寔繁有徒。肇我邦于有夏，若苗之有莠，若粟之有秕。

〔一〕「汝」，阮刻本作「爾」。

小大戰戰，罔不懼於非辜。矧予之德，言足聽聞。惟王不邇聲色，不殖貨利。德懋懋官，功懋懋賞。用人惟己，改過不吝。克寬克仁，彰信兆民。乃葛伯仇餉，初征自葛，東征，西夷怨；南征，北狄怨，曰：「奚獨後予？」攸徂之民，室家相慶，曰：「徯予后，后來其蘇。」民之戴商，厥惟舊哉！佑賢輔德，顯忠遂良，兼弱攻昧，取亂侮亡，推亡固存，邦乃其昌。德日新，萬邦惟懷；志自滿，九族乃離。王懋昭大德，建中于民，以義制事，以禮制心，垂裕後昆。予聞曰：「能自得師者王，謂人莫己若者亡。好問則裕，自用則小。嗚呼！慎厥終，惟其始。殖有禮，覆昏暴。欽崇天道，永保天命。」

湯誥

王歸自克夏，至于亳，誕告萬方。王曰：「嗟！爾萬方有衆，明聽予一人誥。惟皇上帝，降衷于下民。若有恒性，克綏厥猷惟后。夏王滅德作威，以敷虐于爾萬方百姓。爾萬方百姓，罹其凶害，弗忍荼毒，並告無辜于上下神祇。天道福善禍淫，降災于夏，以彰厥罪。肆予〔一〕小子，將天命明威，不敢赦。敢用玄牡，敢昭告于上天神后，請罪有夏。聿求

〔一〕「予」，阮刻本作「台」。

元聖，與之戮力，以與爾有衆請命。上天孚佑下民，罪人黜伏，天命弗僭，賁若草木，兆民允殖。俾予一人，輯寧爾邦家，兹朕未知獲戾于上下，慄慄危懼，若將隕于深淵。凡我造邦，無從匪彝，無即慆淫，各守爾典，以承天休。爾有善，朕弗敢蔽；罪當朕躬，弗敢自赦，惟簡在上帝之心。其爾萬方有罪，在予一人；予一人有罪，無以爾萬方。嗚呼！尚克時忱，乃亦有終。」

詩・商頌・那　一章

删「顧予烝嘗」二句。序：「那，祀成湯也。」

猗与那與！置我鞉鼓。奏鼓簡簡，衎我烈祖。湯孫奏假，綏我思成。鞉鼓淵淵，嘒嘒管聲。既和且平，依我磬聲。於赫湯孫！穆穆厥聲。庸鼓有斁，萬舞有奕。我有嘉客，亦不夷懌。自古在昔，先民有作。温恭朝夕，執事有恪。

長發　七章

濬哲维商，長發其祥。洪水芒芒，禹敷下土方。外大國是疆，幅隕既長。有娀方將，帝立子生商。

玄王桓撥，受小國是達，受大國是達。率履不越，遂視既發。相土烈烈。海外有截。帝命不違，至于湯齊。湯降不遲，聖敬日躋。昭假遲遲，上帝是祗，帝命式于九圍。受小球大球，爲下国綴旒，何天之休。不競不絿，不剛不柔。敷政優優，百禄是遒。受小共大共，爲下國駿厖。何天之龍，敷奏其勇。不震不動，不戁不竦，百禄是總。武王載旆，有虔秉鉞。如火烈烈，則莫我敢曷。苞有三蘖，莫遂莫達。九有有截，韋顧既伐，昆吾夏桀。

昔在中葉，有震且業。允也天子，降予卿士。實维阿衡，實左右商王。

伊訓

惟元祀十有二月乙丑，伊尹祠于先王。奉嗣王祗見厥祖，侯、甸群后咸在，百官總己以聽冢宰。伊尹乃明言烈祖之成德，以訓于王。

曰：「嗚呼！古有夏先后，方懋厥德，罔有天災。山川鬼神，亦莫不寧，暨鳥獸魚鱉咸若。于其子孫弗率，皇天降災，假手于我有命，造攻自鳴條，朕哉自亳。惟我商王，布昭聖武，代虐以寬，兆民允懷。今王嗣厥德，罔不在初，立愛惟親，立敬惟長，始于家邦，終于四海。嗚呼！先王肇修人紀，從諫弗咈，先民時若。居上克明，爲下克忠，與人不求備，檢身若不及，以至于有萬邦，兹惟艱哉！敷求哲人，俾輔于爾後嗣，制官刑，儆于有位。曰：『敢有恒舞于宫，酣歌于室，時謂巫風；敢有殉于貨色，恒于遊畋，時謂淫風；敢有侮聖言，逆忠直，遠耆德，比頑童，時謂亂風。惟兹三風十愆，卿士有一于身，家必喪；邦君有一于身，國必亡。臣下不匡，其刑墨，具訓于蒙士。』嗚呼！嗣王祗厥身，念哉！聖謨洋洋，嘉言孔彰。惟上帝不常，作善降之百祥，作不善降之百殃。爾惟德罔小，萬邦惟慶；爾惟不德罔大，墜厥宗。」

太甲上

惟嗣王不惠于阿衡，伊尹作書曰：「先王顧諟天之明命，以承上下神祇。社稷宗廟，罔不祗肅。天監厥德，用集大命，撫綏四〔一〕方，惟尹躬克左右厥辟，宅師，肆嗣王丕承基緒。惟尹躬先見于西邑夏，自周有終，相亦惟終；其後嗣王，罔克有終，相亦罔終。嗣王戒哉！祗爾厥辟，辟不辟，忝厥祖。」王惟庸，罔念聞。伊尹乃言曰：「先王昧爽丕顯，坐以待旦。旁求俊彦，啓迪後人，無越厥命以自覆。慎乃儉德，惟懷永圖。若虞機張，往

〔一〕「四」，阮刻本作「萬」。

「茲乃不義，習與性成。予弗狎于弗順，營于桐宮，密邇先王其訓，毋〔一〕俾世迷。王徂桐宮居憂，克終允德。」

省括于度則釋。欽厥止，率乃祖攸行，惟朕以懌，萬世有辭。」王未克變，伊尹曰：

太甲中

惟三祀十有二月朔，伊尹以冕服奉嗣王歸于亳，作書曰：「民非后，罔克胥匡以生；后非民，罔以辟四方。皇天眷佑有商，俾嗣王克終厥德，實萬世無疆之休。」王拜手稽首曰：「予小子不明于德，自底不類。欲敗德〔二〕，縱敗禮，以速戾于厥躬。天作孽，猶可違；自作孽，不可逭。既往背師保之訓，弗克于厥初，尚賴匡救之德，圖惟厥終。」伊尹拜手稽首曰：「修厥身，允德協于下，惟明后。先王子惠困窮，民服厥命，罔有不悅。並其有邦厥鄰，乃曰：「徯我后，后來無罰。」王懋乃德，視乃烈〔三〕祖，無時豫怠。奉先思孝，接

〔一〕「毋」，阮刻本作「無」。
〔二〕「德」，阮刻本作「度」。
〔三〕「烈」，阮刻本作「厥」。

下思恭。視遠惟明；聽德惟聰。朕承王之休無斁。」

太甲下

伊尹申誥于王曰：「嗚呼！惟天無親，克敬惟親。民罔常懷，懷于有仁。鬼神無常享，享于克誠。天位艱哉！德惟治，否德亂。與治同道，罔不興；與亂同事，罔不亡。終始慎厥與，惟明明后。先王惟時懋敬厥德，克配上帝。今王嗣有令緒，尚監茲哉。若升高，必自下；若陟遐，必自邇。無輕民事，惟難〔一〕；無安厥位，惟危。慎終于始。有言逆于汝心，必求諸道；有言遜于爾〔二〕志，必求諸非道。嗚呼！弗慮胡獲？弗爲胡成？一人元良，萬邦以貞。君罔以辯言亂舊政，臣罔以寵利居成功，邦其永孚于休。」

咸有一德

伊尹既復政厥辟，將告歸，乃陳戒于德，曰：「嗚呼！天難諶，命靡常。常厥德，保厥

〔一〕「難」，阮刻本作「艱」。
〔二〕「爾」，阮刻本作「汝」。

位。厥德匪常，九有以亡。夏王弗克庸德，慢神虐民。皇天弗保，監于萬方，啓迪有命，眷求一德，俾作神主。惟尹躬暨湯，咸有一德，克享天心，受天明命，以有九有之師，爰革夏正。非天私我有商，惟天佑于一德；非商求于下民，惟民歸于一德。德惟一，動罔不吉；德二三，動罔不凶。惟吉凶不僭在人，惟天降災祥在德。今嗣王新服厥命，惟新厥德。終始惟一，時乃日新。任官惟賢材，左右惟其人。臣爲上爲德，爲下爲民。其難其慎，惟和惟一。德無常師，主善爲師。善無常主，協于克一。俾萬姓咸曰：『大哉王言。』又曰：『一哉王心』。克綏先王之禄，永厎烝民之生。嗚呼！七世之廟，可以觀德。萬夫之長，可以觀政。后非民罔使，民非后罔事。無自廣以狹人，匹夫匹婦，不獲自盡，民主罔與成厥功。」

詩·商頌·烈祖　一章

序：烈祖，祀中宗也。

嗟嗟烈祖！有秩斯祜。申錫無疆，及爾斯所。既載清酤，賚我思成。亦有和羹，既戒既平。鬷假無言，時靡有爭。綏我眉壽，黃耇無疆。約軧錯衡，八鸞鶬鶬。以假以享，我受命溥將。自天降康，豐年穰穰。来假来饗，降福無疆。顧予烝嘗，湯孫之将。

殷王中宗嚴恭！寅畏天命。自度，治民祗懼，不敢荒寧。肆中宗之享國，七十有五

年。書無逸

時則有若伊陟、臣扈，格于上帝；巫咸乂王家。在祖乙，時則有若巫賢。在武丁，時則有若〔一〕甘盤。率惟茲有陳，保乂有殷，故殷禮陟配天，多歷年所。書君奭

盤庚上中、下篇删。

盤庚遷于殷，民不適有居，率籲衆慼，出矢言，曰：「我王來，既爰宅于茲，重我民，無盡劉。不能胥匡以生，卜稽曰其如台！先王有服，恪謹天命，茲猶不常寧；不常厥邑，于今五邦。今不承于古，罔知天之斷命，矧曰其克從先王之烈！若顛木之有由蘖，天其永我命于茲新邑，紹復先王之大業，厎綏四方。」

盘庚斆于民由乃在位，以常舊服正法度，曰：「無或敢伏小人之攸箴！」王命衆悉至于庭。

王若曰：「格汝衆，予告汝訓汝：猷黜乃心，無傲從康。

「古我先王，亦惟圖任舊人共政。王播告之修，不匿厥指，王用丕欽。罔有逸言，民用

〔一〕原無「若」字，據阮刻本補。

丕變。今汝聒聒，起信險膚，予弗知乃所訟！

「非予自荒兹德，惟汝含德，不迪〔二〕予一人。予若觀火，予亦拙謀，作乃逸。

「若網在綱，有條而不紊。若農服田力穡，乃亦有秋。汝克黜乃心，施實德于民，至于婚友，丕乃敢大言，汝有積德！乃不畏戎毒于远邇，惰農自安，不昏作勞，不服田畝，越其罔有黍稷。

「汝不和吉言于百姓，惟汝自生毒，乃敗禍姦宄，以自災于厥身。乃既先惡于民，乃奉其恫；汝悔身何及！相时憸民，猶胥顧予箴言，其發有逸口，矧予制乃短長之命！汝曷弗告朕而胥動以浮言？恐沈于衆，若火之燎于原，不可嚮邇，其猶可撲滅？則惟汝衆自作弗靖，非予有咎！

「遲任有言曰：『人惟求舊；器非求舊，惟新。』

「古我先王暨乃祖乃父，胥厥〔三〕逸勤；予敢動用非罰！世選爾勞，予不掩爾善。兹予大享于先王，爾祖其從與享之。作福作災，予亦不敢動用非德。

〔二〕「迪」，阮刻本作「惕」。

〔三〕「厥」，阮刻本作「及」。

「予告汝于難，若射之有志。汝無侮老成人，無弱孤有幼；各長于厥居，勉出乃力，聽予一人之作猷。

「無有遠邇，用罪伐厥死，用德彰厥善。邦之臧，惟汝衆；邦之不臧，惟予一人有佚罰。

「凡汝〔一〕衆，其惟致告：自今至于後日，各恭汝〔二〕事，齊乃位，度乃口。罰及汝〔三〕身，弗可悔！」

説命上

王宅憂，亮陰三祀。既免喪，其惟弗言，群臣咸諫于王曰：「嗚呼！知之曰明哲，明哲實作則。天子惟君萬邦，百官承式，王言惟作命，不言臣下罔攸稟令。」王庸作書以誥曰：「以台正于四方，台〔四〕恐德弗類，兹故弗言。恭默思道，夢帝賚予

〔一〕「汝」，阮刻本作「爾」。

〔二〕「汝」，阮刻本作「爾」。

〔三〕「汝」，阮刻本作「爾」。

〔四〕「台」，阮刻本作「惟」。

良弼，其代予言。」乃審厥象，俾以形旁求于天下。説築傅巖之野，惟肖。爰立作相，王置諸其左右，命之曰：「朝夕納誨，以輔台德。若金，用汝作礪；若濟巨川，用汝作舟楫；若歲大旱，用汝作霖雨。啓乃心，沃朕心。若藥，弗瞑眩，厥疾弗瘳；若跣弗視地，厥足用傷。惟暨乃僚，罔不同心，以匡乃辟，俾率先王，迪我高后，以康兆民。嗚呼！欽予時命，其惟有終。」

説復于王曰：「惟木從繩則正，后從諫則聖。后克聖，臣不命其承，疇敢不祗若王之休命？」

説命中

惟説命總百官，乃進于王曰：「嗚呼！明王奉若天道，建邦設都，樹后王君公，承以大夫師長，不惟逸豫，惟以亂民。惟天聰明，惟聖時憲，惟臣欽若，惟民從乂。惟口起羞，惟甲胄起戎，惟衣裳在笥，惟干戈省厥躬。王惟戒兹，允兹克明，乃罔不休。惟治亂在庶官，官不及私，昵惟其能；爵罔及惡，德惟其賢。慮善以動，動惟厥時。有其善，喪厥善；矜其能，喪厥功。惟事事，乃其有備，有備無患。無啓寵納侮，無恥過作非。惟厥攸居，政事惟醇。黷于祭祀，時謂弗欽。禮煩則亂，事神則難。」

王曰：「旨哉！說，乃言惟服。乃不良于言，予罔聞于行。」説拜稽首曰：「非知之艱，行之惟艱。王忱不艱，允協于先王成德，惟説不言有厥咎。」

説命下

王曰：「來！汝説。台小子舊學于甘盤，既乃遯于荒野，入宅于河。自河徂亳，暨厥終罔顯。爾惟訓于朕志，若作酒醴，爾惟麴糵；若作和羹，爾惟鹽梅。爾交修予，罔予棄，予惟克邁乃訓。」

説曰：「王，人求多聞，時惟建事，學于古訓，乃有獲。事不師古，以克永世，匪説攸聞。惟學遜志，務時敏，厥修乃來。允懷于茲，道積于厥躬。惟斅學半，念終始典于學，厥德修罔覺。監于先王成憲，其永無愆。惟説式克欽承，旁招俊乂，列于庶位。」

王曰：「嗚呼！説，四海之内，咸仰朕德，時乃風。股肱惟人，良臣惟聖。昔先正保衡，作我先王，乃曰：『予弗克俾厥后惟堯、舜，其心愧恥，若撻于市。』一夫不獲，則曰：『時予之辜。』佑我烈祖，格于皇天。爾尚明保予，罔俾阿衡專美有商。惟后非賢不乂，惟賢非后不食。其爾克紹乃辟于先王，永綏民。」

說拜稽首曰：「敢對揚天子之休命。」

高宗，時[一]舊勞于外，爰暨小人。作其即位，乃或亮陰，三年不言。其惟不言，言乃雍。不敢荒寧，嘉靖殷邦。至于小大，無時或怨。肆高宗之享國，五十有九年。其在祖甲，不義爲[二]王，舊爲小人。作其即位，爰知小人之依，能保惠于庶民，不敢侮鰥寡。肆祖甲之享國，三十有三年。書無逸

商頌・玄鳥 一章

序：玄鳥，祀高宗也。章内「在武丁孫子」三句，武王、武丁互易。說見別録。

天命玄鳥，降而生商，宅殷土芒芒。古帝命武湯，正域彼四方。方命厥后，奄有九有。商之先后，受命不殆，在武王[三]孫子。武王[四]孫子，武丁[五]靡不勝。龍旂十乘，大糦

[一] 原無「時」字，據阮刻本補。
[二] 「爲」，阮刻本作「惟」。
[三] 「武王」，阮刻本作「武丁」。
[四] 「武王」，阮刻本作「武丁」。
[五] 「武丁」，阮刻本作「武王」。

是承。邦畿千里，维民所止。肇域彼四海，四海來假，來假祁祁。景員维河。殷受命咸宜，百禄是何。

殷武

六章序：殷武，祀高宗也。

撻彼殷武，奮伐荆楚。罙入其阻，裒荆之旅。有截其所，湯孫之緒。

维女荆楚，居國南鄉。昔有成湯，自彼氐羌，莫敢不来享，莫敢不来王。曰商是常。

天命多辟，設都于禹之績。歲事来辟，勿予禍適，稼穡匪懈。

天命降監，下民有嚴。不僭不濫，不敢怠遑。命于下國，封建厥福。

商邑翼翼，四方之極。赫赫厥聲，濯濯厥靈。壽考且寧，以保我後生。

陟彼景山，松柏丸丸。是斷是遷，方斲是虔。松桷有梴，旅楹有閑，寢成孔安。

西伯戡黎

西伯既戡黎，祖伊恐，奔告于王曰：「天子！天既訖我殷命。格人元龜，罔敢知吉。非先王不相我後人，惟王淫戲用自絶。故天棄我，不有康食。不虞天性，不迪率典。今我民罔弗欲喪，曰：『天曷不降威？』大命不摯，今王其如台？」

王曰：「嗚呼！我生不有命在天？」

祖伊反曰：「嗚呼！乃罪多，參在上，乃能責命于天？殷之即喪，指乃功，不無戮于爾邦！」

微子

微子若曰：「父師、少師！殷其弗或亂正四方。我祖厎遂陳于上，我用沈酗于酒，用亂敗厥德于下。殷罔不小大，好草竊姦宄。卿士師師非度。凡有辜罪，乃罔恒獲，小民方興，相爲敵讎。今殷其淪喪，若涉大水，其無津涯。殷遂喪，越至于今！」

曰：「父師、少師，我其發出狂？吾家耄遜于荒？今爾無指告，予顛隮，若之何其？」

父師若曰：「王子！天毒降災荒殷邦，方興沈酗于酒，乃罔畏畏，咈其耇長，舊有位人。

「今殷民乃攘竊神祇之犧牷牲，用以容，將食無災。降監殷民，用乂讎斂，召敵讎不怠。罪合于一，多瘠罔詔。商今其有災，我興受其敗；商其淪喪，我罔爲臣僕。詔王子出迪，我舊云刻子。王子弗出，我乃顛隮。自靖，人自獻于先王，我不顧行遯。」

洪範

内文句易置處，義見別録。

惟十有三祀，王訪于箕子。王乃言曰：「嗚呼！箕子。惟天陰騭下民，相協厥居，我不知其彝倫攸敘。」

箕子乃言曰：「我聞在昔，鯀陻洪水，汩陳其五行。帝乃震怒，不畀「洪範」九疇，彝倫攸斁。鯀則殛死，禹乃嗣興，天乃錫禹「洪範」九疇，彝倫攸敘。

初一曰五行，次二曰敬用五事，次三曰農用八政，次四曰協用五紀，次五曰建用皇極，次六曰乂用三德，次七曰明用稽疑，次八曰念用庶徵，次九曰嚮用五福，威用六極。

一、五行：一曰水，二曰火，三曰木，四曰金，五曰土。水曰潤下，火曰炎上，木曰曲直，金曰從革，土爰稼穡。潤下作鹹，炎上作苦，曲直作酸，從革作辛，稼穡作甘。

二、五事：一曰貌，二曰言，三曰視，四曰聽，五曰思。貌曰恭，言曰從，視曰明，聽曰聰，思曰睿。恭作肅，從作乂，明作哲，聰作謀，睿作聖。

三、八政：一曰食，二曰貨，三曰祀，四曰司空，五曰司徒，六曰司寇，七曰賓，八曰師。

四、五紀：一曰歲，二曰月，三曰日，四曰星辰，五曰曆數。曰：王省惟歲，卿士惟月，師尹惟日。歲月日時無易，百穀用成，乂用明，俊民用章，家用平康。日月歲時既易，百穀用不成，乂用昏不明，俊民用微，家用不寧。庶民惟星，星有好風，星有好雨。日月之行，則有冬有夏。月之從星，則以風雨。[一]

五、皇極：皇建其有極。斂時五福，用敷錫厥庶民。惟時厥庶民于汝極，錫汝保極：凡厥庶民，無有淫朋，人無有比德，惟皇作極。凡厥庶民，有猷有爲有守，汝則念之。不協于極，不罹于咎，皇則受之。而康而色，曰：「予攸好德。」汝則錫之福。時人斯其惟皇之極。無虐煢獨，而畏高明，人之有能有爲，使羞其行，而邦其昌。凡厥正人，既富方穀，汝弗能使有好于汝[二]家，時人斯其辜。于其無好德，汝雖錫之福，其作汝用咎。無偏無陂，遵王之義；無有作好，遵王之道；無有作惡，遵王之路。無偏無黨，王道蕩蕩；無黨無偏，王道平平；無反無側，王道正直。會其有極，歸其有極。曰：皇極之敷言，是彝是訓，于帝其訓，凡厥庶民，極之敷言，是訓是行，以近天子之光。曰：天子作民父母，以爲天下王。

六、三德：一曰正直，二曰剛克，三曰柔克。平康，正直；彊弗友，剛克；燮友，柔

〔一〕「曰王省惟歲」以下，阮刻本在「八、庶徵」段末，作者易置此處，説見別録。

〔二〕「汝」，阮刻本作「而」。

克。沈潛，剛克；　高明，柔克。

七、稽疑：　擇建立卜筮人，乃命卜筮。曰雨，曰霽，曰蒙，曰驛，曰克，曰貞，曰悔，凡七。卜五，占用二，衍忒。立時人作卜筮，三人占，則從二人之言。汝則有大疑，謀及乃心，謀及卿士，謀及庶人，謀及卜筮。汝則從，龜從，筮從，卿士從，庶民從，是之謂大同。身其康彊，子孫其逢吉。汝則從，龜從，筮從，卿士逆，庶民逆，吉。卿士從，龜從，筮從，汝則逆，庶民逆，吉。庶民從，龜從，筮從，汝則逆，卿士逆，吉。汝則從，龜從，筮逆，卿士逆，庶民逆，作内吉，作外凶。龜筮共違于人，用靜吉，用作凶。

八、庶徵：　曰雨，曰暘，曰燠，曰寒，曰風，曰時，五者來備，各以其敘，庶草蕃廡。一極備，凶；　一極無，凶。曰休徵〔二〕：　曰肅，時雨〔三〕若；　曰乂，時暘若；　曰晢，時燠若；　曰謀，時寒若；　曰聖，時風若。曰咎徵：　曰狂，恒雨若；　曰僭，恒暘若；　曰豫，恒燠若；　曰急，恒寒若；　曰蒙，恒風若。

九、五福：　一曰壽，二曰富，三曰康寧，四曰攸好德，五曰考終命。六極：　一曰凶、

〔二〕　原無「曰休徵」三字，據阮刻本補。
〔三〕　「雨」，阮刻本作「寒」。

短、折，二曰疾，三曰憂，四曰貧，五曰惡，六曰弱。

惟辟作福，惟辟作威，惟辟玉食。臣無有作福、作威、玉食。臣之有作福、作威、玉食，其害于而家，凶于而國。人用側頗辟，民用僭忒。

微子之命

王若曰：「猷！殷王元子，惟稽古，崇德象賢。統承先王，修其禮物，作賓於王家，與國咸休，永世無窮。

「嗚呼！乃祖成湯，克齊、聖、廣、淵，皇天眷佑，誕受厥命。撫民以寬，除其邪虐，功加于時，德垂後裔。爾惟踐修厥猷，舊有令聞，恪慎克孝，肅恭神人。予嘉乃德，曰篤不忘。上帝時歆，下民祗協，庸建爾于上公，尹兹東夏。

「欽哉！往敷乃訓，慎乃服命，率由典常，以蕃王室。弘乃烈祖，律乃有民，永綏在〔二〕位，毗予一人。世世享德，萬邦作式，俾我有周無斁。

「嗚呼！往哉惟休，毋〔三〕替朕命。」

〔二〕「在」，阮刻本作「厥」。
〔三〕「毋」，阮刻本作「無」。

經文統鈔上編卷四

益陽陳天倪　主纂
湘陰彭　昺　襄輯

周書一

詩・大雅・緜　九章

緜緜瓜瓞，民之初生，自土沮漆。古公亶父，陶復陶穴，未有家室。

古公亶父，來朝走馬。率西水滸，至于岐下。爰及姜女，聿來胥宇。

周原膴膴，堇荼如飴。爰始爰謀，爰契我龜。曰止曰時，築室于茲。

迺慰迺止，迺左迺右。迺疆迺理，迺宣迺畝。自西徂東，周爰執事。

乃召司空，乃召司徒，俾立室家。其繩則直，縮版以載，作廟翼翼。

捄之陾陾，度之薨薨。築之登登，削屢馮馮。百堵皆興，鼛鼓弗勝。

迺立皋門，皋門有伉。迺立應門，應門將將。迺立冢土，戎醜攸行。

肆不殄厥愠，亦不隕厥問。柞棫拔矣，行道兑矣。混夷駾矣，維其喙矣。

虞芮質厥成，文王蹶厥生。予曰有疏附，予曰有先後。予曰有奔奏，予曰有禦侮！

文王　七章

文王受命爲王，此詩推本言之。

文王在上，於昭于天。周雖舊邦，其命維新。有周不顯，帝命不時。文王陟降，在帝左右。

亹亹文王，令聞不已。陳錫哉周，侯文王孫子。文王孫子，本支百世。凡周之士，不顯亦世。

世之不顯，厥猶翼翼。思皇多士，生此王國。王國克生，維周之楨。濟濟多士，文王以寧。

穆穆文王，於緝熙敬止！假哉天命，有商孫子。商之孫子，其麗不億。上帝既命，侯于周服。

侯服于周，天命靡常。殷士膚敏，祼將于京。厥作祼將，常服黼冔。王之藎臣，無念爾祖！

無念爾祖，聿修厥德。永言配命，自求多福。殷之未喪師，克配上帝。宜鑒于殷，駿命不易！

命之不易，無遏爾躬。宣昭義問，有虞殷自天。上天之載，無聲無臭。儀刑文王，萬邦作孚！

皇矣　八章

皇矣上帝，臨下有赫。監觀四方，求民之莫。維此二國，其政不獲。維彼四國，爰究爰度。上帝耆之，憎其式廓。乃眷西顧，此維與宅。

作之屏之，其菑其翳。修之平之，其灌其栵。啓之辟之，其檉其椐。攘之剔之，其檿其柘。帝遷明德，串夷載路。天立厥配，受命既固。

帝省其山，柞棫斯拔，松柏斯兑。帝作邦作對，自大伯王季。維此王季，因心則友。則友其兄，則篤其慶，載錫之光。受禄無喪，奄有四方。

維此王季，帝度其心。貊其德音，其德克明。克明克類，克長克君。王此大邦，克順克比。比于文王，其德靡悔。既受帝祉，施于孫子。

帝謂文王：無然畔援，無然歆羡，誕先登于岸。密人不恭，敢距大邦，侵阮徂共。王赫斯怒，爰整其旅，以遏徂旅。以篤于〔一〕周祜，以對于天下。依其在京，侵自阮疆。陟我高岡，無矢我陵。我陵我阿，無飲我泉，我泉我池。度其鮮原，居岐之陽，在渭之將。萬邦之方，下民之王。帝謂文王：予懷明德，不大聲以色，不長夏以革。不識不知，順帝之則。帝謂文王：詢爾仇方，同爾兄弟。以爾鉤援，與爾臨衝，以伐崇墉。臨衝閑閑，崇墉言言。執訊連連，攸馘安安。是類是禡，是致是附，四方以無侮。臨衝茀茀，崇墉仡仡。是伐是肆，是絶是忽。四方以無拂。

大明　八章

明明在下，赫赫在上。天難忱斯，不易維〔二〕王。天位殷適，使不挾四方。摯仲氏任，自彼殷商，來嫁于周，曰嬪于京。乃及王季，維德之行。大任有身，生此文王。維此文王，小心翼翼。昭事上帝，聿懷多福。厥德不回，以受

〔一〕原無「于」字，據阮刻本補。
〔二〕「維」，阮刻本作「爲」。

方國。

天監在下，有命既集。文王初載，天作之合。在洽之陽，在渭之涘。文王嘉止，大邦有子。大邦有子，俔天之妹。文定厥祥，親迎于渭。造舟爲梁，不顯其光。

有命自天，命此文王。于周于京，纘女維莘。長子維行，篤生武王。保右命爾，燮伐大商。

殷商之旅，其會如林。矢于牧野，維予侯興。上帝臨女，無貳爾心。

牧野洋洋，檀車煌煌，駟騵彭彭。維師尚父，時維鷹揚。涼彼武王，肆伐大商，會朝清明。

思齊　四章

思齊大任，文王之母，思媚周姜，京室之婦。大姒嗣徽音，則百斯男。

惠于宗公，神罔時怨，神罔時恫。刑于寡妻，至于兄弟，以御于家邦。

雝雝在宮，肅肅在廟。不顯亦臨，無射亦保。肆戎疾不殄，烈假不瑕。

不聞亦式，不諫亦入。肆成人有德，小子有造。古之人無斁，譽髦斯士。

棫樸　五章

芃芃棫樸，薪之槱之。濟濟辟王，左右趣之。

濟濟辟王，左右奉璋。奉璋峨峨，髦士攸宜。

淠彼涇舟，烝徒楫之。周王于邁，六師及之。

倬彼雲漢，爲章于天。周王壽考，遐不作人？

追琢其章，金玉其相。勉勉我王，綱紀四方。

旱麓　六章[一]

瞻彼旱麓，榛楛濟濟。豈弟君子，干禄豈弟。

瑟彼玉瓚，黄流在中。豈弟君子，福禄攸降。

鳶飛戾天，魚躍于淵。豈弟君子，遐不作人？

清酒既載，騂牡既備。以享以祀，以介景福。

瑟彼柞棫，民所燎矣。豈弟君子，神所勞矣。

[一] 原爲「四章」，據阮刻本校改爲「六章」。

莫莫葛藟，施于條枚。豈弟君子，求福不回。

靈臺　三章

删「於論鼓鐘，於樂辟廱」複句，每章六句。

經始靈臺，經之營之。庶民攻之，不日成之。經始勿亟，庶民子來。

王在靈囿，麀鹿攸伏。麀鹿濯濯，白鳥翯翯。王在靈沼，於牣魚躍。

虡業維樅，賁鼓維鏞。於論鼓鐘，於樂辟廱。鼉鼓逢逢，矇瞍奏公。

小雅·鹿鳴　二章

删第三章。當時配樂，故有再三咏歎之語。本選論文，凡重複之句皆删去。

呦呦鹿鳴，食野之苹。我有嘉賓，鼓瑟吹笙。吹笙鼓簧，承筐是將。人之好我，示我周行。

呦呦鹿鳴，食野之蒿。我有嘉賓，德音孔昭。視民不恌，君子是則是效。我有旨酒，嘉賓式燕以敖。

四牡　三章第二、四兩章刪。

四牡騑騑，周道倭遲。豈不懷歸？王事靡盬，我心傷悲。

翩翩者鵻，載飛載下，集于苞栩。王事靡盬，不遑將父。

駕彼四駱，載驟駸駸。豈不懷歸？是用作歌，將母來諗。

皇皇者華　五章左傳叔孫穆子云：「訪問于善爲咨：咨親爲詢，咨禮爲度，咨事爲諏，咨難爲謀。」

皇皇者華，于彼原隰。駪駪征夫，靡[一]懷靡及。

我馬維駒，六轡如濡。載馳載驅，周爰咨諏。

我馬維騏，六轡如絲。載馳載驅，周爰咨謀。

我馬維駱，六轡沃若。載馳載驅，周爰咨度。

我馬維駰，六轡既均。載馳載驅，周爰咨詢。

〔一〕「靡」，阮刻本作「每」。

常棣　八章

常棣之華，鄂不韡韡。凡今之人，莫如兄弟。
死喪之威，兄弟孔懷。原隰裒矣，兄弟求矣。
脊令在原，兄弟急難。每有良朋，況也永歎。
兄弟鬩于牆，外禦其侮。每有良朋，烝也無戎。
喪亂既平，既安且寧。雖有兄弟，不如友生。
儐爾籩豆，飲酒之飫。兄弟既具，和樂且孺。
妻子好合，如鼓瑟琴。兄弟既翕，和樂且湛。
宜爾室家，樂爾妻帑。是究是圖，亶其然乎！

伐木　三章

鄭作六章，朱作三章，從朱爲得。

伐木丁丁，鳥鳴嚶嚶。出自幽谷，遷于喬木。嚶其鳴矣，求其友聲。相彼鳥矣，猶求友聲。矧伊人矣，不求友生？神之聽之，終和且平。
伐木許許，釃酒有藇！既有肥羜，以速諸父。寧適不來，微我弗顧。於粲洒埽，陳饋八簋。既有肥牡，以速諸舅。寧適不來，微我有咎。

伐木于阪，釃酒有衍。籩豆有踐，兄弟無遠。民之失德，乾餱以愆。有酒湑我，無酒酤我。坎坎鼓我，蹲蹲舞我。迨我暇矣，飲此湑矣。

天保　六章

天保定爾，亦孔之固。俾爾單厚，何福不除？俾爾多益，以莫不庶。

天保定爾，俾爾戩穀。罄無不宜，受天百祿。降爾遐福，維日不足。

天保定爾，以莫不興。如山如阜，如岡如陵，如川之方至，以莫不增。

吉蠲爲饎，是用孝享。禴祠烝嘗，于公先王。君曰卜爾，萬壽無疆。

神之弔矣，詒爾多福。民之質矣，日用飲食。群黎百姓，徧爲爾德。

如月之恒，如日之升。如南山之壽，不騫不崩。如松柏之茂，無不爾或承。

采薇　六章

采薇采薇，薇亦作止。曰歸曰歸，歲亦莫止。靡室靡家，玁狁之故。不遑啓居，玁狁之故。

采薇采薇，薇亦柔止。曰歸曰歸，心亦憂止。憂心烈烈，載飢載渴。我戍未定，靡使歸聘。

采薇采薇，薇亦剛止。曰歸曰歸，歲亦陽止。王事靡盬，不遑啓處。憂心孔疚，我行不來！

彼爾維何？維常之華。彼路斯何？君子之車。戎車既駕，四牡業業。豈敢定居？一月三捷。

駕彼四牡，四牡騤騤。君子所依，小人所腓。四牡翼翼，象弭魚服。豈不日戒？玁狁孔棘！

昔我往矣，楊柳依依。今我來思，雨雪霏霏。行道遲遲，載渴載飢。我心傷悲，莫知我哀！

出車　六章

我出我車，于彼牧矣。自天子所，謂我來矣。召彼僕夫，謂之載矣。王事多難，維其棘矣。

我出我車，于彼郊矣。設此旐矣，建彼旄矣。彼旟旐斯，胡不旆旆？憂心悄悄，僕夫況瘁。

王命南仲，往城于方。出車彭彭，旂旐央央。天子命我，城彼朔方。赫赫南仲，玁狁于襄。

昔我往矣，黍稷方華。今我來思，雨雪載塗。王事多難，不遑啓居。豈不懷歸？畏此簡書。

喓喓草蟲，趯趯阜螽。未見君子，憂心忡忡。既見君子，我心則降。赫赫南仲，薄伐西戎。

春日遲遲，卉木萋萋。倉庚喈喈，采蘩祁祁。執訊獲醜，薄言還歸。赫赫南仲，玁狁于夷。

杕杜　四章

有杕之杜，有睆其實。王事靡盬，繼嗣我日。日月陽止，女心傷止，征夫遑止。

有杕之杜，其葉萋萋。王事靡盬，我心傷悲。卉木萋止，女心悲止，征夫歸止！

陟彼北山，言采其芑[一]。王事靡盬，憂我父母。檀車幝幝，四牡痯痯，征夫不遠！

匪載匪來，憂心孔疚。期逝不至，而多爲恤。卜筮偕止，會言近止，征夫邇止！

周頌·清廟　一章

於穆清廟，肅雝顯相。濟濟多士，秉文之德。對越在天，駿奔走在廟。不顯不承，無射于人斯。

維天之命　一章

維天之命，於穆不已。於乎不顯，文王之德之純。假以溢我，我其收之。駿惠我文王，曾孫篤之。

[一] 「芑」，阮刻本作「杞」。

維清　一章

維清緝熙，文王之典。肇禋，迄用有成，維周之禎。

天作　一章

天作高山，天[一]王荒之。彼作矣，文王康之。彼岨[二]矣，岐有夷之行。子孫保之。

我將　一章

我將我享，維羊維牛，維天其右之！儀式刑文王之典，日靖四方。伊嘏文王，既右饗之。我其夙夜，畏天之威，于時保之。

[一]「天」，阮刻本作「大」。
[二]「岨」，阮刻本作「徂」。

易上經

☰乾下乾上[一]。 ⟅乾： 元，亨，利，貞。

初九，潛龍勿用。

九二，見龍在田，利見大人。

九三，君子終日乾乾，夕惕若，厲无咎。

九四，或躍在淵，无咎。

九五，飛龍在天，利見大人。

上九，亢龍有悔。

用九，見群龍无首，吉。

☷坤下坤上。 ⟅坤： 元，亨，利牝馬之貞。 君子有攸往，先迷，後得，主利西南得朋，東北喪朋。 安貞吉。

初六，履霜，堅冰至。

六二，直方大，不習无不利。

[一] 此關於卦畫的文字描述，均爲整理者所加，原稿無。 餘皆如是。

六三，含章可貞；　或從王事，无成有終。

六四，括囊，无咎无譽。

六五，黄裳，元吉。

上六，龍戰于野，其血玄黄。

用六，利永貞。

䷂震下坎上。屯：　元亨，利貞；　勿用有攸往，利建侯。

初九，盤桓，利居貞，利建侯。

六二，屯如，邅如。乘馬班如，匪寇婚媾；　女子貞不字，十年乃字。

六三，即鹿无虞，惟入于林中；　君子幾，不如舍，往吝。

六四，乘馬班如，求婚媾；　往吉，无不利。

九五，屯其膏。小，貞吉；　大，貞凶。

上六，乘馬班如，泣血漣如。

䷃坎下艮上。蒙：　亨。匪我求童蒙，童蒙求我；　初筮告，再三瀆，瀆則不告。利貞。

初六，發蒙，利用刑人，用說桎梏；　以往吝。

九二，包蒙，吉。納婦，吉；子克家。
六三，勿用取女，見金夫，不有躬，无攸利。
六四，困蒙，吝。
六五，童蒙，吉。
上九，擊蒙；不利爲寇，利禦寇。
䷄乾下坎上。需：有孚，光亨，貞吉，利涉大川。
初九，需于郊，利用恒，无咎。
九二，需于沙，小有言；終吉。
九三，需于泥，致寇至。
六四，需于血，出自穴。
九五，需于酒食，貞吉。
上六，入于穴，有不速之客三人來；敬之，終吉。
䷅坎下乾上。訟：有孚窒惕，中吉；終凶，利見大人，不利涉大川。
初六，不永所事，小有言，終吉。
九二，不克訟，歸而逋，其邑人三百户，无眚。

六三，食舊德，貞厲，終吉；　或從王事，无成。

九四，不克訟：　復即命，渝，安貞吉。

九五，訟，元吉。

上九，或錫之鞶帶，終朝三褫之。

䷆坎下坤上。〔師：　貞，丈人吉，无咎。

初六，師出以律，否臧凶。

九二，在師，中吉，无咎；　王三錫命。

六三，師或輿尸，凶。

六四，師左次，无咎。

六五，田有禽，利執言，无咎；　長子帥師，弟子輿尸，貞凶。

上六，大君有命，開國承家，小人勿用。

䷇坤下坎上。〔比：　吉。原筮，元永貞，无咎。不寧方來，後夫凶。

初六，有孚比之，无咎；　有孚盈缶，終來有它，吉。

六二，比之自内，貞吉。

六三，比之匪人。

六四，外比之，貞吉。

九五，顯比；　王用三驅，失前禽，邑人不誡，吉。

上六，比之无首，凶。

䷈乾下巽上。小畜：　亨；　密雲不雨，自我西郊。

初九，復自道，何其咎？吉。

九二，牽復，吉。

九三，輿説輻，夫妻反目。

六四，有孚；　血去惕出，无咎。

九五，有孚攣如，富以其鄰。

上九，既雨既處，尚德載；　婦貞厲，月幾望；　君子征凶。

䷉兑下乾上。履：　履虎尾，不咥人，亨。

初九，素履，往无咎。

九二，履道坦坦，幽人貞吉。

六三，眇能視，跛能履，履虎尾咥人，凶；　武人爲于大君。

九四，履虎尾，愬愬，終吉。

九五，夬履，貞厲。

上九，視履考祥，其旋元吉。

䷊乾下坤上。泰：小往大來，吉，亨。

初九，拔茅茹，以其彙；征吉。

九二，包荒。用馮河，不遐遺；朋亡，得尚于中行。

九三，无平不陂，无往不復；艱貞无咎，勿恤其孚，于食有福。

六四，翩翩，不富，以其鄰不戒以孚。

六五，帝乙歸妹，以祉元吉。

上六，城復于隍；勿用師，自邑告命，貞吝。

䷋坤下乾上。否：否之匪人，不利，君子貞；大往小來。

初六，拔茅茹，以其彙；征[一]吉，亨[二]。

六二，包承，小人吉；大[三]人否，亨。

[一]「征」，阮刻本作「貞」。

[二]原無「亨」字，據阮刻本補。

[三]「大」，原作「天」字，據阮刻本校改。

六三，包羞。

九四，有命无咎，疇離祉。

九五，休否，大人吉；　其亡其亡，繫于苞桑。

上九，傾否；　先否後喜。

䷌離下乾上。同人：　同人于野，亨，利涉大川，利君子貞。

初九，同人于門，无咎。

六二，同人于宗，吝。

九三，伏戎于莽，升其高陵，三歲不興。

九四，乘其墉，弗克攻，吉。

九五，同人，先號咷，而後笑，大師克相遇。

上九，同人于郊，无悔。

䷍乾下離上。大有：　元亨。

初九，无交害，匪咎；　艱則无咎。

九二，大車以載，有攸往，无咎。

九三，公用亨于天子，小人弗克。

九四，匪其彭，无咎。
六五，厥孚交如，威如，吉。
上九，自天祐之，吉无不利。
䷎艮下坤上。〻謙：亨，君子有終。
初六，謙謙君子，用涉大川，吉。
六二，鳴謙，貞吉。
九三，勞謙，君子有終，吉。
六四，無不利，撝謙。
六五，不富，以其鄰利用侵伐，無不利。
上六，鳴謙，利用行師，征邑國。
䷏坤下震上。〻豫：利建侯行師。
初六，鳴豫，凶。
六二，介于石，不終日，貞吉。
六三，盱豫悔；遲有悔。
九四，由豫，大有得；勿疑，朋盍簪。

六五，貞疾，恒不死。

上六，冥豫成，有渝无咎。

䷐震下兑上。隨：元亨，利貞，无咎。

初九，官有渝，貞吉；出門交有功。

六二，係小子，失丈夫。

六三，係丈夫，失小子；隨有求得，利居貞。

九四，隨有獲，貞凶；有孚在道，以明，何咎！

九五，孚于嘉，吉。

上六，拘係之，乃從，維之；王用亨于西山。

䷑巽下艮上。蠱：元亨，利涉大川；先甲三日，後甲三日。

初六，幹父之蠱，有子考，无咎，厲終吉。

九二，幹母之蠱，不可貞。

九三，幹父之蠱，小有悔，无大咎。

六四，裕父之蠱，往見吝。

六五，幹父之蠱，用譽。

上九，不事王侯，高尚其事。

䷒兑下坤上。臨：元亨，利貞；至于八月有凶。

初九，咸臨，貞吉。

九二，咸臨，吉无不利。

六三，甘臨，无攸利；既憂之，无咎。

六四，至臨，无咎。

六五，知臨，大君之宜，吉。

上六，敦臨，吉，无咎。

䷓坤下巽上。觀：盥而不薦，有孚顒若。

初六，童觀，小人无咎，君子吝。

六二，闚觀，利女貞。

六三，觀我生，進退。

六四，觀國之光，利用賓于王。

九五，觀我生，君子无咎。

上九，觀其生，君子无咎。

䷔震下離上。噬嗑：亨，利用獄。

初九，屨校滅趾，无咎。

六二，噬膚，滅鼻，无咎。

六三，噬腊肉，遇毒；小吝，无咎。

九四，噬乾胏，得金矢；利[一]艱貞，吉。

六五，噬乾肉，得黄金；貞厲，无咎。

上九，何校滅耳，凶。

䷕離下艮上。賁：亨，小利有攸往。

初九，賁其趾，舍車而徒。

六二，賁其須。

九三，賁如，濡如，永貞吉。

六四，賁如，皤如，白馬翰如；匪寇，婚媾。

六五，賁于丘園，束帛戔戔；吝，終吉。

[一] 原無「利」字，據阮刻本補。

上九，白賁，无咎。

䷖坤下艮上。剥：不利有攸往。

初六，剥牀以足，蔑；貞凶。

六二，剥牀以辨，蔑；貞凶。

六三，剥之无咎。

六四，剥牀以膚，凶。

六五，貫魚以宫人寵，无不利。

上九，碩果不食，君子得輿，小人剥廬。

䷗震下坤上。復：亨。出入无疾，朋來无咎；反復其道，七日來復。利有攸往。

初九，不遠復，无祇悔，元吉。

六二，休復，吉。

六三，頻復，厲无咎。

六四，中行獨復。

六五，敦復，无悔。

上六，迷復，凶，有災眚。用行師，終有大敗；以其國，君凶；至于十年不克征。

䷘震下乾上。无妄：　元亨，利貞；　其匪正有眚，不利有攸往。

初九，无妄，往吉。

六二，不耕穫，不菑畬，則利有攸往。

六三，无妄之災；　或繫之牛，行人之得，邑人之災。

九四，可貞，无咎。

九五，无妄之疾，勿藥有喜。

上九，无妄，行有眚，无攸利。

䷙乾下艮上。大畜：　利貞〔二〕；　不家食吉；　利涉大川。

初九，有厲，利已。

九二，輿説輹。

九三，良馬逐，利艱貞；　曰閑輿衛，利有攸往。

六四，童牛之牿，元吉。

六五，豶豕之牙，吉。

〔二〕　原無「利貞」二字，據阮刻本補。

上九，何天之衢，亨。

䷚震下艮上。頤：　貞吉；　觀頤，自求口實。

初九，舍爾靈龜，觀我朵頤，凶。

六二，顛頤；　拂經，于丘頤，征凶。

六三，拂頤；　貞凶，十年勿用，无攸利。

六四，顛頤，吉；　虎視眈眈，其欲逐逐，无咎。

六五，拂經；　居貞吉，不可涉大川。

上九，由頤；　厲吉，利涉大川。

䷛巽下兑上。大過：　棟橈；　利有攸往，亨。

初六，藉用白茅，无咎。

九二，枯楊生稊，老夫得其女妻；　无不利。

九三，棟橈，凶。

九四，棟隆，吉；　有它，吝。

九五，枯楊生華，老婦得其士夫；　无咎无譽。

上六，過涉滅頂，凶，无咎。

䷜坎下坎上。習坎：有孚，維心亨；行有尚。

初六，習坎，入于坎窞，凶。

九二，坎有險，求小得。

六三，來之坎坎，險且枕，入于坎窞，勿用。

六四，樽酒，簋貳，用缶。納約自牖，終无咎。

九五，坎不盈，祇既平，无咎。

上六，係用徽纆，寘于叢棘，三歲不得，凶。

䷝離下離上。離：利貞，亨；畜牝牛吉。

初九，履錯然，敬之无咎。

六二，黄離，元吉。

九三，日昃之離，不鼓缶而歌，則大耋之嗟，凶。

九四，突如其來如，焚如，死如，棄如。

六五，出涕沱若，戚嗟若，吉。

上九，王用出征，有嘉折首，獲匪其醜，无咎。

易下經

䷞艮下兑上。咸：亨，利貞；取女吉。

初六，咸其拇。

六二，咸其腓，凶；居吉。

九三，咸其股，執其隨，往吝。

九四，貞吉，悔亡；憧憧往來，朋從爾思。

九五，咸其脢，无悔。

上六，咸其輔頰舌。

䷟巽下震上。恒：亨，无咎，利貞，利有攸往。

初六，浚恒，貞凶，无攸利。

九二，悔亡。

九三，不恒其德，或承之羞；貞吝。

九四，田无禽。

六五，恒其德，貞；婦人吉，夫子凶。

上六，振恒，凶。

䷠艮下乾上。遯：亨，小利貞。

初六，遯尾；厲，勿用有攸往。

六二，執之用黄牛之革，莫之勝説。

九〔一〕三，係遯，有疾厲；畜臣妾，吉。

九四，好遯，君子吉，小人否。

九五，嘉遯，貞吉。

上九，肥遯，无不利。

䷡乾下震上。大壯：利貞。

初九，壯于趾，征凶；有孚。

九二，貞吉。

九三，小人用壯，君子用罔；貞厲，羝羊觸藩，羸其角。

九四，貞吉，悔亡；藩決不羸，壯于大輿之輹。

六五，喪羊于易，无悔。

〔一〕原爲「三」字，據阮刻本校改。

上六，羝羊觸藩，不能退，不能遂，无攸利；　艱則吉。

䷢坤下離上。晉：　康侯用錫馬蕃庶，晝日三接。

初六，晉如摧如，貞吉；　罔孚，裕无咎。

六二，晉如愁如，貞吉；　受兹介福，于其王母。

六三，衆允，悔亡。

九四，晉如鼫鼠，貞厲。

六五，悔亡，失得勿恤；　往吉，无不利。

上九，晉其角，維用伐邑，厲吉，无咎；　貞吝。

䷣離下坤上。明夷：　利艱貞。

初九，明夷于飛，垂其翼；　君子于行，三日不食。有攸往，主人有言。

六二，明夷；　夷于左股，用拯馬壯，吉。

九三，明夷于南狩，得其大首；　不可疾，貞。

六四，入于左腹，獲明夷之心，于出門庭。

六五，箕子之明夷，利貞。

上六，不明晦；　初登于天，後入于地。

䷤離下巽上。家人：　利女貞。

初九，閑有家，悔亡。

六二，无攸遂，在中饋，貞吉。

九三，家人嗃嗃，悔厲，吉；　婦子嘻嘻，終吝。

六四，富家，大吉。

九五，王假有家，勿恤，吉。

上九，有孚，威如，終吉。

䷥兑下離上。睽：　小事吉。

初九，悔亡；　喪馬，勿逐自復；　見惡人，无咎。

九二，遇主于巷，无咎。

六三，見輿曳，其牛掣；　其人天且劓。无初有終。

九四，睽孤；　遇元夫，交孚，厲无咎。

六五，悔亡，厥宗噬膚，往何咎？

上九，睽孤，見豕負塗，載鬼一車，先張之弧，後説之弧；　匪寇，婚媾；　往遇雨則吉。

䷦〔二〕艮下坎上。䷦蹇：利西南，不利東北；利見大人，貞吉。

初六，往蹇，來譽。

六二，王臣蹇蹇，匪躬之故。

九三，往蹇，來反。

六四，往蹇，來連。

九五，大蹇，朋來。

上六，往蹇，來碩；吉，利見大人。

䷧坎下震上。䷧解：利西南；无所往，其來復吉；有攸往，夙吉。

初六，无咎。

九二，田獲三狐，得黄矢；貞吉。

六三，負且乘，致寇至；貞吝。

九四，解而拇，朋至斯孚。

六五，君子維有解，吉，有孚于小人。

〔二〕此卦畫原稿有誤，更正。

上六，公用射隼于高墉之上，獲之，无不利。

䷨兌下艮上。損：有孚，元吉，无咎，可貞，利有攸往。曷之用？：二簋可用享。

初九，巳事遄往，无咎：；酌損之。

九二，利貞，征凶：；弗損益之。

六三，三人行，則損一人：；一人行，則得其友。

六四，損其疾，使遄有喜，无咎。

六五，或益之十朋之龜，弗克違，元吉。

上九，弗損益之：；无咎，貞吉，利有攸往，得臣无家。

䷩震下巽上。益：利有攸往，利涉大川。

初九，利用爲大作，元吉，无咎。

六二，或益之十朋之龜，弗克違，永貞吉：；王用享于帝，吉。

六三，益之用凶事，无咎：；有孚中行，告公用圭。

六四，中行告公從，利用爲依遷國。

九五，有孚惠心，勿問元吉：；有孚惠我德。

上九，莫益之，或擊之：；立心勿恒，凶。

䷪乾下兑上。﹛夬：　揚于王庭，孚號有厲；　告自邑，不利即戎；　利有攸往。

初九，壯于前趾，往不勝爲吝[一]。

九二，惕號，莫夜有戎，勿恤。

九三，壯于頄，有凶；　君子夬夬獨行，遇雨若濡，有愠，无咎。

九四，臀无膚，其行次且；　牽羊悔亡，聞言不信。

九五，莧陸夬夬，中行无咎。

上六，无號，終有凶。

䷫巽下乾上。﹛姤：　女壯，勿用取女。

初六，繫于金柅，貞吉；　有攸往，見凶，羸豕孚蹢躅。

九二，包有魚，无咎；　不利賓。

九三，臀无膚，其行次且；　厲，无大咎。

九四，包无魚，起凶。

九五，以杞包瓜；　含章，有隕自天。

[一]「吝」，阮刻本作「咎」。

上九，姤其角；　吝，无咎。

☱☷坤下兑上。萃：　亨，王假有廟；　利見大人，亨利貞；　用大牲吉，利有攸往。

初六，有孚不終，乃亂乃萃；　若號，一握爲笑；　勿恤，往无咎。

六二，引吉，无咎；　孚乃利用禴。

六三，萃如嗟如，无攸利；　往无咎，小吝。

九四，大吉，无咎。

九五，萃有位，无咎，匪孚；　元永貞，悔亡。

上六，齎咨涕洟，无咎。

☷☴巽下坤上。升：　元亨，用見大人，勿恤，南征吉。

初六，允升，大吉。

九二，孚乃利用禴，无咎。

九三，升虚邑。

六四，王用亨于岐山，吉，无咎。

六五，貞吉，升階。

上六，冥升，利于不息之貞。

䷮坎下兑上。困：亨；貞，大人吉，无咎；有言不信。

初六，臀困于株木，入于幽谷，三歲不覿。

九二，困于酒食，朱紱方來，利用亨祀；征凶，无咎。

六三，困于石，據于蒺藜；入于其宫，不見其妻，凶。

九四，來徐徐，困于金車，吝，有終。

九五，劓刖，困于赤紱；乃徐有説，利用祭祀。

上六，困于葛藟，于臲卼；曰動悔有悔，征吉。

䷯巽下坎上。井：改邑不改井，无喪无得，往來井井。汔至亦未繘井，羸其瓶，凶。

初六，井泥不食，舊井无禽。

九二，井谷射鮒，甕敝漏。〔一〕

九三，井渫不食，爲我心惻；可用汲，王明並受其福。

六四，井甃，无咎。

〔一〕原作「九二，井谷敝漏」，據阮刻本校改。

九五，井洌，寒泉食。
上六，井收，勿幕，有孚，元吉。
䷰離下兑上。革：巳日乃孚，元亨，利貞，悔亡。
初九，鞏用黄牛之革。
六二，巳日乃革之，征吉，无咎。
九三，征凶，貞厲；革言三就，有孚。
九四，悔亡，有孚改命，吉。
九五，大人虎變，未占有孚。
上六，君子豹變，小人革面；征凶，居貞吉。
䷱巽下離上。鼎：元吉，亨。
初六，鼎顛趾，利出否；得妾以其子，无咎。
九二，鼎有實；我仇有疾，不我能即，吉。
九三，鼎耳革，其行塞，雉膏不食；方雨虧悔，終吉。
九四，鼎折足，覆公餗，其形渥，凶。
六五，鼎黄耳金鉉，利貞。

上九，鼎玉鉉，大吉，无不利。

䷲震下震上。〔震〕震：　亨。震來虩虩，笑言啞啞。震驚百里，不喪匕鬯。

初九，震來虩虩，後笑言啞啞，吉。

六二，震來，厲；　億喪貝，躋于九陵，勿逐，七日得。

六三，震蘇蘇，震行无眚。

九四，震遂泥。

六五，震往來，厲；　億无喪，有事。

上六，震索索，視矍矍，征凶；　震不于其躬，于其鄰，无咎；　婚媾有言。

䷳艮下艮上。〔艮〕艮：　艮其背，不獲其身；　行其庭，不見其人，无咎。

初六：　艮其趾，无咎，利永貞。

六二，艮其腓，不拯其隨，其心不快。

九三，艮其限，列其夤，厲薰心。

六四，艮其身，无咎。

六五，艮其輔，言有序，悔亡。

上九，敦艮，吉。

䷴艮下巽上。漸：女歸吉，利貞。

初六，鴻漸于干；小子厲，有言，无咎。

六二，鴻漸于磐，飲食衎衎，吉。

九三，鴻漸于陸，夫征不復，婦孕不育，凶；利禦寇。

六四，鴻漸于木，或得其桷，无咎。

九五，鴻漸于陵，婦三歲不孕；終莫之勝，吉。

上九，鴻漸于陸，其羽可用爲儀，吉。

䷵兑下震上。歸妹：征凶，无攸利。

初九，歸妹以娣，跛能履，征吉。

九二，眇能視，利幽人之貞。

六三，歸妹以須，反歸以娣。

九四，歸妹愆期，遲歸有時。

六五，帝乙歸妹，其君之袂，不如其娣之袂良；月幾望，吉。

上六，女承筐，无實；士刲羊，无血。无攸利。

䷶離下震上。豐：亨，王假之；勿憂，宜日中。

初九，遇其配主，雖旬无咎，往有尚。

六二，豐其蔀，日中見斗，往得疑疾；　有孚發若，吉。

九三，豐其沛，日中見沬；　折其右肱，无咎。

九四，豐其蔀，日中見斗，遇其夷主，吉。

六五，來章，有慶譽，吉。

上六，豐其屋，蔀其家，闚其户，闃其无人，三歲不覿，凶。

䷷艮下離上。旅：　小亨，旅貞吉。

初六，旅瑣瑣，斯其所取災。

六二，旅即次，懷其資，得童僕，貞。

九三，旅焚其次，喪其童僕；　貞厲。

九四，旅于處，得其資斧，我心不快。

六五，射雉，一矢亡；　終以譽命。

上九，鳥焚其巢，旅人先笑，後號咷；　喪牛于易，凶。

䷸巽下巽上。巽：　小亨，利有攸往，利見大人。

初六，進退，利武人之貞。

九二，巽在牀下，用史，巫紛若吉，无咎。

九三，頻巽，吝。

六四，悔亡，田獲三品。

九五，貞吉，悔亡，无不利；无初有終；先庚三日，後庚三日，吉。

上九，巽在牀下，喪其資斧；貞凶。

䷹兑下兑上。兑：亨，利貞。

初九，和兑，吉。

九二，孚兑，吉，悔亡。

六三，來兑，凶。

九四，商兑未寧，介疾有喜。

九五，孚于剥，有厲。

上六，引兑。

䷺坎下巽上。涣：亨，王假有廟，利涉大川，利貞。

初六，用拯馬壯吉。

九二，涣奔其机，悔亡。

六三，渙其躬，无悔。

六四，渙其群，元吉；　渙有丘，匪夷所思。

九五，渙汗其大號，渙王居，无咎。

上九，渙其血，去逖出，无咎。

☵☱兑下坎上。節：　亨；　苦節不可，貞。

初九，不出户庭，无咎。

九二，不出門庭，凶。

六三，不節若，則嗟若，无咎。

六四，安節，亨。

九五，甘節，吉，往有尚。

上六，苦節；　貞凶，悔亡。

☴☱兑下巽上。中孚：　豚魚吉，利涉大川，利貞。

初九，虞吉，有它不燕。

九二，鳴鶴在陰，其子和之；　我有好爵，吾與爾靡之。

六三，得敵，或鼓或罷，或泣或歌。

六四，月幾望，馬匹亡，无咎。

九五，有孚攣如，无咎。

上九，翰音登于天，貞凶。

䷽艮下震上。小過：亨，利貞；可小事，不可大事；飛鳥遺之音，不宜上，宜下，大吉。

初六，飛鳥以凶。

六二，過其祖，遇其妣；不及其君，遇其臣，无咎。

九三，弗過防之，從或戕之，凶。

九四，无咎，弗過遇之；往厲必戒，勿用，永貞。

六五，密雲不雨，自我西郊；公弋取彼在穴。

上六，弗遇過之；飛鳥離之，凶，是謂災眚。

䷾離下坎上。既濟：亨小，利貞；初吉終亂。

初九，曳其輪，濡其尾，无咎。

六二，婦喪其茀，勿逐，七日得。

九三，高宗伐鬼方，三年克之；小人勿用。

六四，繻有衣袽，終日戒。

九五，東鄰殺牛，不如西鄰之禴祭，實受其福。

上六，濡其首，厲。

䷿坎下離上。未濟：　亨；　小狐汔濟，濡其尾，无攸利。

初六，濡其尾，吝。

九二，曳其輪，貞吉。

六三，未濟，征凶〔一〕，利涉大川。

九四，貞吉，悔亡；　震用伐鬼方，三年有賞于大國。

六五，貞吉，无悔；　君子之光，有孚吉。

上九，有孚于飲酒，无咎；　濡其首，有孚失是。

詩・大雅・文王曰咨　七章

是詩自蕩析出，另製此題，説見別録。

文王曰咨，咨女殷商。曾是彊禦，曾是掊克，曾是在位，曾是在服。天降滔德，女興

〔一〕原作「貞吉」，據阮刻本校改。

是力。

文王曰咨，咨女殷商。而秉義類，彊禦多懟。流言以對，寇攘式內。侯作侯祝，靡屆靡究。

文王曰咨，咨女殷商。女炰烋于中國，歛怨以爲德。不明爾德，時無背無側。爾德不明，以無陪無卿。

文王曰咨，咨女〔二〕殷商。天不湎爾以酒，不義從式。既愆爾止，靡明靡晦。式號式呼，俾晝作夜。

文王曰咨，咨女殷商。如蜩如螗，如沸如羹。小大近喪，人尚乎由行。内奰于中國，覃及鬼方。

文王曰咨，咨女殷商。匪上帝不時，殷不用舊。雖無老成人，尚有典刑。曾是莫聽，大命以傾。

文王曰咨，咨女殷商。人亦有言，顛沛之揭。枝葉未有害，本實先撥。殷鑒不遠，在夏后之世。

〔二〕　原作「爾」，據阮刻本校改。

泰誓上

惟十有三年春，大會于孟津。

王曰：「嗟！我友邦冢君越我御事庶士，明聽誓。惟天地萬物父母，惟人萬物之靈。亶聰明，作元后，元后作民父母。今商王受，弗敬上天，降災下民。沈湎冒色，敢行暴虐，罪人以族，官人以世，惟宮室、臺榭、陂池、侈服，以殘害于爾萬姓。焚炙忠良，刳剔孕婦。皇天震怒，命我文考，肅將天威，大勳未集。肆予小子發，以爾友邦冢君，觀政于商。惟受罔有悛心，乃夷居，弗事上帝神祇，遺厥先宗廟弗祀。犧牲粢盛，既于凶盜。乃曰：『吾有民有命！』罔懲其侮。天佑下民，作之君，作之師，惟其克相上帝，寵綏四方。有罪無罪，予曷敢有越厥志？同力，度德；同德，度義。受有臣億萬，惟億萬心；予有臣三千，惟一心。商罪貫盈，天命誅之。予弗順天，厥罪惟鈞。予小子夙夜祇懼，受命文考，類于上帝，宜于冢土，以爾有衆，底天之罰。天矜于民，民之所欲，天必從之。爾尚弼予一人，永清四海，時哉弗可失！」

泰誓中

惟戊午，王次于河朔，群后以師畢會。王乃徇師而誓曰：「嗚呼！西土有衆，咸聽朕言。我聞吉人爲善，惟日不足。凶人爲不善，亦惟日不足。今商王受，力行無度，播棄犁老，昵比罪人。淫酗肆虐，臣下化之，朋家作仇，脅權相滅。無辜籲天，穢德彰聞。惟天惠民，惟辟奉天。有夏桀弗克若天，流毒下國。天乃佑命成湯，降黜夏命。惟受罪浮于桀，剥喪元良，賊虐諫輔。謂己有天命，謂敬不足行，謂祭無益，謂暴無傷。厥監惟不遠，在彼夏王。天其以予乂民，朕夢協朕卜，襲于休祥，戎商必克。受有億兆夷人，離心離德。予有亂臣十人，同心同德。雖有周親，不如仁人。天視自我民視，天聽自我民聽。百姓有過，在予一人。今朕必往。我武惟揚，侵于之疆，取彼凶殘，我伐用張，于湯有光。勖哉夫子！罔或無畏，寧執非敵。百姓懔懔，若崩厥角。嗚呼！乃一德一心，立定厥功，惟克永世。」

泰誓下

時厥明，王乃大巡六師，明誓衆士。

王曰：「嗚呼！我西土君子。天有顯道，厥類惟彰。今商王受，狎侮五常，荒怠弗敬。自絶于天，結怨于民。斮朝涉之脛，剖賢人之心，作威殺戮，毒痡四海。崇信姦回，放黜師保，屏棄典刑，囚奴正士，郊社不修，宗廟不享，作奇技淫巧以悦婦人。上帝弗順，祝降時喪。爾其孜孜，奉予一人，恭行天罰。古人有言曰：『撫我則后，虐我則讎。』獨夫受，洪惟作威，乃汝世讎。樹德務滋，除惡務本，肆予小子，誕以爾衆士，殄殲乃讎。爾衆士其尚迪果毅，以登乃辟。功多有厚賞，不迪有顯戮。嗚呼！惟我文考，若日月之照臨，光于四方，顯于西土。惟我有周，誕受多方。予克受，非予武，惟朕文考無罪；受克予，非朕文考有罪，惟予小子無良。」

牧誓

時甲子昧爽，王朝至于商郊牧野，乃誓。

王左杖黄鉞，右秉白旄以麾，曰：「逖矣，西土之人！」

王曰：「嗟！我友邦冢君御事，司徒、司馬、司空，亞旅、師氏，千夫長、百夫長，及庸、蜀、羌、髳、微、盧、彭、濮人。稱爾戈，比爾干，立爾矛，予其誓。」

王曰：「古人有言曰：『牝雞無晨；牝雞之晨，惟家之索。』今商王受，惟婦言是用，昏棄厥肆祀弗荅，昏棄厥遺王父母弟不迪，乃惟四方之多罪逋逃，是崇是長，是信是使，是以爲大夫卿士。俾暴虐于百姓，以姦宄于商邑。今予發，惟恭行天之罰。今日之事，不愆于六步、七步，乃止齊焉。夫子勖哉！不愆于四伐、五伐、六伐、七伐，乃止齊焉。勖哉夫子！尚桓桓，如虎如貔、如熊如羆，于商郊。弗迓克奔，以役西土。勖哉夫子！爾所弗勖，其于爾躬有戮！」

武成 依古本，蔡氏以爲有錯簡者非，説見別録。

惟一月壬辰，旁死魄。越翼日癸巳，王朝步自周，于征伐商。厥四月哉生明，王來自商，至于豐。乃偃武修文，歸馬于華山之陽，放牛于桃林之野，示天下弗服。丁未，祀于周廟，邦甸、侯、衛，駿奔走，執豆、籩。越三日，庚戌，柴、望，大告武成。既生魄，庶邦冢君暨百工，受命于周。

王若曰：「嗚呼，群后！惟先王建邦啓土，公劉克篤前烈，至于大王，肇基王迹，王季其勤王家。我文考文王，克成厥勳，誕膺天命，以撫方夏。大邦畏其力，小邦懷其德。惟九年，大統未集，予小子其承厥志。厎商之罪，告于皇天后土、所過名山大[一]川，曰：『惟有道曾孫周王發，將有大正于商。今商王受無道，暴殄天物，害虐烝民，爲天下逋逃主，萃淵藪。予小子既獲仁人，敢祇承上帝，以遏亂略。華夏蠻貊，罔不率俾。恭天成命，肆予東征，綏厥士女。惟其士女，篚厥玄黄，昭我周王。天休震動，用附我大邑周。惟爾有神，尚克相予以濟兆民，無作神羞！』」既戊午，師逾孟津。癸亥，陳于商郊，俟天休命。甲子昧爽，受率其旅若林，會于牧野。罔有敵于我師，前徒倒戈，攻于後以北，血流漂杵。一戎衣，天下大定。乃反商政，政由舊。釋箕子囚，封比干墓，式商容閭。散鹿臺之財，發鉅橋之粟，大賚于四海，而萬姓悦服。

列爵惟五，分土惟三。建官惟賢，位事惟能。重民五教，惟食、喪、祭。惇信明義，崇德報功。垂拱而天下治。

〔一〕原無「大」字，據阮刻本補。

旅獒

惟克商，遂通道于九夷八蠻。西旅厎貢厥獒，太[一]保乃作旅獒，用訓于王。曰：「嗚呼！明王慎德，四夷咸賓。無有遠邇，畢獻方物，惟服食器用。王乃昭德之致于異姓之邦，無替厥服；分寶玉于伯叔之國，時庸展親。人不易物，惟德其物！德盛不狎侮。狎侮君子，罔以盡人心；狎侮小人，罔以盡其力。不役耳目，百度惟貞。玩人喪德，玩物喪志。志以道寧，言以道接。不作無益害有益，功乃成；不貴異物賤用物，民乃足。犬馬非其土性不畜，珍禽奇獸，不育于國，不寶遠物，則遠人格；所寶惟賢，則邇人安。嗚呼！夙夜罔或不勤，不矜細行，終累大德。爲山九仞，功虧一簣。允迪茲，生民保厥居，惟乃世王。」

詩·大雅·下武　六章

下武維周，世有哲王。三后在天，王配于京。

[一] 原作「大」字，據阮刻本校改。

王配于京，世德作求。永言配命，成王之孚。

成王之孚，下土之式。永言孝思，孝思維則。

媚兹一人，應侯順德。永言孝思，昭哉嗣服。

昭兹來許，繩其祖武。於萬斯年，受天之祜。

受天之祜，四方來賀。於萬斯年，不遐有佐。

文王有聲　八章

文王有聲，遹駿有聲。遹求厥[一]寧，遹觀厥成。文王烝哉！

文王受命，有此武功。既伐于崇，作邑于豐。文王烝哉！

築城伊洫[二]，作豐伊匹。匪棘其欲，遹追來孝。王后烝哉！

王公伊濯，維豐之垣。四方攸同，王后維翰。王后烝哉！

豐水東注，維禹之績。四方攸同，皇王維辟。皇王烝哉！

[一]「厥」，阮刻本作「遹」。

[二]「洫」，阮刻本作「減」。

鎬京辟廱，自西自東，自南自北，無思不服。皇王烝哉！
考卜維王，宅是鎬京。維龜正之，武王成之。武王烝哉！
豐水有芑，武王豈不仕？詒厥孫謀，以燕翼子。武王烝哉！

周頌·執競　一章

執競武王，無競維烈。不顯成康，上帝是皇。自彼成康，奄有四方，斤斤其明。鐘鼓喤喤，磬筦將將，降福穰穰。降福簡簡，威儀反反。既醉既飽，福禄來反。

酌　一章

於鑠王師，遵養時晦。時純熙矣，是用大介。我龍受之，蹻蹻王之造。載用有嗣，實維爾公允師。

桓　一章

綏萬邦，婁豐年。天命匪懈[一]，桓桓武王。保有厥士，于以四方，克定厥家。於昭于天，皇以間之。

賚　一章

文王既勤止，我應受之。敷時繹思，我徂維求定。時周之命，於繹思。

般　一章

於皇時周！陟其高山，嶞山喬嶽，允猶翕河。敷天之下，裒時之對。時周之命。

虞箴　左傳襄四年

芒芒禹迹，畫爲九州，經啓九道。民有寢、廟，獸有茂草，各有攸處，德用不擾。在帝

[一]「懈」，阮刻本作「解」。

夷羿，冒于原獸，忘其國恤，而思其麀牡。武不可重，用不恢于夏家。獸臣司原，敢告僕夫。

金縢

既克商二年，王有疾，弗豫。二公曰：「我其爲王穆卜。」周公曰：「未可以戚我〔二〕先王？」公乃自以爲功，爲三壇同墠。爲壇於南方，北面，周公立焉。植璧秉珪，乃告太王、王季、文王。

史乃册，祝曰：「惟爾元孫某，遘厲虐疾。若爾三王，是有丕子之責于天，以旦代某之身。予仁若考，能多材多藝，能事鬼神。乃元孫不若旦多材多藝，不能事鬼神。乃命于帝庭，敷佑四方，用能定爾子孫于下地。四方之民，罔不祗畏。嗚呼！無墜天之降寶命，我先王亦永有依歸。今我即命于元龜，爾之許我，我其以璧與珪，歸俟爾命；爾不許我，我乃屏璧與珪。」

乃卜三龜，一習吉。啓籥見書，乃並是吉。公曰：「體！王其罔害。予小子新命于

〔二〕原無「我」字，據阮刻本補。

三王，惟永終是圖；　兹攸俟，能念予一人。」

公歸，乃納册于金縢之匱中。　王翼日乃瘳。

武王既喪，管叔及其群弟乃流言于國，曰：「公將不利于孺子。」周公乃告二公曰：「我之弗辟，我無以告我先王。」周公居東二年，則罪人斯得。　于後，公乃爲詩以貽王，名之曰鴟鴞。　王亦未敢誚公。

秋，大熟，未穫，天大雷電以風，禾盡偃，大木斯拔，邦人大恐。　王與大夫盡弁，以啓金縢之書，乃得周公所自以爲功代武王之説。　二公及王乃問諸史與百執事，對曰：「信。噫！公命我勿敢言。」

王執書以泣，曰：「其勿穆卜！　昔公勤勞王家，惟予沖人弗及知。　今天動威以彰周公之德，惟朕小子其新逆，我國家禮亦宜之。」王出郊，天乃雨，反風，禾則盡起。　二公命邦人，凡大木所偃，盡起而築之。　歲則大熟。

詩・豳風・鴟鴞　四章

鴟鴞鴟鴞，既取我子，無毁我室。　恩斯勤斯，鬻子之閔斯。

迨天之未陰雨，徹彼桑土，綢繆牖户。　今女下民，或敢侮予？

予手拮据，予所捋荼。予所蓄租，予口卒瘏，曰予未有室家。予羽譙譙，予尾翛翛，予室翹翹。風雨所漂摇，予維音嘵嘵！

東山　四章

我徂東山，慆慆不歸。我來自東，零雨其濛。我東曰歸，我心西悲。制彼裳衣，勿士行枚。蜎蜎者蠋，烝在桑野。敦彼獨宿，亦在車下。

我徂東山，慆慆不歸。我來自東，零雨其濛。果臝之實，亦施于宇。伊威在室，蠨蛸在户。町畽鹿場，熠燿宵行。不可畏也，伊可懷也。

我徂東山，慆慆不歸。我來自東，零雨其濛。鸛鳴于垤，婦歎于室。洒埽穹窒，我征聿至。有敦瓜苦，烝在栗薪。自我不見，于今三年。

我徂東山，慆慆不歸。我來自東，零雨其濛。倉庚于飛，熠燿其羽。之子于歸，皇駁其馬。親結其縭，九十其儀。其新孔嘉，其舊如之何？

破斧　一章　後二章删，伐柯不録。

既破我斧，又缺我斨。周公東征，四國是皇。哀我人斯，亦孔之將。

九罭　三章　删「鴻飛遵陸」一章，狼跋不録。

九罭之魚，鱒魴。我覯之子，衮衣繡裳。

鴻飛遵渚，公歸無所，於女信處。

是以有衮衣兮，無以我公歸兮，無使我心悲兮。

蔡仲之命

惟周公位冢宰，正百工，群叔流言。乃致辟管叔于商；囚蔡叔于郭鄰，以車七乘；降霍叔于庶人，三年不齒。蔡仲克庸祗德，周公以爲卿士。叔卒，乃命諸王邦之蔡。王若曰：「小子胡，惟爾率德改行，克慎厥猷，肆予命爾侯于東土，往即乃封，敬哉！爾尚蓋前人之愆，惟忠惟孝；爾乃邁迹自身，克勤無怠，以垂憲乃後；率乃祖文王之彝訓，無若爾考之違王命。皇天無親，惟德是輔。民心無常，惟惠之懷。爲善不同，同歸于治；爲惡不同，同歸于亂。爾其戒哉！慎厥初，惟厥終，終以不困；不惟厥終，終以困窮。懋乃攸績，睦乃四鄰，以蕃王室，以和兄弟，康濟小民。率自中，無作聰明亂舊章。詳乃視聽，罔以側言改厥度。則予一人汝嘉。」王曰：「嗚呼！小子胡，汝往哉！無荒棄朕命！」

立政

周公若曰：「拜手稽首，告嗣天子王矣。」用咸戒于王曰：「王左右常伯、常任、準人、綴衣、虎賁。」

周公曰：「嗚呼！休兹知恤，鮮哉！古之人迪惟有夏，乃有室大競，籲俊尊上帝，迪知忱恂于九德之行。乃敢告教厥后曰：『拜手稽首，后矣！』曰：『宅乃事，宅乃牧，宅乃準，兹惟后矣。謀面，用丕訓德，則乃宅人，兹乃三宅無義民。』

「桀德，惟乃弗作往任，是惟暴德罔後。亦越成湯陟，丕釐上帝之耿命，乃用三有宅；克即宅，曰三有俊，克即俊。嚴惟丕式，克用三宅三俊，其在商邑，用協于厥邑；其在四方，用丕式見德。

「嗚呼！其在受德暋，惟羞刑暴德之人，同于厥邦；乃惟庶習逸德之人，同于厥政。帝欽罰之，乃伻我有夏，式商受命，奄甸萬姓。

「亦越文王、武王，克知三有宅心，灼見三有俊心，以敬事上帝，立民長伯。立政：任人、凖夫、牧，作三事。虎賁、綴衣、趣馬、小尹、左右攜僕、百司庶府。大都小伯、藝人、表臣、百司、太〔二〕史、尹伯，庶常吉士。司徒、司馬、司空、亞旅。夷、微、盧、烝。三亳、阪、尹。

「文王惟克厥宅心，乃克立兹常事司牧人，以克俊有德。文王罔攸兼于庶言；庶獄庶慎，惟有司之牧夫，是訓用違；庶獄庶慎，文王罔敢知于兹。

「亦越武王，率惟敉功，不敢替厥義德，率惟謀，從容德，以並受此丕丕基。」

「嗚呼！孺子王矣！繼自今我其立政。立事、凖人、牧夫，我其克灼知厥若，丕乃俾亂；相我受民，和我庶獄庶慎。時則勿有間之，自一話一言。我則末惟成德之彥，以乂我受民。

「嗚呼！予旦已受人之徽言，咸告孺子王矣。繼自今文子文孫，其勿誤于庶獄庶慎，惟正是乂之。

「自古商人亦越我周文王立政，立事、牧夫、凖人，則克宅之，克由繹之，兹乃俾乂。國則罔有立政用憸人，不訓于德，是罔顯在厥世。繼自今立政，其勿以憸人，其惟吉士，用勱

〔二〕　原作「大」，據阮刻本校改。

相我國家。

「今文子文孫，孺子王矣！其勿誤于庶獄，惟有司之牧夫。其克詰爾戎兵，以陟禹之迹，方行天下，至于海表，罔有不服。以覲文王之耿光，以揚武王之大烈。嗚呼！繼自今，後王立政，其惟克用常人。」

周公若曰：「太史！司寇蘇公式敬爾由獄，以長我王國。兹式有慎，以列用中罰。」

周官

大誥、康誥、酒誥、梓材、召誥、洛誥、多士、多方、無逸、君奭十篇均不録。

惟周王撫萬邦，巡侯甸，四征弗庭，綏厥兆民。六服群辟，罔不承德。歸于宗周，董正治官。

王曰：「若昔大猷，制治于未亂，保邦于未危。」

曰：「唐、虞稽古，建官惟百。内有百揆四岳，外有州、牧、侯伯，庶政惟和，萬國咸寧。夏、商官倍，亦克用乂。明王立政，不惟其官，惟其人。

「今予小子，祗勤于德，夙夜不逮。仰惟前代時若，訓迪厥官。立大師、大傅、大保，兹惟三公。論道經邦，燮理陰陽。官不必備，惟其人。少師、少傅、少保，曰三孤。貳公弘化，寅亮天地，弼予一人。冢宰掌邦治，統百官，均四海。司徒掌邦教，敷五典，擾兆民。

宗伯掌邦禮，治神人，和上下。司馬掌邦政，統六師，平邦國。司寇掌邦禁，詰姦慝，刑暴亂。司空掌邦土，居四民，時地利。六卿分職，各率其屬，以倡九牧，阜成兆民。六年，五服一朝。又六年，王乃時巡，考制度于四岳。諸侯各朝于方岳，大明黜陟。」

王曰：「嗚呼！凡我有官君子，欽乃攸司，慎乃出令，令出惟行，弗惟反。以公滅私，民其允懷。學古入官，議事以制，政乃不迷。其爾典常作之師，無以利口亂厥官。蓄疑敗謀，怠忽荒政，不學牆面，莅事惟煩。戒爾卿士，功崇惟志，業廣惟勤，惟克果斷，乃罔後艱。位不期驕，祿不期侈。恭儉惟德，無載爾僞。作德，心逸日休；作僞，心勞日拙。居寵思危，罔不惟畏，弗畏入畏。推賢讓能，庶官乃和，不和政厖。舉能其官，惟爾之能。稱匪其人，惟爾不任。」

王曰：「嗚呼！三事暨大夫，敬爾有官，亂爾有政，以佑乃辟。永康兆民，萬邦惟無斁。」

周禮・天官 六官今存其五，每官之屬各六十餘人。今官録一人或數人。

大宰之職，掌建邦之六典，以佐王[一]治邦國：一曰治典，以經邦國，以治官府，以紀萬民。二曰教典，以安邦國，以教官府，以擾萬民。三曰禮典，以和邦國，以統百官，以諧萬民。四曰政典，以平邦國，以正百官，以均萬民。五曰刑典，以詰邦國，以刑百官，以糾萬民。六曰事典，以富邦國，以任百官，以生萬民。以八灋治官府：一曰官屬，以舉邦治。二曰官職，以辨邦治。三曰官聯，以會官治。四曰官常，以聽官治。五曰官成，以經邦治。六曰官灋，以正邦治。七曰官刑，以糾邦治。八曰官計，以弊邦治。以八則治都鄙：一曰祭祀，以馭其神。二曰灋則，以馭其官。三曰廢置，以馭其吏。四曰禄位，以馭其士。五曰賦貢，以馭其用。六曰禮俗，以馭其民。七曰刑賞，以馭其威。八曰田役，以馭其衆。以八柄詔王馭群臣：一曰爵，以馭其貴。二曰禄，以馭其富。三曰予，以馭其幸。四曰置，以馭其行。五曰生，以馭其福。六曰奪，以馭其貧。七曰廢，以馭其罪。八曰誅，以馭其過。以八統詔王馭萬民：一曰親親，二曰敬故，三曰進賢，四曰使能，五曰保庸，六曰尊貴，七曰達吏，八曰禮賓。以九職任萬民：一曰三農，生九穀。二曰園圃，

〔一〕原無「王」字，據阮刻本補。

毓草木。三曰虞衡，作山澤之材。四曰藪牧，養蕃鳥獸。五曰百工，飭化八材。六曰商賈，阜通貨賄。七曰嬪婦，化治絲枲。八曰臣妾，聚斂疏材。九曰閒民，無常職，轉移執事。以九賦斂財賄：一曰邦中之賦，二曰四郊之賦，三曰邦甸之賦，四曰家削之賦，五曰邦縣之賦，六曰邦都之賦，七曰關市之賦，八曰山澤之賦，九曰幣餘之賦。以九式均節財用：一曰祭祀之式，二曰賓客之式，三曰喪荒之式，四曰羞服之式，五曰工事之式，六曰幣帛之式，七曰芻秣之式，八曰匪頒之式，九曰好用之式。以九貢致邦國之用：一曰祀貢，二曰嬪貢，三曰器貢，四曰幣貢，五曰材貢，六曰貨貢，七曰服貢，八曰斿貢，九曰物貢。以九兩繫邦國之民：一曰牧，以地得民。二曰長，以貴得民。三曰師，以賢得民。四曰儒，以道得民。五曰宗，以族得民。六曰主，以利得民。七曰吏，以治得民。八曰友，以任得民。九曰藪，以富得民。正月之吉，始和，布治于邦國都鄙，乃縣治象之灋于象魏，使萬民觀治象，挾日而斂之。凡治，以典待邦國之治，以則待都鄙之治，以灋待官府之治，以官成待萬民之治，以禮待賓客之治。歲終，則令百官府各正其治，受其會，聽其致事，而詔王廢置。三歲，則大計群吏之治而誅賞之。

大府掌九貢、九賦、九功之貳。以受其貨賄之入，頒其貨于受藏之府，頒其賄于受用之府。凡官府、都鄙之吏及執事者受財用焉。凡頒財，以式灋授之。關市之賦，以待王之膳服；　邦中之賦，以待賓客；　四郊之賦，以待稍秣；　家削之賦，以待匪頒；　邦甸之賦，以待工事；　邦縣之賦，以待幣帛；　邦都之賦；　以待祭祀；　山澤之賦；　以待喪紀；　幣餘之賦；　以待賜予。凡邦國之貢，以待弔用；　凡萬民之貢；　以充府庫；　凡式貢之餘財，以共玩好之用。凡邦之賦用取具焉。歲終，則以貨賄之入出會之。

司會掌邦之六典、八灋、八則之貳，以逆邦國都鄙官府之治。以九貢之灋致邦國之財用，以九賦之灋令田野之財用，以九功之灋令民職之財用，以九式之灋均節邦之財用。掌國之官府、郊野、縣都之百物財用。凡在書契、版圖者之貳，以逆群吏之治而聽其會計。以參互攷日成，以月要攷月成，以歲會攷歲成，以周知四國之治，以詔王及冢宰廢置。

地官

大司徒之職，掌建邦之土地之圖與其人民之數，以佐王安擾邦國。以天下土地之圖，周知九州之地域廣輪之數，辨其山林、川澤、丘陵、墳衍、原隰之名物。而辨其邦國、都鄙之數，制其畿疆而溝封之，設其社稷之壝，而樹之田主，各以其野之所宜木，遂以名其社與其野。以土會之灋，辨五地之物生：　一曰山林，其動物宜毛物，其植物宜皂物，其民毛而方。二曰川澤，其動物宜鱗物，其植物宜膏物，其民黑而津。三曰丘陵，其動物宜羽物，其五曰原隰，其動物宜贏物，其植物宜叢物，其民豐肉而庳。因此五物者民之常。而施十有二教焉：一曰以祀禮教敬，則民不苟。二曰以陽禮教讓，則民不爭。三曰以陰禮教親，則民不怨。四曰以樂禮教和，則民不乖。五曰以儀辨等，則民不越。六曰以俗教安，則民不愉。七曰以刑教中，則民不虣。八曰以誓教恤，則民不怠。九曰以度教節，則民知足。十曰以世事教能，則民不失職。十有一曰以賢制爵，則民慎德。十有二曰以庸制禄，則民興功。以土宜之灋，辨十有二土之名物，以相民宅而知其利害，以阜人民，以蕃鳥獸，以毓草木，以任土事。辨十有二壤之物而知其種，以教稼穡樹蓺。以土均之灋，辨五物九等，制天下之地征，以作民職，以令地貢，以斂財賦，以均齊天下之政。以土圭之灋測土深，正日景，以求地中。日南則景短，多暑；日北則景長，多寒；日東則景夕，多風；日西則景朝，多陰。日至之景，尺有五寸，謂之地中，天地之所合也，四時之所交也，風雨之所會也，陰陽之所和也。然則百物阜安，乃建王國焉，制其畿方千里而封樹之。凡建邦國，以土圭土其地而制其域。諸公之地，封疆方五百里，其食者半；諸侯之地，封疆方四百里，其食者參之一；諸伯之地，封疆方三百里，其食者參之一；諸子之地，封疆方二百里，其食者四之一；諸男之地，封疆方百里，其食者四之一。凡造都鄙，制其地域而封溝之，以其室數制之：不易之地，家百晦；一易之地，家二百晦；再易之地，家三百晦。乃分地職，奠地守，制地貢，而頒職事焉。以爲地灋而待政令。以荒政十有二聚萬民：一曰散利，二曰薄征，三曰緩刑，四曰弛力，五曰舍禁，六曰去幾，七曰眚禮，八曰殺哀，九曰蕃樂，十曰多昏，十有一曰索鬼神，十有二曰除盜賊。以保息六養萬民：一曰慈幼，二曰養老，三曰振窮，四曰恤貧，五曰寬疾，六曰安富。以本俗六安萬民：一曰媺宮室，二曰族墳墓，三曰聯兄弟，四曰聯師儒，五曰聯朋友，六曰同衣服。以鄉三物教萬民而賓興之：一曰六德：知、仁、聖、義、忠[一]、和。二曰六行：孝、友、睦、婣、任、恤。三曰六藝：禮、樂、射、御、書、數。以鄉八刑糾萬民：一曰不孝之刑，二曰不睦之刑，三曰不婣之刑，四曰不弟之刑，五曰不任之刑，六曰不恤之刑，七曰造言之刑，八曰亂民之刑[二]。以五禮防萬民之僞而教之中，以六樂防萬民之情而教之和。凡萬民之不服教而有獄訟者，與有地治者聽而斷之，其附于刑者，歸于士。

鄉大夫之職，各掌其鄉之政教禁令。正月之吉，受教灋于司徒，退而頒之于其鄉吏，

[一] 原作「中」，據阮刻本校改。
[二] 「以鄉」至「亂民之刑」，原無此句，據阮刻本補。

使各以教其所治，以攷其德行，察其道藝。以歲時登其夫家之衆寡，辨其可任者。國中自七尺以及六十，野自六尺以及六十有五，皆征之。其舍者，國中貴者、賢者、能者、服公事者、老者、疾者皆舍，以歲時入其書。三年則大比，攷其德行、道藝，而興賢者能者，鄉老及鄉大夫帥其吏，與其衆寡，以禮禮賓之。厥明，鄉老及鄉大夫群吏獻賢能之書于王，王再拜受之，登于天府，内史貳之。退而以鄉射之禮五物詢衆庶：一曰和，二曰容，三曰主皮，四曰和容，五曰興舞。此謂使民興賢，出使長之；使民興能，入使治之。歲終，則令六鄉之吏，皆會政致事。正歲，令群吏攷灋于司徒以退，各憲之於其所治之國。大詢于衆庶，則各帥其鄉之衆寡而致於朝。國有大故，則令民各守其閭，以待政令。以旌節輔令，則達之。

師氏掌以媺詔王。以三德教國子：一曰至德，以爲道本；二曰敏德，以爲行本；三曰孝德，以知逆惡。教三行：一曰孝行，以親父母；二曰友行，以尊賢良；三曰順行，以事師長。居虎門之左，司王朝，掌國中失之事，以教國子弟，凡國之貴遊子弟學焉。凡祭祀、賓客、會同、喪紀、軍旅，王舉則從，聽治，亦如之。使其屬帥四夷之隸，各以其兵服守王之門外。且蹕，朝在野外，則守内列。

保氏掌諫王惡，而養國子以道。乃教之六藝，一曰五禮，二曰六樂，三曰五射，四曰五馭，五曰六書，六曰九數。乃教之六儀，一曰祭祀之容，二曰賓客之容，三曰朝廷之容，四曰喪紀之容，五曰軍旅之容，六曰車馬之容。凡祭祀、賓客、會同、喪紀、軍旅，王舉則從。聽治，亦如之。使女[一]屬守王闈。

司市掌市之治教政刑、量度禁令。以次敘分地而經市，以陳肆辨物而平市，以政令禁物靡而均市，以商賈阜貨而行布。以量度[二]成賈而徵儥，以質劑結信而止訟，以賈民禁僞而除詐，以刑罰禁虣而去盜；以泉府同貨而斂賒。大市，日昃而市，百族爲主；朝市，朝時而市，商賈爲主；夕市，夕時而市，販夫販婦爲主。凡市，入則胥執鞭度守門，市之群吏，平肆、展成、奠賈，上旌于思次以令市。市師涖焉，而聽大治大訟；胥師賈師涖于介次，而聽小治小訟。凡萬民之期于市者、辟布者、量度者、刑戮者，各於其地之敘。凡得貨賄六畜者，亦如之，三日而舉之。凡治市之貨賄六畜珍異，亡者使有，利者使阜，害者使亡，靡者使微。凡通貨賄，以璽節出入之。國[三]凶荒札喪，則市無征而作布。凡市僞飾之禁，在民者十有二，在商者十有二，在賈者十有二，在工者十有二。市刑：小刑憲罰，中

[一] 「女」，阮刻本作「其」。
[二] 原作「度量」，據阮刻本乙正。
[三] 原無「國」字，據阮刻本補。

刑徇罰，大刑扑罰，其附于刑者歸于士。國君過市，則刑人赦；夫人過市，罰一幕；世子過市，罰一帟；命夫過市，罰一蓋；命婦過市，罰一帷。凡會同、師役，市司帥賈師而從，治其市政，掌其賣價之事。

遂人掌邦之野。以土地之圖，經田野，造縣鄙形體之灋。五家爲鄰，五鄰爲里，四里爲酇，五酇爲鄙，五鄙爲縣，五縣爲遂，皆有地域，溝樹之，使各掌其政令刑禁。以歲時稽其人民，而授之田野，簡其兵器，教之[一]稼穡。凡治野，以下劑致甿，以田里安甿，以樂昏擾甿，以土宜教甿稼穡，以興耡利甿，以時器勸甿，以彊予任甿，以土均平政。辨其野之土：上地、中地、下地，以頒田里。上地，夫一廛，田百晦，萊五十晦，餘夫亦如之。中地，夫一廛，田百晦，萊百晦，餘夫亦如之。下地，夫一廛，田百晦，萊二百晦，餘夫亦如之。凡治野，夫間有遂，遂上有徑，十夫有溝，溝上有畛，百夫有洫，洫上有涂，千夫有澮，澮上有道，萬夫有川，川上有路，以達于畿。以歲時登其夫家之衆寡，及其六畜、車輦，辨其老、幼、廢、疾，與其施舍者，以頒職作事，以令貢賦，以令師田，以起政役。若起野役，則令各帥其所治之民而至，以遂之大旗致之，其不用命者，誅之。凡國祭祀，共野牲；令野職。

[一] 「其」，阮刻本作「之」。

凡賓客，令修野道而委積。大喪，帥六遂之役而致之，掌其政令。及葬，帥而屬六綍，及窆，陳役。凡事致野役，而師田作野民，帥而至，掌其政治禁令。丱人，掌金玉錫石之地，而爲之厲禁以守之。若以時取之，則物其地圖而授之，巡其禁令。

春官

大宗伯之職，掌建邦之天神、人鬼、地示之禮，以佐王建保邦國。以吉禮事邦國之鬼神示，以禋祀祀昊天上帝，以實柴祀日月星辰，以槱燎祀司中、司命、飌師、雨師，以血祭祭社稷、五祀、五嶽，以貍沈祭山林川澤，以疈辜祭四方百物。以肆獻祼享先王，以饋食享先王，以祠春享先王，以禴夏享先王，以嘗秋享先王，以烝冬享先王。以凶禮哀邦國之憂，以喪禮哀死亡，以荒禮哀凶札，以弔禮哀禍裁，以襘禮哀圍敗，以恤禮哀寇亂。以賓禮親邦國，春見曰朝，夏見曰宗，秋見曰覲，冬見曰遇，時見曰會，殷見曰同。時聘曰問，殷覜曰視。以軍禮同邦國，大師之禮，用衆也；大均之禮，恤衆也；大田之禮，簡衆也；大役之禮，任衆也；大封之禮，合衆也。以嘉禮親萬民，以飲食之禮，親宗族兄弟；以昏冠之禮，親成男女；以賓射之禮，親故舊朋友；以饗燕之禮，親四方之賓客；以脤膰之禮，親兄弟之國；以賀慶之禮，親異姓之國。以九儀之命正邦國之位：一命受職，再命受服，三命受位，四命受器，五命賜則，六命賜官，七命賜國，八命作牧，九命作伯。以玉作六瑞，以等邦國：王執鎮圭，公執桓圭，侯執信圭，伯執躬圭，子執穀璧，男執蒲璧。以禽作六摯，以等諸臣：孤執皮帛，卿執羔，大夫執鴈，士執雉，庶人執鶩，工商執雞。以玉作六器，以禮天地四方：以蒼璧禮天，以黃琮禮地，以青圭禮東方，以赤璋禮南方，以白琥禮西方，以玄璜禮北方。皆有牲幣，各放其器之色。以天産作陰德，以中禮防之；以地産作陽德，以和樂防之。以禮樂合天地之化，百物之産，以事鬼神，以諧萬民，以致百物。

大司樂掌成均之灋，以治建國之學政，而合國之子弟焉。凡有道者，有德者，使教焉。死則以爲樂祖，祭於瞽宗。以樂德教國子，中、和、祗、庸、孝、友；以樂語教國子，興、道、諷、誦、言、語；以樂舞教國子，舞雲門、大卷、大咸、大磬、大夏、大濩、大武。以六律、六同、五聲、八音、六舞、大合樂，以致鬼、神、示，以和邦國，以諧萬民，以安賓客，以說遠人，以作動物。乃分樂而序之，以祭、以享、以祀。乃奏黃鍾，歌大呂，舞雲門，以祀天神；乃奏大蔟，歌應鍾，舞咸池，以祭地示；乃奏姑洗，歌南呂，舞大磬，以祀四望；乃奏蕤賓，歌函鍾，舞大夏，以祭山川；乃奏夷則，歌小呂，舞大濩，以享先妣；乃奏無射，歌夾鍾，舞大武，以享先祖。凡六樂者，文之以五聲，播之以八音。凡六樂者，一變而致羽物及川澤之示，再變而致鸁物及山林之示，三變而致鱗物及丘陵之示，四變而致毛物及墳衍之示，五變而致介物及土示，六變而致象物及天神。凡樂，圜鍾爲宫，黄鍾爲角，大蔟爲徵，姑洗爲羽，靁鼓靁鼗，孤竹之管；雲和之琴瑟，雲門之舞。冬日至，於地上之圜丘奏之，若樂六變，則天神皆降，可得而禮矣。凡樂，函鍾爲宫，大蔟爲角，姑洗爲徵，南吕爲羽，靈鼓、靈鼗，孫竹之管，空桑之琴瑟，咸池之舞。夏日至，於澤中之方丘奏之，若樂八變，則地示皆出，可得而禮矣。凡樂，黄鍾爲宫，大吕爲角，大〔二〕蔟爲徵，應鐘爲羽，路鼓、路鼗，陰竹之管，龍門之琴瑟，九德之歌，九韶〔三〕之舞，於宗廟之中奏之，若樂九變，則人鬼可得而禮矣。

大史掌建邦之六典，以逆邦國之治。掌灋，以逆官府之治；掌則，以逆都鄙之治。凡辨灋者攷焉，不信者刑之。凡邦國都鄙及萬民之有約劑者藏焉，以貳六官，六官之所登。若約劑亂，則辟灋，不信者刑之。正歲年，以序事。頒之于官府及都鄙，頒告朔于邦國。閏月，詔王居門，終月。大祭祀，與執事卜日，戒及宿之日，與群執事讀禮書而協事。祭之日，執書以次位常，辨事者攷焉，不信者誅之。大會同、朝覲，以書協禮事。及將幣之

〔二〕「大」，阮刻本作「太」。
〔三〕「韶」，阮刻本作「磬」。

日，執書以詔王。大師，抱天時，與大師同車。大遷國，抱灋以前。大喪，執灋以涖勸防。遣之日，讀誄，凡喪事攷焉。小喪，賜謚。凡射事，飾中，舍筭，執其禮事。

小史掌邦國之志，奠繫世，辨昭穆。若有事，則詔王之忌諱。大祭祀，讀禮灋，史以書敘昭穆之俎簋。大喪、大賓客、大會同、大軍旅，佐大史。凡國事之用禮灋者，掌其小事。卿大夫之喪，賜謚，讀誄。

内史掌王之八枋之灋，以詔王治。一曰爵，二曰禄，三曰廢，四曰置，五曰殺，六曰生，七曰予，八曰奪。執國灋及國令之貳，以攷政事，以逆會計。掌敘事之灋，受訥訪，以詔王聽治。凡命諸侯及孤、卿、大夫，則策命之。凡四方之事書，内史讀之。王制禄，則贊爲之，以方出之。賞賜，亦如之。内史掌書王命，遂貳之。

外史掌書外令，掌四方之志，掌三皇五帝之書，掌達書名于四方。若以書使于四方，則書其令。

夏官

大司馬之職，掌建邦國之九灋，以佐王平邦國。制畿封國，以正邦國；設儀辨位，以等邦國；進賢興功，以作邦國；建牧立監，以維邦國；制軍詰禁，以糾邦國；施貢分職，以任邦國；　簡稽鄉民，以用邦國；　均守平則，以安邦國；　比小事大，以和邦國。以九伐之灋正邦國，馮弱犯寡，則眚之；　賊賢害民，則伐之；　暴内陵外，則壇之；　野荒民散，則削之；　負固不服，則侵之；　賊殺其親，則正之；　放弒其君，則殘之；　犯令陵政，則杜之；　外内亂，鳥獸行，則滅之。

中春，教振旅，司馬以旗致民，平列陳，如戰之陳，辨鼓鐸鐲鐃之用，王執路鼓，諸侯執賁鼓，軍將執晉鼓，師帥執提，旅帥執鼙，卒長執鐃，兩司馬執鐸，公司馬執鐲，以教坐作進退疾徐疏數之節，遂以蒐田，有司表貉，誓民，鼓，遂圍禁，火弊，獻禽以祭社。中夏，教茇舍，如振旅之陳，群吏撰車徒，讀書契，辨號〔二〕名之用，帥以門名，縣鄙各以其名，家以號名，鄉以州名，野以邑名，百家〔三〕各象其事，以辨軍之夜事，其他皆如振旅。遂以苗田，如蒐之灋，車弊，獻禽以享礿。中秋，教治兵，如振旅之陳，辨旗物之用，王載大常，諸侯載旂，軍吏載旗，師都載旜，鄉遂載物，郊野載旐，百官載旟，各書其事與其號焉，其他皆如振旅。遂以獮田，如蒐田之灋，羅弊，致禽以祀祊。中冬，教大閱，前期，群吏戒衆庶，修戰

〔二〕　原無「號」字，據阮刻本補。
〔三〕　「家」，阮刻本作「官」。

瀍，虞人萊所田之野爲表，百步則一，爲三表；又五十步爲一表。田之日，司馬建旗于後表之中，群吏以旗物、鼓鐸、鐲鐃，各帥其民而致，質明，弊旗，誅後至者，乃陳車徒，如戰之陳，皆坐。群吏聽誓于陳前，斬牲，以左右徇陳，曰：「不用命者斬之。」中軍以鼙令鼓，鼓人皆三鼓，司馬振鐸，群吏作旗，車徒皆作，鼓行，鳴鐲，車徒皆行，及表乃止。三鼓，摝鐸，群吏弊旗，車徒皆坐。又三鼓，振鐸，作旗，車徒皆作，鼓進，鳴鐲，車驟徒趨，及表乃止。坐作如初，乃鼓，車馳徒走，及表乃止。鼓戒三闋，車三發，徒三刺，乃鼓，退，鳴鐃，且卻，及表乃止，坐作如初。遂以狩田，以旌爲左右和之門，群吏各帥其車徒，以敍和出，左右，陳車徒，有司平之。旗居卒間以分地，前後有屯百步，有司巡其前後，險野人爲主，易野車爲主。既陳，乃設驅逆之車，有司表貉于陳前，中軍以鼙令鼓，鼓人皆三鼓，群司馬振鐸，車徒皆作，遂鼓行，徒銜枚而進，大獸公之，小禽私之，獲者取左耳。及所弊，鼓皆駴，車徒皆譟，徒乃弊，致禽饁獸于郊。入，獻禽以享烝。及師，大合軍，以行禁令，以救無辜，伐有罪。〔一〕若大師，則掌其戒令，涖大卜，帥執事涖釁主及軍器。及致，建大常，比軍衆，誅後至者。及戰，巡陳眡事而賞罰。若師有功，則左執律，右秉鉞，以先，愷樂獻于社。若師不

〔一〕「獲者取左耳」至「伐有罪」句，原稿無，據阮刻本補。

功，則厭而奉主車。王弔勞士庶子，則相。大役，與慮事，屬其植，受其要，以待攷而賞誅。大會同，則帥士、庶子，而掌其政令。若大射，則合諸侯之六耦。大祭祀、饗食、羞牲魚，授其祭。大喪，平士大夫。喪祭，奉詔馬牲。〔一〕

職方氏掌天下之圖，以掌天下之地，辨其邦國、都鄙、四夷、八蠻、七閩、九貉、五戎、六狄之人民，與其財用九穀、六畜之數要，周知其利害，乃辨九州之國，使同貫利。東南曰揚州，其山鎮曰會稽，其澤藪曰具區，其川三江，其浸五湖，其利金、錫、竹箭，其民二男五女，其畜宜鳥、獸，其穀宜稻。正南曰荆州，其山鎮曰衡山，其澤藪曰雲瞢，其川江、漢，其浸潁湛〔二〕，其利丹、銀、齒、革，其民一男二女，其畜宜鳥、獸，其穀宜稻。河南曰豫州，其山鎮曰華山，其澤藪曰圃田，其川熒雒，其浸波溠〔三〕，其利林、漆、絲、枲，其民二男三女，其畜宜六擾，其穀宜五種。正東曰青州，其山鎮曰沂山，其澤藪曰望諸，其川淮泗，其浸沂沭，其利蒲魚，其民二男二女，其畜宜雞、狗，其穀宜稻、麥。河東曰兖州，其山鎮曰岱山，其澤藪曰大野，其川河、泲，其浸盧維，其利蒲魚，其民二男三女，其畜宜六擾，其穀宜四種。正西曰

〔一〕「若師不功」至「奉詔馬牲」，原稿無，據阮刻本補。
〔二〕原爲「波溠」，據阮刻本校改。
〔三〕原爲「潁湛」，據阮刻本校改。

雍州，其山鎮曰嶽山，其澤藪曰弦蒲，其川涇、汭，其浸渭、洛，其利玉石，其民三男二女，其畜宜牛、馬，其穀宜黍、稷。東北曰幽州，其山鎮曰醫無閭，其澤藪曰豯養，其川河、泲，其浸菑時，其利魚、鹽，其民一男三女，其畜宜四擾，其穀宜三種。河内曰冀州，其山鎮曰霍山，其澤藪曰楊紆，其川漳，其浸汾、潞，其利松柏，其民五男三女，其畜宜牛羊，其穀宜黍、稷。正北曰并州，其山鎮曰恒山，其澤藪曰昭餘祁，其川虖池，嘔夷，其浸淶易，其利布帛，其民二男三女，其畜宜五擾，其穀宜五種。按：「荆州……其浸潁、湛」，潁水在豫州。「豫州……其浸波溠」，溠在荆州。左傳：「除道梁溠。」此二句荆、豫當互易。

秋官

大司寇之職，掌建邦之三典，以佐王刑邦國，詰四方。一曰，刑新國用輕典；二曰，刑平國用中典；三曰，刑亂國用重典。以五刑糾萬民：一曰野刑，上功糾力；二曰軍刑，上命糾守；三曰鄉刑，上德糾孝；四曰官刑，上能糾職；五曰國刑，上愿糾暴。以圜土聚教罷民，凡害人者，寘之圜土而施職事〔一〕焉，以明刑恥之，其能改者〔二〕，反于中國，不齒三年。其不能改而出圜土者殺。以兩造禁民訟，入束矢於朝，然後聽之。以兩劑禁民獄，入鈞金三日，乃致于朝，然後聽之。以嘉石平罷民，凡萬民之有罪過，而未麗於灋，而害於州里者，桎梏而坐諸嘉石，役諸司空。重罪，旬有三日坐，期役；其次，九日坐，九月役；其次，七日坐，七月役；其次，五日坐，五月役；其下罪，三日坐，三月役，使州里任之，則宥而舍之。以肺石達窮民，凡遠近惸獨老幼之欲有復於上，而其長弗達者，立於肺石，三日，士聽其辭，以告於上而罪其長。正月之吉，始和布刑于邦国都鄙，乃縣刑象之灋于象魏，使萬民觀刑象，挾日而斂之。凡邦之大盟约，涖其盟書而登之于天府，大史、内史、司會及六官皆受其貳而藏之。〔三〕凡諸侯之獄訟，以邦典定之。凡卿大夫之獄訟，以邦灋斷之。凡庶民之獄訟，以邦成弊之。

大行人掌大賓之禮，及大客之儀，以親諸侯。春朝諸侯而圖天下之事，秋覲以比邦國之功，夏宗以陳天下之謨，冬遇以協諸侯之慮。時會以發四方之禁，殷同以施天下之政，

〔一〕原無「事」字，據阮刻本補。
〔二〕「者」，阮刻本作「過」。
〔三〕「正月之吉」至「藏之」，原稿無，據阮刻本補。

時聘以結諸侯之好，殷覜以除邦國之慝，間問以諭諸侯之志，歸脤以交諸侯之福，賀慶以贊諸侯之喜，致禬以補諸侯之烖。以九儀辨諸侯之命，等諸臣之爵，以同邦國之禮，而待其賓客。上公之禮，執桓圭九寸，繅藉九寸，冕服九章，建常九斿，樊纓九就，貳車九乘，介九人，禮九牢。其朝位，賓主之間九十步，立當車軹，擯者五人，廟中將幣三享，王禮再祼而酢。饗禮九獻，食禮九舉，出入五積，三問三勞。諸侯之禮，執信圭七寸，繅藉七寸，冕服七章，建常七斿，樊纓七就，貳車七乘，介七人，禮七牢。朝位，賓主之間七十步，立當前疾，擯者四人，廟中將幣三享，王禮壹祼而酢，饗禮七獻，食禮七舉，出入四積，再問，再勞。諸伯執躬圭，其他皆如諸侯之禮。諸子執穀璧五寸，繅藉五寸，冕服五章，建常五斿，樊纓五就，貳車五乘，介五人，禮五牢。朝位，賓主之間五十步，立當車衡，擯者三人，廟中將幣三享，王禮壹祼不酢，饗禮五獻，食禮五舉，出入三積，壹問、壹勞。諸男執蒲璧，其他皆如諸子之禮。凡大國之孤，執皮帛以繼小國之君，出入三積，不問、壹勞，朝位當車前，不交擯，廟中無相，以酒禮之，其他皆眡小國之君。凡諸侯之卿，其禮各下其君二等。以下及其大夫士，皆如之。

冬官・考工記記中工師三十人，今録輪、輿、梓、匠四人。

國有六職，百工與居一焉。或坐而論道，或作而行之，或審曲面埶，以飭五材，以辨民器，或通四方之珍異以資之，或飭力以長地財，或治絲麻以成之。坐而論道，謂之王公；作而行之，謂之士大夫；審曲面埶，以飭五材，以辨民器，謂之百工；通四方之珍異以資之，謂之商旅；飭力以長地財，謂之農夫；治絲麻以成之，謂之婦功。粤無鎛，燕無函，秦無廬，胡無弓車。粤之無鎛也，非無鎛也，夫人而能爲鎛也；燕之無函也，非無函也，夫人而能爲函也；秦之無廬也，非無廬也，夫人而能爲廬也；胡之無弓車也，非無弓車也，夫人而能爲弓車也。知者創物，巧者述之守之，世謂之工。百工之事，皆聖人之作也。爍金以爲刃，凝土以爲器，作車以行陸，作舟以行水，此皆聖人之所作也。天有時，地有氣，材有美，工有巧，合此四者，然後可以爲良。材美工巧，然而不良，則不時，不得地氣也。橘踰淮而北爲枳，鸜鵒不踰濟，貉踰汶則死，此地氣然也；鄭之刀，宋之斤，魯之削，吴粤之劒，遷乎其地而弗能爲良，地氣然也。燕之角，荆之幹，妢胡之笴，吴、粤之金錫，此材之美者也。天有時以生，有時以殺；草木有時以生，有時以死，石有時以泐，水有時以凝，有時以澤，此天時也。凡攻木之工七，攻金之工六，攻皮之工五，設色之工五，刮摩之工五，摶埴之工二。攻木之工：輪、輿、弓、廬、匠、車、梓；攻金之工：築、冶、鳧、㮚、段、桃；　攻皮之工：　函、鮑、韗、韋、裘；　設色之工：　畫、繢、鍾、筐、㡛；　刮摩之工：　玉、楖、雕、矢、磬；　搏埴之工：　陶、旊。　有虞氏上陶，夏后氏上匠，殷人上梓，周人上輿。

輪人爲輪，斬三材必以其時。　三材既具，巧者和之。　轂也者，以爲利轉也。　輻也者，以爲直指也。　牙也者，以爲固抱也。　輪敝，三材不失職，謂之完。　望而眡其輪，欲其幎爾而下迆也。　進而眡之，欲其微至也。　無所取之，取諸圜也。　望其輻，欲其掣爾而纖也。　進而眡之，欲其肉稱也。　無所取之，取諸易直也。　望其轂，欲其眼也，進而眡之，欲其幬之廉也。　無所取之，取諸急也。　眡其綆，欲其蚤之正也，察其菑蚤不齵，則輪雖敝不匡。　凡斬轂之道，必矩其陰陽。　陽也者，稹理而堅；　陰也者，疏理而柔。　是故以火養其陰，而齊諸其陽，則轂雖敝不藃。　轂小而長則柞，大而短則摯。　是故六分其輪崇，以其一爲之牙圍，參分其牙圍，而漆其二。　椁其漆內而中詘之，以爲之轂長，以其長爲之圍，以其圍之防捎其藪。　五分其轂之長，去一以爲賢，去三以爲軹。　容轂必直，陳篆必正，施膠必厚，施筋必數，幬必負幹。　既摩，革色青白，謂之轂之善。　參分其轂長，二在外，一在內，以置其輻。　凡輻，量其鑿深以爲輻廣。　輻廣而鑿淺，則是以大扤，雖有良工，莫之能固。　鑿深而輻小，則是固有餘，而强不足也，故竑其輻廣，以爲之弱，則雖有重任，轂不折。　參分其輻之長而殺其一，則雖有深泥，亦弗之溓也。參分其股圍，去一以爲骹圍，揉輻必齊，平沈必均，直以指牙，牙得，則無槷而固，不得，則有槷必足見也。六尺有六寸之輪，綆參分寸之二，謂之輪之固。凡爲輪，行澤者欲杼，行山者欲侔。杼以行澤，則是刀以割塗也，是故塗不附。侔以行山，則是搏以行石也，是故輪雖敝不甐於鑿。凡揉牙，外不廉而內不挫，旁不腫，謂之用火之善。是故規之以眡其圜也，萬之以眡其匡也。縣之以眡其輻之直也，水之以眡其平沈之均也，量其藪以黍，以眡其同也，權之以眡其輕重之侔也。故可規、可萬、可水、可縣、可量、可權也，謂之國工。

輿人爲車，輪崇、車廣、衡長參，如一，謂之參稱。參分車廣，去一以爲隧。參分其隧，一在前，二在後，以揉其式。以其廣之半爲之式崇，以其隧之半爲之較崇。六分其廣，以一爲之軫圍。參分軫圍，去一以爲式圍。參分式圍，去一以爲較圍。參分較圍，去一以爲軹圍。參分軹圍，去一以爲轛圍。圜者中規，方者中矩，立者中縣，衡者中水，直者如生焉，繼者如附焉。凡居材，大與小無并，大倚小則摧，引之則絶，棧車欲弇，飾車欲侈。

梓人爲筍虡。天下之大獸五：脂者、膏者、臝者、羽者、鱗者。宗廟之事，脂者膏者以爲牲，臝者、羽者、鱗者以爲筍虡。外骨、内骨、卻行、仄行、連行、紆行、以脰鳴者、以注鳴者、以旁鳴者、以翼鳴者、以股鳴者、以胸鳴者，謂之小蟲之屬，以爲雕琢。厚脣、弇口、出目、短耳、大胸、燿後、大體、短脰，若是者謂之贏屬。恒有力而不能走，其聲大而宏。有力而不能走，則於任重宜；大聲而宏，則於鍾宜。若是者以爲鍾虡，是故擊其所縣，而由其虡鳴。鋭喙、決吻、數目、顧脰、小體、騫腹，若是者謂之羽屬。恒無力而輕，其聲清揚而遠聞。無力而輕，則於任輕宜；其聲清揚而遠聞，於磬宜。若是者以爲磬虡，故擊其所縣而由其虡鳴。小首而長，摶身而鴻，若是者謂之鱗屬，以爲筍。凡攫閷援簭之類，必深其爪，出其目，作其鱗之而。深其爪，出其目，作其鱗之而，則於眂必撥爾而怒。苟撥爾而怒，則於任重宜，且其匪色必似鳴矣。爪不深，目不出，鱗之而不作，則必頹爾如委矣。苟頹爾如委，則加任焉，則必如將〔一〕廢措，其匪色必似不鳴矣。

匠人建國，水地以縣，置槷以縣，眂以景，爲規識日出之景與日入之景，晝參諸日中之景，夜考之極星，以正朝夕。

匠人營國，方九里，旁三門。國中九經九緯，經涂九軌，左祖右社，面朝後市，市朝一夫。夏后氏世室，堂修二七，廣四修一，五室，三四步，四三尺。九階，四旁兩夾窻，白盛。門堂三之二，室三之一。殷人重屋，堂修七尋，堂崇三尺，四阿重屋。周人明堂，度九尺之

〔一〕原作「將如」，據阮刻本乙正。

筵，東西九筵，南北七筵，堂崇一筵，五室，凡室二筵。室中度以几，堂上度以筵，宮中度以尋，野度以步，涂度以軌。廟門容大扃七个，闈門容小扃參个，路門不容乘車之五个，應門二徹參个。內有九室，九嬪居之。外有九室，九卿朝焉。九分其國，以爲九分，九卿治之。王宮門阿之制五雉，宮隅之制七雉，城隅之制九雉。經涂九軌，環涂七軌，野涂五軌。門阿之制，以爲都城之制。宮隅之制，以爲諸侯之城制。環涂以爲諸侯經涂，野涂以爲都經涂。

匠人溝洫，耜廣五寸，二耜爲耦，一耦之伐，廣尺深尺謂之甽，田首倍之；廣二尺，深二尺，謂之遂。九夫爲井，井間廣四尺，深四尺，謂之溝。方十里爲成，成間廣八尺，深八尺，謂之洫；方百里爲同，同間廣二尋，深二仞，謂之澮。專達於川，各載其名。凡天下之地埶，兩山之間，必有川焉，大川之上，必有涂焉。凡溝逆地防，謂之不行。水屬不理孫，謂之不行。梢溝三十里，而廣倍。凡行奠水，磬折以參伍。欲爲淵，則句於矩。凡溝必因水埶，防必因地埶。善溝者，水漱之；善防者，水淫之。凡爲防，廣與崇方，其閷參分去一，大防外閷。凡溝防，必一日先深之以爲式，里爲式，然後可以傅衆力。凡任索約，大汲其版，謂之無任。葺屋參分，瓦屋四分，囷、窌、倉、城，逆牆六分，堂涂十有二分。竇，其崇三尺，牆厚三尺，崇三之。

儀禮

凡十七篇，今録士冠禮一篇。於禮記内録冠、昏、喪、祭義各一篇。

士冠禮。筮于廟門。主人玄冠朝服，緇帶，素韠，即位于門東，西面。有司如主人服，即位于西方，東面，北上。筮，與席，所卦者，具饌于西塾。布席于門中，闑西閾外，西面。筮人執筴，抽上韇，兼執之，進受命于主人。宰自右，少退，贊命。筮人許諾，右還，即席坐，西面。卦者在左。卒筮，書卦，執以示主人。主人受眂，反之。筮人還，東面，旅占，卒，進，告吉。若不吉，則筮遠日，如初儀。徹筮席，宗人告事畢。

右筮日

主人戒賓。賓禮辭，許。主人再拜，賓荅拜。主人退，賓拜送。

右戒賓

前期三日，筮賓，如求日之儀。

右筮賓

乃宿賓。賓如主人服，出門左，西面再拜。主人東面荅拜，乃宿賓。賓許，主人再拜，賓荅拜。主人退，賓拜送。宿贊冠者一人，亦如之。

右宿賓宿贊冠者

厥明夕，爲期于廟門之外。主人立于門東，兄弟在其南，少退，西面，北上。有司皆如宿服，立于西方，東面，北上。擯者請期，宰告曰：「質明行事。」告兄弟及有司。告事畢。擯者告期于賓之家。

右爲期

夙興，設洗直于東榮，南北以堂深，水在洗東。陳服于房中西墉下，東領，北上。爵弁，服纁裳，純衣，緇帶，韎韐。皮弁，服素積，緇帶，素韠。玄端，玄裳、黄裳、雜裳可也，緇帶，爵韠。緇布冠，缺項，青組，纓屬于缺；緇纚，廣終幅，長六尺。皮弁笄，爵弁笄，緇組紘，纁邊，同篋。櫛實于簞。蒲筵二，在南。側尊一甒，醴在服北。有篚實，勺觶，角柶，脯醢南上。爵弁、皮弁、緇布冠各一匴，執以待于西坫南，南面，東上。賓升則東面。

右冠日陳設

主人玄端爵韠，立于阼階下，直東序，西面。兄弟畢袗玄，立于洗東，西面，北上。擯者玄端，負東塾。將冠者采衣，紒，在房中，南面。賓如主人服，贊者玄端從之，立于外門之外。

右主人與賓各就内外位

擯者告，主人迎，出門左，西面，再拜。賓荅拜。主人揖贊者，與賓揖，先入。每曲揖。至于廟門，揖入。三揖，至于階，三讓。主人升，立于序端，西面。賓西序，東面。贊者盥于洗西，升，立于房中，西面南上。

右迎賓及贊冠者入

主人之贊者，筵于東序，少北，西面。將冠者出房，南面。贊者奠纚、笄、櫛于筵南端。賓揖將冠者，將冠者即筵坐。贊者坐，櫛，設纚。賓降，主人降。賓辭，主人對。賓盥，卒，壹揖，壹讓，升。主人升，復初位。賓筵前坐，正纚，興，降西階一等。執冠者升一等，東面授賓。賓右手執項，左手執前，進容，乃祝，坐如初，乃冠，興，復位。贊者卒。冠者興，賓揖之。適房，服玄端爵韠，出房，南面。

右初加

賓揖之，即筵坐。櫛，設笄。賓盥，正纚如初，降二等，受皮弁，右執項，左執前，進、祝、加之如初，復位。贊者卒紘。興，賓揖之。適房，服素積素韠，容，出房，南面。

右再加

賓降三等，受爵弁，加之，服纁裳韎韐，其他如加皮弁之儀。徹皮弁、冠、櫛、筵，入于房。

右三加

筵于户西南面。贊者洗于房中，側酌醴；加柶，覆之，面葉。賓揖冠者，就筵，筵西南面。賓授醴于户東，加柶，面枋，筵前北面。冠者筵西拜受觶，賓東面荅拜。薦脯醢。

冠者即筵坐，左執觶，右祭脯醢，以柶祭醴三，興；　筵末坐，啐醴，建柶，興；　降筵，坐，奠觶，拜；　執觶興。　賓荅拜。

右賓醴冠者

冠者奠觶于薦東，降筵；　北面坐，取脯；　降自西階，適東壁，北面見于母，母拜受。子拜送，母又拜。

右冠者見于母

賓降，直西序東面。　主人降，復初位。　冠者立于西階東，南面。　賓字之，冠者對。

右賓字冠者

賓出，主人送于廟門外。　請醴賓，賓禮辭，許，賓就次。

右賓出就次

冠者見於兄弟，兄弟再拜，冠者荅拜。　見贊者，西面拜，亦如之。　入見姑、姊，如見母。

右冠者見兄弟贊者姑姊

乃易服，服玄冠、玄端、爵韠，奠摯見于君。　遂以摯見于鄉大夫、鄉先生。

右冠者見君與鄉大夫、鄉先生

乃醴賓，以壹獻之禮。　主人酬賓，束帛、儷皮。　贊者皆與。　贊冠者爲介。　賓出，主人送于外門外，再拜；　歸賓俎。

右送賓歸俎

戒賓曰：「某有子某。將加布于其首，願吾子之教之也。」賓對曰：「某不敏，恐不能共事，以病吾子，敢辭。」主人曰：「某猶願吾子之終教之也！」賓對曰：「吾子重有命，某敢不從？」宿曰：「某將加布于某之首，吾子將莅之，敢宿。」賓對曰：「某敢不夙興？」

右戒賓宿賓之辭

始加祝曰：「令月吉日，始加元服。棄爾幼志，順爾成德。壽考惟祺，介爾景福。」再加曰：「吉月令辰，乃申爾服。敬爾威儀，淑慎爾德。眉壽萬年，永受胡福。」三加曰：「以歲之正，以月之令，咸加爾服。兄弟具在，以成厥德。黄耇無疆，受天之慶。」

右加冠祝辭

醴辭曰：「甘醴惟厚，嘉薦令芳。拜受祭之，以定爾祥。承天之休，壽考不忘。」

右醴辭

醮辭曰：「旨酒既清，嘉薦亶時。始加元服，兄弟具來。孝友時格，永乃保之。」再醮曰：「旨酒既湑，嘉薦伊脯。乃申爾服，禮儀有序。祭此嘉爵，承天之祜。」三醮曰：「旨酒令芳，籩豆有楚。咸加爾服，肴升折俎。承天之慶，受福無疆。」

右醮辭

字辭曰：「禮儀既備，令月吉日，昭告爾字。爰字孔嘉，髦士攸宜。宜之于假，永受保之，曰伯某甫，仲、叔、季，唯其所當。」

右字辭

禮記・冠義

凡人之所以爲人者，禮義也。禮義之始，在於正容體、齊顔色、順辭令。容體正，顔色齊，辭令順，而后禮義備。以正君臣、親父子、和長幼。君臣正，父子親，長幼和，而后禮義立。故冠而后服備，服備而后容體正、顔色齊、辭令順。故曰：「冠者，禮之始也。」是故古者聖王重冠。古者冠禮筮日筮賓，所以敬冠事，敬冠事所以重禮；重禮所以爲國本也。故冠於阼，以著代也；醮於客位，三加彌尊，加有成也；已冠而字之，成人之道也。見於母，母拜之；見於兄弟，兄弟拜之，成人而與爲禮也。玄冠、玄端奠摯於君，遂以摯見於鄉大夫、鄉先生，以成人見也。成人之者，將責成人禮焉也。責成人禮焉者，將責爲人子、爲人弟、爲人臣、爲人少者之禮行焉。將責四者之行於人，其禮可不重與？故孝弟忠順之行立，而后可以爲人，可以爲人，而后可以治人也。故聖王重禮。故曰：「冠者，禮之始也，嘉事之重者也。」是故古者重冠，重冠故行之於廟。行之於廟者，所以尊重事。

尊重事，而不敢擅重事。不敢擅重事，所以自卑而尊先祖也。

昏義

昏禮者，將合二姓之好，上以事宗廟，而下以繼後世也，故君子重之。是以昏禮納采、問名、納吉、納徵、請期，皆主人筵几於廟，而拜迎於門外，入，揖讓而升，聽命於廟，所以敬愼重正昏禮也。父親醮子而命之迎，男先於女也。子承命以迎，主人筵几於廟，而拜迎於門外。壻執鴈入，揖讓升堂，再拜奠鴈，蓋親受之於父母也。降，出，御婦車，而壻授綏，御輪三周。先俟於門外，婦至，壻揖婦以入，共牢而食，合巹而酳，所以合體同尊卑以親之也。敬愼重正而后親之，禮之大體，而所以成男女之別，而立夫婦之義也。男女有別，而后夫婦有義；夫婦有義，而后父子有親；父子有親，而后君臣有正。故曰：「昏禮者，禮之本也。」夫禮，始於冠，本於昏，重於喪祭，尊於朝聘，和於射鄉〔二〕，此禮之大體也。夙興，婦沐浴以俟見。質明，贊見婦於舅姑，婦執笲、棗、栗、段、修以見，贊醴婦，婦祭脯醢，祭醴，成婦禮也。舅姑入室，婦以特豚饋，明婦順也。厥明，舅姑共饗婦以一獻之禮，奠

〔二〕　原作「鄉射」，據阮刻本乙正。

酬。舅姑先降自西階，婦降自阼階，以著代也。成婦禮，明婦順，又申之以著代，所以重責婦順焉也。婦順者，順於舅姑，和於室人，而后當於夫，以成絲麻布帛之事，以審守委積蓋藏。是故婦順備而后内和理，内和理而后家可長久也。故聖王重之。

喪問〔一〕

喪問即喪義。不言義而言問者，因古經無喪義之名，未敢擅古。

親始死，雞斯徒跣，扱上衽，交手哭。惻怛之心，痛疾之意，傷腎乾肝焦肺。水漿不入口，三日不舉火，故鄰里爲之糜粥以飲食之。夫悲哀在中，故形變於外也；痛疾在心，故口不甘味，身不安美也。三日而斂，在牀曰尸，在棺曰柩，動尸舉柩，哭踊無數。惻怛之心，痛疾之意，悲哀志懣氣盛，故袒而踊之，所以動體安心下氣也。婦人不宜袒，故發胸擊心爵踊，殷殷田田，如壞牆然，悲哀痛疾之至也。故曰：「辟踊哭泣，哀以送之。送形而往，迎精而反也。」其往送也，望望然，汲汲然，如有追而弗及也；其反哭也，皇皇然，若有求而弗得也。故其往送也如慕，其反也如疑。求而無所得之也，入門而弗見也，上堂又弗見也，入室又弗見也，亡矣喪矣！不可復見已矣！故哭泣辟踊，盡哀而止矣。心悵焉愴

〔一〕「喪問」，阮刻本作「問喪」。

焉，惚焉愾焉，心絶志悲而已矣。祭之宗廟，以鬼饗之，徼幸復反也。成壙而歸，不敢入處室，居於倚廬，哀親之在外也；寢苫枕塊，哀親之在土也。故哭泣無時，服勤三年，思慕之心，孝子之志也，人情之實也。或問曰：「死三日而后斂者，何也？」曰：「孝子親死，悲哀志懣，故匍匐而哭之，若將復生然，安可得〔一〕奪而斂之也。」故曰：「三日而后斂者，以俟其生也；三日而不生，亦不生矣。孝子之心，亦益衰矣；家室之計，衣服之具，亦可以成矣；親戚之遠者，亦可以至矣。是故聖人爲之斷決，以三日爲之禮制也。」或問曰：「冠者不肉袒，何也？」曰：「冠，至尊也，不居肉袒之體也，故爲之免以代之也。然則禿者不免，傴者不袒，跛者不踊，非不悲也；身有錮疾，不可以備禮也。故曰：「喪禮唯哀爲主矣。」女子哭泣悲哀，擊胸傷心；男子哭泣悲哀，稽顙觸地無容，哀之至也。」或問曰：「免者以何爲也？」曰：「不冠者之所服也。禮曰：「童子不緦，唯當室緦。」緦者其免也，當室則免而杖矣。」或問曰：「杖者何也？」曰：「竹、桐一也。故爲父苴杖——苴杖，竹也；爲母削杖——削杖，桐也。」或問曰：「杖者以何爲也？」曰：「孝子喪親，哭泣無數，服勤三年，身病體羸，以杖扶病也。則父在不敢杖矣，尊者在故也；

〔一〕原無「得」字，據阮刻本補。

堂上不杖，辟尊者之處也；　堂上不趨，示不遽也。　此孝子之志也，人情之實也，禮義之經也，非從天降也，非從地出也，人情而已矣。」問喪

斬衰何以服苴？苴，惡貌也，所以首其内而見諸外也。　斬衰貌若苴，齊衰貌若枲，大功貌若止，小功緦麻，容貌可也，此哀之發於容體者也。　斬衰之哭，若往而不反；　齊衰之哭，若往而反；　大功之哭，三曲而偯；　小功緦麻，哀容可也。此哀之發於聲音者也。　斬衰，唯而不對；　齊衰，對而不言；　大功，言而不議；　小功緦麻，議而不及樂。　此哀之發於言語者也。　斬衰，三日不食；　齊衰，二日不食；　大功，三不食；　小功緦麻，再不食；　士與斂焉，則壹不食。　故父母之喪，既殯食粥，朝一溢米，莫一溢米；　齊衰之喪，疏食水飲，不食菜果；　大功之喪，不食醯醬；　小功緦麻，不飲醴酒。　此哀之發於飲食者也。　父母之喪，既虞卒哭，疏食水飲，不食菜果；　期而小祥，食菜果；　又期而大祥，有醯醬；　中月而禫，禫而飲醴酒。　始飲酒者，先飲醴酒；　始食肉者，先食乾肉。　父母之喪，居倚廬，寢苫枕塊，不説絰帶；　齊衰之喪，居堊室，芐翦不納；　大功之喪，寢有席；　小功緦麻，牀可也。　此哀之發於居處者也。　父母之喪，既虞卒哭，柱楣翦屏，芐翦不納；　期而小祥，居堊室，寢有席；　又期而大祥，居復寢；　中月而禫，禫而牀。　斬衰三升，齊衰四升、

五升、六升，大功七升、八升、九升，小功十升[一]、十一升、十二升，緦麻十五升去其半，有事其縷、無事其布，曰緦。此哀之發於衣服者也。斬衰三升，既虞卒哭，受以成布六升、冠七升；爲母疏衰四升，受以成布七升、冠八升。去麻服葛，葛帶三重。期而小祥，練冠縓緣，要絰不除，男子除乎首，婦人除乎帶。男子何爲除乎首也？婦人何爲除乎帶也？男子重首，婦人重帶。除服者先重者，易服者易輕者。又期而大祥，素縞麻衣。中月而禫，禫而纖，無所不佩。易服者何爲易輕者也？斬衰之喪，既虞卒哭，遭齊衰之喪，輕者包，重者特。既練，遭大功之喪，麻葛重。齊衰之喪，既虞卒哭，遭大功之喪，麻葛兼服之。斬衰之葛與齊衰之麻同；齊衰之葛與大功之麻同；大功之葛與小功之麻同；小功之葛與緦之麻同，麻同則兼服之。兼服之服重者，則易輕者也。間傳

三年之喪，何也？曰：稱情而立文，因以飾群，別親疏貴賤之節，而弗可損益也。故曰：「無易之道也。」創鉅者其日久，痛甚者其愈遲，三年者，稱情而立文，所以爲至痛極也。斬衰苴杖，居倚廬，食粥，寢苫枕塊，所以爲至痛飾也。三年之喪，二十五月而畢，哀

[一] 原無「十升」二字，據阮刻本補。

痛未盡，思慕未忘，然而服以是斷之者，豈不送死者有已，復生有節也哉！凡生天地之間者，有血氣之屬必有知，有知之屬莫不知愛其類。今是大鳥獸，則失喪其群匹，越月踰時焉，則必反巡，過其故鄉，翔回焉，鳴號焉，躑躅焉，踟躕焉，然後乃能去之。小者至於燕雀，猶有啁噍之頃焉，然後乃能去之。故有血氣之屬者，莫知於人，故人於其親也，至死不窮。將由夫患邪淫之人與？則彼朝死而夕忘之，然而從之，則是曾鳥獸之不若也，夫焉能相與群居而不亂乎？將由夫修飾之君子與？則三年之喪，二十五月而畢，若駟之過隙，然而遂之，則是無窮也。故先王焉爲之立中制節，壹使足以成文理，則釋之矣。然則何以至期也？曰：至親以期斷。是何也？曰：天地則已易矣，四時則已變矣，其在天地之中者，莫不更始焉，以是象之也。然則何以三年也？曰：加隆焉爾也，焉使倍之，故再期也。由九月以下，何也？曰：焉使弗及也。故三年以爲隆，緦小功以爲殺，期九月以爲間。上取象於天，下取法於地，中取則於人，人之所以群居和壹之理盡矣。故三年之喪，人道之至文者也，夫是之謂至隆。是百王之所同，古今之所壹也，未有知其所由來者也。孔子曰：「子生三年，然後免於父母之懷。」夫三年之喪，天下之達喪也。三年問

祭義

祭不欲數，數則煩，煩則不敬。祭不欲疏，疏則怠，怠則忘。是故君子合諸天道，春禘秋嘗。霜露既降，君子履之，必有悽愴之心，非其寒之謂也。春，雨露既濡，君子履之，必有怵惕之心，如將見之。樂以迎來，哀以送往，故禘有樂而嘗無樂。致齊於内，散齊於外。齊之日，思其居處，思其笑語，思其志意，思其所樂，思其所嗜。齊三日，乃見其所爲齊者。祭之日，入室，僾然必有見乎其位，周還出户，肅然必有聞乎其容聲，出户而聽，愾然必有聞乎其嘆息之聲。是故先王之孝也，色不忘乎目，聲不絶乎耳，心志嗜欲不忘乎心。致愛則存，致慤則著。著存不忘乎心，夫安得不敬乎？君子生則敬養，死則敬享，思終身弗辱也。君子有終身之喪，忌日之謂也。忌日不用，非不祥也。言夫日，志有所至，而不敢盡其私也。唯聖人爲能饗帝，孝子爲能饗親。饗者，鄉也。鄉之，然後能饗焉。是夫〔一〕孝子臨尸而不怍。君牽牲，夫人奠盎。君獻尸，夫人薦豆。卿大夫相君，命婦相夫人。齊齊乎其敬也，愉愉乎其忠也，勿勿諸其欲其饗之也。祭義

〔一〕「夫」，阮刻本作「故」。

禮有五經，莫重於祭。夫祭者，非物自外至者也，自中出生於心也。心怵而奉之以禮，是故唯賢者能盡祭之義。賢者之祭也，必受其福。非世所謂福也。福者，備也；備者，百順之名也。無所不順者謂之〔一〕備。言内盡於己，而外順於道也。忠臣以事其君，孝子以事其親，其本一也。上則順於鬼神，外則順於君長，内則以孝於親。如此之謂備。唯賢者能備，能備然後能祭。是故賢者之祭也，致其誠信，與其忠敬。奉之以物，道之以禮，安之以樂，參之以時。明薦之而已矣，不求其爲。此孝子之心也。祭者，所以追養繼孝也。孝者畜也。順於道不逆於倫，是之謂畜。是故孝子之事親也，有三道焉：生則養，没則喪，喪畢則祭。養則觀其順也，喪則觀其哀也，祭則觀其敬而時也。盡此三道者，孝子之行也。既内自盡，又外求助，昏禮是也。故國君取夫人之辭曰：「請君之玉女，與寡人共有敝邑，事宗廟社稷。」此求助之本也。夫祭也者，必夫婦親之，所以備外内之官也。官備則具備。水草之菹，陸産之醢，小物備矣；三牲之俎，八簋之實，美物備矣；昆蟲之異，草木之實，陰陽之物備矣。凡天之所生，地之所長，苟可薦者，莫不咸在，示盡物也。外則盡物，内則盡志，此祭之心也。是故天子親耕於南郊，以共齊盛；王后蠶於北郊，以

〔一〕原作「之謂」，據阮刻本乙正。

共純服。諸侯耕於東郊，亦以共粢〔一〕盛；夫人蠶於北郊，以共冕服。天子諸侯非莫耕也，王后夫人非莫蠶也。身致其誠信，誠信之謂盡，盡之謂敬，敬盡然後可以事神明，此祭之道也。及時將祭，君子乃齊。齊之爲言齊也。齊不齊以致齊者也。是故〔二〕君子非有大事也，非有恭敬也，則不齊。不齊則於物無防也，嗜欲無止也。及其將齊也，防其邪物，訖其嗜欲，耳不聽樂。故記曰：「齊者不樂」，言不敢散其志也。心不苟慮，必依於道；手足不苟動，必依於禮。是故君子之齊也，專致其精明之德也。故散齊七日以定之，致齊三日以齊之。定之之謂齊。齊者精明之至也，然後可以交於神明也。是故先期旬有一日，宮宰宿夫人，夫人亦散齊七日，致齊三日。君致齊於外，夫人致齊於内，然後會於大廟。君純冕立於阼，夫人副褘立於東房。君執圭瓚祼尸，大宗執璋瓚亞祼。及迎牲，君執紖〔三〕，卿大夫從，士執芻。宗婦執盎，從夫人，薦涚水；君執鸞刀，羞嚌；夫人薦豆。此之謂夫婦親之。及入舞，君執干戚就舞位。君爲東上，冕而總干，率其群臣，以樂皇尸。是故天子之祭也，與天下樂之。諸侯之祭也，與竟内樂之。冕而總干，率其群臣，以樂皇

〔一〕「粢」，阮刻本作「齊」。
〔二〕「故」，阮刻本作「以」。
〔三〕「紖」，阮刻本作「絼」。

尸，此與竟内樂之之義也。夫祭有三重焉：獻之屬莫重於祼，聲莫重於升歌，舞莫重於武宿夜，此周道也。凡三道者，所以假於外而以增君子之志也。故與志進退，志輕則亦輕，志重則亦重。輕其志而求外之重也，雖聖人弗能得也。是故君子之祭也，必身自盡也，所以明重也。道之以禮，以奉三重而薦諸皇尸，此聖人之道也。夫祭有餕，餕者祭之末也，不可不知也。是故古之人有言曰：「善終者如始。」餕其是已」。是故古之君子曰：「尸亦餕鬼神之餘」也，惠術也，可以觀政矣。是故尸謖，君與卿四人餕。君起，大夫六人餕，臣餕君之餘也。大夫起，士八人餕，賤餕貴之餘也。士起，各執其具以出，陳于堂下，百官進，徹之，下餕上之餘也。凡餕之道，每變以衆，所以别貴賤之等，而興施惠之象也。是故以四簋黍見其脩於廟中也。廟中者，竟内之象也。祭者，澤之大者也，是故上有大澤，則惠必及下，顧上先下後耳，非上積重而下有凍餒之民也。是故上有大澤，則民夫人待于下流，知惠之必將至也，由餕見之矣。故曰：「可以觀政矣。」夫祭之爲物大矣，其興物備矣。順以備者也，其教之本與！是故君子之教也，外則教之以尊其君長，内則教之以孝於其親。是故明君在上，則諸侯〔二〕服從。崇事宗廟社稷，則子孫順孝。盡其道，端其

〔二〕「侯」，阮刻本作「臣」。

義，而教生焉。是故君子之事君也，必身行之，所不安於上，則不以使下；所惡於下，則不以事上。非諸人，行諸己，非教之道也。是故君子之教也，必由其本，順之至也，祭其是與！故曰：「祭者，教之本也已。」夫祭有十倫焉：見事鬼神之道焉，見君臣之義焉，見父子之倫焉，見貴賤之等焉，見親疏之殺焉，見爵賞之施焉，見夫婦之別焉，見政事之均焉，見長幼之序焉，見上下之際焉。此之謂十倫。鋪筵設同几，爲依神也。詔祝於室，而出于祊，此交神明之道也。君迎牲而不迎尸，別嫌也。尸在廟門外則疑於臣，在廟中則全於君。君在廟門外則疑於君，入廟門則全於臣、全於子。是故不出者，明君臣之義也。夫祭之道，孫爲王父尸。所使爲尸者，於祭者子行也。父北面而事之，所以明子事父之道也。此父子之倫也。尸飲五，君洗玉爵獻卿。尸飲七，以瑶爵獻大夫。尸飲九，以散爵獻士及群有司，皆以齒。明尊卑之等也。夫祭有昭穆。昭穆者，所以別父子、遠近、長幼、親疏之序而無亂也。是故有事於大廟，則群昭群穆咸在，而不失其倫，此之謂親疏之殺也。古者，明君爵有德而禄有功，必賜爵禄於大廟，示不敢專也。故祭之日，一獻，君降立于阼階之南，南鄉，所命北面，史由君右，執策命之，再拜稽首，受書以歸，而舍奠于其廟。此爵賞之施也。君卷冕立于阼，夫人副禕立于東房。夫人薦豆執校，執醴授之，執鐙。尸酢夫人執柄，夫人受尸執足。夫婦相授受，不相襲處，酢必易爵。明夫婦之別也。凡爲俎者，以骨爲主。骨有貴賤，殷人貴髀，周人貴肩，凡前貴於後。俎者，所以明祭之必有惠也。是故貴者取貴骨，賤者取賤骨。貴者不重，賤者不虛，示均也。惠均則政行，政行則事成，事成則功立。功之所以立者，不可不知也。俎者，所以明惠之必均也，善爲政者如此，故曰：「見政事之均焉。」凡賜爵，昭爲一，穆爲一。昭與昭齒，穆與穆齒，凡群有司皆以齒，此之謂長幼有序。夫祭有畀煇、胞、翟、閽者，惠下之道也。唯有德之君爲能行此，明足以見之，仁足以與之。畀之爲言與也，能以其餘畀其下者也。煇者，甲吏之賤者也。胞者，肉吏之賤者也。翟者，樂吏之賤者也。閽者，守門之賤者也。古者不使刑人守門，此四守者，吏之至賤者也。尸又至尊；以至尊既祭之末而不忘至賤，而以其餘畀之。是故明君在上，則竟内之民無凍餒者矣。此之謂上下之際。凡祭有四時：春祭曰礿，夏祭曰禘，秋祭曰嘗，冬祭曰烝。礿、禘，陽義也；嘗、烝，陰義也。禘者陽之盛也，嘗者陰之盛也。故曰：「莫重於禘、嘗。」古者於禘也，發爵賜服，順陽義也；於嘗也，出田邑，發秋政，順陰義也。故記曰：「嘗之日，發公室，示賞也。」草艾則墨；未發秋政，則民弗敢草也。故曰：「禘、嘗之義大矣，治國之本也，不可不知也。明其義者，君也，能其事者，臣也。不明其義，君人不全；不能其事，爲臣不全。」夫義者，所以濟志也，諸德之發也。是故其德盛者，其志厚；其志厚者，其義章。其義章者，其祭也敬。祭敬，則竟内之子孫莫敢不敬矣。是故君子之祭也，必身親涖之。有故，則使人可也。雖使人也，君不失其義者，君明其義故也。其德薄者，其志輕，疑於其義而求祭，使之必敬也，弗可得已。祭而不敬，何以爲民父母矣！祭統

爾雅·釋詁 爾雅十九篇，今録釋詁一篇。

初、哉、首、基、肇、祖、元、胎、俶、落、權輿，始也。

林、烝、天、帝、皇、王、后、辟、公、侯，君也。

弘、廓、宏、溥、介、純、夏、幠、厖、墳、嘏、丕、弈、洪、誕、戎、駿、假、京、碩、濯、訏、宇、穹、壬、路、淫、甫、景、廢、壯、冢、簡、箌、昄、晊、将、業、蓆〔二〕，大也。

幠、厖，有也。

迄、臻、極、到、赴、來、弔、艐、格、戾、懷、摧、詹，至也。

如、適、之、嫁、徂、逝，往也。

賚、貢、錫、畀、予、貺，賜也。

〔二〕「蓆」，阮刻本作「席」。

儀、若、祥、淑、鮮、省、臧、嘉、令、類、綝、彀、攻、穀、介、徽，善也。

舒、業、順，敘也。

舒、業、順、敘，緒也。

怡、懌、悅、欣、衎、喜、愉、豫、愷、康、妉、般，樂也。

悅、懌、愉、釋、賓、協，服也。

遹、遵、率、循、由、從，自也。

遹、遵、率，循也。

靖、惟、漠、圖、詢、度、咨、諏、究、如、慮、謨、猷、肇、基、訪，謀也。

典、彝、法、則、刑、範、矩、庸、恒、律、戛、職、秩，常也。

柯、憲、刑、範、辟、律、矩、則，法也。

辜、辟、戾，辠也。

黃髮、齯齒、鮐背、耇老，壽也。

允、孚、亶、展、諶、誠、亮、詢，信也。

展、諶、允、慎、亶，誠也。

謔、浪、笑、敖，戲謔也。

粤、于、爰，曰也。

爰、粤，于也。

爰、粤、于、那、都、繇，於也。

敆、郃、盇、翕、仇、偶、妃、匹、會，合也。

仇、讎、敵、妃、知、儀，匹也。

妃、合、會，對也。

妃，媲也。

紹、胤、嗣、續、纂、緌、績、武、係，繼也。

忥、諡、溢、蟄、慎、貉、謐、顗、頠、密、寧，靜也。

隕、磒、湮、下、降、墜、摽、蘦，落也。

命、令、禧、畛、祈、請、謁、訊、誥，告也。

永、悠、迥、違、遐、逷、闊，遠也。

永、悠、迥、遠，遐也。

虧、壞、圮、垝，毀也。

矢、雉、引、延、順、薦、劉、繹、尸、旅，陳也。

尸、職，主也。

尸，宷也。

宷、寮，官也。

績、緒、采、業、服、宜、貫、公，事也。

永、羕、引、延、融、駿，長也。

喬、嵩、崇，高也。

崇，充也。

犯、奢、果、毅、剋、捷、功、肩、堪，勝也。

勝、肩、戡、劉、殺，克也。

劉、獮、斬、刺，殺也。

亹亹、蠠没、孟、敦、勗、釗、茂、劭、勔，勉也。

騖、務、昏、暋，强也。

卬、吾、台、予、朕、身、甫、余、言，我也。

朕、余、躬，身也。

台、朕、賚、畀、卜、陽，予也。

肅、延、誘、薦、餤、晉、寅、藎，進也。

羞、餞、迪、烝，進也。

詔、亮、左、右、相，導也。

詔、相、導、左、右、助，勴也。

亮、介、尚，右也。

左、右，亮也。

緝、熙、烈、顯、昭、皓、頍，光也。

劼、鞏、堅、篤、掔、虔、膠，固也。

疇、孰，誰也。

暀暀、皇皇、藐藐、穆穆、休嘉、珍、禕、懿、鑠，美也。

諧、輯、協，和也。

關關、噰噰，音聲和也。

勰、燮，和也。

從、申、神、加、弼、崇，重也。

觳、悉、卒、泯、忽、滅、罄、空、畢、罊、殲、拔、殄，盡也。

苞、蕪、茂，豐也。

揫、斂、屈、收、戢、蒐、裒、鳩、樓，聚也。

肅、齊、遄、速、亟、屢、數、迅，疾也。

寁、駿、肅、亟、遄，速也。

壑、阬阬、滕、徵、隍、漮，虛也。

黎、庶、烝、多、醜、師、旅，衆也。

洋、觀、裒、衆、那，多也。

流、差、柬，擇也。

戰、慄、震、驚、戁、竦、恐、慴，懼也。

痡、瘏、虺頹、玄黃、劬勞、咎、顇、瘽、瘉、鰥、戮、癙、癵、痯、痒、疷、疵、閔、逐、疚、痗、瘥、痱、⿸疒亶、瘵、瘼、癠，病也。

恙、寫、悝、盱、繇、慘、恤、罹，憂也。

倫、勩、邛、敕、勤、愉、庸、癉，勞也。

勞、來、强、事、謂、翦、篲，勤也。

悠、傷、憂，思也。

懷、惟、慮、願、念、惄，思也。

禄、祉、履、戩、祓、禧、褫、祜，福也。

禋、祀、祠、蒸、嘗、禴，祭也。

儼、恪、祗、翼、諲、恭、欽、寅、熯，敬也。

朝、旦、夙、晨、晙，早也。

頷、竢、替、戾、底、止、徯，待也。

噊、幾、烖、殆，危也。

饑，汽也。

治、肆、古，故也。

肆、故，今也。

惇、亶、祜、篤、掔、仍、肶、埤、竺、腹，厚也。

載、謨、食、詐，僞也。

話、猷、載、行、訛，言也。

遘、逢，遇也。

遘、逢、遇，遻也。

遘、逢、遇、遌，見也。〔二〕
顯、昭、覲、釗、覿，見也。
監、瞻、臨、涖、頫、相，視也。
鞫、訩、溢，盈也。
孔、魄、哉、延、虚、無、之、言，間也。
瘞、幽、隱、匿、蔽、竄，微也。
訖、徽、妥、懷、安、按、替、戾〔三〕、底、廢、尼、定、曷、遏，止也。
豫、射，厭也。
烈、績，業也。
績、勳，功也。
功、績、質、登、平、明、考、就，成也。
梏、梗、較、頲、庭、道，直也。

〔二〕原無此句，據阮刻本補。
〔三〕原無「戾」字，據阮刻本補。

密、康，靜也。

豫、寧、綏、康、柔，安也。

平、均、夷、弟，易也。

矢，弛也。

弛，易也。

希、寡、鮮，罕也。

鮮，寡也。

酬、酢、侑，報也。

毗、劉、纍，樂也。

覞、鬗、茀，離也。

蠱、諂、貳，疑也。

楨、翰、儀，榦也。

弼、棐、輔、比，俌也。

疆、界、邊、衛、圉，垂也。

昌、敵、彊、應、丁，當也。

浡、肩、摇、動、蠢、迪、俶、厲，作也。
兹、斯、咨、呰、已，此也。
嗟、咨，蹉也。
閑、狎、串、貫，習也。
曩、塵、佇、淹、留，久也。
逮、及、暨，與也。
騭、假、格、陟、躋、登，陞也。
揮、盝、歇、涸，竭也。
拒、拭、刷，清也。
鴻、昏、於、顯、間，代也。
饁、饟，饋也。
遷、運，徙也。
秉、拱，執也。
廞、熙，興也。
衛、蹶、假，嘉也。

廢、税、赦，舍也。

棲遲、憩、休、苦、㱿、𩐈、呬，息也。

供、峙、共，具也。

煤、憐、惠，愛也。

娠、蠢、震、戁、妯、騷、感、訛、蹶，動也。

覆、察、副，審也。

契、滅、殄，絶也。

郡、臻、仍、迺、侯，乃也。

迪、繇、訓，道也。

僉、咸、胥，皆也。

育、孟、耆、艾、正、伯，長也。

艾，歷也。

歷、秭、算，數也。

歷，傅也。

艾、歷、硯、胥，相也。

乂、亂、靖、神、弗、淈，治也。

頤、艾、育，養也。

汱、渾、隕，墜也。

際、接、翜，捷也。

毖、神、溢，慎也。

鬱陶、繇，喜也。

馘、穧，獲也。

阻、艱，難也。

剡、絜，利也。

允、任、壬，佞也。

俾、拼、抨，使也。

俾、拼、抨、使，從也。〔二〕

儴、仍，因也。

〔二〕 原無此句，據阮刻本補。

董、督，正也。

享，孝也。

珍、享，獻也。

縱、縮，亂也。

探、篡、俘，取也。

徂、在，存也。

在、存、省、士，察也。

烈、枿，餘也。

迓，迎也。

元、良，首也。

薦、摯，臻也。

賡、揚，續也。

祔、祪，祖也。

即，尼也。

尼，定也。

邇、幾、暱，近也。
妥，安，坐也。
貉、縮，綸也。
貉、嘆、安，定也。
伊，維也。
伊、維，侯也。
時、寔，是也。
卒、猷、假、輟，已也。
求、酋、在、卒、就，終也。
崩、薨、無禄、卒、殂[一]落、殪，死也。

[一]「殂」，阮刻本作「徂」。

經文統鈔上編卷五

益陽陳天倪　主纂
湘陰彭　昺　襄輯

周書二

君陳

王若曰：「君陳，惟爾令德孝恭。惟孝友于兄弟，克施有政。命汝尹茲東郊，敬哉！昔周公師保萬民，民懷其德。往慎乃司，茲率厥常，懋昭周公之訓，惟民其乂。我聞曰：『至治馨香，感于神明。黍稷非馨，明德惟馨。』爾尚式時周公之猷訓，惟日孜孜，無敢逸豫。凡人未見聖，若不克見；既見聖，亦不克由聖，爾其戒哉！爾惟風，下民惟草。圖厥政，莫或不艱。有廢有興，出入自爾師虞，庶言同則繹。爾有嘉謀嘉猷，則入告爾后于內，爾乃順之于外，曰：『斯謀斯猷，惟我后之德。』嗚呼！臣人咸若時，惟良顯哉！」

王曰：「君陳，爾惟弘周公丕訓，無依勢作威，無倚法以削。寬而有制，從容以和。

殷民在辟，余〔一〕曰辟，爾惟勿辟；予曰宥，爾惟勿宥，惟厥中。有弗若于汝政，弗化于汝訓，辟以止辟，乃辟。狃于姦宄，敗常亂俗，三細不宥。爾無忿疾于頑，無求備于一夫。必有忍，其乃有濟；有容，德乃大。簡厥修，亦簡其或不修。進厥良，以率其或不良。惟民生厚，因物有遷。違上所命，從厥攸好。爾克敬典在德，時乃罔不變。允升于大猷，惟余〔二〕一人膺受多福，其爾之休，終有辭於永世。」

顧命

惟四月，哉生魄，王不懌。甲子，王乃洮頮水。相被冕服，憑玉几。乃同召大保奭〔三〕、芮伯、彤伯、畢公、衛侯、毛公、師氏、虎臣、百尹、御事。王曰：「嗚呼！疾大漸，惟幾，病日臻。既彌留，恐不獲誓言嗣，茲予審訓命汝。昔君文王、武王，宣重光，奠麗陳教則肄，肄不違，用克達殷集大命。在後之侗，敬迓天威，嗣守文、武大訓，無敢昏逾。今天降疾，

〔一〕「余」，阮刻本作「予」。
〔二〕「余」，阮刻本作「予」。
〔三〕「大保奭」，阮刻本作「太保奭」。

殆弗興弗悟。爾尚明時朕言，用敬保元子釗，弘濟于艱難。柔遠能邇，安勸小大庶邦。思夫人自亂于威儀。爾無以釗冒貢于非幾。」

茲既受命還，出綴衣于庭。越翼日乙丑，王崩。太保命仲桓、南宫毛，俾爰齊侯吕伋，以二干戈，虎賁百人，逆子釗于南門之外。延入翼室，恤宅宗。丁卯，命作册度。

越七日癸酉，伯相命士須材。狄設黼扆、綴衣。牖間南嚮，敷重篾席，黼純，華玉仍几。西序東嚮，敷重底席，綴純，文貝仍几。東序西嚮，敷重豐席，畫純，雕玉仍几。西夾南嚮，敷重筍席，玄紛純，漆仍几。越玉五重，陳寶，赤刀、大訓、弘璧、琬琰，在西序。大玉、夷玉、天球、河圖，在東序。胤之舞衣、大貝、鼖鼓，在西房；兑之戈、和之弓、垂之竹矢，在東房。大輅在賓階面，綴輅在阼階面，先輅在左塾之前，次輅在右塾之前。

二人雀弁執惠，立于畢門之内。四人綦弁，執戈上刃夾兩階戺。一人冕執劉，立于東堂。一人冕執鉞，立于西堂。一人冕執戣，立于東垂。一人冕執瞿，立于西垂。一人冕執鋭，立于側階。

王麻冕黼裳，由賓階隮。卿士、邦君麻冕蟻裳，入即位。太保、太史、太宗皆麻冕彤裳。太保承介圭，上宗奉同瑁，由阼階隮。太史秉書，由賓階隮，御王册命。曰：「皇后憑玉几，道揚末命，命汝嗣訓，臨君周邦，率循大卞，燮和天下，用答揚[一]文、武之光訓。」王再拜，興，答曰：「眇眇予末小子，其能而亂四方，以敬忌天威。」乃受同瑁，王三宿，三祭，三咤。上宗曰：「饗！」太保受同，降，盥以異同，秉璋以酢。授宗人同。拜，王答拜。太保受同，祭，嚌，宅，授宗人同。拜，王答拜。太保降，收。諸侯出廟門俟。

康王之誥

王出，在應門之内，太保率西方諸侯入應門左，畢公率東方諸侯入應門右，皆布乘黄朱。賓稱奉圭兼幣，曰：「一二臣衛，敢執壤奠。」皆再拜稽首。王義嗣德，答拜。太保暨芮伯咸進相揖，皆再拜稽首曰：「敢敬告天子皇天，改大邦殷之命，惟周文武，誕受羑若，克恤西土。惟新陟王，畢協賞罰，戡定厥功，用敷遺後人休。今王敬之哉！張皇六師，無壞我高祖寡命。」

王若曰：「庶邦侯、甸、男、衛，惟予一人釗報誥。昔君文武，丕平富，不務咎。底至齊信，用昭明于天下。則亦有熊羆之士，不二心之臣，保乂王家，用端命于上帝。皇天用

[一] 原無「揚」字，據阮刻本補。

訓厥道，付畀四方。乃命建侯樹屏，在我後之人。今予一二伯父尚胥暨顧，綏爾先公之臣服于先王。雖爾身在外，乃心罔不在王室，用奉恤厥若，無遺鞠子羞！」

群公既皆聽命，相揖趨出。王釋冕，反喪服。

畢命

惟十有二年，六月庚午，朏。越三日壬申，王朝步自宗周，至于豐。以成周之衆，命畢公保釐東郊。

王若曰：「嗚呼！父師，惟文王、武王敷大德于天下，用克受殷命。唯周公左右先王，綏定厥家，毖殷頑民，遷于洛邑，密邇王室，式化厥訓。既歷[一]三紀，世變風移，四方無虞，予一人以寧。道有升降，政由俗革，不臧厥臧，民罔攸勸。惟公懋德，克勤小物，弼亮四世，正色率下，罔不祗師言。嘉績多于先王，予小子垂拱仰成。」

王曰：「嗚呼！父師，今予祗命公以周公之事，往哉！旌別淑慝，表厥宅里，彰善癉惡，樹之風聲。弗率訓典，殊厥井疆，俾克畏慕。申畫郊圻，慎固封守，以康四海。政貴有

[一] 原作「曆」，據阮刻本校改。

恒，辭尚體要，不惟好異。商俗靡靡，利口惟賢，餘風未殄，公其念哉！我聞曰：『世禄之家，鮮克由禮』。以蕩陵德，實悖天道。敝化奢麗，萬世同流。兹殷庶士，席寵惟舊，怙侈滅義，服美于人。驕淫矜侉，將由惡終。雖收放心，閑之惟艱。資富能訓，惟以永年。惟德惟義，時乃大訓。不由古訓，于何其訓。」

王曰：「嗚呼！父師，邦之安危，惟兹殷士。不剛不柔，厥德允修。惟周公克慎厥始，惟君陳克和厥中，惟公克成厥終。三后協心，同底于道，道洽政治，澤潤生民，四夷左衽，罔不咸賴，予小子永膺多福。公其惟時成周，建無窮之基，亦有無窮之聞。子孫訓其成式，惟乂。嗚呼！罔曰弗克，惟既厥心；罔曰民寡，惟慎厥事。欽若先王成烈，以休于前政。」

詩・大雅・卷阿　十章

有卷者阿，飄風自南。豈弟君子，來游來歌，以矢其音。

伴奂爾游矣，優遊爾休矣。豈弟君子，俾爾彌爾性，似先公酋矣。

爾土宇昄章，亦孔之厚矣。豈弟君子，俾爾彌爾性，百神爾主矣。

爾受命長矣，茀禄爾康矣。豈弟君子，俾爾彌爾性，純嘏爾常矣。

有馮有翼，〔一〕有孝有德，以引以翼。豈弟君子，四方爲則。

顒顒卬卬，如圭如璋，令聞令望。豈弟君子，四方爲綱。

鳳皇于飛，翽翽其羽，亦集爰止。藹藹王多吉士，維君子使，媚于天子。

鳳皇于飛，翽翽其羽，亦傅于天。藹藹王多吉人，維君子命，媚于庶人。

鳳皇鳴矣，于彼高岡。梧桐生矣，于彼朝陽。菶菶萋萋，雝雝喈喈。

君子之車，既庶且多。君子之馬，既閑且馳。矢詩不多，維以遂歌。

周頌·烈文　一章

烈文辟公，錫兹祉福。惠我無疆，子孫保之。無封靡于爾邦，惟王其崇之。念兹戎功，繼序其皇之。無競維人，四方其訓之。不顯維德，百辟其刑之。於乎前王不忘！

〔一〕「詩大雅卷阿」至「有馮有翼」，原稿皆删去，此據阮刻本補。

昊天有成命　一章

昊天有成命，二后受之。成王不敢康，夙夜基命宥密。於緝熙！單厥心，肆其靖之。

時邁　一章

時邁其邦，昊天其子之，實右序有周。薄言震之，莫不震疊。懷柔百神，及河喬嶽，允王維后。明昭有周，式序在位。載戢干戈，載櫜弓矢。我求懿德，肆于〔一〕時夏，允王保之。

臣工　二章

嗟嗟臣工，敬爾在公。王釐爾成，來咨來茹。嗟嗟保介，維莫之春，亦又何求？如何新畬？於皇來牟，將受厥明。明昭上帝，迄用康年。命我衆人：庤乃錢鎛，奄觀銍艾。

〔一〕「予」，原作「予」，當誤，此據阮刻本校改。

噫嘻　一章

噫嘻成王，既昭假爾。率時農夫，播厥百穀。駿發爾私，終三十里。亦服爾耕，十千維耦。

振鷺　一章

振鷺于飛，于彼西雝。我客戾止，亦有斯容。在彼無惡，在此無斁。庶幾夙夜，以永終譽。

豐年　一章

豐年多黍多稌，亦有高廩，萬億及秭。爲酒爲醴，烝畀祖妣。以洽百禮，降福孔皆。

有瞽　一章

有瞽有瞽，在周之庭。設業設虡，崇牙樹羽。應田縣鼓，鞉磬柷圉。既備乃奏，簫管備舉。喤喤厥聲，肅雝和鳴，先祖是聽。我客戾止，永觀厥成。

雝　一章

有來雝雝，至止肅肅。相維辟公，天子穆穆。於薦廣牡，相予肆祀。假哉皇考，綏予孝子。宣哲維人，文武維后。燕及皇天，克昌厥後。綏我眉壽，介以繁祉。既右烈考，亦右文母。

載見　一章

載見辟王，曰求厥章。龍旂陽陽，和鈴央央。鞗革有鶬，休有烈光。率見昭考，以孝以享。以介眉壽，永言保之，思皇多祜。烈文辟公，綏以多福，俾緝熙于純嘏。

有客　一章

有客有客，亦白其馬。有萋有且，敦琢其旅。有客宿宿，有客信信。言授之縶，以縶其馬。薄言追之，左右綏之。既有淫威，降福孔夷。

閔予小子　一章

閔予小子，遭家不造，嬛嬛在疚。於乎皇考，永世克孝。念兹皇祖，陟降庭止。維予小子，夙夜敬止。於乎皇王，繼序思不忘。

訪落　一章

訪予落止，率時昭考。於乎悠哉，朕未有艾。將予就之，繼猶判涣。維予小子，未堪家多難。紹庭上下，陟降厥家。休矣皇考，以保明其身。

敬之　一章

敬之敬之，天維顯思，命不易哉。無曰高高在上，陟降厥士，日監在兹。維予小子，不聰敬止。日就月將，學有緝熙于光明。佛時仔肩，示我顯德行。

小毖　一章

予其懲，而毖後患。莫予荓蜂，自求辛螫。肇允彼桃蟲，拚飛維鳥。未堪家多難，予又集于蓼。

載芟　一章

載芟載柞，其耕澤澤。千耦其耘，徂隰徂畛。侯主侯伯，侯亞侯旅，侯彊侯以。有嗿其饁，思媚其婦，有依其士。有略其耜，俶載南畝，播厥百穀。實函斯活。驛驛其達，有厭其傑，厭厭其苗，緜緜其麃。載穫濟濟，有實其積，萬億及秭。爲酒爲醴，烝畀祖妣，以洽百禮。有飶其香，邦家之光。有椒其馨，胡考之寧。匪且有且，匪今斯今，振古如兹。

良耜　一章

畟畟良耜，俶載南畝。播厥百穀，實函斯活。或來瞻女，載筐及筥，其饟伊黍。其笠伊糾，其鎛斯趙，以薅荼蓼。荼蓼朽止，黍稷茂止。穫之挃挃，積之栗栗。其崇如墉，其比如櫛，以開百室。百室盈止，婦子寧止。殺時犉牡，有捄其角。以似以續，續古之人。

絲衣　一章

絲衣其紑，載弁俅俅。自堂徂基，自羊徂牛，鼐鼎及鼒。兕觥其觩，旨酒思柔。不吳不敖，胡考之休。

行葦　八章

敦彼行葦，牛羊勿踐履。方苞方體，維葉泥泥。
戚戚兄弟，莫遠具爾。或肆之筵，或授之几。
肆筵設席，授几有緝御。或獻或酢，洗爵奠斝。
醓醢以薦，或燔或炙。嘉殽脾臄，或歌或咢。
敦弓既堅，四鍭既[一]鈞，舍矢既均，序賓以賢。
敦弓既句，既挾四鍭。四鍭如樹，序賓以不侮。
曾孫維主，酒醴維醹，酌以大斗，以祈黄耇。
黄耇台背，以引以翼。壽考維祺，以介景福。

[一]「行葦」至「四鍭既」，原稿缺，此據阮刻本補。

既醉　八章

既醉以酒，既飽以德。君子萬年，介爾景福。
既醉以酒，爾殽既將。君子萬年，介爾昭明。
昭明有融，高朗令終。令終有俶，公尸嘉告。
其告維何？籩豆靜嘉。朋友攸攝，攝以威儀。
威儀孔時，君子有孝子。孝子不匱，永錫爾類。
其類維何？室家之壺。君子萬年，永錫祚胤。
其胤維何？天被爾禄。君子萬年，景命有僕。
其僕維何？釐爾女士。釐爾女士，從以孫子。

鳧鷖　首章後四章删。

鳧鷖在涇，公尸來燕來寧。爾酒既清，爾殽既馨。公尸燕飲，福禄來成。

假樂　四章

假樂君子，顯顯令德，宜民宜人。受禄于天，保右命之，自天申之。干禄百福，子孫千億。穆穆皇皇，宜君宜王。不愆不忘，率由舊章。威儀抑抑，德音秩秩。無怨無惡，率由群匹。受福無疆，四方之綱。之綱之紀，燕及朋友。百辟卿士，媚于天子。不解于位，民之攸塈〔二〕。

小雅・蓼蕭　四章

南有嘉魚、南山有臺、魚麗不録。

蓼彼蕭斯，零露湑兮。既見君子，我心寫兮。燕笑語兮，是以有譽處兮。蓼彼蕭斯，零露瀼瀼。既見君子，爲龍爲光。其德不爽，壽考不忘。蓼彼蕭斯，零露泥泥。既見君子，孔燕豈弟。宜兄宜弟，令德壽豈。蓼彼蕭斯，零露濃濃。既見君子，鞗革沖沖。和鸞雝雝，萬福攸同。

〔二〕「塈」，阮刻本作「塈」。

湛露　四章

湛湛露斯，匪陽不晞。厭厭夜飲，不醉無歸。
湛湛露斯，在彼豐草。厭厭夜飲，在宗載考。
湛湛露斯，在彼杞棘。顯允君子，莫不令德。
其桐其椅，其實離離。豈弟君子，莫不令儀。

彤弓　首章　後二章删。

彤弓弨兮，受言藏之。我有嘉賓，中心貺之。鐘鼓既設，一朝饗之。

菁莪〔一〕　首、末二章　中二章删。

菁菁者莪，在彼中阿。既見君子，樂且有儀。
汎汎楊舟，載沉載浮。既見君子，我心則休。

〔一〕「菁菁者莪」篇名的簡稱。

楚茨　六章

楚楚者茨，言抽其棘。自昔何爲，我蓺黍稷。我黍與與，我稷翼翼。我倉既盈，我庾維億。以爲酒食，以享以祀。以妥以侑，以介景福。

濟濟蹌蹌，絜爾牛羊，以往烝嘗。或剥或亨，或肆或將。祝祭于祊，祀事孔明。先祖是皇，神保是饗。孝孫有慶，報以介福，萬壽無疆。

執爨踖踖，爲俎孔碩。或燔或炙，君婦莫莫。爲豆孔庶，爲賓爲客。獻醻交錯，禮儀卒度，笑語卒獲。神保是格，報以介福，萬壽攸酢。

我孔熯矣，式禮莫愆。工祝致告，徂賚孝孫。苾芬孝祀，神嗜飲食。卜爾百福，如幾如式。既齊既稷，既匡既勑。永錫爾極，時萬時億。

禮儀既備，鐘鼓既戒。孝孫徂位，工祝致告。神具醉止，皇尸載起。鼓鐘送尸，神保聿歸。諸宰君婦，廢徹不遲。諸父兄弟，備言燕私。

樂具入奏，以綏後禄。爾殽既將，莫怨具慶。既醉既飽，小大稽首。神嗜飲食，使君壽考。孔惠孔時，維其盡之。子子孫孫，勿替引之。

信南山　六章

信彼南山，維禹甸之。畇畇原隰，曾孫田之。我疆我理，南東其畝。
上天同雲，雨雪雰雰，益之以霢霂。既優既渥，既霑既足，生我百穀。
疆埸翼翼，黍稷彧彧。曾孫之穡，以爲酒食。畀我尸賓，壽考萬年。
中田有廬，疆埸有瓜。是剥是菹，獻之皇祖。曾孫壽考，受天之祜。
祭以清酒，從以騂牡，享于祖考。執其鸞刀，以啓其毛，取其血膋。
是烝是享，苾苾芬芬。祀事孔明，先祖是皇。報以介福，萬壽無疆。

甫田　四章

倬彼甫田，歲取十千。我取其陳，食我農人。自古有年。今適南畝，或耘或耔。黍稷薿薿，攸介攸止，烝我髦士。
以我齊明，與我犧羊，以社以方。我田既臧，農夫之慶。琴瑟擊鼓，以御田祖。以祈甘雨，以介我稷黍，以穀我士女。
曾孫來止，以其婦子。饁彼南畝，田畯至喜。攘其左右，嘗其旨否。禾易長畝，終善且有。曾孫不怒，農夫克敏。

曾孫之稼，如茨如梁。曾孫之庾，如坻如京。乃求千斯倉，乃求萬斯箱。黍稷稻粱，農夫之慶。報以介福，萬壽無疆。

大田　四章

大田多稼，既種既戒，既備乃事。以我覃耜，俶載南畝。播厥百穀，既庭且碩，曾孫是若。

既方既皁，既堅既好，不稂不莠。去其螟螣，及其蟊賊，無害我田穉。田祖有神，秉畀炎火。

有渰萋萋，興雨祈祈。雨我公田，遂及我私。彼有不穫穉，此有不斂穧，彼有遺秉，此有滯穗，伊寡婦之利。

曾孫來止，以其婦子。饁彼南畝，田畯至喜。來方禋祀，以其騂黑，與其黍稷。以享以祀，以介景福。

瞻彼洛矣　二章 末章删。

瞻彼洛矣，維水泱泱。君子至止，福禄如茨。韎韐有奭，以作六師。

瞻彼洛矣，維水泱泱。君子至止，鞞琫有珌。君子萬年，保其家室。

裳裳者華　四章

裳裳者華，其葉湑兮。我覯之子，我心寫兮。我心寫兮，是以有譽處兮。

裳裳者華，芸其黄矣。我覯之子，維其有章矣。維其有章矣，是以有慶矣。

裳裳者華，或黄或白。我覯之子，乘其四駱。乘其四駱，六轡沃若。

左之左之，君子宜之。右之右之，君子有之。維其有之，是以似之。

桑扈　三章 二章删，鴛鴦不録。

交交桑扈，有鶯其羽。君子樂胥，受天之祜。

之屏之翰，百辟爲憲。不戢不難，受福不那。

兕觥其觩，旨酒思柔。彼交匪敖，萬福來求。

頍弁　三章

有頍者弁，實維伊何？爾酒既旨，爾殽既嘉。豈伊異人？兄弟匪他。蔦與女蘿，施于松柏。未見君子，憂心奕奕；既見君子，庶幾説懌。

有頍者弁，實維何期？爾酒既旨，爾殽既時。豈伊異人？兄弟具來。蔦與女蘿，施于松上。未見君子，憂心怲怲；既見君子，庶幾有臧。

有頍者弁，實維在首。爾酒既旨，爾殽既阜。豈伊異人？兄弟甥舅。如彼雨雪，先集維霰。死喪無日，無幾相見。樂酒今夕，君子維宴。

車舝　五章

間關車之舝兮，思孌季女逝兮。匪飢匪渴，德音來括。雖無好友，式燕且喜。

依彼平林，有集維鷮。辰彼碩女，令德來教。式燕且譽，好爾無射。

雖無旨酒，式飲庶幾。雖無嘉殽，式食庶幾。雖無德與女，式歌且舞。

陟彼高岡，析其柞薪。析其柞薪，其葉湑兮。鮮我覯爾，我心寫兮。

高山仰止，景行行止。四牡騑騑，六轡如琴。覯爾新昏，以慰我心。

采菽　五章

采菽采菽，筐之筥之。君子來朝，何錫予之？雖無予之，路車乘馬。又何予之？玄衮及黼。

觱沸檻泉，言采其芹。君子來朝，言觀其旂。其旂淠淠，鸞聲嘒嘒。載驂載駟，君子所届。

赤芾在股，邪幅在下。彼交匪紓，天子所予。樂只君子，天子命之。樂只君子，福禄申之。

維柞之枝，其葉蓬蓬。樂只君子，殿天子之邦。樂只君子，萬福攸同。平平左右，亦是率從。

汎汎楊舟，紼纚維之。樂只君子，天子葵之。樂只君子，福禄膍之。優哉游哉，亦是戾矣。

費誓

公曰：「嗟！人無譁，聽命。徂茲淮夷、徐戎並興。善敹乃甲胄，敿乃干，無敢不弔！備乃弓矢，鍛乃戈矛，礪乃鋒刃，無敢不善！今惟淫舍牿牛馬，杜乃擭，敜乃穽，無敢傷牿。牿之傷，汝則有常刑！馬牛其風，臣妾逋逃，勿敢越逐，祗復之，我商賚爾。乃越逐，不復，汝則有常刑！無敢寇攘，踰垣牆，竊馬牛，誘臣妾，汝則有常刑！

「甲戌，我惟征徐戎。峙乃糗糧，無敢不逮，汝則有大刑！魯人三郊三遂，峙乃楨榦。甲戌，我惟築，無敢不供。汝則有無餘刑，非殺。魯人三郊三遂，峙乃芻茭，無敢不多，汝則有大刑！」

君牙

王若曰：「嗚呼！君牙，惟乃祖乃父，世篤忠貞，服勞王家，厥有成績，紀于太常。惟予小子嗣守文、武、成、康遺緒，亦惟先正之臣，克左右亂四方。心之憂危，若蹈虎尾，涉于春冰。今命爾予翼，作股肱心膂，纘乃舊服。無忝祖考，弘敷五典，式和民則。爾身克正，罔敢弗正，民心罔中，惟爾之中。夏暑雨，小民惟曰怨咨，冬祁寒，小民亦惟曰怨咨。厥惟艱哉！思其艱以圖其易，民乃寧。嗚呼！丕顯哉，文王謨！丕承哉，武王烈！啓佑我後人，咸以正罔缺。爾惟敬明乃訓，用奉若于先王，對揚文、武之光命，追配于前人。」

王若曰：「君牙，乃惟由先正舊典時式，民之治亂在兹。率乃祖考之攸行，昭乃辟之有乂。」

冏命

王若曰：「伯冏！惟予弗克于德，嗣先人宅丕后。怵惕惟厲，中夜以興，思免厥愆。昔在文武，聰明齊聖，小大之臣，咸懷忠良。其侍御僕從，罔匪正人，以旦夕承弼厥辟，出入起居，罔有不欽，發號施令，罔有不臧，下民祇若，萬邦咸休。惟予一人無良，實賴左右前後有位之士，匡其不及。繩愆糾謬，格其非心，俾克紹先烈。今予命汝作大正，正于群僕侍御之臣，懋乃后德，交修不逮；慎簡乃僚，無以巧言令色，便辟側媚，其惟吉士。僕臣正，厥后克正，僕臣諛，厥后自聖；后德惟臣，不德惟臣。爾無昵于憸人，充耳目之官，迪上以非先王之典；非人其吉，惟貨其吉；若時瘝厥官；惟爾大弗克祗厥辟，惟予汝辜。」

王曰：「嗚呼！欽哉！永弼乃后于彝憲。」

吕刑

惟吕命王：「享國百年，耄荒，度作刑，以詰四方。」王曰：「若古有訓，蚩尤惟始作亂，延及于平民。罔不寇賊，鴟義姦宄，奪攘矯虔。苗民弗用靈，制以刑，惟作五虐之刑曰法。殺戮無辜，爰始淫爲劓、刵、椓、黥。越兹麗刑並制，罔差有辭。民興胥漸，泯泯棼棼，罔中于信，以覆詛盟。虐威庶戮，方告無辜于上。上帝監民，罔有馨香德，刑發聞惟腥。皇帝哀矜庶戮之不辜，報虐以威，遏絶苗民，無世在下。乃命重、黎，絶地天通，罔有降格。群后之逮在下，明明棐常，鰥寡無蓋。

「皇帝清問下民鰥寡有辭于苗。德威惟畏，德明惟明。乃命三后，恤功于民。伯夷降典，折民惟刑；禹平水土，主名山川；稷降播種，農殖嘉穀。三后成功，惟殷于民。士制百姓于刑之中，以教祗德。穆穆在上，明明在下，灼于四方，罔不惟德之勤。故乃明于刑之中，率乂于民棐彝。典獄非訖于威，惟訖于富。敬忌，罔有擇言在身。惟克天德，自作元命，配享在下。」

王曰：「嗟！四方司政典獄，非爾惟作天牧？今爾何監？非時伯夷播刑之迪？其今爾何懲？惟時苗民匪察于獄之麗，罔擇吉人，觀于五刑之中；惟時庶威奪貨，斷制五刑，以亂無辜，上帝不蠲，降咎于苗，苗民無辭于罰，乃絶厥世。」

王曰：「嗚呼！念之哉。伯父、伯兄、仲叔、季弟、幼子、童孫，皆聽朕言，庶有格命。今爾罔不由慰日勤，爾罔或戒不勤。天齊于民，俾我一日，非終惟終，在人。爾尚敬逆天命，以奉我一人！雖畏勿畏，雖休勿休。惟敬五刑，以成三德。一人有慶，兆民賴之，其寧惟永。」

王曰：「吁！來，有邦有土，告爾祥刑。在今爾安百姓，何擇非人？何敬非刑？何度非及？兩造具備，師聽五辭。五辭簡孚，正于五刑。五刑不簡，正于五罰；五罰不服，正于五過。五過之疵：惟官，惟反，惟內，惟貨，惟來。其罪惟均，其審克之！

「五刑之疑有赦，五罰之疑有赦，其審克之！簡孚有衆，惟貌有稽。無簡不聽，具嚴天威。墨辟疑赦，其罰百鍰，閱實其罪。劓辟疑赦，其罰惟倍，閱實其罪。剕辟疑赦，其罰倍差，閱實其罪。宮辟疑赦，其罰六百鍰，閱實其罪。大辟疑赦，其罰千鍰，閱實其罪。墨罰之屬千。劓罰之屬千，剕罰之屬五百，宮罰之屬三百，大辟之罰其屬二百。五刑之屬三千。

「上下比罪，無僭亂辭，勿用不行，惟察惟法，其審克之！上刑適輕，下服；下刑適重，上服。輕重諸罰有權。刑罰世輕世重，惟齊非齊，有倫有要。罰懲非死，人極于病。非佞折獄，惟良折獄，罔非在中。察辭于差，非從惟從。哀敬折獄，明啓刑書胥占，咸庶中正。其刑其罰，其審克之。獄成而孚，輸而孚。其刑上備，有并兩刑。」

王曰：「嗚呼！敬之哉！官伯族姓，朕言多懼。朕敬于刑，有德惟刑。今天相民，作配在下，明清于單辭。民之亂，罔不中聽獄之兩辭，無或私家于獄之兩辭！獄貨非寶，惟府辜功，報以庶尤。永畏惟罰，非天不中，惟人在命。天罰不極，庶民罔有令政在于天下。」

王曰：「嗚呼！嗣孫，今往何監，非德于民之中，尚明聽之哉！哲人惟刑，無疆之辭，屬于五極，咸中有慶。受王嘉師，監于兹祥刑。」

周語・祭公諫征犬戎

穆王將征犬戎，祭公謀父諫曰：「不可。先王耀德不觀兵。夫兵戢而時動，動則威，觀則玩，玩則無震。是故周文公之頌曰：『載戢干戈，載櫜弓矢。我求懿德，肆于時夏，允王保之。』先王之於民也，茂正其德而厚其性，阜其財求而利其器用，明利害之鄉，以文修之，使務利而避害，懷德而畏威，故能保世以滋大。

「昔我先世后稷，以服事虞、夏。及夏之衰也，棄稷弗務，我先王不窋用失其官，而自竄於戎、狄之間，不敢怠業，時序其德，纂修其緒，修其訓典，朝夕恪勤，守以惇篤，奉以忠信，奕世載德，不忝前人。至于武王，昭前之光明而加之以慈和，事神保民，莫不欣喜。商王帝辛，大惡於民。庶民弗忍，欣戴武王，以致戎於商牧。是先王非務武也，勤恤民隱而除其害也。

「夫先王之制：邦内甸服，邦外侯服，侯、衛賓服，夷、蠻要服，戎、翟荒服。甸服者祭，侯服者祀，賓服者享，要服者貢，荒服者王。日祭、月祀、時享、歲貢、終王，先王之訓也。有不祭則修意，有不祀則修言，有不享則修文，有不貢則修名，有不王則修德，序成而有不至則修刑。於是乎有刑不祭，伐不祀，征不享，讓不貢，告不王。於是乎有刑罰之辟，有攻伐之兵，有征討之備，有威讓之令，有文告之辭。布令陳辭而又不至，則又增修於德無勤民於遠，是以近無不聽，遠無不服。

「今自大畢、伯士之終也，犬戎氏以其職來王，天子曰：『予必以不享征之，且觀之兵。』其無乃廢先王之訓而王幾頓乎！吾聞夫犬戎樹惇，能帥舊德而守終純固，其有以禦我矣！」

王不聽，遂征之，得四白狼，四白鹿以歸。自是荒服者不至。

祈招

祈招 左傳昭公十二年〔一〕

祈招之愔愔，式昭德音。思我王度，式如玉，式如金。形民之力，而無醉飽之心。

周語·召公諫止謗

厲王虐，國人謗王。召公告王曰：「民不堪命矣！」王怒，得衛巫，使監謗者，以告，則殺之。國人莫敢言，道路以目。王喜，告召公曰：「吾能弭謗矣，乃不敢言。」召公曰：「是障之也。防民之口，甚於防川。川壅而潰，傷人必多，民亦如之。是故爲川者決之使導，爲民者宣之使言。故天子聽政，使公卿至於列士獻詩，瞽獻曲，史獻書，師箴，瞍賦，矇誦，百工諫，庶人傳語，近臣盡規，親戚補察，瞽、史教誨，耆、艾修之，而後王斟酌焉，是以事行而不悖。民之有口也，猶土之有山川也，財用於是乎出；猶其有原隰衍沃也，衣食於是乎生。口之宣言也，善敗於是乎興，行善而備敗，所以阜財用、衣食者也。夫民慮之於心而宣之於口，成而行之，胡可壅也？若壅其口，其與能幾何？」王弗聽，於是國人莫敢出言，三年，乃流王於彘。

〔一〕「年」，原作「章」，當誤，此據阮刻本校改。

詩·大雅·民勞　首章 下四章删。

民亦勞止，汔可小康。惠此中國，以綏四方。無縱詭隨，以謹無良。式遏寇虐，憯不畏明。柔遠能邇，以定我王。

板　八章

上帝板板，下民卒癉。出話不然，爲猶不遠。靡聖管管。不實於亶。猶之未遠，是用大諫。

天之方難，無然憲憲。天之方蹶，無然泄泄。辭之輯矣，民之洽矣。辭之懌矣，民之莫矣。

我雖異事，及爾同寮。我即爾謀，聽我囂囂。我言維服，勿以爲笑。先民有言：詢于芻蕘。

天之方虐，無然謔謔。老夫灌灌，小子蹻蹻。匪我言耄，爾用憂謔。多將熇熇，不可救藥。

天之方懠，無爲夸毗。威儀卒迷，善人載尸。民之方殿屎，則莫我敢葵。喪亂蔑資，曾莫惠我師。

天之牖民，如壎如篪，如璋如圭，如取如攜。攜無曰益，牖民孔易。民之多辟，無自立辟。

价人維藩，大師維垣，大邦維屏，大宗維翰，懷德維寧，宗子維城。無俾城壞，無獨斯畏。

敬天之怒，無敢戲豫。敬天之渝，無敢馳驅。昊天曰明，及爾出王。昊天曰旦，及爾游衍。

蕩　首章

蕩蕩上帝，下民之辟。疾威上帝，其命多辟。天生烝民，其命匪諶。靡不有初，鮮克有終。

抑　十二章

抑抑威儀，維德之隅。人亦有言：靡哲不愚。庶人之愚，亦職維疾。哲人之愚，亦維斯戾。

無競維人，四方其訓之。有覺德行，四國順之。訏謨定命，遠猶辰告。敬慎威儀，維民之則。

其在于今，興迷亂于政。顛覆厥德，荒湛于酒。女雖湛樂從，弗念厥紹。罔敷求先王，克共明刑。

肆皇天弗尚，如彼泉流，無淪胥以亡。夙興夜寐，洒埽廷内，維民之章。修爾車馬，弓矢戎兵，用戒戎作，用逷蠻方。

質爾人民，謹爾侯度，用戒不虞。慎爾出話，敬爾威儀，無不柔嘉。白圭之玷，尚可磨也；斯言之玷，不可爲也！

無易由言，無曰苟矣，莫捫朕舌，言不可逝矣。無言不讎，無德不報。惠于朋友，庶民小子。子孫繩繩，萬民靡不承。

視爾友君子，輯柔爾顏，不遐有愆。相在爾室，尚不愧于屋漏。無曰不顯，莫予云覯。神之格思，不可度思，矧可射思！

辟爾爲德，俾臧俾嘉。淑慎爾止，不愆于儀。不僭不賊，鮮不爲則。投我以桃，報之以李。彼童而角，實虹小子。

荏染柔木，言緡之絲。温温恭人，維德之基。其維哲人，告之話言，順德之行。其維愚人，覆謂我僭。民各有心。

於乎小子，未知臧否。匪手攜之，言示之事。匪面命之，言提其耳。借曰未知，亦既抱子。民之靡盈，誰夙知而莫成？

昊天孔昭，我生靡樂。視爾夢夢，我心慘慘。誨爾諄諄，聽我藐藐。匪用爲教，覆用爲虐。借曰未知，亦聿既耄。

於乎小子，告爾舊止。聽用我謀，庶無大悔。天方艱難，曰喪厥國。取譬不遠，昊天不忒。回遹其德，俾民大棘。

桑柔　十六章

菀彼桑柔，其下侯旬，捋采其劉，瘼此下民。不殄心憂，倉兄填兮。倬彼昊天，寧不我矜？

四牡騤騤，旟旐有翩。亂生不夷，靡國不泯。民靡有黎，具禍以燼。於乎有哀，國步斯頻。

國步蔑資，天不我將。靡所止疑，云徂何往？君子實維，秉心無競。誰生厲階，至今爲梗？

憂心慇慇，念我土宇。我生不辰，逢天僤怒。自西徂東，靡所定處。多我覯痻，孔棘且〔二〕圉。

爲謀爲毖，亂況斯削。告爾憂恤，誨爾序爵。誰能執熱，逝不以濯？其何能淑，載胥及溺。

如彼遡風，亦孔之僾。民有肅心，荓云不逮。好是稼穡，力民代食。稼穡維寶，代食維好？

天降喪亂，滅我立王。降此蟊賊，稼穡卒痒。哀恫中國，具贅卒荒。靡有旅力，以念穹蒼。

維此惠君，民人所瞻。秉心宣猶，考慎其相。維彼不順，自獨俾臧。自有肺腸，俾民卒狂。

瞻彼中林，甡甡其鹿。朋友已譖，不胥以穀。人亦有言：進退維谷。

維此聖人，瞻言百里。維彼愚人，覆狂以喜。匪言不能，胡斯畏忌？

〔二〕「且」，阮刻本作「我」。

維此良人，弗求弗迪。維彼忍心，是顧是復。民之貪亂，寧爲荼毒。
大風有隧，有空大谷。維此良人，作爲式穀。維彼不順，征以中垢。
大風有隧，貪人敗類。聽言則對，誦言如醉。匪用其良，覆俾我悖。
嗟爾朋友，予豈不知而作。如彼飛蟲，時亦弋獲。既之陰女，反予來赫。
民之罔極，職涼善背。爲民不利，如云不克。民之回遹，職競用力。
民之未戾，職盜爲寇。涼曰不可，覆背善詈。雖曰匪予，既作爾歌！

周語・厲王説榮夷公

厲王説榮夷公，芮良夫曰：「王室其將卑乎！夫榮夷公好專利而不知大難。夫利，百物之所生也，天地之所載也，而或專之，其害多矣。天地百物，皆將取焉，胡可專也？所怒甚多，而不備大難，以是教王，王能久乎？夫王人者，將導利而布之上下者也，使神人百物無不得其極，猶日怵惕，懼怨之來也。故頌曰：『思文后稷，克配彼天。立我烝民，莫匪爾極。』大雅曰：『陳錫載周。』是不布利而懼難乎？故能載周，以至於今。今王學專利，其可乎？匹夫專利，猶謂之盜，王而行之，其歸鮮矣。榮公若用，周必敗。」既，榮公爲卿士，諸侯不享，王流於彘。

彘之亂，宣王在邵公之宮，國人圍之。邵公曰：「昔吾驟諫王，王不從，是以及此難。今殺王子，王其以我爲懟而怒乎！夫事君者險而不懟，怨而不怒，況事王乎？」乃以其子代宣王，宣王長而立之。

詩・小雅・六月　六章

六月棲棲，戎車既飭。四牡騤騤，載是常服。玁狁孔熾，我是用急。王于出征，以匡王國。

比物四驪，閑之維則。維此六月，既成我服。我服既成，于三十里。王于出征，以佐天子。

四牡修廣，其大有顒。薄伐玁狁，以奏膚公。有嚴有翼，共武之服。共武之服，以定王國。

玁狁匪茹，整居焦穫。侵鎬及方，至于涇陽。織文鳥章，白旆央央。元戎十乘，以先啓行。

戎車既安，如輊如軒。四牡既佶，既佶且閑。薄伐玁狁，至于大原。文武吉甫，萬邦爲憲。

吉甫燕喜，既多受祉。來歸自鎬，我行永久。飲御諸友，炰鼈膾鯉。侯誰在矣？張仲孝友。

采芑　四章

薄言采芑，于彼新田，于此菑畝。方叔涖止，其車三千。師干之試，方叔率止。乘其四騏，四騏翼翼。路車有奭，簟茀魚服，鉤膺鞗革。

薄言采芑，于彼新田，于此中鄉。方叔涖止，其車三千。旂旐央央，方叔率止。約軝錯衡，八鸞瑲瑲。服其命服，朱芾斯皇，有瑲葱珩。

鴥彼飛隼，其飛戾天，亦集爰止。方叔涖止，其車三千。師干之試，方叔率止。鉦人伐鼓，陳師鞠旅。顯允方叔，伐鼓淵淵，振旅闐闐。

蠢爾蠻荆，大邦爲讎。方叔元老，克壯其猶。方叔率止，執訊獲醜。戎車嘽嘽，嘽嘽焞焞，如霆如雷。顯允方叔，征伐玁狁，蠻荆來威。

車攻　八章

我車既攻，我馬既同。四牡龐龐，駕言徂東。

田車既好，四牡孔阜。東有甫草，駕言行狩。

之子于苗，選徒囂囂。建旐設旄，搏獸于敖。

駕彼四牡，四牡奕奕。赤芾金舄，會同有繹。

決拾既佽，弓矢既調。射夫既同，助我舉柴。

四黃既駕，兩驂不猗。不失其馳，舍矢如破。

蕭蕭馬鳴，悠悠旆旌。徒御不驚，大庖不盈。

之子于征，有聞無聲。允矣君子，展也大成。

吉日　四章

吉日維戊，既伯既禱。田車既好，四牡孔阜。升彼大阜，從其群醜。

吉日庚午，既差我馬。獸之所同，麀鹿麌麌。漆沮之從，天子之所。

瞻彼中原，其祁孔有。儦儦俟俟，或群或友。悉率左右，以燕天子。

既張我弓，既挾我矢。發彼小豝，殪此大兕。以御賓客，且以酌醴。

鴻鴈　三章

鴻鴈于飛，肅肅其羽。之子于征，劬勞于野。爰及矜人，哀此鰥寡。

鴻鴈于飛，集于中澤。之子于垣，百堵皆作。雖則劬勞，其究安宅？

鴻鴈于飛，哀鳴嗸嗸。維此哲人，謂我劬勞。維彼愚人，謂我宣驕。

庭燎　首章、末章　第二章删。

夜如何其？夜未央，庭燎之光。君子至止，鸞聲將將。

夜如何其？夜鄉晨，庭燎有煇。君子至止，言觀其旂。

沔水　首章、末章　第二章删。

沔彼流水，朝宗于海。鴥彼飛隼，載飛載止。嗟我兄弟，邦人諸友。莫肯念亂，誰無父母？

鴥彼飛隼，率彼中陵。民之訛言，寧莫之懲？我友敬矣，讒言其興。

鶴鳴　一章 第二章删。

鶴鳴于九皋，聲聞于野。魚潛在淵，或在于渚。樂彼之園，爰有樹檀，其下維蘀。他山之石，可以爲錯。

祈父　首章、末章 第二章删。

祈父，予王之爪牙。胡轉予于恤，靡所止居？

祈父，亶不聰。胡轉予于恤？有母之尸饔。

白駒　三章 第二章删。

皎皎白駒，食我場苗。縶之維之，以永今朝。所謂伊人，於焉逍遥？

皎皎白駒，賁然來思。爾公爾侯，逸豫無期？慎爾優游，勉爾遁思。

皎皎白駒，在彼空谷。生芻一束，其人如玉。毋金玉爾音，而有遐心。

黄鳥　一章　二、三章删。

黄鳥黄鳥，無集于穀，無啄我粟。此邦之人，不我肯穀。言旋言歸，復我邦族。

我行其野　二章　中章删。

我行其野，蔽芾其樗。昏姻之故，言就爾居。爾不我畜，復我邦家。

我行其野，言采其葍。不思舊姻，求爾新特。誠不以富，亦祇以異。

斯干　八章　第六章删二句，改二句。第七章删。

秩秩斯干，幽幽南山。如竹苞矣，如松茂矣。兄及弟矣，式相好矣，無相猶矣。

似續妣祖，築室百堵，西南其户。爰居爰處，爰笑爰語。

約之閣閣，椓之橐橐。風雨攸除，鳥鼠攸去，君子攸芋。

如跂斯翼，如矢斯棘，如鳥斯革，如翬斯飛，君子攸躋。

殖殖其庭，有覺其楹。噲噲其正，噦噦其冥。君子攸寧。

下莞上簟，乃安斯寢。吉夢維何？非熊非羆，非虎非羆。

乃生男子，載寢之牀。載衣之裳，載弄之璋。其泣喤喤，朱芾斯皇，室家君王。

乃生女子，載寢之地。載衣之裼，載弄之瓦。無非無儀，唯酒食是議，無父母貽罹。

無羊　三章 第四章删。

誰謂爾無羊？三百維群。誰謂爾無牛？九十其犉。爾羊來思，其角濈濈。爾羊來思，其耳濕濕。

或降于阿，或飲于池，或寢或訛。爾牧來思，何蓑何笠，或負其餱。三十維物，爾牲則具。

爾牧來思，以薪以蒸，以雌以雄。爾羊來思，矜矜兢兢，不騫不崩。麾之以肱，畢來既升。

黍苗　四章 第三章删。

芃芃黍苗，陰雨膏之。悠悠南行，召伯勞之。

我任我輦，我車我牛。我行既集，蓋云歸哉。

肅肅謝功，召伯營之。烈烈征師，召伯成之。

原隰既平，泉流既清。召伯有成，王心則寧。

大雅・雲漢　八章

倬彼雲漢，昭回于天。王曰：於乎！何辜今之人？天降喪亂，饑饉薦臻。靡神不舉，靡愛斯牲。圭璧既卒，寧莫我聽？

旱既大甚，藴隆蟲蟲。不殄禋祀，自郊徂宫。上下奠瘞，靡神不宗。后稷不克，上帝不臨。耗斁下土，寧丁我躬。

旱既大甚，則不可推。兢兢業業，如霆如雷。周餘黎民，靡有孑遺。昊天上帝，則不我遺。胡不相畏？先祖于摧。

旱既大甚，則不可沮。赫赫炎炎，云我無所。大命近止，靡瞻靡顧。群公先正，則不我助。父母先祖，胡寧忍予？

旱既大甚，滌滌山川。旱魃爲虐，如惔如焚。我心憚暑，憂心如熏。群公先正，則不我聞。昊天上帝，寧俾我遯？

旱既大甚，黽勉畏去。胡寧瘨我以旱？憯不知其故。祈年孔夙，方社不莫。昊天上帝，則不我虞。敬恭明神，宜無悔怒。

旱既大甚，散無友紀。鞫哉庶正，疚哉冢宰。趣馬師氏，膳夫左右。靡人不周，無不能止。瞻卬昊天，云如何里！

瞻卬昊天，有嘒其星。大夫君子，昭假無贏。大命近止，無棄爾成。何求爲我。以戾庶正。瞻卬昊天，曷惠其寧？

崧高　八章

崧高維嶽，駿極于天。維嶽降神，生甫及申。維申及甫，維周之翰。四國于蕃，四方于宣。

亹亹申伯，王纘之事。于邑于謝，南國是式。王命召伯，定申伯之宅。登是南邦，世執其功。

王命申伯，式是南邦。因是謝人，以作爾庸。王命召伯，徹申伯土田。王命傅御，遷其私人。

申伯之功，召伯是營。有俶其城，寢廟既成。既成藐藐，王謝〔二〕申伯。四牡蹻蹻，鉤膺濯濯。

王遣申伯，路車乘馬。我圖爾居，莫如南土。錫爾介圭，以作爾寶。往近王舅，南土是保。

申伯信邁，王餞于郿。申伯還南，謝于誠歸。王命召伯，徹申伯土疆。以峙其粻，式遄其行。

申伯番番，既入于謝。徒御嘽嘽。周邦咸喜，戎有良翰。不顯申伯，王之元舅，文武是憲。

申伯之德，柔惠且直。揉此萬邦，聞于四國。吉甫作誦，其詩孔碩。其風肆好，以贈申伯。

烝民　八章

天生烝民，有物有則。民之秉彝，好是懿德。天監有周，昭假于下。保茲天子，生仲

〔二〕「謝」，阮刻本作「錫」。

山甫。

仲山甫之德，柔嘉維則。令儀令色。小心翼翼。古訓是式。威儀是力。天子是若，明命使賦。

王命仲山甫，式是百辟，纘戎祖考，王躬是保。出納王命，王之喉舌。賦政于外，四方爰發。

肅肅王命，仲山甫將之。邦國若否，仲山甫明之。既明且哲，以保其身。夙夜匪解，以事一人。

人亦有言，柔則茹之，剛則吐之。維仲山甫，柔亦不茹，剛亦不吐。不侮矜寡，不畏强禦。

人亦有言，德輶如毛，民鮮克舉之。我儀圖之，維仲山甫舉之。愛莫助之。衮職有闕，維仲山甫補之。

仲山甫出祖。四牡業業。征夫捷捷，每懷靡及。四牡彭彭，八鸞鏘鏘。王命仲山甫，城彼東方。

四牡騤騤，八鸞喈喈。仲山甫徂齊，式遄其歸。吉甫作誦，穆如清風。仲山甫永懷，以慰其心。

韓奕　六章

奕奕梁山，維禹甸之，有倬其道。韓侯受命，王親命之：纘戎祖考，無廢朕命。夙夜匪解，虔共爾位，朕命不易。榦不庭方，以佐戎辟。

四牡奕奕，孔修且張。韓侯入覲，以其介圭，入覲于王。王錫韓侯，淑旂綏章，簟茀錯衡，玄衮赤舄，鉤膺鏤錫，鞹鞃淺幭，鞗革金厄。

韓侯出祖，出宿于屠。顯父餞之，清酒百壺。其殽維何？炰鼈鮮魚。其蔌維何？維筍及蒲。其贈維何？乘馬路車。籩豆有且，侯氏燕胥。

韓侯取妻，汾王之甥，蹶父之子。韓侯迎之〔一〕，于蹶之里。百兩彭彭，八鸞鏘鏘，不顯其光。諸娣從之，祁祁如雲。韓侯顧之，爛其盈門。

蹶父孔武，靡國不到。爲韓姞相攸，莫如韓樂。孔樂韓土，川澤訏訏，魴鱮甫甫，麀鹿噳噳，有熊有羆，有貓有虎。慶既令居，韓姞燕譽。

溥彼韓城，燕師所完。以先祖受命，因時百蠻。王錫韓侯，其追其貊。奄受北國，因以其伯。實墉實壑，實畝實藉。獻其貔皮，赤豹黄羆。

〔一〕「之」，阮刻本作「止」。

江漢　六章

江漢浮浮，武夫滔滔。匪安匪遊，淮夷來求。既出我車，既設我旟。匪安匪舒，淮夷來鋪。

江漢湯湯，武夫洸洸。經營四方，告成于王。四方既平，王國庶定。時靡有爭，王心載寧。

江漢之滸，王命召虎：式辟四方，徹我疆土。匪疚匪棘，王國來極。于疆于理，至于南海。

王命召虎：來旬來宣。文武受命，召公維翰。無曰予小子，召公是似。肇敏戎公，用錫爾祉。

釐爾圭瓚，秬鬯一卣。告于文人，錫山土田。于周受命，自召祖命，虎拜稽首：天子萬年！

虎拜稽首，對揚王休。作召公考：天子萬壽！明明天子，令聞不已，矢其文德，洽此四國。

常武　六章

赫赫明明，王命卿士。南仲大祖，大師皇父。整我六師，以修我戎。既敬既戒，惠此南國。

王謂尹氏，命程伯休父。左右陳行，戒我師旅，率彼淮浦，省此徐土。不留不處，三事就緒。

赫赫業業，有嚴天子。王舒保作，匪紹匪遊。徐方繹騷，震驚徐方。如雷如霆，徐方震驚。

王奮厥武，如震如怒。進厥虎臣，闞如虓虎。鋪敦淮濆，仍執醜虜。截彼淮浦，王師之所。

王旅嘽嘽，如飛如翰。如江如漢，如山之苞。如川之流，緜緜翼翼。不測不克，濯征徐國。

王猶允塞，徐方既來。徐方既同，天子之功。四方既平，徐方來庭。徐方不回，王曰還歸。

周語・虢文公諫宣王不籍千畝

宣王即位，不籍千畝。虢文公諫曰：「不可。夫民之大事在農，上帝之粢盛於是乎出，民之蕃庶於是乎生，事之供給於是乎在，和協輯睦於是乎興，財用蕃殖於是乎始，敦庬純固於是乎成，是故稷爲大官。古者，太史順時覛土，陽癉憤盈，土氣震發，農祥晨正，日月底于天廟，土乃脈發。

「先時九日，太史告稷曰：『自今至于初吉，陽氣俱蒸，土膏其動。弗震弗渝，脈其滿眚，穀乃不殖。』稷以告王曰：『史帥陽官以命我司事曰：「距今九日，土其俱動，王其祗袚，監農不易。」』王乃使司徒咸戒公卿、百吏、庶民，司空除壇于籍，命農大夫咸戒農用。

「先時五日，瞽告有協風至，王即齋宮，百官御事，各即其齋三日。王乃淳濯饗醴，及期，鬱人薦鬯，犧人薦醴，王祼鬯，饗醴乃行，百吏、庶民畢從。及籍，后稷監之，膳夫、農正陳籍禮，大史贊王，王敬從之。王耕一墢，班三之，庶民終于千畝。其后稷省功，太史大師監之；司徒省民，大師監之；畢，宰夫陳饗，膳宰監之。膳夫贊王，王歆太牢，班嘗之，庶人終食。

「是日也，瞽帥、音官以省風土。廩于籍東南，鍾而藏之，而時布之于農。稷則徧誡百姓，紀農協功，曰：『陰陽分布，震雷出滯。』土不備墾，辟在司寇。乃命其旅曰：『徇，農師一之，農正再之，后稷三之，司空四之，司徒五之，太保六之，太師七之，太史八之，宗伯九之，王則大徇。耨穫亦如之。』民用莫不震動，恪恭于農，修其疆畔，日服其鎛，不解于時，財用不乏，民用和同。

「是時也，王事惟農是務，無有求利於其官，以干農功，三時務農而一時講武，故征則有威，守則有財。若是，乃能媚於神而和於民矣，則享祀時至而布施優裕也。

「今天子欲修先王之緒而棄其大功，匱神乏祀而困民之財，將何以求福用民？」

王弗聽。三十九年，戰于千畝，王師敗績于姜氏之戎。

仲山父諫宣王料民

宣王既喪南國之師，乃料民於太原。仲山父諫曰：「民不可料也！夫古者不料民而知其少多，司民協孤終，司商協民姓，司徒協旅，司寇協姦，牧協職，工協革，場協入，廩協出，是故少多、死生、出入、往來者皆可知也。於是乎又審之以事，王治農於籍，蒐于農隙，耨穫亦於籍，獮於既烝，狩於畢時，是皆習民數者也，又何料焉？不謂其少而大料之，是示少而惡事也。臨政示少，諸侯避之。治民惡事，無以賦令。且無故而料民，天之所惡也，害於政而妨於後嗣。」王卒料之。

詩·小雅·節南山　十章

節彼南山，維石巖巖。赫赫師尹，民具爾瞻。憂心如惔，不敢戲談。國既卒斬，何用不監！

節彼南山，有實其猗。赫赫師尹，不平謂何。天方薦瘥，喪亂弘多。民言無嘉，憯莫懲嗟。

尹氏大師，維周之氐。秉國之均，四方是維。天子是毗，俾民不迷。不弔昊天，不宜空我師。

弗躬弗親，庶民弗信。弗問弗仕，勿罔君子。式夷式已，無小人殆。瑣瑣姻亞，則無膴仕。

昊天不傭，降此鞠訩。昊天不惠，降此大戾。君子如届，俾民心闋。君子如夷，惡怒是違。

不弔昊天，亂靡有定。式月斯生，俾民不寧。憂心如酲，誰秉國成？不自爲政，卒勞百姓。

駕彼四牡，四牡項領。我瞻四方，蹙蹙靡所騁。

方茂爾惡，相爾矛矣。既夷既懌，如相醻矣。

昊天不平，我王不寧。不懲其心，覆怨其正。家父作誦，以究王訩。式訛爾心，以畜萬邦。

賓之初筵　五章

賓之初筵，左右秩秩。籩豆有楚，殽核維旅。酒既和旨，飲酒孔偕。鐘鼓既設，舉醻逸逸。大侯既抗，弓矢斯張。射夫既同，獻爾發功。發彼有的，以祈爾爵。

籥舞笙鼓，樂既和奏。烝衎烈祖，以洽百禮。百禮既至，有壬有林。錫爾純嘏，子孫其湛。其湛曰樂，各奏爾能。賓載手仇，室人入又。酌彼康爵，以奏爾時。

賓之初筵，温温其恭。其未醉止，威儀反反。曰既醉止，威儀幡幡。舍其坐遷，屢舞僊僊。其未醉止，威儀抑抑。曰既醉止，威儀怭怭。是曰既醉，不知其秩。

賓既醉止，載號載呶。亂我籩豆，屢舞僛僛。是曰既醉，不知其郵。側弁之俄，屢舞傞傞。既醉而出，並受其福。醉而不出，是謂伐德。飲酒孔嘉，維其令儀。

凡此飲酒，或醉或否。既立之監，或佐之史。彼醉不臧，不醉反恥。式勿從謂，無俾大怠。匪言勿言，匪由勿語。由醉之言，俾出童羖。三爵不識，矧敢多又。

正月　十三章

正月繁霜，我心憂傷。民之訛言，亦孔之將。念我獨兮，憂心京京。哀我小心，癙憂以痒。

父母生我，胡俾我瘉？不自我先，不自我後。好言自口，莠言自口。憂心愈愈，是以有侮。

憂心惸惸，念我無禄。民之無辜，並其臣僕。哀我人斯，于何從禄？瞻烏爰止？于誰之屋？

瞻彼中林，侯薪侯蒸。民今方殆，視天夢夢。既克有定，靡人弗勝。有皇上帝，伊誰云憎？

謂山蓋卑，爲岡爲陵。民之訛言，寧莫之懲。召彼故老，訊之占夢。具曰予聖，誰知烏之雌雄！

謂天蓋高，不敢不局。謂地蓋厚，不敢不蹐。維號斯言，有倫有脊。哀今之人，胡爲虺蜴？

瞻彼阪田，有菀其特。天之抓我，如不我克。彼求我則，如不我得。執我仇仇，亦不我力。

心之憂矣，如或結之。今兹之正，胡然厲矣？燎之方揚，寧或滅之？赫赫宗周，褒姒威之！

終其永懷，又窘陰雨。其車既載，乃棄爾輔。載輸爾載，將伯助予！

無棄爾輔，員于爾輻。屢顧爾僕，不輸爾載。終踰絶險，曾是不意。

魚在于沼，亦匪克樂。潛雖伏矣，亦孔之炤。憂心慘慘，念國之爲虐！

彼有旨酒，又有嘉殽。洽比其鄰，昏姻孔云。念我獨兮，憂心慇慇。

佌佌彼有屋，蔌蔌方有穀。民今之無禄，天夭是椓。哿矣富人，哀此惸獨。

十月之交　八章

阮元有文爲皇父辨誣，見別録。

十月之交，朔月〔一〕辛卯。日有食之，亦孔之醜。彼月而微，此日而微；今此下民，亦孔之哀。

日月告凶，不用其行。四國無政，不用其良。彼月而食，則維其常；此日而食，于何不臧。

〔一〕「月」，原作「日」，此據阮刻本校改。

爗爗震電，不寧不令。百川沸騰，山冢崒崩。高岸爲谷，深谷爲陵。哀今之人，胡憯莫懲？

皇父卿士，番維司徒。家伯維宰，仲允膳夫。聚子内史，蹶維趣馬。楀維師氏，豔妻煽方處。

抑此皇父，豈曰不時？胡爲我作，不即我謀？徹我牆屋，田卒汙萊。曰予不戕，禮則然矣。

皇父孔聖，作都于向。擇三有事，亶侯多藏。不憖遺一老，俾守我王。擇有車馬，以居徂向。

黽勉從事，不敢告勞。無罪無辜，讒口囂囂。下民之孽，匪降自天。噂沓背憎，職競由人。

悠悠我里，亦孔之痗。四方有羨，我獨居憂。民莫不逸，我獨不敢休。天命不徹，我不敢傚，我友自逸。

雨無正　七章

浩浩昊天，不駿其德。降喪饑饉，斬伐四國。旻天疾威，弗慮弗圖。舍彼有罪，既伏其辜。若此無罪，淪胥以鋪。

周宗既滅，靡所止戾。正大夫離居，莫知我勩。三事大夫，莫肯夙夜。邦君諸侯，莫肯朝夕。庶曰式臧，覆出爲惡。

如何昊天，辟言不信。如彼行邁，則靡所臻。凡百君子，各敬爾身。胡不相畏，不畏于天？

戎成不退，飢成不遂。曾我暬御，憯憯日瘁。凡百君子，莫肯用訊。聽言則答，譖言則退。

哀哉不能言，匪舌是出，維躬是瘁。哿矣能言，巧言如流，俾躬處休！

維曰予仕，孔棘且殆。云不可使，得罪于天子；亦云可使，怨及朋友。

謂爾遷于王都。曰予未有室家。鼠思泣血，無言不疾。昔爾出居，誰從作爾室？

小旻　六章

旻天疾威，敷于下土。謀猶回遹，何日斯沮？謀臧不從，不臧覆用。我視謀猶，亦孔之邛。

潝潝訿訿，亦孔之哀。謀之其臧，則具是違。謀之不臧，則具是依。我視謀猶，伊于胡厎。

我龜既厭，不我告猶。謀夫孔多，是用不集。發言盈庭，誰敢執其咎？如匪行邁謀，是用不得于道。

哀哉爲猶，匪先民是程，匪大猶是經。維邇言是聽，維邇言是爭。如彼築室于道謀，是用不潰于成。

國雖靡止，或聖或否。民雖靡膴，或哲或謀，或肅或艾。如彼泉流，無淪胥以敗。

不敢暴虎，不敢馮河。人知其一，莫知其他。戰戰兢兢，如臨深淵，如履薄冰。

小宛　六章

宛彼鳴鳩，翰飛戾天。我心憂傷，念昔先人。明發不寐，有懷二人。

人之齊聖，飲酒温克。彼昏不知，壹醉日富。各敬爾儀，天命不又。

中原有菽，庶民采之。螟蛉有子，蜾蠃負之。教誨爾子，式穀似之。

題彼脊令，載飛載鳴。我日斯邁，而月斯征。夙興夜寐，無〔二〕忝爾所生。

〔二〕「無」，阮刻本作「毋」。

交交桑扈，率場啄粟。哀我填寡，宜岸宜獄。握粟出卜，自何能穀？

溫溫恭人，如集于木。惴惴小心，如臨于谷。戰戰兢兢，如履薄冰。

小弁　八章

弁彼鸒斯，歸飛提提。民莫不穀，我獨于罹。何辜于天？我罪伊何？心之憂矣，云如之何？

踧踧周道，鞫爲茂草。我心憂傷，惄焉如擣。假寐永歎，維憂用老。心之憂矣，疢如疾首。

維桑與梓，必恭敬止。靡瞻匪父，靡依匪母。不屬于毛？不離〔一〕于裏？天之生我，我辰安在？

菀彼柳斯，鳴蜩嘒嘒，有漼者淵，萑葦淠淠。譬彼舟流，不知所届，心之憂矣，不遑假寐。

鹿斯之奔，維足伎伎。雉之朝雊，尚求其雌。譬彼壞木，疾用無枝。心之憂矣，寧莫

〔一〕「離」，阮刻本作「罹」。

之知？

相彼投兔，尚或先之。行有死人，尚或墐之。君子秉心，維其忍之。心之憂矣，涕既隕之。

君子信讒，如或醻之。君子不惠，不舒究之。伐木掎矣，析薪扡矣。舍彼有罪，予之佗矣。

莫高匪山，莫浚匪泉。君子無易由言，耳屬于垣。無逝我梁，無發我笱。我躬不閲，遑恤我後。

巧言　六章

悠悠昊天，曰父母且。無罪無辜，亂如此幠。昊天已威，予慎無罪。昊天大幠，予慎無辜。

亂之初生，僭始既涵。亂之又生，君子信讒。君子如怒，亂庶遄沮。君子如祉，亂庶遄已。

君子屢盟，亂是用長。君子信盜，亂是用暴。盜言孔甘，亂是用餤。匪其止共，維王之邛。

奕奕寢廟，君子作之。秩秩大猷，聖人莫之。他人有心，予忖度之。躍躍毚兔，遇犬獲之。

荏染柔木，君子樹之。往來行言，心焉數之。蛇蛇碩言，出自口矣。巧言如簧，顔之厚矣。

彼何人斯？居河之麋。無拳無勇，職爲亂階。既微且尰，爾勇伊何？爲猶將多，爾居徒幾何？

何人斯　八章

彼何人斯？其心孔艱。胡逝我梁，不入我門？伊誰云從？維暴之云。

二人從行，誰爲此禍？胡逝我梁，不入唁我？始者不如今，云不我可。

彼何人斯？胡逝我陳？我聞其聲，不見其身。不愧于人？不畏于天？

彼何人斯？其爲飄風。胡不自北？胡不自南？胡逝我梁？祇攪我心。

爾之安行，亦不遑舍。爾之亟行，遑脂爾車。壹者之來，云何其盱。

爾還而入，我心易也。還而不入，否難知也。壹者之來，俾我祇也。

伯氏吹壎，仲氏吹篪。及爾如貫，諒不可〔二〕知。出此三物，以沮〔三〕爾斯。

爲鬼爲蜮，則不可得。有靦面目，視人罔極。作此好歌，以極反側。

巷伯　七章

萋兮斐兮，成是貝錦。彼譖人者，亦已大甚！

哆兮侈兮，成是南箕。彼譖人者，誰適與謀。

緝緝翩翩，謀欲譖人。慎爾言也，謂爾不信。

捷捷幡幡，謀欲譖言。豈不爾受？既其女遷。

驕人好好，勞人草草。蒼天蒼天，視彼驕人，矜此勞人。

彼譖人者，誰適與謀？取彼譖人，投畀豺虎。豺虎不食，投畀有北。有北不受，投畀有昊！

楊園之道，猗于畝丘。寺人孟子，作爲此詩。凡百君子，敬而聽之。

〔二〕「可」，阮刻本作「我」。
〔三〕「沮」，阮刻本作「詛」。

谷風　二章 中章删。

習習谷風，維風及雨。將恐將懼，維予與女。將安將樂，女轉棄予。
習習谷風，維山崔嵬。無草不死，無木不萎。忘我大德，思我小怨。

蓼莪　四章 二章、末章删。

蓼蓼者莪，匪莪伊蒿。哀哀父母，生我劬勞。
缾之罄矣，維罍之恥。鮮民之生，不如死之久矣。無父何怙？無母何恃？出則銜恤，入則靡至。
父兮生我，母兮鞠我。拊我畜我，長我育我，顧我復我，出入腹我。欲報之德。昊天罔極！
南山烈烈，飄風發發。民莫不穀，我獨何害！

大東　七章

有饛簋飧，有捄棘匕。周道如砥，其直如矢。君子所履，小人所視。睠言顧之，潸焉出涕。

小東大東，杼柚其空。糾糾葛屨，可以履霜。佻佻公子，行彼周行。既往既來，使我心疚。

有冽氿泉，無浸穫薪。契契寤歎，哀我憚人。薪是穫薪，尚可載也。哀我憚人，亦可息也。

東人之子，職勞不來。西人之子，粲粲衣服。舟人之子，熊羆是裘。私人之子，百僚是試。

或以其酒，不以其漿。鞙鞙佩璲，不以其長。維天有漢，監亦有光。跂彼織女，終日七襄。

雖則七襄，不成報章。睆彼牽牛，不以服箱。東有啓明，西有長庚。有捄天畢，載施之行。

維南有箕，不可以簸揚。維北有斗，不可以挹酒漿。維南有箕，載翕其舌。維北有斗，西柄之揭。

四月　八章

四月維夏，六月徂暑。先祖匪人，胡寧忍予？
秋日淒淒，百卉具腓。亂離瘼矣，爰其適歸？
冬日烈烈，飄風發發。民莫不穀，我獨何害？
山有嘉卉，侯栗侯梅。廢爲殘賊，莫知其尤！
相彼泉水，載清載濁。我日構禍，曷云能穀？
滔滔江漢，南國之紀。盡瘁以仕，寧莫我有？
匪鶉匪鳶，翰飛戾天。匪鱣匪鮪，潛逃于淵。
山有蕨薇，隰有杞桋。君子作歌，維以告哀。

北山　六章 無將不録。

陟彼北山，言采其杞。偕偕士子，朝夕從事。王事靡盬，憂我父母。
溥天之下，莫非王土；率土之濱，莫非王臣。大夫不均，我從事獨賢。
四牡彭彭，王事傍傍。嘉我未老，鮮我方將。旅力方剛，經營四方。

或燕燕居息，或盡瘁事國；　或息偃在牀，或不已于行。

或不知叫號，或慘慘劬勞；　或棲遲偃仰，或王事鞅掌。

或湛樂飲酒，或慘慘畏咎；　或出入風議，或每〔二〕事不爲。

小明　三章

第三章、末章删。鼓鍾不録。

明明上天，照臨下土。我征徂西，至於艽野。二月初吉，載離寒暑。心之憂矣，其毒大苦。念彼共人，涕零如雨。豈不懷歸，畏此罪罟。

昔我往矣，日月方除。曷云其還，歲聿云莫。念我獨兮，我事孔庶。心之憂矣，憚我不暇。念彼共人，睠睠懷顧。豈不懷歸，畏此譴怒。

嗟爾君子，無恒安處。靖共爾位，正直是與。神之聽之，式穀以女。

〔二〕「每」，阮刻本作「靡」。

青蠅　二章　末章删　魚藻不録。

營營青蠅，止于樊。豈弟君子，無信讒言。

營營青蠅，止于棘。讒人罔極，交亂四國。

角弓　七章　末章删。

騂騂角弓，翩其反矣。兄弟昏姻，無胥遠矣。

爾之遠矣，民胥然矣。爾之教矣，民胥傚矣。

此令兄弟，綽綽有裕。不令兄弟，交相爲瘉。

民之無良，相怨一方。受爵不讓，至於已斯亡。

老馬反爲駒，不顧其後。如食宜饇，如酌孔取。

毋教猱升木，如塗塗附。君子有徽猷，小人與屬。

雨雪瀌瀌，見晛曰消。莫肯下遺，式居婁驕。

菀柳　二章 中章删。

有菀者柳，不尚息焉。上帝甚蹈，無自暱焉。俾予靖之，後予極焉。

有鳥高飛，亦傅于天。彼人之心，于何其臻。曷予靖之，居以凶矜。

都人士　五章

彼都人士，狐裘黄黄。其容不改，出言有章。行歸于周，萬民所望。

彼都人士，臺笠緇撮。彼君子女，綢直如髮。我不見兮，我心不説。

彼都人士，充耳琇實。彼君子女，謂之尹吉。我不見兮，我心苑結。

彼都人士，垂帶而厲。彼君子女，卷髮如蠆。我不見兮，言從之邁。

匪伊垂之，帶則有餘。匪伊卷之，髮則有旟。我不見兮，云何盱矣。

采緑　四章

終朝采緑，不盈一匊。予髮曲局，薄言歸沐。

終朝采藍，不盈一襜。五日爲期，六日不詹。

之子于狩，言韔其弓。之子于釣，言綸之繩。
其釣維何？維魴及鱮。維魴及鱮，薄言觀者。

隰桑　二章 第二、三章删。

隰桑有阿，其葉有難。既見君子，其樂如何。
心乎愛矣，遐不謂矣？中心藏之，何日忘之！

白華　八章

白華菅兮，白茅束兮。之子之遠，俾我獨兮。
英英白雲，露彼菅茅。天步艱難，之子不猶。
滮池北流，浸彼稻田。嘯歌傷懷，念彼碩人。
樵彼桑薪，卬烘于煁。維彼碩人，實勞我心。
鼓鐘于宫，聲聞于外。念子懆懆，視我邁邁。
有鶖在梁，有鶴在林。維彼碩人，實勞我心。

鴛鴦在梁，戢其左翼。之子無良，二三其德。

有扁斯石，履之卑兮。之子之遠，俾我疧兮。

緜蠻　首章

二、三章删。瓠葉不録。

緜蠻黄鳥，止于丘阿。道之云遠，我勞如何。飲之食之，教之誨之。命彼後車，謂之載之。

漸漸之石　首、末章

中章删。

漸漸之石，維其高矣。山川悠遠，維其勞矣。武人東征，不遑朝矣。

有豕白蹢，烝涉波矣。月離于畢，俾滂沱矣。武人東征，不遑他矣。

苕之華　三章

苕之華，芸其黄矣。心之憂矣，維其傷矣！

苕之華，其葉青青。知我如此，不如無生！

牂羊墳首，三星在罶。人可以食，鮮可以飽！

何草不黄　三章 第二章删。

何草不黄？何日不行？何人不將？經營四方。匪兕匪虎，率彼曠野。哀我征夫，朝夕不暇。有芃者狐，率彼幽草。有棧之車，行彼周道。

大雅·瞻印　七章

瞻印昊天，則不我惠。孔填不寧，降此大厲。邦靡有定，士民其瘵。蟊賊蟊疾，靡有夷届。罪罟不收，靡有夷瘳。

人有土田，女反有之。人有民人，女覆奪之。此宜無罪，女反收之。彼宜有罪，女覆説之。

哲夫成城，哲婦傾城。懿彼〔一〕哲婦，爲梟爲鴟。婦有長舌，維厲之階。亂匪降自天，

〔一〕「彼」，阮刻本作「厥」。

生自婦人。匪教匪誨，時維婦寺。

鞫人忮忒。譖始竟背。豈曰不極？伊胡爲慝？如賈三倍，君子是識。婦無公事，休其蠶織。

天何以刺？何神不富？舍爾介狄，維予胥忌。不弔不祥，威儀不類。人之云亡，邦國殄瘁。

天之降罔，維其優矣。人之云亡，心之憂矣。天之降罔，維其幾矣。人之云亡，心之悲矣。

觱沸檻泉，維其深矣。心之憂矣，寧自今矣？不自我先，不自我後。藐藐昊天，無不克鞏。無忝皇祖，式救爾後。

召旻　七章

旻天疾威，天篤降喪。瘨我饑饉，民卒流亡，我居圉卒荒。

天降罪罟，蟊賊内訌。昏椓靡共，潰潰回遹，實靖夷我邦。

皋皋訿訿，曾不知其玷。兢兢業業，孔填不寧，我位孔貶。

如彼歲旱，草不潰茂，如彼棲苴。我相此邦，無不潰止。

維昔之富不如時，維今之疚不如兹。彼疏斯粺，胡不自替？職兄斯引。

池之竭矣，不云自頻。泉之竭矣，不云自中。溥斯害矣，職兄斯弘，不烖我躬。

昔先王受命，有如召公，日辟國百里，今也日蹙國百里。於乎哀哉！維今之人，不尚有舊！

周語·西周三川震

幽王二年，西周三川皆震。伯陽父曰：「周將亡矣！夫天地之氣，不失其序；若過其序，民亂之也。陽伏而不能出，陰迫而不能烝，於是有地震。今三川實震，是陽失其所而鎮陰也。陽失而在陰，川源必塞；源塞，國必亡。夫水土演而民用也。水土無所演，民乏財用，不亡何待？昔伊、洛竭而夏亡，河竭而商亡。今周德若二代之季矣，其川源又塞，塞必竭。夫國必依山川，山崩川竭，亡之徵也。川竭，山必崩。若國亡不過十年，數之紀也。夫天之所棄，不過其紀。」是歲也，三川竭，岐山崩。十一年，幽王乃滅，周乃東遷。

鄭語・史伯對桓公

桓公爲司徒，甚得周衆與東土之人，問於史伯曰：「王室多故，余懼及焉，其何所可以逃死？」

史伯對曰：「王室將卑，戎、狄必昌，不可偪也。當成周者，南有荆蠻、申、吕、應、鄧、陳、蔡、隨、唐；北有衛、燕、狄、鮮虞、潞、洛、泉、徐、蒲；西有虞、虢、晉、隗、霍、楊、魏、芮；東有齊、魯、曹、宋、滕、薛、鄒、莒；是非王之支子母弟甥舅也，則皆蠻荆戎狄之人也。非親則頑，不可入也。其濟、洛、河、潁之間乎！是其子男之國，虢、鄶爲大，虢叔恃勢，鄶仲恃險，是皆有驕侈怠慢之心，而加之以貪冒。君若以周難之故，寄孥與賄焉，不敢不許。周亂而弊，是驕而貪，必將背君，君若以成周之衆，奉辭伐罪，無不克矣。若克二邑，鄔、弊一作蔽、補、舟、依、𩣺、歷、華，君之土也。若前華後河，右洛左濟，主芣、騩而食溱、洧，修典刑以守之，是可以少固。」中删王者居九垓之田，收經入以食兆民，周訓而能用之，和樂如一。夫如是，和之至也。於是乎先王聘后於異姓，求財於有方，擇臣取諫工而講以多物，務和同也。聲一無聽，物一無文，味一無果，物一不講。王將棄是類也而與剸同。天奪之明，欲無弊，得乎？

「夫虢石父，讒諂巧從之人也，而立以爲卿士，與剸同也；棄聘后而立内妾，好窮固也；侏儒戚施，寔御在側，近頑童也；周法不昭，而婦言是行，用讒慝也；不建立卿士，而妖試幸措，行暗昧也。是物也，不可以久。且宣王之時有童謡曰：『檿弧箕服，實亡周國。』於是宣王聞之，有夫婦鬻是器者，王使執而戮之。府之小妾生女，而非王子也，懼而棄之。此人也，收以奔褒。天之命此久矣，褒人有獄而以爲入，其又可爲乎？訓語有之曰：『夏之衰也，褒人之神化爲二龍，以同于王庭，而言曰：「余，褒之二君也。」夏后卜殺之與去之與止之，莫吉。卜請其漦而藏之，吉。乃布幣焉而策告之，龍亡而漦在，櫝而藏之，傳郊之。』及殷、周，莫之發也。及厲王之末，發而觀之，漦流于庭，不可除也。王使婦人不幃而譟之，化爲玄黿，以入于王府。府之童妾未既齔而遭之，既笄而孕，當宣王時而生。不夫而育，故懼而棄之。爲弧服者方戮在路，夫婦哀其夜號也，而取之以逸，逃于褒。褒人褒姁有獄，而以爲入於王，王遂置之，而嬖是女也，使至於爲后而生伯服。天之生此久矣，其爲毒也大矣，將使候淫德而加之焉。毒之酋腊者，其殺也滋速。申、繒、西戎方彊，王室方騷，將以縱欲，不亦難乎？王欲殺太子以成伯服，必求之申，申人弗畀，必伐之。若伐申，而繒與西戎會以伐周，周不守矣！繒與西戎方將德申，申、吕方彊，其隩愛太子亦必可知也，王師若在，其救之亦必然矣。王心怒矣，虢公從矣，凡周存亡，不三稔矣！君若欲避其難，其速規所矣，時至而求用，恐無及也！」

公說，乃東寄帑與賄，虢、鄶受之，十邑皆有寄地。

文侯之命

王若曰：「父義和！丕顯文、武，克慎明德，昭升于上，敷聞在下；惟時上帝，集厥命于文王。亦惟先正克左右昭事厥辟，越小大謀猷罔不率從，肆先祖懷在位。嗚呼！閔予小子嗣，造天丕愆。殄資澤于下民，侵戎我國家純。即我御事，罔或耆壽俊在厥服，予則罔克。曰惟祖惟父，其伊恤朕躬！嗚呼！有績予一人永綏在位。父義和！汝克昭乃顯祖，汝肇刑文、武，用會紹乃辟，追孝于前文人。汝多修，扞我于艱，若汝，予嘉。」

王曰：「父義和！其歸視爾師，寧爾邦。用賚爾秬鬯一卣，彤弓一，彤矢百，盧弓一，盧矢百，馬百〔一〕匹。父往哉！柔遠能邇，惠康小民，無荒寧。簡恤爾都，用成爾顯德。」

〔一〕「百」，阮刻本作「四」。

經文統鈔上編卷六

益陽陳天倪　主纂
湘陰彭　昺　襄輯

周書三

國風·周南·關雎　三章　此篇鄭作五章，今删三章、五章。

關關雎鳩，在河之洲。窈窕淑女，君子好逑。
參差荇菜，左右流之。窈窕淑女，寤寐求之。
參差荇菜，左右采之。窈窕淑女，琴瑟友之。

葛覃　三章

葛之覃兮，施于中谷，維葉萋萋。黄鳥于飛，集于灌木，其鳴喈喈。

葛之覃兮，施于中谷，維葉莫莫。是刈是濩，爲絺爲綌，服之無斁。

言告師氏，言告言歸。薄污我私，薄澣我衣。害澣害否？歸寧父母。

卷耳　首章　二、三、四章删。

采采卷耳，不盈傾筐。嗟我懷人，寘彼周行。

樛木　首章　二、三章删。螽斯害蟲，以比子孫之多，不通已極，不録。

南有樛木，葛藟纍之。樂只君子，福履綏之。

桃夭　首章、末章　二章删。兔罝、芣苢不録。

桃之夭夭，灼灼其華。之子于歸，宜其室家。

桃之夭夭，其葉蓁蓁。之子于歸，宜其家人。

漢廣　首章　二、三章删。「休息」作「休思」。

南有喬木，不可休思。漢有游女，不可求思。漢之廣矣，不可泳思。江之永矣，不可方思。

汝墳　三章　麟之趾不録。

遵彼汝墳，伐其條枚。未見君子，惄如調飢。

遵彼汝墳，伐其條肄。既見君子，不我遐棄。

魴魚頳尾，王室如燬。雖則如燬，父母孔邇。

召南・鵲巢　首章、末章　二章删。

維鵲有巢，維鳩居之。之子于歸，百兩御之。

維鳩有巢，維鳩盈之。之子于歸，百兩成之。

采蘩　三章

于以采蘩？于沼于沚。于以用之？公侯之事。

于以采蘩？于澗之中。于以用之？公侯之宫。

被之僮僮，夙夜在公。被之祁祁，薄言還歸。

草蟲　首章、二章　第三章删。此詩應照朱注解，若如鄭注，則穢褻甚矣，不可云詩。説詳别録。

喓喓草蟲，趯趯阜螽。未見君子，憂心忡忡。亦既見止，亦既覯止，我心則降。

陟彼南山，言采其蕨。未見君子，憂心惙惙。亦既見止，亦既覯止，我心則説。

采蘋　三章

于以采蘋？南澗之濱。于以采藻？于彼行潦。

于以盛之？維筐及筥。于以湘之？維錡及釜。

于以奠之？宗室牖下。誰其尸之？有齊季女。

甘棠　首章　此詩不工，後人引此者多，特録一章。

蔽芾甘棠，勿翦勿伐，召伯所茇。

行露　三章　羔羊不録。

厭浥行露，豈不夙夜，謂行多露。

誰謂雀無角？何以穿我屋？誰謂女無家？何以速我獄？雖速我獄，室家不足！

誰謂鼠無牙？何以穿我墉？誰謂女無家？何以速我訟？雖速我訟，亦不女從！

殷其靁　首章　二、三章删。

殷其靁，在南山之陽。何斯違斯，莫敢或遑？振振君子，歸哉歸哉！

摽有梅　一章　第三章删。

摽有梅，其實七兮。求我庶士，迨其吉兮。

摽有梅，其實三兮。求我庶士，迨其今兮。

小星　二章　江有汜不録。

嘒彼小星，三五在東。肅肅宵征，夙夜在公。寔命不同。

嘒彼小星，維參與昴。肅肅宵征，抱衾與裯。寔命不猶。

野有死麕　三章　「尨也吠」改「尨吠兮」。

野有死麕，白茅包之。有女懷春，吉士誘之。

林有樸樕，野有死鹿。白茅純束，有女如玉。

舒而脱脱兮！無感我帨兮！無使尨吠兮！

何彼穠矣　二章　三章删。騶虞不録。

何彼襛矣，唐棣之華？曷不肅雝？王姬之車。

何彼襛矣，華如桃李？平王之孫，齊侯之子。

衛風・淇奥　三章 邶、鄘合于衛，依顧亭林之説。先後稍加釐訂。

瞻彼淇奥，緑竹猗猗。有匪君子，如切如磋，如琢如磨。瑟兮僩兮，赫兮咺兮。有匪君子，終不可諼兮。

瞻彼淇奥，緑竹青青。有匪君子，充耳琇瑩，會弁如星。瑟兮僩兮，赫兮咺兮。有匪君子，終不可諼兮。

瞻彼淇奥，緑竹如簀。有匪君子，如金如錫，如圭如璧。寬兮綽兮，倚重較兮。善戲謔兮，不爲虐兮。

共姜柏舟　一章 第二章删，式微不録。

泛彼柏舟，在彼中河。髧彼兩髦，實維我儀。之死矢靡它。母也天只！不諒人只！

母也天只，猶云母也父也。爲叶韵故，改父作天。古韵天與人叶。

旄丘　四章

旄丘之葛兮，何誕之節兮。叔兮伯兮，何多日也？

何其處也？必有與也！何其久也？必有以也！

狐裘蒙戎，匪車不東。叔兮伯兮，靡所與同。

瑣兮尾兮，流離之子。叔兮伯兮，褎如充耳。

碩人　四章

碩人其頎，衣錦褧衣。齊侯之子，衛侯之妻。東宮之妹，邢侯之姨，譚公維私。

手如柔荑，膚如凝脂，領如蝤蠐，齒如瓠犀，螓首蛾眉，巧笑倩兮，美目盼兮。

碩人敖敖，説于農郊。四牡有驕，朱幩鑣鑣。翟茀以朝。大夫夙退，無使君勞。

河水洋洋，北流活活。施罛濊濊，鱣鮪發發。葭菼揭揭，庶姜孽孽，庶士有朅。

終風　四章

終風且暴，顧我則笑，謔浪笑敖，中心是悼。

終風且霾，惠然肯來，莫往莫來，悠悠我思。

終風且曀，不日有曀，寤言不寐，願言則嚏。

曀曀其陰，虺虺其靁，寐〔二〕言不寐，願言則懷。

日月　首、末二章　中二章删。

日居月諸，照臨下土。乃如之人兮，逝不古處？胡能有定？寧不我顧。

日居月諸，東方自出。父兮母兮，畜我不卒。胡能有定？報我不述。

綠衣　三章　第二章删。

綠兮衣兮，綠衣黄裏。心之憂矣，曷維其已？

綠兮絲兮，女所治兮。我思古人，俾無訧兮。

絺兮綌兮，凄其以風。我思古人，實獲我心。

〔二〕「寐」，阮刻本作「寤」。

燕燕　首、末二章　中二章删。

燕燕於飛，差池其羽。之子于歸，遠送于野。瞻望弗及，泣涕如雨。

仲氏任只，其心塞淵。終温且惠，淑慎其身。先君之思，以勖寡人。

擊鼓　五章

擊鼓其鏜，踴躍用兵。土國城漕，我獨南行。

從孫子仲，平陳與宋。不我以歸，憂心有忡。

爰居爰處？爰喪其馬？于以求之？于林之下。

死生契闊，與子成説。執子之手，與子偕老。

于嗟闊兮，不我活兮。于嗟洵兮，不我信兮。

君子偕老　三章　新臺、牆有茨、桑中、鶉之奔奔、蝃蝀，事醜詩劣，不録。

君子偕老，副笄六珈。委委佗佗，如山如河，象服是宜。子之不淑，云如之何？

玼兮玼兮，其之翟也。鬒髮如雲，不屑髢也；玉之瑱也，象之揥也，揚且之晳也。胡然而天也？胡然而帝也？

瑳兮瑳兮，其之展也。蒙彼縐絺，是紲袢也。子之清揚，揚且之顔也。展如之人兮，邦之媛也！

相鼠　一章 二、三章删。

相鼠有皮，人而無儀！人而無儀，不死何爲？

二子乘舟　二章

二子乘舟，汎汎其景。願言思子，中心養養！

二子乘舟，汎汎其逝。願言思子，不瑕有害？

柏舟　五章

汎彼柏舟，亦汎其流。耿耿不寐，如有隱憂。微我無酒，以敖以遊。

我心匪鑒，不可以茹。亦有兄弟，不可以據。薄言往愬，逢彼之怒。

我心匪石，不可轉也。我心匪席，不可卷也。威儀棣棣，不可選也。憂心悄悄，愠于群小。覯閔既多，受侮不少。靜言思之，寤辟有摽。日居月諸，胡迭而微？心之憂矣，如匪澣衣。靜言思之，不能奮飛。

簡兮　四章 末章後二句删。

簡兮簡兮，方將萬舞。日之方中，在前上處。碩人俁俁，公庭萬舞。有力如虎，執轡如組。左手執籥，右手秉翟。赫如渥赭，公言錫爵。山有榛，隰有苓。云誰之思？西方美人。

北門　首章、二章 第三章删。

出自北門，憂心殷殷。終窶且貧，莫知我艱。已焉哉！天實爲之，謂之何哉！王事適我，政事一埤益我。我入自外，室人交徧讁我。已焉哉！天實爲之，謂之何哉！

北風　首、末二章　中章删。

北風其涼，雨雪其雱。惠而好我，攜手同行。其虚其邪？既亟只且！

莫赤匪狐，莫黑匪烏。惠而好我，攜手同車。其虚其邪？既亟只且！

考槃　一章　二、三章删。

考槃在澗，碩人之寬。獨寐寤言，永矢弗諼。

凱風　三章　第二章删。

凱風自南，吹彼棘心。棘心夭夭，母氏劬勞。

爰有寒泉，在浚之下。有子七人，母氏勞苦。

睍睆黄鳥，載好其音。有子七人，莫慰母心。

雄雉　四章

雄雉于飛，泄泄其羽。我之懷矣，自詒伊阻。

雄雉于飛，下上其音。展矣君子，實勞我心。
瞻彼日月，悠悠我思。道之云遠，曷云能來？
百爾君子，不知德行。不忮不求，何用不臧。

匏有苦葉　四章

匏有苦葉，濟有深涉。深則厲，淺則揭。
有瀰濟盈，有鷕雉鳴。濟盈不濡軌，雉鳴求其牡。
雝雝鳴鴈，旭日始旦。士如歸妻，迨冰未泮。
招招舟子，人涉卬否。人涉卬否，卬須我友。鷕以水切汩作以小誤。

谷風　六章

習習谷風，以陰以雨。黽勉同心，不宜有怒。采葑采菲，無以下體？德音莫違，及爾同死。
行道遲遲，中心有違。不遠伊邇，薄送我畿。誰謂荼苦，其甘如薺。宴爾新昏，如兄如弟。

涇以渭濁，湜湜其沚。宴爾新昏，不我屑以。毋逝我梁，毋發我笱。我躬不閱，遑恤我後。

就其深矣，方之舟之。就其淺矣，泳之游之。何有何亡，黽勉求之。凡民有喪，匍匐救之。

不我能慉，反以我爲讎。既阻我德，賈用不售。昔育恐育鞫，及爾顛覆。既生既育，比予于毒。

我有旨蓄，亦以御冬。宴爾新昏，以我御窮。有洸有潰，既詒我肄。不念昔者，伊余來塈。

泉水　四章

毖彼泉水，亦流于淇。有懷于衛，靡日不思。孌彼諸姬，聊與之謀。

出宿于泲，飲餞于禰。女子有行，遠父母兄弟，問我諸姑，遂及伯姊。

出宿于干，飲餞于言。載脂載舝，還車言邁。遄臻于衛，不瑕有害？

我思肥泉，兹之永歎。思須與漕，我心悠悠。駕言出遊，以寫我憂。

靜女　三章

靜女其姝，俟我于城隅。愛而不見，搔首踟躕。

靜女其孌，貽我彤管。彤管有煒，説懌女美。

自牧歸荑，洵美且異。匪女之爲美，美人之貽。

載馳　五章

載馳載驅，歸唁衛侯。驅馬悠悠，言至于漕。大夫跋涉，我心則憂。

既不我嘉，不能旋反。視爾不臧，我思不遠。

既不我嘉，不能旋濟？視爾不臧，我思不閟。

陟彼阿丘，言采其蝱。女子善懷，亦各有行。許人尤之，衆穉且狂。

我行其野，芃芃其麥。控于大邦，誰因誰極？大夫君子，無我有尤。百爾所思，不如我所之。

氓　六章

末章「隰則有泮」，高平曰原，下濕曰隰，倶高陸地，不可云泮。古文漯作濕，與隰形近，今正隰爲漯之訛。漯水原經過衛地，與淇相次也。

氓之蚩蚩，抱布貿絲。匪來貿絲，來即我謀。送子涉淇，至于頓丘。匪我愆期，子無良媒。將子無怒，秋以爲期。

乘彼垝垣，以望復關。不見復關，泣涕漣漣。既見復關，載笑載言。爾卜爾筮，體無咎言。以爾車來，以我賄遷。

桑之未落，其葉沃若。于嗟鳩兮，無食桑葚！于嗟女兮，無與士耽！士之耽兮，猶可說也。女之耽也〔二〕，不可說也。

桑之落矣，其黄而隕。自我徂爾，三歲食貧。淇水湯湯，漸車帷裳。女也不爽，士貳其行。士也罔極，二三其德。

三歲爲婦，靡室勞矣；夙興夜寐，靡有朝矣。言既遂矣，至于暴矣。兄弟不知，咥其笑矣。靜言思之，躬自悼矣。

〔二〕「也」，阮刻本作「兮」。

及爾偕老，老使我怨。淇則有岸，濕[一]則有泮。總角之宴，言笑晏晏。信誓旦旦，不思其反。反是不思，亦已焉哉！

竹竿　三章　第二章删芄蘭不録。

籊籊竹竿，以釣于淇。豈不爾思？遠莫致之。淇水在右，泉源在左。巧笑之瑳，佩玉之儺。淇水滺滺，檜楫松舟。駕言出遊，以寫我憂。

河廣　二章

誰謂河廣？一葦杭之。誰謂宋遠？跂予望之。誰謂河廣？曾不容刀。誰謂宋遠？曾不崇朝。

〔一〕「濕」，阮刻本作「隰」。

伯兮　四章 有狐不録。

伯兮朅兮，邦之桀兮。伯也執殳，爲王前驅。

自伯之東，首如飛蓬。豈無膏沐，誰適爲容？

其雨其雨，杲杲出日。願言思伯，甘心首疾。

焉得諼草？言樹之背。願言思伯。使我心痗。

定之方中　三章

定之方中，作于楚宮。揆之以日，作于楚室。樹之榛栗，椅桐梓漆，爰伐琴瑟。

升彼虚矣，以望楚矣。望楚與堂，景山與京。降觀于桑，卜云其吉，終焉〔一〕允臧。

靈雨既零，命彼倌人，星言夙駕，說于桑田。匪直也人，秉心塞淵，騋牝三千。

〔一〕「焉」，阮刻本作「然」。

干旄　首章　二、三章删。

孑孑干旄，在浚之郊。素絲紕之，良馬四之。彼姝者子，何以畀之？

木瓜　一章　二、三章删。

投我以木瓜，報之以瓊琚。匪報也，永以爲好也！

王風・黍離　一章　二、三章删。

彼黍離離，彼稷之苗。行邁靡靡，中心摇摇。知我者，謂我心憂；不知我者，謂我何求。悠悠蒼天，此何人哉？

君子于役　一章　次章删。

君子于役，不知其期，曷至哉？雞棲於塒，日之夕矣，羊牛下來。君子于役，如之何勿思！

君子陽陽　一章 二章删。

君子陽陽，左執簧，右招我由房，其樂只且！

揚之水　一章 二、三章删。

揚之水，不流束薪。彼其之子，不與我戍申。懷哉懷哉，曷月予還歸哉？

中谷有蓷　一章 二、三章删。

中谷有蓷，暵其乾矣。有女仳離，嘅其嘆矣。嘅其嘆矣，遇人之艱難矣！

兔爰　一章 二、三章删。

有兔爰爰，雉離于羅。我生之初，尚無爲；我生之後，逢此百罹。尚寐無吪！

葛藟　一章　二、三章删。

緜緜葛藟，在河之滸。終遠兄弟，謂他人父。謂他人父，亦莫我顧。

采葛　一章　二、三章删。

彼采葛兮，一日不見，如三月兮！

大車　首章、末章　中章删，丘中有麻不録。

大車檻檻，毳衣如菼。豈不爾思？畏子不敢。

穀則異室，死則同穴。謂予不信，有如皦日。

鄭風·緇衣　首章　二、三章删。

緇衣之宜兮，敝予又改爲兮。適子之館兮。還予授子之粲兮。

將仲子　一章 二、三章删。

將仲子兮，無踰我里，無折我樹杞。豈敢愛之？畏我父母。仲可懷也，父母之言，亦可畏也。

叔于田　一章 二、三章删。

叔于田，巷無居人。豈無居人？不如叔也。洵美且仁。

大叔于田　首章、二章 末章删。

大叔于田，乘乘馬。執轡如組，兩驂如舞。叔在藪，火烈具舉。襢裼暴虎，獻于公所。將叔無狃，戒其傷女。

叔于田，乘乘黄。兩服上襄，兩驂鴈行。叔在藪，火烈具揚。叔善射忌，又良御忌。抑磬控忌，抑縱送忌。

清人　一章　二、三章删。

清人在彭，駟介旁旁。二矛重英，河上乎翱翔。

羔裘　首、二章　三章删。

羔裘如濡，洵直且侯。彼其之子，舍命不渝。

羔裘豹飾，孔武有力。彼其之子，邦之司直。

遵大路　一章　二章删。

遵大路兮，摻執子之祛兮，無我惡兮，不寁故也！

女曰雞鳴　二章　三章删。

女曰雞鳴，士曰昧旦。子興視夜，明星有爛。將翱將翔，弋鳧與鴈。

弋言加之，與子宜之。宜言飲酒，與子偕老。琴瑟在御，莫不靜好。

有女同車　一章 二章删。山有扶蘇、蘀兮、狡童、褰裳均不録。

有女同車，顏如舜華。將翺將翔，佩玉瓊琚。彼美孟姜，洵美且都。

丰〔一〕　首章、三章 二、四章删。東門之墠不録。

子之丰兮，俟我乎巷兮，悔予不送兮。

衣錦褧衣，裳錦褧裳。叔兮伯兮，駕予與行。

風雨　首章、末章 次章删。

風雨淒淒，雞鳴喈喈，既見君子。云胡不夷？

風雨如晦，雞鳴不已。既見君子，云胡不喜？

〔一〕「丰」前原有「子」字，據阮刻本删。

子衿〔一〕　首章、末章 次章删。

青青子衿，悠悠我心。縱我不往，子寧不嗣音？

挑兮達兮，在城闕兮。一日不見，如三月兮。

揚之水　首章 二章删。

揚之水，不流束楚。終鮮兄弟，維予與女。無信人之言，人實迋女。

出其東門　首章 二章删。

出其東門，有女如雲。雖則如雲，匪我思存。縞衣綦巾，聊樂我員。

野有蔓草　二章

野有蔓草，零露漙兮。有美一人，清揚婉兮。邂逅相遇，適我願兮。

〔一〕原作「青青子衿」，據阮刻本作校改。

野有蔓草，零露瀼瀼。有美一人，婉如清揚。邂逅相遇，與子偕臧。

溱洧　首章 二章删。

溱與洧，方渙渙兮。士與女，方秉蕑兮。女曰觀乎？士曰既且。且往觀乎？洧之外，洵訏且樂。維士與女，伊其相謔，贈之以勺藥。

齊風·雞鳴　首章、末章 次章删。

雞既鳴矣，朝既盈矣。匪雞則鳴，蒼蠅之聲。

蟲飛薨薨，甘與子同夢。會且歸矣，無庶予子憎。

還　首章 二、三章删。

子之還兮，遭我乎峱之閒兮。並驅從兩肩兮，揖我謂我儇兮。

著　首章　二、三章删。東方之日不録。

俟我於著乎而，充耳以素乎而。尚之以瓊華乎而。

東方未明　首章、末章　二章删。南山、甫田、盧令、敝笱、載驅均不録。

東方未明，顛倒衣裳。顛之倒之，自公召之。

折柳樊圃，狂夫瞿瞿。不能晨夜，不夙則莫。

猗嗟　三章

猗嗟昌兮，頎而長兮。抑若揚兮，美目揚兮。巧趨蹌兮，射則臧兮。

猗嗟名兮，美目清兮，儀既成兮。終日射侯，不出正兮，展我甥兮。

猗嗟孌兮，清揚婉兮。舞則選兮，射則貫兮。四矢反兮，以禦亂兮。

魏風・葛屨　二章　汾沮洳不録。

糾糾葛屨，可以履霜？摻摻女手，可以縫裳？要之襋之，好人服之。

好人提提，宛然左辟，佩其象揥。維是褊心，是以爲刺。

園有桃　一章 二章删。

園有桃，其實之殽。心之憂矣，我歌且謠。不我知者，謂我士也驕。彼人是哉，子曰何其？心之憂矣，其誰知之？其誰知之，蓋亦勿思！

陟岵　三章

陟彼岵兮，瞻望父兮。父曰：嗟！予子行役，夙夜無已。上慎旃哉，猶來！無止！

陟彼屺兮，瞻望母兮。母曰：嗟！予季行役，夙夜無寐。上慎旃哉，猶來！無棄！

陟彼岡兮，瞻望兄兮。兄曰：嗟！予弟行役，夙夜必偕。上慎旃哉，猶來！無死！

十畝之間　一章 二章删。

十畝之間兮，桑者閑閑兮，行與子還兮。

伐檀　首章 二章删。

坎坎伐檀兮，寘之河之干兮。河水清且漣猗。不稼不穡，胡取禾三百廛兮？不狩不獵，胡瞻爾庭有縣貆兮？彼君子兮，不素餐兮！

碩鼠　首章 二、三章删。

碩鼠碩鼠，無食我黍！三歲貫女，莫我肯顧。逝將去女，適彼樂土。樂土樂土，爰得我所。

唐風·蟋蟀　首章 二、三章删。

蟋蟀在堂，歲聿其莫。今我不樂，日月其除。無已大康，職思其居。好樂無荒，良士瞿瞿。

山有樞　首章 二、三章删。

山有樞，隰有榆。子有衣裳，弗曳弗婁。子有車馬，弗馳弗驅。宛其死矣，他人是愉。

揚之水　首、末章 次章删。椒聊不録。

揚之水，白石鑿鑿。素衣朱襮，從子于沃。既見君子，云何不樂？

揚之水，白石粼粼。我聞有命，不敢以告人。

綢繆　首章、末章 次章删。

綢繆束薪，三星在天。今夕何夕，見子〔一〕良人？子兮子兮，如此良人何？

綢繆束楚，三星在户。今夕何夕，見此粲者？子兮子兮，如此粲者何？

杕杜　首章 次章删。羔裘不録。

有杕之杜，其葉湑湑。獨行踽踽。豈無他人？不如我同父。嗟行之人，胡不比焉？人無兄弟，胡不佽焉？

〔一〕「子」，阮刻本作「此」。

鴇羽　首章　二、三章删。無衣不録。

肅肅鴇羽，集于苞栩。王事靡盬，不能蓺稷黍。父母何怙？悠悠蒼天，曷其有所？

有杕之杜　首章　次章删。

有杕之杜，生于道左。彼君子兮，噬肯適我？中心好之，曷飲食之？

葛生　首章、三章、四章　二、五章删。采苓不録。

葛生蒙楚，蘞蔓于野。予美亡此，誰與獨處？

角枕粲兮，錦衾爛兮。予美亡此，誰與獨旦？

夏之日，冬之夜。百歲之後，歸于其居。

秦風·車鄰　首、二章　三章删。

有車鄰鄰，有馬白顛。未見君子，寺人之令。

阪有漆，隰有栗。既見君子，並坐鼓瑟。今者不樂，逝者其耋。

駟驖　三章

駟驖孔阜，六轡在手。公之媚子，從公于狩。

奉時辰牡，辰牡孔碩。公曰左之，舍拔則獲。

遊于北園，四馬既閑。輶車鸞鑣，載獫歇驕。

小戎　三章

小戎俴收，五楘梁輈。游環脅驅，陰靷鋈續。文茵暢轂，駕我騏馵。言念君子，温其如玉。在其板屋，亂我心曲。

四牡孔阜，六轡在手。騏駵是中，騧驪是驂。龍盾之合，鋈以觼軜。言念君子，温其在邑。方何爲期？胡然我念之。

俴駟孔群，厹矛鋈錞。蒙伐有苑，虎韔鏤膺。交韔二弓，竹閉緄縢。言念君子，載寢載興。厭厭良人，秩秩德音。

蒹葭　首章 二、三章删。

蒹葭蒼蒼，白露爲霜。所謂伊人，在水一方。遡洄從之，道阻且長。遡遊從之，宛在水中央。

終南　首章 第二章删。

終南何有？有條有梅。君子至止，錦衣狐裘。顔如渥丹，其君也哉！

黄鳥　三章

交交黄鳥，止于棘。誰從穆公？子車奄息。維此奄息，百夫之特。臨其穴，惴惴其慄。彼蒼者天，殲我良人！如可贖兮，人百其身！

交交黄鳥，止于桑。誰從穆公？子車仲行。維此仲行，百夫之防。臨其穴，惴惴其慄。彼蒼者天，殲我良人！如可贖兮，人百其身！

交交黄鳥，止於楚。誰從穆公？子車鍼虎。維此鍼虎，百夫之禦。臨其穴，惴惴其慄。彼蒼者天，殲我良人！如可贖兮，人百其身！

晨風　首章　二、三章删。

鴥彼晨風，鬱彼北林。未見君子，憂心欽欽。如何如何，忘我實多！

無衣　首章　二、三章删。

豈曰無衣？與子同袍。王于興師，修我戈矛。與子同仇！

渭陽　二章

我送舅氏，曰至渭陽。何以贈之？路車乘黄。
我送舅氏，悠悠我思。何以贈之？瓊瑰玉佩。

權輿　首章　二章删。

於我乎，夏屋渠渠，今也每食無餘。于嗟乎，不承權輿！

陳風・宛丘　首、二章 第三章删。

子之湯兮，宛丘之上兮。洵有情兮，而無望兮。
坎其擊鼓，宛丘之下。無冬無夏，值其鷺羽。

東門之枌　三章

東門之枌，宛丘之栩。子仲之子，婆娑其下。
穀旦于差，南方之原。不績其麻，市也婆娑。
穀旦于逝，越以鬷邁。視爾如荍，貽我握椒。

衡門　二章 末章删。

衡門之下，可以棲遲。泌之洋洋，可以樂飢。
豈其食魚，必河之魴？豈其取妻，必齊之姜？

東門之池　首章 二、三章删。

東門之池，可以漚麻。彼美淑姬，可與晤歌。

東門之楊　首章 二章删。

東門之楊，其葉牂牂。昏以爲期，明星煌煌。

墓門　二章

墓門有棘，斧以斯之。夫也不良，國人知之。知而不已，誰昔然矣。

墓門有梅，有鴞萃止。夫也不良，歌以訊之。訊予不顧，顛倒思予。

防有鵲巢　首章 次章删。

防有鵲巢，邛有旨苕。誰侜予美？心焉忉忉。

月出　首章　二、三章删。株林不録。

月出皎兮。佼人僚兮。舒窈糾兮。勞心悄兮。

澤陂　首章　次、三章删。

彼澤者〔二〕陂，有蒲與荷。有美一人，傷如之何？寤寐無爲，涕泗滂沱。

檜風·羔裘　首章　二、三章删。

羔裘逍遥，狐裘以朝。豈不爾思？勞心忉忉。

素冠　首章　二、三章删。

庶見素冠兮？棘人欒欒兮，勞心慱慱兮。

〔二〕「者」，阮刻本作「之」。

隰有萇楚　首、二章 三章删。

隰有萇楚，猗儺其枝，夭之沃沃，樂子之無知。

隰有萇楚，猗儺其華，夭之沃沃。樂子之無家。

匪風　首章、末章 次章删。

匪風發兮，匪車偈兮。顧瞻周道，中心怛兮。

誰能亨魚？溉之釜鬵。誰將西歸？懷之好音。

曹風・蜉蝣　首章 二、三章删。

蜉蝣之羽，衣裳楚楚。心之憂矣，於我歸處。

候人　三章 第三章删。

彼候人兮，何戈與祋。彼其之子，三百赤芾。

維鵜在梁，不濡其翼。彼其之子，不稱其服。

薈兮蔚兮，南山朝隮。婉兮孌兮，季女斯飢。

鳲鳩　二章

二章〔一〕、末章刪。

鳲鳩在桑，其子七兮。淑人君子，其儀一兮。其儀一兮，心如結兮。

鳲鳩在桑，其子在棘。淑人君子，其儀不忒。其儀不忒，正是四國。

下泉　二章

中二章刪。

洌彼下泉，浸彼苞稂。愾我寤嘆，念彼周京。

芃芃黍苗，陰雨膏之。四國有王，郇伯勞之。

魯頌·駉　首章、末章

中二章刪。

駉駉牡馬，在坰之野。薄言駉者，有驈有皇，有驪有黃，以車彭彭。思無疆，思馬

〔一〕「二章」，原爲「三章」。

斯臧。

駉駉牡馬，在坰之野。薄言駉者，有駰有騢，有驔有魚，以車祛祛。思無邪，思馬斯徂。

有駜　二章 中章删。

有駜有駜，駜彼乘黄。夙夜在公，在公明明。振振鷺，鷺于下。鼓咽咽，醉言舞。于胥樂兮！

有駜有駜，駜彼乘駽。夙夜在公，在公載燕。自今以始，歲其有。君子有穀，詒孫子。于胥樂兮！

泮水　八章

思樂泮水，薄采其芹。魯侯戾止，言觀其旂。其旂茷茷，鸞聲噦噦。無小無大，從公于邁。

思樂泮水，薄采其藻。魯侯戾止，其馬蹻蹻。其馬蹻蹻，其音昭昭。載色載笑，匪怒伊教。

思樂泮水，薄采其茆。魯侯戾止，在泮飲酒。既飲旨酒，永錫難老。順彼長道，屈此群醜。

穆穆魯侯，敬明其德。敬慎威儀，維民之則。允文允武，昭假烈祖。靡有不孝，自求伊祜。

明明魯侯，克明其德。既作泮宮，淮夷攸服。矯矯虎臣，在泮獻馘。淑問如皋陶，在泮獻囚。

濟濟多士，克廣德心。桓桓于征，狄彼東南。烝烝皇皇，不吴不揚。不告於訩，在泮獻功。

角弓其觩。束矢其搜。戎車孔博。徒御無斁。既克淮夷，孔淑不逆。式固爾猶，淮夷卒獲。

翩彼飛鴞，集于泮林。食我桑黮，懷我好音。憬彼淮夷，來獻其琛。元龜象齒，大賂南金。

閟宫　八章

閟宫有侐，實實枚枚。赫赫姜嫄，其德不回。上帝是依，無災無害。彌月不遲，是生后稷。降之百福。黍稷重穋，稙稺菽麥。奄有下國，俾民稼穡。有稷有黍，有稻有秬。奄有下土，纘禹之緒。

后稷之孫，實維大王。居岐之陽，實始翦商。至于文武，纘大王之緒，致天之届，于牧之野。無貳無虞，上帝臨女。敦商之旅，克咸厥功。王曰叔父，建爾元子，俾侯于魯。大啓爾宇，爲周室輔。

乃命魯公，俾侯于東。錫之山川，土田附庸。周公之孫，莊公之子。龍旂承祀，六轡耳耳。春秋匪解，享祀不忒。皇皇后帝！皇祖后稷！享以騂犧，是饗是宜。降福既多，周公皇祖，亦其福女。

秋而載嘗，夏而楅衡，白牡騂剛。犧尊將將，毛炰胾羹。籩豆大房，萬舞洋洋。孝孫有慶。俾爾熾而昌，俾爾壽而臧。保彼東方，魯邦是常。不虧不崩，不震不騰。三壽作朋，如岡如陵。

公車千乘，朱英緑縢。二矛重弓。公徒三萬，貝冑朱綅。烝徒增增，戎狄是膺，荆舒是懲，則莫我敢承！俾爾昌而熾，俾爾壽而富。黄髮台背，壽胥與試。俾爾昌而大，俾爾耇而艾。萬有千歲，眉壽無有害。

泰山巖巖，魯邦所詹。奄有龜蒙，遂荒大東。至于海邦，淮夷來同。莫不率從，魯侯之功。

保有鳧繹，遂荒徐宅。至于海邦，淮夷蠻貊。及彼南夷，莫不率從。莫敢不諾，魯侯是若。

天錫公純嘏，眉壽保魯。居常與許，復周公之宇。魯侯燕喜，令妻壽母。宜大夫庶士，邦國是有。既多受祉，黃髮兒齒。

徂徠之松，新甫之柏。是斷是度，是尋是尺。松桷有舄，路寢孔碩，新廟奕奕。奚斯所作，孔曼且碩，萬民是若。

秦誓

公曰：「嗟！我士，聽無譁！予誓告汝群言之首。古人有言曰：『民訖自若是多盤。』責人斯無難，惟受責俾如流，是惟艱哉！我心之憂，日月逾邁，若弗云來。惟古之謀人，則曰未就予忌；惟今之謀人，姑將以爲親。雖則云然，尚猷詢茲黃髮，則罔所愆。番番良士，旅力既愆，我尚有之；仡仡勇夫，射御不違，我尚不欲。惟截截善諞言，俾君子易辭，我皇多有之！昧昧我思之，如有一介臣，斷斷猗，無他技，其心休休焉，其如有容。人之有技，若己有之。人之彥聖，其心好之，不啻如〔一〕自其口出。是能容之，以保我子孫黎民，亦職有利哉！人之有技，冒疾以惡之；人之彥聖而違之，俾不達是不能容，以不能保我子孫黎民，亦曰殆哉！邦之杌隉，曰由一人；邦之榮懷，亦尚一人之慶。」

〔一〕「如」，阮刻本作「若」。

經文統鈔上編卷七

益陽陳天倪　主纂
湘陰彭　昺　襄輯

周書四

易・彖傳、象傳、文言

乾。大哉乾元！萬物資始，乃統天。雲行雨施，品物流形。大明終始，六位時成，時乘六龍以御天。乾道變化，各正性命，保合大和，乃利貞。首出庶物，萬國咸寧。彖傳

天行健，君子以自强不息。「潛龍勿用」，陽在下也；「見龍在田」，德施普也；「終日乾乾」，反復道也；「或躍在淵」，進无咎也；「飛龍在天」，大人造也；「亢龍有悔」，盈不可久也；「用九」，天德不可爲首也。象傳

元者，善之長也；亨者，嘉之會也；利者，義之和也；貞者，事之幹也。君子體仁足以長人，嘉會足以合禮，利物足以和義，貞固足以幹事。君子行此四德者，故曰：

「乾：元，亨，利，貞。」

初九曰「潛龍勿用」，何謂也？子曰：「龍德而隱者也。不易乎世，不成乎名；遯世无悶，不見是而无悶；樂則行之，憂則違之，確乎其不可拔，『潛龍』也。」

九二曰「見龍在田，利見大人」，何謂也？子曰：「龍德而正中者也。庸言之信，庸行之謹；閑邪存其誠，善世而不伐，德博而化。易曰：『見龍在田，利見大人』，君德也。」

九三曰「君子終日乾乾，夕惕若厲，无咎」，何謂也？子曰：「君子進德修業。忠信，所以進德也；修辭立其誠，所以居業也。知至至之，可與幾也；知終終之，可與存義也。是故居上位而不驕，在下位而不憂。故乾乾因其時而惕，雖危無咎矣。」

九四曰「或躍在淵，无咎」，何謂也？子曰：「上下无常，非爲邪也；進退无恒，非離群也。君子進德修業，欲及時也，故『无咎』。」

九五曰「飛龍在天，利見大人」，何謂也？子曰：「同聲相應，同氣相求；水流濕，火就燥；雲從龍，風從虎；聖人作而萬物覩；本乎天者親上，本乎地者親下，則各從其類也。」

上九曰「亢龍有悔」，何謂也？子曰：「貴而无位，高而无民，賢人在下位而无輔，是以動而『有悔』也。」

「潛龍勿用」，下也；「見龍在田」，時舍也；「終日乾乾」，行事也；「或躍在淵」，自試也；「飛龍在天」，上治也；「亢龍有悔」，窮之災也；乾元「用九」，天下治也。「潛龍勿用」，陽氣潛藏；「見龍在田」，天下文明；「終日乾乾」，與時偕行；「或躍在淵」，乾道乃革；「飛龍在天」，乃位乎天德；「亢龍有悔」，與時偕極；乾元「用九」，乃見天則。

「乾，元」者，始而亨者也；「利，貞」者，性情也。乾始能以美利利天下，不言所利，大矣哉！大哉乾乎！剛健中正，純粹精也；六爻發揮，旁通情也；時乘六龍，以御天也；雲行雨施，天下平也。

君子以成德爲行，日可見之行也。「潛」之爲言也，隱而未見，行而未成，是以君子弗用也。

君子學以聚之，問以辨之，寬以居之，仁以行之。《易》曰：「見龍在田，利見大人」，君德也。

九三重剛而不中，上不在天，下不在田，故乾乾因其時而惕，雖危无咎矣。

九四重剛而不中，上不在天，下不在田，中不在人，故「或」之。「或」之者，疑之也，故无咎。

夫「大人」者，與天地合其德，與日月合其明，與四時合其序，與鬼神合其吉凶。先天而天弗違，後天而奉天時。天且弗違，而況於人乎？況於鬼神乎？「亢」之爲言也，知進而不知退，知存而不知亡，知得而不知喪。其唯聖人乎！知進退存亡，而不失其正者，其唯聖人乎！文言

坤。至哉坤元！萬物資生，乃順承天。坤厚載物，德合无疆；含弘光大，品物咸亨。牝馬地類，行地无疆。柔順利貞，君子攸行，先迷失道，後順得常。西南得朋，乃與類行；東北喪朋，乃終有慶。安貞之吉，應地无疆。象傳

地勢坤，君子以厚德載物。「履霜堅冰」，陰始凝也；馴致其道，至堅冰也。六二之動，直以方也；「不習无不利」，地道光也。「含章可貞」，以時發也；「或從王事」，知光大也。「括囊无咎」，慎不害也。「黃裳元吉」，文在中也。「龍戰于野」，其道窮也。用六「永貞」，以大終也。象傳

坤至柔而動也剛，至靜而德方。後得主而有常，含萬物而化光。坤道其順乎！承天而時行。

積善之家，必有餘慶；積不善之家，必有餘殃。臣弑其君，子弑其父，非一朝一夕之故，其所由來者漸矣！由辯之不早辯也。易曰「履霜，堅冰至」，蓋言順也。

「直」其正也，「方」其義也。君子敬以直内，義以方外。敬義立而德不孤。「直方大，不習无不利」，則不疑其所行也。

陰雖有美，含之以從王事，弗敢成也。地道也，妻道也，臣道也。地道无成而代有終也。

天地變化，草木蕃；天地閉，賢人隱。易曰：「括囊，无咎无譽。」蓋言謹也。

君子黄中通理，正位居體，美在其中，而暢於四支，發於事業；美之至也！

陰疑於陽必戰。爲其嫌於无陽也，故稱「龍」焉；猶未離其類也，故稱「血」焉。夫玄黄者，天地之雜也：天玄而地黄。文言

屯。屯，剛柔始交而難生；動乎險中，大亨貞。雷雨之動滿盈，天造草昧；宜建侯而不寧。象傳

雲雷，屯；君子以經綸。雖磐桓，志行正也；以貴下賤，大得民也。六二之難，乘剛也；十年乃字，反常也。「即鹿无虞」，以從禽也；「君子舍之，往吝」，窮也。求而往，明也。「屯其膏」，施未光也。「泣血漣如」，何可長也。象傳

蒙。蒙，山下有險，險而止，蒙。「蒙，亨」，以亨行時中也。「匪我求童蒙，童蒙求我」，志應也。「初筮告」，以剛中也；「再三瀆，瀆則不告」，瀆蒙也。蒙以養正，聖功也。

象傳

山下出泉，蒙；　君子以果行育德。利用刑人，以正法也。子克家，剛柔接也。「勿用取女」，行不順也。「困蒙之吝」，獨遠實也。「童蒙之吉」，順以巽也。「利用禦寇」，上下順也。象傳

需。象傳「需」，須也，險在前也，剛健而不陷，其義不困窮矣。「需，有孚，光亨，貞吉」，位乎天位，以正中也。「利涉大川」，往有功也。象傳

雲上於天，需；　君子以飲食宴樂。「需于郊」，不犯難行也；「利用恒无咎」，未失常也。「需于沙」，衍在中也；　雖小有言，以終吉[二]也。「需于泥」，災在外也；　自我致寇，敬慎不敗也。「需于血」，順以聽也。「酒食貞吉」，以中正也。「不速之客來，敬之終吉」，雖不當位，未大失也。象傳

訟。訟，上剛下險，險而健，訟。「訟，有孚窒惕，中吉」，剛來而得中也。「終凶」，訟不可成也。「利見大人」，尚中正也。「不利涉大川」，入于淵也。象傳

天與水違行，訟；　君子以作事謀始。「不永所事」，訟不可長也；　雖「小有言」，其辯

〔二〕原作「吉終」，據阮刻本乙正。

明也。「不克訟」，歸逋竄也；自下訟上，患至掇也。「食舊德」，從上吉也。「復即命，渝」，安貞不失也。「訟，元吉」，以中正也。以訟受服，亦不足敬也。象傳

師。師，衆也；貞，正也。能以衆正，可以王矣。剛中而應，行險而順，以此毒天下，而民從之，吉又何咎矣。象傳

地中有水，師；君子以容民畜衆。「師出以律」，失律凶也。「在師中，吉」，承天寵也；「王三錫命」，懷萬邦也。「師或輿尸」，大无功也。「左次无咎」，未失常也。「長子帥師」，以中行也；「弟子輿尸」，使不當也。「大君有命」，以正功也；「小人勿用」，必亂邦也。象傳

比。比，輔也，下順從也。「原筮，元永貞，无咎」，以剛中也。「不寧方來」，上下應也；「後夫凶」，其道窮也。象傳「比，輔也」，上原有「比，吉也」三字，依朱子本義删。

地上有水，比；先王以建萬國，親諸侯。比之初六，有它吉也。「比之自內」，不自失也。「比之匪人」，不亦傷乎？「外比」於賢，以從上也。「顯比」之吉，位正中也；舍逆取順，失前禽也；邑人不誡，上使中也。「比之无首」，无所終也。象傳〔二〕

〔二〕原稿無「象傳」二字，據前後文補。

小畜。「小畜」，柔得位而上下應之，曰小畜。健而巽，剛中而志行，乃亨。「密雲不雨」，尚往也；「自我西郊」，施未行也。象傳

風行天上，「小畜」；君子以懿文德。「復自道」，其義吉也。「牽復」在中，亦不自失也。「夫妻反目」，不能正室也。「有孚惕出」，上合志也。「有孚攣如」，不獨富也。「既雨既處」，德積載也；「君子征凶」，有所疑也。象傳

履。「履」，柔履剛也，説而應乎乾，是以「履虎尾，不咥人，亨」。剛中正，履帝位而不疚，光明也。象傳

上天下澤，「履」，君子以辯上下，定民志。「素履之往」，獨行願也。「幽人貞吉」，中不自亂也。「眇能視」，不足與有明也；「跛能履」，不足以與行也；「咥人之凶」，位不當也；「武人爲于大君」，志剛也。「愬愬終吉」，志行也。「夬履貞厲」，位正當也。元吉在上，大有慶也。象傳

泰。「泰，小往大來，吉，亨。」則是天地交而萬物通也，上下交而其志同也。內陽而外陰，內健而外順，內君子而外小人：君子道長，小人道消也。象傳

天地交，泰；后以財成天地之德[一]，輔相天地之宜，以左右民。拔茅征吉，志在外也。「包荒」「得尚于中行」，以光大也。「无往不復」，天地際也。「翩翩不富」，皆失實也；「不戒以孚」，中心願也。「以祉元吉」，中以行願也。「城復于隍」，其命亂也。象傳

否。「否之匪人，不利，君子貞；大往小來。」則是天地不交而萬物不通也，上下不交而天下无邦也。内陰而外陽，内柔而外剛，内小人而外君子；小人道長，君子道消也。象傳

天地不交，「否」，君子以儉德辟難，不可榮以祿。「拔茅貞吉」，志在君也。「大人否，亨」，不亂群也。「包羞」，位不當也。「有命无咎」，志行也。「大人之吉」，位正當也。否終則傾，何可長也。象傳

同人。「同人」，柔得位得中而應乎乾，曰同人。同人，曰「同人于野，亨，利涉大川」，乾行也。文明以健，中正而應，君子正也。唯君子爲能通天下之志。象傳

天與火，同人；君子以類族辨物。出門同人，又誰咎也！「同人于宗」，吝道也。「伏戎于莽」，敵剛也；「三歲不興」，安行也。「乘其墉」，義弗克也；其「吉」，則困而反則

[一]「德」，阮刻本作「道」。

也。同人之先，以中直也；　大師相遇，言相克也。「同人于郊」，志未得也。象傳

大有。「大有」，柔得尊位大中，而上下應之，曰大有。其德剛健而文明，應乎天而時行，是以元亨。象傳

火在天上，「大有」；　君子以遏惡揚善，順天休命。大有初九，无交害也。「大車以載」，積中不敗也。「公用亨于天子」，小人害也。「匪其彭无咎」，明辨哲也。「厥孚交如」，信以發志也；　「威如之吉」，易而无備也。大有上吉，自天祐也。象傳

謙。謙，亨。天道下濟而光明，地道卑而上行。天道虧盈而益謙，地道變盈而流謙，鬼神害盈而福謙，人道惡盈而好謙。謙尊而光，卑而不可踰：　君子之終也。象傳

地中有山，謙；　君子以裒多益寡，稱物平施。「謙謙君子」，卑以自牧也。「鳴謙貞吉」，中心得也。勞謙君子，萬民服也。「无不利撝謙」，不違則也。「利用侵伐」，征不服也。「鳴謙」，志未得也；　「可用行師」，征邑國也。象傳

豫。豫，剛應而志行，順以動，豫。豫，順以動，故天地如之，而況建侯行師乎？天地以順動，故日月不過，而四時不忒；　聖人以順動，則刑罰清而民服。豫之時義大矣哉。象傳

雷出地奮，豫；　先王以作樂崇德，殷薦之上帝，以配祖考。初六「鳴豫」，志窮凶也。

「不終日貞吉」，以中正也。「盱豫有悔」，位不當也。「由豫大有得」，志大行也。六五「貞疾」，乘剛也；「恒不死」，中未亡也。「冥豫」在上，何可長也？象傳

隨。隨，剛來而下柔，動而説。隨，大亨，貞无咎，而天下隨時。隨時之義大矣哉！象傳

澤中有雷，隨；君子以嚮晦入宴息。「官有渝」，從正吉也；「出門交有功」，不失也。「係小子」，弗兼與也。「係丈夫」，志舍下也。「隨有獲」，其義凶也；「有孚在道」，明功也。「孚于嘉吉」，位正中也。「拘係之」，上窮也。象傳

蠱。蠱，剛上而柔下，巽而止，蠱。蠱，元亨而天下治也。「利涉大川」，往有事也。「先甲三日，後甲三日」，終則有始，天行也。象傳

山下有風，蠱；君子以振民育德。「幹父之蠱」，意承考也。「幹母之蠱」，得中道也。「幹父之蠱」，終无咎也。「裕父之蠱」，往未得也。「幹父用譽」，承以德也。「不事王侯」，志可則也。象傳

臨。「臨」，剛浸而長，説而順，剛中而應。大亨以正，天之道也；「至于八月有凶」，消不久也。象傳

澤上有地，臨；君子以教思无窮，容保民无疆。「咸臨貞吉」，志行正也。「咸臨吉无

不利」，未順命也。「甘臨」，位不當也；「既憂之」，咎不長也。「至臨无咎」，位當也。「大君之宜」，行中之謂也。「敦臨之吉」，志在內也。象傳

觀。大觀在上，順而巽，中正以觀天下。「觀，盥而不薦，有孚顒若」，下觀而化也。觀天之神道，而四時不忒；聖人以神道設教，而天下服矣。象傳

風行地上，觀；先王以省方觀民設教。初六「童觀」，小人道也。「闚觀女貞」，亦可醜也。「觀我生進退」，未失道也。「觀國之光」，尚賓也。「觀我生」，觀民也。「觀其生」，志未平也。象傳

噬嗑。頤中有物，曰噬嗑。噬嗑而亨，剛柔分，動而明，雷電合而章。柔得中而上行，雖不當位，利用獄也。象傳

雷電，噬嗑；先王以明罰敕法。「屨校滅趾」，不行也。「噬膚滅鼻」，乘剛也。「遇毒」，位不當也。「利艱貞吉」，未光也。「貞厲无咎」，得當也。「何校滅耳」，聰不明也。象傳

賁。賁，亨，柔來而文剛，故亨；分剛上而文柔，故小利有攸往。天文也，文明以止，人文也。觀乎天文，以察時變；觀乎人文，以化成天下。象傳

山下有火，賁；君子以明庶政，无敢折獄。「舍車而徒」，義弗乘也。「賁其須」，與上

興也。「永貞之吉」，終莫之陵也。六四當位，疑也；「匪寇婚媾」，終无尤也。六五之吉，有喜也。「白賁无咎」，上得志也。象傳

剥。「剥」，剥也，柔剥[一]剛也。「不利有攸往」，小人長也。順而止之，觀象也；君子尚消息盈虚，天行也。象傳

山附於地，剥；上以厚下安宅。「剥床以足」，以滅下也。「剥足[二]以辨」，未有與也。「剥之无咎」，失上下也。「剥床以膚」，切近災也。「以宫人寵」，終无尤也。「君子得輿」，民所載也；「小人剥廬」，終不可用也。象傳

復。「復，亨」，剛反；動而以順行，是以「出入无疾，朋來无咎」。「反復其道，七日來復」，天行也。「利有攸往」，剛長也。復，其見天地之心乎？象傳

雷在地中，復；先王以至日閉關，商旅不行，后不省方。「不遠之復」，以修身也。「休復之吉」，以下仁也。「頻復之厲」，義无咎也。「中行獨復」，以從道也。「敦復无悔」，中以自考也。「迷復之凶」，反君道也。象傳

[一] 原稿爲「剥」，阮刻本作「變」。
[二] 「足」，阮刻本作「牀」。

无妄。无妄，剛自外來而爲主於内，動而健，剛中而應；大亨以正，天之命也。其匪正有眚，不利有攸往；无妄之往，何之矣？天命不祐，行矣哉！象傳

天下雷行，物與无妄；先王以茂對時育萬物。「无妄之往」，得志也。「不耕穫」，未富也。行人得牛，邑人災也。「可貞无咎」，固有之也。「无妄之藥」，不可試也。无妄之行，窮之災也。象傳

大畜。大畜，剛健篤實輝光，日新其德；剛上而尚賢，能止健，大正也。「不家食吉」，養賢也。「利涉大川」，應乎天也。象傳

天在山中，大畜；君子以多識前言往行，以畜其德。「有厲利已」，不犯災也。「輿説輹」，中无尤也。「利有攸往」，上合志也。六四「元吉」，有喜也。六五之吉，有慶也。「何天之衢」，道大行也。象傳〔一〕

頤。「頤，貞吉」，養正則吉也。「觀頤」，觀其所養也；「自求口實」，觀其自養也。天地養萬物，聖人養賢以及萬民。頤之時大矣哉。象傳

山下有雷，頤；君子以慎言語，節飲食。「觀我朵頤」，亦不足貴也。六二「征凶」，行

〔一〕 原稿無「象傳」二字，據前後文補。

失類也。「十年勿用」，道大悖也。顛頤之吉，上施光也。「居貞之吉」，順以從上也。「由頤厲吉」，大有慶也。象傳

大過。「大過」，大者過也；「棟橈」，本末弱也。剛過而中，巽而說行，利有攸往，乃亨。「大過」之時大矣哉！象傳

澤滅木，大過；君子以獨立不懼，遯世无悶。「藉用白茅」，柔在下也。「老夫女妻」，過以相與也。「棟橈之凶」，不可以有輔也。「棟隆之吉」，不橈乎下也。「枯楊生華」，何可久也？「老婦士夫」，亦可醜也。「過涉之凶」，不可久也。象傳

坎。習坎，重險也。水流而不盈，行險而不失其信，維心亨，乃以剛中也；「行有尚」，往有功也。天險不可升也，地險山川丘陵也，王公設險以守其國。險之時用大矣哉！象傳

水洊至，習坎；君子以常德行，習教事。「習坎入坎」，失道凶也。「求小得」，未出中也。「來之坎坎」，終无功也。「樽酒簋貳」，剛柔際也。「坎不盈」，中未大也。上六失道，凶三歲也。象傳

離。離，麗也；日月麗乎天，百穀草木麗乎土。重明以麗乎正，乃化成天下；柔麗乎中正，故亨，是以畜牝牛吉也。象傳

明兩作，離； 大人以繼明照于四方。「履錯之敬」，以辟咎也。「黄離元吉」，得中道也。「日昃之離」，何可久也。「突如其來如」，无所容也。 六五之吉，離王公也。「王用出征」，以正邦也。象傳

咸。咸，感也； 柔上而剛下，二氣感應以相與。 止而説，男下女，是以亨利貞取女吉也。 天地感而萬物化生，聖人感人心而天下和平。 觀其所感，而天地萬物之情可見矣！彖傳

山上有澤，咸； 君子以虛受人。「咸其拇」，志在外也。 雖凶居吉，順不害也。「咸其股」，亦不處也； 「志在隨人」，所執下也。「貞吉悔亡」，未感害也； 「憧憧往來」，未光大也。 咸其脢，志末也。「咸其輔頰舌」，滕口説也。象傳

恒。恒，久也。 剛上而柔下，雷風相與，巽而動，剛柔皆應，恒。「恒，亨，无咎，利貞」，久於其道也。 天地之道，恒，久而不已也； 「利有攸往」，終則有始也。 日月得天而能久照，四時變化而能久成，聖人久於其道而天下化成： 觀其所恒，而天地萬物之情可見矣！彖傳

雷風，恒； 君子以立不易方。「浚恒」之「凶」，始求深也。 九二「悔亡」，能久中也。「不恒其德」，无所容也。 久非其位，安得禽也。 婦人貞吉，從一而終也； 夫子制義，從婦

凶也。「振恒」在上，大无功也。象傳[二]

遯。「遯，亨」，遯而亨也；剛當位而應，與時行也。「小利貞」，浸而長也。遯之時義大矣哉！象傳

天下有山，遯；君子以遠小人，不惡而嚴。「遯尾」之厲，不往何災也。執用黄牛，固志也。「係遯」之「厲」，有疾憊也；「畜臣妾吉」，不可大事也。君子好遯，小人否也。「嘉遯貞吉」，以正志也。「肥遯无不利」，无所疑也。象傳

大壯。「大壯」，大者壯也；剛以動，故壯。「大壯利貞」，大者正也。正大而天地之情可見矣！象傳

雷在天上，大壯；君子以非禮弗履。「壯于趾」，其孚窮也。九二「貞吉」，以中也。「小人用壯」，君子罔也。「藩決不羸」，尚往也。「喪羊于易」，位不當也。「不能退，不能遂」，不詳也；「艱則吉」，咎不長也。象傳

晉。「晉」，進也。明出地上，順而麗乎大明，柔進而上行，是以「康侯用錫馬蕃庶，晝日三接」也。象傳

[二] 原稿無「象傳」二字，據前後文補。

明出地上，晉；　君子以自昭明德。「晉如摧如」，獨行正也；「裕无咎」，未受命也。「受兹介福」，以中正也。「衆允」之志，上行也。「鼫鼠貞厲」，位不當也。「失得勿恤」，往有慶也。「維用伐邑」，道未光也。象傳

明夷。明入地中，「明夷」；　内文明而外柔順，以蒙大難，文王以之。「利艱貞」，晦其明也；　内難而能正其志，箕子以之。象傳

「明入地中」，「明夷」；　君子以莅衆，用晦而明。「君子于行」，義不食也。六二之吉，順以則也。「南狩」之志，乃大得也。「入于左腹」，穫心意也。箕子之貞，明不可息也。「初登于天」，照四國也；「後入于地」，失則也。象傳

家人。家人，女正位乎内，男正位乎外；　男女正，天地之大義也。家人有嚴君焉，父母之謂也。父父，子子，兄兄，弟弟，夫夫，婦婦，而家道正；　正家而天下定矣。象傳

風自火出，家人；　君子以言有物而行有恒。「閑有家」，志未變也。六二之吉，順以巽也。「家人嗃嗃」，未失也；「婦子嘻嘻」，失家節也。「富家大吉」，順在位也。「王假有家」，交相愛也。威如之吉，反身之謂也。象傳

睽。睽，火動而上，澤動而下；　二女同居，其志不同行。説而麗乎明，柔進而上行，得中而應乎剛，是以「小事吉」。天地睽而其事同也，男女睽而其志通也，萬物睽而其事類

也：睽之時用大矣哉！象傳

上火下澤，睽；君子以同而異。「見惡人」，以辟咎也。「遇主于巷」，未失道也。「見輿曳」，位不當也；「无初有終」，遇剛也。「交孚」无咎，志行也。「厥宗噬膚」，往有慶也。「遇雨之吉」，群疑亡也。象傳

蹇。「蹇」，難也，險在前也；見險而能止，知矣哉！「蹇，利西南」，往得中也；「不利東北」，其道窮也。「利見大人」，往有功也；當位「貞吉」，以正邦也。蹇之時用大矣哉！象傳

山上有水，蹇；君子以反身修德。「往蹇來譽」，宜待也。「王臣蹇蹇」，終无尤也。「往蹇來反」，内喜之也。「往蹇來連」，當位實也。「大蹇朋來」，以中節也。「往蹇來碩」，志在内也；「利見大人」，以從貴也。象傳

解。解，險以動，動而免乎險，解。「解，利西南」，往得衆也；「其來復吉」，乃得中也；「有攸往，夙吉」，往有功也。天地解而雷雨作，雷雨作而百果草木皆甲坼：解之時大矣哉！象傳

雷雨作，解；君子以赦過宥罪。剛柔之際，義「无咎」也。九二貞吉，得中道也。「負且乘」，亦可醜也；自我致戎，又誰咎也？「解而拇」，未當位也。「君子有解」，小人

退也。

「公用射隼」，以解悖也。象傳

損。「損」，損下益上，其道上行。損而有孚，元吉〔一〕、无咎、可貞、利有攸往。曷之用？二簋可用享。二簋應有時，損剛益柔有時；損益盈虛，與時偕行。象傳

山下有澤，損；君子以懲忿窒欲。「已事遄往」，尚合志也。「九二利貞」，中以爲志也。一人行，三則疑也。「損其疾」，亦可喜也。六五元吉，自上祐也。「弗損益之」，大得志也。象傳

益。「益」，損上益下，民説无疆；自上下下，其道大光。「利有攸往」，中正有慶；「利涉大川」，木道乃行。益動而巽，日進无疆；天施地生，其益无方。凡益之道，與時偕行。象傳

風雷，益；君子以見善則遷，有過則改。「元吉无咎」，下不厚事也。「或益之」，自外來也。益用凶事，固有之也。「告公從」，以益志也。「有孚惠心」，勿問之矣；惠我德，大得志也。「莫益之」，偏辭也；「或擊之」，自外來也。象傳

〔一〕原無「元吉」二字，據阮刻本補。

夬。「夬」，決也，剛決柔也；健而說，決而和。「揚于王庭」，柔乘五剛也；「孚號有厲」，其危乃光也；「告自邑，不利即戎」，所尚乃窮也；「利有攸往」，剛長乃終也。象傳

澤上於天，夬；君子以施祿及下，居德則吉[一]。不勝而往，咎也。「有戎勿恤」，得中道也。「君子夬夬」，終无咎也。「其行次且」，位不當也；「聞言不信」，聰不明也。「中行无咎」，中未光也。「无號之凶」，終不可長也。象傳[二]

姤。姤，遇也，柔遇剛也。「勿用取女」，不可與長也。天地相遇，品物咸章也；剛遇中正，天下大行也。姤之時義大矣哉！象傳

天下有風，姤；后以施命誥四方。「繫于金柅」，柔道牽也。「包有魚」，義不及賓也。「其行次且」，行未牽也。无魚之凶，遠民也。九五「含章」，中正也；「有隕自天」，志不舍命也。「姤其角」，上窮吝也。象傳

萃。「萃」，聚也；順以說，剛中而應，故聚也。「王假有廟」，致孝享也；「利見大人亨」，聚以正也；「用大牲吉，利有攸往」，順天命也。觀其所聚，而天地萬物之情可見

[一] 「吉」，阮刻本作「忌」。

[二] 原稿無「象傳」二字，據前後文補。

矣！象傳

澤上於地，萃；君子以除戎器，戒不虞。「乃亂乃萃」，其志亂也。「引吉无咎」，中未變也。「往无咎」，上巽也。「大吉无咎」，位不當也。「萃有位」，志未光也。「齎咨涕洟」，未安上也。象傳

升。柔以時升，巽而順，剛中而應，是以大亨。「用見大人，勿恤」，有慶也；「南征吉」，志行也。象傳

地中生木，升；君子以順德，積小以高大。「允升大吉」，上合志也。九二之孚，有喜也。「升虛邑」，无所疑也。「王用亨于岐山」，順事也。「貞吉升階」，大得志也。冥升在上，消不富也。象傳[一]

困。困，剛揜也。險以說，困而不失其所亨，其唯君子乎！「貞，大人吉」，以剛中也；「有言不信」，尚口乃窮也。象傳

澤无水，困；君子以致命遂志。「入于幽谷」，幽不明也。「困于酒食」，中有慶也。「據于蒺藜」，乘剛也；「入于其宮，不見其妻」，不祥也。「來徐徐」，志在下也；雖不當

[一] 原稿無「象傳」二字，據前後文補。

位，有與也。「劓刖」，志未得也；「乃徐有説」，以中直也；「利用祭祀」，受福也。「困于葛藟」，未當也；「動悔有悔」，吉行也。象傳

井。巽乎水而上水，井；井養而不窮也。「改邑不改井」，乃以剛中也；「汔至亦未繘井」，未有功也；「羸其瓶」，是以凶也。象傳

木上有水，井；君子以勞民勸相。「井泥不食」，下也；「舊井无禽」，時舍也。「井谷射鮒」，无與也。「井渫不食」，行惻也；求「王明」，受福也。「井甃无咎」，修井也。「寒泉之食」，中正也。「元吉」在上，大成也。象傳

革。革，水火相息；二女同居，其志不相得，曰革。「巳日乃孚」，革而信之。文明以説，大亨以正，革而當，其悔乃亡。天地革而四時成；湯武革命，順乎天而應乎人：革之時大矣哉！象傳

澤中有火，革；君子以治歷明時。「鞏用黄牛」，不可以有爲也。「巳日革之」，行有嘉也。「革言三就」，又何之矣！「改命之吉」，信志也。「大人虎變」，其文炳也。「君子豹變」，其文蔚也；「小人革面」，順以從君也。象傳

鼎。鼎，象也；以木巽火，亨飪也。聖人亨以饗上帝，而大亨以養聖賢。巽而耳目

聰明，柔進而上行，得中而應乎剛，是以元亨。彖傳

木上有火，鼎；　君子以正位凝命。「鼎顛趾」，未悖也；「利出否」，以從貴也。「鼎有實」，慎所之也；「我仇有疾」，終无尤也。「鼎耳革」，失其義也。「覆公餗」，信如何也。「鼎黄耳」，中以爲實也。玉鉉在上，剛柔節也。象傳

震。震，亨。「震來虩虩」，恐致福也；「笑言啞啞」，後有則也。「震驚百里」，驚遠而懼邇也；　出，可以守宗廟社稷，以爲祭主也。彖傳

洊雷，震；　君子以恐懼修省。「震來虩虩」，恐致福也；「笑言啞啞」，後有則也。「震來厲」，乘剛也。「震蘇蘇」，位不當也。「震遂泥」，未光也。「震往來厲」，危行也；其事在中。大无喪也。「震索索」，中未得也；　雖凶无咎，畏鄰戒也。象傳

艮。艮，止也。時止則止，時行則行；　動静不失其時，其道光明。艮其止，止其所也。上下敵應，不相與也，是以「不獲其身，行其庭，不見其人，无咎」也。彖傳

兼山，艮；　君子以思不出其位。「艮其趾」，未失正也。「不拯其隨」，未退聽也。「艮其限」，危熏心也。「艮其身」，止諸躬也。「艮其輔」，以中正也。「敦艮之吉」，以厚終也。象傳

漸。漸，漸進也，女歸吉也。進得位，往有功也；　進以正，可以正邦也。其位，剛得

中也；止而巽，動不窮也。彖傳「進也」上，原有「之」字，依朱子刪。

山上有木，漸；君子以居賢德善俗。「小子之厲」，義无咎也。「飲食衎衎」，不素飽也。「夫征不復」，離群醜也；「婦孕不育」，失其道也；「利用禦寇」，順相保也。「或得其桷」，順以巽也。「終莫之勝吉」，得所願也。「其羽可用爲儀，吉」，不可亂也。象傳

歸妹。歸妹，天地之大義也。天地不交，而萬物不興；歸妹，人之終始也。說以動，所歸妹也；「征凶」，位不當也；「无攸利」，柔乘剛也。彖傳

澤上有雷，歸妹；君子以永終知敝。「歸妹以娣」，以恒也；「跛能履」，吉相承也。「利幽人之貞」，未變常也。「歸妹以須」，未當也。愆期之志，有待時而行也。「帝乙歸妹，不如其娣之妹〔二〕良」也，其位在中，以貴行也。上六无實，承虛筐也。象傳

豐。豐，大也；明以動，故豐。「王假之」，尚大也；「勿憂，宜日中」，宜照天下也。日中則昃，月盈則食；天地盈虛，與時消息，而況於人乎？況於鬼神乎？彖傳

雷電皆至，豐；君子以折獄致刑。「雖旬无咎」，過旬災也。「有孚發若」，信以發志也。

〔二〕「妹」，阮刻本作「袂」。

「豐其沛」，不可大事也；「折其右肱」，終不可用也。「豐其蔀」，位不當也；「日中見斗」，幽不明也；「遇其夷主」，吉行也。六五之吉，有慶也。「豐其屋」天際翔也；「闚其户，闃其无人」，自藏也。象傳

旅。「旅，小亨」，柔得中乎外而順乎剛，止而麗乎明，是以「小亨，旅貞吉也」。旅之時義大矣哉！象傳

山上有火，旅；君子以明慎用刑而不留獄。「旅瑣瑣」，志窮災也。「得童僕貞」，終无尤也。「旅焚其次」，亦以傷矣；以旅與下，其義喪也。「旅于處」，未得位也；「得其資斧」，心未快也。「終以譽命」，上逮也。以旅在上，其義焚也；「喪牛于易」，終莫之聞也。象傳〔二〕

巽。重巽以申命。剛巽乎中正而志行，柔皆順乎剛，是以「小亨，利有攸往，利見大人」。象傳

隨風，巽；君子以申命行事。「進退」，志疑也；「利武人之貞」，志治也。「紛若之吉」，得中也。「頻巽之吝」，志窮也。「田獲三品」，有功也。九五之吉，位正中也。「巽在

〔二〕原稿無「象傳」二字，據前後文補。

牀下」，上窮也；「喪其資斧」，正乎凶也。象傳

兑。兑，説也。剛中而柔外，説以利貞。是以順乎天而應乎人。説以先民，民忘其勞；説以犯難，民忘其死：説之大，民勸矣哉。象傳

麗澤，兑；君子以朋友講習。「和兑之吉」，行未疑也。「孚兑之吉」，信志也。「來兑之凶」，位不當也。九四之喜，有慶也。「孚于剥」，位正當也。上六「引兑」，未光也。象傳

涣。「涣，亨」，剛來而不窮，柔得位乎外而上同。「王假有廟」，王乃在中也；「利涉大川」，乘木有功也。象傳

風行水上，「涣」；先王以享于帝立廟。初六之吉，順也。「涣奔其机」，得願也。「涣其躬」，志在外也。「涣其群，元吉」，光大也。「王居无咎」，正位也。「涣其血」，遠害也。象傳

節。「節，亨」，剛柔分而剛得中。「苦節不可，貞」，其道窮也。説以行險，當位以節，中正以通。天地節而四時成；節以制度，不傷財，不害民。象傳

澤上有水，節；君子以制數度，議德行。「不出户庭」，知通塞也。「不出門庭，凶」，失時極也。「不節之嗟」，又誰咎也！「安節之亨」，承上道也。「甘節之吉」，居位中也。

「苦節貞凶」，其道窮也。象傳

中孚。「中孚」，柔在内而剛得中；說而巽，孚，乃化邦也。「豚魚吉」，信及豚魚也；「利涉大川」，乘木舟虚也；中孚以利貞，乃應乎天也。象傳

澤上有風，中孚；君子以議獄緩死。初九「虞吉」，志未變也。「其子和之」，中心願也。「或鼓或罷」，位不當也。「馬匹亡」，絶類上也。「有孚攣如」，位正當也。「翰音登于天」，何可長也！象傳

小過。「小過」，小者過而亨也；過以利貞，與時行也。柔得中，是以小事吉也；剛失位而不中，是以不可大事也。有飛鳥之象焉：「飛鳥遺之音，不宜上，宜下，大吉」，上逆而下順也。象傳

山上有雷，小過；君子以行過乎恭，喪過乎哀，用過乎儉。「飛鳥以凶」，不可如何也。「不及其君」，臣不可過也。「從或戕之」，凶如何也！「弗過遇之」，位不當也；「往厲必戒」，終不可長也。密雲不雨，已上也。「弗遇過之」，已亢也。象傳

既濟。「既濟，亨」，小者亨也。「利貞」，剛柔正而位當也。「初吉」，柔得中也；「終止則亂」，其道窮也。象傳

水在火上，既濟；君子以思患而豫防之。「曳其輪」，義无咎也。「七日得」，以中

道也。

「三年克之」，憊也。「終日戒」，有所疑也。「東鄰殺牛」，不如西鄰之時也；「實受其福」，吉大來也。「濡其首，厲」，何可久也！象傳

未濟。「未濟，亨」，柔得中也。「小狐汔濟」，未出中也；「濡其尾，无攸利」，不續終也。雖不當位，剛柔應也。象傳

火在水上，未濟；君子以慎辨物居方。「濡其尾」，亦不知極也。九二貞吉，中以行正也。「未濟征凶」，位不當也。「貞吉悔亡」，志行也。「君子之光」，其暉吉也。「飲酒濡首」，亦不知節也。象傳

繫辭傳上

天尊地卑，乾坤定矣。卑高以陳，貴賤位矣。動靜有常，剛柔斷矣。方以類聚，物以群分，吉凶生矣。在天成象，在地成形，變化見矣。是故剛柔相摩，八卦相盪。鼓之以雷霆，潤之以風雨；日月運行，一寒一暑。乾道成男，坤道成女。乾知大始，坤作成物。乾以易知，坤以簡能；易則易知，簡則易從；易知則有親，易從則有功；有親則可久，有功則可大；可久則賢人之德，可大則賢人之業。易簡，而天下之理得矣；天下之理得，

而成位乎其中矣。

聖人設卦觀象，繫辭焉而明吉凶，剛柔相推而生變化。是故吉凶者，失得之象也；悔吝者，憂虞之象也。變化者，進退之象也；剛柔者，晝夜之象也。六爻之動，三極之道也。是故君子所居而安者，易之序也；所樂而玩者，爻之辭也。是故君子居則觀其象而玩其辭，動則觀其變而玩其占，是以「自天祐之，吉无不利」。

象者，言乎象者也；爻者，言乎變者也。吉凶者，言乎其失得也；悔吝者，言乎其小疵也；无咎者，善補過也。是故列貴賤者存乎位，齊小大者存乎卦，辨吉凶者存乎辭，憂悔吝者存乎介，震无咎者存乎悔。是故卦有小大，辭有險易；辭也者，各指其所之。

易與天地準，故能彌綸天地之道。仰以觀於天文，俯以察於地理，是故知幽明之故；原始反終，故知死生之説；精氣爲物，遊魂爲變，是故知鬼神之情狀。與天地相似，故不違；知周乎萬物而道濟天下，故不過；旁行而不流，樂天知命，故不憂；安土敦乎仁，故能愛。範圍天地之化而不過，曲成萬物而不遺，通乎晝夜之道而知，故神无方而易无體。

一陰一陽之謂道。繼之者善也，成之者性也。仁者見之謂之仁，知者見之謂之知，百姓日用而不知，故君子之道鮮矣。顯諸仁，藏諸用，鼓萬物而不與聖人同憂。盛德大業，知[二]矣哉！富有之謂大業，日新之謂盛德。生生之謂易，成象之謂乾，效法之謂坤，極數知來之謂占，通變之謂事，陰陽不測之謂神。

夫易，廣矣大矣！以言乎遠則不禦，以言乎邇則靜而正，以言乎天地之間則備矣。夫乾，其靜也專，其動也直，是以大生焉；夫坤，其靜也翕，其動也闢，是以廣生焉。廣大配天地，變通配四時，陰陽之義配日月，易簡之善配至德。

子曰：「易其至矣乎！夫易，聖人所以崇德而廣業也。知崇禮卑，崇效天，卑法地。天地設位，而易行乎其中矣。成性存存，道義之門。」

聖人有以見天下之賾，而擬諸其形容，象其物宜，是故謂之象。聖人有以見天下之動，而觀其會通，以行其典禮，繫辭焉以斷其吉凶，是故謂之爻。言天下之至賾，而不可惡也；言天下之至動，而不可亂也。擬之而後言，議之而後動，擬議以成其變化。「鳴鶴在陰，其子和之；我有好爵，吾與爾靡之。」子曰：「君子居其室，出其言善，則千里之外應之，況其邇者乎？居其室，出其言不善，則千里之外違之，況其邇者乎？言出乎身，加乎

[二] 「知」，阮刻本作「至」。

民；行發乎邇，見乎遠：言行，君子之樞機。樞機之發，榮辱之主也；言行，君子之所以動天地也，可不慎乎？」「同人，先號咷而後笑。」子曰：「君子之道，或出或處，或默或語。二人同心，其利斷金；同心之言，其臭如蘭。」「初六，藉用白茅，无咎。」子曰：「苟錯諸地而可矣，藉之用茅，何咎之有？慎之至也。夫茅之爲物薄，而用可重也。慎斯術也以往，其无所失矣。」「勞謙，君子有終，吉。」子曰：「勞而不伐，有功而不德，厚之至也。語以其功下人者也。德言盛，禮言恭；謙也者，致恭以存其位者也。」「亢龍有悔。」子曰：「貴而无位，高而无民，賢人在下位而无輔，是以動而有悔也。」「不出户庭，无咎。」子曰：「亂之所生也，則言語以爲階。君不密則失臣，臣不密則失身，幾事不密則害成。是以君子慎密而不出也。」子曰：「作易者其知盜乎？易曰『負且乘，致寇至』。負也者，小人之事也；乘也者，君子之器也。小人而乘君子之器，盜思奪之矣；上慢下暴，盜思伐之矣。慢藏誨盜，冶容誨淫。易曰『負且乘，致寇至』，盜之招也。」

天一、地二，天三、地四，天五、地六，天七、地八，天九、地十。天數五，地數五，五位相得而各有合。天數二十有五，地數三十，凡天地之數五十有五。此所以成變化而行鬼神也。大衍之數五十，其用四十有九。分而爲二以象兩，掛一以象三，揲之以四以象四時，歸奇於扐以象閏；五歲再閏，故再扐而後掛。乾之策二百一十有六，坤之策百四十有四，凡三百有六十，當期之日。二篇之策，萬有一千五百二十，當萬物之數也。是故四營而成易，十有八變而成卦，八卦而小成。引而伸之，觸類而長之，天下之能事畢矣。顯道神德行，是故可與酬酢，可與祐神矣。子曰：「知變化之道者，其知神之所爲乎？」「天一」以下二十字，原本在下文「子曰：夫易何爲者」上；「天數五」以下四十四字，原本在「再扐而後掛」下，今依朱子，移本節上。

易有聖人之道四焉：以言者尚其辭，以動者尚其變，以制器尚其象，以卜筮者尚其占。是以君子將有爲也，將有行也，問焉而以言，其受命也如響，无有遠近幽深，遂知來物。非天下之至精，其孰能與於此？參伍以變，錯綜其數：通其變，遂成天下之文；極其數，遂定天下之象。非天下之至變，其孰能與於此？易无思也，无爲也，寂然不動，感而遂通天下之故。非天下之至神，其孰能與於此？夫易，聖人之所以極深而研幾也。唯深也，故能通天下之志；唯幾也，故能成天下之務；唯神也，故不疾而速，不行而至。子曰：「易有聖人之道四焉」者，此之謂也。

子曰：「夫易何爲者也？夫易，開物成務，冒天下之道，如斯而已者也。」是故聖人以通天下之志，以定天下之業，以斷天下之疑。是故蓍之德圓而神，卦之德方以知，六爻之義易以貢。聖人以此洗心，退藏於密，吉凶與民同患；神以知來，知以藏往。其孰能與於〔二〕此哉？古之聰明叡知，神武而不殺者夫。是以明於天之道，而察於民之故，是興神物以前民用。聖人以此齊戒，以神明其德夫。是故闔户謂之坤，闢户謂之乾，一闔一闢謂之變，往來不窮謂之通；見乃謂之象，形乃謂之器，制而用之謂之法，利用出入、民咸用之謂之神。

是故易有太極，是生兩儀，兩儀生四象，四象生八卦，八卦定吉凶，吉凶生大業。是故法象莫大乎天地；變通莫大乎四時；縣象著明莫大乎日月；崇高莫大乎富貴；備物致用，立成器以爲天下利，莫大乎聖人；探賾索隱，鉤深致遠，以定天下之吉凶，成天下之亹亹者，莫大乎蓍龜。是故天生神物，聖人則之；天地變化，聖人效之；天垂象，見吉凶，聖人象之；河出圖，洛出書，聖人則之。易有四象，所以示也；繫辭焉，所以告也；定之以吉凶，所以斷也。易曰：「自天祐之，吉无不利。」子曰：「祐者，助也。天之所助者，順也；人之所助者，信也。履信思乎順，又以尚賢也，是以『自天祐之，吉无不利』也。」

〔二〕阮刻本無此「於」字。

子曰：「書不盡言，言不盡意。」然則聖人之意，其不可見乎？子曰：「聖人立象以盡意，設卦以盡情僞，繫辭焉以盡其言，變而通之以盡利，鼓之舞之以盡神。」乾坤，其易之緼邪？乾坤成列，而易立乎其中矣；乾坤毁，則无以見易；易不可見，則乾坤或幾乎息矣。是故形而上者謂之道，形而下者謂之器，化而裁之謂之變，推而行之謂之通，舉而錯之天下之民謂之事業。是故夫象，聖人有以見天下之賾，而擬諸其形容，象其物宜，是故謂之象。聖人有以見天下之動，而觀其會通，以行其典禮，繫辭焉以斷其吉凶，是故謂之爻。極天下之賾者存乎卦；鼓天下之動者存乎辭；化而裁之存乎變；推而行之存乎通；神而明之存乎其人；默而成之，不言而信，存乎德行。

繫辭傳下

八卦成列，象在其中矣；因而重之，爻在其中矣；剛柔相推，變在其中矣；繫辭焉而命之；動在其中矣。吉凶悔吝者，生乎動者也；剛柔者，立本者也；變通者，趣時者也。吉凶者，貞勝者也；天地之道，貞觀者也；日月之道，貞明者也；天下之動，貞夫一者也。夫乾，確然示人易矣；夫坤，隤然示人簡矣。爻也者，效此者也；象也者，像此者也。爻象動乎〔二〕内，吉凶見乎外；功業見乎變，聖人之情見乎辭。天地之大德曰生，聖人之大寶曰位。何以守位？曰仁。何以聚人？曰財。理財正辭、禁民爲非曰義。以下「古者包犧氏之王天下也」至「蓋取諸夬」一章，全録入第一卷。

是故易者，象也；象也者，像也。彖者，材也；爻也者，效天下之動者也。是故吉凶生而悔吝著也。陽卦多陰，陰卦多陽。其故何也？陽卦奇，陰卦耦。其德行何也？陽一君而二民，君子之道也；陰二君而一民，小人之道也。

易曰：「憧憧往來，朋從爾思。」子曰：「天下何思何慮？天下同歸而殊塗，一致而百慮，天下何思何慮？日往則月來，月往則日來，日月相推而明生焉；寒往則暑來，暑往則寒來，寒暑相推而歲成焉。往者屈也，來者信也，屈信相感而利生焉。尺蠖之屈，以求信也；龍蛇之蟄，以存身也。精義入神，以致用也；利用安身，以崇德也。過此以往，未之或知也；窮神知化，德之盛也。」易曰：「困于石，據于蒺藜，入于其宫，不見其妻，凶。」子曰：「非所困而困焉，名必辱；非所據而據焉，身必危。既辱且危，死期將至，妻其可得見邪？」易曰：「公用射隼于高墉之上，獲之，无不利。」子曰：「隼者，禽也；弓

〔二〕「乎」，阮刻本作「夫」。

矢者，器也；射之者，人也。君子藏器於身，待時而動，何不利之有？動而不括，是以出而有獲，語成器而動者也。」子曰：「小人不恥不仁，不畏不義，不見利不勸，不威不懲。小懲而大誡，此小人之福也。易曰：『屨校滅趾，无咎』，此之謂也。」「善不積不足以成名，惡不積不足以滅身。小人以小善爲无益而弗爲也，以小惡爲无傷而弗去也，故惡積而不可揜，罪大而不可解。易曰：『何校滅耳，凶。』」子曰：「危者，安其位者也；亡者，保其存者也；亂者，有其治者也。是故君子安而不忘危，存而不忘亡，治而不忘亂。是以身安而國家可保也。易曰：『其亡其亡，繫于苞桑。』」子曰：「德薄而位尊，知小而謀大，力小而任重，鮮不及矣！易曰：『鼎折足，覆公餗，其形渥，凶。』言不勝其任也。」子曰：「知幾其神乎？君子上交不諂，下交不瀆，其知幾乎！幾者，動之微，吉之先見者也。君子見幾而作，不俟終日。易曰：『介于石，不終日，貞吉。』介如石焉，寧用終日？斷可識矣！君子知微知彰，知柔知剛，萬夫之望。」子曰：「顏氏之子，其殆庶幾乎？有不善，未嘗不知；知之，未嘗復行也。易曰：『不遠復，无祇悔，元吉。』」「天地絪緼，萬物化醇；男女構精，萬物化生。易曰：『三人行，則損一人；一人行，則得其友。』言致一也。」子曰：「君子安其身而後動，易其心而後語，定其交而後求，君子修此三者，故全也。危以動，則民不與也；懼以語，則民不應也；无交而求，則民不與也；莫之與，則傷之者至矣。易曰：『莫益之，或擊之，立心勿恒，凶。』」

子曰：「乾坤其易之門邪！」乾，陽物也；坤，陰物也。陰陽合德而剛柔有體，以體天地之撰，以通神明之德。其稱名也，雜而不越，於稽其類，其衰世之意邪？夫易，彰往而察來，而微顯闡幽。開而當名辨物，正言斷辭則備矣。其稱名也小，其取類也大，其旨遠，其辭文，其言曲而中，其事肆而隱。因貳以濟民行，以明失得之報。

易之興也，其於中古乎？作易者，其有憂患乎？是故履，德之基也；謙，德之柄也；復，德之本也；恒，德之固也；損，德之修也；益，德之裕也；困，德之辨也；井，德之地也；巽，德之制也。履，和而至；謙，尊而光；復，小而辨於物；恒，雜而不厭；損，先難而後易；益，長裕而不設；困，窮而通；井，居其所而遷；巽，稱而隱。履以和行，謙以制禮，復以自知，恒以一德，損以遠害，益以興利，困以寡怨，井以辯義，巽以行權。

易之爲書也，不可遠。爲道也屢遷，變動不居，周流六虛，上下无常，剛柔相易，不可爲典要，唯變所適。其出入以度，外内使知懼。又明於憂患與故，无有師保，如臨父母。初率其辭，而揆其方，既有典常。苟非其人，道不虛行。

易之爲書也，原始要終，以爲質也。六爻相雜，唯其時物也。其初難知，其上易知：

本末也，初辭擬之，卒成之終。若夫雜物撰德，辯是與非，則非其中爻不備。噫！亦要存亡吉凶，則居可知矣。知者觀其彖辭，則思過半矣。二與四同功而異位，其善不同：二多譽，四多懼，近也。柔之爲道，不利遠者；其要无咎，其用柔中也。三與五同功而異位：三多凶，五多功，貴賤之等也。其柔危，其剛勝邪？易之爲書也，廣大悉備：有天道焉，有人道焉，有地道焉。兼三材而兩之，故六；六者，非它也，三材之道也。道有變動，故曰爻；爻有等，故曰物；物相雜，故曰文；文不當，故吉凶生焉。易之興也，其當殷之末世，周之盛德邪？當文王與紂之事邪？是故其辭危。危者使平，易者使傾：其道甚大，百物不廢。懼以終始，其要无咎，此之謂易之道也。

夫乾，天下之至健也，德行恒易以知險；夫坤，天下之至順也，德行恒簡以知阻。能說諸心，能研諸侯之慮，定天下之吉凶，成天下之亹亹者。是故變化云爲，吉事有祥；象事知器，占事知來。天地設位，聖人成能；人謀鬼謀，百姓與能。八卦以象告，爻彖以情言；剛柔雜居，而吉凶可見矣。變動以利言，吉凶以情遷；是故愛惡相攻而吉凶生，遠近相取而悔吝生，情僞相感而利害生。凡易之情，近而不相得則凶；或害之，悔且吝。將叛者其辭慙，中心疑者其辭枝，吉人之辭寡，躁人之辭多，誣善之人其辭游，失其守者其辭屈。說卦、敘卦、雜卦均不録。

附録：三代世譜

益陽陳天倪　主纂
湘陰彭　昺　襄輯

周禮：「外史氏掌三皇五帝之書」，舉君而未著書名；左傳：「左史能讀三墳、五典、八索、九丘」之書，舉書名而未著人名。孔安國尚書序，言伏羲、神農、黄帝之書，謂之三墳，少昊、顓頊、帝嚳、堯、舜之書，謂之五典。始知伏羲、神農、黄帝爲三皇，少昊、顓頊、帝嚳、堯、舜爲五帝，書或徒舉其名，世次亦不可紀。史記謂帝王均出黄帝，固誤，而命曆序言黄帝傳十世，少昊傳八世，顓頊傳二十世，帝嚳傳十世，亦無名次可徵。且上古傳統，與後代絶異。詳別録史記本紀始五帝，而世表祇著三代，斷遠取近也。今本其意，世譜斷自夏始。

夏世譜

夏禹名曰文命。當帝堯時，洪水滔天，求能治水者，群臣舉鯀。鯀湮洪水，九載無功，堯殛之羽山。暨舜登庸，拔用其子禹。禹傷父非命，勞神焦思，隨山刊木，濬川行水，八年於外，遂奠九州，弼成五服。帝嘉懋績，使宅百揆。三十三年，帝倦於勤，命攝大政。十有七載，帝崩，禹避舜之子於陽城，諸侯歸禹，禹乃即位，定都安邑。改國曰夏，易載曰歲，因唐虞之制，以建寅爲歲首。觀堯典：「日中星鳥，以殷仲春」之語，可知堯時建寅。元歲命皋陶爲相，建學曰校，以饗禮養老。作大夏之樂，絶旨酒，拜昌言，揭鐘、鼓、磬、鐸、鞀於廷，以去壅閉。命奚仲定車制以利交通。會諸侯於塗山，執玉帛者萬國。二歲，皋陶薨，舉益爲相。四歲，九牧貢金，鑄九鼎以象百物，使民知神、姦。五歲巡狩，八歲會諸侯于會稽，防風氏後至，戮之。是歲帝崩，遂葬會稽。遺命授益，諸侯不歸益，而歸王之子啟。啟母，塗山氏之女也。禹娶四日即出治水土，三過不入，啟呱呱而泣。禹弗子，惟荒度土功。塗山氏撫育成人卒爲賢子。篡位二歲，益薨。三歲，大享諸侯于鈞臺。有扈不服，王命討之，大戰於甘，勦絶其命。有扈與觀皆夏同姓，扈叛邀觀與俱，故曰「夏有觀扈」。或訛爲武觀，再訛爲五觀。啟用師時，扈拒觀降，故僅討扈，而觀後卒爲忠臣。蓋即斟灌氏，與斟尋氏同翼后相者。末學乃以五觀爲五子，謂五子皆叛臣，五子之歌不可信。其荒謬如此。承禹九功惟敘，九敘惟歌之旨，爲九辨九歌，用於饗祀。九歲，王崩，子太康立。逸豫滅德，畋于洛表，十旬弗反。夷羿恃其善射，距之于河，王弗得歸，居于陽夏。二十九歲崩，弟仲康立。羲和沈湎廢職，王命胤侯征之。十有三歲，王崩，子相立。羿自鉏遷于窮石，因夏民以代夏政。王畏其逼，遷都商丘，依斟灌、斟尋氏。時伯明氏之讒子寒浞逃歸於羿，羿使爲相。浞樹其詐慝，内外咸服。有逢蒙者，學射於羿，盡羿之道，殺羿而烹之。浞因羿室，生澆及豷。二十八歲，浞使澆用師，滅斟灌、斟尋，遂殺王。后緡方娠，逃出自竇，歸于有仍，遺臣靡奔有鬲氏。浞乃處澆于過，處豷于戈。元歲即以少康生之年紀年，后緡生少康于有仍。二十二歲，少康自有仍奔虞。虞思妻之以二姚而邑諸綸。有田一成，有衆一旅。四十歲靡自有鬲氏收二國之燼，以滅浞而立少康。少康使女艾謀澆，滅澆于過。使其子季杼滅豷于戈，復禹之績。祀夏配天，不失舊物。六十有一歲崩，子杼立。五歲征東海，伐三壽。十有七歲，王崩，子槐立。二十六歲崩，子泄立。元歲，加六夷爵命。十有六歲崩，子不降立。六歲，伐九苑。五十有九歲崩，弟扃立。十有一歲崩，子廑立。二十有一歲崩，不降之子孔甲立。好鬼神方術，天降二龍。有劉累者，能飲食之，王賜之氏曰御龍。采首山之鐵鑄爲利劍，作破斧之歌掤爲樂音。不修政事，夏德日衰。三十一歲崩，子皋立。十一歲崩，子發立。十九歲崩，子癸立，是爲桀王。有殊力，能伸鉤索鐵，生裂兕虎。嬖臣趙梁教爲無道，庶民弗堪。三十三歲，伐蒙山有施氏，有施氏進女妹喜，王嬖之，爲瓊室玉牀，行淫縱樂。四十二歲，囚湯夏臺，已而釋之。五十歲，會諸侯於有仍氏。有緡氏見王汏侈，心弗善也，引師先歸。王怒，率諸侯攻克之，愈自矜肆。鑿池爲夜宫，男女雜處，三旬不朝。太史令終古執圖法泣諫，不聽，遂奔商。關龍逢進諫曰：「古之人君愛民節用，享國之日長。今王用財若無窮，殺人若弗勝，亡無日矣！」不聽，龍逢立而不去，王遂殺之。時諸侯顧氏、韋氏、昆吾氏助王爲虐，號爲「三蘖」。五十三歲，湯伐三國，滅之，入攻鳴條，王師敗績，奔於南巢。後三歲，卒于亭山。自禹至桀十七君，十四世，四百三十九年。

商世譜

商契母曰簡狄，有娀氏之女。行浴于野，見玄鳥遺卵，竊取吞之，孕而生契。水土既平，食茅之民，逸居無教。堯命契爲司徒，教以人倫：父子有親，君臣有義，夫婦有別，長幼有序，朋友有信。舜申之曰：「敬敷五教在寬。」受封於商，賜姓子氏。契卒，子昭明立。昭明卒，子相土立。相土卒，子昌若立。昌若卒，子曹圉立。曹圉卒，子冥立。冥卒，子振立。振卒，子微立。微卒，子報丁立。報丁卒，子報乙立。報乙卒，子報丙立。報丙卒，子主壬立。主壬卒，子主癸立。主癸卒，子天乙立，是爲成湯。自契至湯八遷。湯始居亳，與葛爲鄰，葛伯不祀，湯取之。十一征而無敵于天下。

時伊尹耕于有莘之野，欲干湯而無由。乃爲有莘氏媵臣，以滋味説湯。湯位以阿衡。

湯適野，見張網四面，祝曰：「上下四方皆入吾網。」湯曰：「嘻，盡之矣！」乃解其三面，祝曰：「欲左，左。欲右，右。不用命，乃入吾網。」諸侯聞之，曰：「湯德及禽獸矣。」相率而歸之。夏桀無道，湯與伊尹攻之。戰于鳴條，桀敗，奔南巢，遂放焉。

湯即天子位，號爲武王。改歲爲祀。以建丑月爲歲首。伊尹、仲虺爲左、右相。改貢爲助，建學曰序，養老以食禮。制官刑，儆于有位。作大濩之樂，以和神人。鑄莊山之金爲幣，以振荒札。會遭大旱，王禱於桑林，以六事自責，禱畢而雨。

三十祀崩，長子太丁未立，卒。外丙二年，仲壬四年。太丁之子太甲嗣位，顛覆典刑。伊尹放之於桐三年，太甲悔過，自怨自艾，於桐處仁遷義，伊尹迎歸，反政於王。

三十有三祀，王崩，廟號太宗，子沃丁立。八祀，以咎單爲相。二十九祀，王崩，弟太庚立。二十五祀崩，子小甲立。十有七祀崩，弟雍己立。十有二祀崩，弟太戊立。

太戊者，小甲之弟，太庚之子也。以伊陟、臣扈爲相，巫咸佐之，復修成湯之政。時有祥桑穀生于朝，王大懼，修德以禳之，三日而祥桑死。商遂大興。遠方慕義，重譯而至者，七十六國。

七十五祀崩，廟號中宗，子仲丁立。六祀，遷都于囂。十有五祀崩，弟河亶甲立。元祀，徙都于相。九祀崩，子祖乙立。元祀，徙都于耿。九祀，耿圮，更徙邢，以巫咸之子賢爲相。繼軌修職，諸侯賓服。十九祀崩，子祖辛立。十有六祀崩，弟沃甲立。二十有五祀崩，國亂，祖辛之子祖丁立。三十二祀崩，沃甲之子南庚立。二十有五祀崩，祖丁之子陽甲立。

自仲丁以來，廢適而更立諸弟子，或爭相代立，比九世亂，諸侯莫朝。七祀崩，弟盤庚立。時都河北久，宮室滋侈，民居墊隘。王欲南徙，臣民安土重遷，王乃作书告諭，復返於亳，改國號曰殷，商道復興。二十八祀崩，弟小辛立。二十一祀崩，弟小乙立。二十八祀崩，子武丁立。

元祀，王宅憂，以甘盤爲相，三年不言。即免喪，猶然。群臣咸諫，王作書以告曰：「余夢帝賚良弼，其代予言。」乃審象旁求，得胥靡説于傅巖之野。爰立作相，四海仰德。鬼方不庭，命將西征，三年克之。鬼方蓋西落鬼戎。易稱「震用伐鬼方」，震爲主器長子，易云「長子帥師」，又言「師，貞，丈人吉」。蓋大臣出師，非王自征。南伐荊楚，罙入其阻。申以成湯之命，遠方來王。五十有九祀崩，廟號高宗。子祖庚立。七祀崩，弟祖甲立。初，高宗欲廢祖庚而立王，王以爲不義而逃去。及祖庚崩，國人卒立之。王在田間久，故即位之後，知小人之依，能保惠于庶民。三十三祀崩，子廩辛立。六祀崩，弟庚丁立。二十一祀崩，子武乙立。去亳渡河，徙都朝歌。昏愚無道，爲木偶謂之天神。與之博，令人爲行。天神不勝，乃僇辱之。爲革囊，盛血，仰而射之，命曰射天。四祀，獵於河渭之間，暴雷震死。子太丁立。三祀崩，子帝乙立。

帝乙庶子啟，長而賢，帝欲立之，太史執簡以爭，遂立正后墒之子辛爲太子，帝崩，受辛立，天下謂之紂。材力過人，資辯敏捷，智足拒諫，言足飾非。伐有蘇氏，得妲己，說之，惟其言是用。使事涓作北鄙之音，北里之舞，靡靡之樂。造鹿臺，廣三里，高千尺，爲瓊室玉門，厚賦斂以實鹿臺，集粟鉅橋。宮中立九市，爲長夜之飲。百姓怨望，諸侯有畔者。妲己以爲刑輕，王乃爲銅柱，以膏塗之，加於熱炭之上，使罪人緣之，輒墮炭中。王與妲己相爲笑樂，名曰炮烙之刑。以西伯、鄂侯、九侯爲三公，九侯納女于王，女不喜淫，王怒殺之，醢九侯。鄂侯爭之，並殺鄂侯。西伯聞之竊歎，崇侯虎以告王，王囚西伯于羑里。西伯臣閎夭之徒，求得有莘氏美女、驪戎之文馬、有熊九駟，他奇物稱是，因紂嬖臣費仲獻之，紂大悅，乃赦西伯。西伯出，獻洛西之地，請除炮烙之刑，王許之，賜弓矢鈇鉞，使專征伐。周雖舊邦，其命維新矣。費仲善諛好利，飛廉善走，其子惡來有力，並爲姦慝。少師比干强諫，王大怒，殺比干，剖視其心。太師箕子懼，被髮佯狂，王囚之以爲奴。微子知不可諫，去之。

三仁既亡，武王乃誓師。三十三祀，渡孟津，陳師牧野。王發兵七十萬拒之。前徒倒戈，攻于後以北。王反走，登鹿臺，衣其寶衣，自燔而死。周王出箕子於囚，問以天道，箕子以洪範陳之。義不臣周，逃之朝鮮，遂國焉。嘗過殷墟，見宫室廢壞，禾黍叢生，作歌曰：「麥秀漸漸兮，禾黍油油兮。彼狡童兮，不與我好兮。」聞者傷之。

同時有伯夷、叔齊者，孤竹君之二子也。父欲立叔齊，叔齊讓伯夷，伯夷不受。聞西伯賢，相率而歸之。及至，西伯卒，武王載木主號爲文王，東伐紂。伯夷、叔齊扣馬而諫曰：「父死不葬，爰及干戈，可謂孝乎？以臣伐君，可謂仁乎？」左右欲兵之，太公曰：「此義人也！」扶而去之。殷亂既平，天下宗周。伯夷、叔齊恥之，義不食周粟，逃于首陽山，采薇而食之。作歌曰：「登彼西山兮，采其薇矣。以暴易暴兮，不知其非矣！黄農虞夏忽焉没兮，我安適歸矣。吁嗟徂兮，命之衰矣。」遂餓死于首陽之下。

嗚呼！麥秀哀歌，作三紀頑民之氣；采薇槁餓，激千古義士之心。孔子曰：「内難而能正其志，箕子以之。」又曰：「不降其志，不辱其身，伯夷、叔齊與！」推此志也。雖與日月爭光，可也！

商自成湯受命至紂之亡，傳二十八王，十六世，六百四十年。

周世譜上

周之先后稷名棄，其母有邰氏女，曰姜嫄。嘗行郊野，見巨人跡，履之，如有人道之感。及期生子，以爲不祥，棄之隘巷，牛羊字之；棄之平林，伐林者遷之；棄之寒冰，鳥覆翼之。姜嫄以爲神，乃收養焉。以初欲棄之，故名曰棄。及長，好耕耘樹藝之事。荏、菽、麻、麥，實發實秀。堯聞之，舉爲農師。舜曰：「黎民阻飢，汝后稷播時百穀。」受封於邰，別姓姬氏。世爲后稷，歷十餘世至不窋。當夏之衰，廢稷官，不窋失其官守，遂竄于戎狄之間。不窋生鞠陶，鞠陶生公劉，復修后稷之業，遷國于邠。邠地苦寒，遂成沃壤。周道之興自此始。公劉子慶節，慶節子皇僕，皇僕子差弗，差弗子毀隃，毀隃子公非，公非子高圉，高圉子亞圉，亞圉子公叔祖類，世修其職。公類子曰公亶父，公亶父，公者，爵名，猶公叔祖類、公季也。古公亶父，言古時公亶父耳。史記以爲古公，非。纘后稷、公劉之緒，慨然有天下之志。狄人攻之，公亶父亦欲去故就新，遂渡漆、沮，踰梁山，止于岐下，豳人悉衆從之。乃營城郭宮室，具百官有司。雖日不暇給，規模宏達矣。

公亶父子三：長泰伯，次仲雍，又次季歷。太伯無嗣，而季歷有聖子昌。公亶父曰：「我世當有興者，其在昌乎？」太伯、虞仲知其意，遂南適荆蠻，以位讓季歷。亶父卒，公季立。當殷帝乙時，篤行仁義，嘗伐西落鬼戎，至是又伐余無、始呼、翳徒之戎，皆克之。王嘉其功，賜之圭瓚、秬鬯，加九命爲侯伯。

公季薨，子西伯昌嗣。東海之濱有呂望者，具帝王之略，有鷹揚之志，使其弟子泰顛、閎夭、散宜生、南宮适西事西伯，而身居於朝歌，以探紂陰事。與西伯遇於渭水之陽。據尚書大傳，四人皆太公弟子。太公本陰陽家，釣渭之事，與殷高宗夢得傅説之事，皆假託以泯其跡。太公本名望，武王稱之爲師尚父，遂訛望爲尚。史記望文生義，謂文王言：「吾太公望子久矣。」非。西伯之在羑里也，憂深思遠，演易六十四卦辭，以通天下之志而斷其疑。其出囚也，與太公陰謀修德，以傾商政。其事多兵權與奇計。虞、芮之君相與爭田，久而不決，質之於周。入其境，耕者讓畔，行者讓路。入其邑，男女異路，斑白不提挈。入其朝，士讓爲大夫，大夫讓爲卿。二國之君相謂曰：「我等小人，不可以履君子之庭。」乃化爭爲讓，以其地爲間田。天下聞而歸周者四十餘國。是時文王即位四十年矣，受命作周自此始。明年，伐犬戎。明年，伐密須。明年，敗耆國。明年，伐邘。明年，伐崇侯虎。遂作豐邑，自岐下徙都焉。夫人太姒生子十人：長伯邑考，次武王發，次管叔鮮，次周公旦，次蔡叔度，次曹叔振鐸，次成叔武，次霍叔處，次康叔封，次冉季載。惟發、旦最賢，故舍伯邑考而立發。

文王受命惟中身，誕膺天命，以撫方夏。大邦畏其力，小邦懷其德。惟九年，大統未集而崩，越享國五十年，太子武王發立。出師東征，觀政於商。師至孟津，不期而會者八百諸侯，皆曰：「紂可伐矣。」武王曰：「汝未知天命，未可也。」居二年，紂殺王子比干，囚箕子，太師疵、少師彊抱其樂器歸周。武王遂徧告諸侯，帥戎車三百乘，虎賁三千人，甲士四萬五千人徂征。諸侯兵會者車四千乘。甲子昧爽，陳於牧野。紂率七十萬人拒之。軍無鬬志，倒戈以迎武王。紂師潰自殺。武王以殷餘民封紂子武庚禄父，命弟管叔鮮、蔡叔度、霍叔處輔之，號爲三監。命召公釋箕子之囚。命閎夭封比干之墓。命畢公式商容之閭，命南宫适散鹿臺之財，發鉅橋之粟。大賚四海，滅國者五十，以其地封親賢。優禮神明之後，封黄帝之後於薊，堯之後於祝，舜之後於陳，是謂三恪。封夏后氏之後於杞，與殷之武庚，謂之二王之後，各行其先王之禮。封兄弟之國十五人，同姓之國四十人，周、召爲宗。勳戚之臣，皆有胙土，太公爲首。上祀祖廟，追王太王、王季。始作謚法，大行受大名，細行受細名。以建子月爲歲首。改祀曰年。立徹法：一夫百畝，八家同井，通力合作。遷國於鎬。並立四代之學。臨雍養老，北面乞言。放牛歸馬，示天下不復用兵。受尚父丹書之戒，作銘自警。作大武之樂，以和神人。西旅貢獒，肅慎貢楛矢，通道于九夷八蠻，罔不賓服。克商二年，王有疾，周公禱于三王，翼日而瘳。承文王九年之後，立十年而崩計十九年。太子誦立，年十三，周公留相王室，使其子伯禽就封于魯。管叔與其弟蔡叔流言于國曰：「公將不利於孺子。」以殷人叛，奄及淮夷應之。周公居東二年，罪人斯得。

辟管叔于商，囚蔡叔于郭鄰。降霍叔于庶人。乃誅武庚，以殷地封康叔。別封微子啟於宋，以奉商祀。王伐淮夷，遂滅奄，遷其君於蒲姑。遷殷頑民於洛邑。制禮作樂，天下大定。越裳氏重三譯來獻白雉，迷其歸路，周公作指南車以導其行。七年，定鼎郟鄏，遂營洛邑，建東都，以四方入貢道里均故也。宫廟既成，王歸於鎬，命周公領其事。凡七年，公致政於王，而歸老於豐。十一年，周公薨，命其次子君陳繼位，分正東郊。十有二年巡狩，十有三年太公作九府圜法。二十五年，大會諸侯于東都。三十七年，王崩，是爲成王。子康王釗立。元年，朝于豐宫。成康繼軌，號爲泰平。四十餘年，刑措不用。二十六年，王崩，子昭王瑕立。承平既久，盛極而衰。上下恬安，王道微缺。王南巡狩，反濟漢，漢濱之人以膠船進。王至中流，液解船沈，王及祭公溺焉。子穆王滿立。王生于昭王之二年，至是即位，年五十矣。元年，築祈宫。三年，命君牙爲大司徒，伯冏爲大僕正。王得八駿馬，有造父者，以善御幸，遂西狩玄圃，樂而忘歸，諸侯無所質正，咸歸於徐。徐子自稱偃王，朝之者三十六國。王聞之，命造父御駿，一日千里，長驅而歸。使楚人伐徐，徐子慈仁，不忍鬥其民，北走彭城而死。造父以功封於趙城，後爲趙氏。三十五年，王伐犬戎，得四白狼四白鹿以歸。自是荒服者不至。王之初，思爲君之難，欲自省悟，作史記，書事之要戒，命戎夫書之，朔望以聞。其後弗能自克，肆心周行天下，祭公謀父作祈招之詩，以止王心。

祈即祈宫，欲招之歸於邦宫也。招，猶楚辭大招之招。舊注謂祈爲祈父，司馬之官，其名曰招。非。王悟，五十五年，崩於祈宫，子共王繄扈立。嘗游于涇上，密康公從，有三女奔之。其母曰：「必歸之王。人三爲衆，女三爲粲。粲，美物也。王猶弗堪，況爾小醜乎！」康公不從，王遂滅密。十二年崩，子懿王囏立，遷都槐里。二十五年崩，弟孝王辟方立。惡來之後有非子者，居于犬丘，善牧馬。王使主馬于汧、渭之間，馬大蕃息。王封爲附庸，邑之秦，賜姓曰嬴。二十五年崩，懿王之子夷王燮立。始廢覲禮，下堂而見諸侯。楚子熊渠世居丹揚，甚得江漢民和，乃興兵西伐庸，東侵揚粤，至于鄂。曰：「我蠻夷也，不與中國之號謚。」立其三子爲王，分處江上。

十六年王崩，子厲王胡立。信讒好利，用榮夷公爲卿士，聚斂無厭。國人謗王，王得衛巫，使監謗者，以告則殺之。萬民弗忍，相率内叛。三十七年，王流于彘。太子靜匿召公家，國人圍之，召公以其子代之，竟得脱。

三十八年，周、召二相協和行政，號曰「共和」。史記紀年始于此。共和十四年，王崩于彘，二相奉太子靜即位，輔之修政。諸侯復宗周，是爲宣王。元年，命秦仲征西戎，命尹吉甫北伐玁狁。二年，命方叔南征荆蠻，命召虎平淮夷。王親征徐戎，徐方來庭。六年大旱，王遇烖而懼，側身修行，仍叔爲之賦雲漢。八年，巡狩東都。十二年，王不藉千畝，稍怠於政。二十二年，王晏起，姜后脱簪珥待罪永巷，使傅母通言于王曰：「妾不才，使君王失禮而晏朝，敢請罪！」王曰：「寡人不德，非夫人之罪也。」復勤於政。初，王伐姜戎，敗績于千畝。四十年，王料民于太原。仲山甫諫，王卒料之。四十三年，王以私憾將殺其大夫杜伯，左儒爭之，九復而王不許，曰：「汝別君而異友也。」儒曰：「友逆則順君，君逆則順友。」王卒殺杜伯，儒死之。

四十六年，王崩，子幽王宫涅立。立申侯女姜氏爲后，后子宜臼爲太子。三年，納褒姒，嬖之，生子伯服。五年，廢申后及太子宜臼，立褒姒爲后，伯服爲太子。申后宜臼奔申。褒姒不好笑，王悦之萬方，故不笑。先是王與諸侯約，有急則舉烽火。王乃無故舉之，諸侯悉至，至乃無寇，褒姒乃大笑。八年，以鄭伯友爲司徒。十有一年，申侯以犬戎入寇，諸侯救不至，弑王及伯服于驪山下。鄭伯友死之。秦襄公力戰破戎。申侯等立宜臼于申，是爲平王。虢公翰亦立王子余臣于攜，兩王對立。余臣亦幽王庶子，杜預以爲伯服，非。宜臼與聞弑君，故虢公立余臣。

周世譜下

平王元年，晉侯州仇會衛侯和、鄭伯掘突、秦伯迎宜臼于申，入于成周。申在今河南信陽，由申入洛，北徙而非東遷。傳言平王東遷者，美其名也，非實事。二十一年，晉文侯殺余臣于攜，國始統于一王，王錫以文侯之命。三十三年，楚人侵申，王以畿内民戍之，詩人作刺。日知録文侯之命條，攷之最詳。謂漢書古今人表平王、申侯、幽王、褒姒、虢石父同列下下，甚當。四十九年，魯惠公薨，子隱公息始攝位，春秋託始于此。五十一年，王崩，太子洩父早卒，立其子林，是爲桓王。十三年伐鄭，鄭射傷王。二十三年崩，子莊王佗立。四年，周公黑肩欲殺王而立王子克，辛伯告王，王殺周公，王子克奔燕。十五年王崩，子釐王胡齊立。二年，齊桓公始霸。五年崩，子惠王閬立。二年，邊伯等五大夫作亂，奉王子頹伐王，王奔温。四年，鄭伯、虢公殺五大夫及王子頹，王復位。二十一年，齊桓公及諸侯盟楚於召陵。二十五年王崩，子襄王鄭立。王子帶召戎翟伐周，齊、晉以兵逐去之。王討帶，帶奔齊。九年，齊桓公卒。十二年，叔帶復歸于周。十三年，鄭與衛爭滑。王右衛爲之清滑，鄭不許，執王使。十五年，王以翟師伐鄭，取櫟。王德翟人，立其女隗氏爲后，隗氏通於叔帶。十六年，王替隗氏，叔帶以翟師入周，王出適鄭，居于氾。使使告難於晉。十七年，晉文公以師納王入于王城，取太叔于温，殺之。王以河内地賜晉。二十年，晉師敗楚于城濮，召王狩于河陽，諸侯畢朝。二十四年，晉文公卒。三十一年，秦穆公卒。三十二年，王崩，子頃王壬臣立。六年崩，子匡王班立。六年崩，弟瑜立，是爲定王。元年，楚莊王伐陸渾之戎，次于洛。使人問九鼎，王使王孫滿設辭以應，楚兵去。十六年，楚莊王卒。二十一年，王崩，子簡王夷立。十四年崩，子靈王泄心立。二十一年，孔子生于魯，時魯襄公二十二年庚戌之歲十月庚子也。二十七年，王崩，子景王貴立。二十一年，鑄大錢。二十三年，孔子如周，求書於老子，問樂于萇弘，攷明堂之制、廟朝之度，事畢次魯。二十四年，鑄無射。二十五年，王崩。穆后生太子壽，先卒。次子猛及母弟匄無寵。庶子朝有寵于王，王欲立之，未果。王有心疾，崩于榮錡氏。劉子、單子奉王子猛即位。王子朝因舊官百工之喪職者，與靈、景之族以作亂。劉子、單子以王猛居于皇，告急于晉。晉籍談、荀躒帥九州之戎及焦、瑕、温、原之師，納猛于王城。猛卒，母弟匄立，是爲敬王。出居狄泉，尹氏立王子朝。三年，孔子適齊，齊侯問政於孔子，説其言，欲封以尼谿之田，晏嬰不可，公惑之，孔子遂行，返乎魯。四年，晉知躒、趙鞅帥師納王，使女寬守闕塞。王起師於滑，次于尸。晉師克鞏，召伯盈逐王子朝。子朝與其黨奉周之典籍以奔楚。召伯逆王于尸，入于成周。十年，王使富辛與石張如晉，請城成周，晉合諸侯城之，三旬而畢，乃歸諸侯之戍。十九年，魯以孔子爲中都宰。二十年，孔子爲魯大司寇。魯侯會齊侯于夾谷，孔子相，齊人來歸鄆、讙、龜陰之田。二十二年，孔子使仲由爲季氏宰，將墮三都，於是叔孫氏墮郈，季氏將墮費，公山不狃、叔孫輒率費人以襲魯，孔子命申句須、樂頎敗之，不狃、輒奔齊，遂墮費。觀此可知論語「公山弗擾以費叛，召，子欲往」之誣。將墮成，公斂處父謂墮成，齊人必至於北門。且成，孟氏之保障也。無成，是無孟氏也。弗克墮。二十三年，孔子攝行魯相，三月政化大行。齊人懼，歸女樂于魯，季桓子受之，三日不朝，孔子遂適衛。二十四年，孔子自衛適陳。居三年，復反于衛。二十八年，晉趙鞅殺王臣萇弘。三十一年，楚子使人聘孔子，將以書社七百里封之，令尹子西不可，乃止。三十六年，齊人伐魯，孟孺子洩帥右師，冉求帥左師，與齊人戰于稷曲。右師奔，左師入齊軍，獲甲首八十，齊人不能軍，宵遁。季孫大冉有之功，以幣迎孔子於衛。是時孔子年六十八矣。魯終不能用孔子，孔子乃贊易，敘書，正禮、樂，删詩，弟子蓋三千焉。三十九年，西狩獲麟，實魯哀公之十四年也。孔子歎曰：「吾道窮矣！」謂載之空言，不如見諸行事之深切著明也。於是因魯史作春秋，是非二百四十二年之中，上明三王之道，下辨人事之紀，撥亂世反之正，絶筆于獲麟之一語，意蓋有在也。四十有一年夏四月己丑，孔子卒，年七十有三。弟子心喪三年，子貢廬于冢上，凡六年。四十二年，王崩，子元王仁立。八年，崩，子定王介立。二十八年崩，長子去疾立，是爲哀王。哀王立三月，弟叔襲殺哀王而自立，是爲思王。思王立五月，少弟嵬殺思王而自立，是爲攷王。攷王封其弟于河南，以續周公之職，是爲河南桓公。十五年王崩，子威烈王午立。十三年，九鼎震，初命韓、魏、趙爲諸侯。二十四年崩，子安王驕立。二十六年崩，子烈王喜立。十年崩，弟顯王扁立。時韓、魏、趙、齊皆爲王。四十八年崩，子慎靚王定立。先是河南桓公卒，子威公代立。威公卒，子惠公代之。惠公封其少子於鞏，是爲東周惠公，而河南公遂號西周公。六年王崩，子赧王延立，移居西周。五十九年秦師入攻，西周君奔秦，盡獻其邑三十六，口三萬。秦受其獻，歸西周君于周。是歲王崩。周既獻地，其民不樂屬秦，遂入東周。秦取周九鼎寶器，而遷西周君于憚狐聚。踰七年，秦遷東周君於陽人聚。周遂不祀。天下卒并于秦，六藝從此絶矣！周自武王受命至赧王，三十七王，三十三世，合之東周君，共八百七十四年。

經文統鈔中編卷一

益陽陳天倪　主纂
湘陰彭　昺　襄輯

讀左十問

問：改編年爲紀事，便於尋檢，允矣。魯國何故以公爲主？

曰：主魯也。編中皆依魯國之年月，不主魯，則年月無準。且一公之事，以時相次，仍於編年之中具紀年之法也。

問：編中或有經，或無經，何也？

曰：本書以傳爲主，傳有依經成文者，不引經則事不明。如齊桓以諸侯之師伐蔡，不先經，則不知其諸侯爲誰也。其他以此例推。

問：篇中各傳皆書其書名，如公羊、穀梁、國語是也。單云傳者，何也？

曰：左傳也。以左傳爲主，故省其名稱也。

問：傳中所記事言，已見前編者，則本書省之。哀元年伍胥所言少康之事與上編重出，何也？

曰：不如此，則伍員之言不明。且中、上編稍複，無傷也。虞箴與祈招之詩□□，與此同。

问：篇後附以各國之年表，何也？

曰：傳中所言諸侯，不知其爲某如齊侯、鄭侯，不知爲齊何公、鄭何公，得此，可按表以知其名，且其君之即位之年數，可以察知也。

問：既採國語，則國語之文當全録，如國語言管子時拓地甚廣，兼國甚多，而此不載，何也？

曰：不與傳合也。與傳無悖者用之，其太與傳違者去之，以免其自相悖戾也。

問：傳中書年，有書公名者，有不書名者，何也？

曰：書名者，前後君之年也；不書名者，本君之年也。

問：傳中年月有小書者，有大書者，何也？

曰：大書者，傳中本文也。小書者，依其事之時而注諸其上也。

問：書中有標「傳」字，有不標「傳」字，何也？

曰：先録經，次録傳者，標傳字；徑録傳者不標也。接他書後者亦同。

問：書名以經文爲鈔，而曲沃并晉一條旁引史記，何也？

曰：事在春秋之先，傳文不全，故引史記以補之。此注文，非正文也。

傳有單文雜事不能別自標題，又不可逕行删削者，或隨文類聚，如齊景初年之事，紀於晏子輔齊篇中是也；或依題附録，如衛侯滅邢，附於齊桓霸業之後是也。餘以類推。

災異徵應，雖不必然，然祝、宗、卜、史，古爲聯官。廣記備言，固史職也。今依舊編録，惟日食之徵與曆象違，特從删削。

隱公

隱公政紀公名息姑，惠公之子，母聲子，在位十一年。

惠公元妃孟子，孟子卒，繼室以聲子，生隱公。宋武公生仲子。仲子生而有文在手，曰爲魯夫人。故仲子歸于我。生桓公而惠公薨，惠公立于周平王三年，曆四十六年薨。仲子歸魯，僅生桓公一人，惠公薨時尚未成人，非謂生於薨年。是以隱公立而奉之。

經・元年春，王正月。

傳〔一〕・元年春，王周正月，不書即位，攝也。

公羊傳・元年者何？君之始年也。春者何？歲之始也。王者孰謂？謂文王也。曷爲先言王而後言正月？王正月也。何言乎王正月？大一統也。公何以不言即位？成公意也。何成乎公之意？公將平國而反之桓。曷爲反之桓？桓幼而貴，隱長而卑，其爲尊卑也微，國人莫知。隱長又賢，諸大夫扳隱而立之。隱於是焉而辭立，則未知桓之將必得立

〔一〕　整理者按，此「傳」指「春秋左傳」。

也。且如桓立，則恐諸大夫之不能相幼君也，故凡隱之立，爲桓立也。隱長又賢，何以不宜立？立適以長不以賢，立子以貴不以長。桓何以貴？母貴也。母貴則子何以貴？子以母貴，母以子貴。

穀梁傳·元年春，王正月。雖無事，必舉正月，謹始也。公何以不言即位？成公志也。焉成之？言君之不取爲公也。君之不取爲公何也？將以讓桓也。讓桓正乎？曰不正。春秋成人之美，不成人之惡。隱不正而成之，何也？將以惡桓也。其惡桓何也？隱將讓而桓弒之，則桓惡矣。桓弒而隱讓，則隱善矣。善則其不正焉，何也？春秋貴義而不貴惠，信道而不信邪。孝子揚父之美，不揚父之惡。先君之欲與桓，非正也，邪也。雖然，既勝其邪心以與隱矣，已探先君之邪志而遂以與桓，則是成父之惡也。兄弟，天倫也。爲子，受之父。爲諸侯，受之君。已廢天倫，而忘君父以行小惠，曰小道也。若隱者，可謂輕千乘之國，蹈道則未也。

傳·五年春，公將如棠觀魚者。臧僖伯諫曰：「凡物不足以講大事，其材不足以備器用，則君不舉焉。君，將納民於軌、物者也。故講事以度軌量謂之軌，取材以章物采謂之物。不軌不物，謂之亂政。亂政亟行，所以敗也。故春蒐、夏苗、秋獮、冬狩，皆於農隙以講事也。三年而治兵，入而振旅，歸而飲至，以數軍實。昭文章，明貴賤，辨等列，順少長，習威儀也。鳥獸之肉不登於俎，皮革、齒牙、骨角、毛羽不登於器，則公不射，古之制也。若夫山林、川澤之實，器用之資，皂隸之事，官司之守，非君所及也。」公曰：「吾將略地焉。」遂往，陳魚而觀之，僖伯稱疾不從。書曰「公矢魚于棠」，非禮也，且言遠地也。

九月，考仲子之宮，將萬焉。公問羽數於衆仲。對曰：「天子用八，諸侯用六，大夫四，士二。夫舞，所以節八音而行八風，故自八以下。」公從之。於是初獻六羽，始用六佾也。

八年冬，無駭卒，羽父請謚與族。公問族於衆仲。衆仲對曰：「天子建德，因生以賜姓，胙之土而命之氏。諸侯以字爲謚，因以爲族。官有世功，則有官族。邑亦如之。」公命以字爲展氏。

十一年春，滕侯、薛侯來朝，爭長。薛侯曰：「我先封。」滕侯曰：「我，周之卜正也。薛，庶姓也，我不可以後之。」

公使羽父請於薛侯曰：「君與滕君辱在寡人，周諺有之曰：『山有木，工則度之；賓有禮，主則擇之。』周之宗盟，異姓爲後。寡人若朝于薛，不敢與諸任齒。君若辱貺寡人，則願以滕君爲請。」

薛侯許之，乃長滕侯。

冬十月，羽父請殺桓公，將以求大宰。公曰：「爲其少故也，吾將授之矣。使營菟裘，吾將老焉。」羽父懼，反譖公于桓公而請弑之。公之爲公子也，與鄭人戰于狐壤，止焉。鄭人囚諸尹氏。賂尹氏，而禱於其主鍾巫。遂與尹氏歸，而立其主。十一月，公祭鍾巫，齊于社圃，館于寪氏。壬辰，羽父使賊弑公于寪氏，立桓公，而討寪氏，有死者。不書葬，不成喪也。

鄭莊雄略冠時

初，鄭武公娶于申，曰武姜，生莊公及共叔段。莊公寤生，驚姜氏，故名曰「寤生」，遂惡之。愛共叔段，欲立之。亟請於武公，公弗許。及莊公即位寤生即位，在魯惠公二十六年，春秋前十一年，爲之請制。公曰：「制，巖邑也，虢叔死焉，佗邑唯命。」請京，使居之，謂之京城大叔。祭仲曰：「都，城過百雉，國之害也。先王之制：大都，不過參國之一；中，五之一；小，九之一。今京不度，非制也，君將不堪。」公曰：「姜氏欲之，焉辟害？」對曰：「姜氏何厭之有？不如早爲之所，無使滋蔓！蔓，難圖也。蔓草猶不可除，況君之寵弟乎？」公曰：「多行不義，必自斃，子姑待之。」

既而大叔命西鄙、北鄙貳於己。公子吕曰：「國不堪貳，君將若之何？欲與大叔，臣請事之；若弗與，則請除之。無生民心。」公曰：「無庸，將自及。」大叔又收貳以爲己邑，至於廩延。子封曰：「可矣，厚將得衆。」公曰：「不義，不暱，厚將崩。」

大叔完聚，繕甲兵，具卒乘，將襲鄭，夫人將啓之。公聞其期，曰：「可矣。」命子封帥車二百乘以伐京。京叛大叔段。段入於鄢。公伐諸鄢。五月辛丑，大叔出奔共。

書曰：「鄭伯克段于鄢。」段不弟，故不言弟；如二君，故曰克；稱鄭伯，譏失教也：謂之鄭志。不言出奔，難之也。

遂寘姜氏于城潁，而誓之曰：「不及黄泉，無相見也！」既而悔之。潁考叔爲潁谷封人，聞之，有獻於公。公賜之食。食舍肉。公問之，對曰：「小人有母，皆嘗小人之食矣，未嘗君之羹，請以遺之。」公曰：「爾有母遺，繄我獨無！」潁考叔曰：「敢問何謂也？」公語之故，且告之悔。對曰：「君何患焉？若闕地及泉，隧而相見，其誰曰不然？」公從之。公入而賦：「大隧之中，其樂也融融。」姜出而賦：「大隧之外，其樂也洩洩。」遂爲母子如初。君子曰：「潁考叔，純孝也，愛其母，施及莊公。詩曰『孝子不匱，永錫爾類』，其是之謂乎！」

三年，鄭武公、莊公爲平王卿士。王貳于虢。鄭伯怨王。王曰「無之」。故周、鄭交質。王子狐爲質於鄭，鄭公子忽爲質於周。王崩，周人將畀虢公政。四月，鄭祭足帥師取温之麥。秋，又取成周之禾。周、鄭交惡。

九年十一月，北戎侵鄭。鄭伯禦之，患戎師，曰：「彼徒我車，懼其侵軼我也。」公子突曰：「使勇而無剛者，嘗寇而速去之。君爲三覆以待之。戎輕而不整，貪而無親，勝不相讓，敗不相救。先者見獲，必務進；進而遇覆，必速奔。後者不救，則無繼矣。乃可以逞。」從之。

戎人之前遇覆者奔。祝聃逐之，衷戎師，前後擊之，盡殪。戎師大奔。

十一年夏，公會鄭伯于郲，謀伐許也。

鄭伯將伐許。五月甲辰，授兵於大宮。公孫閼與潁考叔爭車，潁考叔挾輈以走，子都拔棘以逐之。及大逵，弗及，子都怒。

秋七月，公會齊侯、鄭伯伐許。庚辰，傅于許。潁考叔取鄭伯之旗蝥弧以先登，子都自下射之，顛。瑕叔盈又以蝥弧登，周麾而呼曰：「君登矣！」鄭師畢登。壬午，遂入許。許莊公奔衛。

齊侯以許讓公。公曰：「君謂許不共，故從君討之。許既伏其罪矣，雖君有命，寡人弗敢與聞。」乃與鄭人。

鄭伯使許大夫百里奉許叔以居許東偏，曰：「天禍許國，鬼神實不逞于許君，而假手于我寡人。寡人唯是一二父兄不能共億，其敢以許自爲功乎？寡人有弟，不能和協，而使餬其口于四方，其況能久有許乎？吾子其奉許叔以撫柔此民也，吾將使獲也佐吾子。若寡人得没于地，天其以禮悔禍于許，無寧茲許公復奉其社稷，唯我鄭國之有請謁焉，如舊昏媾，其能降以相從也。無滋他族實偪處此，以與我鄭國爭此土也。吾子孫其覆亡之不暇，而況能禋祀許乎？寡人之使吾子處此，不唯許國之爲，亦聊以固吾圉也。」乃使公孫獲處許西偏，曰：「凡而器用財賄，無寘於許。我死，乃亟去之！吾先君新邑於此，王室而既卑矣，周之子孫日失其序。夫許，大岳之胤也。天而既厭周德矣，吾其能與許爭乎？」

君子謂鄭莊公「於是乎有禮。禮，經國家，定社稷，序民人，利後嗣者也。許，無刑而伐之，服而舍之，度德而處之，量力而行之。相時而動，無累後人，可謂知禮矣」。

君子謂鄭莊公「失政刑矣。政以治民，刑以正邪。既無德政，又無威刑，是以及邪。邪而詛之，將何益矣！」

鄭伯使卒出豭，行出犬、雞，以詛射潁考叔者。

鄭、息有違言。息侯伐鄭。鄭伯與戰于竟，息師大敗而還。

君子是以知息之將亡也：不度德，不量力，不親親，不徵辭，不察有罪。犯五不韙，而以伐人，其喪師也，不亦宜乎？

冬十月，鄭伯以虢師伐宋。壬戌，大敗宋師，以報其入鄭也。宋不告命，故不書。凡諸侯有命，告則書，不然則否。師出臧否，亦如之。雖及滅國，滅不告敗，勝不告克，不書于策。

宋穆舍子立姪

三年，宋穆公疾，召大司馬孔父而屬殤公焉，曰：「先君舍與夷而立寡人，寡人弗敢忘。若以大夫之靈，得保首領以没，先君若問與夷，其將何辭以對？請子奉之，以主社稷。寡人雖死，亦無悔焉。」對曰：「群臣願奉馮也。」公曰：「不可。先君以寡人爲賢，使主社稷。若棄德不讓，是廢先君之舉也，豈曰能賢？光昭先君之令德，可不務乎？吾子其無廢先君之功！」使公子馮出居于鄭。八月庚辰，宋穆公卒，殤公即位。

君子曰：「宋宣公可謂知人矣。立穆公，其子饗之，命以義夫！商頌曰『殷受命咸宜，百禄是荷』，其是之謂乎！」

衛石碏大義滅親

衛莊公娶于齊東宮得臣之妹，曰莊姜，美而無子，衛人所爲賦碩人也。又娶于陳，曰厲嬀，生孝伯，蚤死。其娣戴嬀，生桓公，莊姜以爲己子。公子州吁，嬖人之子也。有寵而好兵，公弗禁，莊姜惡之。石碏諫曰：「臣聞愛子，教之以義方，弗納於邪。驕、奢、淫、泆，所自邪也。四者之來，寵祿過也。將立州吁，乃定之矣；若猶未也，階之爲禍。夫寵而不驕，驕而能降，降而不憾，憾而能眕者，鮮矣。且夫賤妨貴，少陵長，遠間親，新間舊，小加大，淫破義，所謂六逆也；君義，臣行，父慈，子孝，兄愛，弟敬，所謂六順也。去順效逆，所以速禍也。君人者，將禍是務去，而速之，無乃不可乎？」弗聽。其子厚與州吁游，禁之，不可。桓公立，乃老。桓公立於魯惠公三十五年，春秋前十二年。

四年春，衛州吁弑桓公而立。

宋殤公之即位也，公子馮出奔鄭。鄭人欲納之。及衛州吁立，將修先君之怨于鄭，而求寵於諸侯，以和其民。使告於宋曰：「君若伐鄭，以除君害，君爲主，敝邑以賦與陳、蔡從，則衛國之願也。」宋人許之。於是陳、蔡方睦於衛，故宋公、陳侯、蔡人、衛人伐鄭，圍其東門，五日而還。

公問於衆仲曰：「衛州吁其成乎？」對曰：「臣聞以德和民，不聞以亂。以亂，猶治絲而棼之也。夫州吁，阻兵而安忍。阻兵，無衆；安忍，無親。衆叛、親離，難以濟矣。夫兵，猶火也，弗戢，將自焚也。夫州吁弑其君，而虐用其民，於是乎不務令德，而欲以亂成，必不免矣。」

州吁未能和其民，厚問定君於石子。石子曰：「王覲爲可。」曰：「何以得覲？」曰：「陳桓公方有寵於王。陳、衛方睦，若朝陳使請，必可得也。」厚從州吁如陳。石碏使告于陳曰：「衛國褊小，老夫耄矣，無能爲也。此二人者，實弑寡君，敢即圖之。」陳人執之，而請涖于衛。九月，衛人使右宰醜涖殺州吁於濮。石碏使其宰獳羊肩涖殺石厚于陳。君子曰：「石碏，純臣也。惡州吁而厚與焉。『大義滅親』，其是之謂乎！」

衛人逆公子晉于邢。冬十二月宣公即位。書曰「衛人立晉」，衆也。

桓公

桓公政紀公名軌，惠公之子，隱公之弟，母仲子，在位十八年。

經・元年春王正月，公即位。

公羊傳・繼弒君不言即位，此其言即位何？如其意也。

穀梁傳・先君不以其道終，則子弟不忍即位也。繼故而言即位，則是與聞乎弒也。

傳・宋華父督見孔父之妻于路，目逆而送之，曰：「美而豔。」

經・二年春，王正月，戊申，宋督弒其君與夷及其大夫孔父。三月，公會齊侯、陳侯、鄭伯于稷，以成宋亂。

傳・夏四月，取郜大鼎于宋。戊申，納于大廟，非禮也。臧哀伯諫曰：「君人者，將昭德塞違，以臨照百官，猶懼或失之，故昭令德以示子孫：是以清廟茅屋，大路越席，大羹不致，粢食不鑿，昭其儉也。袞、冕、黻、珽，帶、裳、幅、舄，衡、紞、紘、綖，昭其度也。藻、率、鞞、鞛，鞶、厲、游、纓，昭其數也。火、龍、黼、黻，昭其文也。五色比象，昭其物也。鍚、鸞、和、鈴，昭其聲也。三辰旂旗，昭其明也。夫德，儉而有度，登降有數。文、物以紀之，聲、明以發之，以臨照百官。百官於是乎戒懼，而不敢易紀律。今滅德立違，而寘其賂器於大廟，以明示百官。百官象之，其又何誅焉？國家之敗，由官邪也。官之失德，寵賂章也。郜鼎在廟，章孰甚焉？武王克商，遷九鼎于雒邑，義士猶或非之，而況將昭違亂之賂器於大廟，其若之何？」公不聽。

周内史聞之，曰：「臧孫達其有後於魯乎！君違，不忘諫之以德。」

六年九月丁卯，子同生。以大子生之禮舉之：接以大牢，卜士負之，士妻食之，公與文姜、宗婦命之。

公問名於申繻。對曰：「名有五，有信，有義，有象，有假，有類。以名生爲信，以德命爲義，以類命爲象，取於物爲假，取於父爲類。不以國，不以官，不以山川，不以隱疾，不以畜牲，不以器幣。周人以諱事神，名，終將諱之。故以國則廢名，以官則廢職，以山川則廢主，以畜牲則廢祀，以器幣則廢禮。晉以僖侯廢司徒，宋以武公廢司空，先君獻，武廢二山，是以大物不可以命。」公曰：「是其生也，與吾同物，命之曰同。」

十八年春，公將有行，遂與姜氏如齊。申繻曰：「女有家，男有室，無相瀆也。謂之有禮。易此，必敗。」

公會齊侯于濼，遂及文姜如齊。齊侯通焉。公謫之。以告。

夏四月丙子，享公。使公子彭生乘公，公薨于車。

魯人告于齊曰：「寡君畏君之威，不敢寧居，來修舊好。禮成而不反，無所歸咎，惡於諸侯。請以彭生除之。」齊人殺彭生。

曲沃并晉之漸

初，晉穆侯之夫人姜氏以條之役生太子，命之曰仇。其弟以千畝之戰生，命之曰成師。

師服曰：「異哉，君之名子也！夫名以制義，義以出禮，禮以體政，政以正民。是以政成而民聽，易則生亂。嘉耦曰妃，怨耦曰仇，古之命也。今君命大子曰仇，弟曰成師，始兆亂矣。兄其替乎！」

惠之二十四年，晉始亂，故封桓叔于曲沃，靖侯之孫欒賓傅之。師服曰：「吾聞國家之立也，本大而末小，是以能固。故天子建國，諸侯立家，卿置側室，大夫有貳宗，士有隸子弟，庶人、工、商，各有分親，皆有等衰。是以民服事其上，而下無覬覦。今晉，甸侯也，而建國。本既弱矣，其能久乎？」

惠之三十年，晉潘父弒昭侯而納桓叔，不克。晉人立孝侯。惠之四十五年，曲沃莊伯伐翼，弒孝侯。翼人立其弟鄂侯。鄂侯生哀侯。哀侯侵陘庭之田。陘庭南鄙啓曲沃伐翼。按：此條皆春秋前事，傳入桓公二年，今移此。

隱五年，曲沃莊伯以鄭人、邢人伐翼，王使尹氏、武氏助之。翼侯奔隨。

曲沃叛王。秋，王命虢公伐曲沃，而立哀侯於翼。

隱六年春，翼九宗五正頃父之子嘉父逆晉侯于隨，納諸鄂，晉人謂之鄂侯。

三年春，曲沃武公伐翼，次于陘庭。韓萬御戎，梁弘爲右。逐翼侯于汾隰，驂絓而止，夜獲之，及欒共叔。

晉語・武公伐翼，殺哀侯，止欒共子曰：「苟無死，吾以子見天子，令子爲上卿，制晉國之政。」辭曰：「成聞之：『民生於三，事之如一。』父生之，師教之，君食之。非父不生，非食不長，非教不知生之族也，故壹事之。唯其所在，則致死焉。報生以死，報賜以力，人之道也。臣敢以私利廢人之道，君何以訓矣？且君知成之從也，未知其待於曲沃也。從君而貳，君焉用之？」遂鬥而死。

傳・七年冬，曲沃伯誘晉小子侯殺之。

八年春，滅翼。

冬，王命虢仲立晉哀侯之弟緡于晉。

九年秋，虢仲、芮伯、梁伯、荀侯、賈伯伐曲沃。

莊十六年冬，王使虢公命曲沃伯以一軍爲晉侯。

按：傳敘曲沃之事錯亂不明，今據史記晉世家正之。

穆侯四年，取齊女姜氏爲夫人。七年，伐條。生太子仇。十年，伐千畝，有功。生少子，名曰成師。

二十七年，穆侯卒，弟殤叔自立，太子仇出奔。殤叔三年，周宣王崩。四年，穆侯太子仇率其徒襲殤叔而立，是爲文侯。

三十五年，文侯仇卒，子昭侯伯立。

昭侯元年，封文侯弟成師於曲沃，號爲桓叔。

七年，晉大臣潘父弑其君昭侯而迎曲沃桓叔。桓叔欲入晉，晉人發兵攻桓叔。桓叔敗，還歸曲沃。晉人共立昭侯子平爲君，是爲孝侯。誅潘父。

孝侯八年，曲沃桓叔卒，子鱓代桓叔，是爲曲沃莊伯。孝侯十五年，曲沃莊伯弑其君晉孝侯於翼。晉人攻曲沃莊伯，莊伯復入曲沃。晉人復立孝侯於郤爲君，是爲鄂侯。以上皆爲魯惠公時事。

鄂侯二年，魯隱公初立。

鄂侯六年卒，晉人共立鄂侯子光，是爲哀侯。

哀侯二年，曲沃莊伯卒，子稱代莊伯立，是爲曲沃武公。哀侯八年，晉侵陘廷。陘廷與曲沃武公謀，九年，伐晉於汾旁，虜哀侯。晉人乃立哀侯子小子爲君，是爲小子侯。小子元年，曲沃武公使韓萬殺所虜晉哀侯。小子四年，武公誘召晉小子殺之。周桓王使虢仲伐曲沃武公，武公入於曲沃，乃立晉哀侯弟緡爲晉侯。二十八年，曲沃武公伐晉侯緡，滅之，盡以其寶器賂獻於周釐王。釐王命曲沃武公爲晉君，盡并晉地而有之，更號曰晉武公。武公代晉二歲，卒。與曲沃通年，即位凡三十九年而卒。子獻公詭諸立。

東周潰敗之始平王東遷之後，尚能自立。繻葛一敗以後，始倚齊、晉以立。王者無敵，故以自敗爲文。周公欲弑莊王一段附此後，以事在桓公末年故。

隱六年，鄭伯如周，始朝桓王也。王不禮焉。周桓公言於王曰：「我周之東遷，晉、鄭焉依。善鄭以勸來者，猶懼不蔇，況不禮焉？鄭不來矣。」隱八年夏，虢公忌父始作卿士于周。

隱十一年，王取鄔、劉、蔿、邘之田于鄭，而與鄭人蘇忿生之田——温、原、絺、樊、隰郕、欑茅、向、盟、州、陘、隤、懷。

君子是以知桓王之失鄭也。恕而行之，德之則也，禮之經也。己弗能有，而以與人，人之不至，不亦宜乎？

五年，王奪鄭伯政，鄭伯不朝。秋，王以諸侯伐鄭，鄭伯禦之。

王爲中軍；虢公林父將右軍，蔡人、衛人屬焉；周公黑肩將左軍，陳人屬焉。

鄭子元請爲左拒，以當蔡人、衛人；爲右拒，以當陳人，曰：「陳亂，民莫有鬭心。若先犯之，必奔。王卒顧之，必亂。蔡、衛不枝，固將先奔。既而萃於王卒，可以集事。」從之。曼伯爲右拒，祭仲足爲左拒，原繁、高渠彌以中軍奉公，爲魚麗之陳。先偏後伍，伍承彌縫。

戰于繻葛。命二拒曰：「旝動而鼓！」蔡、衛、陳皆奔，王卒亂，鄭師合以攻之，王卒大敗。祝聃射王中肩，王亦能軍。祝聃請從之。公曰：「君子不欲多上人，況敢陵天子乎？苟自救也，社稷無隕，多矣。」

夜，鄭伯使祭足勞王，且問左右。

十八年，周公欲弑莊王而立王子克。辛伯告王，遂與王殺周公黑肩。王子克奔燕。

初，子儀有寵於桓王，桓王屬諸周公。辛伯諫曰：「並后、匹嫡、兩政、耦國，亂之本也。」周公弗從，故及。

鄭忽辭昏

按：隱公八年，鄭忽已與陳嬀成昏矣，何以桓公六年鄭忽敗戎師，齊侯又請妻之乎？觀「何以能育」之文，似陳嬀入鄭不久即卒，故齊欲以女繼忽娣也。

隱七年，鄭公子忽在王所，故陳侯請妻之，鄭伯許之，乃成昏。

隱八年四月甲辰，鄭公子忽如陳逆婦嬀。辛亥，以嬀氏歸。甲寅，入于鄭。陳鍼子送女。先配而後祖。鍼子曰：「是不爲夫婦，誣其祖矣，非禮也，何以能育？」

六年，北戎伐齊，齊侯使乞師于鄭。鄭大子忽帥師救齊。六月，大敗戎師，獲其二帥大良、少良，甲首三百，以獻於齊。

於是諸侯之大夫戍齊，齊人饋之餼，使魯爲其班，後鄭。鄭忽以其有功也，怒，故有郎之師。

公之未昏於齊也，齊侯欲以文姜妻鄭大子忽。大子忽辭。人問其故，大子曰：「人各有耦，齊大，非吾耦也。詩云：『自求多福。』在我而已，大國何爲？」君子曰：「善自爲謀。」及其敗戎師也，齊侯又請妻之。固辭。人問其故，大子曰：「無事於齊，吾猶不敢。今以君命奔齊之急，而受室以歸，是以師昏也。民其謂我何？」遂辭諸鄭伯。

十一年，鄭昭公之敗北戎也，齊人將妻之，昭公辭。祭仲曰：「必取之。君多内寵，子無大援，將不立。三公子皆君也。」弗從。

夏，鄭莊公卒。

初，祭封人仲足有寵於莊公，莊公使爲卿。爲公娶鄧曼，生昭公。故祭仲立之。宋雍氏女於鄭莊公，曰雍姞，生厲公。雍氏宗，有寵於宋莊公，故誘祭仲而執之，曰：「不立突，將死。」亦執厲公而求賂焉。祭仲與宋人盟，以厲公歸而立之。

秋九月丁亥，昭公奔衛。己亥，厲公立。

十五年。祭仲專，鄭伯患之，使其婿雍糾殺之。將享諸郊。雍姬知之，謂其母曰：「父與夫孰親？」其母曰：「人盡夫也，父一而已，胡可比也？」遂告祭仲曰：「雍氏舍其室而將享子於郊，吾惑之，以告。」祭仲殺雍糾，尸諸周氏之汪。公載以出，曰：「謀及婦人，宜其死也。」夏，厲公出奔蔡。

六月乙亥，昭公入。

秋，鄭伯因櫟人殺檀伯，而遂居櫟。

十七年。初，鄭伯將以高渠彌爲卿，昭公惡之，固諫，不聽。昭公立，懼其殺己也，辛卯，弑昭公，而立公子亹。

君子謂「昭公知所惡矣」。公子達曰：「高伯其爲戮乎！復惡已甚矣。」

十八年冬，齊侯師于首止，子亹會之，高渠彌相。七月戊戌，齊人殺子亹，而轘高渠彌。祭仲逆鄭子于陳而立之。

是行也，祭仲知之，故稱疾不往。人曰：「祭仲以知免。」仲曰：「信也。」

楚武荆尸

六年春，楚武王侵隨，使薳章求成焉。軍於瑕以待之。隨人使少師董成。

鬭伯比言于楚子曰：「吾不得志於漢東也，我則使然。我張吾三軍，而被吾甲兵，以武臨之，彼則懼而協以謀我，故難閒也。漢東之國，隨爲大。隨張，必棄小國，小國離，楚之利也。少師侈，請羸師以張之。」熊率且比曰：「季梁在，何益？」鬭伯比曰：「以爲後圖，少師得其君。」王毁軍而納少師。

少師歸，請追楚師，隨侯將許之。季梁止之，曰：「天方授楚，楚之羸，其誘我也。君何急焉？臣聞小之能敵大也，小道大淫。所謂道，忠於民而信於神也。上思利民，忠也；祝史正辭，信也。今民餒而君逞欲，祝史矯舉以祭，臣不知其可也。」公曰：「吾牲牷肥腯，粢盛豐備，何則不信？」對曰：「夫民，神之主也，是以聖王先成民而後致力於神。故奉牲以告曰『博碩肥腯』，謂民力之普存也，謂其畜之碩大蕃滋也，謂其不疾瘯蠡也，謂其備腯咸有也；奉盛以告曰『絜粢豐盛』，謂其三時不害而民和年豐也；奉酒醴以告曰『嘉栗旨酒』，謂其上下皆有嘉德而無違心也。所謂馨香，無讒慝也。故務其三時，修其五教，親其九族，以致其禋祀，於是乎民和而神降之福，故動則有成。今民各有心，而鬼神乏主；君雖獨豐，其何福之有？君姑修政，而親兄弟之國，庶免於難。」隨侯懼而修政，楚不敢伐。

八年，隨少師有寵。楚鬭伯比曰：「可矣。讎有釁，不可失也。」

夏，楚子合諸侯于沈鹿。黄、隨不會。使薳章讓黄。楚子伐隨，軍於漢、淮之間。季梁請下之，「弗許而後戰，所以怒我而怠寇也」。少師謂隨侯曰：「必速戰。不然，將失楚師。」隨侯禦之。望楚師。季梁曰：「楚人上左，君必左，無與王遇。且攻其右。右無良焉，必敗。偏敗，衆乃攜矣。」少師曰：「不當王，非敵也。」弗從。戰于速杞。隨師敗績。隨侯逸。鬭丹獲其戎車，與其戎右少師。

秋，隨及楚平。楚子將不許，鬭伯比曰：「天去其疾矣，隨未可克也。」乃盟而還。

九年，巴子使韓服告于楚，請與鄧爲好。楚子使道朔將巴客以聘於鄧。鄧南鄙鄾人攻而奪之幣，殺道朔及巴行人。楚子使薳章讓於鄧，鄧人弗受。

夏，楚使鬬廉帥師及巴師圍鄾。鄧養甥、聃甥帥師救鄾。三逐巴師，不克。鬬廉衡陳其師於巴師之中，以戰，而北。鄧人逐之，背巴師；而夾攻之，鄧師大敗。鄾人宵潰。

十一年，楚屈瑕將盟貳、軫。鄖人軍於蒲騷，將與隨、絞、州、蓼伐楚師。莫敖患之。鬬廉曰：「鄖人軍其郊，必不誡。且日虞四邑之至也。君次於郊郢，以禦四邑，我以鋭師宵加於鄖。鄖有虞心而恃其城，莫有鬬志。若敗鄖師，四邑必離。」莫敖曰：「盍請濟師於王？」對曰：「師克在和，不在衆。商、周之不敵，君之所聞也。成軍以出，又何濟焉？」莫敖曰：「卜之？」對曰：「卜以決疑，不疑，何卜？」遂敗鄖師於蒲騷，卒盟而還。

十二年，楚伐絞，軍其南門。莫敖屈瑕曰：「絞小而輕，輕則寡謀。請無扞采樵者以誘之。」從之。絞人獲三十人。明日，絞人爭出，驅楚役徒於山中。楚人坐其北門，而覆諸山下，大敗之。爲城下之盟而還。

伐絞之役，楚師分涉於彭。羅人欲伐之。使伯嘉諜之。三巡數之。

十三年春，楚屈瑕伐羅，鬬伯比送之。還，謂其御曰：「莫敖必敗。舉趾高，心不固矣。」遂見楚子，曰：「必濟師！」楚子辭焉。入告夫人鄧曼。鄧曼曰：「大夫其非衆之謂，其謂君撫小民以信，訓諸司以德，而威莫敖以刑也。莫敖狃於蒲騷之役，將自用也，必小羅。君若不鎮撫，其不設備乎！夫固謂君訓衆而好鎮撫之，召諸司而勸之以令德，見莫敖而告諸天之不假易也。不然，夫豈不知楚師之盡行也？」楚子使賴人追之，不及。

莫敖使徇于師曰：「諫者有刑！」及鄢，亂次以濟，遂無次。且不設備。及羅，羅與盧戎兩軍之，大敗之。莫敖縊於荒谷。群帥囚于冶父以聽刑。楚子曰：「孤之罪也。」皆免之。

莊四年春王三月，楚武王荆尸，授師孑焉，以伐隨。將齊，入告夫人鄧曼曰：「余心蕩。」鄧曼歎曰：「王祿盡矣。盈而蕩，天之道也。先君其知之矣，故臨武事，將發大命，而蕩王心焉。若師徒無虧，王薨於行，國之福也。」王遂行，卒於樠木之下。令尹鬬祁、莫敖屈重除道、梁溠，營軍臨隨。隨人懼，行成。莫敖以王命入盟隨侯，且請爲會於漢汭，而還。濟漢而後發喪。

衛宣不父

十六年。初，衛宣公烝於夷姜，生急子，屬諸右公子。爲之娶於齊，而美，公取之。生壽及朔。屬壽於左公子。夷姜縊。宣姜與公子朔構急子。公使諸齊。使盜待諸莘，將殺之。壽子告之，使行。不可，曰：「棄父之命，惡用子矣？有無父之國則可也。」及行，飲以酒。壽子載其旌以先，盜殺之。急子至，曰：「我之求也，此何罪？請殺我乎！」又殺之。二公子故怨惠公。

十一月，左公子洩、右公子職立公子黔牟。惠公奔齊。

莊六年春，王人救衛。

夏，衛侯入，放公子黔牟于周，放甯跪于秦，殺左公子洩、右公子職，乃即位。

莊公　閔公

莊、閔政紀

莊公名同，桓公子，母文姜，在位三十二年。閔公名啟方，莊公之子，母叔姜，在位二年。附。

經·元年春王正月。

公羊傳·公何以不言即位？春秋君弒，子不言即位。君弒則子何以不言即位？據繼君不絕也。

傳·七年夏，恒星不見，夜明也。星隕如雨，與雨偕也。

八年春，治兵于廟，禮也。

夏，師及齊師圍郕。郕降于齊師。仲慶父請伐齊師。公曰：「不可。我實不德，齊師何罪？罪我之由。夏書曰：『皋陶邁種德，德，乃降。』姑務修德，以待時乎！」

秋，師還。君子是以善魯莊公。

十年春，齊師伐我。公將戰，曹劌請見。其鄉人曰：「肉食者謀之，又何間焉？」劌曰：「肉食者鄙，未能遠謀。」乃入見。問何以戰。公曰：「衣食所安，弗敢專也，必以分人。」對曰：「小惠未徧，民弗從也。」公曰：「犧牲、玉帛，弗敢加也。必以信。」對曰：「小信未孚，神弗福也。」公曰：「小大之獄，雖不能察，必以情。」對曰：「忠之屬也，可以一戰。戰，則請從。」

公與之乘。戰于長勺。公將鼓之。劌曰：「未可。」齊人三鼓，劌曰：「可矣！」齊師敗績。公將馳之。劌曰：「未可。」下，視其轍，登軾而望之，曰：「可矣。」遂逐齊師。既克，公問其故。對曰：「夫戰，勇氣也。一鼓作氣，再而衰，三而竭。彼竭我盈，故克之。夫大國，難測也，懼有伏焉。吾視其轍亂，望其旗靡，故逐之。」

夏六月，齊師、宋師次于郎。公子偃曰：「宋師不整，可敗也。宋敗，齊必還，請擊之。」公弗許。自雩門竊出，蒙皋比而先犯之。公從之。大敗宋師于乘丘。齊師乃還。

十一年夏，宋爲乘丘之役故，侵我。公禦之。宋師未陳而薄之，敗諸鄑。

凡師，敵未陳曰敗某師，皆陳曰戰，大崩曰敗績。得儁曰克，覆而敗之曰取某師，京師敗曰王師敗績于某。

二十三年夏，公如齊觀社，非禮也。曹劌諫曰：「不可。夫禮，所以整民也。故會以訓上下之則，制財用之節；朝以正班爵之義，帥長幼之序；征伐以討其不然。諸侯有王，王有巡守，以大習之。非是，君不舉矣。君舉必書。書而不法，後嗣何觀？」

三十二年。初，公築臺，臨黨氏，見孟任，從之。閟。而以夫人言，許之，割臂盟公。生子般焉。雩，講于梁氏，女公子觀之。圉人犖自牆外與之戲。子般怒，使鞭之。公曰：

「不如殺之，是不可鞭。犖有力焉，能投蓋于稷門。」

公疾，問後於叔牙。對曰：「慶父材。」問於季友，對曰：「臣以死奉般。」公曰：「鄉者牙曰『慶父材』。」成季使以君命命僖叔，待于鍼巫氏，使鍼季酖之，曰：「飲此，則有後於魯國；不然，死且無後。」飲之，歸，及逵泉而卒。立叔孫氏。

八月癸亥，公薨于路寢。子般即位，次于黨氏。冬十月己未，共仲使圉人犖賊子般于黨氏。成季奔陳。立閔公。

元年秋八月，公及齊侯盟于落姑，請復季友也。齊侯許之，使召諸陳，公次于郎以待之。「季子來歸」，嘉之也。

冬，齊仲孫湫來省難，書曰「仲孫」，亦嘉之也。仲孫歸曰：「不去慶父，魯難未已。」公曰：「若之何而去之？」對曰：「難不已，將自斃，君其待之。」公曰：「魯可取乎？」對曰：「不可。猶秉周禮。周禮，所以本也。臣聞之：『國將亡，本必先顛，而後枝葉從之。』魯不棄周禮，未可動也。君其務寧魯難而親之。親有禮，因重固，間攜貳，覆昏亂，霸王之器也。」

二年。初，公傅奪卜齮田，公不禁。秋八月辛丑，共仲使卜齮賊公于武闈。成季以僖公適邾。共仲奔莒。乃入，立之。以賂求共仲于莒，莒人歸之。及密，使公子魚請。不許，哭而往。共仲曰：「奚斯之聲也。」乃縊。

閔公，哀姜之娣叔姜之子也，故齊人立之。共仲通於哀姜，哀姜欲立之。閔公之死也，哀姜與知之，故孫于邾。齊人取而殺之于夷，以其尸歸，僖公請而葬之。

成季之將生也，桓公使卜楚丘之父卜之。曰：「男也，其名曰友，在公之右；閒於兩社，爲公室輔。季氏亡，則魯不昌。」又筮之，遇大有䷍之乾䷀，曰：「同復於父，敬如君所。」及生，有文在其手曰「友」，遂以命之。

成風聞成季之繇，乃事之，而屬僖公焉，故成季立之。

楚文王與息嬀

六年，楚文王伐申。過鄧。鄧祁侯曰：「吾甥也。」止而享之。騅甥、聃甥、養甥請殺楚子，鄧侯弗許。三甥曰：「亡鄧國者，必此人也。若不早圖，後君噬齊。其及圖之乎！圖之，此爲時矣。」鄧侯曰：「人將不食吾餘。」對曰：「若不從三臣，抑社稷實不血食，而君焉取餘？」弗從。還年，楚子伐鄧。十六年，楚復伐鄧，滅之。

十年。蔡哀侯娶于陳，息侯亦娶焉。息嬀將歸，過蔡。蔡侯曰：「吾姨也。」止而見之，弗賓。息侯聞之，怒，使謂楚文王曰：「伐我，吾求救於蔡而伐之。」楚子從之。秋九月，楚敗蔡師于莘，以蔡侯獻舞歸。

十四年。蔡哀侯爲莘故，繩息嬀以語楚子。楚子如息，以食入享，遂滅息。以息嬀歸，生堵敖及成王焉。未言。楚子問之，對曰：「吾一婦人，而事二夫，縱弗能死，其又奚言？」楚子以蔡侯滅息，遂伐蔡。秋七月，楚入蔡。

君子曰：「商書所謂『惡之易也，如火之燎于原，不可鄉邇，其猶可撲滅』者，其如蔡哀侯乎！」

十八年。初，楚武王克權，使鬬緍尹之，以叛，圍而殺之。遷權於那處，使閻敖尹之。及文王即位，與巴人伐申，而驚其師。巴人叛楚而伐那處，取之，遂門于楚。閻敖游涌而逸。楚子殺之。其族爲亂。冬，巴人因之以伐楚。

十九年春，楚子禦之，大敗於津。還，鬻拳弗納，遂伐黃。敗黃師于踖陵。還，及湫，有疾。夏六月庚申，卒。鬻拳葬諸夕室。亦自殺也，而葬於經皇。

初，鬻拳强諫楚子。楚子弗從。臨之以兵，懼而從之。鬻拳曰：「吾懼君以兵，罪莫大焉。」遂自刖也。楚人以爲大閽，謂之大伯。使其後掌之。

君子曰：「鬻拳可謂愛君矣：諫以自納於刑，刑猶不忘納君於善。」

二十八年。楚令尹子元欲蠱文夫人，爲館於其宮側，而振萬焉。夫人聞之，泣曰：

「先君以是舞也，習戎備也。今令尹不尋諸仇讎，而於未亡人之側，不亦異乎！」御人以告子元。子元曰：「婦人不忘襲讎，我反忘之！」

秋，子元以車六百乘伐鄭，入于桔柣之門。子元、鬬御彊、鬬梧、耿之不比爲旆，鬬班、王孫游、王孫喜殿。衆車入自純門，及逵市。縣門不發，楚言而出。子元曰：「鄭有人焉。」諸侯救鄭。楚師夜遁。鄭人將奔桐丘，諜告曰：「楚幕有烏。」乃止。

三十年夏，楚公子元歸自伐鄭，而處王宫。鬬射師諫，則執而梏之。秋，申公鬬班殺子元。鬬穀於菟爲令尹，自毁其家，以紓楚國之難。

王子頽之亂

十九年。初，王姚嬖于莊王，生子頽。子頽有寵，蔿國爲之師。及惠王即位，取蔿國之圃以爲囿。邊伯之宫近於王宫，王取之。王奪子禽祝跪與詹父田，而收膳夫之秩，故蔿國、邊伯、石速、詹父、子禽祝跪作亂，因蘇氏。秋，五大夫奉子頽以伐王，不克，出奔温。蘇子奉子頽以奔衛。衛師、燕師伐周。冬，立子頽。

二十年春，鄭伯和王室，不克。執燕仲父。夏，鄭伯遂以王歸。王處于櫟。秋，王及鄭伯入于鄔。遂入成周，取其寶器而還。

冬，王子頹享五大夫，樂及徧舞。鄭伯聞之，見虢叔曰：「寡人聞之：哀樂失時，殃咎必至。今王子頹歌舞不倦，樂禍也。夫司寇行戮，君爲之不舉，而況敢樂禍乎？奸王之位，禍孰大焉？臨禍忘憂，憂必及之。盍納王乎！」虢公曰：「寡人之願也。」

二十一年春，胥命于弭。夏，同伐王城。鄭伯將王自圉門入，虢叔自北門入，殺王子頹及五大夫。

鄭伯享王於闕西辟，樂備。王與之武公之略，自虎牢以東。原伯曰：「鄭伯效尤，其亦將有咎！」五月，鄭厲公卒。

王巡虢守，虢公爲王宫于玤，王與之酒泉。鄭伯之享王也，王以后之鞶鑑予之。虢公請器，王予之爵。鄭伯由是始惡于王。

冬，王歸自虢。

神降于莘

周語・有神降於莘，王問於内史過，曰：「是何故？固有之乎？」對曰：「有之。國之將興，其君齊明、衷正、精潔、惠和，其德足以昭其馨香，其惠足以同其民人。神饗而民聽，民神無怨，故明神降之，觀其政德而均布福焉。國之將亡，其君貪冒、辟邪、淫佚、荒怠、纍穢、暴虐；其政腥臊，馨香不登；其刑矯誣，百姓攜貳。明神不蠲而民有遠志，民神怨痛，無所依懷，故神亦往焉，觀其苛慝而降之禍。是以或見神以興，亦或以亡。昔夏之興也，融降於崇山；其亡也，回祿信於聆隧。商之興也，檮杌次於丕山；其亡也，夷羊在牧。周之興也，鸑鷟鳴於岐山；其衰也，杜伯射王於鄗。是皆明神之志者也。」

王曰：「今是何神也？」對曰：「昔昭王娶於房，曰房后，實有爽德，協於丹朱，丹朱憑身以儀之，生穆王焉。是實臨照周之子孫而禍福之。夫神壹不遠徙遷，若由是觀之，其丹朱之神乎？」王曰：「其誰受之？」對曰：「在虢土。」王曰：「然則何爲？」對曰：「臣聞之：道而得神，是謂逢福；淫而得神，是謂貪禍。今虢少荒，其亡乎？」王曰：「吾其若之何？」對曰：「使太宰以祝、史帥狸姓，奉犧牲、粢盛、玉帛往獻焉，無有祈也。」

王曰：「虢其幾何？」對曰：「昔堯臨民以五，今其冑見，神之見也，不過其物。若由是觀之，不過五年。」王使太宰忌父帥傅氏及祝、史奉犧牲、玉鬯往獻焉。內史過從至虢，虢公亦使祝、史請土焉。內史過歸，以告王曰：「虢必亡矣，不禋於神而求福焉，神必禍之；不親於民而求用焉，人必違之。精意以享，禋也；慈保庶民，親也。今虢公動匱百姓以逞其違，離民怒神而求利焉，不亦難乎！」

齊桓、管仲霸業上

八年，齊侯使連稱、管至父戍葵丘。瓜時而往，曰：「及瓜而代。」期戍，公問不至。請代，弗許。故謀作亂。

僖公之母弟曰夷仲年，生公孫無知，有寵於僖公，衣服禮秩如適。襄公絀之。二人因之以作亂。

連稱有從妹在公宮，無寵，使間公。曰：「捷，吾以女爲夫人。」

冬十二月，齊侯游於姑棼，遂田于貝丘。見大豕。從者曰：「公子彭生也。」公怒曰：「彭生敢見！」射之，豕人立而啼。公懼，墜于車，傷足，喪屨。反，誅屨於徒人費。弗得，鞭之，見血。走出，遇賊于門。劫而束之。費曰：「我奚御哉？」袒而示之背，信之。費請先入。伏公而出，鬭，死于門中。石之紛如死于階下。遂入，殺孟陽於牀。曰：「非君也，不類。」見公之足于户下，遂弑之，而立無知。

初，襄公立，無常。鮑叔牙曰：「君使民慢，亂將作矣。」奉公子小白出奔莒。亂作，管夷吾、召忽奉公子糾來奔。

初，公孫無知虐于雍廩。

九年春，雍廩殺無知。

公及齊大夫盟于蔇，齊無君也。

夏，公伐齊，納子糾。桓公自莒先入。

秋，師及齊師戰于乾時，我師敗績。公喪戎路，傳乘而歸。秦子、梁子以公旗辟于下道，是以皆止。

鮑叔帥師來言曰：「子糾，親也，請君討之。管、召，讎也，請受而甘心焉。」乃殺子糾于生竇。召忽死之。管仲請囚，鮑叔受之，及堂阜而稅之。歸而以告曰：「管夷吾治於高傒，使相可也。」公從之。

齊語・桓公自莒反於齊，使鮑叔爲宰，辭曰：「臣，君之庸臣也。君加惠於臣，使不凍餒，則是君之賜也。若必治國家者，則非臣之所能也。若必治國家者，則其管夷吾乎。臣之所不若夷吾者五：寬惠柔民，弗若也；治國家不失其柄，弗若也；忠信可結於百姓，弗若也；制禮義可法於四方，弗若也；執枹鼓立於軍門，使百姓皆加勇焉，弗若也。」桓公曰：「夫管夷吾射寡人中鉤，是以濱於死。」鮑叔對曰：「夫爲其君動也。君若宥而反之，夫猶是也。」桓公曰：「若何？」鮑子對曰：「請諸魯。」桓公曰：「施伯，魯君之謀臣也，夫知吾將用之，必不予我矣。若之何？」鮑子對曰：「使人請諸魯，曰：『寡君有不令之臣在君之國，欲以戮之於群臣，故請之。』則予我矣。」桓公使請諸魯，如鮑叔之言。

莊公以問施伯，施伯對曰：「此非欲戮之也，欲用其政也。夫管子，天下之才也，所在之國，則必得志於天下。令彼在齊，則必長爲魯國憂矣。」莊公曰：「若何？」施伯對曰：「殺而以其屍授之。」莊公將殺管仲，齊使者請曰：「寡君欲親以爲戮，若不生得以戮於群臣，猶未得請也。請生之。」於是莊公使束縛以予齊使，齊使受之而退。

比至，三釁、三浴之。桓公親逆之于郊，而與之坐而問焉，曰：「昔吾先君襄公築臺以爲高位，田、狩、罼、弋，不聽國政，卑聖侮士，而唯女是崇。九妃、六嬪，陳妾數百，食必粱肉，衣必文繡。戎士凍餒，戎車待遊車之裂，戎士待陳妾之餘。優笑在前，賢材在後。是以國家不日引，不月長。恐宗廟之不掃除，社稷之不血食，敢問爲此若何？」管子對曰：「昔吾先王昭王、穆王，世法文、武遠績以成名，合群叟，比校民之有道者，設象以爲民紀，式權以相應，比綴以度，竱本肇末，勸之以賞賜，糾之以刑罰，班序顛毛，以爲民紀統。」桓公曰：「爲之若何？」管子對曰：「昔者，聖王之治天下也，參其國而伍其鄙，定民之居，成民之事，陵爲之終，而慎用其六柄焉。」

桓公曰：「成民之事若何？」管子對曰：「四民者，勿使雜處，雜處則其言哤，其事易。」公曰：「處士、農、工、商若何？」管子對曰：「昔聖王之處士也，使就閒燕；處工，就官府；　處商，就市井；　處農，就田野。

「令夫士，群萃而州處，閒燕則父與父言義，子與子言孝，其事君者言敬，其幼者言弟。少而習焉，其心安焉，不見異物而遷焉。　是故其父兄之教不肅而成，其子弟之學不勞而能。　夫是，故士之子恒爲士。

「令夫工，群萃而州處，審其四時，辨其功苦，權節其用，論比協材，旦暮從事，施於四方，以飭其子弟，相語以事，相示以巧，相陳以功。　少而習焉，其心安焉，不見異物而遷焉。是故其父兄之教不肅而成，其子弟之學不勞而能。　夫是，故工之子恒爲工。

「令夫商，群萃而州處，察其四時，而監其鄉之資，以知其市之賈，負、任、擔、荷，服牛、軺馬，以周四方，以其所有，易其所無，市賤鬻貴，旦暮從事於此，以飭其子弟，相語以利，相示以賴，相陳以知賈。　少而習焉，其心安焉，不見異物而遷焉。　是故其父兄之教不肅而成，其子弟之學不勞而能。　夫是，故商之子恒爲商。

「令夫農，群萃而州處，察其四時，權節其用，耒、耜、耞、芟，及寒，擊菒除田，以待時耕；　及耕，深耕而疾耰之，以待時雨；　時雨既至，挾其槍、刈、耨、鎛，以旦暮從事於田野。　脱衣就功，首戴茅蒲，身衣襏襫，霑體塗足，暴其髮膚，盡其四支之敏，以從事於田野。少而習焉，其心安焉，不見異物而遷焉。　是故其父兄之教不肅而成，其子弟之學不勞而能。夫是，故農之子恒爲農，野處而不暱。其秀民之能爲士者，必足賴也。有司見而不以告，其罪五。有司已於事而竣。」

桓公曰：「定民之居若何？」管子對曰：「制國以爲二十一鄉。」桓公曰：「善。」管子於是制國以爲二十一鄉：工商之鄉六；士鄉十五，公帥五鄉焉，國子帥五鄉焉，高子帥五鄉焉。參國起案，以爲三官，臣立三宰，工立三族，市立三鄉，澤立三虞，山立三衡。

桓公曰：「吾欲從事於諸侯，其可乎？」管子對曰：「未可。國未安。」桓公曰：「安國若何？」管子對曰：「修舊法，擇其善者而業用之；遂滋民，與無財，而敬百姓，則國安矣。」桓公曰：「諾。」遂修舊法，擇其善者而業用之；遂滋民，與無財，而敬百姓。國既安矣，桓公曰：「國安矣，其可乎？」管子對曰：「未可。君若正卒伍，修甲兵，則大國亦將正卒伍，修甲兵，則難以速得志矣。君有攻伐之器，小國諸侯有守禦之備，則難以速得志矣。君若欲速得志於天下諸侯，則事可以隱令，可以寄政。」桓公曰：「爲之若何？」管子對曰：「作内政而寄軍令焉。」桓公曰：「善。」

管子於是制國：五家爲軌，軌爲之長；十軌爲里，里有司；四里爲連，連爲之長；十連爲鄉，鄉有良人焉。以爲軍令：五家爲軌，故五人爲伍，軌長帥之；十軌爲里，故五十人爲小戎，里有司帥之；四里爲連，故二百人爲卒，連長帥之；十連爲鄉，故二千人爲旅，鄉良人帥之；五鄉一帥，故萬人爲一軍，五鄉之帥帥之。三軍，故有中軍之鼓，有國子之鼓，有高子之鼓。春以蒐振旅，秋以獮治兵。是故卒伍整於里，軍旅整於郊。内教既成，令勿使遷徙。伍之人祭祀同福，死喪同恤，禍災共之。人與人相疇，家與家相疇，世同居，少同遊。故夜戰聲相聞，足以不乖；晝戰目相見，足以相識。其歡欣足以相死。居同樂，行同和，死同哀。是故守則同固，戰則同彊。君有此士也三萬人，以方行於天下，以誅無道，以屏周室，天下大國之君莫之能禦。

正月之朝，鄉長復事。君親問焉，曰：「於子之鄉，有居處好學、慈孝於父母、聰慧質仁、發聞於鄉里者，有則以告。有而不以告，謂之蔽明，其罪五。」有司已於事而竣。桓公又問焉，曰：「於子之鄉，有拳勇股肱之力秀出於衆者，有則以告。有而不以告，謂之蔽賢，其罪五。」有司已於事而竣。桓公又問焉，曰：「於子之鄉，有不慈孝於父母、不長悌於鄉里、驕躁淫暴、不用上令者，有則以告。有而不以告，謂之下比，其罪五。」有司已於事而竣。是故鄉長退而修德進賢，桓公親見之，遂使役官。

桓公令官長期而書伐，以告且選。選其官之賢者而復用之，曰：「有人居我官，有功休德，惟慎端慤以待時，使民以勸，綏謗言，足以補官之不善政。」桓公召而與之語，訾相其質，足以比成事，誠可立而授之。設之以國家之患而不疚，退問之其鄉，以觀其所能而無大厲，升以爲上卿之贊。謂之三選。國子、高子退而修鄉，鄉退而修連，連退而修里，里退而修軌，軌退而修伍，伍退而修家。是故匹夫有善，可得而舉也；匹夫有不善，可得而誅也。政既成，鄉不越長，朝不越爵，罷士無伍，罷女無家。夫是，故民皆勉爲善。與其爲善於鄉也，不如爲善於里；與其爲善於里也，不如爲善於家。是故士莫敢言一朝之便，皆有終歲之計；莫敢以終歲之議，皆有終身之功。

桓公曰：「伍鄙若何？」管子對曰：「相地而衰征，則民不移；政不旅舊，則民不偷；山澤各致其時，則民不苟；陸、阜、陵、墐、井、田、疇均，則民不惑；無奪民時，則百姓富；犧牲不略，則牛羊遂。」

桓公曰：「定民之居若何？」管子對曰：「制鄙。三十家爲邑，邑有司；十邑爲卒，卒有卒帥；十卒爲鄉，鄉有鄉帥；三鄉爲縣，縣有縣帥；十縣爲屬，屬有大夫。五屬，故立五大夫，各使治一屬焉；立五正，各使聽一屬焉。是故正之政聽屬，牧政聽縣，下政聽鄉。」

政既成矣，以守則固，以征則彊。桓公曰：「吾欲從事於諸侯，其可乎？」管子對曰：「未可。鄰國未吾親也。君欲從事於天下諸侯，則親鄰國。」桓公曰：「若何？」管子對曰：「審吾疆埸，而反其侵地；正其封疆，無受其資；而重爲之皮幣，以驟聘眺於諸侯，以安四鄰，則四鄰之國親我矣。爲遊士八十人，奉之以車馬、衣裘，多其資幣，使周遊於四方，以號召天下之賢士。皮幣玩好，使民鬻之四方，以監其上下之所好，擇其淫亂者而先征之。」

桓公問曰：「夫軍令則寄諸内政矣，齊國寡甲兵，爲之若何？」管子對曰：「輕過而移諸甲兵。」桓公曰：「爲之若何？」管子對曰：「制重罪贖以犀甲一戟，輕罪贖以鞼盾一戟，小罪讁以金分，宥閒罪。索訟者三禁而不可上下，坐成以束矢。美金以鑄劍戟，試諸狗馬；惡金以鑄鉏、夷、斤、斸，試諸壤土。」甲兵大足。

桓公曰：「吾欲南伐，何主？」管子對曰：「以魯爲主。反其侵地棠、潛，使海於有蔽，渠弭於有渚，環山於有牢。」桓公曰：「吾欲西伐，何主？」管子對曰：「以衛爲主。反其侵地臺、原、姑與漆里，使海於有蔽，渠弭於有渚，環山於有牢。」桓公曰：「吾欲北伐，何主？」管子對曰：「以燕爲主。反其侵地柴夫、吠狗，使海於有蔽，渠弭於有渚，環山於有牢。」四鄰大親。既反侵地，正封疆，地南至於䧟陰，西至于濟，北至于河，東至于紀酅，有革車八百乘。擇天下之甚淫亂者而先征之。

〈傳・十年。齊侯之出也，過譚，譚不禮焉。及其入也，諸侯皆賀，譚又不至。冬，齊師滅譚，譚無禮也。譚子奔莒，同盟故也。

十三年春，會于北杏，以平宋亂。宋萬弑閔公。遂人不至。夏，齊人滅遂而戍之。

經・冬，公會齊侯，盟于柯。

公羊傳・何以不日？易也。其易奈何？桓之盟不日，其會不致，信之也。其不日何以始乎此？莊公將會乎桓，曹子進曰：「君之意何如？」莊公曰：「寡人之生則不若死矣。」曹子曰：「然則君請當其君，臣請當其臣。」莊公曰：「諾。」於是會乎桓。莊公升壇，曹子手劍而從之。管子進曰：「君何求乎？」曹子曰：「城壞壓竟，君不圖與？」管子曰：「然則君將何求？」曹子曰：「願請汶陽之田。」管子顧曰：「君許諾。」桓公曰：「諾。」曹子請盟，桓公下與之盟。已盟，曹子摽劍而去之。要盟可犯，而桓公不欺。曹子可讎，而桓公不怨，桓公之信著乎天下，自柯之盟始焉。

宋人背北杏之會。

傳・十四年春，諸侯伐宋。齊請師于周。夏，單伯會之。取成于宋而還。

冬，會于鄄，宋服故也。

十五年春，復會焉，齊始霸也。

秋，諸侯爲宋伐郳。鄭人間之而侵宋。

十六年夏，諸侯伐鄭，宋故也。

鄭伯自櫟入，緩告于楚。秋，楚伐鄭，及櫟，爲不禮故也。

冬，同盟于幽，鄭成也。

十七年春，齊人執鄭詹，鄭不朝也。

夏，遂因氏、頜氏、工婁氏、須遂氏饗齊戍，醉而殺之，齊人殲焉。

二十七年夏，同盟于幽，陳、鄭服也。

冬，王使召伯廖賜齊侯命，且請伐衛，以其立子頹也。

二十八年春，齊侯伐衛，戰，敗衛師，數之以王命，取賂而還。

三十年冬，遇于魯濟，謀山戎也。以其病燕故也。

三十一年夏六月，齊侯來獻戎捷，非禮也。凡諸侯有四夷之功，則獻於王，王以警于夷；中國則否。諸侯不相遺俘。

三十二年春，城小穀，爲管仲也。

齊侯爲楚伐鄭之故，請會于諸侯。宋公請先見于齊侯。夏，遇于梁丘。

犀革裹勇士

十一年秋，宋大水。公使弔焉，曰：「天作淫雨，害於粢盛，若之何不弔？」對曰：

「孤實不敬，天降之災，又以爲君憂，拜命之辱。」

臧文仲曰：「宋其興乎！禹、湯罪己，其興也悖焉；桀、紂罪人，其亡也忽焉。且列國有凶，稱孤，禮也。言懼而名禮，其庶乎！」既而聞之曰公子御説之辭也。臧孫達曰：「是宜爲君，有恤民之心。」

乘丘之役，公之金僕姑射南宮長萬，公右歂孫生搏之。宋人請之。宋公靳之，曰：「始吾敬子；今子，魯囚也，吾弗敬子矣。」病之。

十二年秋，宋萬弑閔公于蒙澤。遇仇牧于門，批而殺之。遇大宰督于東宮之西，又殺之。立子游。群公子奔蕭。公子御説奔亳。南宮牛、猛獲帥師圍亳。

冬十月，蕭叔大心及戴、武、宣、穆、莊之族以曹師伐之。殺南宮牛于師，殺子游於宋，立桓公。猛獲奔衛。南宮萬奔陳，以乘車輦其母，一日而至。

宋人請猛獲於衛，衛人欲勿與，石祁子曰：「不可。天下之惡一也，惡於宋而保於我，保之何補？得一夫而失一國，與惡而棄好，非謀也。」衛人歸之。亦請南宮萬于陳，以賂。陳人使婦人飲之酒，而以犀革裹之。比及宋，手足皆見。宋人皆醢之。

姜育有嬀

二十二年春，陳人殺其大子御寇。陳公子完與顓孫奔齊。顓孫自齊來奔。

齊侯使敬仲爲卿。辭曰：「羈旅之臣幸若獲宥，及於寬政，赦其不閑於教訓，而免於罪戾，弛於負擔，君之惠也。所獲多矣，敢辱高位以速官謗？請以死告。詩曰：『翹翹車乘，招我以弓。豈不欲往？畏我友朋。』」使爲工正。

飲桓公酒，樂。公曰：「以火繼之。」辭曰：「臣卜其晝，未卜其夜，不敢。」君子曰：「酒以成禮，不繼以淫，義也；以君成禮，弗納於淫，仁也。」

初，懿氏卜妻敬仲。其妻占之，曰：「吉。是謂『鳳皇于飛，和鳴鏘鏘。有嬀之後，將育于姜。五世其昌，並於正卿。八世之後，莫之與京』。」

陳厲公，蔡出也，故蔡人殺五父而立之，生敬仲。其少也。周史有以周易見陳侯者，陳侯使筮之，遇觀䷓之否䷋，曰：「是謂『觀國之光，利用賓于王』。此其代陳有國乎？不在此，其在異國；非此其身，在其子孫。光，遠而自他有耀者也。坤，土也；巽，風也；乾，天也。風爲天，于土上，山也。有山之材，而照之以天光，於是乎居土上，故曰：『觀國之光，利用賓于王。』庭實旅百，奉之以玉帛，天地之美具焉，故曰：『利用賓于王。』猶有觀焉，故曰其在後乎！風行而著於土，故曰其在異國乎！若在異國，必姜姓也。姜，大嶽之後也。山嶽則配天，物莫能兩大。陳衰，此其昌乎。」

及陳之初亡也，陳桓子始大於齊。其後亡也，成子得政。

厲公入鄭

十四年夏，鄭厲公自櫟侵鄭，及大陵，獲傅瑕。傅瑕曰：「苟舍我，吾請納君。」與之盟而赦之。六月甲子，傅瑕殺鄭子及其二子，而納厲公。

初，内蛇與外蛇鬬於鄭南門中，内蛇死。六年而厲公入。公聞之，問於申繻曰：「猶有妖乎？」對曰：「人之所忌，其氣燄以取之。妖由人興也。人無釁焉，妖不自作。人棄常，則妖興，故有妖。」

厲公入，遂殺傅瑕。使謂原繁曰：「傅瑕貳，周有常刑，既伏其罪矣。納我而無二心者，吾皆許之上大夫之事，吾願與伯父圖之。且寡人出，伯父無裏言。入，又不念寡人，寡人憾焉。」對曰：「先君桓公命我先人典司宗祏。社稷有主，而外其心，其何貳如之？苟主社稷，國内之民，其誰不爲臣？臣無二心，天之制也。子儀在位，十四年矣；而謀召君者，庸非貳乎？莊公之子猶有八人，若皆以官爵行賂勸貳而可以濟事，君其若之何？臣聞命矣。」乃縊而死。

十六年，鄭伯治與於雍糾之亂者，九月，殺公子閼，刖强鉏。公父定叔出奔衛。三年而復之，曰：「不可使共叔無後於鄭。」使以十月入，曰：「良月也，就盈數焉。」

晉獻無親

二十三年，晉桓、莊之族偪，獻公患之。士蔿曰：「去富子，則群公子可謀也已。」公曰：「爾試其事。」士蔿與群公子謀，譖富子而去之。

二十四年，晉士蔿又與群公子謀，使殺游氏之二子。士蔿告晉侯曰：「可矣。不過二年，君必無患。」

二十五年，晉士蔿使群公子盡殺游氏之族，乃城聚而處之。

二十六年，晉士蔿爲大司空。

夏，士蔿城絳，以深其宫。

二十八年，晉獻公娶于賈，無子。烝於齊姜，生秦穆夫人及大子申生。又娶二女於戎，大戎狐姬生重耳，小戎子生夷吾。晉伐驪戎，驪戎男女以驪姬，歸，生奚齊，其娣生卓子。驪姬嬖，欲立其子，賂外嬖梁五與東關嬖五，使言於公曰：「曲沃，君之宗也；蒲與二屈，君之疆也；不可以無主。宗邑無主，則民不威；疆埸無主，則啓戎心；戎之生心，民慢其政，國之患也。若使大子主曲沃，而重耳、夷吾主蒲與屈，則可以威民而懼戎，且旌君伐。」使俱曰：「狄之廣莫，於晉爲都。晉之啓土，不亦宜乎！」晉侯説之。夏，使大子居曲沃，重耳居蒲城，夷吾居屈。群公子皆鄙，唯二姬之子在絳。二五卒與驪姬譖群公子而立奚齊，晉人謂之二五耦。

閔元年，晉侯作二軍，公將上軍，大子申生將下軍。趙夙御戎，畢萬爲右，以滅耿、滅霍、滅魏。還，爲大子城曲沃。賜趙夙耿，賜畢萬魏，以爲大夫。

士蔿曰：「大子不得立矣。分之都城，而位以卿，先爲之極，又焉得立？不如逃之，無使罪至。爲吳大伯，不亦可乎？猶有令名，與其及也。且諺曰：『心苟無瑕，何恤乎無家？』天若祚大子，其無晉乎！」

卜偃曰：「畢萬之後必大。萬，盈數也；魏，大名也。以是始賞，天啓之矣。天子曰兆民，諸侯曰萬民。今名之大，以從盈數，其必有衆。」

初，畢萬筮仕於晉，遇屯䷂之比䷇。辛廖占之，曰：「吉。屯固、比入，吉孰大焉？其必蕃昌。震爲土，車從馬，足居之，兄長之，母覆之，衆歸之，六體不易，合而能固，安而能殺，公侯之卦也。公侯之子孫，必復其始。」

二年，晉侯使大子申生伐東山皐落氏。里克諫曰：「大子奉冢祀、社稷之粢盛，以朝夕視君膳者也，故曰冢子。君行則守，有守則從。從曰撫軍，守曰監國，古之制也。夫帥師，專行謀，誓軍旅，君與國政之所圖也，非大子之事也。師在制命而已，稟命則不威，專命則不孝，故君之嗣適不可以帥師。君失其官，帥師不威，將焉用之？且臣聞皋落氏將戰。君其舍之！」公曰：「寡人有子，未知其誰立焉！」不對而退。

見大子。大子曰：「吾其廢乎？」對曰：「告之以臨民，教之以軍旅，不共是懼，何故廢乎？且子懼不孝，無懼弗得立。修己而不責人，則免於難。」

大子帥師，公衣之偏衣，佩之金玦。狐突御戎，先友爲右。梁餘子養御罕夷，先丹木爲右。羊舌大夫爲尉。先友曰：「衣身之偏，握兵之要，在此行也，子其勉之！偏躬無慝，兵要遠災，親以無災，又何患焉？」狐突歎曰：「時，事之徵也；衣，身之章也；佩，衷之旗也。故敬其事，則命以始；服其身，則衣之純；用其衷，則佩之度。今命以時卒，閟其事也；衣之尨服，遠其躬也；佩以金玦，棄其衷也。服以遠之，時以閟之，尨，涼；冬，殺；金，寒；玦，離；胡可恃也？雖欲勉之，狄可盡乎？」梁餘子養曰：「帥師者，受命於廟，受脤於社，有常服矣。不獲而尨，命可知也。死而不孝，不如逃之。」罕夷曰：「尨奇無常，金玦不復。雖復何爲？君有心矣。」先丹木曰：「是服也。狂夫阻之。曰『盡敵而反』，敵可盡乎？雖盡敵，猶有內讒，不如違之。」狐突欲行。羊舌大夫曰：

「不可。違命不孝，棄事不忠。雖知其寒，惡不可取。子其死之！」

大子將戰，狐突諫曰：「不可。昔辛伯諗周桓公云：『内寵並后，外寵二政，嬖子配適，大都耦國，亂之本也。』周公弗從，故及於難。今亂本成矣，立可必乎？孝而安民，子其圖之！與其危身以速罪也。」

經文統鈔中編卷二

益陽陳天倪　主纂
湘陰彭　昺　襄輯

僖公

僖公政紀公名申，莊公之子，閔公之兄，母成風，在位三十三年。

經·元年春王正月。

公羊傳·公何以不言即位？繼弒君，子不言即位。此非子也，其稱子何？臣子一例也。

傳·二十一年夏，大旱。公欲焚巫、尪。臧文仲曰：「非旱備也。修城郭、貶食、省用、務穡、勸分，此其務也。巫、尪何爲？天欲殺之，則如勿生；若能爲旱，焚之滋甚。」公從之。是歲也，饑而不害。

任、宿、須句、顓臾，風姓也，實司大皞與有濟之祀，以服事諸夏。邾人滅須句。須句子來奔，因成風也。成風爲之言於公曰：「崇明祀，保小寡，周禮也；蠻夷猾夏，周禍也。若封須句，是崇皞、濟而修祀，紓禍也。」

二十二年春，伐邾，取須句，反其君焉，禮也。

邾人以須句故出師。公卑邾，不設備而禦之。臧文仲曰：「國無小，不可易也。無備，雖衆，不可恃也。詩曰：『戰戰兢兢，如臨深淵，如履薄冰。』又曰：『敬之敬之！天惟顯思，命不易哉！』先王之明德，猶無不難也，無不懼也，況我小國乎！君其無謂邾小，蠭蠆有毒，而況國乎！」弗聽。

八月丁未，公及邾師戰于升陘，我師敗績。邾人獲公胄，縣諸魚門。

二十六年夏，齊孝公伐我北鄙，衛人伐齊，洮之盟故也。

公使展喜犒師，使受命于展禽。齊侯未入竟，展喜從之，曰：「寡君聞君親舉玉趾，將辱於敝邑，使下臣犒執事。」齊侯曰：「魯人恐乎？」對曰：「小人恐矣，君子則否。」齊侯曰：「室如縣罄，野無青草，何恃而不恐？」對曰：「恃先王之命。昔周公、大公股肱周室，夾輔成王。成王勞之，而賜之盟，曰：『世世子孫無相害也。』載在盟府，大師職之。桓公是以糾合諸侯，而謀其不協，彌縫其闕，而匡救其災，昭舊職也。及君即位，諸侯之望曰：『其率桓之功！』我敝邑用不敢保聚，曰：『豈其嗣世九年，而棄命廢職？其若先君何？君必不然。』恃此以不恐。」齊侯乃還。

二十九年春，介葛盧來朝，舍于昌衍之上。公在會，饋之芻、米，禮也。冬，介葛盧來，以未見公，故復來朝。禮之，加燕好。介葛盧聞牛鳴，曰：「是生三犧，皆用之矣，其音云。」問之而信。

三十三年冬，公如齊朝，且弔有狄師也。反，薨于小寢，即安也。

齊桓、管仲霸業下 衛滅邢附

閔元年春，狄人伐邢。管敬仲言於齊侯曰：「戎狄豺狼，不可厭也。諸夏親暱，不可棄也。宴安酖毒，不可懷也。詩云：『豈不懷歸，畏此簡書。』簡書，同惡相恤之謂也。請救邢以從簡書。」齊人救邢。

閔二年冬十二月，狄人伐衛。衛懿公好鶴，鶴有乘軒者。將戰，國人受甲者皆曰：「使鶴！鶴實有禄位，余焉能戰！」公與石祁子玦，與甯莊子矢，使守，曰：「以此贊國，擇利而爲之。」與夫人繡衣，曰：「聽於二子！」渠孔御戎，子伯爲右；黄夷前驅，孔嬰齊殿。及狄人戰于熒澤，衛師敗績，遂滅衛。衛侯不去其旗，是以甚敗。狄人囚史華龍滑與禮孔，以逐衛人。二人曰：「我，大史也，實掌其祭。不先，國不可得也。」乃先之。至，則告守曰：「不可待也。」夜與國人出。狄入衛，遂從之，又敗諸河。

初，惠公之即位也少，齊人使昭伯烝於宣姜，不可，强之。生齊子、戴公、文公、宋桓夫人、許穆夫人。文公爲衛之多患也，先適齊。及敗，宋桓公逆諸河，宵濟。衛之遺民男女七百有三十人，益之以共，滕之民爲五千人，立戴公以廬于曹。許穆夫人賦載馳。齊侯使公子無虧帥車三百乘、甲士三千人以戍曹。歸公乘馬，祭服五稱，牛、羊、豕、雞、狗皆三百與門材。歸夫人魚軒，重錦三十兩。

元年春，諸侯救邢。邢人潰，出奔師。師遂逐狄人，具邢器用而遷之，師無私焉。

夏，邢遷于夷儀，諸侯城之，救患也。凡侯伯，救患、分災、討罪，禮也。

秋，楚人伐鄭，鄭即齊故也。盟于犖，謀救鄭也。

二年春，諸侯城楚丘而封衛焉。不書所會，後也。

秋，盟于貫，服江、黄也。

僖之元年，齊桓公遷邢于夷儀。二年，封衛于楚丘。邢遷如歸，衛國忘亡。

衛文公大布之衣，大帛之冠，務材、訓農，通商、惠工，敬教、勸學，授方、任能。元年，革車三十乘，季年，乃三百乘。

三年秋，會于陽穀，謀伐楚也。

齊侯爲陽穀之會來尋盟。冬，公子友如齊涖盟。

齊侯與蔡姬乘舟于囿，蕩公。公懼，變色；禁之，不可。公怒，歸之，未之絶也。蔡人嫁之。

經·四年春王正月，公會齊侯、宋公、陳侯、衛侯、鄭伯、許男、曹伯侵蔡。蔡潰，遂伐楚，次于陘。

傳·齊侯以諸侯之師侵蔡。蔡潰。遂伐楚。楚子使與師言曰：「君處北海，寡人處南海，唯是風馬牛不相及也，不虞君之涉吾地也，何故？」管仲對曰：「昔召康公命我先君大公曰：『五侯九伯，女實征之，以夾輔周室！』賜我先君履，東至于海，西至于河，南至于穆陵，北至于無棣。爾貢包茅不入，王祭不共，無以縮酒，寡人是徵。昭王南征而不復，寡人是問。」對曰：「貢之不入，寡君之罪也，敢不共給？昭王之不復，君其問諸水濱！」師進，次于陘。

夏，楚子使屈完如師。師退，次于召陵。

齊侯陳諸侯之師，與屈完乘而觀之。齊侯曰：「豈不穀是爲？先君之好是繼，與不穀同好如何？」對曰：「君惠徼福於敝邑之社稷，辱收寡君，寡君之願也。」齊侯曰：「以此衆戰，誰能禦之？以此攻城，何城不克？」對曰：「君若以德綏諸侯，誰敢不服？君若以力，楚國方城以爲城，漢水以爲池，雖衆，無所用之。」屈完及諸侯盟。

陳轅濤塗謂鄭申侯曰：「師出於陳、鄭之間，國必甚病。若出於東方，觀兵於東夷，循海而歸，其可也。」申侯曰：「善。」濤塗以告齊侯，許之。申侯見曰：「師老矣，若出於東方而遇敵，懼不可用也。若出於陳、鄭之間，共其資糧、屝屨，其可也。」齊侯説，與之虎牢。執轅濤塗。

秋，伐陳，討不忠也。

許穆公卒于師，葬之以侯，禮也。凡諸侯薨于朝、會，加一等；死王事，加二等。於是有以衮斂。

冬，叔孫戴伯帥師會諸侯之師侵陳。陳成，歸轅濤塗。

經·五年夏，公及齊侯、宋公、陳侯、衛侯、鄭伯、許男、曹伯會王世子于首止。

傳·會於首止，會王大子鄭，謀寧周也。

陳轅宣仲怨鄭申侯之反己於召陵，故勸之城其賜邑，曰：「美城之，大名也，子孫不忘。吾助子請。」乃爲之請於諸侯而城之，美。遂譖諸鄭伯，曰：「美城其賜邑，將以叛也。」申侯由是得罪。

秋，諸侯盟。王使周公召鄭伯，曰：「吾撫女以從楚，輔之以晉，可以少安。」鄭伯喜於王命，而懼其不朝於齊也，故逃歸不盟。孔叔止之，曰：「國君不可以輕，輕則失親。失親，患必至。病而乞盟，所喪多矣。君必悔之。」弗聽，逃其師而歸。

〔經〕·六年春王正月〔一〕。

夏，公會齊侯、宋公、陳侯、衛侯、曹伯伐鄭，圍新城。

〔傳〕·夏，諸侯伐鄭，以其逃首止之盟故也。圍新密，鄭所以不時城也。

秋，楚子圍許以救鄭，諸侯救許，乃還。

七年春，齊人伐鄭。孔叔言於鄭伯曰：「諺有之曰：『心則不競，何憚於病？』既不能彊，又不能弱，所以斃也。國危矣，請下齊以救國。」公曰：「吾知其所由來矣。姑少待我。」對曰：「朝不及夕，何以待君？」

夏，鄭殺申侯以説于齊，且用陳轅濤塗之譖也。

初，申侯，申出也，有寵於楚文王。文王將死，與之璧，使行，曰：「唯我知女。女專利而不厭，予取予求，不女疵瑕也。後之人將求多於女，女必不免。我死，女必速行，無適

〔一〕 原無「春王正月」四字，據阮刻本補。

小國，將不女容焉。」既葬，出奔鄭，又有寵於厲公。子文聞其死也，曰：「古人有言曰『知臣莫若君』，弗可改也已。」

秋，盟于甯母，謀鄭故也。

管仲言於齊侯曰：「臣聞之，招攜以禮，懷遠以德。德、禮不易，無人不懷。」齊侯修禮於諸侯，諸侯官受方物。

鄭伯使太子華聽命於會，言於齊侯曰：「洩氏、孔氏、子人氏三族，實違君命。若君去之以爲成，我以鄭爲内臣，君亦無所不利焉。」齊侯將許之。管仲曰：「君以禮與信屬諸侯，而以姦終之，無乃不可乎？子父不奸之謂禮，守命共時之謂信。違此二者，姦莫大焉。」公曰：「諸侯有討於鄭，未捷；今苟有釁，從之，不亦可乎？」對曰：「君若綏之以德，加之以訓，辭，而帥諸侯以討鄭，鄭將覆亡之不暇，豈敢不懼？若總其罪人以臨之，鄭有辭矣，何懼？且夫合諸侯，以崇德也。會而列姦，何以示後嗣？夫諸侯之會，其德、刑、禮、義，無國不記。記奸之位，君盟替矣。作而不記，非盛德也。君其勿許！鄭必受盟。夫子華既爲太子，而求介於大國以弱其國，亦必不免。鄭有叔詹、堵叔、師叔三良爲政，未可間也。」齊侯辭焉。子華由是得罪於鄭。

冬，鄭伯使請盟于齊。

經・九年夏，公會宰周公、齊侯、宋子、衛侯、鄭伯、許男、曹伯于葵丘。九月戊辰，諸侯盟于葵丘。

傳・夏，會于葵丘，尋盟，且修好，禮也。

王使宰孔賜齊侯胙，曰：「天子有事于文、武，使孔賜伯舅胙。」齊侯將下拜。孔曰：「且有後命——天子使孔曰：『以伯舅耋老，加勞，賜一級，無下拜！』」對曰：「天威不違顔咫尺，小白，余敢貪天子之命，無下拜？——恐隕越于下，以遺天子羞。敢不下拜？」下，拜；登，受。

秋，齊侯盟諸侯于葵丘。

孟子・葵丘之會諸侯，束牲載書而不歃血。初命曰：「誅不孝，無易樹子，無以妾爲妻。」再命曰：「尊賢育才，以彰有德。」三命曰：「敬老慈幼，無忘賓旅。」四命曰：「士無世官，官事無攝，取士必得，無專殺大夫。」五命曰：「無曲防，無遏糴，無有封而不告。」曰：「凡我同盟之人，既盟之後，言歸於好。」

傳・宰孔先歸，遇晉侯，曰：「可無會也。齊侯不務德而勤遠略，故北伐山戎，南伐楚，西爲此會也。東略之不知，西則否矣。其在亂乎！君務靖亂，無勤於行。」晉侯乃還。

冬十月，齊侯以諸侯之師伐晉，及高梁而還，討晉亂也。晉獻公卒，里克殺奚齊、卓子，晉無君。

十二年春，諸侯城衛楚丘之郛，懼狄難也。

十四年春，諸侯城緣陵而遷杞焉，不書其人，有闕也。

十五年春，楚人伐徐，徐即諸夏故也。三月，盟于牡丘，尋葵丘之盟，且救徐也。孟穆伯帥師及諸侯之師救徐，諸侯次于匡以待之。

秋，伐厲，以救徐也。

冬，楚敗徐于婁林，徐恃救也。

十六年夏，齊伐厲，不克，救徐而還。

秋，王以戎難告于齊，齊徵諸侯而戍周。

十一月乙卯，鄭殺子華。

十二月，會于淮，謀鄫，且東略也。城鄫，役人病，有夜登丘而呼曰：「齊有亂！」不果城而還。

十七年春，齊人爲徐伐英氏，以報婁林之役也。

齊侯之夫人三：王姬、徐嬴、蔡姬，皆無子。齊侯好內，多內寵，內嬖如夫人者六人：長衛姬，生武孟；少衛姬，生惠公；鄭姬，生孝公；葛嬴，生昭公；密姬，生懿公；宋華子，生公子雍。公與管仲屬孝公於宋襄公，以爲太子。雍巫有寵於衛共姬，因寺人貂以薦羞於公，亦有寵。公許之立武孟。管仲卒，五公子皆爭[一]立。冬十月乙亥，齊桓公卒。易牙入，與寺人貂因內寵以殺群吏，而立公子無虧。孝公奔宋。十二月乙亥，赴。辛巳，夜殯。

十八年秋八月，葬齊桓公。

十九年，陳穆公請修好於諸侯，以無忘齊桓之德。冬，盟于齊，修桓公之好也。[二]

十八年冬，邢人、狄人伐衛，圍菟圃。衛侯以國讓父兄子弟及朝衆，曰：「苟能治之，燬請從焉。」衆不可，而後師于訾婁。狄師還。

十九年秋，衛人伐邢，以報菟圃之役。於是衛大旱，卜有事於山川，不吉。甯莊子曰：「昔周饑，克殷而年豐。今邢方無道，諸侯無伯，天其或者欲使衛討邢乎？」從之，師興而雨。

二十四年，衛人將伐邢，禮至曰：「不得其守，國不可得也。我請昆弟仕焉。」乃往，得仕。

[一]「爭」，阮刻本作「求」。
[二]阮刻本此句在下文「十九年秋」條之下。

二十五年春，衛人伐邢，二禮從國子巡城，掖以赴外，殺之。正月丙午，衛侯燬滅邢。同姓也，故名。禮至爲銘曰：「余掖殺國子，莫余敢止。」

晉滅虞、虢及驪姬之難

桓十年〔二〕。初，虞叔有玉，虞公求旃。弗獻。既而悔之，曰：「周諺有之：『匹夫無罪，懷璧其罪。』吾焉用此，其以賈害也？」乃獻之。又求其寶劍。叔曰：「是無厭也。無厭，將及我。」遂伐虞公，故虞公出奔共池。

閔二年春，虢公敗犬戎于渭汭。舟之僑曰：「無德而禄，殃也。殃將至矣。」遂奔晉。

二年，晉荀息請以屈產之乘與垂棘之璧假道於虞以伐虢。公曰：「是吾寶也。」對曰：「若得道於虞，猶外府也。」公曰：「宮之奇存焉。」對曰：「宮之奇之爲人也，懦而不能强諫。且少長於君，君暱之；雖諫，將不聽。」乃使荀息假道於虞，曰：「冀爲不道，入自顛軨，伐鄍三門。冀之既病。則亦唯君故。今虢爲不道，保於逆旅，以侵敝邑之南鄙。敢請假道，以請罪于虢。」虞公許之，且請先伐虢。宮之奇諫，不聽，遂起師。夏，晉里

〔二〕原無「年」字，據阮刻本補。

克、荀息帥師會虞師，伐虢，滅下陽。先書虞，賄故也。

虢公敗戎於桑田。晉卜偃曰：「虢必亡矣。亡下陽不懼，而又有功，是天奪之鑒，而益其疾也。必易晉而不撫其民矣。不可以五稔。」

五年，晉侯復假道於虞以伐虢。宮之奇諫曰：「虢，虞之表也。虢亡，虞必從之。晉不可啓，寇不可翫。一之謂甚，其可再乎？諺所謂『輔車相依，脣亡齒寒』者，其虞、虢之謂也。」公曰：「晉，吾宗也，豈害我哉？」對曰：「大伯、虞仲，大王之昭也；大伯不從，是以不嗣。虢仲、虢叔，王季之穆也；爲文王卿士，勳在王室，藏於盟府。將虢是滅，何愛於虞？且虞能親於桓、莊乎？其愛之也？桓、莊之族何罪？而以爲戮，不唯偪乎？親以寵偪，猶尚害之，況以國乎？」公曰：「吾享祀豐絜，神必據我。」對曰：「臣聞之〔二〕，鬼神非人是〔三〕親，惟德是依。故周書曰：『皇天無親，惟德是輔。』又曰：『黍稷非馨，明德惟馨。』又曰：『民不易物，惟德繄物。』如是，則非德，民不和，神不享矣。神所馮依，將在德矣。若晉取虞，而明德以薦馨香，神其吐之乎？」弗聽，許晉使。宮之奇以其族行，曰：

〔二〕　原無「臣聞之」三字，據阮刻本補。
〔三〕　「是」，阮刻本作「實」。

「虞不臘矣。在此行也，晉不更舉矣。」

八月甲午，晉侯圍上陽。問於卜偃曰：「吾其濟乎？」對曰：「克之。」公曰：「何時？」對曰：「童謡云：『丙之晨，龍尾伏辰；均服振振，取虢之旂。鶉之賁賁，天策焞焞，火中成軍，虢公其奔。』其九月、十月之交乎！丙子旦，日在尾，月在策，鶉火中，必是時也。」

冬十二月丙子，朔，晉滅虢。虢公醜奔京師。師還，館于虞，遂襲虞，滅之。執虞公及其大夫井伯，以媵秦穆姬，而修虞祀，且歸其職貢於王。

故書曰「晉人執虞公」，罪虞，且言易也。

四年。初，晉獻公欲以驪姬爲夫人，卜之，不吉；筮之，吉。公曰：「從筮。」卜人曰：「筮短龜長，不如從長。且其繇曰：『專之渝，攘公之羭。一薰一蕕，十年尚猶有臭。』必不可。」弗聽，立之。生奚齊，其娣生卓子。

及將立奚齊，既與中大夫成謀，姬謂大子曰：「君夢齊姜，必速祭之。」大子祭于曲沃，歸胙于公。公田，姬寘諸宮六日。公至，毒而獻之。公祭之地，地墳。與犬，犬斃。與小臣，小臣亦斃。姬泣曰：「賊由大子。」大子奔新城。公殺其傅杜原款。

或謂大子曰〔一〕：「子辭，君必辯焉。」大子曰：「君非姬氏，居不安，食不飽。我辭，姬必有罪。君老矣，吾又不樂。」曰：「子其行乎？」大子曰：「君實不察其罪，被此名也以出，人誰納我？」

十二月戊申，縊于新城。

姬遂譖二公子曰：「皆知之。」重耳奔蒲，夷吾奔屈。

五年。初，晉侯使士蔿爲二公子築蒲與屈，不慎，寘薪焉。夷吾訴之。公使讓之。士蔿稽首而對曰：「臣聞之，無喪而慼，憂必讎焉。無戎而城，讎必保焉。寇讎之保，又何慎焉？守官廢命，不敬；固讎之保，不忠。失忠與敬，何以事君？詩曰〔二〕：『懷德惟寧，宗子惟城。』君其修德而固宗子，何城如之？三年將尋師焉，焉用慎？」退而賦曰：「狐裘尨茸，一國三公，吾誰適從？」

及難，公使寺人披伐蒲。重耳曰：「君父之命不校。」乃徇曰：「校者，吾讎也。」踰垣而走。披斬其袪，遂出奔翟。

〔一〕 阮刻本無「曰」字。

〔二〕 「曰」，阮刻本作「云」。

六年春，晉侯使賈華伐屈。夷吾不能守，盟而行。將奔狄，郤芮曰：「後出同走，罪也，不如之梁。梁近秦而幸焉。」乃之梁。

九年九月，晉獻公卒，里克、丕鄭欲納文公，故以三公子之徒作亂。

初，獻公使荀息傅奚齊，公疾，召之，曰：「以是藐諸孤辱在大夫，其若之何？」稽首而對曰：「臣竭其股肱之力，加之以忠、貞。其濟，君之靈也；不濟，則以死繼之。」公曰：「何謂忠、貞？」對曰：「公家之利，知無不爲，忠也；送往事居，耦居〔一〕無猜，貞也。」

及里克將殺奚齊，先告荀息曰：「三怨將作，秦、晉輔之，子將何如？」荀息曰：「將死之。」里克曰：「無益也。」荀叔曰：「吾與先君言矣，不可以貳。能欲復言而愛身乎？雖無益也，將焉辟之？且人之欲善，誰不如我？我欲無貳，而能謂人已乎？」

冬十月，里克殺奚齊于次。書曰「殺其君之子」，未葬也。荀息將死之，人曰：「不如立卓子而輔之。」荀息立公子卓以葬。十一月，里克殺公子卓于朝。荀息死之。

君子曰：「詩所謂『白圭之玷，尚可磨也；斯言之玷，不可爲也』，荀息有焉。」

〔一〕「居」，阮刻本作「俱」。

夷吾入晉及子圉之亡

九年，晉郤芮使夷吾重賂秦以求入，曰：「人實有國，我何愛焉？入而能民，土於何有？」從之。

齊隰朋帥師會秦師納晉惠公。秦伯謂郤芮曰：「公子誰恃？」對曰：「臣聞亡人無黨，有黨必有讎。夷吾弱不好弄，能鬭不過，長亦不改，不知〔一〕其他。」公謂公孫枝曰：「夷吾其定乎？」對曰：「臣聞之，『唯則定國』。詩曰『不識不知，順帝之則』，文王之謂也。又曰『不僭不賊，鮮不爲則』，無好無惡，不忌不克之謂也。今其言多忌克，難哉！」公曰：「忌則多怨，又焉能克？是吾利也。」

十年夏四月，周公忌父、王子黨會齊隰朋立晉侯。晉侯殺里克以說。將殺里克，公使謂之曰：「微子，則不及此。雖然，子弒二君與一大夫，爲子君者，不亦難乎？」對曰：「不有廢也，君何以興？欲加之罪，其無辭乎？臣聞命矣。」伏劍而死。於是丕鄭聘於秦，且謝緩賂，故不及。

〔一〕「知」，阮刻本作「知」。

晉侯改葬共大子。

秋，狐突適下國，遇大子。大子使登，僕，而告之曰：「夷吾無禮，余得請於帝矣，將以晉畀秦，秦將祀余。」對曰：「臣聞之：『神不歆非類，民不祀非族。』君祀無乃殄乎？且民何罪？失刑、乏祀，君其圖之。」君曰：「諾。吾將復請。七日，新城西偏將有巫者而見我焉。」許之，遂不見。及期而往，告之曰：「帝許我罰有罪矣，敝於韓。」

丕鄭之如秦也，言於秦伯曰：「呂甥、郤稱、冀芮實爲不從，若重問以召之，臣出晉君，君納重耳，蔑不濟矣。」

冬，秦伯使冷至報、問，且召三子。郤芮曰：「幣重而言甘，誘我也。」遂殺丕鄭、祁舉及七輿大夫，左行共華、右行賈華、叔堅、騅歂、纍虎、特宮、山祁，皆里、丕之黨也。丕豹奔秦，言於秦伯曰：「晉侯背大主而忌小怨，民弗與也。伐之，必出。」公曰：「失衆，焉能殺？違禍，誰能出君？」

十一年，天王使召武公、内史過賜晉侯命，受玉惰。過歸，告王曰：「晉侯其無後乎！王賜之命，而惰於受瑞，先自弃也已，其何繼之有？禮，國之幹也；敬，禮之輿也。不敬，則禮不行；禮不行，則上下昏，何以長世？」

十三年冬，晉薦饑，使乞糴于秦。秦伯謂子桑：「與諸乎？」對曰：「重施而報，君將何求？重施而不報，其民必攜；攜而討焉，無衆，必敗。」謂百里：「與諸乎？」對曰：「天災流行，國家代有。救災、恤鄰，道也。行道，有福。」丕鄭之子豹在秦，請伐晉。秦伯曰：「其君是惡，其民何罪？」秦於是乎輸粟于晉，自雍及絳相繼，命之曰汎舟之役。

十四年冬，秦饑，使乞糴于晉，晉人弗與。慶鄭曰：「背施，無親；幸災，不仁；貪愛，不祥；怒鄰，不義。四德皆失，何以守國？」虢射曰：「皮之不存，毛將安傅？」慶鄭曰：「弃信、背鄰，患孰恤之？無信，患作；失援，必斃。是則然矣。」虢射曰：「無損於怨，而厚於寇，不如勿與。」慶鄭曰：「背施、幸災，民所弃也。近猶讎之，況怨敵乎？」弗聽。退曰：「君其悔是哉！」

十五年。晉侯之入也，秦穆姬屬賈君焉，且曰：「盡納群公子。」晉侯烝於賈君，又不納群公子，是以穆姬怨之。晉侯許賂中大夫，既而皆背之。賂秦伯以河外列城五，東盡虢略，南及華山，内及解梁城，既而不與。晉饑，秦輸之粟；秦饑，晉閉之糴，故秦伯伐晉。

卜徒父筮之，吉：「涉河，侯車敗。」詰之，對曰：「乃大吉也。三敗，必獲晉君。其卦遇蠱䷑，曰：『千乘三去，三去之餘，獲其雄狐。』夫狐蠱，必其君也。蠱之貞，風也；其悔，山也。歲云秋矣，我落其實，而取其材，所以克也。實落、材亡，不敗、何待？」

三敗及韓。晉侯謂慶鄭曰：「寇深矣，若之何？」對曰：「君實深之，可若何？」公曰：「不孫！」卜右，慶鄭吉。弗使。步揚御戎，家僕徒爲右。乘小駟，鄭入也。慶鄭曰：「古者大事，必乘其産。生其水土，而知其人心；安其教訓，而服習其道；唯所納之，無不如志。今乘異産，以從戎事，及懼而變，將與人易。亂氣狡憤，陰血周作，張脈僨興，外彊中乾。進退不可，周旋不能，君必悔之。」弗聽。

九月，晉侯逆秦師，使韓簡視師。復曰：「師少於我，鬭士倍我。」公曰：「何故？」對曰：「出因其資，入用其寵，饑食其粟，三施而無報，是以來也。今又擊之，我怠、秦奮，倍猶未也。」公曰：「一夫不可狃，況國乎。」遂使請戰，曰：「寡人不佞，能合其衆而不能離也。君若不還，無所逃命。」秦伯使公孫枝對曰：「君之未入，寡人懼之；入而未定列，猶吾憂也。苟列定矣，敢不承命。」韓簡退曰：「吾幸而得囚。」

壬戌，戰於韓原。晉戎馬還濘而止。公號慶鄭。慶鄭曰：「愎諫、違卜，固敗是求，又何逃焉？」遂去之。梁由靡御韓簡，虢射爲右，輅秦伯，將止之。鄭以救公誤之，遂失秦伯。秦獲晉侯以歸。晉大夫反首拔舍從之。秦伯使辭焉，曰：「二三子何其慼也！寡人之從君而西也，亦晉之妖夢是踐，豈敢以至？」晉大夫三拜稽首曰：「君履后土而戴皇天，皇天后土實聞君之言，群臣敢在下風。」

穆姬聞晉侯將至，以大子罃、弘與女簡璧登臺而履薪焉，使以免服衰絰逆，且告曰：

「上天降災，使我兩君匪以玉帛相見，而以興戎。若晉君朝以入，則婢子夕以死；夕以入，則朝以死。唯君裁之。」乃舍諸靈臺。

大夫請以入。公曰：「獲晉侯，以厚歸也；既而喪歸，焉用之？大夫其何有焉？且晉人慼憂以重我，天地以要我。不圖晉憂，重其怒也；我食吾言，背天地也。重怒，難任；背天，不祥，必歸晉君。」公子縶曰：「不如殺之，無聚慝焉。」子桑曰：「歸之而質其大子，必得大成。晉未可滅，而殺其君，祇以成惡。且史佚有言曰：『無始禍，無怙亂，無重怒。』重怒，難任；陵人，不祥。」乃許晉平。

晉侯使郤乞告瑕呂飴甥，且召之。子金教之言曰：「朝國人而以君命賞。且告之曰：『孤雖歸，辱社稷矣，其卜貳圉也。』」衆皆哭，晉[二]於是乎作爰田。呂甥曰：「君亡之不恤，而群臣是憂，惠之至也，將若君何？」衆曰：「何爲而可？」對曰：「征繕以輔孺子。諸侯聞之，喪君有君，群臣輯睦，甲兵益多。好我者勸，惡我者懼，庶有益乎！」衆說。晉於是乎作州兵。

初，晉獻公筮嫁伯姬於秦，遇歸妹䷵之睽䷥。史蘇占之，曰：「不吉。其繇曰：

〔二〕原無「晉」字，據阮刻本補。

『士刲羊，亦無衁也；女承筐，亦無貺也。西鄰責言，不可償也。歸妹之睽，猶無相也。』震之離，亦離之震。『爲雷爲火。爲嬴敗姬。車説其輹，火焚其旗，不利行師，敗於宗丘。歸妹睽孤，寇張之弧。姪其從姑，六年其逋，逃歸其國，而棄其家，明年其死於高梁之虚。』」及惠公在秦，曰：「先君若從史蘇之占，吾不及此夫！」韓簡侍，曰：「龜，象也；筮，數也。物生而後有象，象而後有滋，滋而後有數。先君之敗德，及可數乎？史蘇是占，勿從何益？詩曰：『下民之孽，匪降自天。僔沓背憎，職競由人。』」

冬十月，晉陰飴甥會秦伯，盟于王城。

秦伯曰：「晉國和乎？」對曰：「不和。小人耻失其君而悼喪其親，不憚征繕以立圉也，曰：『必報讎，寧事戎狄。』君子愛其君而知其罪，不憚征繕以待秦命，曰：『必報德，有死無二。』以此不和。」秦伯曰：「國謂君何？」對曰：「小人慼，謂之不免；君子恕，以爲必歸。小人曰：『我毒秦，秦豈歸君？』君子曰：『我知罪矣，秦必歸君。貳而執之，服而舍之，德莫厚焉，刑莫威焉。服者懷德，貳者畏刑。此一役也，秦可以霸。納而不定，廢而不立，以德爲怨，秦不其然。』」秦伯曰：「是吾心也。」改館晉侯，饋七牢焉。

蛾析謂慶鄭曰：「盍行乎？」對曰：「陷君於敗，敗而不死，又使失刑，非人臣也。臣而不臣，行將焉入？」十一月，晉侯歸。丁丑，殺慶鄭而後入。

是歲，晉又饑，秦伯又餼之粟，曰：「吾怨其君，而矜其民。且吾聞唐叔之封也，箕子曰：『其後必大。』晉其庸可冀乎？姑樹德焉，以待能者。」於是秦始征晉河東，置官司焉。

十七年夏，晉大子圉爲質於秦，秦歸河東而妻之。惠公之在梁也，梁伯妻之。梁嬴孕，過期。卜招父與其子卜之。其子曰：「將生一男一女。」招曰：「然。男爲人臣，女爲人妾。」故名男曰圉，女曰妾。及子圉西質，妾爲宦女焉。

二十二年。晉大子圉爲質於秦，將逃歸，謂嬴氏曰：「與子歸乎？」對曰：「子，晉大子，而辱於秦。子之欲歸，不亦宜乎？寡君之使婢子侍執巾櫛，以固子也。從子而歸，棄君命也。不敢從，亦不敢言。」遂逃歸。

二十三年九月，晉惠公卒。懷公命無從亡人，期，期而不至，無赦。狐突之子毛及偃從重耳在秦，弗召。冬，懷公執狐突，曰：「子來則免。」對曰：「子之能仕，父教之忠，古之制也。策名、委質，貳乃辟也。今臣之子，名在重耳，有年數矣。若又召之，教之貳也。父教子貳，何以事君？刑之不濫，君之明也，臣之願也。淫刑以逞，誰則無罪？臣聞命矣。」乃殺之。

卜偃稱疾不朝[一]，曰：「周書有之：『乃大明，服。』己則不明，而殺人以逞，不亦難乎？民不見德，而唯戮是聞，其何後之有？」

宋襄爭霸之敗

八年，宋公疾，大子茲父固請曰：「目夷長且仁，君其立之！」公命子魚。子魚辭，曰：「能以國讓，仁孰大焉？臣不及也，且又不順。」遂走而退。

九年，宋桓公卒，宋襄公即位。以公子目夷爲仁，使爲左師以聽政，於是宋治。故魚氏世爲左師。

十五年冬，宋人伐曹，討舊怨也。

十六年春，隕石于宋五，隕星也。六鷁退飛，過宋都，風也。周内史叔興聘于宋，宋襄公問焉，曰：「是何祥也？吉凶焉在？」對曰：「今茲魯多大喪，明年齊有亂，君將得諸侯而不終。」退而告人曰：「君失問。是陰陽之事，非吉凶所生也。吉凶由人。吾不敢逆君故也。」

[一]「朝」，阮刻本作「出」。

十八年春，宋襄公以諸侯伐齊。三月，齊人殺無虧。

齊人將立孝公，不勝四公子之徒，遂與宋人戰。夏五月，宋敗齊師于甗，立孝公而還。

十九年春，宋人執滕宣公。

夏，宋公、曹人、邾人盟于曹南。鄫子會盟于邾。

宋公使邾文公用鄫子于次睢之社，欲以屬東夷。司馬子魚曰：「古者六畜不相爲用，小事不用大牲，而況敢用人乎？祭祀以爲人也。民，神之主也。用人，其誰饗之？齊桓公存三亡國以屬諸侯，義士猶曰薄德，今一會而虐二國之君，又用諸淫昏之鬼，將以求霸，不亦難乎？得死爲幸。」

秋，宋人圍曹，討不服也。子魚言於宋公曰：「文王聞崇德亂而伐之，軍三旬而不降，退修教而復伐之，因壘而降。詩曰：『刑于寡妻，至于兄弟，以御于家邦。』今君德無乃猶有所闕，而以伐人，若之何？盍姑内省德乎，無闕而後動。」

二十年，宋襄公欲合諸侯。臧文仲聞之，曰：「以欲從人，則可；以人從欲，鮮濟。」

二十一年春，宋人爲鹿上之盟，以求諸侯於楚。楚人許之。公子目夷曰：「小國爭盟，禍也。宋其亡乎！幸而後敗。」

秋，諸侯會宋公于盂。子魚曰：「禍其在此乎！君欲已甚，其何以堪之？」於是楚執宋公以伐宋。

冬，會于薄以釋之。子魚曰：「禍猶未也，未足以懲君。」

二十二年春三月，鄭伯如楚。夏，宋公伐鄭。子魚曰：「所謂禍在此矣。」

八月，楚人伐宋以救鄭。宋公將戰，大司馬固諫曰：「天之棄商久矣，君將興之，弗可赦也已。」弗聽。

冬十一月己巳朔，宋公及楚人戰于泓。宋人既成列，楚人未既濟。司馬曰：「彼衆我寡，及其未既濟也，請擊之。」公曰：「不可。」既濟而未成列，又以告。公曰：「未可。」既陳而後擊之，宋師敗績。公傷股。門官殲焉。

國人皆咎公。公曰：「君子不重傷，不禽二毛。古之爲軍也，不以阻隘也。寡人雖亡國之餘，不鼓不成列。」子魚曰：「君未知戰。勍敵之人，隘而不列，天贊我也；阻而鼓之，不亦可乎？猶有懼焉。且今之勍者，皆吾敵也。雖及胡耇，獲則取之，何有於二毛？明耻、教戰，求殺敵也。傷未及死，如何勿重？若愛重傷，則如勿傷；愛其二毛，則如服焉。三軍以利用也，金鼓以聲氣也。利而用之，阻隘可也；聲盛致志，鼓儳可也。」

二十三年夏五月，宋襄公卒，傷於泓故也。

叔帶之亂

七年閏月，惠王崩。襄王惡大叔帶之難，懼不立，不發喪，而告難于齊。

八年春，盟于洮，謀王室也。鄭伯乞盟，請服也。襄王定位而後發喪。

十一年夏，揚、拒、泉、皋、伊、洛之戎同伐京師，入王城，焚東門，王子帶召之也。秦、晉伐戎以救周。秋，晉侯平戎于王。

十二年夏，王以戎難故，討王子帶。秋，王子帶奔齊。

冬，齊侯使管夷吾平戎于王，使隰朋平戎于晉。

王以上卿之禮饗管仲，管仲辭曰：「臣，賤有司也。有天子之二守國、高在，若節春秋來承王命，何以禮焉？陪臣敢辭。」王曰：「舅氏！余嘉乃勳！應乃懿德，謂督不忘。往踐乃職，無逆朕命！」管仲受下卿之禮而還。

君子曰：「管氏之世祀也宜哉！讓不忘其上。詩曰：『愷悌君子，神所勞矣。』」

十三年春，齊侯使仲孫湫聘于周，且言王子帶。事畢，不與王言。歸，復命曰：「未可。王怒未怠，其十年乎？不十年，王弗召也。」

秋，爲戎難故，諸侯戍周。齊仲孫湫致之。

二十二年，富辰言於王曰：「請召大叔。詩曰：『協比其鄰，昏姻孔云。』吾兄弟之不協，焉能怨諸侯之不睦？」王説。王子帶自齊復歸于京師，王召之也。

二十四年。鄭之入滑也，滑人聽命。師還，又即衛。鄭公子士、洩堵俞彌帥師伐滑。王使伯服、游孫伯如鄭請滑。鄭伯怨惠王之入而不與厲公爵也，又怨襄王之與衛滑也，故不聽王命，而執二子。王怒，將以狄伐鄭。富辰諫曰：「不可。臣聞之，大上以德撫民，其次親親，以相及也。昔周公弔二叔之不咸，故封建親戚以蕃屏周。管、蔡、郕、霍、魯、衛、毛、聃、郜、雍、曹、滕、畢、原、酆、郇，文之昭也。邘、晉、應、韓，武之穆也。凡、蔣、邢、茅、胙、祭，周公之胤也。召穆公穆公當作康公思周德之不類，故糾合宗族于成周而作詩，曰：『常棣之華，鄂不韡韡。凡今之人，莫如兄弟。』其四章曰：『兄弟鬩于牆，外禦其侮。』如是，則兄弟雖有小忿，不廢懿親。今天子不忍小忿以棄鄭親，其若之何？庸勳、親親、暱近、尊賢，德之大者也。即聾、從昧、與頑、用嚚，姦之大者也。棄德、崇姦，禍之大者也。鄭有平、惠之勳，又有厲、宣之親，棄嬖寵而用三良，於諸姬爲近，四德具矣。耳不聽五聲之和爲聾，目不別五色之章爲昧，心不則德義之經爲頑，口不道忠信之言爲嚚。狄皆則之，四姦具矣。周之有懿德也，猶曰『莫如兄弟』，故封建之。其懷柔天下也，猶懼有外侮；扞禦侮者，莫如親親，故以親屏周。召穆公亦云。今周德既衰，於是乎又渝周、召，以從諸姦，無乃不可乎？民未忘禍，王又興之，其若文、武何？」王弗聽，使頹叔、桃子出狄師。

夏，狄伐鄭，取櫟。

王德狄人，將以其女爲后。富辰諫曰：「不可。臣聞之曰：『報者倦矣，施者未厭。』狄固貪惏，王又啓之。女德無極，婦怨無終，狄必爲患。」王又弗聽。

初，甘昭公有寵於惠后，惠后將立之，未及而卒。昭公奔齊，王復之，又通於隗氏。王替隗氏。頹叔、桃子曰：「我實使狄，狄其怨我。」遂奉大叔以狄師攻王。王御士將禦之，王曰：「先后其謂我何？寧使諸侯圖之。」王遂出，及坎欿，國人納之。

秋，頹叔、桃子奉大叔以狄師伐周，大敗周師，獲周公忌父、原伯、毛伯、富辰。王出適鄭，處于氾。大叔以隗氏居于温。

冬，王使來告難，曰：「不穀不德，得罪于母弟之寵子帶，鄙在鄭地氾，敢告叔父。」臧文仲對曰：「天子蒙塵于外，敢不奔問王〔二〕守。」王使簡師父告于晉，使左鄢父告于秦。天子無出，書曰「天王出居于鄭」，辟母弟之難也。天子凶服、降名，禮也。鄭伯與孔將鉏、石甲父、侯宣多省視官、具于氾，而後聽其私政，禮也。

〔二〕「王」，阮刻本作「官」。

晉文以文教成偉績

二十三年。晉公子重耳之及於難也，晉人伐諸蒲城。蒲城人欲戰。重耳不可，曰：「保君父之命而享其生禄，於是乎得人。有人而校，罪莫大焉。吾其奔也。」遂奔狄。從者狐偃、趙衰、顛頡、魏武子、司空季子。狄人伐廧咎如，獲其二女，叔隗、季隗，納諸公子。公子取季隗，生伯儵、叔劉，以叔隗妻趙衰，生盾。將適齊，謂季隗曰：「待我二十五年，不來而後嫁。」對曰：「我二十五年矣，又如是而嫁，則就木焉。請待子。」處狄十二年而行。

過衛。衛文公不禮焉。出於五鹿，乞食於野人，野人與之塊。公子怒，欲鞭之。子犯曰：「天賜也。」稽首受而載之。

及齊，齊桓公妻之，有馬二十乘。公子安之。從者以爲不可。將行，謀於桑下。蠶妾在其上，以告姜氏。姜氏殺之，而謂公子曰：「子有四方之志，其聞之者，吾殺之矣。」公子曰：「無之。」姜曰：「行也！懷與安，實敗名。」公子不可。姜與子犯謀，醉而遣之。醒，以戈逐子犯。

及曹，曹共公聞其駢脅。欲觀其裸。浴，薄而觀之。僖負羈之妻曰：「吾觀晉公子之從者，皆足以相國。若以相，夫子必反其國。反其國，必得志於諸侯。得志於諸侯，而誅無禮，曹其首也。子盍蚤自貳焉！」乃饋盤飧，寘璧焉。公子受飧反璧。

及宋，宋襄公贈之以馬二十乘。

及鄭，鄭文公亦不禮焉。叔詹諫曰：「臣聞天之所啓，人弗及也。晉公子有三焉，天其或者將建諸，君其禮焉！男女同姓，其生不蕃。晉公子，姬出也，而至於今，一也。離外之患，而天不靖晉國，殆將啓之，二也。有三士，足以上人，而從之，三也。晉、鄭同儕，其過子弟固將禮焉，況天之所啓乎！」弗聽。

及楚，楚子饗之，曰：「公子若反晉國，則何以報不穀？」對曰：「子、女、玉、帛，則君有之；羽、毛、齒、革，則君地生焉。其波及晉國者，皆〔二〕君之餘也；其何以報君？」曰：「雖然，何以報我？」對〔三〕曰：「若以君之靈，得反晉國，晉、楚治兵，遇於中原，其辟君三舍。若不獲命，其左執鞭、弭，右屬櫜、韃，以與君周旋。」子玉請殺之。楚子曰：「晉公子廣而儉，文而有禮。其從者肅而寬，忠而能力。晉侯無親，外内惡之。吾聞姬姓唐叔之後，其後衰者也，其將由晉公子乎！天將興之，誰能廢之？違天，必有大咎。」乃送諸秦。

〔二〕 阮刻本無此「皆」字。

〔三〕 原無「對」字，據阮刻本補。

秦伯納女五人，懷嬴與焉。奉匜沃盥，既而揮之。怒[一]，曰：「秦、晉，匹也，何以卑我？」公子懼，降服而囚。

他日，公享之。子犯曰：「吾不如衰之文也。請使衰從。」公子賦河水，公賦六月。趙衰曰：「君稱所以佐天子者命重耳，重耳敢不拜？」

二十四年春王正月，秦伯納之，不書，不告入也。

及河，子犯以璧授公子，曰：「臣負羈紲從君巡於天下，臣之罪甚[二]多矣，臣猶知之，而況君乎？請由此亡。」公子曰：「所不與舅氏同心者，有如白水！」投其璧於河。

濟河，圍令狐，入桑泉，取臼衰。二月甲午，晉師軍於廬柳。秦伯使公子縶如晉師。師退，軍于郇。辛丑，狐偃及秦、晉之大夫盟于郇。壬寅，公子入于晉師。丙午，入于曲沃。丁未，朝于武宮。戊申，使殺懷公于高粱。不書，亦不告也。

呂、郤畏偪，將焚公宮而弑晉侯。寺人披請見，公使讓之，且辭焉，曰：「蒲城之役，

[一] 原無「怒」字，據阮刻本補。
[二] 原無「甚」字，據阮刻本補。

君命一宿，女即至。其後余從狄君以田渭濱，女爲惠公來求殺余，命女三宿，女中宿至。雖有君命，何其速也。夫袪猶在。女其行乎！」對曰：「臣謂君之入也，其知之矣。若猶未也，又將及難。君命無二，古之制也。除君之惡，唯力是視。蒲人、狄人，余何有焉？今君即位，其無蒲、狄乎！齊桓公置射鉤，而使管仲相。君若易之，何辱命焉？行者甚衆，豈唯刑臣？」公見之，以難告。三月，晉侯潛會秦伯于王城。己丑晦，公宫火，瑕甥、郤芮不獲公，乃如河上，秦伯誘而殺之。晉侯逆夫人嬴氏以歸。秦伯送衛於晉三千人，實紀綱之僕。

初，晉侯之豎頭須，守藏者也。其出也，竊藏以逃，盡用以求納之。及入，求見。公辭焉以沐。謂僕人曰：「沐則心覆，心覆則圖反，宜吾不得見也。居者爲社稷之守，行者爲羈紲之僕，其亦可也，何必罪居者？國君而讎匹夫，懼者甚衆矣。」僕人以告，公遽見之。

狄人歸季隗于晉，而請其二子。文公妻趙衰，生原同、屏括、樓嬰。趙姬請逆盾與其母，子餘辭。姬曰：「得寵而忘舊，何以使人？必逆之！」固請，許之。來，以盾爲才，固請于公，以爲嫡子，而使其三子下之，以叔隗爲内子，而己下之。

晉侯賞從亡者，介之推不言禄，禄亦弗及。推曰：「獻公之子九人，唯君在矣。惠、懷無親，外内棄之。天未絶晉，必將有主。主晉祀者，非君而誰？天實置之，而二三子以爲己力，不亦誣乎？竊人之財，猶謂之盜，況貪天之功以爲己力乎？下義其罪，上賞其姦，上下相蒙，難與處矣。」其母曰：「盍亦求之，以死，誰懟？」對曰：「尤而效之，罪又甚焉。且出怨言，不食其食。」其母曰：「亦使知之，若何？」對曰：「言，身之文也。身將隱，焉用文之？——是求顯也。」其母曰：「能如是乎？與女偕隱。」遂隱而死。晉侯求之不獲，以綿上爲之田，曰：「以志吾過，且旌善人。」

二十五年春，秦伯師於河上，將納王。狐偃言於晉侯曰：「求諸侯，莫如勤王。諸侯信之，且大義也。繼文之業，而信宣於諸侯，今爲可矣。」

使卜偃卜之，曰：「吉。遇黄帝戰于阪泉之兆。」公曰：「吾不堪也。」對曰：「周禮未改，今之王，古之帝也。」公曰：「筮之！」筮之，遇大有䷍之睽䷥，曰：「吉。遇『公用享于天子』之卦也[一]。戰克而王享[二]，吉孰大焉？且是卦也，天爲澤以當日，天子降心以逆公，不亦可乎？大有去睽而復，亦其所也。」

晉侯辭秦師而下。三月甲辰，次于陽樊。右師圍温，左師逆王。夏四月丁巳，王入于

[一] 原無「也」字，據阮刻本補。
[二] 「享」，阮刻本作「飨」。

王城。取大叔于温，殺之于隰城。

戊午，晉侯朝王，王饗醴，命之宥。請隧，弗許，曰：「王章也。未有代德，而有二王，亦叔父之所惡也。」與之陽樊、温、原、欑茅之田。晉於是始啓南陽。陽樊不服，圍之。蒼葛呼曰：「德以柔中國，刑以威四夷，宜吾不敢服也。此，誰非王之親姻，其俘之也？」乃出其民。

冬，晉侯圍原，命三日之糧。原不降，命去之。諜出，曰：「原將降矣。」軍吏曰：「請待之。」公曰：「信，國之寶也，民之所庇也。得原失信，何以庇之？所亡滋多。」退一舍而原降。遷原伯貫于冀。趙衰爲原大夫，狐溱爲温大夫。

晉侯問原守於寺人勃鞮，對曰：「昔趙衰以壺飧從，徑，餒而弗食。」故使處原。

二十七年冬，楚子及諸侯圍宋，宋公孫固如晉告急。先軫曰：「報施、救患，取威、定霸，於是乎在矣。」狐偃曰：「楚始得曹，而新昏於衛，若伐曹、衛，楚必救之，則齊、宋免矣。」於是乎蒐于被廬，作三軍，謀元帥。趙衰曰：「郤縠可。臣亟聞其言矣，説禮、樂而敦詩、書。詩、書，義之府也；禮、樂，德之則也；德、義，利之本也。夏書曰：『賦納以言，明試以功，車服以庸。』君其試之！」乃使郤縠將中軍，郤溱佐之；使狐偃將上軍，讓於狐毛，而佐之；命趙衰爲卿，讓於欒枝、先軫。使欒枝將下軍，先軫佐之。荀林父御戎，魏犨爲右。

晉侯始入而教其民，二年，欲用之。子犯曰：「民未知義，未安其居。」於是乎出定襄王，入務利民，民懷生矣。將用之。子犯曰：「民未知信，未宣其用。」於是乎伐原以示之信。民易資者，不求豐焉，明徵其辭。公曰：「可矣乎？」子犯曰：「民未知禮，未生其共。」於是乎大蒐以示之禮，作執秩以正其官。民聽不惑，而後用之。出穀戍，釋宋圍，一戰而霸，文之教也。

〔經·二十有八年夏四月己巳，晉侯、齊師、宋師、秦師及楚人戰于城濮，楚師敗績。楚殺其大夫得臣。

五月癸丑，公會晉侯、齊侯、宋公、蔡侯、鄭伯、衛子、莒子，盟於踐土。

陳侯如會。

公朝于王所。

〔傳·二十八年春，晉侯將伐曹，假道于衛。衛人弗許。還，自南河濟，侵曹、伐衛。正月戊申，取五鹿。二月，晉郤縠卒。原軫將中軍，胥臣佐下軍，上德也。晉侯、齊侯盟于斂盂。衛侯請盟，晉人弗許。衛侯欲與楚，國人不欲，故出其君以說於晉。衛侯出居于襄牛。

公子買戍衛，楚人救衛，不克。公懼於晉，殺子叢以説焉。謂楚人曰：「不卒戍也。」晉侯圍曹，門焉，多死。曹人尸諸城上，晉侯患之。聽輿人之謀，稱「舍於墓」。師遷焉。曹人凶懼，爲其所得者，棺而出之。因其凶也而攻之。三月丙午，入曹，數之以其不用僖負羈，而乘軒者三百人也，且曰獻狀。令無入僖負羈之宫，而免其族，報施也。魏犨、顛頡怒，曰：「勞之不圖，報於何有？」爇僖負羈氏。魏犨傷於胸。公欲殺之，而愛其材。使問，且視之。病，將殺之。魏犨束胸見使者曰：「以君之靈，不有寧也！」距躍三百，曲踊三百，乃舍之。殺顛頡以徇于師，立舟之僑以爲戎右。

宋人使門尹般如晉師告急。公曰：「宋人告急，舍之則絶，告楚不許。我欲戰矣，齊、秦未可，若之何？」先軫曰：「使宋舍我而賂齊、秦，藉之告楚。我執曹君，而分曹、衛之田以賜宋人。楚愛曹、衛，必不許也。喜賂、怒頑，能無戰乎？」公説，執曹伯，分曹、衛之田以畀宋人。

楚子入居于申，使申叔去穀，使子玉去宋，曰：「無從晉師！晉侯在外，十九年矣，而果得晉國。險阻艱難，備嘗之矣；民之情僞，盡知之矣。天假之年，而除其害，天之所置，其可廢乎？軍志曰：『允當則歸。』又曰：『知難而退。』又曰：『有德不可敵。』此三志者，晉之謂矣。」子玉使伯棼請戰，曰：「非敢必有功也，願以間執讒慝之口。」王怒，少與之師，唯西廣、東宮與若敖之六卒實從之。

子玉使宛春告於晉師曰：「請復衛侯而封曹，臣亦釋宋之圍。」子犯曰：「子玉無禮哉！君取一，臣取二，不可失矣。」先軫曰：「子與之！定人之謂禮，楚一言而定三國，我一言而亡之。我則無禮，何以戰乎？不許楚言，是棄宋也；救而棄之，謂諸侯何？楚有三施，我有三怨，怨讎已多，將何以戰？不如私許復曹、衛以攜之，執宛春以怒楚，既戰而後圖之。」公説，乃拘宛春於衛，且私許復曹、衛。曹、衛告絶於楚。

子玉怒，從晉師。晉師退。軍吏曰：「以君避臣，辱也；且楚師老矣，何故退？」子犯曰：「師直爲壯，曲爲老，豈在久乎？微楚之惠不及此，退三舍辟之，所以報也。背惠食言，以亢其讎，我曲楚直。其衆素飽，不可謂老。我退而楚還，我將何求？若其不還，君退、臣犯，曲在彼矣。」退三舍。楚衆欲止，子玉不可。

夏四月戊辰，晉侯、宋公、齊國歸父、崔夭、秦小子憖次于城濮。楚師背酅而舍，晉侯患之。聽輿人之誦曰：「原田每每，舍其舊而新是謀。」公疑焉。子犯曰：「戰也！戰而捷，必得諸侯。若其不捷，表裏山河，必無害也。」公曰：「若楚惠何？」欒貞子曰：「漢陽諸姬，楚實盡之。思小惠而忘大耻，不如戰也。」晉侯夢與楚子搏，楚子伏己而盬其腦，是以懼。子犯曰：「吉。我得天，楚伏其罪，吾且柔之矣。」

子玉使鬬勃請戰，曰：「請與君之士戲，君馮軾而觀之，得臣與寓目焉。」晉侯使欒枝對曰：「寡君聞命矣。楚君之惠，未之敢忘，是以在此。爲大夫退，其敢當君乎？既不獲命矣，敢煩大夫，謂二三子：『戒爾車乘，敬爾君事，詰朝將見。』」

晉車七百乘，韅、靷、鞅、靽。晉侯登有莘之虚以觀師，曰：「少長有禮，其可用也。」遂伐其木，以益其兵。

己巳，晉師陳于莘北，胥臣以下軍之佐當陳、蔡。子玉以若敖之六卒將中軍，曰：「今日必無晉矣。」子西將左，子上將右。胥臣蒙馬以虎皮，先犯陳、蔡。陳、蔡奔，楚右師潰。狐毛設二旆而退之。欒枝使輿曳柴而僞遁，楚師馳之，原軫、郤溱以中軍公族横擊之。狐毛、狐偃以上軍夾攻子西，楚左師潰。楚師敗績。子玉收其卒而止，故不敗。

晉師三日館、穀，及癸酉而還。甲午，至于衡雍，作王宫于踐土。

鄉役之三月，鄭伯如楚致其師。爲楚師既敗而懼，使子人九行成于晉。晉欒枝入盟鄭伯。五月丙午，晉侯及鄭伯盟于衡雍。

丁未，獻楚俘于王：駟介百乘，徒兵千。鄭伯傅王，用平禮也。己酉，王享醴，命晉侯宥。王命尹氏及王子虎、内史叔興父策命晉侯爲侯伯，賜之大輅之服，戎輅之服，彤弓一，彤矢百，玈弓矢千，秬鬯一卣，虎賁三百人，曰：「王謂叔父，『敬服王命，以綏四國，糾逖王慝。』」晉侯三辭，從命，曰：「重耳敢再拜稽首，奉揚天子之丕顯休命。」受策以出。出入三覲。

衛侯聞楚師敗，懼，出奔楚，遂適陳，使元咺奉叔武以受盟。癸亥，王子虎盟諸侯于王庭，要言曰：「皆獎王室，無相害也！有渝此盟，明神殛之，俾隊其師，無克祚國，及其玄孫，無有老幼。」君子謂是盟也信，謂晉於是役也，能以德攻。

城濮之戰，晉中軍風于澤，亡大旆之左旃。祁瞞奸命，司馬殺之，以徇于諸侯，使茅茷代之。師還。壬午，濟河。舟之僑先歸，士會攝右。秋七月丙申，振旅，愷以入于晉，獻俘、授馘，飲至、大賞，徵會、討貳。殺舟之僑以徇于國，民於是大服。

君子謂文公「其能刑矣，三罪而民服。詩云：『惠此中國，以綏四方。』不失賞、刑之謂也。」

是會也，晉侯召王，以諸侯見，且使王狩。仲尼曰：「以臣召君，不可爲〔一〕訓。故書曰『天王狩於河陽』，言非其地也，且明德也。」

壬申，公朝于王所。

〔一〕原稿爲「爲」，阮刻本作「以」。

晉侯作三行以禦狄，荀林父將中行，屠擊將右行，先蔑將左行。

三十一年秋〔一〕，晉蒐于清原，作五軍以禦狄。趙衰爲卿。

三十二年冬，晉文公卒。庚辰，將殯于曲沃。出絳，柩有聲如牛。卜偃使大夫拜。曰：「君命大事：將有西師過軼我，擊之，必大捷焉。」

楚成以無别致凶終

五年，楚鬬穀於菟滅弦，弦子奔黄。

於是江、黄、道、柏方睦於齊，皆弦姻也。弦子恃之而不事楚，又不設備，故亡。

六年冬，蔡穆侯將許僖公以見楚子於武城。許男面縛，銜璧，大夫衰絰，士輿櫬。楚子問諸逢伯，對曰：「昔武王克殷，微子啟如是。武王親釋其縛，受其璧而祓之。焚其櫬，禮而命之，使復其所。」楚子從之。

十二年，黄人恃諸侯之睦于齊也，不共楚職，曰：「自郢及我九百里，焉能害我？」夏，楚滅黄。

〔一〕 原無「秋」字，據阮刻本補。

二十年，隨以漢東諸侯叛楚。冬，楚鬬穀於菟帥師伐隨，取成而還。

二十二年冬十一月丙子晨，鄭文夫人羋氏、姜氏勞楚子於柯澤。楚子使師縉示之俘馘。君子曰：「非禮也。婦人送迎不出門，見兄弟不踰閾，戎事不邇女器。」

丁丑，楚子入饗于鄭，九獻，庭實旅百，加籩豆六品。饗畢，夜出，文羋送于軍，取鄭二姬以歸。叔詹曰：「楚王其不没乎！爲禮卒於無别。無别不可謂禮，將何以没？」君子〔一〕是以知其不遂霸也。

二十三年秋，楚成得臣帥師伐陳，討其貳於宋也。遂取焦、夷，城頓而還。子文以爲之功，使爲令尹。叔伯曰：「子若國何？」對曰：「吾以靖國也。夫有大功而無貴仕，其人能靖者與有幾？」

二十六年，東門襄仲、臧文仲〔二〕如楚乞師。臧孫見子玉而道之伐齊、宋，以其不臣也。夔子不祀祝融與鬻熊，楚人讓之。對曰：「我先王熊摯有疾，鬼神弗赦，而自竄于夔。吾是以失楚，又何祀焉？」秋，楚成得臣、鬬宜申帥師滅夔，以夔子歸。

〔一〕「君子」，阮刻本作「諸侯」。

〔二〕原無「臧文仲」三字，據阮刻本補。

宋以其善於晉侯也，叛楚即晉。冬，楚令尹子玉、司馬子西帥師伐宋，圍緡。公以楚師伐齊，取穀。凡師，能左右之曰以。寘桓公子雍於穀，易牙奉之以爲魯援。楚申公叔侯戍之。桓公之子七人，爲七大夫於楚。

二十七年，楚子將圍宋，使子文治兵於睽，終朝而畢，不戮一人。子玉復治兵於蔿，終日而畢，鞭七人，貫三人耳。國老皆賀子文，子文飲之酒。蔿賈尚幼〔一〕，後至，不賀。子文問之，對曰：「不知所賀。子之傳政於子玉，曰：『以靖國也。』靖諸内而敗諸外，所獲幾何？子玉之敗，子之舉也。舉以敗國，將何賀焉？子玉剛而無禮，不可以治民，過三百乘，其不能以入矣。苟入而賀，何後之有？」

二十八年。初，楚子玉自爲瓊弁、玉纓，未之服也。先戰，夢河神謂己曰：「畀余，余賜女孟諸之麋。」弗致也。大心與子西使榮黄諫，弗聽。榮季曰：「死而利國，猶或爲之，況瓊玉乎？是糞土也。而可以濟師，將何愛焉？」弗聽。出，告二子曰：「非神敗令尹，令尹其不勤民，實自敗也。」既敗，王使謂之曰：「大夫若入，其若申、息之老何？」子西、孫伯曰：「得臣將死。二臣止之，曰：『君其將以爲戮。』」及連穀而死。

〔一〕原無「尚幼」二字，據阮刻本補。

晉侯聞之而後喜可知也，曰：「莫余毒也已。蔿吕臣實爲令尹，奉己而已，不在民矣。」

三十三年，晉陽處父侵蔡，楚子上救之，與晉師夾泜而軍。陽子患之，使謂子上曰：「吾聞之：『文不犯順，武不違敵。』子若欲戰，則吾退舍，子濟而陳，遲速唯命。不然，紓我。老師費財，亦無益也。」乃駕以待。子上欲涉，大孫伯曰：「不可。晉人無信，半涉而薄我，悔敗何及？不如紓之。」乃退舍。陽子宣言曰：「楚師遁矣。」遂歸。楚師亦歸。大子商臣譖子上曰：「受晉賂而辟之，楚之耻也。罪莫大焉。」王殺子上。

文元。初，楚子將以商臣爲大子，訪諸令尹子上。子上曰：「君之齒未也，而又多愛，黜乃亂也。楚國之舉，恒在少者。且是人也，蠭目而豺聲，忍人也，不可立也。」弗聽。既，又欲立王子職，而黜大子商臣。商臣聞之而未察，告其師潘崇曰：「若之何而察之？」潘崇曰：「享江芈而勿敬也。」從之。江芈怒曰：「呼！役夫！宜君王之欲殺女而立職也。」告潘崇曰：「信矣。」潘崇曰：「能事諸乎？」曰：「不能。」「能行乎？」曰：「不能。」〔二〕「能行大事乎？」曰：「能。」

〔二〕原稿「能行乎？曰：不能。」一句重複，據阮刻本删。

冬十月，以宫甲圍成王。王請食熊蹯而死。弗聽。丁未，王縊。謚之曰：「靈」，不瞑；曰「成」，乃瞑。

穆王立，以其爲〔二〕大子之室與潘崇，使爲大師，且掌環列之尹。

鄭、衛、曹附楚之失

十八年，鄭伯始朝于楚。楚子賜之金，既而悔之，與之盟曰：「無以鑄兵！」故以鑄三鐘。

二十四年。鄭子華之弟子臧出奔宋，好聚鷸冠。鄭伯聞而惡之，使盜誘之。八月，盜殺之于陳、宋之間。君子曰：「服之不衷，身之災也。詩曰：『彼己之子，不稱其服。』子臧之服，不稱也夫！詩曰『自詒伊慼』，其子臧之謂矣。夏書曰『地平天成』，稱也。」

三十年九月甲午，晉侯、秦伯圍鄭，以其無禮於晉，且貳於楚也。晉軍函陵，秦軍氾南。

〔二〕 原無「爲」字，據阮刻本補。

佚之狐言於鄭伯曰：「國危矣，若使燭之武見秦君，師必退。」公從之。辭曰：「臣之壯也，猶不如人；今老矣，無能爲也已。」公曰：「吾不能早用子，今急而求子，是寡人之過也。然鄭亡，子亦有不利焉。」許之。夜，縋而出。見秦伯曰：「秦、晉圍鄭，鄭既知亡矣。若亡鄭而有益於君，敢以煩執事。越國以鄙遠，君知其難也，焉用亡鄭以陪鄰？鄰之厚，君之薄也。若舍鄭以爲東道主，行李之往來，共其乏困，君亦無所害。且君嘗受〔二〕晉君賜矣，許君焦、瑕，朝濟而夕設版焉，君之所知也。夫晉，何厭之有？既東封鄭，又欲肆其西封。若不闕秦，將焉取之？闕秦以利晉，唯君圖之。」秦伯說，與鄭人盟，使杞子、逢孫、楊孫戍之，乃還。

子犯請擊之，公曰：「不可。微夫人力不及此。因人之力而敝之，不仁；失其所與，不知；以亂易整，不武。吾其還也。」亦去之。

初，鄭子蘭出奔晉，從於晉侯伐鄭，請無與圍鄭。許之，使待命于東。鄭石甲父、侯宣多逆以爲大子，以求成于晉，晉人許之。

三十一年。鄭洩駕惡公子瑕，鄭伯亦惡之，故公子瑕出奔楚。

〔二〕「受」，阮刻本作「爲」。

二十八年，或訴元咺於衛侯曰：「立叔武矣。」其子角從公，公使殺之。咺不廢命，奉夷叔以入守。

六月，晉人復衛侯。甯武子與衛人盟于宛濮，曰：「天禍衛國，君臣不協，以及此憂也。今天誘其衷，使皆降心以相從也。不有居者，誰守社稷？不有行者，誰扞牧圉？不協之故，用昭乞盟于爾大神以誘天衷。自今日以往，既盟之後，行者無保其力，居者無懼其罪。有渝此盟，以相及也。明神先君，是糾是殛。」國人聞此盟也，而後不貳。衛侯先期入，甯子先，長牂守門，以爲使也，與之乘而入。公子歂犬、華仲前驅，叔武〔一〕將沐，聞君至，喜，捉髮走出，前驅射而殺之。公知其無罪也，枕之股而哭之。歂犬走出，公使殺之。元咺出奔晉。

冬，衛侯與元咺訟，甯武子爲輔，鍼莊子爲坐，士榮爲大士。衛侯不勝。殺士榮，刖鍼莊子，謂甯俞忠而免之。執衛侯，歸之于京師，寘諸深室。甯子職納橐饘焉。元咺歸于衛，立公子瑕。

三十年春，晉侯使醫衍酖衛侯。甯俞貨醫，使薄其酖，不死。公爲之請，納玉於王與

〔一〕「武」，阮刻本作「孫」。

晉侯。皆十瑴，王許之。秋，乃釋衛侯。

衛侯使賂周歂、冶廑曰：「苟能納我，吾使爾爲卿。」周、冶殺元咺及子適、子儀。公入，祀先君，周、冶既服，將命，周歂先入，及門，遇疾而死。冶廑辭卿。

三十一年冬，狄圍衛，衛遷于帝丘。卜曰三百年。衛成公夢康叔曰：「相奪予享。」公命祀相。甯武子不可，曰：「鬼神非其族類，不歆其祀。杞、鄫何事？相之不享於此久矣，非衛之罪也，不可以閒成王、周公之命祀，請改祀命。」

二十八年，晉侯有疾，曹伯之豎侯獳貨筮史，使曰以曹爲解：「齊桓公爲會而封異姓，今君爲會而滅同姓。曹叔振鐸，文之昭也；先君唐叔，武之穆也。且合諸侯而滅兄弟，非禮也；與衛偕命，而不與偕復，非信也；同罪異罰，非刑也。禮以行義，信以守禮，刑以正邪。舍此三者，君將若之何？」公說，復曹伯。

三十一年春，取濟西田，分曹地也。使臧文仲往，宿於重館。重館人告曰：「晉新得諸侯，必親其共，不速行，將無及也。」從之。分曹地，自洮以南，東傅于濟，盡曹地也。襄仲如晉，拜曹田也。

經文統鈔中編卷三

益陽陳天倪　主纂
湘陰彭　昺　襄輯

文公

文公政紀 公名興，僖公子，母聲姜，在位十八年。

元年，王使内史叔服來會葬。公孫敖聞其能相人也，見其二子焉。叔服曰：「穀也食子，難也收子。穀也豐下，必有後於魯國。」

於是閏三月，非禮也。先王之正時也，履端於始，舉正於中，歸餘於終。履端於始，序則不愆；舉正於中，事[一]則不惑；歸餘於終，事則不悖。

二年秋八月，大事於大廟，躋僖公，逆祀也。於是夏父弗忌爲宗伯，尊僖公，且明見

〔一〕「事」，阮刻本作「民」。

曰：「吾見新鬼大，故鬼小。先大後小，順也。躋聖賢，明也。明、順，禮也。」

君子以爲失禮：「禮無不順。祀，國之大事也，而逆之，可謂禮乎？子雖齊聖，不先父食久矣。故禹不先鯀，湯不先契，文、武不先不窋。宋祖帝乙，鄭祖厲王，猶上祖也。是以魯頌曰：『春秋匪解，享祀不忒，皇皇后帝，皇祖后稷。』君子曰『禮』，謂其后稷親而先帝也。詩曰：『問我諸姑，遂及伯姊。』君子曰『禮』，謂其姊親而先姑也。」

仲尼曰：「臧文仲，其不仁者三，不知者三。下展禽，廢六關，妾織蒲，三不仁也。作虛器，縱逆祀，祀爰居，三不知也。」

三年，公如晉，及晉侯盟。晉侯饗公，賦菁菁者莪。莊叔以公降、拜。曰：「小國受命於大國，敢不慎儀？君貺之以大禮，何樂如之？抑小國之樂，大國之惠也。」晉侯降，辭。登，成拜。公賦嘉樂。

四年夏，逆婦姜於齊，卿不行，非禮也。君子是以知出姜之不允於魯也。曰：「貴聘而賤逆之，君而卑之，立而廢之，棄信而壞其主，在國必亂，在家必亡。不允宜哉！」

衛甯武子〔一〕來聘，公與之宴，爲賦湛露及彤弓。不辭，又不答賦。使行人私焉。對

〔一〕原無「武」字，據阮刻本補。

曰：「臣以爲肄業及之也。昔諸侯朝正於王，王宴樂之，於是乎賦湛露，則天子當陽，諸侯用命也。諸侯敵王所愾，而獻其功，王於是乎賜之彤弓一，彤矢百，玈弓矢千，以覺報宴。今陪臣來繼舊好，君辱貺之，其敢干大禮以自取戾？」

六年秋，季文子將聘於晉，使求遭喪之禮以行。其人曰：「將焉用之？」文子曰：「備豫不虞，古之善教也。求而無之，實難。過求，何害？」

七年。穆伯娶于莒，曰戴己，生文伯；其娣聲己生惠叔。戴己卒，又聘於莒，莒人以聲己辭，則爲襄仲聘焉。

冬，徐伐莒，莒人來請盟，穆伯如莒涖盟，且爲仲逆。及鄢陵，登城見之，美，自爲娶之。仲請攻之，公將許之。叔仲惠伯諫，曰：「臣聞之：『兵作於内爲亂，於外爲寇。寇猶及人，亂自及也。』今臣作亂而君不禁，以啓寇讎，若之何？」公止之。惠伯成之，使仲舍之，公孫敖反之，復爲兄弟如初。從之。

八年，穆伯如周弔喪，不至，以幣奔莒，從己氏焉。

十一年，鄋瞞侵齊。遂伐我。公卜使叔孫得臣追之，吉。侯叔夏御莊叔，緜房甥爲右，富父終甥駟乘。冬十月甲午，敗狄於鹹，獲長狄僑如。富父終甥摏其喉以戈，殺之。埋其首於子駒之門。以命宣伯。

初，宋武公之世，鄋瞞伐宋，司徒皇父帥師禦之，耏班御皇父充石，公子穀甥爲右，司寇牛父駟乘，以敗狄於長丘，獲長狄緣斯。皇父之二子死焉，宋公於是以門賞耏班，使食其征，謂之耏門。

晉之滅潞也，獲僑如之弟焚如。齊襄公之二年，鄋瞞伐齊。齊王子成父獲其弟榮如。埋其首於周首之北門。衛人獲其季弟簡如。鄋瞞由是遂亡。

十二年，秦伯使西乞術來聘，且言將伐晉。襄仲辭玉，曰：「君不忘先君之好，照臨魯國，鎮撫其社稷，重之以大器，寡君敢辭玉。」〔一〕對曰：「不腆敝器，不足辭也。」主人三辭。賓答曰：「寡君願徼福於周公、魯君公〔二〕以事君，不腆先君之敝器，使下臣致諸執事，以爲瑞節，要結好命，所以藉寡君之命，結二國之好，是以敢致之。」襄仲曰：「不有君子，其能國乎？國無陋矣。」厚賄之。

十三年冬，公如晉朝，且尋盟。衛侯會公于沓，請平于晉。公還，鄭伯會公于棐，亦請平于晉。公皆成之。

〔一〕「曰：君不忘」至「寡君敢辭玉」句，原稿闕，據阮刻本補。
〔二〕「君」，阮刻本作「公」。

鄭伯與公宴于棐。子家賦鴻鴈。季文子曰：「寡君未免於此。」文子賦四月。子家賦載馳之四章。文子賦采薇之四章。鄭伯拜。公答拜。

十四年。穆伯之從己氏也，魯人立文伯。穆伯生二子於莒，而求復。文伯以爲請。襄仲使無朝聽命。復而不出。二年而盡室以復適莒。文伯疾，而請曰：「穀之子弱，請立難也。」許之。文伯卒，立惠叔。穆伯請重賂以求復。惠叔以爲請，許之。將來，九月，卒於齊。告喪，請葬，弗許。

十五年，齊人或爲孟氏謀，曰：「魯，爾親也，飾棺置諸堂阜，魯必取之。」從之。卞人以告。惠叔猶毁以爲請，立於朝以待命。許之，取而殯之。齊人送之。書曰「齊人歸公孫敖之喪」，爲孟氏，且國故也。葬視共仲。聲己不視，帷堂而哭。襄仲欲勿哭，惠伯曰：「喪，親之終也。雖不能始，善終可也。史佚有言曰：『兄弟致美。救乏、賀善、弔災、祭敬、喪哀，情雖不同，毋絶其愛，親之道也。』子無失道，何怨於人？」襄仲說。帥兄弟以哭之。

他年，其二子來，孟獻子愛之，聞於國。或譖之，曰：「將殺子。」獻子以告季文子。二子曰：「夫子以愛我聞，我以將殺子聞，不亦遠於禮乎？遠禮不如死。」一人門于句鼆，一人門於戾丘，皆死。

秋，齊人侵我西鄙，故季文子告于晉。

冬十一月，晉侯、宋公、衛侯、蔡侯、陳侯、鄭伯、許男、曹伯盟於扈，尋新城之盟，且謀伐齊也。齊人賂晉侯，故不克而還。於是有齊難，是以公不會。書曰「諸侯盟于扈」，無能爲故也。凡諸侯會，公不與，不書，諱君惡也。與而不書，後也。

齊人來歸子叔姬，王故也。

齊侯侵我西鄙，謂諸侯不能也。遂伐曹，入其郛，討其來朝也。

季文子曰：「齊侯其不免乎。己則無禮，而討於有禮者，曰：『女何故行禮。』禮以順天，天之道也。己則反天，而又以討人，難以免矣。詩曰：『胡不相畏，不畏於天。』君子之不虐幼賤，畏於天也。在周頌曰：『畏天之威，于時保之。』不畏於天，將何能保？以亂取國，奉禮以守，猶懼不終，多行無禮，弗能在矣。」

十八年，齊侯戒師期，而有疾。醫曰：「不及秋，將死。」公聞之，卜，曰：「尚無及期！」惠伯令龜，卜楚丘占之，曰：「齊侯不及期，非疾也；君亦不聞。令龜有咎。」二月丁丑，公薨。

文公二妃。敬嬴生宣公。敬嬴嬖，而私事襄仲。宣公長，而屬諸襄仲。襄仲欲立之，叔仲不可。仲見于齊侯而請之。齊侯新立，而欲親魯，許之。

冬，仲殺惡及視，而立宣公。書曰「子卒」，諱之也。仲以君命召惠伯，其宰公冉務人止之，曰：「入必死。」叔仲曰：「死君命可也。」公冉務人曰：「若君命，可死；非君命，何聽？」弗聽，乃入，殺而埋諸〔一〕馬矢之中。公冉務人奉其帑以奔蔡，既而復叔仲氏。

夫人姜氏歸於齊，大歸也。將行，哭而過市，曰：「天乎！仲爲不道，殺適立庶。」市人皆哭。魯人謂之哀姜。

秦穆霸西戎與三良殉死

僖三十二年〔二〕，杞子自鄭使告于秦曰：「鄭人使我掌其北門之管，若潛師以來，國可得也。」穆公訪諸蹇叔，蹇叔曰：「勞師以襲遠，非所聞也。師勞力竭，遠主備之，無乃不可乎？師之所爲，鄭必知之，勤而無所，必有悖心。且行千里，其誰不知？」公辭焉。召孟明、西乞、白乙，使出師于東門之外。蹇叔哭之，曰：「孟子！吾見師之出而不見其入

〔一〕「諸」，阮刻本作「之」。
〔二〕原無「年」字，據前後文補。

也！」公使謂之曰：「爾何知？中壽，爾墓之木拱矣。」蹇叔之子與師，哭而送之，曰：「晉人禦師必於殽。殽有二陵焉。其南陵，夏后皋之墓也；其北陵，文王之所辟風雨也。必死是間，余收爾骨焉！」秦師遂東。

僖三十三年春，秦師過周北門，左右免胄而下，超乘者三百乘。王孫滿尚幼，觀之，言於王曰：「秦師輕而無禮，必敗。輕則寡謀，無禮則脱。入險而脱，又不能謀，能無敗乎？」

及滑，鄭商人弦高將市於周，遇之，以乘韋先，牛十二犒師，曰：「寡君聞吾子將步師出於敝邑，敢犒從者。不腆敝邑，爲從者之淹，居則具一日之積，行則備一夕之衛。」且使遽告于鄭。

鄭穆公使視客館，則束載、厲兵、秣馬矣。使皇武子辭焉，曰：「吾子淹久於敝邑，唯是脯資、餼牽竭矣，爲吾子之將行也，鄭之有原圃，猶秦之有具囿也，吾子取其麋鹿，以閒敝邑，若何？」杞子奔齊，逢孫、楊孫奔宋。

孟明曰：「鄭有備矣，不可冀也。攻之不克，圍之不繼，吾其還也。」滅滑而還。

晉原軫曰：「秦違蹇叔，而以貪勤民，天奉我也。奉不可失，敵不可縱。縱敵，患生；違天，不祥。必伐秦師！」欒枝曰：「未報秦施，而伐其師，其爲死君乎？」先軫曰：「秦不哀吾喪，而伐吾同姓，秦則無禮，何施之爲？吾聞之，『一日縱敵，數世之患也』。謀及子孫，可謂死君乎？」遂發命〔二〕，遽興姜戎。子墨衰絰，梁弘御戎，萊駒爲右。

夏四月辛巳，敗秦師于殽，獲百里孟明視、西乞術、白乙丙以歸。遂墨以葬文公，晉於是始墨。

文嬴請三帥，曰：「彼實構吾二君，寡君若得而食之，不厭，君何辱討焉？使歸就戮于秦，以逞寡君之志，若何？」公許之。先軫朝。問秦囚。公曰：「夫人請之，吾舍之矣。」先軫怒，曰：「武夫力而拘諸原，婦人暫而免諸國，墮軍實而長寇讎，亡無日矣！」不顧而唾。公使陽處父追之，及諸河，則在舟中矣。釋左驂，以公命贈孟明。孟明稽首曰：「君之惠，不以纍臣釁鼓，使歸就戮于秦，寡君之以爲戮，死且不朽。若從君惠而免之，三年將拜君賜。」

秦伯素服郊次，鄉師而哭，曰：「孤違蹇叔，以辱二三子，孤之罪也。」不替孟明，曰：「孤之過也，大夫何罪？且吾不以一眚掩大德。」

元年。殽之役，晉人既歸秦帥，秦大夫及左右皆言於秦伯曰：「是敗也，孟明之罪

〔二〕「命」，阮刻本作「令」。

也，必殺之。」秦伯曰：「是孤之罪也。周芮良夫之詩曰：『大風有隧，貪人敗類。聽言則對，誦言如醉。匪用其良，覆俾我悖。』是貪故也，孤之謂矣。孤實貪以禍夫子，夫子何罪？」復使爲政。

二年春，秦孟明視帥師伐晉，以報殽之役。二月，晉侯禦之，先且居將中軍，趙衰佐之。王官無地御戎，狐鞫居爲右。甲子，及秦師戰於彭衙，秦師敗績。晉人謂秦「拜賜之師」。

戰於殽也，晉梁弘御戎，萊駒爲右。戰之明日，晉襄公縛秦囚，使萊駒以戈斬之。囚呼，萊駒失戈，狼瞫取戈以斬囚，禽之以從公乘。遂以爲右。箕之役，先軫黜之，而立續簡伯。狼瞫怒。其友曰：「盍死之？」瞫曰：「吾未獲死所。」其友曰：「吾與女爲難。」瞫曰：「周志有之：『勇則害上，不登於明堂。』死而不義，非勇也。共用之謂勇。吾以勇求右，無勇而黜，亦其所也。謂上不我知，黜而宜，乃知我矣。子姑待之。」及彭衙，既陳，以其屬馳秦師，死焉。晉師從之，大敗秦師。

君子謂：「狼瞫於是乎君子。詩曰：『君子如怒，亂庶遄沮。』又曰：『王赫斯怒，爰整其旅。』怒不作亂，而以從師，可謂君子矣。」

秦伯猶用孟明。孟明增修國政，重施於民。趙成子言於諸大夫曰：「秦師又至，將必辟之。懼而增德，不可當也。詩曰：『毋念爾祖，聿修厥德。』孟明念之矣。念德不怠，其可敵乎？」

三年夏，秦伯伐晉，濟河焚舟，取王官及郊，晉人不出。遂自茅津濟，封殽尸而還。遂霸西戎，用孟明也。

君子是以知「秦穆公之爲君也，舉人之周也，與人之壹也；孟明之臣也，其不解也，能懼思也；子桑之忠也，其知人也，能舉善也。詩曰，『于以采蘩？于沼、于沚。于以用之？公侯之事』，秦穆有焉。『夙夜匪解，以事一人』，孟明有焉。『詒厥孫謀，以燕翼子』，子桑有焉」。

六年，秦伯任好卒，以子車氏之三子奄息、仲行、鍼虎爲殉，皆秦之良也。國人哀之，爲之賦黄鳥。

君子曰：「秦穆之不爲盟主也宜哉！死而棄民。先王違世，猶詒之法，而況奪之善人乎？詩曰：『人之云亡，邦國殄瘁。』無善人之謂。若之何奪之？古之王者知命之不長，是以並建聖哲，樹之風聲，分之采物，著之話言，爲之律度，陳之藝極，引之表儀，予之法制，告之訓典，教之防利，委之常秩，道之以禮則，使毋失其土宜，衆隸賴之，而後即命。聖王同之。今縱無法以遺後嗣，而又收其良以死，難以在上矣。」君子是以知秦之不復東征也。

晉襄克狄繼霸

僖三十三年，狄伐晉，及箕。八月戊子，晉侯敗狄于箕。郤缺獲白狄子。先軫曰：「匹夫逞志於君，而無討，敢不自討乎？」免冑入狄師，死焉。狄人歸其元，面如生。

初，臼季使，過冀，見冀缺耨，其妻饁之，敬，相待如賓。與之歸，言諸文公曰：「敬，德之聚也。能敬必有德。德以治民，君請用之！臣聞之，出門如賓，承事如祭，仁之則也。」公曰：「其父有罪，可乎？」對曰：「舜之罪也殛鯀，其舉也興禹。管敬仲，桓之賊也，實相以濟。康誥曰：『父不慈，子不祇，兄不友，弟不共，不相及也。』詩曰：『采葑采菲，無以下體。』君取節焉可也。」文公以爲下軍大夫。反自箕，襄公以三命命先且居將中軍，以再命命先茅之縣賞胥臣，曰：「舉郤缺，子之功也。」以一命命郤缺爲卿，復與之冀，亦未有軍行。

元年。晉文公之季年，諸侯朝晉，衛成公不朝，使孔達侵鄭，伐緜、訾及匡。晉襄公既祥，使告於諸侯而伐衛，及南陽。先且居曰：「效尤，禍也。請君朝王，臣從師。」晉侯朝王於溫。先且居、胥臣伐衛。五月辛酉朔，晉師圍戚。六月戊戌，取之，獲孫昭子。衛人使告於陳。陳共公曰：「更伐之，我辭之。」衛孔達帥師伐晉，君子以爲古。古者，越國而謀。

秋，晉侯疆戚田，故公孫敖會之。

五年，晉陽處父聘於衛，反過甯，甯嬴從之，及温而還。其妻問之，嬴曰：「以剛。商書曰：『沈漸剛克，高明柔克。』夫子壹之，其不没乎！天爲剛德，猶不干時，況在人乎？且華而不實，怨之所聚也。犯而聚怨，不可以定身。余懼不獲其利而離其難，是以去之。」

晉趙成子、欒貞子、霍伯、臼季皆卒。

六年春，晉蒐于夷，舍二軍。使狐射姑將中軍，趙盾佐之。陽處父至自温，改蒐于董，易中軍。陽子，成季之屬也，故黨於趙氏，且謂趙盾能，曰：「使能，國之利也。」是以上之。宣子於是乎始爲國政，制事典，正法罪。辟獄刑，董逋逃，由質要，治舊洿，本秩禮，續常職，出滯淹。既成，以授大傅陽子與大師賈佗，使行諸晉國，以爲常法。

晉靈之不競

六年八月乙亥，晉襄公卒。靈公少，晉人以難故，欲立長君。趙孟曰：「立公子雍。好善而長，先君愛之，且近於秦。秦，舊好也。置善則固，事長則順，立愛則孝，結舊則安。爲難故，故欲立長君。有此四德者，難必抒矣。」賈季曰：「不如立公子樂。辰嬴嬖於二君，立其子，民必安之。」趙孟曰：「辰嬴賤，班在九人，其子何震之有？且爲二嬖，淫也。爲先君子，不能求大，而出在小國，辟也。母淫子辟，無威；陳小而遠，無援。將何安焉？杜祁以君故，讓偪姞而上之；以狄故，讓季隗而已次之，故班在四。先君是以愛其子，而仕諸秦，爲亞卿焉。秦大而近，足以爲援；母義子愛，足以威民。立之，不亦可乎？」使先蔑、士會如秦逆公子雍。賈季亦使召公子樂于陳，趙孟使殺諸郫。

賈季怨陽子之易其班也，而知其無援於晉也，九月，賈季使續鞫居殺陽處父。書曰：「晉殺其大夫。」侵官也。

十一月丙寅，晉殺續簡伯。賈季奔狄。宣子使臾駢送其帑。夷之蒐，賈季戮臾駢，臾駢之人欲盡殺賈氏以報焉。臾駢曰：「不可。吾聞前志有之曰：『敵惠敵怨，不在後嗣，忠之道也。』夫子禮於賈季，我以其寵報私怨，無乃不可乎？介人之寵，非勇也。損怨益仇，非知也。以私害公，非忠也。釋此三者，何以事夫子？」盡具其帑與其器用財賄，親帥扞之，送致諸竟。

七年，秦康公送公子雍于晉，曰：「文公之入也無衛，故有呂、郤之難。」乃多與之徒衛。

穆嬴日抱大子以啼于朝，曰：「先君何罪？其嗣亦何罪？舍適嗣不立，而外求君，將焉寘此？」出朝，則抱以適趙氏，頓首於宣子，曰：「先君奉此子也而屬諸子，曰：『此子也才，吾受子之賜；不才，吾唯子之怨。』今君雖終，言猶在耳，而棄之，若何？」宣子與諸大夫皆患穆嬴，且畏偪，乃背先蔑而立靈公，以禦秦師。箕鄭居守。趙盾將中軍，先克佐之；荀林父佐上軍；先蔑將下軍，先都佐之。步招御戎，戎津爲右。及堇陰。宣子曰：「我若受秦，秦則賓也；不受，寇也。既不受矣，而復緩師，秦將生心。先人有奪人之心，軍之善謀也。逐寇如追逃，軍之善政也。」訓卒，利兵，秣馬，蓐食，潛師夜起。戊子，敗秦師于令狐，至于刳首。

己丑，先蔑奔秦。士會從之。

先蔑之使也，荀林父止之，曰：「夫人、大子猶在，而外求君，此必不行。子以疾辭，若何？不然，將及。攝卿以往，可也，何必子？同官爲僚，吾嘗同寮，敢不盡心乎？」弗聽。爲賦板之三章，又弗聽。及亡，荀伯盡送其帑及其器用財賄於秦，曰：「爲同寮故也。」

士會在秦三年，不見士伯。其人曰：「能亡人於國，不能見於此，焉用之？」士季曰：「吾與之同罪，非義之也，將何見焉〔一〕？」及歸，遂不見。

〔一〕原稿無「將何見焉」四字，據阮刻本補。

狄侵我西鄙，公使告於晉。趙宣子使因賈季問酆舒，且讓之。酆舒問於賈季曰：「趙衰、趙盾孰賢？」對曰：「趙衰，冬日之日也；趙盾，夏日之日也。」

晉郤缺言於趙宣子曰：「日衛不睦，故取其地。今已睦矣，可以歸之。叛而不討，何以示威？服而不柔，何以示懷？非威非懷，何以示德？無德，何以主盟？子爲正卿，以主諸侯，而不務德，將若之何？夏書曰：『戒之用休，董之用威，勸之以九歌，勿使壞。』九功之德皆可歌也，謂之九歌。六府、三事，謂之九功。水、火、金、木、土、穀，謂之六府。正德、利用、厚生，謂之三事。義而行之，謂之德、禮。無禮不樂，所由叛也。若吾子之德，莫可歌也，其誰來之？盍使睦者歌吾子乎？」宣子說之。

八年春，晉侯使解揚歸匡、戚之田于衛，且復致公壻池之封，自申至於虎牢之竟。

夷之蒐，晉侯將登箕鄭父、先都，而使士穀、梁益耳將中軍。先克曰：「狐、趙之勳，不可廢也。」從之。先克奪蒯得田於堇陰。故箕鄭父、先都、士穀、梁益耳、蒯得作亂。

九年春王正月己酉，使賊殺先克。乙丑，晉人殺先都、梁益耳。

三月甲戌，晉人殺箕鄭父、士穀、蒯得。

十二年。秦爲令狐之役故，冬，秦伯伐晉，取羈馬。晉人禦之。趙盾將中軍，荀林父佐之。郤缺將上軍，臾駢佐之。欒盾將下軍，胥甲佐之。範無恤御戎，以從秦師於河曲。

臾駢曰：「秦不能久，請深壘固軍以待之。」從之。

秦人欲戰。秦伯謂士會曰：「若何而戰？」對曰：「趙氏新出其屬曰臾駢，必實爲此謀，將以老我師也。趙有側室曰穿，晉君之壻也，有寵而弱，不在軍事；好勇而狂，且惡臾駢之佐上軍也。若使輕者肆焉，其可。」秦伯以璧祈戰于河。

十二月戊午，秦軍掩晉上軍。趙穿追之，不及。反，怒曰：「裹糧坐甲，固敵是求。敵至不擊，將何俟焉？」軍吏曰：「將有待也。」穿曰：「我不知謀，將獨出。」乃以其屬出。宣子曰：「秦獲穿也，獲一卿矣。秦以勝歸，我何以報？」乃皆出戰，交綏。

秦行人夜戒晉師曰：「兩君之士皆未憖也，明日請相見也。」臾駢曰：「使者目動而言肆，懼我也，將遁矣。薄諸河，必敗之。」胥甲、趙穿當軍門呼曰：「死傷未收而棄之，不惠也。不待期而薄人於險，無勇也。」乃止。秦師夜遁。復侵晉，入瑕。

十三年春，晉侯使詹嘉處瑕，以守桃林之塞。

晉人患秦之用士會也，夏，六卿相見於諸浮，趙宣子曰：「隨會在秦，賈季在狄，難日至矣，若之何？」中行桓子曰：「請復賈季，能外事，且由舊勳。」郤成子曰：「賈季亂，且罪大，不如隨會，能賤而有耻，柔而不犯，其知足使也，且無罪。」

乃使魏壽餘僞以魏叛者，以誘士會。執其帑於晉，使夜逸。請自歸於秦，秦伯許之。

履士會之足於朝。秦伯師于河西，魏人在東。壽餘曰：「請東人之能與夫二三有司言者，吾與之先。」使士會。士會辭，曰：「晉人，虎狼也。若背其言，臣死，妻子爲戮，無益於君，不可悔也。」秦伯曰：「若背其言，所不歸爾帑者，有如河。」乃行。繞朝贈之以策，曰：「子無謂秦無人，吾謀適不用也。」既濟，魏人譟而還。秦人歸其帑。其處者爲劉氏。

十五年，新城之盟，蔡人不與。晉郤缺以上軍、下軍伐蔡，曰：「君弱，不可以怠。」戊申，入蔡，以城下之盟而還。凡勝國，曰滅之；獲大城焉，曰入之。

十七年，晉侯蒐於黃父，遂復合諸侯于扈，平宋也。公不與會，齊難故也。書曰「諸侯」，無功也。

於是晉侯不見鄭伯，以爲貳於楚也。鄭子家使執訊而與之書，以告趙宣子，曰：「寡君即位三年，召蔡侯而與之事君。九月，蔡侯入于敝邑以行。敝邑以侯宣多之難，寡君是以不得與蔡侯偕。十一月，克滅侯宣多，而隨蔡侯以朝于執事。十二年六月，歸生佐寡君之嫡夷，以請陳侯于楚，而朝諸君。十四年七月，寡君又朝，以蕆陳事。十五年五月，陳侯自敝邑往朝于君。往年正月，燭之武往，朝夷也。八月，寡君又往朝。以陳、蔡之密邇於楚，而不敢貳焉，則敝邑之故也。雖敝邑之事君，何以不免？在位之中，一朝于襄，而再見于君。夷與孤之二三臣相及於絳。雖我小國，則蔑以過之矣。今大國曰：

「爾未逞吾志。」敝邑有亡，無以加焉。「古人有言曰：『畏首畏尾，身其餘幾。』又曰：『鹿死不擇音。』小國之事大國也，德，則其人也；不德，則其鹿也，鋌而走險，急何能擇？命之罔極，亦知亡矣。將悉敝賦以待於鯈，唯執事命之。

「文公二年六月壬申，朝于齊。四年二月壬戌，爲齊侵蔡，亦獲成於楚。居大國之間，而從於彊令，豈其罪也。大國若弗圖，無所逃命。」

晉鞏朔行成於鄭，趙穿、公壻池爲質焉。

楚人之圖北方

三年，楚師圍江，晉先僕伐楚以救江。

冬，晉以江故告於周，王叔桓公、晉陽處父伐楚以救江，門於方城，遇息公子朱而還。

四年秋，楚人滅江，秦伯爲之降服，出次，不舉，過數。大夫諫。公曰：「同盟滅，雖不能救，敢不矜乎？吾自懼也。」

五年，六人叛楚即東夷。秋，楚成大心、仲歸帥師滅六。

冬，楚公子燮滅蓼。臧文仲聞六與蓼滅，曰：「皋陶、庭堅不祀忽諸。德之不建，民之無援，哀哉！」

九年，範山言於楚子曰：「晉君少，不在諸侯，北方可圖也。」楚子師于狼淵以伐鄭。因公子堅、公子尨及樂耳。鄭及楚平。

公子遂會晉趙盾、宋華耦、衛孔達、許大夫救鄭，不及楚師。卿不書，緩也，以懲不恪。

夏，楚侵陳，克壺丘，以其服於晉也。

秋，楚公子朱自東夷伐陳，陳人敗之，獲公子茷。陳懼，乃及楚平。

冬，楚子越椒來聘，執幣傲。叔仲惠伯曰：「是必滅若敖氏之宗。傲其先君，神弗福也。」

十年。初，楚範巫矞似謂成王與子玉、子西曰：「三君皆將强死。」城濮之役，王思之，故使止子玉曰：「毋死。」不及。止子西，子西縊而縣絶，王使適至，遂止之，使爲商公。沿漢泝江，將入郢。王在渚宫，下，見之。懼，而辭曰：「臣免於死，又有讒言，謂臣將逃，臣歸死於司敗也。」王使爲工尹，又與子家謀弑穆王。穆王聞之，五月，殺鬬宜申及仲歸。

陳侯、鄭伯會楚子于息。冬，遂及蔡侯次于厥貉。將以伐宋。

宋華御事曰：「楚欲弱我也，先爲之弱乎？何必使誘我？我實不能，民何罪？」乃逆楚子，勞且聽命。遂道以田孟諸。宋公爲右盂，鄭伯爲左盂。期思公復遂爲右司馬，子朱及文之無畏爲左司馬。命夙駕載燧。宋公違命，無畏抶其僕以徇。

或謂子舟曰：「國君不可戮也。」子舟曰：「當官而行，何彊之有？詩曰：『剛亦不吐，柔亦不茹。』『毋從詭隨，以謹罔極。』是亦非辟彊也。敢愛死以亂官乎？」

厥貉之會，麇子逃歸。

十一年春，楚子伐麇。成大心敗麇師於防渚。潘崇復伐麇，至於錫穴。

十二年，楚令尹大孫伯卒，成嘉爲令尹。群舒叛楚，夏，子孔執舒子平及宗子，遂圍巢。

齊、宋、邾君位之更易

十四年。子叔姬妃齊昭公，生舍。叔姬無寵，舍無威。公子商人驟施於國。而多聚士，盡其家，貸於公有司以繼之。夏五月，昭公卒，舍即位。

秋七月乙卯，夜，齊商人殺舍，而讓元。元曰：「爾求之久矣。我能事爾，爾不可使多蓄憾，將免我乎？爾爲之！」

有星孛入于北斗，周内史叔服曰：「不出七年，宋、齊、晉之君皆將死亂。」

齊人定懿公，使來告難，故書以「九月」。齊公子元不順懿公之爲政也，終不曰「公」，曰「夫己氏」。

十八年。齊懿公之爲公子也，與邴歜之父爭田，弗勝。及即位，乃掘而刖之，而使歜僕。納閻職之妻，而使職驂乘。

夏五月，公游於申池。二人浴於池，歜以扑抶職。職怒。歜曰：「人奪女妻而不怒，一抶女，庸何傷？」職曰：「與刖其父而弗能病者何如？」乃謀弑懿公，納諸竹中。歸，舍爵而行。齊人立公子元。

七年夏四月，宋成公卒。於是公子成爲右師，公孫友爲左師，樂豫爲司馬，鱗矔爲司徒，公子蕩爲司城，華御事爲司寇。

昭公將去群公子，樂豫曰：「不可。公族，公室之枝葉也；若去之，則本根無所庇蔭矣。葛藟猶能庇其本根，故君子以爲比，況國君乎？此諺所謂『庇焉而縱尋斧焉』者也。必不可。君其圖之！親之以德，皆股肱也，誰敢攜貳？若之何去之？」不聽。穆、襄之族率國人以攻公，殺公孫固、公孫鄭于公宮。六卿和公室，樂豫舍司馬以讓公子卬。昭公即位而葬。「宋人殺其大夫」，不稱名，衆也，且言非其罪也。

八年。宋襄夫人，襄王之姊也，昭公不禮焉。夫人因戴氏之族，以殺襄公之孫孔叔、公孫鍾離及大司馬公子卬，皆昭公之黨也。司馬握節以死，故書以官。司城蕩意諸來奔，效節於府人而出。公以其官逆之，皆復之，亦書以官，皆貴之也。

十六年。宋公子鮑禮於國人，宋饑，竭其粟而貸之。年自七十以上，無不饋詒也，時加羞珍異。無日不數於六卿之門。國之材人，無不事也，親自桓以下，無不恤也。公子鮑美而豔，襄夫人欲通之，而不可，乃助之施。昭公無道，國人奉公子鮑以因夫人。

於是華元爲右師，公孫友爲左師，華耦爲司馬，鱗矔爲司徒，蕩意諸爲司城，公子朝爲司寇。初，司城蕩卒，公孫壽辭司城，請使意諸爲之。既而告人曰：「君無道，吾官近，懼及焉。棄官，則族無所庇。子，身之貳也，姑紓死焉。雖亡子，猶不亡族。」

既，夫人將使公田孟諸而殺之。公知之，盡以寶行。蕩意諸曰：「盍適諸侯？」公曰：「不能其大夫至于君祖母以及國人，諸侯誰納我？且既爲人君，而又爲人臣，不如死。」盡以其寶賜左右而使行。

夫人使謂司城去公，對曰：「臣之而逃其難，若後君何？」

冬十一月甲寅，宋昭公將田孟諸，未至，夫人王姬使帥甸攻而殺之。蕩意諸死之。書曰：「宋人弒其君杵臼。」君無道也。

文公即位，使母弟須爲司城。華耦卒，而使蕩虺爲司馬。

十八年。宋武氏之族道昭公子，將奉司城須以作亂。十二月，宋公殺母弟須及昭公子，使戴、莊、桓之族攻武氏於司馬子伯之館，遂出武、穆之族。使公孫師爲司城。公子朝卒，使樂呂爲司寇，以靖國人。

宣三年〔二〕。宋文公即位三年，殺母弟須及昭公子，武氏之謀也。使戴、桓之族攻武氏於司馬子伯之館。盡逐武、穆之族。武、穆之族以曹師伐宋。秋，宋師圍曹，報武氏之亂也。

十三年，邾文公卜遷于繹。史曰：「利於民而不利於君。」邾子曰：「苟利於民，君〔三〕之利也。天生民而樹之君，以利之也。民既利矣，孤必與焉。」左右曰：「命可長也，君何弗爲？」邾子曰：「命在養民。死之短長，時也。民苟利矣，遷也，吉莫如之！」遂遷於繹。

五月，邾文公卒。君子曰：「知命。」

十四年。邾文公之卒也，公使弔焉，不敬。邾人來討，伐我南鄙，故惠伯伐邾。

〔二〕　原無「年」字，據前後文補。

〔三〕　「君」，阮刻本作「孤」。

邾文公元妃齊姜，生定公；二妃晉姬，生捷菑。文公卒，邾人立定公。捷菑奔晉。晉趙盾以諸侯之師八百乘納捷菑於邾。邾人辭曰：「齊出貜且長。」宣子曰：「辭順，而弗從，不祥。」乃還。

宣公

宣公政紀公名倭，一作俀，又作委，文公子，母敬嬴，在位十八年。

文十八年。莒紀公生大子僕，又生季佗，愛季佗而黜僕，且多行無禮於國。僕因國人以弑紀公，以其寶玉來奔，納諸宣公。公命與之邑，曰：「今日必授！」季文子使司寇出諸竟，曰：「今日必達！」公問其故。季文子使大史克對曰：

「先大夫臧文仲教行父事君之禮，行父奉以周旋，弗敢失隊。曰：『見有禮於其君者，事之，如孝子之養父母也。見無禮於其君者，誅之，如鷹鸇之逐鳥雀也。』先君周公〔一〕制周禮曰：『則以觀德，德以處事，事以度功，功以食民。』作誓命曰：『毁則爲賊，掩賊爲藏。竊賄爲盜，盜器爲姦。主藏之名，賴姦之用，爲大凶德，有常，無赦。在九刑不忘。』行父還觀莒僕，莫可則也。孝敬、忠信爲吉德，盜賊、藏姦爲凶德。夫莒僕，則其孝敬，則弑君父矣；則其忠信，則竊寶玉矣。其人，則盜賊也；其器，則姦兆也。保而利之，則主藏也。以訓則昏，民無則焉。不度於善，而皆在於凶德，是以去之。此下「昔高陽氏有才子八

〔一〕原無「周公」二字，據阮刻本補。

人」至「同心戴舜以爲天子」一段，已録入上編舜典中。再接以其舉十六相，去四凶也。故虞書數舜之功，曰「慎徽五典，五典克從」，無違教也。曰「納於百揆，百揆時序」，無廢事也。曰「賓於四門，四門穆穆」，無凶人也。舜有大功二十而爲天子，今行父雖未獲一吉人，去一凶矣。於舜之功，二十之一也，庶幾免於戾乎！

元年春王正月，公子遂如齊逆女。尊君命也。

三月，遂以夫人婦姜至自齊。尊夫人也。

夏，季文子如齊，納賂以請會。

會于定州〔二〕，以定公位。

東門襄仲如齊拜成。

六月，齊人取濟西之田，爲立公故，以賂齊也。

九年春，王使來徵聘。

夏，孟獻子聘于周。王以爲有禮，厚賄之。

十年春，公如齊。齊侯以我服故，歸濟西之田。

十四年冬，公孫歸父會齊侯于穀，見晏桓子，與之言魯，樂。桓子告高宣子曰：「子

〔二〕「定州」，阮刻本作「平州」。

家其亡乎！懷於魯矣。懷必貪，貪必謀人。謀人〔一〕，人亦謀己。一國謀之，何以不亡？」孟獻子言於公曰：「臣聞小國之免於大國也，聘而獻物，於是乎有庭實旅百。朝而獻功，於是乎有容貌采章，嘉淑而有加貨，謀其不免也。誅而薦賄，則無及也。今楚在宋，君其圖之。」公說。

十五年春，公孫歸父會楚子于宋。

經・十七年冬十有一月壬午，公弟叔肸卒。

傳・公母弟也。

穀梁傳・其曰公弟叔肸。賢之也。其賢之何也？宣弑而非之也。非之，則胡爲不去也？曰兄弟也。何去而之，與之財，則曰：「我足矣。」織屨而食，終身不食宣公之食。君子以是爲通恩也，以取貴乎春秋。

傳・十八年，公孫歸父以襄仲之立公也，有寵，欲去三桓，以張公室。與公謀，而聘于晉，欲以晉人去之。冬，公薨。季文子言於朝曰：「使我殺適立庶以失大〔二〕援者，仲也

〔一〕　原無「謀人」二字，據阮刻本補。
〔二〕　「大」，阮刻本作「外」。

夫。」臧宣叔怒曰：「當其時不能治也，後之人何罪？子欲去之，許請去之。」遂逐東門氏。子家還，及笙，壇帷，復命於介。既復命，袒、括髮，即位哭，三踴而出。遂奔齊。書曰「歸父還自晉。」善之也。

趙盾弑其君

元年[一]。宋人之弑昭公也，晉荀林父以諸侯之師伐宋，宋及晉平，宋文公受盟于晉。又會諸侯于扈，將爲魯討齊，皆取賂而還。鄭穆公曰：「晉不足與也。」遂受盟于楚。陳共公之卒，楚人不禮焉。陳靈公受盟于晉。

秋，楚子侵陳，遂侵宋。晉趙盾帥師救陳、宋。會于棐林，以伐鄭也。楚蔿賈救鄭，遇于北林。囚晉解揚。晉人乃還。

晉人伐鄭，以報北林之役。於是晉侯侈，趙宣子爲政，驟諫而不入，故不競於楚。

二年，晉靈公不君：厚斂以彫牆；從臺上彈人，而觀其辟丸也；宰夫胹熊蹯不孰，殺之，寘諸畚，使婦人載以過朝。趙盾、士季見其手，問其故，而患之。將諫，士季曰：

[一] 「元年」，原作「六年」，據阮刻本校改。

「諫而不入，則莫之繼也。會請先，不入，則子繼之。」三進，及溜，而後視之，曰：「吾知所過矣，將改之。」稽首而對曰：「人誰無過，過而能改，善莫大焉。詩曰：『靡不有初，鮮克有終。』夫如是，則能補過者鮮矣。君能有終，則社稷之固也，豈唯群臣賴之。又曰：『衮職有闕，惟仲山甫補之。』能補過也。君能補過，衮不廢矣。」

猶不改。宣子驟諫，公患之，使鉏麑賊之。晨往，寢門闢矣，盛服將朝。尚早，坐而假寐。麑退，歎而言曰：「不忘恭敬，民之主也。賊民之主，不忠；棄君之命，不信。有一如〔一〕此，不如死也。」觸槐而死。

秋九月，晉侯飲趙盾酒，伏甲，將攻之。其右提彌明知之，趨登，曰：「臣侍君宴，過三爵，非禮也。」遂扶以下。公嗾夫獒焉。明搏而殺之。盾曰：「棄人用犬，雖猛何爲！」鬭且出。提彌明死之。

初，宣子田于首山，舍于翳桑，見靈輒餓，問其病。曰：「不食三日矣。」食之，舍其半。問之，曰：「宦三年矣，未知母之存否，今近焉，請以遺之。」使盡之，而爲之簞食與肉，寘諸橐以與之。既而與爲公介，倒戟以禦公徒而免之。問何故。對曰：「翳桑之餓

〔一〕「如」，阮刻本作「於」。

人也。」問其名居，不告而退，遂自亡也。

乙丑，趙穿攻靈公於桃園。宣子未出山而復。大史書曰「趙盾弑其君」，以示於朝。宣子曰：「不然。」對曰：「子爲正卿，亡不越竟，反不討賊，非子而誰？」宣子曰：「嗚呼！詩曰『我之懷矣，自詒伊戚』，其我之謂矣。」孔子曰：「董孤，古之良史也，書法不隱。趙宣子，古之良大夫也，爲法受惡。惜也，越竟乃免。」

宣子使趙穿逆公子黑臀于周而立之。壬申，朝于武宫。

初，驪姬之亂，詛無畜群公子，自是晉無公族。及成公即位，乃宦卿之適子〔一〕而爲之田，以爲公族。又宦其餘子，亦爲餘子；其庶子爲公行。晉於是有公族、餘子、公行。趙盾請以括爲公族，曰：「君姬氏之愛子也。微君姬氏，則臣狄人也。」公許之。冬，趙盾爲旄車之族，使屏季以其故族爲公族大夫。

楚莊獨霸

文十四年。楚莊王立，子孔、潘崇將襲群舒，使公子燮與子儀守，而伐舒蓼。二子作

〔一〕原無「子」字，據阮刻本補。

亂。城郢，而使賊殺子孔，不克而還。八月，二子以楚子出。將如商密，廬戢黎及叔麇誘之，遂殺鬬克及公子燮。

初，鬬克囚於秦，秦有殽之敗，而使歸求成。成而不得志，公子燮求令尹而不得，故二子作亂。

文十六年。楚大饑，戎攻〔一〕其西南，至於阜山，師於大林。又伐其東南，至於陽丘，以侵訾枝。

庸人帥群蠻以叛楚，麇人率百濮聚於選，將伐楚。於是申、息之北門不啓。

楚人謀徙於阪高。蔿賈曰：「不可。我能往，寇亦能往。不如伐庸。夫麇與百濮，謂我饑不能師，故伐我也。若我出師，必懼而歸。百濮離居，將各走其邑，誰暇謀人？」乃出師。旬有五日，百濮乃罷。

自廬以往，振廩同食。次於句澨。使廬戢〔二〕黎侵庸，及庸方城。庸人逐之，囚子揚窻。三宿而逸，曰：「庸師衆，群蠻聚焉，不如復大師，且起王卒，合而後進。」師叔曰：

〔一〕「攻」，阮刻本作「伐」。

〔二〕「戢」，阮刻本作「疾」。

「不可。姑又與之遇以驕之。彼驕我怒，而後可克，先君蚡冒所以服陘隰也。」又與之遇，七遇皆北，唯裨、鯈、魚人實逐之。

庸人曰：「楚不足與戰矣。」遂不設備。楚子乘馹，會師于臨品，分爲二隊，子越自石溪，子貝自仞以伐庸。秦人、巴人從楚師，群蠻從楚子盟。遂滅庸。

二年春，鄭公子歸生受命于楚伐宋，宋華元、樂吕御之。二月壬子，戰于大棘，宋師敗績。囚華元，獲樂吕，及甲車四百六十乘，俘二百五十人，馘百。

三年，楚子伐陸渾之戎，遂至於雒，觀兵于周疆。定王使王孫滿勞楚子。楚子問鼎之大小、輕重焉。對曰：「在德不在鼎。昔夏之方有德也，遠方圖物，貢金九牧，鑄鼎象物，百物而爲之備，使民知神、姦。故民入川澤、山林，不逢不若。螭魅罔兩，莫能逢之，用能協于上下，以承天休。桀有昏德，鼎遷于商，載祀六百。商紂暴虐，鼎遷於周。德之休明，雖小，重也。其姦回昏亂，雖大，輕也。天祚明德，有所厎止。成王定鼎於郟鄏，卜世三十，卜年七百，天所命也。周德雖衰，天命未改，鼎之輕重，未可問也。」

四年。初，楚司馬子良生子越椒，子文曰：「必殺之！是子也，熊虎之狀而豺狼之聲；弗殺，必滅若敖氏矣。諺曰：『狼子野心。』是乃狼也，其可畜乎？」子良不可。子文以爲大慼。及將死，聚其族，曰：「椒也知政，乃速行矣，無及於難。」且泣曰：「鬼猶求食，若敖氏之鬼不其餒而！」

及令尹子文卒，鬭般爲令尹，子越爲司馬。蔿賈爲工正，譖子揚而殺之，子越爲令尹，己爲司馬。子越又惡之，乃以若敖氏之族，圄伯嬴於轑陽而殺之，遂處烝野，將攻王。王以三王之子爲質焉，弗受。師於漳澨。秋七月戊戌，楚子與若敖氏戰于皋滸。伯棼射王，汰輈，及鼓跗，著於丁寧。又射，汰輈，以貫笠轂。師懼，退。王使巡師曰：「吾先君文王克息，獲三矢焉。伯棼竊其二，盡於是矣。」鼓而進之，遂滅若敖氏。

初，若敖娶於䢵，生鬭伯比。若敖卒，從其母畜於䢵，淫於䢵子之女，生子文焉。䢵夫人使棄諸夢中，虎乳之。䢵子田，見之，懼而歸。夫人以告，遂使收之。楚人謂乳穀，謂虎於菟，故命之曰鬭穀於菟。以其女妻伯比。實爲令尹子文。

其孫箴尹克黄使於齊，還及宋，聞亂。其人曰：「不可以入矣。」箴尹曰：「棄君之命，獨誰受之？君，天也，天可逃乎？」遂歸，復命，而自拘於司敗。王思子文之治楚國也，曰：「子文無後，何以勸善？」使復其所，改命曰生。

八年，楚爲衆舒叛，故伐舒蓼，滅之。楚子疆之。及滑汭，盟吴、越而還。

十一年，楚子伐鄭，及櫟。子良曰：「晉、楚不務德而兵爭，與其來者可也。晉、楚無信，我焉得有信？」乃從楚。夏，楚盟于辰陵，陳、鄭服也。

楚左尹子重侵宋，王待諸郔。

令尹蔿艾獵城沂，使封人慮事，以授司徒。量功命日，分財用，平板榦，稱畚築，程土物，議遠邇，略基趾，具餱糧，度有司。事三旬而成，不愆于素。

八年。周語定王使單襄公聘於宋。遂假道於陳，以聘於楚。火朝覿矣，道茀不可行也，候不在疆，司空不視塗，澤不陂，川不梁，野有庾積，場功未畢，道無列樹，墾田若蓺，膳宰不致餼，司里不授館，國無寄寓，縣無施舍，民將築臺於夏氏。及陳，陳靈公與孔寧、儀行父南冠以如夏氏，留賓弗〔二〕見。

單子歸，告王曰：「陳侯不有大咎，國必亡。」王曰：「何故？」對曰：「夫辰角見而雨畢，天根見而水涸，本見而草木節解，駟見而隕霜，火見而清風戒寒。故先王之教曰：『雨畢而除道，水涸而成梁，草木節解而備藏，隕霜而冬裘具，清風至而修城郭宫室。』故夏令曰：『九月除道，十月成梁。』其時儆曰：『收而場功，待肌而畚梮，營室之中，土功其始。火之初見，期於司里。』此先王所以不用財賄，而廣施德於天下者也。今陳國火朝覿矣，而道路若塞，野場若棄，澤不陂障，川無舟梁，是廢先王之教也。

〔二〕「弗」，阮刻本作「不」。

「周制有之曰：『列樹以表道，立鄙食以守路。國有郊牧，疆有寓望，藪有圃草，囿有林池，所以禦災也。其餘無非穀土，民無懸耜，野無奧草。不奪民時，不蔑民功。有優無匱，有逸無罷。國有班事，縣有序民。』今陳國道路不可知，田在草間，功成而不收，民罷於逸樂，是棄先王之法制者也。

「周之秩官有之曰：『敵國賓至，關尹以告，行理以節逆之，候人爲導，卿出郊勞，門尹除門，宗祝執祀，司里授館，司徒具徒，司空視塗，司寇詰姦，虞人入材，甸人積薪，火師監燎，水師監濯，膳宰致饔，廩人獻餼，司馬陳芻，工人展車，百官以物至，賓入如歸。是故小大〔一〕莫不懷愛。其貴國之〔二〕賓至，則以班加一等，益虔。至於王使〔三〕，則皆官正涖事，上卿監之。若王巡守，則君親監之。』今雖朝也不才，有分族於周，承王命以爲過賓於陳，而司事莫至，是蔑先王之官也。

「先王之令有之曰：『天道賞善而罰淫，故凡我造國，無從非彝，無即慆淫，各守爾典，以承天休。』今陳侯不念胤續之常，棄其伉儷妃嬪，而帥其卿佐以淫於夏氏，不亦嬻姓

〔一〕原作「大小」，據阮刻本乙正。
〔二〕原「之」字，據阮刻本補。
〔三〕「使」，阮刻本作「吏」。

矣乎？陳，我大姬之後也。棄袞冕而南冠以出，不亦簡彝乎？是又犯先王之令也。「昔先王之教，茂帥其德也，猶恐隕越。若廢其教而棄其制，蔑其官而犯其令，將何以守國？居大國之閒，而無此四者，其能久乎？」

傳·九年，陳靈公與孔寧、儀行父通於夏姬，皆衷其衵服，以戲于朝。洩冶諫曰：「公卿宣淫，民無效焉，且聞不令。君其納之！」公曰：「吾能改矣。」公告二子。二子請殺之，公弗禁，遂殺洩冶。

十年，陳靈公與孔寧、儀行父飲酒於夏氏。公謂行父曰：「徵舒似女。」對曰：「亦似君。」徵舒病之。公出，自其廄射而殺之。二子奔楚。

十一年冬〔一〕，楚子爲陳夏氏亂故，伐陳。謂陳人「無動！將討於少西氏」。遂入陳，殺夏徵舒，轘諸栗門。因縣陳。陳侯在晉。

申叔時使於齊，反，復命而退。王使讓之，曰：「夏徵舒爲不道，弒其君，寡人以諸侯討而戮之，諸侯、縣公皆慶寡人，女獨不慶寡人，何故？」對曰：「猶可辭乎？」王曰：「可哉！」曰：「夏徵舒弒其君，其罪大矣，討而戮之，君之義也。抑人亦有言曰：『牽牛

〔一〕「冬」，原作「春」，據阮刻本校改。

以蹊人之田，而奪之牛。』牽牛以蹊者，信有罪矣；而奪之牛，罰已重矣。諸侯之從也，曰討有罪也。今縣陳，貪其富也。以討召諸侯，而以貪歸之，無乃不可乎？」王曰：「善哉！吾未之聞也。反之，可乎？」對曰：「可哉！〔一〕吾儕小人所謂『取諸其懷而與之』也。」乃復封陳。鄉取一人焉以歸，謂之夏州。故書曰「楚子入陳，納公孫寧、儀行父于陳」。書有禮也。

厲之役，鄭伯逃歸，自是楚未得志焉。鄭既受盟于辰陵，又徼事于晉。

十二年春，楚子圍鄭，旬有七日。鄭人卜行成，不吉，卜臨于大宮，且巷出車，吉。國人大臨，守陴者皆哭。楚子退師。鄭人修城。進復圍之，三月，克之。入自皇門，至于逵路。鄭伯肉袒牽牛〔二〕以逆，曰：「孤不天，不能事君，使君懷怒以及敝邑，孤之罪也，敢不唯命是聽？其俘諸江南，以實海濱，亦唯命；其翦以賜諸侯，使臣妾之，亦唯命。若惠顧前好，徼福於厲、宣、桓、武，不泯其社稷，使改事君，夷於九縣，君之惠也，孤之願也，非所敢〔三〕望也。敢布腹心，君實圖之。」左右曰：「不可許也，得國無赦。」王曰：「其君能下

〔一〕阮刻本無「可哉」二字。
〔二〕「牛」，阮刻本作「羊」。
〔三〕「所敢」，原作「敢所」，據阮刻本乙正。

人，必能信用其民矣，庸可幾乎？」退三十里而許之平。潘尪入盟，子良出質。

夏六月，晉師救鄭。荀林父將中軍，先縠佐之；士會將上軍，郤克佐之；趙朔將下軍，欒書佐之。趙括、趙嬰齊爲中軍大夫，鞏朔、韓穿爲上軍大夫，荀首、趙同爲下軍大夫。韓厥爲司馬。及河，聞鄭既及楚平，桓子欲還，曰：「無及於鄭而勦民，焉用之？楚歸而動，不後。」隨武子曰：「善。會聞用師，觀釁而動。德、刑、政、事、典、禮不易，不可敵也，不爲是征。楚君〔一〕討鄭，怒其貳而哀其卑，叛而伐之，服而舍之，德、刑成矣。伐叛，刑也；柔服，德也，二者立矣。昔歲入陳，今兹入鄭，民不罷勞，君無怨讟，政有經矣。荆尸而舉，商、農、工、賈不敗其業，而卒乘輯睦，事不奸矣。蔿敖爲宰，擇楚國之令典，軍行，右轅，左追蓐，前茅慮無，中權，後勁。百官象物而動，軍政不戒而備，能用典矣。其君之舉也，内姓選於親，外姓選於舊。舉不失德，賞不失勞。老有加惠，旅有施舍。君子小人，物有服章，貴有常尊，賤有等威，禮不逆矣。德立、刑行、政成、事時、典從、禮順，若之何敵之？見可而進，知難而退，軍之善政也。兼弱攻昧，武之善經也。子姑整軍而經武乎！猶有弱而昧者，何必楚？仲虺有言曰『取亂侮亡』，兼弱也。汋曰：『於鑠王師，遵養時

〔一〕「君」，阮刻本作「軍」。

晦。』耆昧也。武曰：『無競惟烈。』撫弱耆昧，以務烈所，可也。」彘子曰：「不可。晉所以霸，師武、臣力也。今失諸侯，不可謂力；有敵而不從，不可謂武。由我失霸，不如死。且成師以出，聞敵彊而退，非夫也。命爲軍帥，而卒以非夫，唯群子能，我弗爲也。」以中軍佐濟。

知莊子曰：「此師殆哉！周易有之，在師䷆之臨䷒，曰：『師出以律，否臧，凶。』執事順成爲臧，逆爲否。衆散爲弱，川壅爲澤。有律以如己也，故曰律。否臧，且律竭也。盈而以竭，夭且不整，所以凶也。不行謂之[一]臨，有帥而不從，臨孰甚焉？此之謂矣。果遇，必敗，彘子尸之，雖免而歸，必有大咎。」韓獻子謂桓子曰：「彘子以偏師陷，子罪大矣。子爲元帥，師不用命，誰之罪也？失屬、亡師，爲罪已重，不如進也。事之不捷，惡有所分。與其專罪，六人同之，不猶愈乎？」師遂濟。

楚子北師次於郔，沈尹將中軍，子重將左，子反將右，將飲馬於河而歸。聞晉師既濟，王欲還，嬖人伍參欲戰。令尹孫叔敖弗欲，曰：「昔歲入陳，今茲入鄭，不無事矣。戰而不捷，參之肉其足食乎？」參曰：「若事之捷，孫叔爲無謀矣。不捷，參之肉將在晉軍，可

〔一〕「谓之」，原作「之謂」，據阮刻本乙正。

得食乎？」令尹南轅、反旆，伍參言於王曰：「晉之從政者新，未能行令。其佐先縠剛愎不仁，未肯用命。其三帥者，專行不獲，聽而無上，衆誰適從？此行也，晉師必敗。且君而逃臣，若社稷何？」王病之，告令尹改乘轅而北之，次于管以待之。

晉人〔二〕在敖、鄗之間。鄭皇戌使如晉師，曰：「鄭之從楚，社稷之故也，未有貳心。楚師驟勝而驕，其師老矣，而不設備。子擊之，鄭師爲承，楚師必敗。」彘子曰：「敗楚、服鄭，於此在矣。必許之。」欒武子曰：「楚自克庸以來，其君無日不討國人而訓之于民生之不易、禍至之無日、戒懼之不可以怠；在軍，無日不討軍實而申儆之于勝之不可保、紂之百克而卒無後，訓之以若敖、蚡冒篳路藍縷以啓山林。箴之曰：『民生在勤，勤則不匱。』不可謂驕。先大夫子犯有言曰：『師直爲壯，曲爲老。』我則不德，而儌怨于楚。我曲楚直，不可謂老。其君之戎分爲二廣，廣有一卒，卒偏之兩。右廣初駕，數及日中，左則受之，以至于昏。內官序當其夜，以待不虞。不可謂無備。子良，鄭之良也；師叔，楚之崇也。師叔入盟，子良在楚，楚、鄭親矣。來勸我戰，我克則來，不克遂往，以我卜也！鄭不可從。」趙括、趙同曰：「率師以來，唯敵是求。克敵、得屬，又何俟？必從彘子！」知季

〔二〕「人」，阮刻本作「師」。

曰：「原、屏，咎之徒也。」趙莊子曰：「欒伯善哉！實其言，必長晉國。」

楚少宰如晉師，曰：「寡君少遭閔凶，不能文。聞二先君之出入此行也，將鄭是訓定，豈敢求罪于晉。二三子無淹久！」隨季對曰：「昔平王命我先君文侯曰：『與鄭夾輔周室，毋廢王命。』今鄭不率，寡君使群臣問諸鄭，豈敢辱候人？敢拜君命之辱。」彘子以爲諂，使趙括從而更之，曰：「行人失辭。寡君使群臣遷大國之跡於鄭，曰：『無辟敵！』群臣無所逃命。」

楚子又使求成于晉，晉人許之，盟有日矣。楚許伯御樂伯，攝叔爲右，以致晉師。許伯曰：「吾聞致師者，御靡旌、摩壘而還。」樂伯曰：「吾聞致師者，左射以菆，代御執轡，御下，兩馬、掉鞅而還。」攝叔曰：「吾聞致師者，右入壘，折馘、執俘而還。」皆行其所聞而復。晉人逐之，左右角之。樂伯左射馬，而右射人，角不能進。矢一而已。麋興於前，射麋，麗龜。晉鮑癸當其後，使攝叔奉麋獻焉，曰：「以歲之非時，獻禽之未至，敢膳諸從者。」鮑癸止之，曰：「其左善射，其右有辭，君子也。」既免。

晉魏錡求公族未得，而怒，欲敗晉師。請致師，弗許。請使，許之。遂往，請戰而還。楚潘黨逐之，及滎澤，見六麋，射一麋以顧獻，曰：「子有軍事，獸人無乃不給於鮮，敢獻於從者。」叔黨命去之。趙旃求卿未得，且怒於失楚之致師者。請挑戰，弗許。請召盟，許之，與魏錡皆命而往。郤獻子曰：「二憾往矣，弗備，必敗。」彘子曰：「鄭人勸戰，弗敢從也；楚人求成，弗能好也。師無成命，多備何爲？」士季曰：「備之善。若二子怒楚，楚人乘我，喪師無日矣，不如備之。楚之無惡，除備而盟，何損於好？若以惡來，有備，不敗。且雖諸侯相見，軍衛不徹，警也。」彘子不可。

士季使鞏朔、韓穿帥七覆于敖前，故上軍不敗。趙嬰齊使其徒先具舟于河，故敗而先濟。

潘黨既逐魏錡，趙旃夜至於楚軍，席於軍門之外，使其徒入之。楚子爲乘廣三十乘，分爲左右。右廣雞鳴而駕，日中而說；左則受之，日入而說。許偃御右廣，養由基爲右；彭名御左廣，屈蕩爲右。乙卯，王乘左廣以逐趙旃。趙旃棄車而走林，屈蕩搏之，得其甲裳。晉人懼二子之怒楚師也，使軘車逆之。潘黨望其塵，使騁而告曰：「晉師至矣！」楚人亦懼王之入晉軍也，遂出陳。孫叔曰：「進之！寧我薄人，無人薄我。詩云：『元戎十乘，以先啓行。』軍志曰：『先人有奪人之心。』薄之也。」遂疾進師，車馳、卒奔，乘晉軍。桓子不知所爲，鼓於軍中曰：「先濟者有賞！」中軍、下軍爭舟，舟中之指可掬也。

晉師右移，上軍未動。工尹齊將右拒卒以逐下軍。楚子使唐狡與蔡鳩居告唐惠侯曰：「不穀不德而貪，以遇大敵，不穀之罪也。然楚不克，君之羞也。敢藉君靈，以濟楚師。」使潘黨率游闕四十乘，從唐侯以爲左拒，以從上軍。駒伯曰：「待諸乎？」隨季曰：「楚師方壯，若萃於我，吾師必盡，不如收而去之。分謗、生民，不亦可乎？」殿其卒而退，不敗。

王見右廣，將從之乘。屈蕩户之，曰：「君以此始，亦必以終。」自是楚之乘廣先左。

晉人或以廣隊不能進，楚人惎之脱扃。少進，馬還，又惎之拔旆投衡，乃出。顧曰：「吾不如大國之數奔也。」

趙旃以其良馬二濟其兄與叔父，以他馬反。遇敵不能去，棄車而走林。逢大夫與其二子乘，謂其二子無顧。顧曰：「趙傁在後。」怒之，使下，指木曰：「尸女於是。」授趙旃綏，以免。明日，以表尸之，皆重獲在木下。

楚熊負羈囚知罃，知莊子以其族反之，厨武子御，下軍之士多從之。每射，抽矢，菆，納諸厨子之房。厨子怒曰：「非子之求，而蒲之愛，董澤之蒲，可勝既乎？」知季曰：「不以人子，吾子其可得乎？吾不可以苟射故也。」射連尹襄老，獲之，遂載其尸。射公子穀臣，囚之。以二者還。

及昏，楚師軍於邲，晉之餘師不能軍，宵濟，亦終夜有聲。

丙辰，楚重至於邲，遂次于衡雍。潘黨曰：「君盍築武軍而收晉尸以爲京觀。臣聞克敵必示子孫，以無忘武功。」楚子曰：「非爾所知也。夫文，止戈爲武。武王克商。作頌曰：『載戢干戈，載櫜弓矢。我求懿德，肆于時夏，允王保之。』又作武，其卒章曰：『耆定爾功。』其三曰：『鋪時繹思，我徂維求定。』其六曰：『綏萬邦，屢豐年。』夫武，禁暴、戢兵、保大、定功、安民、和衆、豐財者也。故使子孫無忘其章。今我使二國暴骨，暴矣；觀兵以威諸侯，兵不戢矣。暴而不戢，安能保大？猶有晉在，焉得定功？所違民欲猶多，民何安焉？無德而强爭諸侯，何以和衆？利人之幾，而安人之亂，以爲己榮，何以豐財？武有七德，我無一焉，何以示子孫？其爲先君宮，告成事而已，武非吾功也。古者明王伐不敬，取其鯨鯢而封之，以爲大戮，於是乎有京觀以懲淫慝。今罪無所，而民皆盡忠以死君命，又可以爲京觀乎？」祀於河，作先君宮，告成事而還。

是役也，鄭石制實入楚師，將以分鄭，而立公子魚臣。辛未，鄭殺僕叔及子服。君子曰：「史佚所謂『毋怙亂』者，謂是類也。詩曰『亂〔一〕離瘼矣，爰其適歸』，歸於怙亂者也夫。」

〔一〕「亂」，原稿墨塗之，今據阮刻本補。

鄭伯、許男如楚。

冬，楚子伐蕭，宋華椒以蔡人救蕭。蕭人囚熊相宜僚及公子丙。王曰：「勿殺，吾退。」蕭人殺之。王怒，遂圍蕭。蕭潰。

申公巫臣曰：「師人多寒。」王巡三軍，拊而勉之。三軍之士皆如挾纊。遂傅於蕭。還無社與司馬卯言，號申叔展。叔展曰：「有麥麴乎？」曰：「無。」「有山鞠窮乎？」曰：「無。」「河魚腹疾奈何？」曰：「目於眢井而拯之。」「若爲茅絰，哭井則己。」明日，蕭潰。申叔視其井，則茅絰存焉〔一〕，號而出之。

十四年，楚子使申舟聘于齊，曰：「無假道于宋。」亦使公子馮聘于晉，不假道于鄭。申舟以孟諸之役惡宋，曰：「鄭昭、宋聾，晉使不害，我則必死。」王曰：「殺女，我伐之。」見犀而行。及宋，宋人止之。華元曰：「過我而不假道，鄙我也。鄙我，亡也。殺其使者，必伐我。伐我，亦亡也。亡一也。」乃殺之。楚子聞之，投袂而起，屨及於窒皇，劍及於寢門之外，車及于蒲胥之市。秋九月，楚子圍宋。

十五年春，宋人使樂嬰齊告急于晉。晉侯欲救之。伯宗曰：「不可。古人有言曰：

〔一〕「存焉」，原作「存在焉」，據阮刻本改。

『雖鞭之長，不及馬腹。』天方授楚，未可與爭。雖晉之彊，能違天乎？諺曰：『高下在心。』川澤納汙，山藪藏疾，瑾瑜匿瑕，國君含垢，天之道也，君其待之。」乃止。

使解揚如宋，使無降楚，曰：「晉師悉起，將至矣。」鄭人囚而獻諸楚，楚子厚賂之，使反其言，不許。三而許之。登諸樓車，使呼宋人而告之。遂致其君命。楚子將殺之，使與之言曰：「爾既許不穀，而反之，何故？非我無信，女則棄之。速即爾刑！」對曰：「臣聞之，君能制命爲義，臣能承命爲信，信載義而行之爲利。謀不失利，以衛社稷，民之主也。義無二信，信無二命。君之賂臣，不知命也。受命以出，有死無隕，又可賂乎？臣之許君，以成命也。死而成命，臣之禄也。寡君有信臣，下臣獲考死，又何求？」楚子舍之以歸。

夏五月，楚師將去宋。申犀稽首於王之馬前曰：「無[一]畏知死而不敢廢王命，王棄言焉。」王不能答。申叔時僕，曰：「築室，反耕者，宋必聽命。」從之。宋人懼，使華元夜入楚師，登子反之牀，起之，曰：「寡君使元以病告，曰：『敝邑易子而食，析骸以爨。雖然，城下之盟，有以國斃，不能從也。去我三十里，唯命是聽。』」子反懼，與之盟，而告王。

〔一〕「無」，阮刻本作「毋」。

退三十里。宋及楚平。華元爲質。盟曰：「我無爾詐，爾無我虞。」

十八年夏，公使如楚乞師，欲以伐齊。

秋，楚莊王卒，楚師不出。

荀、範滅潞、狄

六年秋，赤狄伐晉，圍懷及邢丘〔一〕。晉侯欲伐之。中行桓子曰：「使疾其民，以盈其貫。將可殪也。周書曰：『殪戎殷』，此類之謂也。」

七年，赤狄侵晉，取向陰之禾。

八年，晉胥克有蠱疾，郤缺爲政。秋，廢胥克，使趙朔佐下軍。

九年，會于扈，討不睦也。陳侯不會。晉荀林父以諸侯之師伐陳。晉侯卒于扈，乃還。

十一年，晉郤成子求成于衆狄，衆狄疾赤狄之役，遂服于晉。秋，會于欑函，衆狄服也。

〔一〕原作「型丘」，據阮刻本校改。

是行也，諸大夫欲召狄。郤成子曰：「吾聞之：非德，莫如勤，非勤，何以求人？能勤有繼。其從之也。詩曰：『文王既勤止。』文王猶勤，況寡德乎？」

十二年秋，晉師歸，桓子請死，晉侯欲許之。士貞子諫曰：「不可。城濮之役，晉師三日穀，文公猶有憂色。左右曰：『有喜而憂，如有憂而喜乎？』公曰：『得臣猶在，憂未歇也。困獸猶鬥，況國相乎？』及楚殺子玉，公喜而後可知也，曰：『莫余毒也已。』是晉再克而楚再敗也，楚是以再世不競。今天或者大警晉也，而又殺林父以重楚勝，其無乃久不競乎？林父之事君也，進思盡忠，退思補過，社稷之衛也，若之何殺之？夫其敗也，如日月之食焉，何損於明？」晉侯使復其位。

十三年秋，赤狄伐晉，及清，先縠召之也。

冬，晉人討邲之敗與清之師，歸罪於先縠而殺之，盡滅其族。

十五年。潞子嬰兒之夫人，晉景公之姊也。酆舒爲政而殺之，又傷潞子之目。晉侯將伐之，諸大夫皆曰：「不可。酆舒有三儁才，不如待後之人。」伯宗曰：「必伐之。狄有五罪，儁才雖多，何補焉？不祀，一也。耆酒，二也。棄仲章而奪黎氏地，三也。虐我伯姬，四也。傷其君目，五也。怙其儁才，而不以茂德，兹益罪也。後之人或者將敬奉德義以事神人，而申固其命，若之何待之？不討有罪，曰『將待後』，後有辭而討焉，毋乃不可乎？夫恃才與衆，亡之道也。商紂由之，故滅。天反時爲災，地反物爲妖，民反德爲亂，亂則妖災生。故文，反正爲乏。盡在狄矣。」晉侯從之。六月癸卯，晉荀林父敗赤狄於曲梁。辛亥，滅潞。酆舒奔衛，衛人歸諸晉，晉人殺之。

秋七月，秦桓公伐晉，次于輔氏。壬午，晉侯治兵于稷，以略狄土，立黎侯而還。及雒，魏顆敗秦師于輔氏。獲杜回，秦之力人也。

初，魏武子有嬖妾，無子。武子疾，命顆曰：「必嫁是。」疾病，則曰：「必以爲殉。」及卒，顆嫁之，曰：「疾病則亂，吾從其治也。」及輔氏之役，顆見老人結草以亢杜回，杜回躓而顛，故獲之。夜夢之曰：「余，而所嫁婦人之父也。爾用先人之治命，余是以報。」

晉侯賞桓子狄臣千室，亦賞士伯以瓜衍之縣。曰：「吾獲狄土，子之功也。微子，吾喪伯氏矣。」羊舌職説是賞也，曰：「周書所謂『庸庸祗祗』者，謂此物也夫。士伯庸中行伯，君信之，亦庸士伯，此之謂明德矣。文王所以造周，不是過也。故詩曰『陳錫哉〔一〕周』，能施也。率是道也，其何不濟？」

十六年春，晉士會帥師滅赤狄甲氏及留吁鐸辰。

〔一〕「哉」，原作「載」，據阮刻本校改。

三月，獻狄俘。晉侯請于王。戊申，以黻冕命士會將中軍，且爲大傅。於是晉國之盜逃奔于秦。羊舌職曰：「吾聞之，『禹稱善人，不善人遠』，此之謂也夫。詩曰：『戰戰兢兢，如臨深淵，如履薄冰。』善人在上也。善人在上，則國無幸民。諺曰：『民之多幸，國之不幸也。』是無善人之謂也。」

鄭七穆之興

三年冬，鄭穆公卒。

初，鄭文公有賤妾曰燕姞，夢天使與己蘭，曰：「余爲伯鯈。余，而祖也。以是爲而子。以蘭有國香，人服媚之如是。」既而文公見之，與之蘭而御之。辭曰：「妾不才，幸而有子，將不信，敢徵蘭乎？」公曰：「諾。」生穆公，名之曰蘭。

文公報鄭子之妃曰陳嬀，生子華、子臧。子臧得罪而出。誘子華而殺之南里，使盜殺子臧於陳、宋之間。又娶于江，生公子士。朝于楚，楚人酖之，及葉而死。又娶于蘇，生子瑕、子俞彌。俞彌早卒。洩駕惡瑕，文公亦惡之，故不立也。公逐群公子，公子蘭奔晉，從晉文公伐鄭。石癸曰：「吾聞姬、姞耦，其子孫必蕃。姞，吉人也，后稷之元妃也。今公子蘭，姞甥也，天或啓之，必將爲君，其後必蕃。先納之，可以亢寵。」與孔將鉏、侯宣多納之，盟于大宮而立之，以與晉平。

穆公有疾，曰：「蘭死，吾其死乎！吾所以生也。」刈蘭而卒。

四年，楚人獻黿於鄭靈公。公子宋與子家將見。子公之食指動，以示子家，曰：「他日我如此，必嘗異味。」及入，宰夫將解黿，相視而笑。公問之，子家以告。及食大夫黿，召子公而弗與也。子公怒，染指於鼎，嘗之而出。公怒，欲殺子公。子公與子家謀先。子家曰：「畜老，猶憚殺之，而況君乎？」反譖子家，子家懼而從之。夏，弑靈公。

書曰：「鄭公子歸生〔一〕弑其君夷。」權不足也。君子曰：「仁而不武，無能達也。」凡弑君，稱君，君無道也；稱臣，臣之罪也。

鄭人立子良。辭曰：「以賢，則去疾不足；以順，則公子堅長。」乃立襄公。

襄公將去穆氏，而舍子良。子良不可，曰：「穆氏宜存，則固願也。若將亡之，則亦皆亡，去疾何爲？」乃舍之，皆爲大夫。

十年，楚子伐鄭。晉士會救鄭，逐楚師于潁北。諸侯之師戍鄭。

鄭子家卒。鄭人討幽公之亂，斲子家之棺，而逐其族。改葬幽公，謚之曰「靈」。

〔一〕原無「生」字，據阮刻本補。

經文統鈔中編卷四

益陽陳天倪　主纂
湘陰彭　昺　襄輯

成公

成公政紀公名黑肱，宣公子，母氏不明，在位十八年。

元年冬，臧宣叔令修賦、繕完、具守備，曰：「齊、楚結好，我新與晉盟，晉、楚爭盟，齊師必至。雖晉人伐齊，楚必救之，是齊、楚同我也。知難而有備，乃可以逞。」

二年春，齊侯伐我北鄙，圍龍。頃公之嬖人盧蒲就魁門焉，龍人囚之。齊侯曰：「勿殺！吾與而盟，無入而封。」弗聽，殺而膊諸城上。齊侯親鼓，士陵城，三日，取龍。遂南侵，及巢丘。

三年夏，公如晉，拜汶陽之田。

四年夏，公如晉，晉侯見公，不敬。季文子曰：「晉侯必不免。詩曰：『敬之敬之！

天惟顯思，命不易哉！』夫晉侯之命在諸侯矣，可不敬乎！」

秋，公至自晉，欲求成于楚而叛晉。季文子曰：「不可。晉雖無道，未可叛也。國大、臣睦，而邇於我，諸侯聽焉，未可以貳。史佚之志有之曰：『非我族類，其心必異。』楚雖大，非吾族也，其肯字我乎？」公乃止。

八年春，晉侯使韓穿來言汶陽之田，歸之于齊。季文子餞之，私焉，曰：「大國制義，以爲盟主，是以諸侯懷德畏討，無有貳心。謂汶陽之田，敝邑之舊也，而用師於齊，使歸諸敝邑。今有二命，曰『歸諸齊』。信以行義，義以成命，小國所望而懷也。信不可知，義無所立，四方諸侯，其誰不解體？詩曰：『女也不爽，士貳其行。士也罔極，二三其德。』七年之中，一與一奪，二三孰甚焉？士之二三，猶喪妃耦，而況霸主？霸主將德是以，而二三之，其何以長有諸侯乎？詩曰：『猶之未遠，是用大簡。』行父懼晉之不遠猶而失諸侯也，是以敢私言之。」

九年夏，季文子如宋致女，復命，公享之。賦韓奕之五章。穆姜出于房，再拜，曰：「大夫勤辱，不忘先君，以及嗣君，施及未亡人，先君猶有望也。敢拜大夫之重勤。」又賦綠衣之卒章而入。

十三年三月，公如京師。宣伯欲賜，請先使。王以行人之禮禮焉。孟獻子從。王以爲介而重賄之。

十四年秋，宣伯如齊逆女。稱族，尊君命也。

九月，僑如以夫人婦姜氏至自齊。舍族，尊夫人也。故君子曰：「春秋之稱，微而顯，志而晦，婉而成章，盡而不汙，懲惡而勸善。非聖人，其孰〔一〕能修之？」

十六年。經・晉侯及楚子、鄭伯戰于鄢陵。楚子、鄭師敗績。

傳・戰之日，齊國佐、高无咎至于師。衛侯出于衛，公出于壞隤。宣伯通於穆姜，欲去季、孟而取其室。將行，穆姜送公，而使逐二子。公以晉難告，曰：「請反而聽命。」姜怒，公子偃、公子鉏趨過，指之曰：「女不可，是皆君也。」公待於壞隤，申宮、儆備、設守，而後行，是以後。使孟獻子守于公宮。

秋，會于沙隨，謀伐鄭也。宣伯使告郤犨曰：「魯侯待于壞隤，以待勝者。」郤犨將新軍，且爲公族大夫，以主東諸侯。取貨于宣伯，而訴公于晉侯，晉侯不見公。

七月，公會尹武公及諸侯伐鄭。將行，姜又命公如初。公又申守而行。諸侯之師次于鄭西。我師次于督揚，不敢過鄭。子叔聲伯使叔孫豹請逆于晉師，爲食於鄭郊。師逆

〔一〕「其孰」，阮刻本作「誰」。

以至。聲伯四日不食以待之，食使者而後食。

宣伯使告郤犫曰：「魯之有季、孟，猶晉之有欒、範也，政令於是乎成。今其謀曰：『晉政多門，不可從也。寧事齊、楚，有亡而已，蔑從晉矣。』若欲得志於魯，請止行父而殺之，我斃蔑也，而事晉，蔑有貳矣。魯不貳，小國必睦。不然，歸必叛矣。」九月，晉人執季文子于苕丘。公還，待于鄆，使子叔聲伯請季孫于晉。郤犫曰：「苟去仲孫蔑，而止季孫行父，吾與子國，親於公室。」對曰：「僑如之情，子必聞之矣。若去蔑與行父，是大棄魯國，而罪寡君也。若猶不棄，而惠徼周公之福，使寡君得事晉君，則夫二人者，魯國社稷之臣也。若朝亡之，魯必夕亡。以魯之密邇仇讎，亡而爲讎，治之何及？」郤犫曰：「吾爲子請邑。」對曰：「嬰齊，魯之常隸也，敢介大國以求厚焉？承寡君之命以請，若得所請，吾子之賜多矣，又何求？」範文子謂欒武子曰：「季孫於魯，相二君矣。妾不衣帛，馬不食粟，可不謂忠乎？信讒慝而棄忠良，若諸侯何？子叔嬰齊奉君命無私，謀國家不貳，圖其身不忘其君。若虛其請，是棄善人也。子其圖之！」乃許魯平，赦季孫。

冬十月，出叔孫僑如而盟之。僑如奔齊。十二月，季孫及郤犫盟于扈。歸，刺公子偃。召叔孫豹于齊而立之。

十七年夏，公會尹武公、單襄公及諸侯伐鄭，自戲童至于曲洧。

十一月，諸侯還。

十七年。初，聲伯夢涉洹，或與己瓊瑰食之，泣而爲瓊瑰盈其懷，從而歌之曰：「濟洹之水，贈我以瓊瑰。歸乎歸乎，瓊瑰盈吾懷乎！」懼不敢占也。還自鄭，壬申，至於貍脤而占之，曰：「余恐死，故不敢占也。今衆繁而從余三年矣，無傷也。」言之，之莫而卒。

十八年二月，公如晉，朝嗣君也。

夏，公至自晉。晉範宣子來聘，且拜朝也。君子謂晉於是乎有禮。

秋，杞桓公來朝，勞公，且問晉故。公以晉君語之。杞伯於是驟朝于晉而請爲昏。

八月己丑，公薨于路寢，言道也。

婦人一笑之戰

穀梁傳・元年冬，十月。季孫行父禿，晉郤克眇，衛孫良夫跛，曹公子手僂，同時而聘於齊。齊使禿者御禿者，使眇者御眇者，使跛者御跛者，使僂者御僂者。蕭同姪子處臺上而笑之。聞於客。客不說而去，相與立胥閭而語，移日不解。齊人有知之者，曰：「齊之患，必自此始矣！」

《傳·宣十七年〔一〕春，晉侯使郤克徵會于齊。齊頃公帷婦人使觀之。郤子登，婦人笑於房。獻子怒，出而誓曰：「所不此報，無能涉河。」獻子先歸，使欒京廬待命于齊，曰：「不得齊事，無復命矣。」

郤子至，請伐齊，晉侯弗許。請以其私屬，又弗許。

齊侯使高固、晏弱、蔡朝、南郭偃會。及斂盂，高固逃歸。夏，會于斷道，討貳也。盟于卷楚，辭齊人。晉人執晏弱于野王，執蔡朝于原，執南郭偃于温。苗賁皇使，見晏桓子。歸，言於晉侯曰：「夫晏子何罪？昔者諸侯事吾先君，皆如不逮，舉言群臣不信，諸侯皆有貳志。齊君恐不得禮，故不出，而使四子來。左右或沮之，曰：『君不出，必執吾使。』故高子及斂盂而逃。夫三子者曰：『若絶君好，寧歸死焉。』爲是犯難而來。吾若善逆彼以懷來者。吾又執之，以信齊沮，吾不既過矣乎？過而不改，而又久之，以成其悔，何利之有焉？使反者得辭，而害來者，以懼諸侯，將焉用之？」晉人緩之，逸。

秋八月，晉師還。

范武子將老，召文子曰：「燮乎！吾聞之，喜怒以類者鮮，易者實多。《詩》曰：『君子

〔一〕原無「年」字，據前後文補。

如怒，亂庶遄沮。君子如祉，亂庶遄已。』君子之喜怒，以已亂也。弗已者，必益之。郤子其或者欲已亂於齊乎。不然，余懼其益之也。余將老，使郤子逞其志，庶有豸乎。爾從二三子唯敬。」乃請老。郤獻子爲政。

二年，衛侯使孫良夫、石稷、甯相、向禽將侵齊，與齊師遇。石子欲還，孫子曰：「不可。以師伐人，遇其師而還，將謂君何？若知不能，則如無出。今既遇矣，不如戰也。」

夏，有……闕文，失新築戰事。

石成子曰：「師敗矣，子不少須，衆懼盡。子喪師徒，何以復命？」皆不對。又曰：「子，國卿也。隕子，辱矣。子以衆退，我此乃止。」且告車來甚衆。齊師乃止，次于鞫居。新築人仲叔于奚救孫桓子，桓子是以免。

既，衛人賞之以邑，辭，請曲縣、繁纓以朝。許之。

仲尼聞之曰：「惜也，不如多與之邑。唯器與名，不可以假人，君之所司也。名以出信，信以守器，器以藏禮，禮以行義，義以生利，利以平民，政之大節也。若以假人，與人政也。政亡，則國家從之，弗可止也已。」

孫桓子還於新築，不入，遂如晉乞師。臧宣叔亦如晉乞師。皆主郤獻子。晉侯許之七百乘。郤子曰：「此城濮之賦也。有先君之明與先大夫之肅，故捷。克於先大夫，無能爲役，請八百乘。」許之。郤克將中軍，士燮佐上軍，樂書將下軍，韓厥爲司馬，以救魯、衛。臧宣叔逆晉師，且道之。季文子帥師會之。

及衛地，韓獻子將斬人，郤獻子馳，將救之。至，則既斬之矣。郤子使速以徇，告其僕曰：「吾以分謗也。」

師從齊師於莘。六月壬申，師至於靡笄之下。齊侯使請戰，曰：「子以君師辱於敝邑，不腆敝賦，詰朝請見。」對曰：「晉與魯、衛，兄弟也，來告曰：『大國朝夕釋憾於敝邑之地。』寡君不忍，使群臣請於大國，無令輿師淹於君地。能進不能退，君無所辱命。」齊侯曰：「大夫之許，寡人之願也；若其不許，亦將見也。」齊高固入晉師，桀石以投人，禽之而乘其車，繫桑本焉，以徇齊壘，曰：「欲勇者賈余餘勇。」

癸酉，師陳於鞌。邴夏御齊侯，逢丑父爲右。晉解張御郤克，鄭丘緩爲右。齊侯曰：「余〔一〕姑翦滅此而後〔二〕朝食。」不介馬而馳之。郤克傷於矢，流血及屨，未絶鼓音，曰：「余病矣！」張侯曰：「自始合，而矢貫余手及肘，余折以御。左輪朱殷，豈敢言病。吾子

〔一〕「余」，阮刻本作「吾」。

〔二〕阮刻本無「後」字。

「師之忍之！」緩曰：「自始合，苟有險，余必下推車，子豈識之？然子病矣！」張侯曰：「師之耳目，在吾旗鼓，進退從之。此車一人殿之，可以集事，若之何其以病敗君之大事也？擐甲執兵，固即死也，病未及死，吾子勉之！」左并轡，右援枹而鼓。馬逸不能止，師從之。齊師敗績。逐之，三周華不注。

韓厥夢子輿謂己曰：「且辟左右。」故中御而從齊侯。邴夏曰：「射其御者，君子也。」公曰：「謂之君子而射之，非禮也。」射其左，越於車下。射其右，斃於車中。綦毋張喪車，從韓厥，曰：「請寓乘。」從左右，皆肘之，使立於後。韓厥俛，定其右。逢丑父與公易位。將及華泉，驂絓於木而止。丑父寢於轏中，蛇出於其下，以肱擊之，傷而匿之，故不能推車而及。韓厥執縶馬前，再拜稽首，奉觴加璧以進，曰：「寡君使群臣爲魯、衛請，曰：『無令輿師陷入君地。』下臣不幸，屬當戎行，無所逃隱。且懼奔辟，而忝兩君。臣辱戎士，敢告不敏，攝官承乏。」丑父使公下，如華泉取飲。鄭周父御佐車，宛茷爲右，載齊侯以免。韓厥獻丑父，郤獻子將戮之，呼曰：「自今無有代其君任患者，有一於此，將爲戮乎！」郤子曰：「人不難以死免其君。我戮之，不祥，赦之，以勸事君者。」乃免之。

齊侯免，求丑父，三入三出。每出，齊師以帥退。入於狄卒，狄卒皆抽戈、楯冒之。以入於衛師，衛師免之。遂自徐關入。齊侯見保者，曰：「勉之！齊師敗矣！」辟女子。女子曰：「君免乎？」曰：「免矣。」曰：「鋭司徒免乎？」曰：「免矣。」曰：「苟君與吾父免矣，可若何？」乃奔。齊侯以爲有禮。既而問之，辟司徒之妻也。予之石窌。

晉師從齊師，入自丘輿，擊馬陘。

齊侯使賓媚人賂以紀甗、玉磬與地。「不可，則聽客之所爲。」賓媚人致賂。晉人不可，曰：「必以蕭同叔子爲質，而使齊之封内盡東其畝。」對曰：「蕭同叔子非他，寡君之母也。若以匹敵，則亦晉君之母也。吾子布大命於諸侯，而曰必質其母以爲信，其若王命何？且是以不孝令也。詩曰：『孝子不匱，永錫爾類。』若以不孝令於諸侯，其無乃非德類也乎？先王疆理天下，物土之宜，而布其利。故詩曰：『我疆我理，南東其畝。』今吾子疆理諸侯，而曰『盡東其畝』而已，唯吾子戎車是利，無顧土宜，其無乃非先王之命也乎？反先王則不義，何以爲盟主？其晉實有闕。四王之王也，樹德而濟同欲焉；五伯之霸也，勤而撫之，以役王命。今吾子求合諸侯，以逞無疆之欲，詩曰『布政優優，百禄是遒』。子實不優，而棄百禄，諸侯何害焉？不然，寡君之命使臣，則有辭矣。曰：『子以君師辱於敝邑，不腆敝賦，以犒從者。畏君之震，師徒橈敗。吾子惠徼齊國之福，不泯其社稷，使繼舊好，唯是先君之敝器、土地不敢愛。子又不許，請收合餘燼，背城借一。敝邑之幸，亦云從也；況其不幸，敢不唯命是聽？』」魯、衛諫曰：「齊疾我矣。其死亡者，皆親暱也。

子若不許，讎我必甚。唯子，則又何求？子得其國寶，我亦得地，而紓於難，其榮多矣。齊、晉亦唯天所授，豈必晉？」晉人許之，對曰：「群臣帥賦輿，以爲魯、衛請。若苟有以藉口，而復於寡君，君之惠也。敢不唯命是聽？」

禽鄭自師逆公。

秋七月，晉師及齊國佐盟於爰婁。使齊人歸我汶陽之田。公會晉師於上鄍，賜三帥先路三命之服。司馬、司空、輿帥、候正、亞旅皆受一命之服。

晉師歸，範文子後入。武子曰：「無爲吾望爾也乎？」對曰：「師有功，國人喜以逆之，先入，必屬耳目焉，是代帥受名也，故不敢。」武子曰：「吾知免矣。」郤伯見，公曰：「子之力也夫！」對曰：「君之訓也，二三子之力也，臣何力之有焉？」範叔見，勞之如郤伯。對曰：「庚所命也，克之制也，燮何力之有焉？」欒伯見，公亦如之。對曰：「燮之詔也，士用命也，書何力之有焉！」

晉侯使鞏朔獻齊捷于周。王弗見，使單襄公辭焉，曰：「蠻夷戎狄，不式王命，淫湎毁常，王命伐之，則有獻捷。王親受而勞之，所以懲不敬、勸有功也。兄弟甥舅，侵敗王略，王命伐之，告事而已，不獻其功，所以敬親暱，禁淫慝也。今叔父克遂，有功于齊，而不使命卿鎮撫王室，所使來撫余一人，而鞏伯實來，未有職司於王室，又奸先王之禮，余雖欲於鞏伯，其敢廢舊典以忝叔父？夫齊，甥舅之國也，而大師之後也，寧不亦淫從其欲以怒叔父，抑豈不可諫誨？」士莊伯不能對。王使委於三吏，禮之如侯伯克敵使大夫告慶之禮，降於卿禮一等。王以鞏伯宴，而私賄之。使相告之曰：「非禮也，勿籍！」

三年十二月，齊侯朝于晉，將授玉。郤克趨進曰：「此行也，君爲婦人之笑辱也，寡君未之敢任。」

晉侯享齊侯。齊侯視韓厥。韓厥曰：「君知厥也乎？」齊侯曰：「服改矣。」韓厥登，舉爵曰：「臣之不敢愛死，爲兩君之在此堂也。」

夏姬不老及通吴上國

夏徵舒弑君時已爲卿，度必三十有餘。而夏姬爲其母，必五十有奇。後又事襄老父子十數年。至道巫臣時，年蓋七十矣。而巫臣不惜滅楚以求之，其妖艷如此。歸巫臣後，猶能生女以妻叔向。語云「夏姬得道，雞皮三少」，豈真有卻老之方哉！

二年。楚之討陳夏氏也，莊王欲納夏姬。申公巫臣曰：「不可。君召諸侯，以討罪也；今納夏姬，貪其色也。貪色爲淫，淫爲大罰。周書曰：『明德慎罰』，文王所以造周也。明德，務崇之之謂也；慎罰，務去之之謂也。若興諸侯，以取大罰，非慎之也。君其圖之！」王乃止。子反欲取之，巫臣曰：「是不祥人也。是夭子蠻，殺御叔，弒靈侯，戮夏南，出孔、儀，喪陳國，何不祥如是？人生實難，其有不獲死乎！天下多美婦人，何必是？」子反乃止。王以予連尹襄老。襄老死於邲，不獲其尸。其子黑要烝焉。巫臣使道焉，曰：「歸，吾聘女。」又使自鄭召之，曰：「尸可得也，必來逆之。」姬以告王。王問諸屈巫。對曰：「其信。知罃之父，成公之嬖也，而中行伯之季弟也，新佐中軍，而善鄭皇戌〔二〕，甚愛此子。其必因鄭而歸王子與襄老之尸以求之。鄭人懼於邲之役，而欲求媚於晉，其必許之。」王遣夏姬歸。將行，謂送者曰：「不得尸，吾不反矣。」巫臣聘諸鄭，鄭伯許之。及共王即位，將爲陽橋之役，使屈巫聘於齊，且告師期。巫臣盡室以行。申叔跪從其父，將適郢，遇之，曰：「異哉！夫子有三軍之懼，而又有桑中之喜，宜將竊妻以逃者也。」及鄭，使介反幣，而以夏姬行。將奔齊，齊師新敗，曰：「吾不處不勝之國。」遂奔晉，而因郤至，以臣於晉。晉人使爲邢大夫。子反請以重幣錮之，王曰：「止！其自爲謀也則過矣，其爲吾先君謀也則忠。忠，社稷之固也，所蓋多矣。且彼若能利國家，雖重幣，晉將可乎？若無益於晉，晉將棄之，何勞錮焉。」

〔二〕「戌」，原作「戍」，據阮刻本校改。

七年。楚圍宋之役，師還，子重請取於申、呂以爲賞田。王許之。申公巫臣曰：「不可。此申、呂所以邑也，是以爲賦，以御北方。若取之，是無申、呂也。晉、鄭必至于漢。」王乃止。子重是以怨巫臣。子反欲取夏姬，巫臣止之，遂取以行，子反亦怨之。及共王即位，子重、子反殺巫臣之族子閻、子蕩及清尹弗忌及襄老之子黑要，而分其室。子重取子閻之室，使沈尹與王子罷分子蕩之室，子反取黑要與清尹之室。巫臣自晉遺二子書，曰：「爾以讒慝貪惏事君，而多殺不辜。余必使爾罷於奔命以死。」

巫臣請使於吳，晉侯許之。吳子壽夢說之。乃通吳於晉。以兩之一卒適吳，舍偏兩之一焉。與其射御，教吳乘車，教之戰陳，教之叛楚。寘其子狐庸焉，使爲行人於吳。吳始伐楚、伐巢、伐徐。子重奔命。馬陵之會，吳入州來。子重自鄭奔命。子重、子反於是乎一歲七奔命。蠻夷屬於楚者，吳盡取之，是以始大，通吳於上國。

晉、楚之分合魯、衛、鄭、許從違附。

二年，宣公使求好于楚，莊王卒，宣公薨，不克作好。公即位，受盟於晉，會晉伐齊。衛人不行使于楚，而亦受盟於晉，從於伐齊。故楚令尹子重爲陽橋之役以救齊。將起師，子重曰：「君弱，群臣不如先大夫，師衆而後可。詩曰：『濟濟多士，文王以寧。』夫文王猶用衆，況吾儕乎？且先君莊王屬之曰：『無德以及遠方，莫如惠恤其民，而善用之。』」乃大户，已責，逮鰥，救乏，赦罪。悉師，王卒盡行。彭名御戎，蔡景公爲左，許靈公爲右。二君弱，皆强冠之。

冬，楚師侵衛，遂侵我師于蜀。使臧孫往。辭曰：「楚遠而久，固將退矣。無功而受名，臣不敢。」楚侵及陽橋，孟孫請往賂之以執斲、執鍼、織紝，皆百人，公衡爲質，以請盟，楚人許平。

十一月，公及楚公子嬰齊、蔡侯、許男、秦右大夫説、宋華元、陳公孫寧、衛孫良夫、鄭公子去疾及齊國之大夫盟于蜀。卿不書，匱盟也。於是乎畏晉而竊與楚盟，故曰「匱盟」。蔡侯、許男不書，乘楚車也，謂之失位。

君子曰：「位其不可不慎也乎！蔡、許之君，一失其位，不得列於諸侯，況其下乎？詩曰：『不解於位，民之攸塈[一]。』其是之謂矣。」

楚師及宋，公衡逃歸。臧宣叔曰：「衡父不忍數年之不宴，以棄魯國，國將若之何？誰居？後之人必有任是夫！國棄矣。」

〔一〕「塈」原作「暨」，據阮刻本校改。

是行也，晉辟楚，畏其衆也。君子曰：「衆之不可以已也。大夫爲政，猶以衆克，況明君而善用其衆乎？大誓所謂商兆民離，周十人同者，衆也。」

經・三年春王正月，公會晉侯、宋公、衛侯、曹伯伐鄭。

傳・諸侯伐鄭，次于伯牛，討邲之役也。遂東侵鄭。鄭公子偃帥師禦之，使東鄙覆諸鄤，敗諸丘輿。皇戌如楚獻捷。

晉人歸楚公子穀臣與連尹襄老之尸于楚，以求知罃。於是荀首佐中軍矣，故楚人許之。王送知罃，曰：「子其怨我乎？」對曰：「二國治戎，臣不才，不勝其任，以爲俘馘。執事不以釁鼓，使歸即戮，君之惠也。臣實不才，又誰敢怨？」王曰：「然則德我乎？」對曰：「二國圖其社稷，而求紓其民，各懲其忿，以相宥也。兩釋纍囚，以成其好。二國有好，臣不與及，其誰敢德？」王曰：「子歸，何以報我？」對曰：「臣不任受怨，君亦不任受德，無怨無德，不知所報。」王曰：「雖然，必告不穀。」對曰：「以君之靈，纍臣得歸骨於晉，寡君之以爲戮，死且不朽。若從君之惠而免之，以賜君之外臣首，首其請於寡君，而以戮於宗，亦死且不朽。若不獲命，而使嗣宗職，次及於事，而帥偏師，以修封疆。雖遇執事，其弗敢違，其竭力致死，無有二心，以盡臣禮，所以報也。」王曰：「晉未可與爭。」重爲之禮而歸之。

十二月甲戌，晉作六軍。韓厥、趙括、鞏朔、韓穿、荀騅、趙旃皆爲卿，賞鞌之功也。

荀罃之在楚也，鄭賈人有將寘諸褚中以出。既謀之，未行，而楚人歸之。賈人如晉，荀罃善視之，如實出己。賈人曰：「吾無其功，敢有其實乎？吾小人，不可以厚誣君子。」遂適齊。

四年冬十一月，鄭公孫申帥師疆許田。許人敗諸展陂。鄭伯伐許，取鉏任、泠敦之田。

晉欒書將中軍，荀首佐之，士燮佐上軍，以救許伐鄭，取氾、祭。楚子反救鄭，鄭伯與許男訟焉，皇戌攝鄭伯之辭。子反不能決也，曰：「君若辱在寡君，寡君與其二三臣共聽兩君之所欲，成其可知也。不然，側不足以知二國之成。」

五年，許靈公愬鄭伯于楚。六月，鄭悼公如楚訟，不勝，楚人執皇戌及子國。故鄭伯歸，使公子偃請成于晉。秋八月，鄭伯及晉趙同盟于垂棘。

六年，鄭伯如晉拜成，子游相，授玉于東楹之東。士貞伯曰：「鄭伯其死乎！自棄也已。視流而行速，不安其位，宜不能久。」

六月，鄭悼公卒。

子叔聲伯如晉。命伐宋。

秋，孟獻子、叔孫宣伯侵宋，晉命也。

楚子重伐鄭，鄭從晉故也。

晉欒書救鄭，與楚師遇於繞角。楚師還。晉師遂侵蔡。楚公子申、公子成以申、息之師救蔡，禦諸桑隧。趙同、趙括欲戰，請於武子，武子將許之。知莊子、範文子、韓獻子諫曰：「不可。吾來救鄭，楚師去我，吾遂至於此，是遷戮也。戮而不已，又怒楚師，戰必不克。雖克，不令。成師以出，而敗楚之二縣，何榮之有焉？若不能敗，爲辱已甚，不如還也。」乃遂還。

於是軍帥之欲戰者衆，或謂欒武子曰：「聖人與衆同欲，是以集〔一〕事，子盍從衆？子爲大政，將酌於民者也。子之佐十一人，其不欲戰者，三人而已。欲戰者可謂衆矣。商書曰：『三人占，從二人。』衆故也。」武子曰：「善鈞從衆。夫善，衆之主也。三卿爲主，可謂衆矣。從之，不亦可乎？」

七年秋，楚子重伐鄭，師于汜。諸侯救鄭。鄭共仲、侯羽軍楚師，囚鄖公鍾儀，獻諸晉。

〔一〕「集」，阮刻本作「濟」。

八月，同盟于馬陵，尋蟲牢之盟，且莒服故也。

晉人以鍾儀歸，囚諸軍府。

八年，晉欒書侵蔡，遂侵楚，獲申驪。

楚師之還也，晉侵沈，獲沈子揖初，從知、範、韓也。君子曰：「從善如流，宜哉！」

晉侯使申公巫臣如吴，假道于莒。與渠丘公立於池上，曰：「城已惡。」莒子曰：「辟陋在夷，其孰以我爲虞？」對曰：「夫狡焉思啓封疆以利社稷者，何國蔑有？唯然，故多大國矣，唯或思或縱也。勇夫重閉，況國乎？」

九年，秋，鄭伯如晉，晉人討其貳於楚也，執諸銅鞮。

欒書伐鄭，鄭人使伯蠲行成，晉人殺之，非禮也。兵交，使在其間可也。

楚子重侵陳以救鄭。

晉侯觀于軍府，見鍾儀，問之曰：「南冠而縶者，誰也？」有司對曰：「鄭人所獻楚囚也。」使税之。召而弔之。再拜稽首。問其族，對曰：「泠人也。」公曰：「能樂乎？」對曰：「先人之職官也，敢有二事？」使與之琴，操南音。公曰：「君王何如？」對曰：「非小人之所得知也。」固問之。對曰：「其爲大子也，師、保奉之，以朝于嬰齊而夕于側也。不知其他。」公語範文子。文子曰：「楚囚，君子也。言稱先職，不背本也；樂操土風，不忘舊也；稱大子，抑無私也；名其二卿，尊君也。不背本，仁也；不忘舊，信也；無私，忠也；尊君，敏也。仁以接事，信以守之，忠以成之，敏以行之。事雖大，必濟。君盍歸之，使合晉、楚之成。」公從之，重爲之禮，使歸求成。〔二〕

冬十一月，楚子重自陳伐莒，圍渠丘。渠丘城惡，衆潰，奔莒。戊申，楚入渠丘。莒人囚楚公子平。楚人曰：「勿殺，吾歸而俘。」莒人殺之。楚師圍莒。莒城亦惡，庚申，莒潰。楚遂入鄆，莒無備故也。

君子曰：「恃陋而不備，罪之大者也；備豫不虞，善之大者也。莒恃其陋，而不修城郭，浹辰之間，而楚克其三都，無備也夫！詩曰：『雖有絲、麻，無棄菅、蒯；雖有姬、姜，無棄蕉萃。凡百君子，莫不代匱。』言備之不可以已也。」

鄭人圍許，示晉不急君也。是則公孫申謀之，曰：「我出師以圍許，僞將改立君者，而紓晉使，晉必歸君。」〔三〕

十二月，楚子使公子辰如晉，報鐘儀之使，請修好、結成。

〔二〕原稿「秋……使歸求成」在「言備之不可以已也」之後，今據阮刻本校正。

〔三〕原稿「鄭人圍許……晉必歸君」在「十二月，楚子使公子辰如晉，報鐘儀之使，請修好、結成」之後，今據阮刻本校正。

十年春，鄭公子班聞叔申之謀。三月，子如立公子繻。夏四月，鄭人殺繻，立髡頑。子如奔許。欒武子曰：「鄭人立君，我執一人焉，何益？不如伐鄭而歸其君，以求成焉。」晉侯有疾，五月，晉立大子州蒲以爲君，而會諸侯伐鄭。鄭子罕賂以襄鐘，子然盟于脩澤，子駟爲質。辛巳，鄭伯歸。

鄭伯討立君者，戊申，殺叔申、叔禽。君子曰：「忠爲令德，非其人猶不可，況不令乎？

「晉侯使羅茷如楚，報大宰子商之使也。」

晉梁山崩及遷新田

五年夏，梁山崩，晉侯以傳召伯宗。伯宗辟重，曰：「辟傳！」重人曰：「待我，不如捷之速也。」問其所，曰：「絳人也。」問絳事焉。曰：「梁山崩，將召伯宗謀之。」問將若之何。曰：「山有朽壤而崩，可若何？國主山川，故山崩川竭，君爲之不舉、降服、乘縵、徹樂、出次，祝幣，史辭以禮焉。其如此而已。雖伯宗，若之何？」伯宗請見之，不可。遂以告，而從之。

六年。晉人謀去故絳，諸大夫皆曰：「必居郇、瑕氏之地，沃饒而近盬，國利君樂，不可失也。」韓獻子將新中軍，且爲僕大夫。公揖而入。獻子從。公立於寢庭，謂獻子曰：「何如？」對曰：「不可。郇、瑕氏土薄水淺，其惡易覯。易覯則民愁，民愁則墊隘，於是乎有沉溺重腿之疾。不如新田，土厚水深，居之不疾，有汾、澮以流其惡，且民從教，十世之利也。夫山、澤、林、鹽，國之寶也。國饒，則民驕佚。近寶，公室乃貧。不可謂樂。」公説，從之。夏四月丁丑，晉遷於新田。

冬，季文子如晉，賀遷也。

晉與秦、楚之合不終

十一年。宋華元善於令尹子重，又善於欒武子，聞楚人既許晉〔一〕羅茷成，而使歸復命矣。冬，華元如楚，遂如晉，合晉、楚之成。

秦、晉爲成，將會于令狐。晉侯先至焉。秦伯不肯涉河，次于王城，使史顆盟晉侯于河東。晉郤犨盟秦伯于河西。范文子曰：「是盟也何益？齊盟，所以質信也。會所，信之始也。始之不從，其何質乎？」秦伯歸而背晉成。

〔一〕原無「晉」字，據阮刻本補。

十二年春，宋華元克合晉、楚之成，夏五月，晉士燮會楚公子罷、許偃。癸亥，盟于宋西門之外，曰：「凡晉、楚無相加戎，好惡同之，同恤菑危，備救凶患。若有害楚，則晉伐之；在晉，楚亦如之。交贄往來，道路無壅；謀其不協，而討不庭。有渝此盟，明神殛之，俾隊其師，無克胙國。」鄭伯如晉聽成，會于瑣澤，成故也。

秋，晉郤至如楚聘，且涖盟。楚子享之，子反相，爲地室而縣焉。郤至將登，金奏作於下，驚而走出。子反曰：「日云莫矣，寡君須矣，吾子其入也！」賓曰：「君不忘先君之好，施及下臣，貺之以大禮，重之以備樂。如天之福，兩君相見，何以代此？下臣不敢。」子反曰：「如天之福，兩君相見，無亦唯是一矢以相加遺，焉用樂？寡君須矣，吾子其入也！」賓曰：「若讓之以一矢，禍之大者，其何福之爲？世之治也，諸侯間於天子之事，則相朝也，於是乎有享、宴之禮。享以訓共儉，宴以示慈惠。共儉以行禮，而慈惠以布政。政以禮成，民是以息。百官承事，朝而不夕，此公侯之所以扞城其民也。故詩曰：『赳赳武夫，公侯干城。』及其亂也，諸侯貪冒，侵欲不忌，爭尋常以盡其民，略其武夫，以爲己腹心、股肱〔二〕、爪牙。故詩曰：『赳赳武夫，公侯腹心。』天下有道，則公侯能爲民干城，而制

〔二〕原無「股肱」二字，據阮刻本補。

其腹心。亂則反之。今吾子之言，亂之道也，不可以爲法。然吾子，主也，至敢不從？」遂入，卒事。歸以語範文子。文子曰：「無禮，必食言，吾死無日也[一]夫！」

冬，楚公子罷如晉聘，且涖盟。十二月，晉侯及楚公子罷盟于赤棘。

十三年，公及諸侯朝王，遂從劉康公、成肅公會晉侯伐秦。成子受脤于社，不敬。劉子曰：「吾聞之，民受天地之中以生，所謂命也。是以有動作禮義威儀之則，以定命也。能者養之以福，不能者敗以取禍。是故君子勤禮，小人盡力。勤禮莫如致敬，盡力莫如敦篤。敬在養神，篤在守業。[二]國之大事，在祀與戎。祀有執膰，戎有受脤，祀[三]之大節也。今成子惰，棄其命矣，其不反乎！」

夏四月戊午，晉侯使呂相絶秦，曰：

「昔逮我獻公及穆公相好，戮力同心，申之以盟誓，重之以昏姻。天禍晉國，文公如齊，惠公如秦。無祿，獻公即世。穆公不忘舊德，俾我惠公用能奉祀于晉。又不能成大勳，而爲韓之師。亦悔于厥心，用集我文公，是穆之成也。文公躬擐甲冑，跋履山川，逾越

〔一〕「也」，阮刻本作「矣」。
〔二〕原無「敬在養神，篤在守業」八字，據阮刻本補。
〔三〕「祀」，阮刻本作「神」。

險阻，征東之諸侯，虞、夏、商、周之胤而朝諸秦，則亦既報舊德矣。鄭人怒君之疆場，我文公帥諸侯及秦圍鄭。秦大夫不詢于我寡君，擅及鄭盟。諸侯疾之，將致命于秦。文公恐懼，綏靜諸侯，秦師克還無害，則是我有大造于西也。無祿，文公即世，穆爲不弔，蔑死我君，寡我襄公，迭我殽地，奸絶我好，伐我保城，殄滅我費滑，散離我兄弟，撓亂我同盟，傾覆我國家。我襄公未忘君之舊勳，而懼社稷之隕，是以有殽之師。猶願赦罪於穆公。穆公弗聽，而即楚謀我。天誘其衷，成王隕命，穆公是以不克逞志于我。穆、襄即世，康、靈即位。康公，我之自出，又欲闕翦我公室，傾覆我社稷，帥我蝥賊，以來蕩摇我邊疆，我是以有令狐之役。康猶不悛，入我河曲，伐我涑川，俘我王官，翦我羈馬，我是以有河曲之戰。東道之不通，則是康公絶我好也。

「及君之嗣也，我君景公引領西望曰：『庶撫我乎！』君亦不惠稱盟，利吾有狄難，入我河縣，焚我箕、郜，芟夷我農功，虔劉我邊垂。我是以有輔氏之聚。君亦悔禍之延，而欲徼福于先君獻、穆，使伯車來命我景公曰：『吾與女同好棄惡，復修舊德，以追念前勳。』言誓未就，景公即世，我寡君是以有令狐之會。君又不祥，背棄盟誓。白狄及君同州，君之仇讎，而我昏姻也。君來賜命曰：『吾與女伐狄。』寡君不敢顧昏姻，畏君之威，而受命于吏。君有二心於狄，曰：『晉將伐女。』狄應且憎，是用告我。楚人惡君之二三其德也，亦來告我曰：『秦背令狐之盟，而來求盟于我：昭告昊天上帝、秦三公、楚三王曰：『余雖與晉出入，余唯利是視。』不穀惡其無成德，是用宣之，以懲不一。」諸侯備聞此言，斯是用痛心疾首，暱就寡人。寡人帥以聽命，唯好是求。君若惠顧諸侯，矜哀寡人，而賜之盟，則寡人之願也，其承寧諸侯以退，豈敢徼亂？君若不施大惠，寡人不佞，其不能以諸侯退矣。敢盡布之執事，俾執事實圖利之。」

秦桓公既與晉厲公〔一〕爲令狐之盟，而又召狄與楚，欲道以伐晉，諸侯是以睦於晉。晉欒書將中軍，荀庚佐之；士燮將上軍，郤錡佐之；韓厥將下軍，荀罃佐之；趙旃將新軍，郤至佐之。郤毅御戎，欒鍼爲右。孟獻子曰：「晉帥乘和，師必有大功。」五月丁亥，晉師以諸侯之師及秦師戰于麻隧。秦師敗績，獲秦成差及不更女父。曹宣公卒于師。師遂濟涇，及侯麗而還。

成肅公卒于瑕。

十六年春，楚子自武城使公子成以汝陰之田求成于鄭。鄭叛晉，子駟從楚子盟于武城。

〔一〕原無「厲公」二字，據阮刻本補。

晉侯將伐鄭，范文子曰：「若逞吾願，諸侯皆叛，晉可以逞。若唯鄭叛，晉國之憂，可立俟也。」欒武子曰：「不可以當吾世而失諸侯，必伐鄭。」乃興師。欒書將中軍，士燮佐之；郤錡將上軍，荀偃佐之；韓厥將下軍；郤至佐新軍。荀罃居守。郤犨如衛，遂如齊，皆乞師焉。欒黶來乞師，孟獻子曰：「有勝矣。」戊寅，晉師起。

鄭人聞有晉師，使告於楚，姚句耳與往。楚子救鄭。司馬將中軍，令尹將左，右尹子辛將右。過申，子反入見申叔時，曰：「師其何如？」對曰：「德、刑、詳、義、禮、信，戰之器也。德以施惠，刑以正邪，詳以事神，義以建利，禮以順時，信以守物。民生厚而德正，用利而事節，時順而物成，上下和睦，周旋不逆，求無不具，各知其極。故詩曰：『立我烝民，莫匪爾極。』是以神降之福，時無災害，民生敦厖，和同以聽，莫不盡力以從上命，致死以補其闕，此戰之所由克也。今楚內棄其民，而外絕其好；瀆齊盟，而食話言；奸時以動，而疲民以逞。民不知信，進退罪也。人恤所底，其誰致死？子其勉之！吾不復見子矣。」姚句耳先歸，子駟問焉，對曰：「其行速，過險而不整。速則失志，不整，喪列。志失、列喪，將何以戰？楚懼不可用也。」

五月，晉師濟河。聞楚師將至，范文子欲反，曰：「我僞逃楚，可以紓憂。夫合諸侯，非吾所能也，以遺能者。我若群臣輯睦以事君，多矣。」武子曰：「不可。」

六月，晉、楚遇於鄢陵。範文子不欲戰。郤至曰：「韓之戰，惠公不振旅；箕之役，先軫不反命；邲之師，荀伯不復從，皆晉之恥也。子亦見先君之事矣。今我辟楚，又益恥也。」文子曰：「吾先君之亟戰也，有故。秦、狄、齊、楚皆强，不盡力，子孫將弱。今三彊服矣，敵楚而已。唯聖人能外内〔一〕無患。自非聖人，外寧必有内憂，盍釋楚以爲外懼乎？」

甲午晦，楚晨壓晉軍而陳。軍吏患之。範匄趨進，曰：「塞井夷竈，陳於軍中，而疏行首。晉、楚唯天所授，何患焉？」文子執戈逐之，曰：「國之存亡，天也，童子何知焉？」欒書曰：「楚師輕窕，固壘而待之，三日必退。退而擊之，必獲勝焉。」郤至曰：「楚有六間，不可失也。其二卿相惡，王卒以舊，鄭陳而不整，蠻軍而不陳，陳不違晦，在陳而囂，合而加囂，各顧其後，莫有鬬心，舊不必良，以犯天忌。我必克之。」

楚子登巢車，以望晉軍。子重使大宰伯州犁侍于王後。王曰：「騁而左右，何也？」曰：「召軍吏也。」「皆聚於軍中矣。」曰：「合謀也。」「張幕矣。」曰：「虔卜於先君也。」「徹幕矣。」曰：「將發命也。」「甚囂，且塵上矣。」曰：「將塞井夷竈而爲行也。」

〔一〕「外内」原作「内外」，據阮刻本乙正。

「皆乘矣，左右執兵而下矣。」曰：「聽誓也。」「戰乎？」曰：「未可知也。」「乘而左右皆下矣。」曰：「戰禱也。」伯州犁以公卒告王。苗賁皇在晉侯之側，亦以王卒告。皆曰：「國士在，且厚，不可當也。」苗賁皇言於晉侯曰：「楚之良，在其中軍王族而已。請分良以擊其左右，而三軍萃於王卒，必大敗之。」公筮之。史曰：「吉。其卦遇復䷗，曰：『南國蹙，射其元王，中厥目。』國蹙、王傷，不敗，何待？」公從之。

有淖於前，乃皆左右相違於淖。步毅御晉厲公，欒鍼爲右。彭名御楚共王，潘黨爲右。石首御鄭成公，唐苟爲右。欒、范以其族夾公行。陷於淖。欒書將載晉侯，鍼曰：「書退！國有大任，焉得專之？且侵官，冒也；失官，慢也；離局，姦也。有三罪焉，不可犯也。」乃掀公以出於淖。

癸巳，潘尫之黨與養由基蹲甲而射之，徹七札焉。以示王，曰：「君有二臣如此，何憂於戰？」王怒曰：「大辱國。詰朝爾射，死藝。」呂錡夢射月，中之，退入於泥。占之，曰：「姬姓，日也；異姓，月也，必楚王也。射而中之，退入於泥，亦必死矣。」及戰，射共王中目。王召養由基，與之兩矢，使射呂錡，中項，伏弢。以一矢復命。

郤至三遇楚子之卒，見楚子，必下，免冑而趨風。楚子使工尹襄問之以弓，曰：「方事之殷也，有韎韋之跗注，君子也。識見不穀而趨，無乃傷乎？」郤至見客，免冑承命，曰：「君之外臣至從寡君之戎事，以君之靈，間蒙甲冑，不敢拜命。敢告不寧，君命之辱。爲事之故，敢肅使者。」三肅使者而退。

晉韓厥從鄭伯，其御杜溷羅曰：「速從之？其御屢顧，不在馬，可及也。」韓厥曰：「不可以再辱國君。」乃止。郤至從鄭伯，其右茀翰胡曰：「諜輅之，余從之乘，而俘以下。」郤至曰：「傷國君有刑。」亦止。石首曰：「衛懿公唯不去其旗，是以敗於熒。」乃內旌於弢中。唐苟謂石首曰：「子在君側，敗者壹大。我不如子，子以君免，我請止。」乃死。

楚師薄於險，叔山冉謂養由基曰：「雖君有命，爲國故，子必射。」乃射，再發，盡殪。叔山冉搏人以投，中車，折軾。晉師乃止。囚楚公子茷。

欒鍼見子重之旌，請曰：「楚人謂夫旌，子重之麾也。彼其子重也。日臣之使於楚也，子重問晉國之勇。臣對曰：『好以衆整。』曰：『又何如？』臣對曰：『好以暇。』今兩國治戎，行人不使，不可謂整；臨事而食言，不可謂暇。請攝飲焉。」公許之。使行人執榼承飲，造于子重，曰：「寡君乏使，使鍼御持矛，是以不得犒從者，使某攝飲。」子重曰：「夫子嘗與吾言於楚，必是故也。不亦識乎？」受而飲之，免使者而復鼓。旦而戰，見星未已。

子反命軍吏察夷傷，補卒乘，繕甲兵，展車馬，雞鳴而食，唯命是聽。晉人患之。苗賁皇徇曰：「蒐乘、補卒，秣馬、利兵，修陳、固列，蓐食、申禱，明日復戰。」乃逸楚囚。王聞之，召子反謀。穀陽豎獻飲於子反，子反醉而不能見。王曰：「天敗楚也夫！余不可以待。」乃宵遁。

晉入楚軍，三日穀。范文子立於戎馬之前，曰：「君幼，諸臣不佞，何以及此？君其戒之！周書曰『惟命不于常』，有德之謂。」

楚師還，及瑕，王使謂子反曰：「先大夫之覆師徒者，君不在。子無以爲過，不穀之罪也。」子反再拜稽首曰：「君賜臣死，死且不朽。臣之卒實奔，臣之罪也。」子重使謂子反曰：「初隕師徒者，而亦聞之矣。盍圖之！」對曰：「雖微先大夫有之，大夫命側，側敢不義？側亡君師，敢忘其死？」王使止之，弗及而卒。

十七年，晉范文子反自鄢陵，使其祝宗祈死，曰：「君驕侈而克敵，是天益其疾也，難將作矣。愛我者唯祝我，使我速死，無及於難，范氏之福也。」六月戊辰，士燮卒。

晉景、厲二君之不令終及郤氏之亡

四年，晉趙嬰通于趙莊姬。

五年春，原、屏放諸齊。嬰曰：「我在，故欒氏不作。我亡，吾二昆其憂哉！且人各有能、有不能，舍我，何害？」弗聽。

嬰夢天使謂己：「祭余，余福女。」使問諸士貞伯。貞伯曰：「不識也。」既而告其人曰：「神福仁而禍淫，淫而無罰，福也。祭，其得亡乎？」祭之，之明日而亡。

八年夏，晉趙莊姬爲趙嬰之亡故，譖之于晉侯，曰：「原、屏將爲亂。」欒、郤爲徵。六月，晉討趙同、趙括。武從姬氏畜于公宮。以其田與祁奚。韓厥言於晉侯曰：「成季之勳，宣孟之忠，而無後，爲善者其懼矣。三代之令王皆數百年保天之祿。夫豈無辟王？賴前哲以免也。周書曰『不敢侮鰥寡』，所以明德也。」乃立武，而反其田焉。

十年。晉侯夢大厲，被髮及地，搏膺而踴，曰：「殺余孫，不義。余得請於帝矣！」壞大門及寢門而入。公懼，入于室。又壞户。公覺，召桑田巫。巫言如夢。公曰：「何如？」曰：「不食新矣。」公疾病，求醫于秦。秦伯使醫緩爲之。未至，公夢疾爲二豎子，曰：「彼，良醫也。懼傷我，焉逃之？」其一曰：「居肓之上，膏之下，若我何？」醫至，曰：「疾不可爲也。在肓之上，膏之下，攻之不可，達之不及，藥不至焉，不可爲也。」公曰：「良醫也。」厚爲之禮而歸之。六月丙午，晉侯欲麥，使甸人獻麥，饋人爲之。召桑田巫，示而殺之。將食，張，如廁，陷而卒。小臣有晨夢負公以登天，及日中，負晉侯出諸廁，遂以爲殉。

十一年，郤犫來聘，且涖盟。

聲伯之母不聘，穆姜曰：「吾不以妾爲姒。」生聲伯而出之，嫁於齊管于奚，生二子而寡，以歸聲伯。聲伯以其外弟爲大夫，而嫁其外妹於施孝叔。郤犫來聘，求婦於聲伯。聲伯奪施氏婦以與之。婦人曰：「鳥獸猶不失儷，子將若何？」曰：「吾不能死亡。」婦人遂行，生二子於郤氏。郤氏亡，晉人歸之施氏，施氏逆諸河，沉其二子。婦人怒曰：「己不能庇其伉儷而亡之，又不能字人之孤而殺之，將何以終？」遂誓施氏。

晉郤至與周爭鄇田，王命劉康公、單襄公訟諸晉。郤至曰：「温，吾故也，故不敢失。」劉子、單子曰：「昔周克商，使諸侯撫封，蘇忿生以温爲司寇，與檀伯達封于河。蘇氏即狄，又不能於狄而奔衛。襄王勞文公而賜之温，狐氏、陽氏先處之，而後及子。若治其故，則王官之邑也，子安得之？」晉侯使郤至勿敢爭。

十三年春，晉侯使郤錡來乞師，將事不敬。孟獻子曰：「郤氏其亡乎！禮，身之幹也。敬，身之基也。郤子無基。且先君之嗣卿也，受命以求師，將社稷是衛，而惰，棄君命也。不亡，何爲？」

十五年，晉三郤害伯宗，譖而殺之，及欒弗忌。伯州犁奔楚。韓獻子曰：「郤氏其不免乎！善人，天地之紀也，而驟絶之，不亡，何待？」

初，伯宗每朝，其妻必戒之曰：「『盜憎主人，民惡其上。』子好直言，必及於難。」

十六年，晉侯使郤至獻楚捷于周，與單襄公語，驟稱其伐。單子語諸大夫曰：「温季其亡乎！位於七人之下，而求掩其上。怨之所聚，亂之本也。多怨而階亂，何以在位？夏書曰：『怨豈在明？不見是圖。』將慎其細也。今而明之，其可乎？」

十七年。晉厲公侈，多外嬖。反自鄢陵，欲盡去群大夫，而立其左右。胥童以胥克之廢也，怨郤氏，而嬖於厲公。郤錡奪夷陽五田，五亦嬖於厲公。郤犨與長魚矯爭田，執而梏之，與其父母妻子同一轅。既，矯亦嬖於厲公。欒書怨郤至，以其不從己而敗楚師也，欲廢之。使楚公子茷告公曰：「此戰也，郤至實召寡君，以東師之未至也，與軍帥之不具也，曰：『此必敗，吾因奉孫周以事君。』」公告欒書，書曰：「其有焉。不然，豈其死之不恤，而受敵使乎？君盍嘗使諸周而察之？」郤至聘于周，欒書使孫周見之。公使覘之，信。遂怨郤至。

厲公田，與婦人先殺而飲酒，後使大夫殺。郤至奉豕，寺人孟張奪之，郤至射而殺之。公曰：「季子欺余。」

厲公將作難，胥童曰：「必先三郤，族大，多怨。去大族，不逼，敵多怨，有庸。」公曰：「然。」郤氏聞之，郤錡欲攻公，曰：「雖死，君必危。」郤至曰：「人所以立，信、知、勇也。信不叛君，知不害民，勇不作亂。失兹三者，其誰與我？死而多怨，將安用之？君實有臣而殺之，其謂君何？我之有罪，吾死後矣。若殺不辜，將失其民，欲安，得乎？待命而已。受君之禄，是以聚黨。有黨而爭命，罪孰大焉？」壬午，胥童、夷羊五帥甲八百將攻郤氏。長魚矯請無用衆，公使清沸魋助之。抽戈結衽，而僞訟者。三郤將謀於榭。矯以戈殺駒伯、苦成叔於其位。温季曰：「逃威也。」遂趨。矯及諸其車，以戈殺之，皆尸諸朝。

胥童以甲劫欒書、中行偃於朝。矯曰：「不殺二子，憂必及君。」公曰：「一朝而尸三卿，余不忍益也。」對曰：「人將忍君。臣聞亂在外爲姦，在内爲軌。御姦以德，御軌以刑。不施而殺，不可謂德；臣逼而不討，不可謂刑。德、刑不立，姦、軌並至，臣請行。」遂出奔狄。公使辭於二子曰：「寡人有討於郤氏，郤氏既伏其辜矣，大夫無辱，其復職位！」皆再拜稽首曰：「君討有罪，而免臣於死，君之惠也。二臣雖死，敢忘君德？」乃皆歸。公使胥童爲卿。

公遊于匠麗氏，欒書、中行偃遂執公焉。召士匄，士匄辭。召韓厥，韓厥辭，曰：「昔吾畜於趙氏，孟姬之讒，吾能違兵。古人有言曰：『殺老牛莫之敢尸。』而況君乎？二三子不能事君，焉用厥也！」

閏月乙卯晦，欒書、中行偃殺胥童。民不與郤氏，胥童道君爲亂，故皆書曰：「晉殺其大夫。」

十八年春王正月庚申，晉欒書、中行偃使程滑弑厲公，葬之于翼東門之外，以車一乘。使荀罃、士魴逆周子于京師而立之，生十四年矣。大夫逆于清原，周子曰：「孤始願不及此。雖及此，豈非天乎！抑人之求君，使出命也。立而不從，將安用君？二三子用我今日，否亦今日。共而從君，神之所福也。」對曰：「群臣之願也，敢不唯命是聽。」庚午，盟而入，館于伯子同氏。辛巳，朝于武宫。逐不臣者七人。周子有兄而無慧，不能辨菽麥，故不可立。

宋、齊之内亂

十五年夏六月，宋共公卒。

秋八月，葬宋共公。於是華元爲右師，魚石爲左師，蕩澤爲司馬，華喜爲司徒，公孫師爲司城，向爲人爲大司寇，鱗朱爲少司寇，向帶爲大宰，魚府爲少宰。蕩澤弱公室，殺公子肥。華元曰：「我爲右師，君臣之訓，師所司也。今公室卑，而不能正，吾罪大矣。不能治官，敢賴寵乎？」乃出奔晉。二華，戴族也；司城，莊族也；六官者皆桓族也。魚石將止華元。魚府曰：「右師反，必討，是無桓氏也。」魚石曰：「右師苟獲反，雖許之討，必不敢。且多大功，國人與之，不反，懼桓氏之無祀於宋也。右師討，猶有戌在。桓氏雖亡，必偏。」魚石自止華元於河上。請討，許之，乃反。使華喜、公孫師帥國人攻蕩氏，殺子山。書曰「宋殺其大夫山」，言背其族也。

魚石、向爲人、鱗朱、向帶、魚府出舍於睢上，華元使止之，不可。冬十月，華元自止之，不可。乃反。魚府曰：「今不從，不得入矣。右師視速而言疾，有異志焉。若不我納，今將馳矣。」登丘而望之，則馳。騁而從之，則決睢澨、閉門登陴矣。左師、二司寇、二宰遂出奔楚。華元使向戌爲左師，老佐爲司馬，樂裔爲司寇，以靖國人。

十八年夏六月，鄭伯侵宋，及曹門外。遂會楚子伐宋，取朝郟。楚子辛、鄭皇辰侵城部，取幽丘。同伐彭城，納宋魚石、向爲人、鱗朱、向帶、魚府焉，以三百乘戍之而還。書曰「復入」。凡去其國，國逆而立之，曰「入」；復其位，曰「復歸」；諸侯納之，曰「歸」，以惡曰「復入」。宋人患之。西鉏吾曰：「何也？若楚人與吾同惡，以德於我，吾固事之也，不敢貳矣。大國無厭，鄙我猶憾。不然，而收吾憎，使贊其政，以間吾釁，亦吾患也。今將崇諸侯之姦而披其地，以塞夷庚。逞姦而攜服，毒諸侯而懼吴、晉，吾庸多矣，非吾憂也。且事晉何爲？晉必恤之。」

七月，宋老佐、華喜圍彭城，老佐卒焉。

冬十一月，楚子重救彭城，伐宋。宋華元如晉告急。韓獻子爲政，曰：「欲求得人，必先勤之。成霸、安彊，自宋始矣。」晉侯師于台谷以救宋。遇楚師于靡角之谷。楚師還。晉士魴來乞師。季文子問師數於臧武仲，對曰：「伐鄭之役，知伯實來，下軍之佐也。今彘季亦佐下軍，如伐鄭可也。事大國，無失班爵而加敬焉，禮也。」從之。

十二月，孟獻子會于虛朾，謀救宋也。宋人辭諸侯而請師以圍彭城。

十七年，齊慶克通于聲孟子，與婦人蒙衣乘輦而入于閎。鮑牽見之，以告國武子。武子召慶克而謂之。慶克久不出，而告夫人曰：「國子謫我。」夫人怒。國子相靈公以會，高、鮑處守。及還，將至，閉門而索客。孟子訴之曰：「高、鮑將不納君，而立公子角，國子知之。」秋七月壬寅，刖鮑牽而逐高無咎。無咎奔莒。高弱以盧叛。齊人來召鮑國而立之。

初，鮑國去鮑氏而來爲施孝叔臣。施氏卜宰，匡句須吉。施氏之宰有百室之邑。與匡句須邑，使爲宰，以讓鮑國而致邑焉。施孝叔曰：「子實吉。」對曰：「能與忠良，吉孰大焉？」鮑國相施氏忠，故齊人取以爲鮑氏後。

齊侯使崔杼爲大夫，使慶克佐之，帥師圍盧。國佐從諸侯圍鄭，以難請而歸。遂如盧師，殺慶克，以穀叛。齊侯與之盟于徐關而復之。十二月，盧降。使國勝告難于晉，待命于清。

十八年。齊爲慶氏之難故，甲申晦，齊侯使士華免以戈殺國佐於内宫之朝。師逃于夫人之宫。書曰「齊殺其大夫國佐」，棄命、專殺、以穀叛故也。使清人殺國勝。國弱來奔。王湫奔萊。慶封爲大夫，慶佐爲司寇。既，齊侯反國弱，使嗣國氏，禮也。

曹子臧之高節

十三年五月，曹宣公卒于師。

曹人使公子負芻守，使公子欣時逆曹伯之喪。秋，負芻殺其大子而自立也。諸侯乃請討之。晉人以其役之勞，請俟他年。冬，葬曹宣公。既葬，子臧將亡，國人皆將從之。成公乃懼，告罪，且請焉。乃反，而致其邑。

十五年春，會于戚，討曹成公也。執而歸諸京師。書曰：「晉侯執曹伯。」不及其民也。凡君不道於其民，諸侯討而執之，則曰「某人執某侯」，不然則否。

諸侯將見子臧於王而立之，子臧辭曰：「前志有之曰：『聖達節，次守節，下失節。』爲君非吾節也。雖不能聖，敢失守乎？」遂逃，奔宋。

十六年六月，曹人請于晉曰：「自我先君宣公即位，國人曰：『若之何？憂猶未弭。』而又討我寡君，以亡曹國社稷之鎮公子，是大泯曹也，先君無乃有罪乎？若有罪，則君列諸會矣。君唯不遺德、刑，以伯諸侯，豈獨遺諸敝邑？敢私布之。」

七月，曹人復請于晉，晉侯謂子臧：「反，吾歸而君。」子臧反，曹伯歸。子臧盡致其邑與卿而不出。